自主创新丛书
Indigenous Innovation Series

CHRIS FREEMAN LUC SOETE

产业创新经济学

[英] 克里斯·弗里曼 卢克·苏特 著
华宏勋 华宏慈 等 译
柳卸林 眭纪刚 校译

The Economics of Industrial Innovation

東方出版中心

图书在版编目（CIP）数据

产业创新经济学 / (英) 克里斯 · 弗里曼, (英) 卢克 · 苏特著 ; 华宏勋等译. —上海 : 东方出版中心, 2022.1
ISBN 978-7-5473-1892-8

Ⅰ. ①产… Ⅱ. ①克… ②卢… ③华… Ⅲ. ①产业经济学－高等学校－教材 Ⅳ. ①F260

中国版本图书馆CIP数据核字（2021）第187075号
上海市版权局著作权合同登记：图字09-2021-0510号

The Economics of Industrial Innovation, 3st Edition
By Chris Freeman, Luc Soete
ISBN: 9780415516105

产业创新经济学

编　　者　[英] 克里斯 · 弗里曼　[英] 卢克 · 苏特
译　　者　华宏勋　华宏慈　等
校　　译　柳卸林　眭纪刚
丛书策划　刘　忠
本书策划　唐丽芳　潘灵剑
责任编辑　赵　明　戴浴宇
装帧设计　李在白

出版发行　东方出版中心
地　　址　上海市仙霞路345号
邮政编码　200336
电　　话　021- 62417400
印 刷 者　山东韵杰文化科技有限公司

开　　本　890mm × 1240mm　1/32
印　　张　19.625
字　　数　513千字
版　　次　2022年1月第1版
印　　次　2022年1月第1次印刷
定　　价　98.00元

作 者 简 介

克里斯·弗里曼(Chris Freeman),英国著名创新经济学家与科技政策专家,现代创新经济学的奠基人之一。曾经是英国萨塞克斯大学科技政策研究所(SPRU)的创建人和第一任负责人,其主要研究领域涉及技术创新、科技指标设计、技术扩散及其影响、世界经济结构变迁,以及东亚和拉美国家的"技术追赶"等方面。

卢克·苏特(Luc Soete),荷兰马斯特里赫特大学校长,联合国大学-马斯特里赫特创新与技术经济研究所(UNU - MERIT)的创始人和首任所长。在 SPRU 读书和工作期间,苏特与弗里曼完成多项创新理论、技术追赶、创新政策等领域的研究工作。

译 者 简 介

华宏勋,1937 年生,1962 年毕业于北京大学化学系,后在中国航天研究院航大信息中心从事科技管理信息研究。

华宏慈,1940 年生,1962 年毕业于上海交通大学冶金系,后在中国科学院上海冶金研究所(现上海微系统与信息技术研究所)从事金属及磁性材料研究。主要译作有《21 世纪美国科技政策》《日本的技术与创新管理》等。

校译者简介

柳卸林,中国科学院大学经济与管理学院教授,中国创新与创业管理研究中心主任。研究领域为:技术创新管理,科技政策、产业政策。

眭纪刚,中国科学院科技战略咨询研究院研究员,创新发展政策所副所长,中国科学院大学公共政策与管理学院岗位教授,研究领域为创新发展理论与政策。

自主创新丛书

编辑委员会

出版者的话

党的十八大明确提出:“科技创新是提高社会生产力和综合国力的战略支撑,必须摆在国家发展全局的核心位置。”进入新发展阶段,面对中华民族伟大复兴战略全局和世界百年未有之大变局,面对日趋复杂激烈的“贸易战”和“技术战”,如何突破“卡脖子”技术,实现科技自立自强,已成为事关我国生存和发展的关键问题。

党的十九届五中全会通过的《中共中央关于制定国民经济和社会发展第十四个五年规划和二〇三五年远景目标的建议》进一步提出,“坚持创新在现代化建设全局中的核心地位,把科技自立自强作为国家发展的战略支撑”。

策划出版这套“自主创新丛书”,旨在为我国科技的自立自强和创新型国家建设提供强有力的智力支持和精神动力。丛书包括政策研究、理论研究、创新实务、创新普及四个系列,通过系统介绍经典和前沿的理论、方法、工具和优秀案例,为政府创新政策制定者和实施者、大学工程技术及科技与经济管理专业师生、科研院所研究人员、企业管理者和研发人员等广大读者提供权威的指南和实务参考。

我们认为,在经济全球化的背景下,我国的自主创新必须也必然是开放合作条件下的自主创新。丛书将在系统推出国内创新成果的同时,积极引进出版国际上经典和前沿的创新著作。

随着中国进入现代化建设新阶段,我国经济已进入高质量发展时期。改革开放四十多年的实践产生了一批具有中国特色的优秀创新管理理论成果,中国特色的创新制度体系和理论体系正逐步形成并在全球产生日益重要的影响。同时,越来越多的优秀创新型企业以其卓越的产品和服务向世界展示中国的崭新形象。认真而系统地组织和筛选优秀理论成果和实践案例,向世界讲好中国的创新故事，是我们的责任。

我们邀请了中国科学院科技战略咨询研究院研究员顾淑林，中国科学技术发展战略研究院院长、研究员胡志坚，浙江大学社会科学学部主任、教授吴晓波等国内从事创新政策、创新理论研究的知名学者以及优秀青年学者、企业家，组成了丛书编辑委员会，进行丛书的选题论证策划和学术把关，以期能够确保丛书的出版水平，高质量地满足读者的需要。

作为中国出版的“国家队”——中国出版集团的一员，我们将竭尽所能高质量地做好丛书的编辑和出版工作。

丛书将分辑出版。第一辑包括《牛津创新手册》《剑桥创造力手册》《创新的先知：熊彼特传》《研发组织管理：用好天才团队》《用户创新：提升公司的创新绩效》等精品力作。

期待丛书的出版能为我国的现代化建设和新时期高质量发展，为我国科技自立自强和创新型国家建设，起到助推的作用，竭尽一份绵薄之力。

东方出版中心

2021 年 3 月

“自主创新丛书”第二辑导读

眭纪刚　封凯栋

在科技创新日新月异和国际竞争日益激烈的今天，我国仍有很多关键核心技术受制于人，直接影响到国际竞争力的提升。因此，我国亟需提升自主创新能力，实现科技自立自强。纵观发达国家的发展历程，无不重视发展理论对发展政策的指导作用；毋庸讳言，当今的创新理论首先是以发达国家的创新实践为基础建立起来的，我国的创新理论发展相对滞后。“创新驱动高质量发展战略”的实施，为我国创新发展理论的构建提供了机遇，这也是时代赋予中国学者的历史责任。构建中国的创新发展理论，既要立足于中国国情，又要借鉴世界范围内已有的思想，这是理论发展的基本方式。因此，学习和研究创新领域的经典理论，对于构建中国特色的创新理论具有重要意义。自 20 世纪 90 年代以来，我国陆续引入一些创新领域的经典著作，但是因为不同出版社的零散出版，而且时间久远，很多经典书目早已脱销，使得今天的年轻学者无缘一睹这些著作的精彩内容。很多学者只能人云亦云地间接引用，不仅无法吸收前辈学者的思想精髓，造成对理论和概念的理解偏差，也不利于培养“读经典、看原著”的严谨学风。

“自主创新丛书”的出版可谓恰逢其时。丛书第一辑出版以来，受到学界和社会的广泛关注和好评。为进一步对中国创新发展提供理论与政策启示，此次出版的丛书第二辑包括创新领域的四本经典著作：《产业创新经济学》《经济增长的源泉》《创新的源泉》《赢在创新：日本计算机与通信业成长之路》。这四本著作均为产业和国家层面的创新研究，都非常重视理论建构，并与当时的创新发展实践紧密结合。这些著作的英文原版出版或修订于 20 世纪八九十年代，当时人们已经普遍意识到创新的重要性，但对一些重要问题仍缺乏清晰认识,包括创新发生发展的机制、创新的主体构成、创新依赖的制度体系、基础科研与创新的关系,以及创新对企业和市场竞争的影响等等。这些著作正是因为很好地回答了这些问题,从而成为创新研究的里程碑。虽然距离初次出版已经过去了大约30年时间,世界科技经济、国际格局已经发生了一系列重大变化,但是这些经典著作经过岁月的沉淀和检验,反而闪耀出更加耀眼的思想光芒。

在当前的时代背景下,再次出版这些经典著作的中文版仍然具有重要的学术价值和政策启示。从20世纪90年代的"新经济"范式,到目前的"数字转型""智能时代",虽然新技术层出不穷,令人眼花缭乱,但是仅凭这些现象不能成为忽视经典的理由。各种现象背后所蕴含的创新规律并没有发生根本性改变,如不同知识的性质、创新的不同来源、产业之间创新的差异性、后发国家追赶的经验和教训、政府在创新发展中的作用等,并不会因为"革命"而割断同以前的联系。对于正在实施"创新驱动高质量发展战略"的中国而言,要实现科技自立自强、加快发展方式转变,依然需要关注这些经典著作所讨论的问题。因此,本丛书编委会经过精心选择,在第二辑推出这四本经典著作以飨读者。

1.《产业创新经济学》

克里斯·弗里曼(Chris Freeman,1921—2010)是全球科技创新政策研究重镇——英国萨塞克斯大学科技政策研究中心(SPRU)的创始人,也是现代创新经济学的奠基人之一。他与理查德·纳尔逊(Richard Nelson)、内森·罗森伯格(Nathan Rosenberg)等学者继承熊彼特的思想,开创了新熊彼特学派。在熊彼特的思想沉寂了几十年之后,他们一起恢复了熊彼特的研究传统,并将创新研究推向新的阶段,成为新时期创新研究的开创者。弗里曼在创新测度、技术长波、国家创新系统、科技创新政策等领域均有开创性贡献。在弗里曼看来,经济学家最不能忽视的就是创新,因为创新是经济进步的基本条件,也是企业和国家塑造竞争力的关键因素。但是在很长时间内,技术和创新并不是经济学家关注的对象。因为科学技术的发展极具动态性，很难用新古典经济学的方法来描述。在传统经济学看来，创新不过是一个“残差”和“黑箱”。为了提高理论的解释力，弗里曼毕生在寻找一种改进经济学的方法，他的目标是打开黑箱，审视技术创新过程。弗里曼提供了新古典经济学的替代方案——“演化理论”的雏形，大力倡导历史研究方法，而且始终把技术和制度变革置于研究的中心。他强调在研究创新时采取演化观点非常重要，因为创新不仅仅是数量的增加，更是由于变革引发质的变化。

第二次世界大战结束后，西方主要国家经历了一轮高速增长，但是无法用传统的资本和劳动力要素来解释，学者们的注意力开始转向被主流理论长期忽视的技术因素。正是在此背景下，《产业创新经济学》(*The Economics of Industrial Innovation*，曾译为《工业创新经济学》)应运而生，并成为现代创新经济学的开山之作，在本学科领域有着独特的历史地位。本书自 1974 年首次出版以来，广受创新领域的专家学者好评，并被很多大学选做教材。虽然世界科技、经济环境快速变化，但是本书的基础地位仍然不可动摇。不仅因为本书的理论具有奠基性，而且作者也根据时代变化，不断修改和增加新的内容。1997 年的第三版增加了国家创新系统、技术和经济增长、创新和国际贸易、后发国家的追赶等(当时)最新的研究成果，并对一些章节重新改写，反映了弗里曼教授严谨的治学态度。《产业创新经济学》对科学、技术、创新、企业、产业、国家、全球、增长、发展、社会、环境、政策等众多领域进行了广泛深入的探讨。这些研究内容既是对熊彼特广义创新的回归，也是对熊彼特的超越。在本书中，弗里曼对技术变革的分析从英国工业革命开始，直到 20 世纪七八十年代的信息技术革命，对历次经济长波中的重大技术变化过程进行了详细分析，这些内容占据了全书近一半的内容，这同熊彼特把历史带回经济学的观点是一致的。但弗里曼不是“技术决定论者”，他认为技术创新与组织制度创新紧密联系在一起，对经济长波中的组织制度、创新体系和政策变革也做了深入研究，指出研发的专业化是 20 世纪产业创新中最重要的社会变化之一，强调创新体系的特征对一国技术创新的绩效有至关重要的影响作用,政府对科技创新活动的资助不仅仅是弥补市场失灵,而且与国家的竞争力密切相关。

《产业创新经济学》的出版,标志着弗里曼开创了一整套研究技术创新的新传统。弗里曼的观点不仅为 SPRU 的研究人员继续采用,更为世界各地的其他学者学习和扩散,极大地推动了创新研究的发展。我国学者深受弗里曼学术思想的影响,很多人(包括笔者在内)的创新研究是从阅读这本书开始的。丛书本辑出版之际,正值弗里曼教授百年诞辰,我们以此表达中国学者和学界对弗里曼的敬意。

2.《经济增长的源泉》

对于所有真正有志于成为一名熊彼特主义者(Schumpeterian)的研究者来说,理查德·纳尔逊的作品都是他们应当要翻越的高山。而《经济增长的源泉》(*The Sources of Economic Growth*)作为纳尔逊整个职业生涯中最重要的一本论文集,更应当在其必读书目之列。理查德·纳尔逊是新熊彼特主义传统的开创者之一,更是这一领域的集大成者。作为当代演化经济学的重要奠基人[尤其鉴于他与 Sidney G. Winter(悉尼·G.温特)1982 年合著《经济变迁的演化理论》(*An Evolutionary Theory of Economic Change*)一书的卓越贡献],他不仅仅是一位经济学家,同时他在哥伦比亚大学还兼任政治学、国际关系、商学、法学和心理学等多个院系的教授。此外,他的贡献不仅仅止于学术研究,从 20 世纪 50 年代开始,纳尔逊就深入参与了美国乃至国际社会关于科技政策、发展政策和创新政策的讨论。对政策实践的深度参与又令他对创新活动的本质有了更深刻的认识,这种认识反过来又体现在他推动国家创新体系、产业创新体系等范式的创立与发展的贡献中。

《经济增长的源泉》一书收集了纳尔逊自 20 世纪 60 年代到 90 年代中期的 10 篇重要的期刊文章,围绕四个主题展开论述:长期经济增长的制度基础和学术分析范式,熊彼特式创新竞争的基本机制,科学与创新、技术进步之间的关系,以及国际视野下美国及其他各国技术竞争优势的演变。这十篇文章是如此重要,以至于本书可以为广泛的读者,包括从刚入门的学子到专业的学者,提供充足的养分。

如果我们以本书作为参照系,那么当今大量自认为研究创新、研发活动和技术进步的学者其实并不是熊彼特主义者。他们往往根据已知或给定的资源结构来分析创新,事实上正是纳尔逊在本书所批评的"新古典主义创新经济学者",其行为实质是将创新和创新竞争纳入均衡分析;"创新"被理解为新古典主义中类似价格或产出的边际意义上的概念。而正如纳尔逊在此书中反复展现的,真正的熊彼特主义分析的核心,在于从企业到产业、国家等各层面主体所采取的主动行动,而这些行动持续改变了原有的竞争条件、塑造着新的市场和产业环境。这些主动行动在各章中体现为精英科研团队的意志、企业的战略行动、产业和国家的制度构建。而因为不同的企业、产业和国家在战略意志、政治决断、社会文化上的差异及路径依赖,不同主体的能力构建自然就在各个层面上体现出多样性,而这又为持续的演化、竞争和技术创新提供了条件。简言之,纳尔逊强调我们不应把企业和产业简化为一个生产函数,否则我们就无法理解经济增长真正的动力源泉;同时我们也不应该把技术和知识的生产简化为一个"研发函数",否则我们就无法领会创新竞争的真正内涵,也无法解释创新竞争所带来的多样化结果;同样,我们需要深入分析制度创建和转变的过程,否则我们就无法理解政策本身的逻辑,无法有效掌握它们实际运作的机制。

当然,我们对"新古典主义创新经济学者"的批评,并不意味着我们强调狭义的熊彼特学说。创新研究并不是一成不变的。事实上,虽然熊彼特被当代创新经济学者(包括不自觉的"新古典主义创新经济学者们")奉为创新研究的鼻祖,但他在自己的著作中很少直接对创新活动进行具体描述。熊彼特直接论述的是生产和组织技术的变迁对经济社会深刻的重塑和推动作用,即创造性毁灭。作为新熊彼特主义的奠基人,纳尔逊更深入且具体地分析了技术和创新过程、企业和组织过程、制度和社会过程。两人在分析描述的对象以及论述风格上有着巨大的差异，但纳尔逊所有作品中的分析与论述，都反复且持久地回应着熊彼特关于创造与破坏、竞争与协同、分化和追赶的主题。正是这些主题为我们提供了关于经济社会发展前进的认识，而不仅仅是对静态系统边际竞争与变化的理解。

这为理查德·纳尔逊的作品尤其是本书带来了巨大的生命力。距离本书首次出版至今已近 30 年，而熊彼特的著作《资本主义、社会主义与民主》《经济发展理论》也已经分别出版将近 80 年、110 年了，对这些主题背后基本逻辑的追溯并没有因为时间的流逝而褪色。这些基本逻辑依然是我们理解创新竞争，理解经济体制演进，以及理解国际经贸关系和时代变革的重要线索。这些问题是如此基本且重大，使得任何当代人企图以“新”和“旧”来评论这些作品都是渺小且不自量的。事实上，产生这些错觉的学者都应当再次（或首次）仔细阅读本书；这个群体人数庞大，更提升和强化了此书再版的意义。

3.《创新的源泉》

埃里克·冯·希普尔（Eric von Hippel）在 1988 年的著作《创新的源泉》（*The Sources of Innovation*），是一本在创新研究的学术史上的重要作品。冯·希普尔是麻省理工学院斯隆管理学院的教授，他一直致力于研究分布式创新（distributed innovation），并发展了一系列在创新研究，尤其是商学类型的创新中人们耳熟能详的概念和名词。《创新的源泉》（注：英文标题中“源泉”一词为复数）这本书，以及冯·希普尔一直通过多部作品反复强调的“分布式创新”观点，即创新在本质上是在具有职能关系的参与者之间分布的，对于当时人们对创新过程和创新系统的认识与理解，以及“国家创新体系”范式的形成，都有着不容忽视的价值。

《创新的源泉》一书的价值应当放回到特定的历史时期来看待。在 20 世纪七八十年代，研究创新的学者对创新的基本动力到底是“科技推动”还是“需求拉动”展开了声势浩大的争论。到 80 年代上半期，创新研究的主要学者，如内森·罗森伯格，乔瓦尼·多西（Giovanni Dosi）和金·克拉克（Kim Clark）等人已经各自形成了各有特点、有较强的说服力的解释。而在回答前述问题时，这些探索则直接将在复杂且动态的技术和信息背景下的“生产者—用户”关系推到了创新研究的前台。

在这一背景下，欧洲学者如本特-雅克·伦德瓦尔(Bengt-Ake Lundvall)等意识到创新本质上是构造在广泛的“生产者—用户”互动的机制上的。这种互动机制传递的信号远不止是价格和数量，而是与需求、问题和期望等相关的复杂技术性信息。冯·希普尔这本《创新的源泉》同样将视角瞄准了具有职能关系的产业参与者之间互动机制的重要性和普遍性。他的实证研究揭示了大量创新事实上是由领先用户率先做出的：在多个产业中，生产者从用户处获取了关键的技术信息甚至产品原型，随后再将它们产业化。同样在其他产业中，创新有可能首先是由供应商首先做出的，或者来自竞争对手。而决定了这些不同参与者对创新的参与的，则是它们对创新优势和创新租金的追逐与分享，即熊彼特所强调的“创造性毁灭”。这些发现都对人们此前认为创新主要由制造商完成的观点形成了冲击。

埃里克·冯·希普尔的学说，后来被人们总结为“用户创新”“民主化创新”“自由创新”等诸多概念名词。但这本1988年著作的另一个重要贡献是与同时代其他学者的作品一起，成为“国家创新体系”理论的基础。因为既然创新并不仅仅是由生产商独立完成，而是分布于不同的参与者之中，那么在不同的经济体中这些参与者的互动机制是怎么样的，制度在形塑或限制这些互动机制中起到怎么样的作用，就成为影响创新活动的重要因素。由此，对国家制度和政策手段的研究，就成为人们开展创新研究的重要对象，也是人们用以辨析不同经济体长期发展绩效差异的重要工具。同时，既然创新是由一系列相关参与者共同完成的，那么在市场经济体制下，政策工具的根本目标就不应是直接作用于个别参与者，而应当是帮助不同的成员克服集体行动的困境，孵育出有利于创新活动的互动机制来。这样的启示对于今天的中国，尤其是在建设“内循环”过程中的中国创新政策，依然有着重要的参考价值。

4.《赢在创新：日本计算机与通信业成长之路》

《赢在创新：日本计算机与通信业成长之路》(*Japan's Computer and Communications Industry*)的作者是英国著名创新学者、爱丁堡大学教授马丁·弗朗斯曼(Martin Fransman)。弗朗斯曼长期研究ICT产业的创新,并因《新型信息通讯技术生态系统：对欧洲的启示》(*The New ICT Ecosystem: Implications for Europe*,2007)一书获得2008年国际熊彼特学会颁发的熊彼特奖。20世纪七八十年代,日本抓住信息技术革命的机遇,相关产业迅速崛起,到20世纪90年代,世界十大半导体制造商有六家是日本企业。因此,日本的快速发展吸引了很多学者的目光,其中也包括马丁·弗朗斯曼。但是与其他学者不同的是,弗朗斯曼为了更深入地探究日本企业和产业的演化过程,对日本企业的发展演变历史采取了实体、实景和实时的研究,因此具有重大的里程碑式意义。更加值得中国学者学习的地方在于,弗朗斯曼为撰写此书进行了长期准备,访谈的人员超过600人次,前后历时八年之久。由于掌握了大量详实资料,有充分的论据支撑观点,所以本书能在"日本威胁论"和"日本崩溃论"两种观点之间给出自己的独立判断。

本书是第一本对日本信息通讯产业的演化历史进行全面分析的著作,系统研究了日本信息通讯技术、组织形式、产业、政府政策和制度的演变过程。本书既有电信交换机、计算机和软件等产业的演化,也有一些代表性公司的创新发展案例,还有和西方同行企业以及日本其他产业的横向对比,可谓是全景式覆盖研究。作者介绍了日本主要IT公司演化的历程和企业演化理论,观察了日本通产省在信息通讯技术发展中的角色变化。因此,弗朗斯曼的研究比查默斯·约翰逊(Chalmers Johnson)的"发展型国家"(Developmental State)更进了一步。在主流经济理论占据主导地位的时代,本书"让那些致力于依赖历史证据寻找技术经济路径的制度经济学家和创新经济学家们欢欣鼓舞"。尽管本书是研究现代技术的演变,但是弗朗斯曼在本书中也回应了亚当·斯密、马歇尔和熊彼特等前辈的理论关切,不仅体现了一位学者的严谨态度,也为我们勾画了学科发展的历史脉络和规律。

当前,信息通讯技术成为国际竞争的焦点,本书对中国相关技术和产业发展极具启示意义。弗朗斯曼认为,产业的发展动力不只是技术创新,而是技术、组织、产业和政府等多个要素的协同演化。日本信息技术产业的发展动力除了技术创新外,“受控竞争”这种组织形态对于产业发展也起到关键作用,这与美国垂直整合的组织形态不同。日本信息技术产业的发展历程说明,不同国家的产业发展受到历史条件的制约,而存在各自的路径依赖,并没有放之四海而皆准的所谓最优解。在研究政府在后发国家追赶中的作用时,我们通常会以日本通产省为例。不可否认,通产省在日本二战后初期的追赶中发挥了重要作用,但是弗朗斯曼发现日本信息技术产业既有自己独特的优势,又有根本性的不足,特别是某些优势只是潜在优势,不一定能转化为国际竞争力。因此本书也直言不讳地指出,在20世纪90年代的信息通讯产业发展过程中,通产省的一些做法也有失败之处,例如因为误判了世界计算机行业的发展前景和行业变化,导致日本在技术路线上误入歧途,从此失去挑战美国的机会和能力。因此,本书对于中国如何处理创新发展中的政府与市场关系,也具有重要启示。

译　者　序

本书是创新经济学领域的一部经典名著，在经济学发展史上有其独特的地位。本书作者弗里曼教授是创新经济学的创始人之一。

本书原著是继 1974 年、1982 年之后，1997 年出版的第 3 版。1997 年版比前两版有很大的改动，补充了许多新的内容。本书中译本是在第 3 版的基础上译成的。此次再版对原译本进行了订正。

在很长的时间内，技术和创新并不是经济学家关注的对象。但科学技术对经济和社会的影响力在不断扩展。在 21 世纪，越来越多的经济和社会发展基于科技突破，难以用传统的经济学来解释，这恰恰是本书的价值越来越高的重要原因。

本书是作者倾其一生努力的成果。他毕生在寻找一种改进经济学的方法，并从历史演化理论中得到营养，以此建立一种更科学的分析框架，来分析与经济学理论不兼容的技术创新活动和现象。本书也是在创新经济学领域，以英国 Sussex 大学科学政策研究所为首、以欧洲学者为主的，包括美国学者的几十年研究成果的结晶。因此，对从事创新研究的学者和创新的实践者而言，本书都是一本必读书。

全书共分四篇，篇篇精彩：

1. 本书第　篇是从历史的角度来论述科学技术在经济社会发展中的作用。之所以如此，是因为科学技术的发展极具动态性，很难用新古典经济学的方法来描述，因此，从历史的角度出发是一个恰当的起点。本书用了近三分之一的篇幅分析了三次工业革命及其在几个主要产业的技术创新及所引发的组织和管理创新。

2. 本书第二篇是创新的微观经济学分析。作者通过大量的实证研究，分析了在企业层次上创新成功与失败的关键因素。虽然在创新中有许多不确定性的因素，但本书仍然在前人的研究之上，提炼出了许多有关企业创新的初步规律和事实。

3. 本书第三篇是创新的宏观经济学。作者分析了国家创新系统、创新与经济增长、国际贸易的关系及发展中国家发展等问题，提出了许多精辟的见解。

4. 本书第四篇是有关创新政策的分析。作者分析了国家应该如何支持创新，创新对就业的影响和如何实现环保技术的可持续发展等问题。

本书的第1章由美国研究所吴展先生翻译，第3章由中国科学院上海冶金研究所(现中国科学院微系统与信息技术研究所，下同)郑昌华先生翻译，第4、8、9章由航天华星机电设备公司文景玲女士翻译，第12、13章分别由航天情报研究所蒋宇平先生、朱鲁青女士翻译，第14、15章由陶宗娅女士翻译，第18、19章由中国科学院上海冶金研究所杨毅先生翻译，其余部分由航天情报所华宏勋及中国科学院上海冶金研究所华宏慈翻译及校译全书。本书译稿还经北京大学叶宪曾教授通读整理，在此致谢。

限于水平和经验，本书的译、校工作难免会出现错误及缺点，敬请读者批评指正。

柳卸林

2021年9月

原　　序

经过全面修订和扩充内容之后,《工业创新经济学》的第 3 版出版了。新版本增加了 10 章内容,同时对其他章节也重新改写,因此从很多角度讲,这实际上是一本新书。作者之所以对原来的版本做彻底的修改,其主要原因是 20 世纪的最后几十年内,世界经济发生了性质和速度空前的技术变革。此外,我们在新版中还考虑到其他四个因素。

第一,不论是经济学家,还是广大公众都对创新经济学产生了极大的兴趣。这表现在 20 世纪 90 年代在这个领域出现了多本新的期刊,发表了大量论文和新书。在 70 年代,这一领域的出版物还很少,而现在要与越来越多的文献资料保持同步已很困难。实际上由于无法遍读所有的文献,所以我们特别注意最新的文献述评和文献目录。本书在每一篇的结束处都列出评论、文献综述以及主要参考书的一览表。此外,全书在最后还列出了主要的参考文献目录。

第二,本书的前几版已经被很多大学选作教材,对此我们当然很欢迎,我们还采纳了很多建议和评论意见以改进本书。此外,我们特别在几个方面,尤其在国际方面扩充了本书内容。由于本书在第三世界有许多读者,我们第一次添增了讨论欠发达国家、国际贸易和全球化等问题的章节。这些都构成了本书全新的第三篇。

第三,我们还加强了书中的历史内容。这在经济教科书中是很不一般的。但这却很符合经济理论的最近发展趋势,即更加重视演化变革模式的路径依赖问题。此外,这也符合约瑟夫·熊彼特(Joseph Schumpeter)的观点,与其他 20 世纪的经济学家相比,他更加把创新置于经济发展理论中头等重要的地位。熊彼特撰写他的论著《经济周期》时,是从英国工业革命开始写起的,他相信这对理解他所谓的"连续的工业革命"或技术变革的长波效应十分重要。我们也追随他的方式在本书第一篇放入有关历史的一些新章节,用以讨论工业革命中的机械化、19 世纪末的电气化及 20 世纪大规模生产的兴起。

最后要指出,我们并未忽略当代的发展,其首要的特点是微电子学和计算机化的崛起,以及汽车工业从大规模生产向精益生产的转变。我们不仅从计算机产业的历史角度来谈论信息和通信技术,而且还在第四篇中以新的一章更全面地对信息社会加以探讨。多年来我们在创新政策问题上的研究特别受益于与经济合作与发展组织(OECD)、欧盟及产业界进行的合作。我们把这些经验编写入第四篇,其中新增加的三章主要涉及科学和技术政策问题。

尽管做了大量修订,我们仍然保留了本书第一版内那些基础的理论和历史方法。最近很多文献都令人惊讶地缺乏历史观念,但是在当今这个政策热点快速变化的世界里,理查德·纳尔逊(Richard Nelson)的评估理论概念仍然是中肯实用的。因此,我们应该坦诚地消化、吸收 20 世纪 80 及 90 年代的许多新研究成果。

克里斯·弗里曼

(Chris Freeman)

卢克·苏特

(Luc Soete)

致　　谢

本书的早期版本是企鹅出版社现代经济读物部在 1974 年出版的，第 2 版于 1982 年由平特出版社发行。本书根据 20 世纪 80 和 90 年代许多研究成果进行了大量的修订。本书使用了一些已经在各种刊物和多个组织的报告中发表过的一些文献的摘要，我们对照原来的文本做了不少改动，这些刊物和组织对此自然不必承担责任。表 4.1、4.2 和 4.3 经许可转载自 J.L.依诺斯(J. L. Enos)著《石油进展与利润》一书，该书由麻省理工学院出版社在 1962 年出版。

在编写这本书的过程中，科学政策研究所(SPRU，Science Policy Research Unit)和马斯特里赫特(Maastricht)创新与技术研究所(Maastricht-based Economic Research Institute on Innovation and Technology)的同事们给予我们许多帮助，对此我们深表感谢。书中引用了许多他们的著作，不过我们要特别感谢安东尼・阿仑德尔(Anthony Arundel)、基思・帕维特(Keith Pavitt)、雷・罗斯威尔(Ray Rothwell)和巴特・菲思佩奇(Bart Verspagen)的帮助和建议。我们也要感谢经济合作与发展组织(OECD，Organization for Economic Cooperation and Development)的同事们，特别是阿里逊・杨(Alison Young)，在科研统计方面的支持。他们所负责的经济合作与发展组织统计数据以及欧盟发表的新的欧洲科学技术指数，对于从事这方面工作的研究人员都是非常宝贵的，我们感谢经济合作与发展组织和欧盟允许使用这些统计。我们也感谢巴特威(Bas Ter Weel)帮助更新了一些表格和图表。这个领域中国际合作一直是很重要的，我们从全世界各地许多研究同行的著作和意见中获益甚多。我们还从许多个人的著作和访问及其他形式的接触之中得到教益，对他们就不再一一列举而一并在此表示感谢。

在另一完全不同的方面，还有四位人士提供了帮助，否则本书将无法完成。作为朋友和合作者，杰姬·富勒(Jackie Fuller)在国家经济与社会研究所(NIESR)和科学政策研究所(SPRU)的几个研究项目中作出了贡献。威尔玛·柯尼格拉奇(Wilma Coenegrachts)和凯林·卡普(Karin Kamp)在我们的合作研究中也以类似方式提供了很多帮助。最后，苏珊·李斯(Susan Lees)极为耐心、严谨和精确地指导了全书第3版的全面工作。对这些人士，我们深表谢意。

克里斯·弗里曼

(Chris Freeman)

卢克·苏特

(Luc Soete)

目录

方式来认识现实。

（萨缪尔森，1967，p.10）

1.1 引　言

在当今微电子学和遗传工程的世界里，已没有必要就科技对经济的重要性作过多说明。不论我们是像社会学家马尔库塞（Marcuse）或者如小说家西蒙·波伏娃（Simone de Beauvoir）那样把技术视为奴役和毁灭人类的方法，或者像亚当·斯密（Adam Smith）和马克思那样把它主要当成一种解放力量，我们全都参与了它的进步。不论我们怎样希望，我们都不能无视它对我们日常生活的无所不在的影响，也不能逃离它使我们面对的道德上和社会上及经济上的困境。我们可以诅咒它或者赞美它，但就是不能忽视它。

经济学家最不能忽视的是创新，它是经济进步的一个基本条件及企业和民族、国家在竞争中的关键性因素。西蒙·波伏娃摈弃现代技术一贯甘居贫困，但大多数经济学家都已趋于接受马歇尔（Marshall）的看法，即认为贫困是大部分人类堕落的主要原因之一。他们对经济增长问题持有的先验观点认为，亚洲、非洲和拉丁美洲大规模的贫困以及在欧洲和北美残留的不甚严重的贫困是一种可防止的灾难，它能够也应该被减轻，甚至被最终消灭。

最近，这种目标的合理性和可行性越来越遭到怀疑。然而，创新之所以重要，不仅是由于从促进繁荣的狭义上讲，它增加了各国的财富，而且从更重要的意义上看，还使人们能做以前从未做到的事情。它使整个生活质量发生或好或坏的变化，这意味着不仅是已有的商品更多了，而且出现了新形式的以前从未有过，只是在想象中存在的新商品和新型服务。

因此，创新不仅对那些希望加快和保持自己本国或别国经济增长速率的人非常重要，而且对那些不愿意仅仅片面专注于商品数量，还希望改变经济发展方向,或全力以赴地为改善生活质量的人们也是极其要紧的。此外,对于长远的资源保护和改善环境,创新也是非常重要的。防止许多种类的污染以及废弃物的经济低成本回收再循环亦都取决于技术的进步以及社会创新。

在最一般的意义上,经济学家们都承认技术创新对经济发展的重要性。亚当·斯密在其著名的《国富论》第1章就立即投入到"机器的改进"及劳动力分工对于专业性发明的促进方式的讨论之中。马克思的资本主义经济模型把技术创新放在资本品的核心地位——"资产阶级不经常改革生产方式就无法生存"。马歇尔毫不犹豫地把"知识"描述为经济进步的发动机。有一本战前标准的教科书的关于经济发展的一章中说:"对过去150年左右的经济发展所作的简要调查似乎表明其主要动力是技术进步。"(Benham,1938,p.319)萨缪尔森(Samuelson,1967)所著战后标准教科书得出了大体相同的结论。

虽然大多数经济学家对技术变革表示赞同,但直到最近还很少有人坐下来对其进行深入研究。朱厄格斯(Jewkes)及其同事们用三种原因来解释这个矛盾:经济学家对自然科学技术的无知;他们正忙着专注于贸易周期和就业问题而无暇顾及其他;以及缺少有用的统计数据(Jewkes 等,1958)。

这些原因可以部分地解释为什么对创新有相对的忽视,但并不能用来证明忽视的合理性,因为它们在某种程度上都可以解决。这一点在朱厄格斯等人的研究报告《发明的源泉》中得到了证明,并且在以前和后来的其他的实证研究中得到了肯定。虽然早期的文献评论(如Kennedy 和 Thirlwall,1971)曾经抱怨创新研究及其推广的资料太少,但近期的评论(如Dosi 1988;Freeman,1994)却表明20世纪80年代和90年代这种兴趣的激增。

以前人们之所以不关心发明和创新,不仅仅是由于经济学家专注于其他问题或是对技术的浅薄无知,他们也因为自己的假设和信奉公认的思想体系而受害。这些人倾向于把新知识、发明和创新看成是游离在经济模型框架以外的,或者更严格地说,是把它们视为"外生变量"。很多经济理论主要是处理商品和服务供求波动的短期分析的。虽然这些模型在许多方面非常有用,它们通常是在“其余情况不变”的传统假设下，把技术和社会框架的变化排除在考虑之外。甚至在20世纪50年代，那时经济学家已更多地把注意力转向经济增长问题，仍大体上继续保持剔除“其他事物”的作用的做法，他们把注意力集中在劳动和资本的投入这一传统因素上，而把囊括了诸如教育、管理和技术创新等其他一切对增长起作用的因素的“技术变革”仅作为一个余值来考虑。

以往固然在原则上总是承认“其他事物”是极其重要的，但是，只是在最近才开始把它们作为经济系统分析的对象。不论实际情况如何，对工业化国家经济增长的早期经济计量研究结果把大部分增长归因于技术进步，而不是传统的资本和劳力投入量的增加。然而，技术变革仍处于经济分析中的次要地位，而不是中心。不过把教育、研究和实验性开发看成增长过程中的基本因素，而把资本的投资降至中间因素，也不是不合理的。这确实是所谓的新增长理论的趋向（Romer，1986；Verspagen，1992b）。当然，它之所谓新，只是模型的设计者为时已晚，地方才承认了经济史学家，以及一些像熊彼特（Schumpeter）那样的经济学家长期持有的观点，即始终把技术和制度的变革置于中心位置。世界银行（1991）对发展理论的评述也主要用“无形投资”这个词来反映有关增长的见解的重大转变（见第13章）。

用这种方式来考虑，投资过程既是知识产生和推广的过程，也是体现了科技进步的资本品的生产和使用的过程①。以新知识作为投资的“无形”投资及其传播，而不是以砖石和机器形式投入的“有形”投资，成为关键的因素。然而，我们经济思想的整个形态以及统计指标的整个系统，在很大程度上仍然主要考虑的是“有形”的货物及服务。

在未来几十年中，与知识的产生及传播有关的专门产业将会雇用大部分劳动人口，这种变化必定会发生。贝尔纳（Bernal，1958）的未来就业分布图（图1.1）

① 严格地讲，技术正如这个词本身所表示的那样，不过是一套关于技能的知识。但是它也时常被用来表示知识本身，以及该知识在使用实物生产设备的操作系统中的实际体现。在本书中，“技能创新”（technical innovation）或“创新”这个词用来表示在经济中采用和推广新型改进的产品和工艺，而技术创新（technological innovation）则表示知识的进步。

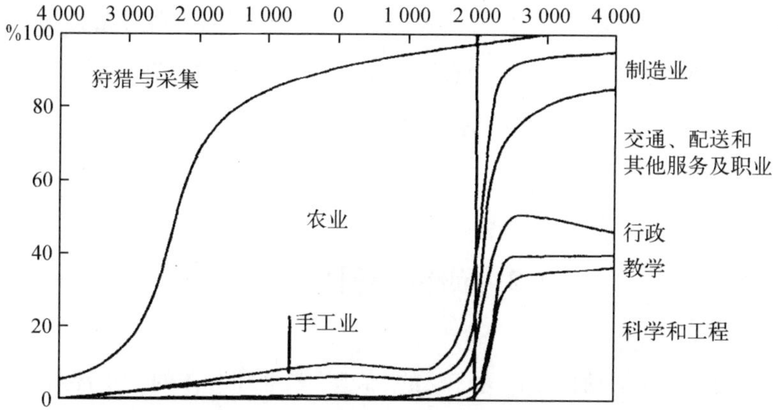

图 1.1　过去和未来就业情况的变化

引自：Bernal(1958)。

是推测出来的。它可能夸大了未来科学和工程的份额,低估了"教学"未来的份额,但是它说明了那种正在出现的基本变化趋势。农业从前占用了几乎全部人口,而今在最先进的经济中,农业占用的人数少于 10%(虽然在许多不太发达国家中仍大于 50%)。不仅仅是服务业扩展,制造业缩小了所占的份额,而且在制造业和服务业内,也是越来越多的人主要在从事信息而不是产品的生产和运输。

确实,如果采用知识产业的非常广义的定义,那么马克卢普(Machlup)证明了它在 1959 年就已雇用了美国劳动力的 1/4。在他所著《知识的产生和传播》(*The Production and Distribution of Knowledge*,1962)一书中,他估计美国劳动力有 30%以上从事与生产和处理信息而非与货物有关的职业。而他的各种定义中,不仅包括研究、开发、设计和各种教育,而且包括印刷、发行、科学图书馆、测试实验室、设计和制图事务所、通用的统计服务、资源勘查组织、无线电、电视及其他通信产业以及各类计算机和信息机器,与分析和显示信息相关的专业服务等方面雇用的大量人员。所有这些活动在产业、传播和利用技术的进展方面都是重要的,可是其中有些作为娱乐业在较广的意义上要更重要些。新近,波莱特(Porat,1977)估计,美国经济中"信息产业"的份额已占总数的一半,因而"信息社会"这个词使用得越来越频繁。如我们将会在第 7 章中见到,在讨论信息和通信技术(ICT)时,明确信息和知识之间的区别是很重要的。原始数据必须经过转换,才能成为有用的知识。我们可以把信息社会看作是以信息为基础活动形成的无形投资长期发展达到的顶峰。

1.2 研究与开发系统

研究和发明活动仅是极为广泛的"信息"产业综合体的一小部分。在美国,从事研究与实验型开发的专业劳动占总劳动力的2%弱;而在大多数其他国家则只占1%弱。然而这一研究与开发系统(R&D)却在整个综合体中居于核心地位,因为它在当代社会中创造了成为经济发展首要源泉的大部分新型及改良型材料、产品、工艺和系统。这样讲并不是要低估通过教育系统、产业培训、大众传播媒介、信息服务及其他手段进行知识传播的重要性。也不是要否认使用现在已有的知识可以在短期内取得快速进展这一明显的事实。更不是要否定从生产和市场向科研反馈及其他科技活动的重要性。这样讲只是要肯定一个基本观点,即对于任一已有的生产、运输或销售技术来说,都有由技术决定的生产力增长的长期极限。从最基本的意义上讲,赢得新知识是人类文明的基础。

因此,把注意力集中在新科学思想、发明和创新上面是非常正确的。发现与发明工作也越来越集中在专门的机构,即研究与实验性开发网络。这一专业系统通常以R&D(研究与开发)这几个缩写的首字母闻名。它的兴起也许是20世纪产业中最重要的社会和经济变革。本书主要涉及来自专业研发的创新以及对此系统的资源分配问题。此系统与其他知识产业及工业生产、销售之间的相互作用问题对任何经济来说都是极为重要的,但是直到最近它才成为系统研究的主题。无论从"自由放任、自由创新"①的隐含意义上看,还是从国

① 此处为法文 *laissez-faire*, *laissez-innover*——译者注。

家目标和战略的显见意义上看，有关研发的政策都是科技政策或国家科学政策的主要组成部分。一系列广泛的科技服务（STS）把研发系统同生产及日常技术活动连接起来。科技服务包括设计、质量控制、信息服务、调查及可行性研究。它们对于从事高效的创新来说也是必要的，并在许多产业分支中技术变革的推广方面可能占主导地位。

虽然政府的及大学的实验室早已存在，但是只是到了19世纪70年代首批专业的研发实验室才在产业中建立起来。在19世纪，专业的研发系统还基本不为经济学家们承认。即使到了20世纪初期，年轻的熊彼特（1912）虽然在他的经济发展理论中给予创新以极高的地位，但是仍然把发明的源泉看成是经济的外来物。熊彼特的一项重要贡献是把发明和创新区别开来。自那以后，这一点已被普遍纳入经济理论之中。一项发明是一种新型的或改进的装置、产品、工艺或系统的想法、草图或模型。这种发明常可以（并不总可以）获得专利权，但并不必然导致技术创新。事实上，多数情况也未导致这种结果。在经济意义上讲，创新只是在实现新的产品、工序系统、装置的首次商业交易时才算完成，尽管这个词也用来描述全过程。当然，后续的发明常常在创新过程中产生。而且更多的发明和创新可以在推广的过程中实现。尽管如此，熊彼特的区别概念还是很有价值的。

从发明或其说明到社会应用的一连串事件常常拖得很长，而且颇有风险。熊彼特（1912，1928，1942）总是强调企业家在这一复杂的创新过程中的关键作用。但正如阿尔玛林·菲利浦斯（Almarin Phillips，1971）所指出的那样，他只是在后期工作中才认识到公司内很多科学和发明活动的“内部化”。在1928年的文章中，他指出创新的“部门”管理正在取代个人的才能，而且大公司正在成为经济中技术创新的主要手段。这一从熊彼特早期（1期）到熊彼特晚期（2期）的重点转移将在后几章中进一步讨论。这反映了美国经济在两次大战之间发生的实际变化，以及这一期间大公司产业研究和开发的迅速增长。

第二次世界大战爆发前，在政府、大学和产业界已经存在着有组织的研究在某些特定情况下，市场机制可成为分配资源的有用手段，但是这也有局限，因此不能简单地让市场力量来任意明确并实施科学和技术中的社会性重点(Nelson,1959 和 1977;Pavitt,1996)。政治系统也必然会参加进来。这一形势的全部含义将在第四篇中加以阐述。

1.4 现代技术

“研究革命”不仅是规模大小的问题，它也包含社会和技术的关系的基本变化。技术这个词的使用通常意味着生产技艺知识的组织方式发生了变化。如果技术的意思是指整套同食物、衣服、住房及其他人类需求的生产与获得有关的知识，那么一切人类社会都使用了技术。这恐怕是人类区别于其他野兽生活的主要特点。然而直到最近，这些通常称作“手上艺”的知识在很大程度上还是来自手和眼的技巧，以及通过某种学徒关系或“边干边学”的方式代代相传的实际经验。

技术这个词及其正式、系统的整套知识的含义，只是在生产技能达到了传统方法不足以应付的复杂程度时，才被人们所普遍使用①。老的手工艺(或较原始的技术)继续与新“技术”并肩存在。然而，如果说现代产业完全是一种科学而不是手艺，那却是荒谬的。“供暖与通风工程师”可以仍是一名管子工；“摩擦学家”可能仍是给机器加润滑油的工人；而“食品技师”则还没有取代厨师，他们也许永远办不到。

然而，我们在如何获得生产、分配及运输货物的技艺知识方面有了极重要的变化。有些人把这一变化干脆称作“技术”。还有些人为了把不再需要老手艺而更依赖于正规的科学技能的一些产业区别开来，喜欢谈论“先进技术”或

① 马萨诸塞技术学院(麻省理工学院,MIT)成立于1861年，是技术这个词使用的里程碑。

"高技术"。由于从某种意义上看,人类社会一直有着技术,所以有些人认为现代技术中并没有新东西。我们可以说这是一个很大的错误,现在新技术正在革新科学与社会之间的关系。

有些历史学家认为"科学"和"技术"是两个各自自主发展、相互间有较大的独立性的分系统。德雷克·普莱斯(Derek Price,1965)坚持说,这两类知识以完全不同的方式和相当独立的传统产自不一样的专业。科学界关心新的发现,关心新知识如何能以满足同行科学家专业标准的形式发表,而应用则是次要的,甚至于可以不加考虑。另一方面,对于工程师和技术员来说,发表是次要的,不必重视。他们首先关心的是实际应用,以及如何用实物或设计的演示来获得专业上的认可。德雷克·普莱斯自然不否认"科学"与"技术"之间有着极强的相互作用。他用一对舞伴的比喻来说明问题。两个人虽然随着同一乐曲跳舞,却有各自的舞步。蒸汽机的发展显然影响了热力学的发展(说得轻一点),而电和磁的科学知识则是电气产业的基础。但是共舞的双方则做各自的表演,并以不同的方式运动。

这个比喻可以很有用,但如果用来表明自19世纪以来科学与技术的关系一点也没变,就可能引起极大的误解。至少,总还是有一些新的舞蹈,其中一些还是"贴面"的。这种关系已经变得紧密得多了,而产业中的专业研发部门则既是紧密的成因也是其结果。有两份极重要的根据实际经验撰写的研究报告,一份是英国的(Gibbons 和 Johnston,1972),另一份是美国国家科学基金会(National Science Foudation,1973)的,它们在一定程度上表明了科学以及与科学界的联系对现代技术创新的重要性。既然这种关系是相互作用的,那么人们通常喜欢用"与科学有关的技术"这个词,而不用"以科学为基础的技术",因为后者带有一种过于简化的、思路单向流动的含义。马克思把机器说成是科学走向产业系统的"进入点",但是今天这个词则更有理由用于研究与开发部门。

沃尔什等(Walsh,1979)在有关化学工业的科学和发明研究报告中说,公司的专利活动和科学论文出版这两方面的增长模式有很大的相似性。利伯曼(Liebermann,1978)认为,电子工业中的科学家们从基础物理杂志上引用近期文献的数目超过他们的大学同行们(见第7章)。

另有一些历史学家和经济学家,主要有黑森(Hessen,1931)、穆逊(Musson)和鲁滨逊(Robinson,1969),以及朱厄格斯等(1958),坚持认为17~19世纪时科学和工业技术之间已经有了大量的相互作用。这一论点相当有道理,不过它并改变不了这一事实,即工业内部所进行的专业化研究与开发已经把上述关系放在正规的、系统的基础之上,而且规模也大为扩大。

这一变化特别影响了新产品的设计,但是与科学有关的新技术也影响了生产如何改进与变革的方式。正如已提出的那样,在以前的工业中这些改变绝大部分都可以由生产过程的直接参与者在生产现场完成。把机械过程再细分并不会排除这种做法。事实上,正如亚当·斯密和马克思所说,导致进一步细分的发明常常就是工人们自己完成的。不过在化学工业中引进流程化生产工艺和在其他工业部门引进电子控制和自动化,意味着改进与变化越来越取决于对工艺的整体性了解,这通常涉及是否对理论科学原理有所理解。这也意味着,实验不能靠生产工程师或技工"在线"进行,而常常须在分开的车间中试验工厂中"离线"地完成。因此,"系统分析"本身就变得很重要了。所有这一切都突出了专业的研发组或者工程或技术服务部的相对重要性,减少了"心灵手巧技工"的相对重要性。在较新的产业中,研究和开发人员,以及其他技术部门和运行研究处或室,常常必须花费大量时间查找问题,就是说去解决那些在正常生产过程中出现的,并返回到他们那里去解决的问题。严格地讲,这并不是研究和开发工作,但这却说明生产人员的地位变化。在半导体工业中利用研究和开发人员来启动并调试新的生产线是这种变化的另一表现。用研究和开发人员来从事新仪器、新机器的首次试运行也是这样。

这也可以从各类工业的专利统计数据看出来。在机械工程类中,与公司的专利相比,个人的专利申请还是很重要的,但是在电子和化学类中,这种申请就很少了。其整个份额自1900年以来就一直在下降(OECD,1982)。

技术中包含了越来越科学的内容,科学内部分支和专业化越来越细,这些都使得专家和非专家之间的交流出现了很大问题。这又由于教育系统内部不同的专业之间,文理科之间的分隔而有所加重。对于很多人来说,这些趋势与现代工业化的一些令人不快的特点,都加剧了人们对现代技术的疏远的感觉,甚至于使人们怀疑起是不是还要继续搞创新了。他们觉得整个系统就像一尊无法控制、无法预测的毁灭之神,在他所过之处将人类社会一扫而光。看起来技术好像不是在服务人类,而是在搞破坏。“技术发展的潮流势不可挡”这句老生常谈的回答,并未减少反而加强了人们的恐惧情绪①。

结果,我们用以监视和控制技术变革的方向和步伐的社会机构成为现代政治的最关键问题之一。本书第四篇认为,科学技术创新越来越需要有更为明确的政策。书中还认为消费品和服务创新的市场需求机制有严重的缺陷,但是,要认识或控制这个复杂系统并不容易,而且它所享有的高度自主也部分地是这一困难的结果。

这并不是要否定一个纯粹的“自由创新”系统是不能接受的说法。也不是要否定人类价值在考虑促进还是阻止某些技术新发展时的极端重要性。技术创新不必是一种纯随机的或者任意的过程,不过如何加以控制则取决于对它的了解。这种了解主要就是对过程的经济方面,例如成本、投资的赢利、市场结构、增长率和利润的分配等的理解。我们对创新的经济方面的问题尚知之甚少,但是我们已逐渐建立起一套观察和归纳系统,以及不同程度上得到经验数据支持的一些说明性的假设。这些假设中的一部分无疑会被未来的观察和实验全面地或部分地否定掉或加以调整。只要我们的知识还在不断扩展,我们更成功地利用创新的机会就会增多。

---

① 见埃尔查希(Ezrahi)等人的著作《技术、悲观主义和后现代主义》(*Technology, Pessimism and Postmodernism*;1995)。

1.5 熊彼特的连续工业革命理论

本书反映出我们现有知识尚处于较初级的状态,其中所做的归纳都是初步的,因为它们都还未通过应用研究进行充分的检验和确证。虽然本书讲述了经济学家的某些经验性研究的成果,但是它也提出了某些尚未解决的主要问题,希望这样做能有助于促进新思维和研究工作。最后,本书的末尾提出了从分析引出的某些难办的政策问题。

本书第一篇中采用历史现实的方法来处理问题,这是经过慎重考虑的。使用抽象的“代表性公司”这一种虚构的公司来讨论,对认识工业研究与开发的作用不大。为了结合公司行为对研究和开发做出有效的概括,有必要明确地联系历史的背景以及特殊产业部门的背景来考察它们。孤立地看问题是起不了作用的。不预先进行观察和描述,纯粹的假设演绎法也就没有用处。这就是第一篇的目的所在。它提出了上述专业化工业研发系统兴起的3个基本特征,即技术的复杂性上升、工艺的规模增大、科学工作专门化。做这样的历史说明自然是为了以系统的方式提出假设、审查假设。

整个第二篇全部是专门用于考查观察得到的事实根据。这些根据可用来支持或否定各种现代创新理论,尤其是涉及公司行为方面的问题。所使用的事实根据包括第一篇中举出的历史材料,以及另外的一些与问题有关的研究成果。第一篇主要内容是事实叙述和历史背景;第二篇主要是较小范围的分析;第三篇则是技术变革和创新的宏观经济学方面的问题,即“国家创新系统”及国际贸易和技术流动。最后,第四篇讨论公共政策中的某些问题。有些读者可能希望跳过第一篇所讲的历史细节,但是在第二篇和第三篇中为了得到例证和根据有时还要返回到第一篇所举的实例中去。

第一篇(第2~7章)以历史描述的方式论述了各次技术长波中的研究、

发明和创新问题。熊彼特把这些长波描述为“连续的工业革命”(表1.3)。他追随着俄国经济学家康德拉季耶夫(Kondratieff,1925)把这些约半个世纪长的发展阶段称作“周期”,然而多数经济学家却喜欢把它们叫作成长的“长波”或“阶段”。“周期”这个词常用以说明一种可变的、不精确的现象,所以带有太多的决定论的味道。包括杰文斯(Jevons)、帕累托(Pareto)、邓佩蕾斯(Dupriez)等在内的许多经济学家都曾就价格趋势或利率变动或贸易流等方面探讨过这些经济的长期波动问题。熊彼特(1939)和范吉尔登(Van Gelderen,1913)首先提出,这些长波是由于在经济系统中引入了重大的新技术而产生的。

表1.3　连续的技术长波

长波或周期		主要基础结构的重大特征			
大约时限	康德拉季耶夫波	科学,技术,教育,培训	交通运输	能源系统	普遍与廉价的关键要素
第一次 1780~1840	工业革命:纺织品工厂化生产	学徒制,边干边学,意见分歧的学派,科学社团	运河,车行道	水力	棉花
第二次 1840~1890	蒸汽动力与铁路时代	专业机械与土木工程师,技术学院,大众初级教育	铁路(铁),电报	蒸汽	煤,铁
第三次 1890~1940	电气与钢铁时代	工业研究与开发实验室,化学品与电气,国家实验室,标准实验室	铁路(钢),电话	电气	钢
第四次 1940~1990	汽车和合成材料的大批量生产(福特主义)时代	大批量生产产业的和政府的研究与开发,普及的高等教育	汽车公路,无线电和电视,航空航线	石油	石油,塑料
第五次 1990~?	微电子学和计算机网络时代	数据网络,研究与开发全球网络,终身教育和培训	信息高速公路,数字化网络	天然气/石油	微电子学

表1.3说明了根据连续的技术变化而形成的这种熊彼特长波概念,但是该表并不严格遵循熊彼特本人的做法。他要求后继者们根据新的研究成果行事,而不要照搬他的办法。我们听从了他的意见。

熊彼特在其主要著作《商业周期》(*Business Cycles*,1939)中[1],接受了长约半个世纪左右的"康德拉季耶夫长波"周期这一现象的事实,并提供了与康德拉季耶夫(1925)本人不同的新颖解释。按照熊彼特的说法(1939,第2章),每一个商业周期都是独特的,因为技术创新以及战争、发现金矿、农业歉收等历史事件都各不相同。但是尽管他坚持认为每一次波动和扰动都有其独特之处,他相信经济理论的任务不能仅仅是把偶然事件排列成表,而是要分析系统行为中能产生波动的那些特性,而不管其具体的和可变的形态如何。照他的看法,最重要的特性就是创新。尽管其具体变化很大,他把创新看作是资本主义增长的主要动力和企业家利润的源泉。

企业家(他们可以是也可以不是发明家,但通常不会是)的能力和进取心创造了新的赢利机会。而这种机会又吸引一大群模仿者和改进者以一波新投资来开发新的机遇,产生出繁荣的形势。英国的工业革命是这一过程的明显例证。熊彼特把它看成是第一次康德拉季耶夫长波。由于它是我们所关心的整个历史过程的起点,我们在第2章中对之进行了较详细的分析。

然而在第一阶段,机械化基本上靠的是水力,而且主要限于纺织工业。到了第二次康德拉季耶夫长波时,蒸汽能源大量推广,许多其他类型工业的机械化才成为可能,新铁路的基础结构也就发展起来了。虽然这些变化需要更多工程师和新的工匠,以及普遍提高国民的文化水准,但只是到了电气工业兴起(第3章)和化学工业实现了技术变革(第4和5章)之后,专业的工业研发部门才成为新产品、新工艺开发的主要机构(表1.3)。随着第5~6章描述的汽车和石化产品在全世界推广,工业研究和开发的重要性进一步提高了。最

① 正如已时常指出的那样,康德拉季耶夫并不是长周期理论的创始人。把这一现象冠以他的名字在某种程度上是取名不当。荷兰马克思主义者范吉尔登(van Gelderen)在1913年就明确表达了这一概念,因此更应该确认他为创始人。大约与此同时,包括帕累托(Pareto,1913)在内的各类经济学家都注意到,长期价格变动、利率、贸易波动等的明显趋势都是一种约持续半个世纪的周期运动。然而20世纪20年代,在领导莫斯科经济研究所期间,康德拉季耶夫在推广和发展这一概念上所做的工作超过了任何其他经济学家。关于围绕熊彼特长波理论产生的争论问题,本书精选了一批文献,参见Freeman(1996)。

后,20 世纪最后几十年的特点是,建立在便宜的微电子器件基础上的经济计算机化(第 7 章)。

因此,熊彼特理论的“连续工业革命”的基础是通过新技术实现经济的质的转化,而不是个别产业的量的简单增长。

这种理论能否为经济发展中的“长”波提供一种看起来合理的解释,取决于某些创新的影响是否大到并突出到引起持久的挠动,以及它们是否以某种方式捆在一起——正如库兹涅茨(Kuznets,1940)在当时《商业周期》的评论中所指出的那样。国家铁路网的建设是一种本身可成为长波发生器的创新性投资,但是显然在许多产业中每年都会出现数千种小发明、小技术革新,其效果在很大程度上是渐进型的,而且也能很好适应某种平坦的均衡增长路线。如果要把这些较小的创新同经济上的波动联系起来,那就只能是把它们同新产业和新技术的增长周期连接在一起。

我们的说明与熊彼特在《商业周期》一书中所讲的有几个重要的不同点:(1) 熊彼特在第二次世界大战后很快去世,所以他当然只分析了前三次长波。表 1.3 中关于第五次和第六次长波的说明有一部分是推测出来的,不过第五长波的推测还是相当有根据的。(2) 该表是根据新技术系统出现大规模推广情况,而不是在其首次出现时编排的。熊彼特主要是在涉及第一次康德拉季耶夫长波时讨论到蒸汽机,而在涉及第二次长波时讨论到钢,而在这两次长波出现时,最初的创新技术早就有了。本书所持的观点是,要实现有新投资和就业的重大经济回升和转变,必须在新基础结构上有众多技术创新在推广。这种新基础结构以及相应的许多技术创新有个前期孕育阶段,时间可长达数十年。尽管熊彼特(十分正确地)谈论汽车,特别是内燃机在 19 世纪 80 年代到 20 世纪 40 年代期间的创新,我们却把汽车大批量生产和普遍使用时期才当成是“第四次康德拉季耶夫长波”。

首批蒸汽机[尤其是纽科门(Newcomen)机]早在 18 世纪初就用了欧洲的煤矿中,但当时仅限于矿井抽水之用途。但正如冯·图泽尔曼(von

Tunzelmann, 1978）在其所著《蒸汽动力与英国工业化》（*Steam Power and British Industrialisation*）一书所述，尽管瓦特在该世纪末大大改进了蒸汽机，但使用的数量还是很有限的。英国第一次工业革命时的作坊和工厂所使用的主要是水力而不是蒸汽。到了第二次康德拉季耶夫长波（表1.3），蒸汽机的推广使用取决于3个因素：

（1）蒸汽机的尺寸加大后，每马力的价格降低了（表1.4）。

（2）主要由康尼西（Cornish）矿业公司开发的新型高压蒸汽机降低了每马力的煤耗（表1.5）。

（3）铁路机车改进了设计，1825年后人与货物的运输量迅速增长。

表1.4　以马力计的博尔顿（Boulton）和瓦特蒸汽机（1800年左右）

马　力	每马力的价格/英镑
2	89
10	40
20	30

引自：von Tunzelmann（1978, p.51）。

表1.5　用于制造的各型蒸汽机的煤耗

蒸汽机类型（年代）	每马力每小时用煤/英镑
萨费雷（Savery）蒸汽机（18世纪）	30
纽科门（Newcomen）蒸汽机（矿业用）（1700～1750）	20～30
纽科门（Newcomen）蒸汽机（1790）	17
瓦特低压蒸汽机（1800～1840）	10～15
高压蒸汽机（1850）	5

引自：von Tunzelmann（1978, pp.68～70）。

之所以选择这个例子，是因为所有的这些趋势都是相互促进的。运输的巨大改进显著地降低了重要工业区的煤价，而在这些地区新型工业的发展极为迅速(表1.6)。蒸汽动力成本降低有利于其在棉纺以外的许多其他工业中使用(虽然直至1870年棉纺仍占英国全部制造业马力的1/3)。每一个有关历史问题的章节都试图说明技术与经济变革的相互关系,以及许多创新本身之间的相互关系。创新在性质上是有系统的(Gille,1978;Hughes,1982),而不是孤立事件。这种系统的经济和技术的相互关系导致了每种主要类型技术的"锁定"效应。

表1.6 英国地区(1800~1850)煤价(先令/吨)

	伦 敦	伯明翰	曼彻斯特
1800	46	9	16
1810	38	12	13(1813)
1820	31	13	10(1823)
1830	26	6(1832)	10(1833)
1840	22	8	7(1841)
1850	16	5	6

引自:von Tunzelmann(1978)。

每一次技术革命都以若干批技术创新为基础,其中一些包含大变革和突变("开创性的"创新),而另外一些则包含许多小改进("渐进的"创新)。挑选出来讨论的创新自然只不过是总数的一小部分。挑选出它们是为了说明历史发展各阶段的一些主要特性。

1.6 本书的结构

第一篇限于篇幅,无法对创新进行充分介绍,因为每一种创新本身都值得写一本书。有些写成的书已开列在参考书目之中。本书的意图是挑选创新的一些最重要的特性,从经济学家的角度加以探讨。我们对创新的技术方面论述得很少,对发明家和创新者的个人特点也是这样。本书的重点放在工作的规模、专利、公司的大小、营销以及时间滞后等问题上。哪些类型公司完成了主要的创新?在哪个阶段、在什么产业中完成的?它们是专业化研究与开发的成果吗?开发新产品和工艺并将它们投入市场需花费多长时间?成本是多少?管理人员的期望和促使他们决定创新的压力都是什么?企业理论的含义是什么?

虽然这种做法集中在经济方面,但并不意味着创新的技术、心理、社会等方面就不重要了。那样的态度显然是荒谬的。如果说需要一套更完整的创新理论,倒是不错的,不过这超出了本书的范围。然而,本书末尾的几章对技术创新政策所涉及的某些更为广泛的社会问题进行了讨论。

第一篇对技术创新进行了主要是客观描述性的历史论述之后,接着第二~三篇又对创新理论的某些一般含义做了分析性的论述。第 8~11 章涉及与创新有关的公司问题。

在分析性论述部分,本书认为第一篇所描述的研发专业化在国内及世界市场上对公司间的竞争性质有深远的影响。导致这种新型竞争性斗争成功或失败的各种因素在第 8 章中进行了论述,而公司的大小起什么影响则在第 9 章中加以讨论。总的来说,产业研发的发展有利于大企业,并对产业集中的过程起了作用,但是小的新型企业在某些类型的创新上保持了一定的优势。巨型跨国公司享有巨大的优势,它们能够把某些种类的创新及有关技术服务的极高开发成本分散到巨大的销售量中去。这是长途电讯、涡轮发电机、精炼厂、飞机、制药等产业的巨大长处。但是不管是大型还是小型企业,其技术创新都有高度不确定的特点。企业在创新管理中如何对付这种高度不确定的问题将在第 10 章中加以论述。

创新的过程具有摸索和试验性决策的特点,同企业理论不相符合。这种理论认定投资计算极为精确,或者对企业行为的后果有广泛的预见。随创新而出现的不确定性使得对各种计划和战略如何取舍有争论是正常现象,而非例外。这就是说,企业通常是主张不同行动路线间进行政治辩论的场所,同时权力斗争将会围绕这些问题展开。

因此,第11章对企业理论进行了某些重新考虑。企业试图利用研发以及别的科学技术服务来降低它所面临的不确定性。但是研究与发展的性质却是这样的,即不管做出多大的努力,技术与市场的不确定性却依然存在。某些类型的研发还会加大不确定性。因此,高度不稳定性将保持下来,企业内的决策仍将像是"胡乱应付",而不是新经典理论所喜欢的有序、合理的分析结果。

第三篇的分析从微观进入了宏观。第一篇的历史分析和第二篇的理论分析表明企业在其创新活动中的表现与它们所运行的环境有密切的关系。最近两个世纪以来,各国的经济增长率有了很大的变化。在19世纪和20世纪加速前进的领先国家与亚、非、拉的欠发达国家之间在生活水准上形成了很大的差距。很多欧洲国家在20世纪已经消除了差距,近来有些东亚国家也已开始这样做。这种追赶并消除生活水准差距的做法在很大程度上取决于能否消除技术上的差距。第三篇各章分析了经济增长中的加速前进、落后、赶上等过程,以及国家运行情况同技术转让、国际投资流动及每个国家的"创新系统"等的关系。

最后,第四篇讨论政府对科学、技术和创新的责任。在最近半个世纪中,各国政府越来越多地承担了责任,其中不仅包括了研发及其他科技服务某些方面的责任,而且还包括某些形式的技术评估。这一评估是为了对技术变革可能产生的后果进行全面的社会成本效益分析。技术创新的某些风险和不确定性要由国家承担,这很难避免,因为存在着世界竞争的压力。研发的外部因素和规模因子,以及"自由放任"的某些不利影响。然而这种国家管理意味着承担责任来制定明确的而不是模糊的国家科学技术创新政策。与这一重大政府责任有关的某些问题将在第四篇进行讨论。

人们认为,美国、苏联、法国和英国1945~1989年期间的国家重点项目主要是冷战确定的。政府对飞机、核能和电子学的研发的支持不但巨大而且有效。这些产业中的企业成为军工业联合体的一部分,其中由政府支持创新是正常现象。而在下个世纪,完全不同的重点将会建立起来,而国家政策也会用来促进其他类型的创新。大量研发工作需用来解决环境问题,保证便宜的可再生能源的长期供应,处理自然资源有限的矛盾,促进充分就业,开发更好的运输和建设系统,以及普遍改善工业化国家的生活质量问题,等等。更为重要的是解决欠发达问题的研究和开发工作。如此重新部署稀缺的研发资源以满足最急需的重点,不可能仅作为短期市场因素的成果来实现。因此它必须是国家科技政策的主要任务,而且也越来越成为国际政策的任务。

评论、综述和主要参考书目

这些参考文献中有一些是包含了技术变革,以及创新在内的全部经济学主题的主要著作,其中有一些书目也会出现在相应部分末尾的参考文献目录内。

Boyer, R. (1997) *Les Systèmes d'Innovation à l'Ère de la Globalisation*, Paris, Economica.

Chandler, A. D. (1992), 'What is a firm?: a historical perspective', *European Economic Review*, vol.36, pp.483~494.

Coombs, R., Saviotti, P. and Walsh, V. (1987) *Economics and Technological Change*, London, Macmillan.

DeBresson, C. (1987) *Understanding Technological Change*, Montreal, Black Rose Books.

DeBresson, C. (1996) *Economic Interdependence and Innovation Activity*, Cheltenham, Elgar.

de la Mothe, J. and Paquet, G. (eds) (1996) *Evolutionary Economics and the New International Political Economy*, London, Cassell.

Dodgson, M. and Rothwell, R. (eds) (1994) *The Handbook of Industrial Innovation*, Aldershot, Elgar.

Dosi, G. (1988) 'Sources, procedures and micro-economic effects of innovation', *Journal of Economic Literature*, vol.36, pp.1126~71.

Dosi, G., Freeman, C., Nelson, R., Silverberg, G. and Soete, L. (eds) (1988) *Technical Change and Economic Theory*, London, Pinter.

Edquist, C. (1997), *Systems of Innovation*, London, Pinter.

Foray, D. and Freeman, C. (eds) (1993) *Technology and the Wealth of Nations*, London, Pinter.

Freeman, C. (ed.) (1990) *The Economics of Innovation*, International Library of Critical Writings in Economics, vol.2, Aldershot, Elgar.

Freeman, C. (1994) 'The economics of technical change: a critical survey', *Cambridge Journal of Economics*, vol.18, pp.463~514.

Freeman, C. and Soete, L. (eds) (1992) *New Explorations in the Economics of Technical Change*, London, Pinter.

Gomulka, S. (1990) *The Theory of Technical Change and Economic Growth*, London, Routledge.

Granstrand, O. (ed.) (1994) *Economics of Technology*, Amsterdam, North Holland.

Grupp, H. (1997), *Messung und Erklärung des technischen Wandels: Grundzüge einer empirischen Innovationsökonomik*, Berlin, Springerverlag.

Hodgson, G. M. (ed.) (1995) *Economics and Biology*, The International Library of Critical Writings in Economics, Vol.50, Aldershot, Elgar.

Kennedy, C. and Thirlwall, A. P. (1971) 'Technical progress', *Surveys in*

Applied Economics, 1, pp.115～77, London, Macmillan.

Landau, R. and Rosenberg, N. (eds) (1986) *The Positive Sum Strategy: Harnessing Technology for Economic Growth*, Washington, National Academy Press.

Mackenzie, D. (1992) *Economic and Sociological Exploration of Technical Change*, in Coombs, R., Saviotti, P. and Walsh, V. (eds), *Technical Change and Company Strategies: Economic and Soliological Perspectives*, London: Academic Press, pp.25～48.

Mansfield, E. (ed.) (1993) *The Economics of Technical Change*, International Library of Critical Writings in Economics, vol.31, Aldershot, Elgar.

Mansfield, E. (1995) *Innovation, Technology and the Economy, Selected Essays*, 2 vols, Aldershot, Elgar.

Metcalfe, J. S. (1997) *Evolutionary Economics and Creative Destruction*, London, Routledge.

Nelson, R. (1996) *The Sources of Economic Growth*, Cambridge, MA, Harvard University Press.

OECD (1992) *Technology and the Economy: The Key Relationships*, Paris, OECD.

Rosenberg, N. (1994) *Exploring the Black Box: Technology, Economics and History*, Cambridge, Cambridge University Press.

Saviotti, P. and Metcalfe, J. S. (eds) (1991) *Evolutionary Theories of Economic and Technological Change*, Chur, Harwood.

Stoneman, P. (ed.) (1995) *Handbook of the Economics of Innovation and Technological Change*, Oxford, Blackwell.

Tidd, J., Bessant, J. and Pavitt, K. (eds) (1997) *Managing Innovation: Integrating Technological, Market and Organizational Change*, Chichester,

Wiley.

Utterback, J. (1993) *Mastering the Dynamics of Innovation*, Boston, Harvard Business School Press.

Witt, U. (ed.) (1991) *Evolutionary Economics*, The International library of Critical Writings in Economics, Vol.25, Aldershot, Elgar.

第一篇

CHAPTER ONE 与科学相关技术的兴起

绪　　言

这本书的第一篇在今天的经济学书籍中已不多见了,然而在早期这类题材的书中却是很普遍的。本书是从历史开始讨论,这同熊彼特的把历史带回经济学的观点是一致的。第一篇的目的就是对18世纪末~19世纪初由英国的工业革命开始的技术变革浪潮,作一个浓缩的历史说明。这样做有几个理由。

首先,经济学理论近期的发展是集中在它们对进化过程路径依赖关系的认识之中。在许多方面这意味着向古典经济学家观点的回归。这里包括亚当·斯密和马克思,它们对经济演化和社会制度关系给以极大的重视。

在研究技术变革时演化的观点是最重要的。所有的经济学家都同意这是资本主义经济活力之发展及不安定性的,即使不是唯一重要根源也是主要的根源之一。技术创新引发了永不平息的易变不安定性及进化的骚动,而这正是资本主义的特征所在。资本主义的企业、产业和国家的成长不仅仅是由于进口及出口数量的增加,尽管这无疑是重要的,更是由于经济结构由技术变革连绵不断波动而引发出的质的变化。

如第1章已指出的,我们的观点是追随了熊彼特的"连续工业革命"或经济发展长波理论,然而也随着近期研究成果作了些修正。第一部分的几章里指出了历史学家对有关技术历史进行研究的观点,他们正确地坚持认为,技术和组织管理之间存在着大量相互依存的关系。像哈姆雷特(Hamlet)的烦恼一样,这些依存关系并非单个出现,而是如军团般簇拥而来。工艺和加工的创新、产品创新、组织管理创新和材料创新,在机械化、电气化或电子计算机化时代都是相互缠绕在一起的。

我们关于这段历史的记叙只能是有选择的,但要用它们来说明创新过程影响全局的特性,以及谈论重要的创新的其他的特点。叙述从工业革命开始,因为这是首先从英国开始然后扩向许多国家的技术变革,以及经济成长进入一个加速期的转变的标志。第 2 章介绍了几位工业革命时期的企业家原型——杰西·韦奇伍德(Josiah Wedgwood)、理查德·阿克莱特(Richard Arkwright)和塞缪尔·克劳普顿(Samuel Crompton)及他们主要的创新功绩。集中记述这几位最具创新性的企业家是符合这个时期小企业的发明和创新的特点的。但这一章也包含了对当时主要的发展最迅速的棉纺产业的全面特点作了简要分析。

第 3 章把注意力转到美国,这里有 19 世纪下半叶到 20 世纪初期发展最快的产业经济。我们首先谈论了钢铁业的革新,钢铁是无数工业产品、设备以及改进更新旧产品需要用的主要材料。钢铁还同电气化密切相关,电气化带来的灵活性使许多设备和工艺发生变化。电力促进了许多产业的重新布局和改组,其家庭应用又引起许多家庭生活的变化。美国钢铁工业和电力工程工业发展的主要特点是技术创新和规模经济之间的联系。企业巨人如联合钢铁公司和通用电气公司成为 20 世纪美国经济制度的象征。第 3 章力图指出公司的规模与管理上的创新,包括企业内部工业研究与开发之间的联系。

第 4~5 章指出这种基于技术工作创新和管理创新的类似的规模经济也导致了石油和化学的大型公司在美国和德国出现。这两章主要着重讨论了这些公司新的产业化科研活动,以及根据它们的合同进行的工厂设计和建设工作。这里也提出了一些有关如何估测发明和创新(研究、开发的产出)这样的重大问题。

基础材料产业化生产的巨大经济利益是通过生产过程的规模化取得的,可是汽车和耐用消费品生产是通过流水装配生产线革新得到的。第 6 章记述了福特的底特律工厂的创新及其在全世界的推广。这段故事以日本汽车工业对福特体制的重大改进而结尾。丰田-大野(The Toyota-Ohno)的“精益生产体系制"大大地提高了日本生产商在全世界市场的生产能力及市场占有率,并促使美国及欧洲公司下决心在主要方面也仿效日本。

第一篇的最后一章是有关20世纪最具革命性的创新——电子计算机。从无线电通信、电视和雷达开始,这一章罗列出电子技术从最初的产生直到现在成为20世纪最具渗透力技术的历史。使得电子产业快速发展的重要原因是电子元件的不断升级换代,做到了把上百万个元件集成在一个集成电路上。规模经济又是这方面的基本内核。

虽然第一篇的情节指出了技术创新、组织管理创新和规模经济在产业化研发及大企业成长中的综合效果,但也强调了小企业的活力。这些记述的确指出了在新技术和产业的早期阶段,小企业起着关键作用。第二篇将从历史性的叙述转向对大型及小型企业在不同类型的创新中的作用,及在创新中成功条件的系统分析。第一篇的作用便是提供在第二篇及第三篇中更加系统的讨论的现实基础,并指出这个体制中哪些特点已经改变了,又有哪些是在整个资本主义经济历史中仍然继续起作用的。

第2章　工业革命

亚当·斯密在英国工业革命开始时写了他的名著《国富论》。他曾去多个欧洲国家旅行，并且努力在他的著作中解释为什么英国的生活水平高于其他欧洲国家。法国的重农主义者把国民收入增加归功于农业生产率，而斯密则集中精力说明制造业与贸易的作用。制造业内的劳动分工有利于使用新型机械并在一部分操作人员中积累专业技能。市场的开放和在国家内部与在国家之间减少贸易壁垒，使制造业之间开展竞争，使市场扩大并且得到产品的规模经济效果，与此同时使劳动分工进一步扩大。

斯密根据他观察英国18世纪60和70年代的实际变革，以他非常著名的关于别针生产作坊的事例，得出了结论。根据总产量和雇工情况，重农主义者正确地认识到农业仍然远比制造业重要，在法国和英国都是如此。但是斯密正确地意识到制造业的生产率能够以更快的速度增长。由于技术变革，资本的积累和专业化技能可以使社会更快地达到富裕。几乎所有的历史学家都同意亚当·斯密的这个关于这些因素在英国经济当时惊人的冲刺速度的重要性的解释，那时英国工业的迅速发展被称为"工业革命"，这发生于他这本书在1776年出版的时候。

历史学家和经济学家在解释问题的侧重点上有一定程度的差异。弗里德利希·李斯特(Friedrich List，1841)相信斯密低估了科学和技术的重要性，而过高估价了劳动分工的作用(见第12章)。几乎所有的历史学家都同意，应该否定单一因素的解释，而要强调技术、经济、政治和文化变革之间的相互依赖性，苏普莱(Supple)简要的总结是一个非常好的典型：

18世纪末之前英国的经济、社会和政治经验可以很好地解释为什么它能成为工业先锋。与同时代的任何国家相比,大不列颠具备了所有发展的条件。企业的发展,获得丰富的资源和巨大的海外市场,在占据优势地位的贸易系统内获取丰富资源及巨大的海外市场,资本积累,成为工业技术中心,它的地理位置和岛屿及众多的河流便于运输,科学和实用主义的传统,稳定和相对灵活的社会制度以及有利于商业和创新的意识形态,所有这些在200多年形成的历史使得英国比其他欧洲国家更容易得到经济发展。

(Supple,1963,p.14)

2.1 技术创新与工业革命

在这本书里,根据前一章引言中提出的理由,我们集中讨论技术创新以及它与科学的关系。但这并不意味着我们否定或低估苏普莱所提到的那些因素的作用。通过投资使发明在新的机器中具体化是工业革命取得成功的关键,这是最明显的例证。熊彼特在对"创新"的定义中不仅是技术创新,其中还包括市场和组织管理的创新。正如我们将看到的,就像后来的技术变革浪潮一样,在工业革命中这些事物都是相互依赖的。革命包含一个非常根本的组织变化,从纺织物的家庭手工业生产体系到工厂生产体系,并且这种变化只有在政治变革和冲突,以及文化变革之后才会发生,例如工厂上班时间和管理的纪律。

精确地确定工业革命的日期是不可能的,有些学者强调有一些变革在18世纪初甚至在17世纪就已经出现了,例如科学革命和17世纪40年代的英国的内战中君主制度及封建势力的失败。但是,经济史却认为英国工业的产量、投资和贸易在18世纪的最后20年有了突飞猛进的发展。霍夫曼(Hoffmann)计算出1700~1780年之间英国工业的增长速度在每年0.5%~1%之间,但是

1780~1870年之间是每年大于3%。最近的估计(Crafts,1994)使后期的增长速度有所降低,但是根本的格局并没有改变(见表2.1)。苏普莱对此共识做出如下的总结:

> 经济的变革并不是以一种稳定加速的形式出现,它有一个大致的转折点(大多数历史学家认为这是发生在18世纪80年代),在那以后创新、投资、产出、贸易等都出现了向前的飞跃。
>
> (Supple,1963,p.35)

表2.1　英国实际工业产量(%每年)的增长

年代	棉花	铁	建筑	加权平均*
1700~1760	1.37	0.60	0.74	0.71
1770~1780	6.20	4.47	4.24	1.79
1780~1790	12.76	3.79	3.22	1.60
1790~1801	6.73	6.48	2.01	2.49
1801~1811	4.49	7.45	2.05	2.70
1811~1821	5.59	-0.28	3.61	2.42

*1700~1790以1770年为准;1790~1821以1801年为准,包括其他工业。
引自:Grafts(1994)。

尽管在18世纪末出现了工业增长的高潮,它是英国经济增长中加速的主要因素,菲尼斯·迪恩(Phyllis Deane,1965)估计国家收入在1800~1860年这一时期的增长速度是1740~1800年期间的两倍。这标志着一个长时期里的经济增长率达到了人类历史上空前的高度。因此英国工业革命值得着力研究,尽管后来的经济增长率已超过这个水平;也正因为此,本书必须从简要地叙述这个转变开始。

虽然我们主要关注制造业和运输基础设施,这并不意味着农业上的技术变革是不重要的。相反，整个18世纪英国农业生产力持续增加，虽然增长速度比工业慢。而且许多历史学家指出在农业上社会和经济变革是助长劳力与资本变动的重要因素之一，而劳力与资本对工业化是必须的。在那些今天已经实现了工业化的国家，特别是亚洲，虽然制造业正以比农业的增长快得多的速率增加其产量和提高生产率，在大多数成功的例子中，农业也在持续增长其产出和提高农村的收入。第二次世界大战后不久，在韩国和中国台湾有成效的土地改革与没有进行土地改革的几个拉丁美洲国家的鲜明对比，说明这是那些国家后来经济情况差异的一个主要因素。因而我们在后面不谈在农业上进行技术、组织管理和社会变革，仅仅是由于本书篇幅有限的原因了。

英国工业增长的浪潮不是简单地同时平衡所有工业的增长，而是由少数几个前导产业的不寻常的速度发展为其特征，最快的是棉纺工业，其次是冶铁（表2.1）。棉花在工业增长总额中占的份额从1770年的2.6%到1801年的17%。棉纺工业的不寻常的规律一般已得到同代人和以后的历史学家的承认。

> 在英国工业革命开始的十年，棉纺工业经历了最惊人的发展。1840年以后，铁路投资和运输网络在经济中占统治地位，在这个世纪的第四分之三的时候，钢铁工业和蒸汽轮船制造业跑到了前面。
>
> （Supple，1963，p.37）

皮棉输入从1783~1787年间平均每年为1 600万磅[①]，到1787~1792年为2 900万磅，而1800年则达到了5 600万磅。货源从西印度变为美国奴隶农场。输入的增长率，被19世纪的历史学家班尼斯（Baines，1835）描述为“其增长率和稳定程度远远超过了任何其他制造业中的所有惯例”。

班尼斯将18世纪70年代和80年代出现的奇迹直接归结为技术发明及其

---

① 1 lb（磅）= 16 oz（盎司）= 0.453 592 37 kg；1 oz = 28.349 52 g——译者注。

传播:“从1771~1781年,由于发明了纺纱机和水轮机,出现了很快的增长,在1781~1791年的10年,是纺纱机发明以后的10年,且阿克莱特的专利期满,进步的速率是惊人地加快了。”

在一系列发明和改进的基础上(如见 Hills, 1994; Mann, 1958; von Tunzelmann, 1995)建成了利用这些进步的新型工厂(作坊),使生产能力大大增强。工艺过程改进了就能大幅度降价,提高英国出口货物的竞争力。英国棉纺织品抢走了印度和别的亚洲纺织品以及实际上所有其他生产者的生意。到1820年,棉纺织品占英国出口量的60%,成为19世纪贸易中最大宗的单项日用品,到1899年仍占英国制成品出口的30%以上,那时英国仍是最大的输出国。可是到了20世纪,英国政府却为亚洲的竞争造成兰开夏(Lancashire)棉纺工业的衰退及就业率下降而烦恼,这同19世纪时相比已是不可同日而语了。棉纺织品是近代创新对市场影响的第一个大的例子,在第15章还将深入讨论。

卡萝塔·佩蕾丝(Carlota Perez, 1983)特别指出,在成功的产业变化或经济发展的长波中,关键产品要素的急剧降价的作用,正如19世纪后期的钢铁或20世纪的石油那样。最明显的情况莫过于当代微电子装置中特别是计算机中集成电路出现了空前的数量级的降价。棉纺织品虽不完全是这样,但棉纱价格的下跌肯定是值得注意的。即使在拿破仑战争的通货膨胀期间,1786年的100号棉纱的价格是38先令,到1807年也降到6先令9便士。

实际上,无论是现代或其他时代的论述中,都肯定了发明对在棉纺工业和在其他工业中出现经济飞速增长的重要性。实际上在老的英国历史教科书里,这些内容都放在最重要的部位。例如亚当·斯密(1776)就研究了当时的情况,着重说明了在作坊和工厂里对工艺操作不间断地改进及原始的重大发明。他们也强调指出发明转变为创新及使之迅速推广的重要性。授权的专利数在1740~1749年约有80个,到1750~1759年增加到100个以上,到1770~1779年增加到几乎300个。专利虽然是个不完善的指标,但现阶段还没有任何可以取代它的新系统出现(Eversley, 1994)。

对18世纪主要发明的性质，有一些分歧。某些作者认为那是很简单的："他们给人的印象是，发明是对原理无知的不出名的水车设计人、木匠或钟表匠的工作，他们不过是碰巧在某些装置上成功了。"但是，阿什顿(Ashton)则认为，"这种观点是不对的，混淆了系统思想是存在于大部分工业实践的创新之后的事实"。而且过分强调了其中的偶然性部分(Ashton，1963，p.154)。并且，很多包含两个或多个原先独立的设想或过程，在发明人的脑海里结合到一起，产生出复杂程度多少不一却有效的机器。比如说，克劳普顿将精纺与纺纱机原理结合起来而发明了精纺机。

而在另一方面，有些介绍却给人以发明是个别天才或科学精华的成果，而不是持续的社会努力和机械上独创性的成就。这些认识上的差别的部分原因是发明和创新的范畴非常广泛(今天仍然如此)。其中的大部分在那时和现在都是对已有生产工艺和产品渐进性改进和进步积累而成，而且如亚当·斯密指出的，这些经常是由在各种工作场所使用机器操作的工人创造出来的。他们可以从劳动分工专业化中得益，但是亦如亚当·斯密强调的，还有另外一些发明是来自科学家对不同的过程进行深入观察研究而取得的。希尔斯(Hills，1994)根据他在西北科学和工业博物馆里面实际操作机器的经验形成了自己的意见，他强调由哈格里夫斯(Hargreaves)和阿克莱特提出的改进路径的重要性：

> 正如大多数发明一样，他们的工作必定不是孤立地进行，因为它有赖于以前做了什么……手纺的各种方法……新发明比至今实行的方法更能紧密地联系到哈格里夫斯、阿克莱特和他们的前辈保罗(Paul)和怀亚特(Wyatt)用的纺织的方法。
>
> (Hills，1994，p.112)

但是哈格里夫斯、阿克莱特、克劳普顿和他们的前辈和后继者的发明的综合的效果是革命性的，而不是渐进的（表2.2）。18世纪末，生产力的跃进减少了很多操作时间，加工100磅棉花所用工时（OHP，operative hours to process）减少了一个数量级还多。由于需要动力操作，以后的发明意味着机器必须安装在预先建好的房子（工厂）里，阿克莱特的专利只限于上千个锭子、人力或马力拖动的机器，很快就被水力及后来的蒸汽机所替代（Jenkins，1994）。本章将在后面详细地谈述他的发明。这里我们只是综述一下他的及其他纺织方面创新的主要特点。

表2.2　棉纺工业中的劳动生产力加工100磅棉花的工时数

	操作小时数（OHP）
印度手纺（18世纪）	50 000
克劳普顿的纺机（1780）	2 000
100锭纺机（1790）	1 000
带动力的纺机（1795）	300
罗伯特（Robert）自动纺机（1825）	135
当今最有效的机器（1990）	40

引自：Jenkins（1994，p.xix）。

在工业革命中纺织工业创新的最原始的分析里，冯·图泽尔曼（von Tunzelmann，1995）提出了强有力的证据，创新者的主要动机是节省时间。节约固定和流动资金、劳力和土地都是在实现较简单的机械化的一般范例之后，时间节省了之后的间接效果。他也提出了要关注整个生产系统的装置和协调的作用。“复制增添特定的结构上薄弱环节的部件数目，常常可以提高工作速度。木板印刷的印辊，可以增加到5倍。”（Baines，1835，p.236）“同样的创新方法用于纺纱机，起初可将常规的纺轮个数增加到8倍，最后有时在一台机器上可扩大120倍。”（同上，p.15）冯·图泽尔曼也引用Baines的关于导致生产力的提高是由于“一系列成功的创新和发现，以至于纺织工人一天生产的棉纱可相当于老生产方式一年生产的量。从前漂白布料要6~8个月，现在只要几个小时”(同上,p.8)。漂白不同于纺纱机的机器发明,它直接依靠化学的进步。

古典经济学家(斯密、李嘉图、穆勒、马克思),在他们的经济增长分析中,将资本积累作为一个中心阶段。经济历史学家虽肯定不否认其重要性,但却倾向于降低他们对工业革命早期资本积累速度的估算值。而罗斯托(Rostow,1960)已提出“起飞”进入“持续”增长要求生产投资从 GNP 的 5%上升到 10%,在 18 世纪末的英国已到了这种关口,克拉夫茨(Crafts,1994)估计在 1801 年英国国内投资仅为 GDP 的 7.9%。但是,这个比较低的增长率,与在这时很小规模的公司、相对低的新机器价格、18 世纪中叶以前很低的利率(从 1757 年起,英政府公债为 3%)还是一致的。

在 18 世纪,尽管英国早已有一个发育良好的资本市场,棉纺业老板和其他早期实业家必须从当地财源、家庭、朋友、国家银行获取他们的资本以及用后来的利润投资。博尔顿(Boulton)和瓦特,当他们开始在伯明翰市布尔顿的苏胡(Soho)工厂制造蒸汽机时,也是同这些企业一样由这个途径获得资本的。

有组织的资本市场和有钱的地主阶级对在 1750~1800 年间增长很快的运河和其他基础设施的投资起了很大作用(图 2.1)。胡斯班(Hobsbawm,1968)指出,英国工业按照生产体系、煤矿区、新纺织工业区、“乡村工业”而“广泛地分散”和以伦敦作为(欧洲最大)的人口、商业和服务业中心就产生两大重要结果:

> 这一切给了在政治上有决定权的地主阶级直接的利益,矿藏在他们的土地下面,与欧洲大陆不同的是他们而不是国王拥有采矿专利权,他们还从在乡村里的制造业获利。当地的贵族和乡绅对运河和公路投资有巨大兴趣,他们不只是为当地农产品开辟更大市场,而且从当地煤矿和制造业获得更好、更便宜的运输中得利。
>
> (Hobsbawm,1968,p.16)

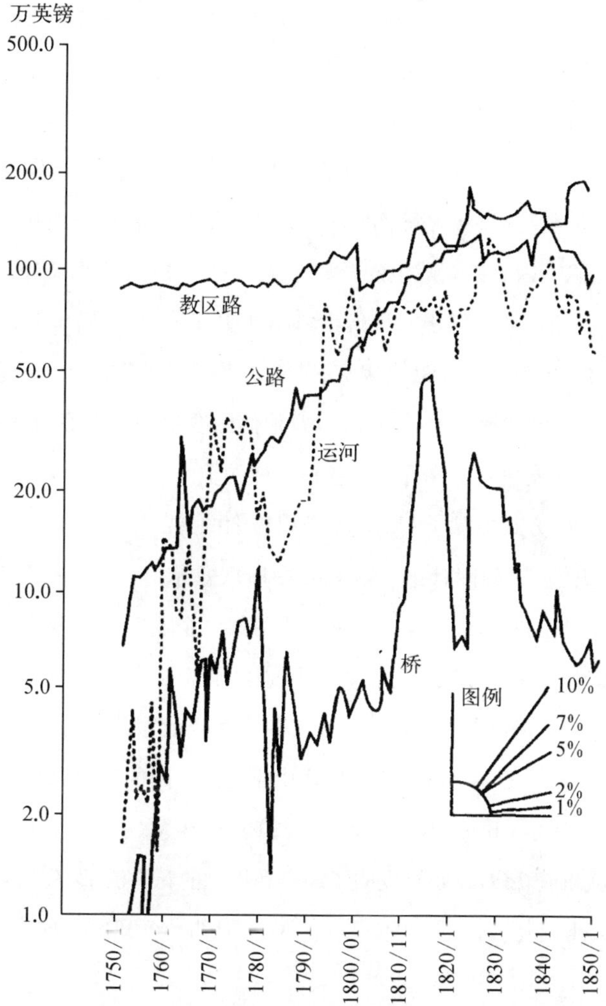

图 2.1 运输和社会管理资金

引自：Hawke 和 Higgins(1981)。

第二个结果是，制造业的利益可能早已决定政府的政策，不像其他欧洲国家，甚至荷兰，在那里，大商人和有土地者的利益占据着统治地位。英国有土地的贵族统治者不像其他欧洲国家的各种封建势力，他们是资产阶级贵族。哈克(Hawke)和希金斯(Higins,1981)估计，从1755~1780年在英国运河的总投资中,地主的投资占40%,以后的铁路投资中也投了主要的部分。

他们对新运输设施投资的贡献是很大的,可是更主要的却是商人和制造业主,以及专家指出的英国在18世纪已存在的资本市场提供的大量经常资本投资,为英国在18世纪最后25年中工业与贸易的迅速发展提供了最重要基础。通过伦敦、利物浦、加的夫、纽卡斯尔、爱丁堡、哈尔、布里斯托尔和许多小港口的外贸,除了因拿破仑战争的影响外,在1760~1820年国民经济生产总值(GDP)的增长中保持了同步。虽然出口不能引起工业革命,但相当稳定地占总产量的15%,出口对工业最快速发展起着极为重要的作用。

虽然手艺人和发明家兼企业家,以及他们的合伙人或家庭,常常要花大力气去筹集资金才能建立起许许多多各种各样的棉纺或其他行业的企业。但是这种高度分散的方式却赋予新兴的工业以极大的灵活性。

许多历史学家,如阿什顿(Ashton,1948)、威尔逊(Wilson,1955)都强调指出,英国全社会的动员程度远超过其他国家。企业家来自各个社会阶层和具有各种背景,新教徒(教友会教徒和其他教派信徒)的作用也常常被提起。阿什顿说:要区分发明人、"策划人",工业家和企业家是不容易的,况且他们又是来自全国各地的各个阶层。贵族之中霍克汉庄园的库克(Coke)革新了农业,布里奇瓦特尔(Bridgewater)的大公爵开挖运河,身为牧师的卡特莱特(Cartwright)和道森(Dawson)发明了织布和炼钢的新方法,医生约翰·路勃克(John Roebuck)和詹姆士·克尔(James Keir)从事化学研究并成为工业家。

> 律师、士兵、公务员及下层小人物都发现,制造业能比他们原先的职业提供大得多的发展机会。理发匠理查德·阿克莱特变成了最有钱、最有影响的棉纺业主;旅馆老板彼德·斯特勃斯(Peter Stubbs)在砖瓦生意中有很高信誉;校长萨缪尔·沃克(Samuel Walker)成为英国北方钢铁工业的头面人物。
>
> (Ashton,1963,p.156)

新教徒富于企业家精神的一个原因,可能是与他们的不遵循常规的观点和通常较有理性有关。但是阿什顿也指出,新教徒在大学里受到排斥,在政府部门里也受到排斥,这就强迫他们中的许多人在实业界中从事自己的事业。而且,新教徒为教育奋起自己办学,新教徒成为中产阶级之中受教育较好的一部分。苏格兰长老会教友在早期的发明者中有很高的比例,其中有瓦特和他的大多数助手,如辛克莱尔(Sinclair)、德尔福特(Telford)、马卡丹(Macadam)、尼尔逊(Neilson)和其他许多人。在那时候,苏格兰在欧洲有非常好的初等教育体系和最好的大学。它不是来自"火把"已燃烧得昏暗的牛津或剑桥,而是来自面临科学探索和实践应用冲击的格拉斯哥和爱丁堡(Ashton,1963,p.157)。建立在英国城镇,如布里斯托尔、曼彻斯特、威灵顿和北安普敦的新教徒的学院为英格兰做了大学为苏格兰所做的同样的事。最成功的企业家中有少数但相当重要的一批人,已经较好地掌握近代科学,并常带着问题去接触科学。例如陶瓷工业的一位领先的企业家和创新者,杰西·韦奇伍德(Josian Wedgwood),在1783 年就当选为皇家学会的会员(FRS,Fellow of the Royal Society)。

2.2 杰西·韦奇伍德的创新和企业家形象

本节我们将以韦奇伍德为例,说明在英国工业革命中在最快发展的公司中创新的企业家的形象。他的成就极为显著,以致他的经历被载入史册中,他常被经济史学家当作英国工业革命企业家原型的例子。在下一节我们把棉纺工业作为英国工业革命的先驱,而且特别地,以理查德·阿克莱特为例,他是一位成功的发明家兼企业家,他也创造了一大笔财富,还有塞缪尔·克劳普顿,他是一位伟大的发明家,但却是一位不成功的企业家。

杰西·韦奇伍德生于 1730 年,是史塔夫得郡(Staffordshire)的一位陶工的第十三个儿子,他在当地工厂做学徒,这个陶器厂极少在史塔夫得郡以外出售其货品,也很少去伦敦卖,更不知道卖到国外去(McKendrich,1960,1994)。那时,道路很差,运河也未开发,工人们喜欢去酗酒和玩女人,甚至工作时也这样。韦奇伍德自己出生在贫困和肮脏的环境之中。那时,他渴望他的陶器能卖掉并闻名世界,这样他就能发大财。他的公司成为当时世界上最成功、发展最快的公司,这主要归功于韦奇伍德本人和他的合伙人托马斯·平特莱(Thomas Bentley)的企业家素质。他自己不但负责搞了大量设计和工艺创新,而且对组织管理进行了许多创新。他是受了政治思想和社会改革及技术变革和资本积累的激励而行动的。

18 世纪 30~70 年代之间,运河和公路网络向腹地广泛地伸展,并大大改进(见图 2.1)。韦奇伍德对促进自己的史塔夫得郡的运河和公路建设十分热心。但是他的努力也是开发英国和国际市场的更广宽的全国运动的一部分。随着生活水平的逐渐提高和人口增长,在英国对陶器的需求也在增长。因为有了来自印度的便宜茶叶,喝茶成为大众时尚。瓷器太脆,而为了满足对家用瓷器日益增长需求的代用品同陶器相比又太昂贵。史塔夫得郡和别处的陶器业就在这样优越的环境中茁壮成长起来。

韦奇伍德曾说过,他不清楚自己是不是可算作一个工程师、陶工抑或是一个地方上的绅士,而实际上他三个都是而且还要加上"许多别的头衔"[给托马斯·平特莱的信,1766 年,由雅克布(Jacob)引用,1988]。但是尽管他的职业和社会地位还有些不确定性,可是他有创新者的洞察力,为他自己的以及相关企业的发展发挥了革命性作用。在 1766 年他给托马斯·平特莱的信中写道:

> 我的许多实验超出了我的预计,并使我越来越相信我们的制造能力会进一步壮大。现在(比较而言)的一个粗陋、未开化状态可以容易地改善使之更近于完满。我坚信这样一个革命即将到来,你必须参加并由此得利。
>
> (Jacob,1988,p.136)

在这封信的许多有意义的特点之中，就有他强调的“实验”和将他的创新描写为革命。

在给托马斯·平特莱的另一封信中，他概括了他的工厂组织管理和劳动分工的原则：“为了使这些人的机器不会出错。”这句常常被引用的话总结了那个时代许多企业家使新工厂操作合理化，克服人们由于疏忽、无能、懒惰、酗酒、厌倦或疲劳所造成的错误的努力。这种做法绝对不同于泰勒（Taylor）主义的使人耗尽精力的办法（见第3章），而是符合今天计算机化和自动化中充分证实的许多现代倾向。其目标是采纳从马克思主义者到浪漫诗人和艺术家对产业资本主义的批判，他们揭露产业资本主义失去人性，把男人和女人作为机器的附属物，威纳·苏白特（Werner Sombart）写过“进入工厂，灵魂就留在衣帽间”。韦奇伍德也制订了一个精心制作的罚金和处罚制度来维持工厂的纪律和保证合理工作时间。

但若把杰西·韦奇伍德描述成一个残忍的驱役奴隶的老板是极端错误的。诚然，他和其他企业家都很关心工作进度及在他们新工厂里协调各种新机器的工作。韦奇伍德的朋友依拉斯莫·达尔文[Erasmus Darwin，查尔斯·达尔文（Charles Darwin）的祖父]是德比哲学社的创始者和精神领袖，他组织了科学家、发明家和企业家来研讨建造具备中央观察室的可以监督所有车间和工人的理想工厂。但是他们也讨论城镇照明、中央供热、户内厕所，甚至法国革命和共和主义（Jacob，1988，p.167）。

他们把自己视为理想主义的，但又是实际的改革者，驾驭科学、资本和机器奔向一个物质进步的新时代，在那里每个人都受惠。韦奇伍德用莎士比亚在《威尼斯商人》中同样的技巧来讨论，指出虽然工人是“我们的下等人”，但他们是用同样材料造成的人而且“能以他们主人几乎一样的方式感受痛苦或欢乐”（杰西·韦奇伍德的信，1762～1772；引自Jacob，1988，p.168）。韦奇伍德总是比他的对手付较高的薪金，而且确实关心改善工人的条件以及教育和技能。他是个温情的家长式的雇主。

他对自己产业未来的理想涉及企业的几乎所有方面。当然,他最为出名的是其基于新技术的设计创新,诸如绿釉、奶油色制品、碧玉和黑岩。他同下属的艺术家一起用黏土生产容器、瓷板、花瓶的胚料,上面再画上精致的图案,用白色糊状物做成浮雕,这时胚料仍是软的,再经焙烧定型。通常这些设计是用以复制希腊和罗马的花瓶和名作,所以他为工厂取名为依特鲁里亚(Etruria)①。他的技术天赋也发展到用上釉陶器仿制生产大理石、海生贝壳和各种瓷器制品。

虽然关于他成功的故事中常常讲述他作为一个陶工、设计师、工厂主所做的技艺和创新,但这些并不能完全说明他成功的真谛。同样用英国市场的大力扩展及交通系统的显著改善也不能说明全部原因,因为这对史塔夫德郡及别处的陶工同样有利。而且其他新企业的陶工能够很快就模仿他的设计和他的工艺革新,因为这些是不受保护的(例如他的"奶油色陶制品"在 1784 年就被另外 25 名陶匠仿造了)。如果主流经济理论的完美的竞争故事是完全真实的话,他只能把他的产品价格降到一般水准,而且降价的压力很大。但他始终拒绝这样做,并声明:"我的宗旨始终在提高我的产品质量,而不是降低其价格。"正如麦克肯德里克(McKendrick,1960,1994)证实的,他的价目表证明的比他说的更重要。

> 他的货价总比他的同行高许多,一般他以常价的两倍出售他的产品,三倍价也是常有的。只有当他某一产品已在高价时流行过变成普通化了,他希图通过大宗销售获利,或是当他认为他的价格同别的陶器之间差价太大时才会降价。
>
> (McKendrick,1994,p.363)

当然,能让他维持高价的简单原因是不一般的高质量。但这种说法也不

① 意大利中部的古国——译者注。

一定能成立，因为其他的陶工也能赶上或超过他的质量。他哀叹专利制度，决意要“摆脱那些平庸的害怕别人复制自己成果的低级、自私自利的锁链”(Ashton，1963)。他鼓励其他陶工也努力提高质量，而不靠低价出售。他的观点直到今天还有反响，这在现在对产业战略的质量辩论以及亚当·斯密对制造商提价“阴谋”的冷嘲热讽的意见中都可以看出。1771 年，由于陶器需求不景气，他写信给平特莱抱怨某些陶业商的削价行为：

> 平特莱先生做出了这里的陶工所能做出的最好的制品，以每模一整炉带了头，别人必须跟上，除非他能克服困难再提高，这不总是可能的，我们十多个人明天为此要去看他……巴丁里(Baddeley)先生已经把盘子降价到白石头的价钱……简而言之，在我看来大市场正急速奔向毁灭——在伦敦和国内有大量存货，需求却很少。陶工似乎感觉到了自己的处境，并且为生意十分惊慌，我有充分理由认为低价格必然在制造时产生低质量，低质量必将产生轻视，轻视将导致忽略和废弃以及生意的终结。

他的高质量策略在他的成功中起重要作用，这仅是他整个市场策略中的一个要素。市场策略是他的竞争能力的主要源泉。他的营销和配售方面的创新就包括了相当多直至 50~100 年以后还常常被认为必须做的事(表 2.3)。

表 2.3　18 世纪 60~90 年代由韦奇伍德引起的陶器工业的营销创新

60 年代	从女王和其他皇室成员得到皇家赞助。使用如“女王物品”这样的商标
1765~1774	伦敦商场开业，随后是在利物浦、巴斯和都柏林的陈列室和商场
70 年代	设计得优雅、宽敞、方便的社交展览中心成立
1760~1790	将产品定位于为皇室、贵族及更广泛市场设计的高质量陶器
1770	接受“不划算的订单”，即俄国凯瑟琳女皇的 1 282 套餐具及 1 000 件以上的样品，用于陈列展示和做广告以争取更多的高价订单
1771	“满意或者退款”订单政策

（续表）

1770	报纸广告和"吹捧性广告"
1770	请著名艺术家通过油画、瓷版画，个人推荐方式宣传产品
1777~1790	聘用巡回推销员扩大英国市场
1769~1790	占领国外市场策略。利用英国大使引发国外王室和贵族的兴趣。在巴黎、阿姆斯特丹设立商店。政客的院外活动以修订各种贸易协定（如法国、瑞典）。对雇员进行语言训练促进国外生意
1760~1790	使用名人名事设计产品（如废奴运动、和平协定）和著名的科学家、艺术家、政治家形象制造产品（只有罗马教皇的头像销路不畅，"如今已没人会为他的宗座或他的前任，麻烦他的头"）
1792	供巡回推销员使用的规则和手续的旅行手册

引自：McKendrick（1960，1994）。

他准确地领悟到，在那个时候皇帝和贵族权势还是极强的，在时尚流行上更是如此。他的策略是在吸引人注意的展室里陈列整套优雅的餐具，在引诱时髦世界方面获得了成功。由于推向领导流行的时髦市场，他为他的制品树立了形象和声誉，这能使它们始终保持高价销售仍能稳定地拓宽市场。他在伦敦为俄国凯瑟琳女皇订制的俄式餐具展览吸引了英国女王的注意而专程前来观看，又成为伦敦最流行的景点。这一个月中"上层社会用他们的马车堵塞了整条街道"。韦奇伍德获得了成功，"几乎所有的人为了看展览都乘车从他们偏远的家乡来到这里"。（McKendrick，1994，p.376）

他以同样的策略，用同样甚至更大的热情进入国际市场：

他渴望把依特鲁里亚的业务扩展到全世界，不断地用经济的目光探寻新市场。没有一个国家——墨西哥、土耳其，甚至中国——是太远而引不起他的激情的……困难只能是对他的抱负的挑战。法国——欧洲的瓷器之家，洛可可（rococco）风格优雅的中心，高关税墙的保护——是其中最大的挑战。韦奇伍德想到这些就感到兴奋。"你认为，我们可以完全征服法国吗？在布斯兰（Burslem）征服法国？我的血流得更快了。我感到为了竞争我更强壮了。”

（McKendrick，1994，p.379）

他像重视贸易一样地重视市场的政治因素。远远早于因为在19世纪末动用德国大使从事贸易活动被指责为不公平竞争的德国，韦奇伍德利用英国大使开拓国外市场和通过院外活动成功地修订经济协定。他从不忽视在任何市场上民族习俗和爱好的差别。

所有这些并不意味着他不注意英国更广阔的中产阶级的市场，以及农村市场。他的许多产品（小装饰品、瓷饰板、墨水瓶和餐具）都是专门为这些市场设计的。“仆人”的厅房是紧紧追随着女主人的“引导”的。正是通过这些普通用品的大宗生意使韦奇伍德获得最大的回报。他采用的巡回推销员是个重要的革新，他克服了许多困难把这个办法坚持下来，并在1790年写了一本关于巡回推销方法和规则的书。他的许多市场销售创新已开始制度化，到1850年，其中的许多已成为工业标准规范。

2.3 理查德·阿克莱特、塞缪尔·克劳普顿和棉纺工业

虽然陶器业是18世纪末发展最快的工业之一。但如我们所见，在增长速度和产量上领导工业革命的是棉纺工业（见表2.1）。在这个工业的大量从小企业起家的发明家和企业家之中，理查德·阿克莱特是最杰出之一，并成为最有钱的富翁。

但是有大量关于韦奇伍德的历史记录，而阿克莱特则不同。即使他最有名的发明——精纺机，也是众多争议的对象。在这项创新初期，他的确切作用还不太为人所知，在1781年和1785年的法庭上对于他早在1769年和1775年就

提出了专利还有争议。他雇用了兰开夏的钟表匠约翰·凯(John Kay)辅助他制造机器的部件,他本人原来的职业则是理发师。这个技工伙同布莱顿来的芦笛工匠海依斯(Highs)一起于1785年在皇家法庭上要求发明的优先权。

他们在此案中败诉,但阿克莱特在他的一生中遭到了持续的敌意,那不仅来自争夺他的发明优先权的人,而且更多来自他雇用的伙伴及那些认为自己的生计受到他威胁的人。从他的生意一开始,织造业主联合起来拒绝购买他的棉纱,并且在议会斗争要求对使用他的棉纱的合作者织出的白布加赋一种特别税。他在兰开夏的乔理(Chorley)附近的工厂被暴徒捣毁,而当时警察和军队只是在一边旁观。

为了评估其发明的重要性和遭遇的争议及强烈冲突的理由,就必须把这一切同英国纺织工业从乡村田舍内生产到工厂生产的转变联系起来。英国纺织工业特别是羊毛纺织,早在18世纪以前就有很好的发展,但那不是工厂机器生产。商业资本家集团依靠"发放"原材料给手工纺纱工、织布工和漂洗工从而完全控制了机器作业规模、劳动分工以及劳力协作和培训。转变到工厂生产之后,不但是手艺人,而且各种有天分有想象力的企业家都有机会进入这一行业了。1765年,一位布莱克本(Blackburn)的木匠哈格里夫斯(Hargreaves)发明了纺纱机,与原来相比不需增加劳力就可立即把几根线纺成一条。但是哈格里夫斯的发明仍只能在乡村家庭作坊里使用,还有许多缺点。它很快被后来的发明压倒,特别是阿克莱特的发明。

阿克莱特的精纺机,用机器驱动轮子捻和拧大量棉纺,适用于不同粗细和硬度的棉纺。而哈格里夫斯的精纺机只能纺作纬线用的软纱而且经常要停机。水轮机对纺较粗的经线最合适,而且能均匀快速地生产出高质量的纱。这种机器主宰了纺织业近20年,直到19世纪早期才被克劳普顿的纺棉机替代了大部分纺纱工作。

棉纺工业的成功(那时织布还没能机械化)主要并不是依靠生产或市场销售的创新。棉纱市场早已很好地建立起来了,如果能降价,特别是优质品能减价并替代其他织物的话，发展的潜力很大。发明家和企业家的问题在寻找能够纺各种粗纱、细纱和各种原棉，而且要低成本的方法。最后是克劳普顿的纺棉机最好地满足了大多数要求，而阿克莱特的水轮纺机在18世纪70~80年代为其开了路。与大多数发明家不一样的是阿克莱特从其发明中积聚了大量财富，这无疑是由于他的企业家技巧，以及在法庭上成功地保护他的发明。

阿克莱特是大规模使用机器进行生产的坚定信徒，早在18世纪70年代他就预料到用他的工厂的技术生产的棉纱和棉布可以从英国出口到“东印度”。但是他缺少足够的资本来建立他的工厂。于是，他同制袜厂主金德丁·史托鲁（Jedediah Strutt）合伙克服了这个困难。史托鲁有经验也有机械知识，他认定阿克莱特发明的潜力，他们的第一家用马拉动力和基于转辊纺纱专利的工厂1769年在诺丁汉（Nottingham）开工。接着是1771年德比郡的克劳福德（Cromford）采用水力的大得多的工厂。1775年他搞出了包括许多改进发明的进一步的专利。法庭胜诉保证了他的专利权收入，加上企业赢利，使他在1792年逝世时成为当时国内最富有的实业家之一，他还被授予骑士身份并成为德比郡的高级治安官。尽管许多竞争者仍然讨厌他，因为他使他们丢失了职业，但他还是受到许多言不由衷的赞扬：

> 没人比他更好运，或者更强力地要求后来人的尊敬和感谢。他的发明开创了一个全新无限的就业领域；这些发明为他的国家带来无穷的实际利益，远比他的国家想从绝对控制墨西哥和秘鲁所得的更多，它们恒久地产生财富和职业。
>
> （《大英百科全书》，9th edn. vol.2，p.543）

阿克莱特在克劳福德的工厂18世纪70年代雇用300人，1816年增加到727人，那时还有几家工厂雇员超过千名。可是主导技术除了粗纱外，已从阿克莱特的水轮机转变为克劳普顿的纺棉机，且动力也慢慢改为蒸汽动力。带动力的织机使织布在机械化方面赶上了纺纱,有些厂已经将纺纱和织布工序联合起来。

和哈格里夫斯及阿克莱特不同,塞缪尔·克劳普顿(1753~1827)自己就是一个纺纱工和织布工。虽然他试图到兰开夏的布莱顿地区教堂去拉小提琴增加收入,他的收入仍不足以供他在18世纪70年代将他的发明申报成专利。后来他让几位当地的业主了解机器的详情,只收少许钱,最后总共才收了60英镑。他技术上发明的长处是很明显的,所以在18世纪80~90年代传播得很快。1801年他向朋友借了500英镑才开设了自己的小工厂。虽然他仍沉醉在自己发明的成功之中,他的胆怯和缺乏企业家气质最终使这个企业破产。

克劳普顿棉纺机在技术上的先进性得到了广泛的认同,所以议会为他对英国工业的成就奖励他5 000英镑,这就是他得到的唯一像样的经济上的回报了。他的棉纺机兼收了纺纱机和水轮纺机的某些特点,而他却总是申明他发明了与阿克莱特无关的转辊拉伸系统。希尔斯在《为什么是三个发明家呢?》(1994)文章中指出了阿克莱特虽然在自己的专利仍然有效的情况下,仍从来没有因侵权而控告克劳普顿。克劳普顿棉纺机把拉伸同线纱的捻拧分离开来,这样他的机器就能纺最细的纱也能纺较粗的棉纱(同上,1994)。他在转辊传动装置上巧妙的安排使棉纱受到的拉力远小于阿克莱特机器。克劳普顿开始发明的动机似乎是他不满意那时他只能将就使用的棉纱质量,但是他缺乏阿克莱特的那种企业家的素质。

如果把阿克莱特和克劳普顿作个比较,那只说明了一个问题,而且是最有意义的一点,即熊彼特理论中指出的在新兴工业部门快速成长阶段的企业家的作用或职责问题。阿克莱特已充分具备了执行创新(不仅仅是发明)而且坚持下去克服困难的素质,而这是熊彼特强调的企业家最重要的品质。两人的对比也说明了这个时期成功企业家的另几个特点,特别是筹集资金以支付新机器费用和提供早期(未做成之前)运作资金的重要性。阿克莱特与史托鲁的协议为他解决了这个问题,但是克劳普顿从未能解决它。发明家和企业家合作关系(另一个著名的例子是波尔顿-瓦特的伙伴关系)是英国建立和启动新的创新公司最重要的组织管理方式,这同其他的欧洲国家是不同的。

最后,这个对比说明了即使在工业革命的早期阶段,从创新获得适当的利润的重要性。阿克莱特要保护他的专利权益和开发其最大效益的决心在他整个发迹过程中十分明确,与克劳普顿懦弱的努力以及韦奇伍德的反对专利垄断相比明显不同。正如我们所看到的,韦奇伍德依靠开创潮流的设计和市场销售的创新保持在行业中的领先地位。现在保护的方法和对待各种方法的态度是取决于行业范围以及仿制的难易和成本,但垄断性开发的适用性和可能性显然是极其重要的。

确实,保护发明和创新的国家政策是老的重商主义者做生意时最珍贵的法律武器。因为将商业秘密私运国外被捉住要受重罚,所以 1789 年塞缪尔·斯莱特(Samuel Slater)把阿克莱特水轮纺机的秘密带到美国去时,他登船去美国时小心地不带一点图纸或文字材料。他凭记忆记住了全部,抵达美国后立即做了一台机器的复制品(Chambers, 1961)。20 年后佛朗西斯·洛威尔(Francis Lowell)以同样方式携带出了动力水轮纺机的秘密。

2.4　英国棉纺工业的长期成就

英国棉纺工业发展最快的是在 1780~1800 年,这也是劳动生产率发展最快的时期。以后虽也连续增长,但速度要慢些。整个 19 世纪中创新持续增长,英国外贸的竞争优势就是由这些进步以及整个工业的规模经济效应所支持的。阿克莱特和克劳普顿的创新和动力织机的推广,使英国建成了一个以棉纺厂为主,具有相对稳定的大小公司分布的工业体制。虽然在 19 世纪工业连续增长,但已建立了一个以少量大公司占总产量的 1/3 及相当高比例的固定资本,以及另外许多中、小以及很小的公司的分布规模。

但是正如曼斯菲尔德(Mansfield,1962)指出的那样,公司规模分布的吉布莱(Gibrat)定律可以几种不同的方式用公式表达,这特别取决于如何处理公司破产和它们的某些困难。小公司更容易破产或倒闭,只有在将这些公司排除在外时,考察对象的近似才是有效的。尽管排列次序会有些变化,有十多个领先的公司总能在一个较长时期内维持其优势地位。反过来比较动荡,包括破产的就以较小的企业为主;许多小公司在一个集团中承接大公司和大商行的子合同工作;还有许多公司靠着特殊产品和(或者)少量资本、能源或劳动成本而占有适当的市场。较小的公司承受了市场不景气的冲击,1826 年有 33 家破产,1837 年有 39 家破产,1839 年有 56 家,从 1836 年到 1842 年总共有 241 家破产。加特里尔(Gatrell,1977)认为大公司也受破产影响,但有一个小问题,即较小公司受冲击比例大得多。这类大小公司共生的方式在许多别的工业部门中也有,在第 9 章将更充分地讨论创新和公司规模。

棉纺工业对英国经济全面增长的贡献绝不应低估。福劳德(Floud)和麦克劳斯基(McCloskey,1981)统计过,1780~1860 年期间棉纺工业生产率增长是经济总生产率增长的 15%。1850 年前棉纱和布占全英国出口的 40%,到 1900 年还高达总出口量的 26%。棉纺业的持续增长一直继续到第一次世界大战时,这时两项重要的创新——环形精纺机和自动织布机——已经动摇了它在世界市场上的长期优势,但在 1890~1913 年期间对印度和中国的出口仍急剧增加。直到 1870 年棉纺工业仍占全英国动力消耗的 30%。

马斯和拉佐尼克(Mass 和 Lazonick,1990)对英国在整个 19 世纪保持强势的权威性解释之中,把这种“持久的竞争优势”归功于多个相互强化的生产因素的开发和应用的累加过程。它们影响了劳动成本、市场成本和管理成本。在所有这些领域中,工业规模经济(马歇尔所谓的外部规模经济)是重要的。在劳动力情况之中:

> 在 19 世纪劳动力资源的开发和利用给以英国棉纺工业独特的竞争优

势。主要使用机器的工艺……需要有实际经验人手来掌握应用才能正常工作。经验不仅给工人以专门熟练的技能(棉纺工艺操作要求很高……),而且(从长远观点来看)可以具备长时间以均匀节奏工作而不会有影响质量、浪费材料或损坏机器的情况发生。

(Mass 和 Lazonick,1990,p.4)

马斯和拉佐尼克特别强调要让劳动力习惯于工厂工作和积累技能,但他们也强调那时候这个行业的工会组织(令人奇怪的是,在后期及其他行业中的英国行业关系中的陈规旧俗观念)对保持和增加生产率特别有作用。有经验的工人(他们通常已有在家庭作坊做手艺活的经验)负责招募,对不熟练工人进行培训和监督。

那些年轻时进厂,在工厂社区成长的纺织工人,除了习惯于工厂的工作以外,还具有纺特殊型式的纱和织特种布的专门技能。

(Mass 和 Lazonick,1990,p.5)

和其他历史学家一样,他们也关注兰开夏附近各城镇有专门技能的劳工合伙经营的聚集经济:博尔顿[①](Bolton,细纱)、奥德汉姆(Oldham,粗纱)、布莱克本(Blackburn,细布)和柏恩里(Burnley,粗布)。维护(以及改进)当地机器的有技术的熟练技工们也采取类似做法。熟练工人从生产率提高中受益,他们的工会权力保证了这一切。

到了1870年,全世界的棉纺业可以很容易地购买到英国的工厂设备,甚至英国的工程专家。但是世界上没有哪个棉纺业能轻易地获得英国的

① 地名,下同,译者注。

具有高度生产能力的劳动力；世界上也没有别的工业能够通过长达一个世纪的发展过程产生出像英国这样的有经验、专业化和具有合作精神的劳动力队伍。

（Mass 和 Lazonick，1990，p.8）

对于机械制造业，工厂和机器设计也有类似的评论。早期的工厂设计者使用来自早期的谷物磨坊和风磨坊的传统经验，随着机械的专业化和变得更先进，专业化的及积累而得的技巧也变得更加重要。所有这一切导致了高度使用机器的能力以及降低了机械的初始成本。

另外，在原料成本方面，高度集中在利物浦的棉花交易给兰开夏特别的好处。外国客商发现在利物浦买棉花比别处便宜得多，这就跟如今阿姆斯特丹的花卉市场把花再次出口到全世界的做法差不多。曼彻斯特到利物浦有可通行海船的运河及 1830 年起通往利物浦的铁路，意味着到兰开夏的运输成本很低。兰开夏的纺纱业可以避免远方竞争者必须承受的沉重的仓储费用。虽然还不能做到完全"及时送到"，但已经很接近这个目标了。利物浦市场在棉花的等级和型号上给兰开夏以很大的灵活性，纺纱业主从每周价格变化中得到好处。而且兰开夏有使用低级棉花制成符合世界任一市场要求的独特本领，在美国内战时它能以部分改用印度棉花来应付困难。

面向全世界的市场结构是兰开夏工业又一个有利条件，它像前面提到过的其他因素一样为这些公司提供了外部的经济条件。兰开夏工业的结构中有消息灵通的商人、中间商和销售商，使它能将顾客需要的任何产品很快地送到世界任何地方。另外，存货、运输、通信成本由于可使全行业受益，也能维持在一个低价格。

我们介绍马斯和拉佐尼克理论，是因为我们相信它不仅能解释英国棉纺工业在整个 19 世纪中长期的优势，而且在以后可"引申"至解释观察到的世界贸易和工业专门化的模式中去（见第三篇）。这也有助于理解在没有重大技术创新时生产力在一个长阶段中增长的情况,以及要在第三篇中谈论的“追赶”的困难。

完成了对从18世纪70年代到19世纪40年代棉织和陶器业的主要创新和企业家的简要描述,我们现在转入下一章,讨论美国追赶上来和在19世纪末突然加速超过英国的经验。在进入下一章时,让我们先回顾一下第1章最后几页,那里谈论了维多利亚女王时代蒸汽机和铁路的迅猛发展,而正是这些使英国工业在相当长一段时间中保持了在世界上的竞争优势。

第3章　电与钢铁的时代

第2章简要地叙述了英国工业革命中的一些主要创新及其之后对公司、工业部门和整个经济发展的久远影响。它们的成功显然是由于富有想象力的企业家精神、进入有发展潜力的市场、取得了投资新工厂所需的资本，以及并不总是受到专利保护和科学界支持的技术发明等诸多因素的结合。

有时，一个人兼发明家和企业家于一身就能满足所有这些条件，但成功则更经常是依赖于技术发明家和具有商业经验和才智的创新企业家之间的合作。第8章考虑了当代的实际性根据和对第一篇的历史回顾，更为系统地考察了工业创新成功（或失败）的外部条件。分析表明，工业革命中影响工业创新的大多数条件对今天的成功仍然是重要的。的确，根据创新的确切定义，它包含了创造性概念和潜在市场的结合，所以，这种匹配所完成的方式和它所存在的国内（和国际）的环境一直是变化的。显然，某些国内环境可能或多或少地有利于科学的进步和（甚至更为重要的）科学与技术的联动。它们可能促进或阻碍创新企业家的职能和获得所需的冒风险的资本。它们可能或不能提供具有开发、生产和销售新产品或使用新工艺等所需技能的人才（见第12章）。

近来，经济学家们已开始更加系统地考察那些关系创新成败的国家经济的特点，并且采用了“国家创新系统”这样的词句来描述这种分析（Lundvall，1992；Nelson，1993）。在涉及经济增长的比较和国际贸易的实施的第三篇中，我们对此方面的工作进行了一些讨论，此处我们只限于讨论美国国家体系的某些专有的特点。第2章着重于英国的体制和某些具体的创新，特别是棉纺业，本章则对创新的系统情况和对不同工业部门在实施创新时，它们之间的联动给予了较多的注意。这主要是因为先导部门——电力和钢铁——的产品在几乎所有的其他工业中都有极其广泛的应用。也因为这些先导部门尤为美国的特征,在19世纪,美国跃居世界技术领先的地位,而且其经济和生产率的增长比其他任何国家要快得多(表3.1)。

表3.1 相对生产率的水平(每小时美国GDP=100)

	1870	1913	1950
英	104	78	57
法	56	48	40
德	50	50	30
15国	51	33	36

引自:Abramovitz和David(1994)。

毫无疑问,作为以前英国殖民地的美国,在18世纪时,其“国家创新系统”与英国的系统非常相近。然而,在19世纪上半叶,尽管有丰富自然资源的禀赋和许多有利的制度,但发展仍因缺乏适当的运输设施而备受阻碍,因为只是在有了运输设施才能更好地利用自然的赋予和国家的幅员与其市场的规模。铁路和新技术在19世纪后期的出现,使美国的企业家急速跃居至世界其他国家的企业家的前面。最早是美国从欧洲引进了许多这方面的技术,但美国的发明家们从一开始就修改和改进了这些技术以适应美国的环境。19世纪末,在大多数工业中,美国的工程师和科学家开发出了新的工艺和产品,其生产能力也高于英国。

3.1 美国的国家创新系统

在英国,最有利于经济增长的风尚是遍及国家文化中的科学精神和对技术发明的支持。这些特点很快转移到了美国，并且从本杰明·富兰克林(Benjamin Franklin)起，尊敬科学和技术一直是美国文明的特点。正如德·托克维尔(de Tocqueville)在其经典著作《美国的民主》(*Democracy in America*, 1836)中所注意到的：

> 在美国，不但科学的纯实践部分得到了极好的理解，而且对应用所直接需要的理论见地也赋予了精心的注意。在这点上，美国人常常表现出一种自主的、新颖的和创造性的智能。
>
> (de Tocqueville, 1836, p.315)

早期的移民迫于生计，在美洲大陆上通过劳作学习农业技术；并且作为一个突出的特征，农业研究工作在公众的大力支持下很早就出现了。欧洲的封建制度经常阻碍农业和工业的发展，而在美国的农业和任何其他经济部门中从未有过任何封建制度。此外，相对辽阔的土地，向西扩张的边界，土著文明的破坏或把土著文明封闭在相对较小的领地的一部分上，这一切都有利于能使经济发展的纯粹的资本主义生产方式，其中，早期白种移民的收入和财富的分配是相对平均的。当然，一般化中的重要例外是南方的奴隶制经济。估价南方经济增长所达到的程度尤为困难，而一般认为美国经济的发展会被这种奴隶制经济的盛行所阻滞，但在南北战争中北方取得胜利以后的时期，美国所达到的增长速度远比以前英国所达到的为高。可是即使废除奴隶制后，它仍遗留了长期的社会和经济问题的后遗症，一些问题甚至持续到今天，但维护合众国的完整，意味着北方和西部占支配地位的资本主义发展道路在整个国家中的成功。也只能是在这样的环境中，企业家文化才会兴旺起来。

阿布拉莫维奇(Abramovitz)和戴维(David)等历史学家(1994)研究了国内战争后的美国经济史，指出了美国经济的某些特征，这些特征综合起来异常有利于经济的高速增长。它们是：

（1）土地、矿物和森林资源丰富；

（2）有一个促进生产、市场化和金融规模经济的、庞大的和均匀分布的国内市场，特别是提炼、加工和制造业。

阿布拉莫维奇和戴维证明，北美相对高的劳动力价格与这些优势的相互影响，导致了以资本和自然资源的投入来替代有技能的劳动力。早在19世纪上半叶，这种替代刺激了美国特有的节省劳动力的、资本集中的机械化和标准化生产的技术路线的发展，从而使美国的制造生产率，在质量范围较低的一端，早在1850年就超过了英国的水平。随着19世纪的延续，"大规模生产和高生产率的工程技术得到了更加充分的探索和更加广泛的传播。美国的经理们在适合创建和开拓大量市场的大型企业的管理、财务和运营方面也变得经验丰富起来"（Abramovitz 和 David，1994，p.10）。

这种美国特有的运用有形资本的技术路线与欧洲（和日本）相歧异的程度可以从表3.2清楚地看出。19世纪80年代前，英国综合的资本/劳动力比值高于美国，但到了1938年，如所有其他国家一样，该比值下降到小于美国的一半。与北美技术路线有关的成本的大幅度降低和生产率的增益可从许多工业部门中得到说明。阿布拉莫维奇和戴维特别强调了采矿和矿石处理中生产率的超常增益，而其他历史学家则常引证农业生产率的增益。按我们的观点，钢铁和石油的例子是特别值得注意的，因为在各种利用有形资本的投资项目中，在生产资料本身中，在运输中和在能量的生产与分配中，这些商品都起着关键性作用。棉花、铁、运河和水力是早先英国工业革命时的先导部门；钢铁和电力是1880～1913年美国突飞猛进时的先导部门。

表3.2　资本-劳动力之比的比较（1870～1950，美国＝100）

	德国	意大利	英国	欧洲13国平均	日本
1870	73	—	117	—	—
1880	73	26	106	68	12

（续表）

	德国	意大利	英国	欧洲13国平均	日本
1913	60	24	59	48	10
1938	42	32	43	39	13
1950	46	31	46	39	13

第6章叙述石油和汽车。本章集中叙述钢和电力，也因为这些部门的技术创新和管理创新有其专有的特征。

3.2 美国的钢铁工业

当然，远在工业革命之前，钢已有了小量的生产，但制钢是很昂贵的，而且质量控制也困难。铁的应用要广泛得多（图3.1）。19世纪上半叶，因质量问

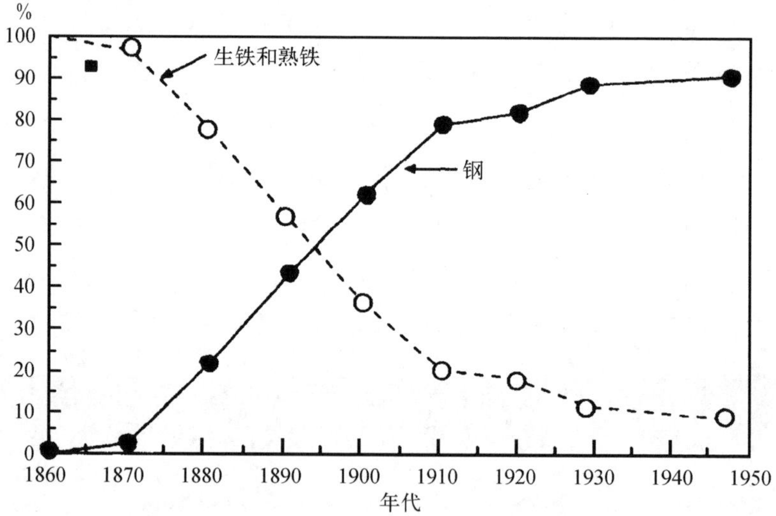

图3.1 美国钢铁的应用（所有的铁和钢产品的百分率）

引自：Ayres（1988）。

题，美国仍依靠从英国进口钢，并且谢菲尔德（Sheffield）有几个钢厂因依靠向美国出口，实际上还起了美国的名字。许多运往西部边远地区的锯、斧和其他工具也是在谢菲尔德制造的。齐奥弗里·杜维戴尔（Geoffrey Tweedale）在其著作《谢菲尔德钢和美国》（*Sheffield Steel and America*，1987）中谈到，这是一个"商业和技术相互依赖的世纪"，但他指的是这个时期的上半叶，那时对谢菲尔德的依赖达到了顶峰。

直到1880年，美国的钢产量才刚刚超过100万吨，铁的产量则大三倍，而1913年美国钢产量上升至3 100万吨（表3.3）。这种惊人的增长（比英国1780~1810年间棉纺业的增长还要快）是与19世纪50~60年代的若干激进性工艺创新分不开的，特别是贝塞麦（Bessemer）炼钢法。这些创新虽非源自美国，但发明的优先权还有争议，并且在该工艺和其他工艺创新的早期开发中，美国发明者的确也不是远远落后于其英国和德国对手的。

表3.3　铁和钢产量（百万吨）

	1880	1913	1929
生铁			
英国	7.7	10.3	7.7
德国	2.5	19.3	13.4*
美国	3.8	31.0	43.3
钢			
英国	1.3	7.7	9.8
德国	0.7	18.9	16.2*
美国	1.2	31.3	57.3

*阿尔萨斯-洛林（Alsace-Lorraine），1871年被德国吞并，1918年归还法国，故1929年不计入德国。

卡内基（Carnegie）在1875年所建的生产钢轨的第一个转炉炼钢工厂是以他在英国访问时所观察到的以技术为基础的，但生产扩大得很快并且通过一些美国钢铁公司而导致了许多渐进性创新。作为这些创新的结果，成本与价格的下降戏剧性地像早年兰开夏棉纺业的情况。兰德斯(Landes,1969)估计,从19世纪60年代到90年代中期,初钢的成本下降了80%~90%。在此期间,最主要的是应用于钢轨。表3.4说明了美国钢轨的价格下降情况。钢轨寿命是铁轨的5~6倍,而且只是由于同业联盟卡特尔的形成和全面通货膨胀开始,降价才停止。

表3.4　美国的钢轨价格

年　代	钢轨(美元/吨)	日用品价格指数
1870	107	38
1875	69	33
1880	68	29
1885	29	27
1890	32	27
1893	28	27
1895	24	25
1898	18	25
1910	28	28
1920	54	60
1930	43	50

引自：美国历史统计。

美国企业家擅长扩大工业的工艺过程,并且擅长对为服务于大市场而设计的机器和生产系统进行创新。如钱德勒(Chandler,1977)所强调的,20世纪中叶运输和通信设施的发展(铁路和电报),使美国能开发其大量的自然资源和辽阔的疆土,从而形成了世界其他地方所不能比拟的规模经济。铁路也因管理技术的发展而为大型企业作出了重要贡献。

美国一家大型钢铁公司即后来的联合钢铁公司成为美国企业家能力的体现,其缔造者安德鲁·卡内基(Andrew Carnegie)提出了一个几乎完全是从他的铁路工作经验中可得到的管理模式。卡内基从18岁作为一名管理员和电报报务员在铁路上工作。1856年24岁时他成为一个部门主任并熟悉成本会计系统。美国南北战争时,由于朋友财务上的帮助,他创办公司生产铁轨、火车头,并建造桥梁。但在南北战争后不久去英国访问后使他相信,贝塞麦转炉炼钢工艺会对世界钢铁工业产生革命性的作用,回国后他开办了一个采用该工艺的钢厂并生产钢轨。1880年,他已是一个百万富翁。一个宪章派织布工人的儿子,19世纪40年代因贫穷从苏格兰移民而来,1900年他成为世界上最富有的人之一。他从商界退休后将自己的巨额财富献给了慈善事业——主要是捐赠给美国和英国数百个公共图书馆,以及他的钢铁工人的事故和保险基金。

美国铁路系统必须妥善处理大量运行统计、远距离通信、高额固定投资和许多技术开发等问题。卡内基和他的有铁路工作经验的下属们引入了严格的成本统计系统,这是新管理风格的最早和最重要的成就之一:

> 这些成本图表是卡内基的主要检验手段,成本是萦绕卡内基的心病,他特别喜欢的格言之一是:"注视着成本,利润将会关照它们自己。"
>
> (Chandler,1977,p.167)

1880年,卡内基的成本数据几乎比美国任何一家企业的更为详细和精确。它们被用来控制各部门和领班,检查原材料的质量和调配。它们也被用来改进工艺和产品,所以技术进步和成本下降相辅相成。

钱德勒描述了卡内基对美国钢铁工业飞速增长所作出的贡献:

> 美国钢铁工业的历史有力地说明了技术创新、强化能量的利用、工厂的设计和整个管理程序是如何使生产量和生产速度有了大幅度增长的,运营生产率相应地也有类似的发展。卡内基在工业中的卓越成就来自他对技术革新的参与和他以富于想象力的方式将在铁路上建立的控制和管理方法转移到制造业来。技术创新和组织创新都有了回报。与行业中的

> 任何一个生产商相比,卡内基的价格较低而利润却高。1875 年,E.T 工厂一经投产,其利润纪录即为每吨 9.5 美元。1878 年,卡内基的钢轨厂所记录的利润为 40.1 万美元,相当于 31%的利润率。在以后的两年中,利润上升到 200 万美元。利润随业务的增长而增长。到 19 世纪 90 年代末,卡内基的企业由于规模较大和多种经营,其利润达 2 000 万美元。1900 年的利润为 4 000 万美元。由于成了钢的大量生产方法的先驱者,卡内基很快积累了财富,如约翰 D.洛克菲勒(John D. Rockefeller)在石油工业中一样,成了世界上所曾看到过的最大的富翁之一。
>
> (Chandler,1977,p.169)

这里很好地总结了的不仅是卡内基的企业家的才能,而且是规模经济、技术与组织创新、生产率和利润的相互依赖性。

3.3 钢的应用

美国钢铁工业不仅在大规模生产方面领先,而且与德国和英国工业一起在开发特种钢方面以及与美国的工程公司一起在开发钢的许多新应用方面也是领先的。钢的优势不单单在成本上是相当的,虽然对许多产品和工艺过程的再设计来说这点是有决定性鼓励作用的。钢还可以使许多新的产品、工具和工艺成为可能,特别是在机器、工程和结构方面。早在 1868 年,莫希特(Mushet)就已发现,将钒和钨加入钢中可以制得硬度更高的工具钢。此后又开发了一些含有色金属的其他新合金,它们在广大范围的机器中具有硬得多的切削刃口以及在许多工程元件的生产中具有更高的精密度。在成为管理顾问之前,弗里德里克·泰勒(Fredrick Taylor)从 1878~1889 年在米德莱尔(Midvale)钢厂工作,当时他正宣扬他的“科学管理”的理论,以后在皮斯勒汉

(Bethleham)钢厂时他发明了高速工具钢,还包括涉及工具钢应用的一系列机器与冶金方面的发明。

第一个电炉是1878年西门子(Siemens)和1879年史蒂文斯(Stevens)发明的,但铁和钢的废料在大型电炉中作为投入料而大规模使用是在第一次世界大战中及其以后渐趋成熟的。在早期,电炉仅在有色金属和特种钢与合金这一新领域中应用。原先它们是在非电的坩埚炉中生产,而后电炉逐渐代替了坩埚炉,特别是在德国和美国。新的电炉容许温度控制在5~15 000℃之间,这是用燃烧料的炉子所无法达到的(Fabre,1983)。对高速机器和耐磨性来说,新品种钢具有极大的优越性。

泰勒和怀特(White)于1895年在生产合金钢的皮斯勒汉钢铁公司发明了新的热处理技术。合金钢的切削速度是原来用于机床的碳钢的5倍,过后不久,更新合金的切削速度又提高了两倍。谢菲尔德的哈德菲尔兹(Hadfields)公司在19世纪90年代生产的锰钢具有很高的耐磨性,并在世界范围内应用到结构和工程中(当然也用于军备中)。挖掘巴拿马运河的铲子的铲齿就是一个例子。哈德菲尔兹还开发了硅钢,在一段时期里被称作"电工钢",因其磁性好、电阻高(因而能耗低)故为变压器和发电机的主要元件(Pearl,1978)。从这些例子可以明显看出钢与电气化发展的相互依赖性。

早在1903~1910年间,法国的L.居勒(L. Guillet)研究了不锈钢的特性,但是,是德国的施特劳斯(Strauss)和摩勒(Maurer)及谢菲尔德的哈里·布勒莱(Harry Brearley)首先实现了商业上的可能性。当试验高铬钢对来复枪管的适应性时,布勒莱发现不锈钢具有超常的耐腐蚀性。导致第一次世界大战的英德之间的军备竞赛,一般地说,对开发具有特殊性能的新合金钢和重型工程起了重要的促进作用。尽管美国没有过多地卷入军备竞赛,但米德莱尔和皮斯勒汉工厂还是承接了为美国军舰装甲板的合同,而在1906年后泰勒也积极地担任了美国的兵工厂和海军船厂的顾问。不锈钢主要是用于刀具制造业、食品和化学工业。

钢不仅在重型工程、机器和军备方面获得了广泛的新应用,而且有许多消费品行业,其之所以能够存在并能很快发展首先是由于有了便宜的和足量的钢。以罐头工业为例,自美国的南北战争以来,美国的罐头工业急速增长,以后的欧洲也是如此。锡罐用钢皮替代了铁,并对锡的沉积工艺引入了电镀,使该工业起了革命性的变化。现在,用于锡罐的金属,98%是钢,仅2%是锡。该工业无疑能成为大量生产的工业。第一次世界大战期间,许多家庭用于食品和其他消费品的锡罐每年有数打之多,军队给养也是依靠罐头食品。

另一种新的消费产品是自行车,它在19世纪90年代能得以迅速增长,部分应归功于价廉优质的钢。20世纪20年代以前,自行车的生产技术还不是福特式的大规模生产的技术,但已经得益于钢产品强度提高的势头,进行了大批量生产。

说明钢铁工业、重型工程和电力工业的技术经济发展的相互依赖性和互补性的另一创新的亮丽星座是大型建筑结构。19世纪80年代前,为了将高大建筑的重量支撑在砖墙上,必须在较低的楼层上用很厚的墙:“甚至连内部的重量也用铸铁柱来承担,但对一个能承受自己重量的厚而很高的外墙来说,只能分配给它有限的面积用来开窗。”(Hamilton,1958)

1883年,威廉·詹妮(William Jenny)受美国家庭保险公司委托拟建一个十层楼,它应是防火的和能让每一个房间有充足的自然光照。当时他在下面的六层用了铸铁柱和锻铁梁,而上面的各层则用了钢梁。1890年,芝加哥的兰德·麦克纳莱(Rand-McNally)大厦采用了整体的钢结构。因为是钢的骨架,使在各层单独地同时砌墙成为可能。外墙成了柱和梁之间的面板式的“气候屏障”之后不久,摩天大楼的时代就到来了。但是,普及摩天大楼当然不可能没有电梯(1889),甚至也不能没有电话。液压梯太慢而且用在五层以上也不总是安全的。芝加哥和纽约为最高和最壮观的建筑而彼此竞争。19世纪80年代,英国、德国和美国的许多钢厂开始轧制大型结构的钢梁。除大的办公楼外,使用电力和行车的新型工厂以及电站本身也都广泛地应用了新的钢梁和其他钢制品。

从这一例子清楚可见,考察创新之间的互补性是必要的。佩蕾丝(Perez,1983)正确地坚持了一种思想,即延续了相当长时期的、相互关联的创新中有其特有的范式。钢则处于波及每一工业和服务部门的整个创新浪潮的中心。在第三个康德拉季耶夫长波中,采用钢、合金钢和电能来设计大型项目和新产品是常有的事。佩蕾丝把多种应用、降低价格和普遍的可获得性说成是康德拉季耶夫长波中的每一"关键因素"的特征。这当然适用于钢,就像以前的浪潮中适用于棉花和煤以及以后的技术变革浪潮中适用于石油和微电子芯片那样(表1.3)。

如我们在第1章所看到的,熊彼特在考虑长波理论时,主要是从蒸汽动力机器的角度对钢进行了讨论,把钢主要与第二个康德拉季耶夫长波联系了起来,对此,他描述为"由铁路、钢和蒸汽所引发的革命"(1939,p.397)。可是钢铁工业中主要的工艺创新的确始自19世纪50和60年代,其实铁架、铁轨和铁机器才是最早的蒸汽动力和"铁路化"大浪潮的基础。直到19世纪80和90年代之前,钢的消耗始终比较小(图3.1)。

虽然熊彼特有所疏忽,但电动机器和钢的工艺与应用之间的互补性还是比蒸汽动力机械装置与钢的互补性重要。不仅许多电气装置从一开始就使用钢、合金和有色金属,而且在许多其他工业,例如机床,电的应用与钢及其合金的应用有着密切的联系。因而,我们将第三次康德拉季耶夫长波描述为"钢的时代",而将第一次和第二次波描述为"铁的时代",看来更为合理。简单随意地将创新按首次应用的时间顺序排列会淹没钢作为在19世纪80年代出现的新升起的创新星座中关键性的一员(按佩蕾斯的观点)的重要的经济和技术作用,正是这些在90年代有力地推动了第三次康德拉季耶夫长波(表3.5)。

虽然引发起电气化的创新在早于第三次康德拉季耶夫长波的相当长时期内已经在传播,熊彼特还是毫不含糊地断言:"在同能够把第二次康德拉季耶夫长波与铁路联系起来的同样意义上,第三次应该同电气化联系起来。"(Schumpeter,1939,p.397)

现在,我们把问题转到先导工业国家经济的电气化过程。

表 3.5　连续的长波(成长模式)的一些主要特性的尝试性描述

1	2	3	4	5	6	7	8
序号	上升、下降的近似周期	说明	主要的“先导产业”和引发成长的部门基础设施	提供大量低价供给的关键工业部门	从小规模迅速扩展壮大的其他部门	以前的技术-经济关系范例的限制和新范式提供的解决办法	公司的组织和协作与竞争形式
第一	18 世纪 70 年代和 80 年代到 19 世纪 30 年代和 40 年代 “工业革命”,“艰难时期”	早期机械化的康德拉季耶夫长波*	纺织、织物化学、纺织机械、铁加工和铁铸造、水力、陶业、运河干线、公路	棉花 生铁	蒸汽机 机械	国内生产系统中规模、工艺控制和机械化的制约 手工工具和工艺的限制 解决方法是在先导工业中通过机械化和工厂管理组织展现出更大的生产率和利润前景	个体小业主和小公司(<100 雇员)的竞争 有助于技术创新和财务管理的合作,合伙制结构关系 地方资本和个体财产
第二	19 世纪 30 年代和 40 年代到 19 世纪 80 年代和 90 年代维多利亚时代的繁荣 “大萧条”	蒸汽动力和铁路的康德拉季耶夫长波	蒸汽发动机 蒸汽机轮船 机床 铁 铁路设备 铁路 世界航运业	煤 运输	钢 电 天然气 合成染料 大型工程	就经济总体来看,水力能源在其位置的不灵活性,对生产规模应用可靠性和范围方面的限制制约了机械化和工厂生产的进一步发展 很大程度为蒸汽发动机和新的运输系统所克服	小公司竞争的全盛期,但已出现了雇用几千人而非数百人的大企业(随着企业及市场的发展壮大,出现了允许新型投资、风险投资及合伙的合股公司和股份有限公司)
第三	19 世纪 80 年代和 90 年代到 20 世纪 30 年代和 40 年代 动荡的年代,“大萧条”	电和大型工程的康德拉季耶夫长波	电力工程 电动机械 电缆和电线 大型工程 重型武器装备 钢制船舰 重化工 合成染料 输电与配电	钢	汽车 飞机 远程通信 无线电通信 铝 耐用消费品 石油 塑料	铁作为工程材料在强度、耐久性、精确度等方面的缺点部分地被廉价而大量供应的钢及其合金替代 单台大型蒸汽动力机不便于使用皮带和皮带轮传送方式的限制,被改进为使用单台或一组电动机拖动方式(电动机械、桥式吊车、电动工具的使用大大地有利于设备布局和节省了资金) 标准化有利于工业在全世界范围的发展和工作	出现了巨型公司、卡特尔、托拉斯和兼并者(少数巨商的垄断成为这一时期的特点) “规范化”及国家控制“自然资源”及公用事业 银行业及“金融资本”的集中 大公司内出现了专业的“中层管理人员”

（续表）

1	2	3	4	5	6	7	8
序号	上升、下降的近似周期	说明	主要的"先导产业"和引发成长的部门基础设施	提供大量低价供给的关键工业部门	从小规模迅速扩展壮大的其他部门	以前的技术-经济关系范例的限制和新范例提供的解决办法	公司的组织和协作与竞争形式
第四	20世纪30年代和40年代到20世纪80年代和90年代 发展的黄金时代 凯恩斯主义的充分就业 结构调整的危机	福特汽车的大量生产的康德拉季耶夫长波	汽车 卡车 拖拉机 坦克 摩托化战争 用装甲武器 飞机 耐用消费品 制炼厂 合成材料 石油化学 高速公路 机场 航空公司	能源（主要是石油）	计算机 雷达 数控机床 药物 核武器和核动力 导弹 微电子 软件	批量生产规模的局限性被流水作业的装配生产技术、元件和材料充分标准化，以及价廉而丰富的能源所克服 快速及灵活方便的汽车和飞机运输促进了新的工业布局及都市的发展 消费产品更丰富也更便宜	少效制造商控制了市场竞争；立足于直接外国投资和到处设厂的跨国公司 严格的、竞争性的分承包制及纵向集成 加强集中性的、分部门和等级制的管理 大公司内的"技术专家制"
第五*	20世纪80年代和90年代起	信息和通信的康德拉季耶夫长波	计算机 电子生产资料产品 软件 远程通信设备 光纤 机器人 易切削钢 硅酸盐（陶瓷） 产品 数据库 信息库信息服务 数字通信网络 人造卫星	芯片（微电子器件）	"第三代"生物技术产品和工艺空间活动精细化学 信息选择性传送（SDI）	装配线和加工厂在规模与灵活性方面的不经济性部分被灵活的加工系统、"网络化"和"规模化经济"所克服 能源和材料的高消耗部分地被电子控制系统和器件所克服 等级制的部门化的限制被"系统化""网络化"和设计、生产、销售的一体化所克服	日益增多的建立在计算机网络和在技术、质量控制、培训、投资计划和生产计划（"即时"，"just-in-time"）等基础上的大、小公司的能够提供内部自己使用的货物商品的系统网（日文Keiretsu－系列、系统之意，译者注）及类似的组织

*涉及"第五次康德拉季耶夫长波"的各栏内容是根据情况作出的必然的推理而得。

（续表）

9	10	11	12	13	14	15	16	17
序号	技术领先国家	其他工业化的和新兴的工业化国家	国家规章制度的某些特点	国际社会统治权	国家创新系统的主要特点	第三产业发展的某些特点	有代表性的创新企业家、工程师	政治经济学家和哲学家
第一	英国 法国 比利时	德国 荷兰	瓦解了封建的、中世纪的垄断、行会、税收、特权，以及对贸易、行业与竞争的限制 压制行会，把自由放任作为主导原则	随着法国拿破仑的失败，英国在贸易和国际金融中建立了霸权	通过国家研究院、皇家学会等鼓励科学 工程师、发明家兼企业家和合伙人制度 地区性的科学与工程学会 业余和在职培训 国家专利系统的改革与强化 通过技术工人及移民传播技术 英国土木工程师学会 在工作、使用和相互作用中学习	在新的都市中心，零售商和批发商业大大扩展 国家机构很少，商人成为资本的来源	阿克莱特（Arkwright） 博尔顿（Boulton） 韦奇伍德（Wedgwood） 欧文（Owen） 布拉玛（Bramah） 曼德斯莱（Mandslay）	斯密（Smith） 萨伊（Say） 欧文（Owen）
第二	英国 法国 比利时 德国 美国	意大利 荷兰 瑞士 奥地利 匈牙利	高度自由开放 除了对财产所有权和生产及贸易法律框架的保护之外，很少约束管理的“守夜人国家” 管理方式承认行业工会 早期的社会立法与污染控制	“英国统治下的和平” 英国海军、金融和贸易在全球居支配地位，国际自由贸易	英国机械工程师协会与联合王国机械学会 欧洲其他国家亦快速发展起培养工程师和熟练技工的职业教育 专业化分工的发展 专利制度国际化 在工作、使用及两者相互作用中学习	为国内新兴中产阶层服务的服务行业迅速增长，成为最大的服务行业 运输与配送继续迅速发展 普遍的邮政与通信服务 金融服务的发展	史蒂芬森（Stephenson） 惠特·华斯（Whitworth） 布鲁诺（Brunel） 阿姆斯特朗（Armstrong） 惠特尼（Whitney） 辛格（Singer）	李嘉图（Ricardo） 李斯特（List） 马克思（Marx）

（续表）

9	10	11	12	13	14	15	16	17
序号	技术领先国家	其他工业化的和新兴的工业化国家	国家规章制度的某些特点	国际社会统治权	国家创新系统的主要特点	第三产业发展的某些特点	有代表性的创新企业家、工程师	政治经济学家和哲学家
第三	德国 美国 英国 法国 比利时 瑞士 荷兰	意大利 奥地利 匈牙利 加拿大 瑞典 丹麦 日本 俄罗斯	国家主义和帝国主义的国家规章或基础（公益）设施的国家所有制 军备竞赛 大量的社会立法，国家官僚主义的迅速增长	帝国主义和殖民地 第一次世界大战结束后的"英国统治下的和平" 国际金融和贸易系统的不稳定性，导致世界危机，第二次世界大战	德国、美国的化学工业和电气工业内，建立了企业内部自己的研发（R&D）部门 招聘大学的科学家、工程师和毕业生建立起新型的技术大学及相应的技术学院 国家标准协会及国家实验室 普及基础教育 在工作、使用及两者相互作用中学习	国内服务行业发展到最高峰 国家和地方官僚主义迅速发展；百货商店和连锁店 教育、旅游和娱乐业迅速发展 相应出现在金字塔顶部的白领阶层 伦敦成为世界日用品市场的中心	西门子（Siemens） 卡内基（Carnegie） 诺贝尔（Nobel） 爱迪生（Edison） 克虏伯（Krupp） 博世（Bosch）	马歇尔（Marshall） 帕累托（Pareto） 列宁（Lenin） 凡勃伦（Veblen） 韦伯（Weber）
第四	美国 德国 其他欧洲经济共同体国家 日本 瑞典 瑞士 苏联 其他欧洲自由贸易国家 加拿大 澳大利亚	其他东欧国家 韩国 巴西 墨西哥 委内瑞拉 阿根廷 中国 印度	"福利国家"和战备国家；按凯恩斯（Keynesian）方式建立投资、发展和就业的试探性的国家规则；高额的国家消费和投资经费 法西斯垮台后，工会成为"社会合伙人" 出现调整危机时，"福利国家"退缩及加速私有化	美国经济和军事优势，"美国统治下的和平" 非殖民化 军备竞赛及对苏联的冷战 美国占统治地位的国际金融和贸易制度（关贸总协定 IMF，世界银行） 20世纪70年代，布雷顿森林体系的瓦解	专业的科研开发部门扩展到大多数行业 国家通过合同和国立研究所大规模地参于军用研发 国家增加对民用科学和技术的投入 中等及高等教育及工业培训迅速发展 跨国公司通过投资、专利和关键技术协定实现技术的转移 在工作、使用及两者相互作用中学习	国内服务业锐减 自我服务的快餐和超级市场及超大型超市、汽油加油站的发展 国家官僚主义、军队和社会服务的持续增长 研究工作、专项与金融服务、大规模航空旅游及一揽子旅游的迅速发展	斯隆（Sloan） 麦克纳马拉（McNamara） 福特（Ford） 艾格尼里（Agnelli） 诺德霍夫（Nordhoff） 三菱（Matsushita）	凯恩斯（Keynes） 熊彼特（Schumpeter） 卡利克（Kalecki） 波兰尼（Polanyi） 萨缪尔森（Samuelson）

（续表）

9	10	11	12	13	14	15	16	17
序号	技术领先国家	其他工业化的和新兴的工业化国家	国家规章制度的某些特点	国际社会统治权	国家创新系统的主要特点	第三产业发展的某些特点	有代表性的创新企业家、工程师	政治经济学家和哲学家
第五*	美国 日本 德国 瑞典 其他欧洲经济共同体国家 欧洲自由贸易联盟国家 俄国和其他东欧国家 韩国 加拿大 奥地利 智利	巴西 墨西哥 阿根廷 委内瑞拉 中国 印度 印尼 土耳其 埃及 巴基斯坦 尼日利亚 阿尔及利亚 突尼斯 其他拉丁美洲国家	战略性信息技术（ICT）基础结构“法规” “老大哥”和“老大姐”国家，国家金融机构与资本市场旧法规的废除及新法规的建立 可能出现在信息技术（ICT）和红绿联盟（red-green alliance）基础之上，新型的地方分权的福利国家	“多极化” 区域集团 开发适当的、能管理全球金融资本、信息技术及跨国公司的国际机构	研发、设计、生产和生产过程及销售实现横向联合，工艺设计与多技能培训相结合 计算机网络化和合作设计 国家支持通用性技术及支持大学-工业部门合作 软件和生物技术实行新型的专卖制度，“工厂实验室化”	新型信息服务、数据库和软件工业的迅速发展 服务与制造在诸如印刷和出版之类行业的结合 专业咨询业迅速增长 与销售密切联系的新型灵巧的生产方式	库巴雅斯基（Kobayashi） 上野原（Uenohara） 巴隆（Barron） 班尼东（Benneton） 诺伊斯（Noyce） 盖茨（Gates）	熊彼特（Schummacher） 青木（Aoki） 伯塔兰夫（Bertalanffy） 弗里德曼（Friedmann） 吉登斯（Giddens）

*涉及“第五次康德拉季耶夫长波”的各栏内容是根据情况作出的必然的推理而得；引自：Freeman（1987）。

3.4 电和电气化

熊彼特对电的意义的评价，不仅被我们自己所分享，而且也被大多数历史学家所分享。例如，勒斯利·汉纳（Leslie Hannah，1983）将电和微处理机进行了比较："在第一次世界大战前的数十年，与现代的微电子工业一样，是电力和电机工程工业部门改变着家庭、办公室、工厂甚至都市公共交通的效率。"

将廉价的钢、重型工程和电作为一种影响整个经济的更具普遍性的结合体来理解是佩蕾斯模型的主要特点，该模型认为技术经济的范例是变换的。在她的模型中，当新的范例成为主要因素之前就已开发了相当长的时间了，其间要利用许多重大的和渐进的创新，要经受被淘汰的经济的压力，要与基础科学的相互作用以及要与已建立的技术和商业机构的各种限制相适应，直到范式具体化为工程师、设计人员和管理人员的新的常识为止。这种认为普遍意义上的"亚技术"需要历经半个世纪或更长时间的扩散传播期的模型，非常符合钢和电的情况。

大部分早期科学和发明工作发生在欧洲国家。19 世纪 20 年代，法拉第（Faraday）建立了电动机原理，并于 1831 年在写给皇家学会的论文中通报了电磁感应的发现。此外，他还证实了"变压器"的作用。实验电动机在 19 世纪 40 年代就已制造出。甚至在 18 世纪，科学家们已研究了电化学和许多材料的电性。由于 1800 年伏特（Volta）发明了最早的电池（伏特电堆），从而使电的应用扩展到科学实验室之外成为可能。在开发电及其应用中，与机械技术相比，实验室科学的作用更为明显和直接。

早期低功率的应用主要限制在通信中（表 3.6），尽管这的确是重要的。19 世纪 30 年代电报出现，在里斯（Reis，1861）的先期证实和赫姆霍兹（Helmholtz）的科学工作之后，19 世纪 70 年代加拿大人亚历山大·贝尔（Alexandra Bell）所

表 3.6　电及其应用的历史发展

	科学与发明	电力的产生	通　信	照　明	工业和运输应用
1800年以前	用于研究材料电性能和电化学性质的摩擦起电机理				
1800~1830	实验科学家伏特(Valta)、安培(Ampère)、奥斯特(Orstead)、戴维(Davy)、欧姆(Ohm)、阿拉格(Arago)、法拉第(Faraday)等研究电的测量、分析和理论	格罗依扬克(Cruikshank)用伏特电堆制成最早的电池(1800),丹尼尔(Daniel)的双液电池(1830)主要用于电报			
1830~1850	法拉第(Faraday)证明电磁感应(1831),Pixli 发明永磁发电机(1832),福洛特(Fourault)和德布斯(Dubose)等发明弧光灯	发电机商业应用,克拉克(Clarke,1834,伦敦)、斯多勒(Stoehrer,19 世纪 40 年代,莱比锡)、诺莱(Nollet,法国)	惠斯通(Wheatstone,1837)和摩斯(Morse)发明电报,并迅速商业化 用古塔胶绝缘的多芯电缆		19 世纪 40 年代初第一个电镀专利,然后镀银业在餐具业中迅速发展
19 世纪 50 年代	Horth“磁-电电池”专利(1855) 西门子电枢(1856) Swan 碳丝灯的早期研究	出现了制造发电机的阿里安斯(Alliance)公司 灯塔用发电机(Holmes,1857~1858)	英国电报公司已拥有 4 500 英里电报线(1855) 第一个海底电报(1851) 越洋电报(1858)	法国、英国开始在灯塔上使用弧光灯	第一个大电缆工厂(1858~1859) 西门子兄弟公司成立(1858)
19 世纪 60 年代	里斯(Reis)首次演示电话(法兰克福,1861) “自激”发电机(Wilde,1863;Siemens,Varley,1866) 麦克新韦(Maxwell) 电磁波理论(1864) 利克兰奇(Leclanche) 电池(1868)	惠尔德(Wilde)梭式电枢交流发电机(1867) 西门子盘形电枢(转子)	纽约到旧金山的第一次电报服务(1861)	通信中使用的橡胶绝缘和电缆技术转向其他应用	第一次电解铜精炼(南威尔士,1869)

（续表）

	科学与发明	电力的产生	通信	照明	工业和运输应用
19世纪70年代	格拉姆（Gramme）电枢（1870） 贝尔（Bell）电话专利（1876） 布鲁奇（Brush）发明开放式线圈电动机（1878）	19世纪70年代初，格拉姆（Gremme）制成首台恒稳电流下可靠的电动机 西门子和Halske平板蓄电池（1878）	美国和英国首次电报往来（1878~1879）	弧光灯用于公共建筑、海船、剧院、展览会场、工厂和一些主要街道的照明 爱迪生电灯公司成立（1877）	电镀广泛用于罐头和其他工业 西门子高温电弧炉（1878） 第一条电气铁路[西门子和哈尔斯克（Halske），1879]
19世纪80年代	赫姆霍兹（Helmholtz）奠定电话和无线电的基础理论 柏林建立物理和技术国家实验室（1886） 赫兹（Hertz）电磁辐射实验（1887）	斯万（Swan）铅板电极（1881） 温斯特罗姆（Wenström）发电机和电枢（ASEA美国工程师和建筑师学会，1880） 第一个家用电源电池（爱迪生，1881~1883） 变压器（Gaulard和Gibbs，1883） 法仑丁（Ferranti）Z型绕组交流发电机（1887） 布拉德莱（Bradly）炼钢转炉（1888） 巴松斯（Parsos）75 KV涡轮发电机（1888）	贝尔（Bell）制造了67 000部电话机（1880）	斯万（Swan）碳丝灯用于船舶和伦敦到布雷顿的火车照明 斯万（Swan）和爱迪生灯泡大量生产，开始用于家庭（1881） 西屋公司（Westinghouse）电气将交流电用于照明（1886）	19世纪80年代出现大量的有轨电车和城市铁路 电解法生产铝[美国霍尔（Hall）和法国海洛尔（Herault），1887] 电解法生产氯（1888） 特斯拉（Tesla）制成交流发电机，后来由西屋公司生产（1888）
19世纪90年代	国家物理实验室（美国，1891） 布朗（Braun）阴极射线管（1897） 洛奇（Lodge）演示调谐感应线圈（1897） 许多无线电发明，汤姆逊（J. J. Thomson）发现电子（1897）	（交流/直流）系统之争（1887~1892） 西屋公司（Westinghouse）完成尼亚加拉大瀑布水电站电能的高压电传送（1893） 用于发电机和变压器的特种合金（硅钢） 巴松斯（Parsons）350 KV涡轮发电机和变压器（1894）	马可尼（Marconi）无线电通信实验，并成立无线电电报公司（1897） 电报网络快速建立起来	电能用于照明的快速普及	交流电实现工业应用（1891） 奥林贡（Oerlikon）和AEG生产电动机（1891） 碳化硅（1891） 电炉法从碳化钙制成乙炔（1892） 高速工具钢（美国，1895） 首台电力拖动加工机床（Fain，Stuttgart；1895）
20世纪后	阴极射线示波器（1901） 弗莱明（Fleming）热阀（1904） 德·弗里斯特（De Forest）三板管（1906） 第一台心电图仪（1909）		马可尼演示横越大西洋的无线电通信（1901） 弗森登（Fessenden）实现声音及音乐的无线电传送	汞弧灯（1900） 钨丝灯（1906）	海洛尔（Héroult）电弧炉（1990），采用电动机单独驱动的新一代加工机床

引自：Freeman（1989）。

取得专利权的电话完成了商业开发。直到19世纪50和60年代,永磁发电机和直流发电机才发展到应用于商业规模照明的水平。磁电力电弧照明灯的最早的主要应用是英国的灯塔。

1858年在南海岸进行了灯塔照明实验,接着邀请了法拉第为灯塔管理部门(英国海员协会,Trinity House)作实验报告,并给人留下了深刻的印象:

> 请允许我发言,我认为就所涉及的光源的性能和管理而论,霍姆斯(Holmes)教授已实际证实了将磁电光源用于灯塔是适当的和能胜任的。所产生的光超过了我所看到过的如此应用的其他光的强度。而且原则上可以累加到任何强度;它在灯室中排列很整齐,管理也方便,因而具有一般智力和知识水平的细心的看守人就能照料它。
>
> (Dunsheath,1962,p.106)

尽管这些特殊应用早在19世纪60年代就已扩展开来,但只是由于19世纪60和70年代一系列后续发明和创新的开发(电枢、交流发电机,转子等),发电机技术(自激发电机)才使电能在先导工业国家中成功地完成了大规模的生产和传输。19世纪80年代,包括碳丝白炽灯等创新的进一步涌现,意味着发电站有可能在家庭照明及公共照明中找到市场(表3.6和图3.2)。早在1889年,取代电灯泡的工作是由弗里德里克·泰勒研究和安排的许多类型工作之一,这引出来一长串的令人高兴的话题。

19世纪80和90年代开创的电能的无数应用,其中有许多早在19世纪70年代就已作过小规模的探索。1876年电在巴黎的北火车站用以照明,1878年在伦敦被用于泰晤士报印刷厂和大剧院的照明以及柏林恺撒拱廊的照明。在那一年,30 000人在谢菲尔德第一次观看了电灯光下的足球赛。展览场地和公共的博览会也由新能源照明。

电力发生的最早和最重要的应用之一是有轨电车和都市的有时是在地下

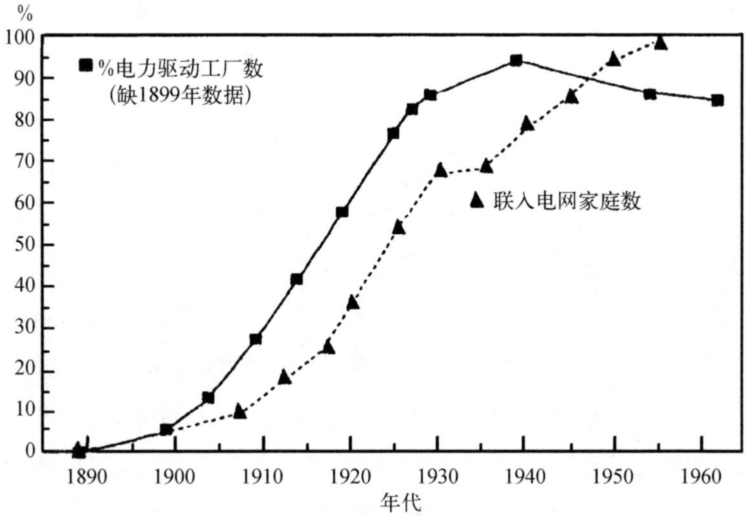

图 3.2　美国的电气化

引自：美国的历史统计资料；Ayres（1988）。

的电气化铁路。某些早期的电力公司，特别在日本是专为此目的而建立的。继德国西门子和哈尔斯克（Halske）在 1879～1881 年间对电气化铁路进行示范之后，主要为娱乐用的第一条英国电气化铁路由沃尔克（Volk）至布莱顿（Brighton）在 1883 年建成。此后在 1887～1900 年间于伦敦建设的地下“隧道”铁路要重要得多，这再次说明了钢、电和重型工程技术是新的亮丽的星座。电气装置是由美国公司提供的，这是进入另一时代的表征。

1895 年，在巴尔的摩至俄亥俄州铁路的巴尔的摩下面的隧道中，蒸汽铁路干线中间的一段有 4 英里长，第一次实现了电气化（Ellis，1958）。因为需要对原有系统进行新的大量的投资，故干线的电气化只是在 20 世纪才逐渐实现的。但早在 19 世纪 80 和 90 年代，西欧和美国的大而新的工业区中，有轨电车和地下系统发展很快。事实上，一直归咎于汽车的城市郊区扩展和长途上下班，最先有可能还是由有轨电车和铁路造成的。据说，从德国中部到英吉利海峡的海滨（虽然要多次换车）以及从美国的中西部到大西洋，其大部分路途乘电气火车旅行是可能的。尽管如此,直到很久以后,汽车还是作为工作往返通行的主要方式和作为城市扩展的促进剂而盛行起来(见第6章)。

比家庭照明系统或运输系统更为重要的是电的新的工业应用。开始主要是电冶金和电化学。如已所知,在电炉和钢铁工业以后的进展之间,存在着重要的交互联动。但在19世纪80和90年代,最重要的发展是与有色金属和合金有关。19世纪70年代,南威尔士首先小规模采用了铜的电解工艺,但在90年代其规模扩大了很多,这对以后电力工业的发展特别重要。由于铜的高导电性及易拉制成线材,故为电的应用所大量需要而很快成为铜的主要用途。但是,只有最高质量的铜才具有所需的性质,而且“高导电性的铜一般只有通过电解精炼才能生产出来”(Chadwick,1958)。这再一次清楚地说明了与冶金学、化学和电学有联系的相关创新网络中的相互依赖性。

铝工业几乎从一开始就依赖于电。美国的霍尔(Hall)工艺,法国的海洛尔(Héroult)工艺,几乎同时发明于1887年。1888年电解氯成功,它改变了重化学工业并导致了氯的许多新应用。19世纪80年代,电炉首次用于从碳化钙中生产乙炔;以后于19世纪90年代,电炉用于合成碳化硅(金刚砂)的生产。

在迅速发展的德国化学工业中,重型工程和电力工程技术同化学相汇聚的现象极为明显。在《19世纪的科学和工业》(*Science and Industry in the 19th Century*)一书中,贝尔纳(Bernal,1953)将电学和化学看作是这样两个领域,其科学研究与工业开发从一开始就直接密切相关。19世纪70年代,德国的染料工业创建了企业内部的研发实验室。在19世纪80和90年代,由于遇到了各式各样的新老产品按比例增长的问题,工程师和化学家在大规模工艺过程设计中的协作成了德国工业的特点。这将在第4章中详细描述。不只是氯气的生产和电解工艺,而且在许多工艺过程中,电技术对德国工业的迅猛发展起了主要的作用。特别值得注意的是德国在乙炔化学方面的领先地位,而乙炔在有机化学制品中扮演着主要角色(Fabre,1983)。

尽管在电学的早期还没有明确想象到，但从长远观点来说，最重要的是电在由电动机开拓的每个工业部门中的应用。《牛津技术史》（*The Oxford History of Technology*）说得好（卷5，p.231）：

> 电能的突出特征是机动性。它可以沿一对导线输送至任何地点。曾尝试过从中心工厂将能量转换至较小用户的其他方法，但都不如电那样方便或高效。电的方法就是把蒸汽锅炉的热能或水流下落的动能转变为电能，以后再由用户的电动机转变为机械能。从技术的角度来说，这是电的最重要的作用。电能作为光源，近来又作为热源，作为通信方法和化学过程的动因，已明显地改变了工业实践；但其首要的意义是或多或少地把动力送到了工人的手中或手边。

早在1894年，在对加拿大土木工程学会的信函中，弗雷德·鲍曼（Fred Bowman）也强调了新电动机的可靠性和坚固性：

> 小型工业中驱动机器所用的电动机的优点是功效高、维修成本低、清洁、减少了火灾和经济的能源。从未接触过电动机的人认识不到，一个建造完好的电动机是能承受过载和一般性滥用的……电动机已通过了实验阶段，并成为完全可靠的机器。
>
> （Ball，1987，p.34）

由于其灵活、坚固和能源可靠等优点得到了认可，从而很快生产出了几万台电动机。

一个具体的例子能很好说明这一点。戴尔贝克（Delbeke，1982）研究了安特卫普（Antwerp）的各种类型发动机的发展。在该区域中工业结构是变化的，而食品、家具、金属和钻石是具有许多小公司的主要工业。图3.3和3.4说明了从蒸汽到电力的急剧变化,图 3.3 和图 3.4 表明了 1895 年电力发动机的数目份额为零,1915 年上升至 90%。汽油发动机在 19 世纪后期的短时间内具有优势,但在 20 世纪,除非是非常大的发动机,电力取代了蒸汽和汽油发动机(因此,在两幅图中按装机容量计算的电力发动机的份额比按发动机的数目计算的份额要稍低些)。大多数新的电动机并不是直接替代蒸汽或汽油发动机,而是为许多小公司所用,因为它们便宜、坚固和能源使用的灵活性。这导致了小公司的机械化。这是一场电机革命。

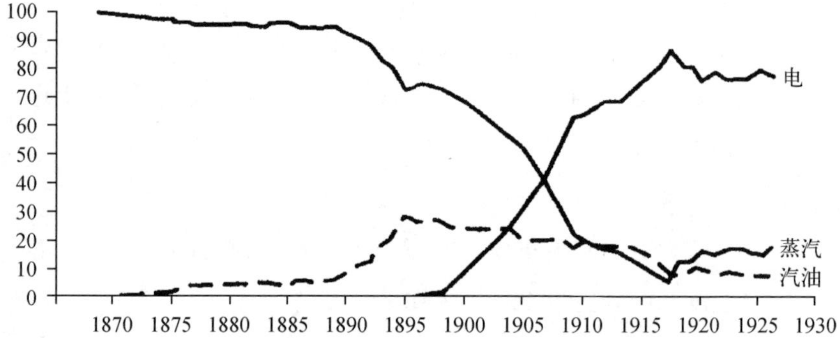

图 3.3　各种类型发动机在装机容量上的份额

(每 9 年平均移动一次),安特卫普(1870~1930)。
引自:Delbeke(1982)。

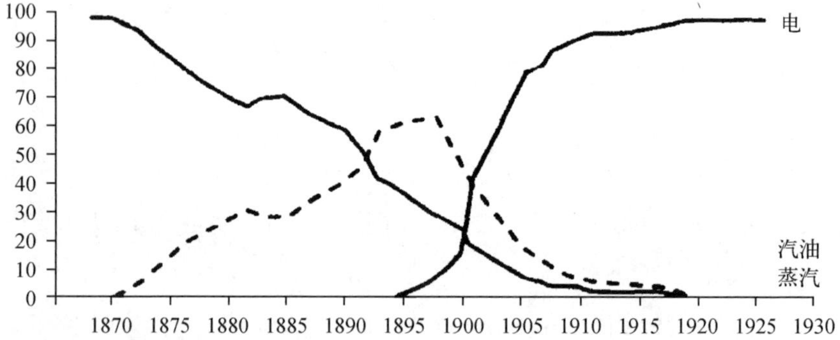

图 3.4　各种类型发动机在装机总数上的份额

(每 9 年移动平均一次),安特卫普(1870~1930 年)。
引自:Delbeke(1982)。

在两个世纪交接的时候,电动机数少于10台,到第一次世界大战时增至1 600台,而蒸汽机数从未超过150台。如戴尔贝克所说:

> 对大规模的活动,蒸汽发动机的基本优点是它能提供大量能量的连续供应,但不能很好地适应手工业启动,因为手工业活动只需零星的能量。
>
> 汽油发动机的出现改变了某些小规模工业的状况,但能量的输送仍不可能。尽管如此,对许多企业家来说,由于没有其他选择,这种局面仍具吸引力。电动机从根本上改变了机遇:无论何时何地,甚至是工具本身需要能量时,小电动机都能提供足够的能量。这一基础性的创新在当时不但改变了工厂的组织,使组织工作能够建立在有效使用劳动力的基础之上,而且也从根本上改变了小规模工业的处境,这种情况在弗兰德(Flanders)非常普遍。
>
> 这样,电的采用首先意味着有了非常有效地输送能量的方法。而且,一旦在世纪末城市范围的网络付诸使用,对许多手工业操作和小规模工业来说,就有可能在家门口买电以避免原有能源系统难以克服的高额固定成本。换句话说,能源在很大程度上变成了可变成本。
>
> (Delbeke,1982,p.16)

当然,电动机最终是数以百万计生产的,并装配在每个家庭中,但是这些电气消费耐用品的大量生产和消费主要是第四次康德拉季耶夫波而不是第三次康德拉季耶夫长波的特征。

为了润色这幅图画,我们还要指出,电话机和"能够输送的电力"的结合改变了许多服务机构和制造工业的选址和运营。这种结合大大促进了具有分散部门或运营的大的组织机构的管理,并给予许多小公司一新的灵活性。1890年,美国有22.8万部电话在使用,到1900年,几乎达到150万部。电话与打字机一起开创了办公室的机械化过程，这标志着大公司和中央与地方政府中“官僚主义”的出现。

在通信、照明、发电与输电以及新的工业应用等方面的创新过后的半个世纪，即19世纪80年代末至90年代初，电力的使用已达到了这样的程度，此时无数新的投资机遇正在各个方面展现。在价廉的钢和电力的基础上，对于新的投资突发性高潮来说，所有的条件皆已得到满足。但要充分利用这些机遇，仍然需要大量新的基础设施。在这之前，对每一具体的应用通常都装置了发电机。但在19世纪80年代，爱迪生(Edison)等人认识到，电必须作为对公众合用的“公用事业”和“日用品”被生产出来并输送给家庭和工业消费者。这就要求有新的制订法规的机构、新的立法、新的标准及大量的私人和公众的投资，韦伯(Weber)把这些认识作为一种全新的管理模式(1922)。19世纪80年代是公众激烈争论的时期，其间，在市、地区和国家各层面上引发出了一系列各种各样的政策。讨论不是仅局限于新的基础设施如何开发的问题，而是随着新技术的普及，扩展到电力应用的整个宽广的范围之中。工程师们不仅热烈地争论交流和直流的优缺点，更多的是争论工作的组织机构、电力对工厂布局的影响、机器的设计、工业的地址、管理结构和企业规模。换句话说，廉价的钢和电力的结合带来的不仅是新的能源和材料，而且带来了整个生产系统和社会经济结构的变化，组织与管理的创新和技术创新同样非常重要。这种情况与当代关于机器人、远程操纵、网络和信息技术的其他特性的讨论相类似(见第17章)。

图3.2说明了在第三次康德拉季耶夫长波的半个世纪中，是怎样对绝大多数的工厂和家庭供电的(美国的情况)。图3.5表明，1920年美国工业动力的一半以上是用电，到1930年则超过3/4。图3.3和3.4说明，欧洲的重要城市安特卫普的情况也是如此。霍尔和普雷斯顿(Hall和Preston，1988)报道了德国经济学家所作的估计：在第一次世界大战前的时期中，电力工业占工业生产增长的30%~40%。

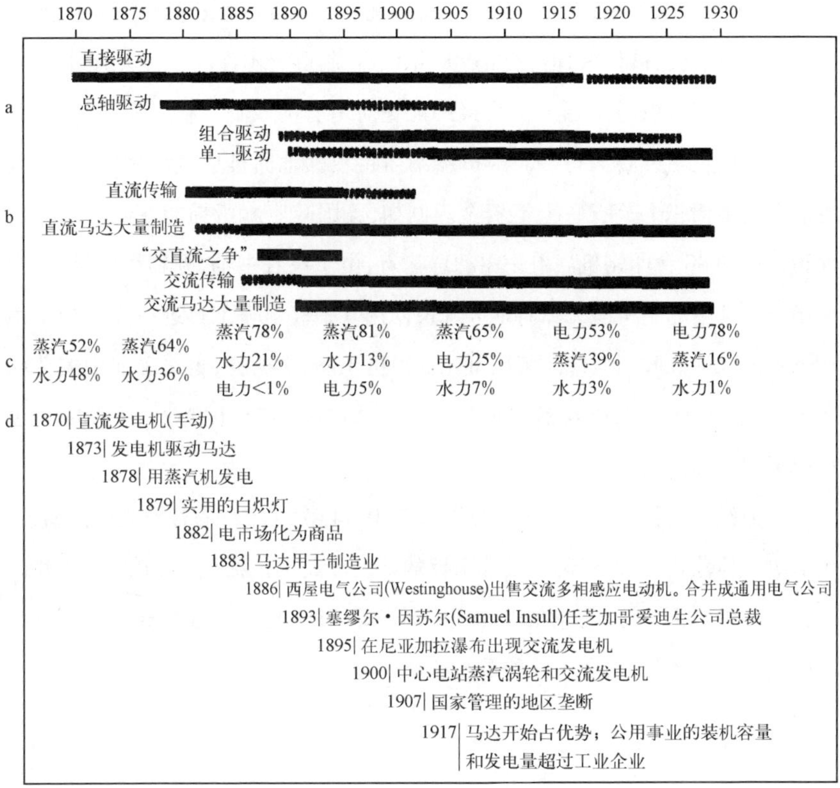

图 3.5　工业电气化年表

a. 驱动机器的方法；b. 交流电出现；c. 由蒸汽机、水力和电提供的用于驱动机器的功率份额；d. 关键技术和促进因素的发展。

引自：Devine(1983)。

随着这种巨大的电气化浪潮的行进，钢和具有广泛新性质与应用范围的新工业材料同新的灵活的能源联系在一起，从而相互关联的新的创新集群得以涌现和巩固。这首先影响几乎全部制造业部门的工厂设计和布局，它们都在用新机器和能源工具替代老的蒸汽动力机器。在老系统中，不管有多少机器实际在使用，所有的主轴和副轴都在不断地转动。一次故障就会连累整个工厂(Devine,1983)。

19 世纪 80 和 90 年代曾试图用若干个蒸汽机克服老系统的不灵活性，但是,一旦电被普遍使用,立即证明了电是最优越的。虽然电能的新潜力早在19世纪80年代就已被认可,但直到1900年以后,制造业才普遍开始认识到,使用电力驱动的间接效益要远大于直接的能量所节省的效益。在工厂布局方面,单一驱动的灵活性要大得多。因机器不需再根据轴而排成直线来安置,故有可能在占地面积上节省一大笔资金。例如,美国政府出版局能在同样的占地面积上增加40台印刷机。单一驱动意味着,由于没有主轴、副轴和传送带,空中吊车和架空起重机能无障碍地大规模使用。手提动力工具进一步增加了生产系统的灵活性和适应性。工厂可能变得更干净、更明亮,这对工业中的劳动条件和生产质量与工作效率是非常重要的,如纺织业和印刷业。生产能力也可能更加容易提高。

电力经济效益的高度发展不仅取决于19世纪80年代的若干关键性创新,也取决于新范式、生产格局和设计宗旨的开发。其中包括机床、搬运设备和许多其他装置的再设计,还包括在由电力输送和当地发电能力所给予的新自由度的基础上,许多工厂和工业的重新选址。

3.5 大公司与管理创新

在管理组织与管理哲学方面和公司与工业结构方面的变革具有深远的意义。伴随、追随或超前技术创新的管理和组织上的创新大大有助于先导公司进行更大规模的运营。电话和电报使办公和服务,甚至是所有的商业组织和政府与战争的指挥都发生了革命性的变化。这些新的通信媒体(以后又补充了无线电)大大促进了具有控制各地工厂的复杂管理机构的大集团公司的发展,并促进了材料、元件和机器的远距离生产和交货的发展。关于经济和大公司的全球化问题,在20世纪90年代已有大量的报道。第一次世界大战前,列宁就已经将大电力公司的全球化作为它们活动的特点而描述过。当时,美国的主要公司如通用电气，西屋（Westinghouse）及德国的主要公司 AEG 与西门子就已经快速发展成为世界上最大的巨型公司。通用电气公司和 AEG 公司的发展，部分是由于合并的结果，其中也包括了强大的金融股份的参加。从电力公司的早期起，像在它们之前的铁路一样，就因涉及发电和配电的网络系统以及许多电器产品的开发而需要大量的资本。钱德勒（Chandler，1977）证实了列宁（1915）在其著述中的主要论点之一——存在着金融和制造业巨头集中在德国和美国的新工业中出现的大公司的趋势。列宁注意到 AEG 的例子，而钱德勒则更加周详地分析了通用电气公司历史的早期阶段：

> 由于种种原因，导致通用电气公司创建的合并，与早期的企业联合托拉斯相比，对美国现代工业管理的发展更为重要。通用电气是机器制造公司的最早的、重要的合并体，所以是最早的综合性企业。它的产品和工艺就技术的先进和复杂程度来说，在当时是少有的。对于通用电气公司，外界的金融家们所起的作用和他们在任何美国工业合并中起的作用同样大。由于这个缘故，铁路的影响特别强烈。金融家之所以重要，是因为电气制造商是美国最早的与铁路没有密切联系，而又发现为了创建自己最初的企业必须到资本市场去募集资金的企业家。
>
> （Chandler，1977，p.426）

它在技术开发方面也比其他行业更复杂，更费钱，更耗费时间。它需要专业化的研究、设计和开发部门。新的公司必须“在开始大量销售它们的产品之前创建一个由发电机器、电站、电灯和用电机器组成的综合性系统”（见 Hughes，1982）。为当地的电力公司筹措资金，公司必须去华尔街。从 1878 年起，托马斯·爱迪生得到了德里赛尔（Drexel）、摩根（Morgan）公司的帮助；而依里胡·汤姆森（Elihu Thomson）不久即得到了投资铁路、电报和电话的波士顿资本家们的支持。通用电气公司是三家大电力设备制造厂中的两家合并而成的,这三家厂本身也是合并的结果。

> 亨利·维拉德(Henry Villard),一位著名的铁路金融家,指导过合并的事宜。他曾筹集资金以帮助爱迪生的某些早期开发工作。维拉德最近回到美国,他在德国待了三年,在那里他已成为与柏林权威的德国银行和已开始在美国市场销售产品的最主要的电气制造商西门子和哈尔斯克(Halske)公司有着密切关系的人物。据《爱迪生传》的作者马修·约瑟夫森(Matthew Josephson)的说法,维拉德计划创建一个"世界性的同业联盟——卡特尔"。
>
> (Chandler,1977,p.427)

世界性的卡特尔的想法不是遥远的梦想。当时是许多行业强烈趋向于卡特尔化的时期。在一些行业中,占统治地位公司间的国际专利协议,至少在第二次世界大战前是发挥了重要的作用的,而电力工程工业就是其中之一。分享市场的协议已不再是那种以大的公用事业及其"国有"重型装备供应商之间关系为特征的、非通常的和垄断的购买策略。在国际市场中,通用电气和德国的 AEG 公司系统地瓜分了世界。列宁指出,两个大公司之间的这种世界市场的划分并不能摆脱由于发展不平衡或战争的结果所造成的重新划分的可能性。事实上,这种再划分在 1922 年就发生了,当时,在第一次世界大战中德国被打败后,协议被重新议定。条款更有利于通用电气公司,通用电气获得了 AEG 公司 1920 年新发行股份总额的 25%。

电力设备工业集中化的发展远比大多数其他工业更加迅速,但整个的经济系统亦有类似的趋势。世界范围的运输和通信网络的建立意味着,不仅在出口方面,而且在同原材料供应商和设在许多国家中的生产设施分销售代理的管理实现纵向结合方面,以及在为组织全球运营的资金筹集方面,公司当时都可以在全球范围内运营。19 世纪后期,兰开夏的纺织公司几乎没有上规模的工厂经济，而是受益于广大的外部经济（第2章），但新的美国工业使许多功能内部化，这些功能对于小公司来说原本是外部的。对于钢铁、石油和化学工业重要的上规模的工厂经济当时在许多其他工业中也得到了利用，并且遍及了更大的市场。但是，在新投资的金融方面、物资的采办方面、市场网络的建设方面，在研究、设计和开发方面，规模经济变得同等或更加重要。积累起来的高度熟练的和培训过的劳动力方面的优势那时也已延伸到上述功能的各级职业管理人员之中。

在重型电气装备方面，这些功能的确重要，可是，虽然在电气工业中的主要趋势是发展很大的公司，但这种趋势又被许多其他工业和服务业的电气化结果有所抵消。新技术和新能源为形形色色的工业中的数以千计的中、小企业提供了繁荣的机会，如木材业（锯木厂）、仪表业、动力工具和其他机械产品。当全国电气化时，能源的灵活性使全新工业区的开发，某些工业从中心地区的撤离，其他全新工业的出现和其他变化成为可能。

业已指出，电车的电气化加速了都市交通工业集中的趋势，钱德勒（1977）强调了世纪之交美国这种变化的快速性。到1890年，都市运行线路的15%已采用了电力街车，1904年发展到94%。如在许多其他工业中一样，在都市交通工业中，新的技术带来了管理方式的革命，这是因为它包含有昂贵的装备，先进的技术，复杂的维修，复杂的会计和统计以及新的协作方式和政治上的准备。新的、领取薪金的专职经理代替了老的、经营者自主管理或马车交通系统的市政管理人员。

不仅是大公司的结构与管理方面以及技术方面的变化，而且管理职业和教育体制内部的发展都促进了美国职业经理阶层的出现，“泰勒主义”（Taylorism）的实际意义不在于它引入了“科学管理”。这在过去或今天实际上都是不可能的。泰勒主义与其他类似的方案和模型一起所完成的只是提供了一系列组织创新的基本原理，组织创新改变了企业运营的老方法并代之以建立在各种管理功能职业化和专业化基础上的强化管理的模型，管理功能中最重要的是成本核算、生产工程、销售管理、（在某些情况下）设计与开发、私人关系与公关以及情报与市场的研究(如通用电气公司的情况)。管理上的“官僚主义”是第三次康德拉季耶夫长波的主要组织创新,并反映在韦伯对社会学和经济学的卓越贡献中(表 3.6)。

丹尼尔·纳尔逊(Dniel Nelson,1980)所著的《泰勒传》中说得很清楚,和有工业经验的其他机械工程师一样,泰勒把自己看成是“内行”“科学家”,他能够看到,为利用新技术就必须改变老的“承包人”体制。与资本强度提高相联系的固定成本的上升,迫使充分利用人的智能来维持和增加利润并管理材料和元件使之供应充沛。同时,在销售中要求工程师给顾客以技术服务。销售也必须成为公司的有组织的职业性功能。当金融家维拉德重新组织通用电气公司时,建立了由 7 个地区性营业所组成的销售力量,每个营业所由地区经理领导,经理管理那些负责设备、服务和销售的销售人员和工程师的工作。从第二次到第三次康德拉季耶夫长波的转变,以坚持探索新的管理组织方式和公司结构方式为其特征,这些新方式在同新技术相互作用时,其重要性并不亚于新技术及伴随着的技术传播。韦伯具有德国社会学家的特征,在看到“官僚主义”管理的正面效应的同时,也看到了其负面的特性。

虽然泰勒的思想从 19 世纪 90 年代起就影响了美国,以后又影响到全世界,但没有一家公司实际上全盘接受他的“计划部门全权”和极端的专业化思想。大部分公司只采用其思想中的某些部分。钱德勒(1977,p.276)观察到,“他的许多基本概念已结合到美国工厂的现代管理中”,并进一步指出:

> 在新世纪的头几年,许多工厂沿埃默森(Emerson)、泰勒、汤(Towne)和美国机械工程师学会的其他积极分子所设计的路线组织了起来。取消了合同体制,采用了收益分享和一些鼓励性的办法,引入了以商店订单或账目的收据系统为基础的成本会计:实行了工时研究;雇用了程序、流水线、成本和检验方面的管理人员,并扩大了经理职权。
>
> (Chandler,1977,p.277)

综合 19 世纪 80 和 90 年代公司组织的变化和新出现的“最佳实践”的组织形式，我们可以看出下列特点：

（1）关键管理功能的职业化和专业化以适应在生产、技术、市场、金融和管理方面的复杂性和规模的增长。卡内基是这种变革的先驱者之一。

（2）取消内部的分包合同系统并代之以采用各种新管理和新会计系统的职业化的管理控制。建立了官僚主义的职业化管理。

（3）采用新的办公设备和通信系统（打字机、电话、电报等），并将总部同各分支营业所、工厂和销售组织联系起来，以使信息、会计和管理程序标准化。

这些管理和组织创新的推广同技术创新的传播和第三次康德拉季耶夫波的系统特征相互作用着，这些特征包括电力、远程通信、精密机械以及钢的高强度产品、工艺和结构。像通用电气这样一些公司是一种新型的资本主义企业，特别适合当时美国的条件。当从前的先导者英国缓慢下来时，它们能使美国的经济持续快速地增长。

我们的分析认为，在 19 世纪最后几十年中，专业化研究和开发部门在电力和化学公司中的出现是格外重要的。早在工业革命时，科学与工业的联系就很重要，但这种联系是间歇性的、间接的和不系统的。职业化研发部门为国际国内科学和技术中的卓越思想进入公司提供一个正规的地点。大而新的电气公司有特别强大的研发活力，而熊彼特（1939）指出，这意味着企业家的作用（在他的意义上）可以由大公司的研发部门领导来行使。企业内部的职业化研发工作的出现对化学和石油工业同样重要，第 4 章将对此进行深入的研究。

第4章　石油和化学品工艺创新

第3章我们概述了某些主要的技术创新促进了钢和电子工业飞速发展。美国公司利用丰富的自然资源和巨大的国内市场优势研究和开发这些工业新技术。尤其是许多美国公司成功地扩大了新技术在生产和市场的应用范围，因此在很多工业领域都成为世界主导，尽管很多最早的创新以及大部分相关的科学工作都是在欧洲完成的。新涌现的巨型公司不光只生产钢和电子产品，其他材料，特别是石油和化学品也获得相应发展。在石油和化学品工业领域，美国和欧洲也都出现了巨型公司。

在钢铁工业领域，欧洲公司常常在产品和工艺创新方面领先，美国公司则主要在钢应用方面领先。尽管如此，在石油工业的工艺创新方面，美国公司自始至终占据优势。这部分自然是因为自19世纪50年代起美国就开发石油作为国内燃料；但也是因为美国炼油厂积累了石油“裂化”技术诀窍，能生产各种石油产品。美国公司在炼油厂的设计和建设方面一直占世界主导地位正是借助这种早期领先和接下来一系列卓有成效的创新。

本章我们将首先概述19世纪和20世纪化学和石油工业加工创新的主要趋势。接着我们将分析自19世纪70年代以来德国化学工业企业研发的出现及其对工艺创新的影响。然后我们同样地分析一下美国石油工业。所有例子都显示多数工艺开发工作的费用一直是上升的，直到20世纪70年代采取了对策之后上升趋势才停止。最后，简要讨论使工艺开发日趋复杂且成本加剧上升的趋势达到顶点的核能。

4.1 从批量法到流程法的转变

一个多世纪以来,化学工业生产率的增长速度一直较高。化学工业技术最重要的进步是由批量法到连续的流程法的转变。这一转变使工厂建设采用规模经济以及降低原材料的劳动力成本成为可能。在防止热量损耗方面,流程法也比非连续的批量法更有效,而且有助于监视和控制化学反应。这些优点意味着大多数主要化学品的单位生产成本急剧下降。这种成本下降不仅影响到劳动力成本,而且影响到资本、能源和材料。同时,不断改进工艺使得产品质量提高而且更加稳定。其经济效益如表4.1所示,表4.1对1914年以前美国早期炼油厂每生产100加仑汽油所需的生产投入与20世纪40年代首次采用流动催化裂化法及50年代改进的流动催化裂化法所需的生产投入进行了比较。采用早期伯顿(Burton)法单位生产能力约为90桶/psd①,而采用早期流动设备时约13 000桶,设备改进后为36 000桶。

表4.1　伯顿(Burton)法与流动催化裂化法生产能力比较

生产投入	每生产100加仑汽油的生产投入		
	伯顿法	流程法(原设备)	流程法(改进设备)
原材料(加仑)	396.0	238.0	170.0
资本(美元,1939年价)	3.6	0.82	0.52
加工劳动力(人小时)	1.61	0.09	0.02
能源(百万千瓦/小时)	8.4	3.2	1.1

引自:Enos(1962a,p.224)。

① psd,每个连续开工日;每公吨约7.5桶。

采用流程法最显著的节约(98%以上)是劳动力成本的节约。但同样引人注目的是80%以上资本和能源的节约,以及单位最终产品所需原材料投入的节约。生产率提高、经济发展依靠的正是这种技术进步。

促使批量法向流程法生产技术转变的是19世纪和20世纪六种主要的发展。它们是:

(1) 苏打、氨、氯、硫酸、乙烯和丙烯等几种基本化学品的市场迅速扩大。这些"大厦基石"不仅用作生产其他各种化学品的媒介物,也应用于化学工业以外其他很多产业。

(2) 有机化学品的基本原料由煤衍生物改为石油和天然气。这刺激了流程法的研究和与精炼有关的化合物的发展。

(3) 电作为一种能源的应用范围不断扩大以及电热和电解工艺的研究。1833年法拉第演示了电解盐的过程,但直到19世纪末电变成廉价能源得以广泛应用,大规模加工工艺才得以研究成功。

(4) 工厂结构材料的更新和泵、压缩机、过滤器、阀、压力容器等部件的改进。这为采用大规模加工以及在高压和超高温等恶劣条件下工作提供了必备条件。

(5) 监视和控制流程工艺并进行实验分析和测试的新仪器的研制成功。

(6) 基础科学知识应用于生产过程以及化学工程新学科的发展。新的流程法涉及物理和化学,而旧的批量法则常以纯经验和机械工程为基础。

所有上述趋势有助于专业化工业内部研究与开发的发展,而研究与开发的发展又刺激着上述趋势的发展。

本章首先概述了19世纪特有的化学工艺以及兼发明家和企业家于一身的发明企业家在研究和改进加工中所起的作用。这一概述很粗略,其目的仅仅是向我们介绍19世纪后期德国化学工业新型加工的发展和20世纪初期美国炼油工业发展的背景资料。接着讨论新的工艺设计工程行业及其合同承包制同化学和石油企业的关系。大型工厂的加工设计很复杂,可能一个设计就需要雇用几百名工程师和制图员工做几个月。核反应堆的设计和改进更是达到极限,这一点我们将在最后一节讨论。现在计算机辅助设计的应用(见第7章)使这种设计的复杂性得以改善。

4.2 19世纪工艺创新①

19世纪初富有特色的工厂是勒布朗(Leblanc)苏打和硫酸厂。当时化学工业一般称为“碱行业”。勒布朗是奥尔良公爵的前任外科医师。从1784~1789年他利用公爵的财产进行了反复试验,并以此为基础改进了加工方法,为此他获得了法国科学院的嘉奖。尽管他得此嘉奖并于1791年取得专利,他却是一个特别不幸运的发明企业家。他的赞助人奥尔良公爵被处决,他的圣·丹尼斯(St Denis)厂被征用。公共安全委员会下令撤销他的专利并将全部加工技术诀窍公之于众。尽管1801年他的工厂归还给他,他还是自杀了。但是勒布朗法却主导着欧洲化学工业100年之久。

尽管某些有关硫酸等的加工法属于流程法系统,勒布朗系统的核心仍是在煤炉中批量生产:将一份硫酸钠、一份碳酸钙(白垩)与半份煤混合,然后通过炉内硫酸与盐起反应批量生产盐饼(硫酸钠)。采用这种方法时劳动力、原材料和燃料的成本都很高。但19世纪上半叶改进加工工艺后,碱的价格大大降低了。

19世纪后期,许多发明家兼企业家和个体发明家找到了新的工艺取代勒布朗系统以及其他很多工艺,以扩大化学工业整体范围。在19世纪的发明家兼企业家中,成立新公司研发自己发明或协助发明加工法的有:瑞典的阿尔弗雷德·诺贝尔(Alfred Nobel,甘油炸药和其他炸药)、法国的布林斯(Brins)兄

① 有关化学工业史见Haber(1958,1971)、Hardie和Pratt(1966)、Achilladelis(1973)、Achilladelis等(1987,1990)。

弟(工业氧)、英国化学家W.H.珀金(Perkin,苯胺染料)和约翰·贝内特·劳斯(John Bennett Lawes,过磷酸钙及其他肥料)、德国的林德(Linde,液态空气蒸馏)、加拿大的T.L.威尔逊(Willson,电热生产碳化钙)、美国的卡茨纳(Castner)和道(Dow,工业电解)、比利时的欧内斯特·苏尔维(Ernest Solvay,氨-苏打)。此外,帕克斯(Parkes)、海特(Hyatt)、斯皮特雷(Spitteler)、查多内特(Chardonnet)和贝克兰德(Baekeland)开发了早期塑料,他们的工作情况参见下一章。

以上提到的几乎都是化学家。尽管他们常用自己的资金冒一定的风险(生命风险①和经济风险)多年致力于研究,他们实验工作的规模却不大,使用的设备也不贵。但他们全都拥有很多重要的专利(诺贝尔生前拥有350项专利)。他们中大多数成功地巩固了自己的专利地位,所以在其他国家生产他们的产品必须凭专利许可证或通过联营公司。他们创肆了很多成功的企业,不管这些企业是并入更大的集团[诺贝尔属下分为ICI、IG-法本(Farben)和英国制氧公司],还是仍为独立公司[道(Dow)、苏尔维(Solvay)、林德(Linde)],这些企业都成为20世纪化学工业的重要部分。美国的诺贝尔许可企业是杜邦(Du Pont),英国的苏尔维许可企业是布鲁纳·蒙德(Brunner Mond),美国的苏尔维许可企业是苏尔维工程公司,随后两公司合并为联合化学和染料公司。

继勒布朗法之后,最重要的是苏尔维法。可以说苏尔维法是现代重化学工业的开端。

通常当某种产品或工艺已经过时的时候,总会对它作很多改进②。19世纪60年代和70年代,勒布朗法就作过很多改进,但直到1887年用强斯(Chance)法来还原硫黄才获得巨大成功。强斯法正是吸取蒙德法失败的教训,改进碳酸泵才取得成功的。

上述加工改进发明大多是由英国工程师和化学家完成的。而这些工程师

① 诺贝尔兄弟的被杀以及爆炸或大火极大地震惊了苏尔维。
② 新西兰科学家发现了"帆船效应"这一现象(Ward,1967,p.169)。

和化学家是在柴郡和南兰开夏的勒布朗工厂里发现了生产中出现的问题。从19世纪30~80年代,英国一直是勒布朗碱工业的主要中心,并大量出口碱到德国和美国。但这些改进并不足以影响苏尔维法的基本技术优势。1890年以前,欧洲大陆的大部分出口苏打以及整个美国初期工业依靠的都是苏尔维法,只有英国仍沿用老的勒布朗法。即使在1890年,采用勒布朗法的仍占英国总产量的2/3,尽管当时蒙德的企业已是采用苏尔维法最早的外国许可企业之一。

4.3 德国新型工艺的发展①

德国和美国化学工业不曾将主要投资用于勒布朗技术,所以没有遇到调整采用新技术的困难。19世纪70年代德国已经建立了新型企业内部科研开发体制,以便引进新的产品和加工法。世界上最早成立自己专门的研发(R&D)实验室的公司有:拜尔(Bayer)、赫斯特(Hoechst)和巴斯夫(BASF)(巴迪斯奇苯胺和苏打材料,Badische Anilin和Soda Fabrik)。尽管19世纪主要加工创新是由各个发明家兼企业家独立完成的,但到了19世纪末,流程法实验规模之大却远非单个化学家能力所及,除非他拥有巨额私人资金或得到某个固定的化学公司的赞助。

新型工艺首先出现在染料工业。尽管早期合成染料是由英国发明企业家发现并改进的,到19世纪末,德国工业却取而代之成为合成染料的主导。1856年19岁的化学系学生珀金(W. H. Perkin)发现了合成“苯胺紫”。两年后在家人的帮助下,他建立了一家工厂,以煤焦油为原料生产苯胺染料。接着又生产了一系列其他苯胺染料。但有一天珀金因茜素染料被巴斯夫告上专利局。尽管如此,他仍避开专利另辟蹊径于1869年重新开始生产茜素染料。巴斯夫和

① 有关巴斯夫和赫斯特的早期历史,见BASF(1965);Baumler(1968);Beer(1959)。

赫斯特都开始生产苯胺染料。从1859年起,巴斯夫的主要经销商鲁道夫·诺斯玻(Rudolph Knospe)取得了珀金的苯胺紫的独家销售权。

那时大量优秀的德国化学系毕业生在英国工业界工作。随着德国初期染料工业的成功,他们开始返回德国。卡罗(Caro)在英国时就已经是一位成功的发明家,1868年他成为巴斯夫的主管化学家。正是他先于珀金生产茜素染料。

从1864年成立时起,巴斯夫的政策就有两个显著的特点:坚持将生产化学半成品与成品结合起来;致力于开发工厂的生产能力和设备的制造和维修能力。卡罗不仅领导成立了德国化学家协会(VDC),还领导成立了德国工程师协会(VDI)。然后巴斯夫倾力研究新的化学工艺,这需要的不只是个人才智,更需要研究科学家与高水平技术专家通力合作。卡尔斯鲁厄(Karlsruhe)理工学院化工系的创建和众多的德国大学化学毕业生,使公司能招募到优秀人才,建立起高质量、善于产品和工艺创新的职工队伍。巴斯夫、赫斯特和拜尔都是由化学家管理的。这些化学企业家在致力于自己业务的同时仍密切关注大学研究的进展。凯库勒(Kekulé)对苯分子的研究为煤焦油化学的很多主要进展提供了理论基础,促使德国染料工业1870~1914年以超常速度发展。1880年德国染料产量占全世界总产量的1/3,到1900年约占4/5,拥有15 000种有专利的染料。

最初三个主要的德国公司之间竞争很激烈。它们都生产茜素染料和苯胺染料,同时又都尝试合成靛蓝。但巴斯夫帮助政府制订了1877年新专利法限制价格竞争。随后根据对市场的非正式调查,通过利益组合协定正式协调了1904年以后的染料市场。

能说明系统化科学化加工法研究的重要性的一个最佳例子就是靛蓝的合成。19世纪70年代在靛蓝合成研究方面走在最前面的首先是拜尔(Bayer),但他没有取得成功。1880年贝耶尔(Baeyer)教授接替慕尼黑大学李比希(Liebig)教授的职务,首先按实验室的规模生产了合成靛蓝,接着生产了全系列靛蓝染料。为此他获得了诺贝尔奖。赫斯特和巴斯夫联合购买了贝耶尔研究成果的专利。但贝耶尔采用的最初原料的成本远远超出天然染料的价格。巴斯夫曾尝试将合成靛蓝投放市场但又被迫放弃。1882 年贝耶尔教授发现了一种新的合成方法,但后来经过 8 年的努力仍不能研究出一种经济的方法。1890 年苏黎世综合技术大学的卡尔·霍曼(Karl Heumann)又发现了另一种合成法,其专利再次由巴斯夫和赫斯特获得。然而研究后再次发现:这种加工虽然理论上行得通,经济上却不合算。

经过多年进一步的努力,巴斯夫最终获得成功。这部分归功于做萘氧化实验时的一次意外。那时萘是相当贵的。当时一个温度计突然破裂,汞流入反应剂容器内。由此发现汞正是理想的催化剂。

现在赫斯特公司落后了,但它通过与德古萨(Degussa)的合作又恢复了自己的地位。当时有四家实验工厂同时进行试验,每家工厂尝试一种互不相同的加工方法。这些试验证明德古萨法占有绝对优势,因而成为 20 世纪初赫斯特公司的主要工艺。从 1880 年到 1897 年,靛蓝合成的研发总费用超过 2 000 万德国马克。巴斯夫和赫斯特公司大规模经济的加工工艺开发成功后,合成靛蓝与天然靛蓝染料之间立即出现了激烈的价格竞争。印度的天然靛蓝染料出口从 1895 年的 187 000 吨降到 1913 年的 11 000 吨。同一时期天然靛蓝原料价格从每公斤 11 德国马克降到 6.50 德国马克。

19 世纪末,德国和瑞士的化学公司在技术和市场方面稳占主导优势,其化学品产量占全世界总产量 80%以上。瑞士方面的领先公司 CIBA 在科研方面与巴斯夫和其他主要瑞士公司盖吉(Geigy)和桑多兹(Sandoz)保持着密切的联系,从德国进口基本化学制品和半成品,而瑞士厂家致力于开发立足于研究成果的优质染料和药品。到 1900 年为止它们 93%的产品都用来出口。

公司内部工艺开发能力的重要性不仅表现在商业性地推出新产品(不管是塑料、染料还是医药),还表现在提高以前主要化学制品的产量。19 世纪 80 年代巴斯夫研究出一种新"触媒"法生产硫酸,这种技术在目前大部分生产中仍主要采用。触媒法以利浦兹格(Leipzig)的威廉·奥斯特瓦尔德(Wilhelm

Ostwald)的物理化学研究为基础,但最终是在进行三氧化硫转化催化剂的大量工业实验中研究成功的。巴斯夫试图对此保密,但1895年某雇员泄漏了这一秘密。1901年触媒法取得专利时再想阻止仿效已经太迟了。但美国联合化学公司仍认为有必要从巴斯夫获得许可,1906年在美国成立第一家采用触媒法的工厂。在化学工业领域,工艺中"关键技术"通常和专利本身同样重要。

将基础化学知识应用于提高加工管理能力的最佳实例也许是合成氮肥的哈伯-博世法(Haber-Bosch)的研究。1900年以前巴斯夫就实验过各种加工工艺。但直到1908年,卡尔斯鲁厄理工学院40岁的弗里获·哈伯(Fritz Haber)才找到一种合成氨的方法,即采用一种催化剂使氮与氢在高压和高温下发生化学反应。

巴斯夫与哈伯就继续研究哈伯法达成协议,由卡尔·博世(Carl Bosch)领导的颇有实力的研究小组继续设计和制造所需的压力容器和压缩机,1913年投入工业生产,这也包括了催化剂的改进和廉价化。第一次世界大战期间,有些人试图仿效哈伯法,但未获成功;1919年布鲁纳·蒙德(Brunner Mond)考察了奥波(Oppau)的巴斯夫工厂,此后又花了7年左右的时间(1919~1926)才仿效哈伯法成功。由此可见哈伯法的成就非同一般。法国和美国的其他化学公司也花了差不多同样长的时间来模仿哈伯法。1925年蒙特卡蒂尼(Montecatini)的富塞(Fauser)发明了一种改进的工艺方法使化学转化速率大大加快。

第一家采用哈伯法的工厂年产量仅10 000吨,但第一次世界大战期间德国又建立了更多的工厂。巴斯夫不仅设计和改进了工艺,1914年他们还在林伯格霍夫(Limburgerhof)建立了一个农业实验基地。该基地以及巴斯夫众多咨询中心的工作使德国打破了智利对硝酸盐的封锁,并将合成产品在德国农业上迅速推广。

哈伯-博世法的成功还产生了其他重要影响。它使巴斯夫和德国化学工业在高压工作和催化法研究方面领先。实践证明,哈伯法不仅对甲醇[1922年由马特亚斯·皮尔(Matthias Pier)研究的巴斯夫工艺],更对从褐煤中提炼石油以及 20 世纪 30 年代其他高压加工的研究产生了极其重要的影响。

1929 年美国石油工业购买了氢化工艺专利,这是当时金额最大的一笔工艺关键技术交易。因为炼油的发展与化学工业工艺密切相关,下面我们就谈谈精炼工艺的创新。

4.4 炼油的工艺创新

1855 年一位耶鲁大学化学教授首次论证和演示了裂化现象,但直到 20 世纪这一发明才在革命性的新工艺中获得商业应用。伊诺斯(Enos,1962a)详细地记录了这些创新。伊诺斯的书是记载创新史的最优秀的书籍之一,书中大量报道来自他的新发现(亦见 Enos,1962b)。当时石油工业迫切需要一种易挥发的产品(汽油),而对另一种不易挥发的产品(煤油)的需求则急剧下降,对较重产品(燃油)的需求也相应地下降,新加工法便应运而生。而这些正是同汽车工业的发展和石蜡(煤油)灯被电灯取代的形势有关。

在美国中西部,提高精炼产品产量的要求尤为强烈。1900 年前当地油田的产出已呈下降趋势,石油运输成本高而且廉价煤对重残油的竞争十分激烈。大家都知道,在工业上对残余物高温加热会导致“裂化”,于是采用一种名为“焦化”的简单蒸馏法。这相当于在大气压下敞口容器内蒸煮大量馏分,因此对易挥发的产品而言产量非常低。

采用工业裂化法第一次真正获得成功的是威廉·伯顿(William Burton)。1889 年他在约翰·霍普金斯大学获得化学博士学位。童年时代他就已经拥有自己的化学实验室,还与电气发明家布鲁希(Brush)成了好朋友。他的第一份最有意义的工作也许是被标准石油(Standard Oil)公司聘用并指派到印第安纳子公司的怀丁炼油厂负责一个实验室的工作。尽管实验室只是一间旧农场住房,而且他还必须自己动手制作很多仪器,但靠这些他已能对精炼方法作大量改进。结果他很快被提升为炼油厂主管,而另两名博士被派往实验室工作。

1909 年及 1910 年,伯顿作为炼油厂经理调动了必需的财力对实验厂进行试验性改进。他和他的同事们系统性测出了石油不同馏分在各种温度和压力下的裂化结果。

他们的高压实验有极大的人身危险,因为当时设备很简陋,又缺少高压工作的知识。受钢板尺寸和铆接技术水平限制,实验规模较小,压力在今天看来也较低。尽管如此,他们仍成功地研究出一种大大改进的汽油加工法。但 1910 年因为担心发生爆炸事故,母公司拒绝提供 100 万美元资金建立第一家采用新伯顿法的工厂。

尽管如此,1911 年印第安纳标准石油公司因为反托拉斯法被判决脱离母公司,新的董事会批准了上述资金。1913 年开始投产后,工厂进展十分顺利,汽油产量翻了一番。虽然产品的颜色和气味使销售出现一些还有待解决的问题,但据伊诺斯计算,从 1913~1922 年这个工艺给印第安纳标准石油公司带来的总利润为 1.23 亿美元。最初成本减少 28%,后来经过各种改进(主要是利用雇员的发明专利)成本降低约 50%。

伊诺斯(Enos)估计,1913 年投产的第一年,即获得 10 倍于研究费用(23.6 万美元)的收益。后来仅专利权使用费收入一项就超过 2 000 万美元。不管是初始发明还是改进发明的专利地位都很稳固。对采用伯顿法的公司,印第安纳收取 25%的利润分成。1921 年共有 19 家许可公司,但它们只能根据协议条款在指定地区销售产品。而且,它们只拥有专利使用权,并不能拥有关键技术。

上述情况极大地刺激了其他替代工艺的研究,也导致很多小型炼油厂破产。1920 年出现了 4 种新的裂化法,1921 年出现了 5 种,这使我们对继利润可观的伯顿法之后的发明成果之多有了个概念。这些发明成果中最成功的是杜布斯(Dubbs)法和“管-罐”法。杜布斯法尤其重要,因为它最终促成了一家独特的由专家组成的加工研究公司——通用石油产品公司(UOP)的成立。UOP 在后来的炼油工业史上起着关键作用。克罗斯(Cross)法也促成了一家工艺公司的创办,但没能维持下去。

杰西·杜布斯(Jesse Dubbs)是加利福尼亚一家独立的小型炼油厂的经理,他的儿子卡帮·佩特莱姆·杜布斯(Carbon Petroleum Dubbs)(信不信由你)①也经营着一家炼油厂。C.P.杜布斯当时为J.奥格登·阿穆尔(J. Ogden Armour)拥有的美孚阿斯福尔特公司工作。J.奥格登·阿穆尔希望将自己大量的私人资金从肉类加工业抽出并找到新的投资点。在他的影响下,美孚阿斯福尔特公司找到并买下了老杜布斯所有的专利。其中有些专利似乎有可能采用流程法进行裂化,而且似乎找到一种方法避免侵犯伯顿的专利。这并不是发明家原来的初衷,发明本来涉及的是加利福尼亚原油精炼和销售的独具特点。因为发明的具体说明极不严谨,所以1909年有几项发明都可以申请原则性,造成很多冲突。

一家新公司(UOP)开始购买杜布斯专利并研究新加工工艺。杜布斯拥有30%股权,阿穆尔拥有20%。小杜布斯成功地研究出一种新方法将残余重馏分再循环回到裂化环并申请了专利。他与杰出的化学家埃格洛夫(Egloff)博士②在UOP实验室合作,直到1918年顺利地建成一家实验厂,1919年该厂发展成为壳牌石油公司(Shell)。

但是,创业初期的艰难以及1921年壳牌石油公司的一家在建工厂发生的爆炸事故迫使杜布斯法在很大程度上重新设计。直到1923年杜布斯法才稳定下来。它的研究总费用约600万美元,即使对阿穆尔而言这也是一个沉重的资金负担,1922年阿穆尔终于破产。

事实证明新的杜布斯法在很多方面领先于伯顿法,这多半是因为与批量法相比流程法本身具有很多优点。采用杜布斯法后单位生产规模迅速扩大,生产能力大大提高,劳动力成本却相应地下降。而且在生产过程中仍对杜布斯法提出过很多改进。采用电焊的容器和管道的尺寸和性能都大大改进。最

① Carbon Petroleum Dubbs,意为"碳、石油、杜布斯"——译者注。
② 最后埃格洛夫成为研究主管,并拥有300项专利。

重要的改进之一是泵的出现。即使在高温高压的再循环液流中泵仍运转良好。热油泵的原发明专利由壳牌公司获得,但 UOP 工程部改进了这一设计。仅这一项发明就使生产能力提高 40%。

UOP 将壳牌公司的专利使用费率减少了 25%,从中可以看出 UOP 政策很重要的一个方面。作为一家工艺开发公司,UOP 坚持互惠地交换技术诀窍和工艺改进方法,同时提供技术援助和效能保证。UOP 努力使该工艺对每个许可公司都同等适用,毫无例外,即使对申请过独家许可的公司也还是一样。最初壳牌和西部沿海很多小型炼油厂获得杜布斯法许可,但 1924 年加利福尼亚标准石油公司也获得了许可。在 1930 年 UOP 每年收取壳牌和其他公司总共 200 万美元的专利使用费。本来并未料到专利使用费竟会如此高,因为在 1914 年 UOP 将印第安纳标准石油公司告上法庭时,大家都预计这将会导致取消双方专利权。但是这场官司拖了 15 年,直到 1931 年壳牌、加利福尼亚、印第安纳与其他两家主要的石油公司以 2 500 万美元买下 UOP,这场官司才宣告解决。专利使用费率逐年减少,由最初的每桶 51 美分降到 1934 年的每桶 10 美分,1938 年每桶 5 美分,1944 年每桶 3 美分。这时已经研究出更好的加工方法,尤其是流化床催化裂化法的专利使用费率宣布为每桶只是 5 美分。

但是,在新的继任人掌管下,UOP 仍继续奉行一套相对独立的政策。哈罗姆・阿莱(Hiram Halle)自 1916 年上任以来一直是一位才华出众、胆识过人的总裁。UOP 被收购后,按照收购协议条款,他又留任了 15 年。他坚持积极进取的研发政策,同时采纳埃格洛夫的建议,招纳世界上最优秀的一些科学家来研究催化。埃格洛夫认为当时的催化法效率已接近最高,因此需要新的突破。于是 UOP 请来杰出的俄国化学家伊帕提亚夫(Ipatieff)、德国化学家特罗普斯克(Tropsch)和其他几位熟悉 IG 工艺的德国化学家。在颇有远见的政策的指导下,UOP 对其他加工法作了很多改进,对流化床催化裂化法作出了重大贡献。在 UOP 众多成果中有一项几乎被所有炼油厂采用,那就是 1949 年研究成功的铂催化重整("铂重整")。UOP 开始在石油工业领域发挥其独特的作用,并于 1944 年转归美国化学学会。但 1958 年 UOP 再次成为一家独立的公司；从事研究与开发、出售工艺设计、提供技术指导——成为一家生产和销售新技术的公司。

当这家独立的生产工艺公司 UOP 倾力研究杜布斯法时，最大的石油公司（新泽西标准石油）则经过审慎考虑，决定研究 20 世纪 20 年代另一种主要的连续流程法——“管-罐”法，并成立了自己专门的研发部。新泽西标准石油公司原名标准石油发展公司，自 1955 年起更名为埃索（Esso）[后改为埃克森（Exxon）]研究和工程公司。它成立于 1919 年，1920 年公司雇员已有 50 多人，30 年代有数百人。公司聘请了大学顾问，同时十分注重专利工作，因为 20 年代专利形势很乱，出现了很多重复专利。“管-罐”法绝大部分是由发明家埃德加·克拉克（Edgar Clark）研究的，他是伯顿的一位合作者。但经过慎重考虑，管-罐法未以个人名字命名，因为大家认为这主要是集体同心协力的成果。尽管管-罐法的研究进展相当快，并于 1921 年在生产中采用，但直到研究小组对它作了很多改进后，它的主要优点才被大家发现。这时才能采用管-罐法加工多种伯顿法无法加工的原油，而且工作压力也由每平方英寸 95 磅力上升到 1930 年的每平方英寸 100 磅力①。经过对循环系统的热交换进行系统性分析和重新设计，并于 1929 年采用派西菲克（Pacific）热油离心泵后，管-罐法的工作效能大大提高。尽管法律和专利成本很高（超过 100 万美元），管-罐法的利润仍相当可观，大约有 3 亿美元。1923 年颁布的许可证互换协定以及上述 1931 年五家石油公司收购 UOP，使复杂的专利诉讼最终得以解决。

20 世纪 20 年代，大家普遍意识到裂化法要取得进步似乎应从催化技术着手。早在 1915 年海湾炼油公司（Gulf Refining Co.）就试图用氯化铝催化剂进行催化裂化，但因为成本高而且找不到一种合适的方法还原与积聚碳粘成一块的催化剂，所以只好放弃这种方法。20 年代几家石油公司继续进行催化实

---

① 1 磅力（1 bf）= 4.448 22 牛（N）；每平方英寸磅力 = $6.894\ 757 \times 10^3$ 帕（Pa）——译者注。

验,但第一次获得成功的加工法是由一位富裕的法国工程师尤金·胡得利(Eugène Houdry)在工业界之外发明的。尤金·胡得利的父亲是一位结构钢制造商。胡得利最初进入他家族的企业工作,1923 年他放弃了这份工作,完全投入新型内燃机燃料的试验,燃料最早采用的是褐煤。1925 年他开始对石油馏分的催化感兴趣。他的朋友中既有化学家也有工程师,在他们的帮助下,他试验了数百种催化剂。1927 年他采用一种黏土(硅氧烷和氧化铝)进行裂化实验获得成功。

胡得利公布他的发现后,标准(新泽西)、壳牌和英国石油(BP)等主要石油公司都派技术人员去参观他的实验室。但是,他们都怀疑胡得利法是否能应用到工业上,而且标准公司还寄更大希望于其他加工方法。胡得利用他的私人资金继续进行实验,但因为没有其他经济援助,更没有任何石油公司参与帮助他设计并在炼油厂制造和测试实验设备,所以他的实验无法取得更多进展。让他再次失望的是,法国政府取消了他感兴趣的另一种褐煤加工实验厂的工作的官方援助。在这种情况下,他被迫移民美国。1930 年他与索科尼真空石油公司(Socony Vacuum Oil)合资成立了胡得利生产工艺公司。那时加工研究仍举步维艰,1932 年胡得利与太阳石油(Sun Oil)公司达成一项新协议,太阳石油公司在研究和管理方面给予他更多的物质上的支持,同时还购买了胡得利公司三分之一的股份。1936~1937 年索科尼真空公司和太阳公司宣布胡得利法研究成功,耗资约 1 100 万美元。其中 300 万是胡得利的私人资金,太阳公司和索科尼真空公司各出资约 400 万美元。

从上述情况可以清楚地看到发明家独自一人研究加工法时遇到的困难有多大,即使他私人资金雄厚、意志坚定、耐力无限。20 世纪 20 年代的实验工厂已经到了工作复杂而且规模庞大的程度,因此实验性研究工作必须与某个固定的石油或化学公司合作。与以往加工研究相同,胡得利法最终取得成功也有一个关键因素,那就是一种新型设备的出现——在瑞士人设计的基础上制造的涡轮压缩机。这使得催化剂的再生循环第一次变得经济可行。涡轮压缩机作为太阳研究与开发系统的实验成果和瑞士的技术贡献公之于众。胡得利法不仅比热裂化成本低、产品质量高，而且出人意料的是还适用于生产优质航空燃料。

太阳石油公司和索科尼真空公司采用催化裂化法获得成功极大地促进了新泽西标准公司相应工作的开展。在进行许可证协商时，胡得利加工公司表示：如果新泽西采用胡得利法作为标准裂化法，就必须付给胡得利公司5 000万美元。胡得利公司的强硬态度使得新泽西拒绝这一安排，并集中精力转向研究自己的加工法。新泽西这么做有三个原因：因为受胡得利固定床生产法的限制；新泽西自己有研发能力；又加上从IG－法本公司(1926年由巴斯夫、拜尔和赫斯特合并成立的超大型德国化学公司)获得了关键技术。

早在第一次世界大战时，巴斯夫公司的伯吉尤斯(Bergius)就已经研究出一种通过高压加氢从褐煤中合成石油的方法。这种方法用于重油馏分似乎比用于褐煤更合适。1927年标准发展公司参观巴斯夫厂后与IG就交换技术关键达成协议。标准公司同意将自己重油研究资料提供给IG。因为相信将来会成功，1929年标准公司以3 500万美元购买了IG专利和加工法在世界范围(德国除外)的使用权。标准公司原以为IG法会广泛用于低品质原油，尽管标准公司1930年和1931年建立的工厂获得了成功，但世界上仍有大量高品质原油供应。那时所有的阀和压缩机都必须从德国进口，因为美国没有能力提供在每平方英寸400磅力压强下工作的设备，由此可见当时德国在高压加工方面稳占技术领先地位。但是，标准公司真正获得的是催化工艺的实际经验并占有了专利优势。20世纪30年代初已经研究出采用粉末化催化剂的“悬胶”法催化裂化工艺，并且在好几种工艺中进行了实验论证。

随后标准公司通过“蛙跳法”，在对胡得利法的挑战中处于优势。标准公司从一开始便意识到完全连续的流动法将比半连续的胡得利固定床催化系统要好得多。标准公司的另一个主要目标是研究出广泛适用于各种原油而非仅限于优质原油的加工工艺。为达到这些目的，标准公司与其他感受到胡得利法威胁的石油公司和加工公司合作。1938年组成了名为催化研究联合体的集团,集团最初包括凯洛格(Kellogg)、IG－法本、印第安纳标准公司和新泽西标准公司,不久后,壳牌、英国石油(Anglo-Iranian)(BP)、德士古(Texaoo)和UOP诸公司都加入。有趣的是,最初是由凯洛格——一家生产工艺设计和工程承包公司——提出在伦敦召集确定这一合资研究项目的首次会议。该集团(不包括IG)调动起研发设备资源,雇用了约1 000位(美孚发展公司400位)很多不同领域的专家们同心协力投入这项工作。

这项研究流化床催化裂化法的合作研发,始于1938年,完成于1942年,是原子弹之前最大的单项研究项目之一。新泽西标准公司对此贡献最大,1942年加工成功时有关专利和专利使用费的协议已承认了这一点(表4.2)。但另两家加工公司,UOP和凯洛格也作出了重要贡献。UOP在加入集团之前就已经研究出了自己的催化法,但仍将它献给专利共享。对流化床催化裂化法起决定作用的也许是研究得到的油气流推进的催化剂微粒流动床。这项成果是新泽西标准公司在麻省理工学院化学工程系(其中包括两篇毕业论文)的帮助下完成的。

表4.2　流化床催化裂化法专利和专利使用费

公　司	贡献专利	加工法专利使用费分成(%)
新泽西标准	296	39
印第安纳标准	96	2
壳牌	38	7
德士古	55	2
UOP	239	32
凯洛格	57	17

引自:Enos(1962a,表4,p.217)。

尽管流化床催化裂化法研发总费用最后超过3 000万美元,其利润仍是相当可观的。1956年新泽西标准公司仅专利使用费一项收入就超过3 000万美元。这时采用流化床催化裂化法的共占总裂化生产能力的一半以上,采用胡得利法的则不再超过10%。从1943年起,原来的固定床法迅速衰落,但改进的固定床法(TCC 和胡得利流程法)仍具有竞争力。流程法生产工艺是大部队作战的一大胜利。

4.5 工厂规模和加工厂承包商

新生产工艺方法的研究对于炼油厂和化学工业都是耗资巨大的。除第一次世界大战之前就已经研究成功的伯顿法外,其他所有主要裂化法的费用都超过 100 万美元。两种主要催化法的费用超过 1 500 万美元(表 4.3)。成本高的主要原因是实验厂工程费用高、流程法工艺复杂。工厂任何地方出现设计和管理问题都需要专家们同心协力解决,总体设计和热转换问题也是如此。同时,流程法工艺生产的规模经济和巨大的生产优势又促使着现有生产规模不断扩大。

表 4.3　研究新裂化法[a]所需时间和费用估算

加工方法	新工艺开发估算费用		新工艺主要改进估算费用		共计估算费用	
	时间	千美元	时间	千美元	时间	千美元
伯顿法	1909～13	92	1914～17	144	1909～17	236
杜布斯法	1917～22	6 000	1923～31	>1 000	1909～31	>7 000
管-罐法	1918～23	600[b]	1924～31	2 612	1913～31	3 407
胡得利法	1925～36	11 000[c]	1937～42		1923～42	>11 000
流程法	1938～41	15 000	1942～52	>15 000	1928～52	>30 000
TCC 和胡得利法	1935～43	1 150	1944～50	3 850	1935～50	5 000

[a] 不包括最初的准备活动(背景研究和获得专利费);
[b] 包括 100 000 美元法律费用;
[c] 包括某些褐煤工艺研究经费。
引自:Enos(1962a,p.238)。

第一个杜布斯加工设备的生产能力为每天 500 桶;1931 年增加到每天 4 000 桶。最大的胡得利加工设备的生产能力为每天 20 000 桶;1956 年流化床催化裂化设备的生产能力为每天 100 000 桶。同时，很多其他化学品工厂的最佳规模也迅速扩大，例如乙烯和氨生产厂战后生产能力一般为每年 30 000 吨，1965 年生产能力提高了 10 倍，而且生产成本大大降低（表 4.4）。

表 4.4　1963 年乙烯生产成本（千英镑）对生产能力的影响

生产成本	生产能力和产量/千吨		
	50	100	300
资本投入			
设备区设备	2 200	3 100	5 400
装置外设施	650	900	1 600
共计（不包括流动资金）	2 850	4 000	7 000
每年现金费用			
净原料	250	500	1 500
化学品	50	100	300
公共设施	300	600	1 800
生产工人和管理人员	50	50	50
占设备区设备成本 4%的维护费用	90	125	215
占设备区设备成本 4%的管理费用	90	125	215
折旧率	250	355	620
共计	1 080	1 855	4 700
每吨乙烯现金费用（英镑）	21.6	18.6	15.7

引自：Wynn and Ruther Ford（1964）。

大型加工厂投资成本减少在相当大程度上使得其规模技术经济提高，这是因为生产能力是体积的函数，而投资成本是表面积的函数。当油罐的体积为 $\pi r^2 h$ 时，其表面积（制作油罐的金属的面积）为 $2\pi rh$。这意味着体积增加时，耗用金属量只增加约一半。化学厂大部分是圆柱、圆筒、管道、球体等，因此“设备因数”通常约为 6/10。这种关系有时称为奇尔顿（Chilton）定律。涉及重复进行批量法生产时，设备因数很接近 1（即规模不经济）。但我们已经看到，大规模生产不仅使投资成本产生巨大的经济效益，而且还节约了管理人员、维护人员、生产工人、能源、原料等（油罐车与此类似）。

但有迹象表明，20 世纪 70 年代规模不经济性开始影响一些大型工厂的建设和生产。50 年代和 60 年代经济飞速增长时期，只要更大型的设计技术问题能圆满解决，新型和更大型工厂的生产总是能迅速进入生产能力饱和状态。这意味着这些时期维尔多恩（Verdoorn）定律（生产力增长与总产量提高之间的关系）可以用与工厂及经济规模扩大相关的技术进步来解释。但 70 年代经济增长放缓及大型投资过分偏重于建造特大型工厂，导致几种有机化学生产出现了严重的生产能力过剩，尤其是合成纤维和塑料。长期低于生产能力生产反过来严重地影响了大型工厂的经济效益，因为固定资本费用很高。导致如此低于生产能力生产的原因是市场增长不够快，或是新的大型工厂建设、投产和生产中出现了技术问题。无论是哪一种原因，造成的损失都十分惨重。电站规模迅速扩大后，70 年代电力生产和炼钢的特大型工厂也出现了类似不经济问题。在炼钢及其他工业和某些类型的化工厂内，小型工厂由于能率先采用新方法和新设计又恢复了某些优势。

尽管这些规模不经济性影响了几种资本高度集中的工业，但随着批量法向流程法转变、催化法采用、设备设计复杂以及石油化学品用作基本原料，自第一次世界大战起，大型化学和石油公司便在新加工法研究方面占据优势。但也应注意到，一些新公司的出现使这种优势发生变化：那些专业的设计、研究和建设公司（工厂承包商和加工公司）对新加工法的发展贡献也不小。

根据对 20 世纪 60 年代建立的 6 000 家化工厂的 NIESR 调查报告（Freeman 等，1968）显示，一些最大的化学公司仍倾向于利用自己“管辖下”的工程设计机构来设计、指导和建设自己的新工厂，而其他大部分工厂都由工厂承包商来负责工程化和建设。此后 70 年代和 80 年代两份调查报告也证实了这一现象。所有上述报告都指出，现在世界各地采用创新工艺新生产厂的设计和建设是一种涉及大量化学设备和仪器的出口业务巨大的产业。

现在这种世界范围的业务不是由化学公司而是由专门的工厂承包商决定。但化学公司的作用仍是至关重要的,因为它们掌握了作为工艺设计依据的技术创新中的绝大部分(Freeman 等,1968;Mansfield 等,1977,第 3 章),而承包商则是根据许可证和关键技术协议来作进一步的实施。美国石油工业[通过凯洛格(Kellogg)、福斯特-惠勒(Foster-Wheeler)和 UOP 等公司的实力]成为这一转变的先驱。尽管化学公司试图阻止承包商涉足敏感领域以保护它们的工艺秘密,但仍是越来越多地使用承包商的服务。

只有少数几个承包商研发实力雄厚,有设计和研究自己的新生产工艺的能力。从专利统计表(表 4.5)中可以清楚看出技术力量的对比。承包商大多依靠从大型石油和化学公司取得许可证加工。但因为他们为世界各地各种主顾设计,管理和建设了多种生产加工厂,具体经验丰富,所以他们经常提建议或作一些加工上的小改进,有时还作一些较大的改进。而且,从 NIESR 的工厂索引可以看出:尽管 80%以上的新厂采用由主要化学和石油公司独创的生产工艺,但仍有相当一小部分公司采用专业工艺公司首创的生产工艺,或者使用承包商在基本工艺基础上加以改进作为拥有自主权而出售的生产工艺。

除建筑工地工人外,工厂承包商一般雇用一半以上员工从事工艺设计和工程化(即具体流程图和设计图),其余员工负责执行、销售和行政管理,只有很少数员工从事研发工作。但是,科学设计(Scientific Design)公司和鲁奇公司(Lurgi)公司等少数承包商、UOP 和胡得利等工艺公司都从事大量的研发工作。尽管与整个化学公司相比它们的研发总规模相当小,但有时也能提供研究新加工方法所需的资金。20 世纪 50 年代初,科学设计公司研究出新的催化剂用于生产马来酐和氧化乙烯,因此 60 年代中期它们的生产量共占全世界总产量的 1/3 以上。但这只是一些例外,就是这样,每项研究费用也超过 100 万美元,一般承包商很难独立承担。更常见的是工艺公司或承包商与大型化学公司或石油公司合作研究或改进生产工艺。前面我们已经讨论了胡得利和 UOP 公司的例子,与欧洲公司相比,美国公司普遍更愿意进行这种合作。

表 4.5 化学公司和化学工程承包公司在伦敦公布的专利数目(1959.7~1966.11)[a]

美国		英国		联邦德国		法国		意大利	
I. 化学公司									
Du Pont(杜邦)	1 731	ICI	2 998	Bayer(拜尔)	2 161	Rhône-Poulenc	307	Montecatini	709
Esso Research & Engineering(埃索)	1 191	BP	641	Farbwerke Hoechst(赫斯特)	1 431	St. Gobain	231		
Union Carbide(联合碳化物)	1 136	Distillers	491	BASF(巴斯夫)	1 136	Institut Français Petrole	92		
Monsanto(孟山都)	723	British Oxygen	379	Wackerchemie GmbH	195	Solvay(苏尔维)	90		
Dow Chemical(道氏化学)	632	Courtaulds	277	Chemische Werke Hüls	166	Soc. Nationale des Pétroles Acquitaine	22		
Rohm & Haas	399	Shell Research(壳牌研究)	224	Ruhrchemie AG	134				
Olin Mathieson Chemical	358	Albright & Wilson	100	Deutsche Erdöl AG	21				
Allied Chemical(联合化学)	350	Laporte	96	Scholvenchemie AG	18				
W. R. Grace	350	Fisons	87						
Hercules Powder	191								
Ethyl	145								

（续表）

美　国		英　国		联邦德国		法　国		意大利	
II. 化学工程承包公司									
Foster-Wheeler	108	Simon-Carves	106	Lurgi（Metallgesell.）	246（377）	Heurtey	22	SNAM Progetti	24
Scientific Design	85	APV	67	Linde	141（236）	L'Air Liquide	21	Oronzio de Nora Impianti Elettrochemical	7
M. W. Kellogg & Pullman（仅包括化学专利）	59	Power Gas	38	Klockner-Humboldt-Deutz	131（42）	Krebs et Cie	2		
Air Products & Chemicals	47	Woodhall Duckham	35	Heinrich Koppers	117（65）				
Chemico	46	Humphreys & Glasgow	25	Didier Werke	33（15）				
		Whessoe	21						
		Matthew Hall Eng.	17						
		Petrocarbon Devt	14						

*在英国公布的专利，自然对英国本土公司有所偏爱。德国专利的统计的工程承包商专利数（括号内数字）是供比较用的。德国的统计数中不包括炼焦炉和煤的装置专利。

引自：Name Index to Complete Specifications，Patent Office，London（括号内数字引自慕尼黑专利局）。

据曼斯菲尔德等(Mansfield,1977)指出：1930~1971年,美国四家最大的化学公司在产品创新方面的成果多于在生产工艺创新方面的成果(1966年时生产工艺多些)。但无论如何这四家公司的工艺创新却占总创新的55%以上,只有1950~1971年期间的加工工艺创新除外,这段时间中这四家公司的工艺创新成果降到40%多。造成这种下降的原因是UOP和科学设计等加工工艺承包商以及壳牌等石油公司的创新成果增多。美国的化学工业不如欧洲的集中,曼斯菲尔德的研究为NIESR/SPRU调查报告的一些主要结论提供了颇有价值、见解独到的证明。

我们以索希-巴杰尔(Sohio-Badger)加工丙烯腈及ICI-Kellogg氨生产工艺为例,进一步说明设计和开发合作。大型石油和化学公司研发规模大、工厂生产经验丰富,因此似乎仍将是新工艺方法的主要设计者。科学进步则可能在一定程度上阻止这种趋势发展。研究新生产工艺方法时仍常需要试验性的工厂,因为有关液体和气体性能的科学知识还不够准确,不能确切预言扩大生产规模后的效果。随着科学知识的进一步精确以及计算机辅助设计计算的采用,研究加工工艺时就有可能免去试验厂这一步骤,这样对小型公司和研发小组有益。但大型研发实验室在处理复杂设计问题上仍占有优势。研发规模与公司规模的关系我们将在第9章详细讨论。

当公司研发开始主宰技术以革命性大进步的同时,它对现有加工法作技术小改进带动生产力持续增长也不容忽视。伊诺斯有关石油工业技术革新的报道证实了霍兰德(Hollander,1965)仔细研究杜邦人造丝厂技术改革后得出的这一结论。霍兰德指出：生产力提高大多依靠技术小进步,而技术小进步则主要是工程部和技术辅助小组努力的成果。因此工业技术变革主要采取两种形式：(1) 产品和加工工艺彻底的创新,这些创新越来越多地源于大学、工业和政府专门的研发实验室；(2) 产品和加工工艺不断改进,这种改进源于投资规模扩大以及生产和应用实践经验的积累。但是如果断定这些或其他工业的规模经济已达到极限未免太武断。戈尔德(Gold,1979)就这一问题令人感兴趣地指出：日本人就将鼓风炉的尺寸扩大了一倍，远远超过已设定的最佳尺准。

以上有关加工工艺创新的概述强调了从19世纪发明企业家到20世纪大规模公司研发的转变。这与朱厄格斯(Jewkes)和他的同事在分类调查报告《发明的源泉》(Jewkes等,1958)中的阐述完全不同。朱厄格斯等忽略了19世纪与20世纪的差异并且普遍轻视公司专门研发的作用。他们认为与19世纪相同,20世纪最重要的发明也是发明家个人的工作成果,不管发明家是自由经营还是在大学工作。这种侧重点的不同部分是因为朱厄格斯谈论的主要是发明,本文谈论的则主要是创新。朱厄格斯和他的同事承认研究费用一般都很高,只有依靠大规模公司研发才能将发明投入工业应用。按照他们自己的统计,20世纪40个主要发明中至少一半应归功于各个发明家(作为对比的是,公司研发有24项),然而按他们自己的解释：这些成果也是他们成功地介入大公司开发工作和创新努力的结果。

因此,朱厄格斯等特别强调胡得利作为一个发明家个人所起的作用,本文则强调胡得利在后面的工作阶段与石油公司的合作,尤其是耗资巨大的流化床催化裂化法几乎完全是借助公司研发力量研究成功的。但值得注意的是,伊诺斯支持朱厄格斯有关炼油工业发明来源的观点。

当然应该说,从经济的角度看,最有用的是创新而不是发明。这并不是否认发明的重要性,也不是否认个人对发明和创新的重要贡献。朱厄格斯强调大学研究和发明的重要性与本文观点并不矛盾。本文也不否认个人和发明家兼企业家目前仍起着重要作用(我们将在第8章和第9章进一步讨论这一点)。即使在朱厄格斯自己有关主要发明的论述中,随着时间变化其观点也在改变,自20世纪初起就转为强调发明家与公司研发合作的巨大贡献,而且他承认,比如与机械工程相比,化学工业这种方式的贡献更加重要。如果像上面说的那样,从整体上看化学方式正逐渐在整个工业中更具代表性,那么19世纪与20世纪发明和创新方式的差异就不容忽视。

朱厄格斯和他的同事有些轻视核能，甚至不将它列入 20 世纪的重要发明（尽管他们已将火箭、系统全景电影、自动上发条的手表和拉链列入）。如果换个角度看待这个问题，你就不会感到奇怪。他们经过审慎考虑才决定省略核能，并解释说这是因为这一项目太大而且仍有许多秘密。对有关核能经济效益过于乐观的预测，他们也泼了不少冷水。

事实上最初人们对核能并非满怀希望，尤其是存在着费用不断增加的问题，而且除加拿大的 CANDU 装置外，多数反应堆负荷系数过低、令人失望（Surrey 和 Thomas，1980）。此外，人们还担心民用核能在世界范围内迅速扩散可能导致核武器扩散的危险，最终会因人为错误引发严重灾难。乌克兰的切尔诺贝利发生严重核泄漏事故后，人们的恐惧和焦虑大大增加。在第四篇我们将详细介绍未来能源和技术保证。

人们反对政府开支中绝对优先研发核能是有理由的，因为它几乎抢占了采用新能量技术的现有全部的经费。造成这一结果的一个重要原因是议院内政治集团势力与掌握大权的原子能当局的勾结。这一点我们将在第四篇进一步讨论。

政府卷入核能的民用研究起因是政府在武器研制中的作用。朱厄格斯等相信正是出于军事安全考虑才放慢了最初用反应堆来发电的民用研究工作，造成研究费用上升，限制了某些工业集团和大学的参与，而这些集团和大学可能会在反应堆的研究中起关键作用并取得丰硕成果。朱厄格斯等可能还相信因为缺少正常的商业约束，政府的某些核科研项目是不必要的浪费。邓肯·伯恩（Duncan Burn，1967）提供了大力支持核研究项目的证据。如果不是付出了高昂的代价，以及政府在财政上对研发的支持，我们很难看到反应堆研究成功。事实上，如果没有政府部门参与，世界上任何国家的核反应堆根本都无法研究成功。后来更是发现，20 世纪 80 年代和 90 年代研制的快速增殖反应堆令人震惊地耗资更大。快速增殖反应堆研发有一点令人很担心，那就是对大规模系统化的实际研究费用一直估计不足，所有主要项目都是如此

(Keck,1977,1980,1982)。

需要如此大规模政府投资是因为：我们在化学和石油精炼加工工艺中讨论过的所有倾向都在核工程工艺中被发挥到极限。核工程研究耗资巨大且酝酿时间长是因为设计问题极其复杂,牵涉到各种新材料、仪器、部件和设备达到新技术的严格要求和安全标准。

第5章 合成材料

在第3~4两章中，我们已经就发生在19世纪末、20世纪初技术创新形式的变化进行了阐述，发明家兼企业家或在生意场中与企业家合作的发明家逐渐让位给专业的科研部门。在发展最为迅速的行业，如石油、钢铁以及电力工业中出现了一些超级大公司，它们从规模化的生产、市场营销、金融和研发中谋取利润。在那时将要发展成为研发最集中的产业之一的化学工业中也出现了一种与此非常类似的模式。新型的研发部门经常与独立发明者、大学和政府机构进行合作。而企业内部的研发实验室已成为化学工业中特有的机构。虽然小公司的创新活动肯定不会停止，但是，相对而言它们的重要性有所下降。在这一章中我们将集中介绍化学工业中发展最为迅速的一个产业，也是科研项目最集中的产业——合成材料。

虽然塑料工业几乎是完全属于20世纪的一种产业，但塑料已成为当今世界的一种主要的工业原材料。到1970年，按质量计算全世界的塑料消耗量已超过了全部有色金属的消耗量，而所消耗的塑料所占的体积就更大。在60年代，合成橡胶的使用量已经超过了天然橡胶，而到1990年，合成纤维的使用量几乎已经占据了纤维消耗总量的一半(表5.1)。在80年代和90年代，无论金属材料还是合成材料的产量增长幅度都明显下降了。部分原因是世界经济增长率总体减缓，另一部分原因是1973年和1979年两次石油涨价所带来的较高的能源价格，还有一部分原因是一些生产部门对原材料的需求有所下降。然而，从所有材料的消耗量来讲，合成材料所占的比重在继续增加。

表 5.1 世界上各种材料的生产

材 料	全球产量(百万吨)[a]						
	1913	1938	1950	1960	1970	1980	1990[b]
塑料	0.04	0.3	1.5	5.7	27.0	40.0	52.2
铝[c]	0.7	0.5	1.3	3.6	8.1	11.2	16.7
锌[c]	0.8[d]	1.4	1.8	2.4	4.0	4.8	5.2
铜[c]	1.0	1.8	2.3	3.7	6.1	7.1	8.5
钢	53.0[e]	88.0	153.0	241.0	448.0	480.0	491.0
合成橡胶	—	0.01	0.5	1.9	4.5	7.7	9.8
天然橡胶	0.12	0.92	1.9	2.0	2.9	3.7	4.4
合成纤维[f]	—	—	0.12	0.65	4.5	8.4	11.2
棉花、皮棉	……	5.2	6.0[g]	7.1	7.7	9.1	10.1
羊毛、生毛	……	1.6	1.7	2.1	2.2	2.2	2.3

—无 ……无法取证

[a] 包括俄罗斯、中国、东欧;

[b] 1990 年的暂时估计数;

[c] 初次精炼的产品;

[d] 锌 1909;

[e] 钢 1910;

[f] 纯合成(除人造丝),包括中国、东欧;

[g] 棉花 1951。

引自:联合国统计年鉴,纽约,Saechtling(1961);联合国统计月报;作者估计。

合成材料的增长速度一直是很高的,这在很大程度上是因为它们在广泛的应用领域有着越来越强的技术和经济优势,同时也由于正在使用的各种天然材料有着这样那样的现实的或即将体现出来的缺点。从 20 世纪 40~70 年代,在高速增长的生产和使用过程中,竞相替换旧材料的现象非常引人注目。70 年代,当新产品在总体消耗中已经占据了很高的比重时,它们的发展速度减缓下来,并且逐渐接近天然材料。塑料质轻,容易制造和装配,是一种良好的绝缘体,同时又具有良好的防腐、防虫性能。它们可能越来越多地和合成橡胶一起配制或混合使用,以满足各种特殊用途。不过它们也有使用的温度范围有限的缺点,但是在此温度范围内,它们都可正常使用。一些新型的塑料可以在很高的温度下使用，并具有很高的强度，但是这种塑料的价格往往也相对较高。合成纤维也有很高的强度、耐久性以及抗虫性能，在这许多方面它都超越了天然纤维或对天然纤维作很强的补充。合成纤维的使用使纺织工业的范畴得到了很大的扩展。当然，它们同时也带来了诸如废料处理及污染等许多问题。

如同它们通常被定义的那样，合成材料与诸如玻璃和陶瓷那样的老式的由人工制造的材料的不同在于它们是有机物。它们由有机物的大分子组成，而这些分子又是以长链碳原子为基础的。对于诸如酪素和纤维质这样的材料，这些结构链或聚合体都是天然的；而大量新材料是由简单的化学结构通过人工合成的，比如乙烯（聚乙烯）或苯乙烯（聚苯乙烯）。当给予一定温度和压力时，可使这些聚合体流动，并形成理想的形状，在所加温度和压力消失后，这些形状仍能继续保持。同样物质基础的材料，如尼龙、聚丙烯可以被做成纤维、板材或薄膜，被塑成各种元件以及其他特殊的形状。与纤维制造的材料相比，制造和合成人工材料所需的基础化学知识要多得多，这也是19世纪塑料工业所经历的一场革命。塑料技术的发展给冶金工业带来了很大影响，新的材料科学也在这两方面有了长足的发展。

主要的合成材料是由化学工业生产制造的，这种生产中使用原材料，如石油产品、天然气、煤炭或生产乙烯、丙烯或乙炔这类材料过程中提供的中间产物。基础的化学工业可以为制造业提供固体或液体树脂、可模压或挤压成型的化合物或乳剂，这就类似于冶金工业为制造业提供金属一样。此外，化学工业还可以生产薄膜、板材、纤维、杆、管及其他模压和挤压件，或生产出更复杂的产品。现在化学工业的纵向组合的范围正在变化，但由于创新型组合生产和取得的经济效益，许多化学公司已经越来越多地涉足纺织工业，并有小部分参与了建筑、包装材料和工程部件的生产。另一个迫使化学公司进入这些工业领域的重要原因是，化学公司必须要为它们的材料在那些不愿进行技术创新，不愿试用新材料的领域内开拓市场。虽然现在合成材料的优点已得到了广泛的认可，但是，在最初的日子里，世人普遍对它存在着疑虑。由于天然材料供应不足、价格昂贵，以及人们对战争爆发的预感使得新材料终于得以试用，并最终使材料发生了革命性的变革。

5.1 早期的合成材料及发明家兼企业家

在 60 种主要合成材料（如塑料、橡胶、纤维）中，大型化工公司几乎对 48 种进行了创新性的改进（见 Freeman 等，1963；Hufbauer，1966）。那些没有进行改动的材料主要是由发明家兼企业家最先引入商业应用的创新成果，如贝克兰特（Baekeland，胶木）、查多奈特（Chardonnet，人造纤维）、帕克斯和海厄特（Parkes 和 Hyatt，赛璐珞）。在我们进入 20 世纪时，研发专业化以及工业研发研究室的重要性都是显而易见的。

天然材料和金属材料的供货商或制造商都没有创造或改进过任何大量取代这些材料的合成材料。但当把一些新材料介绍给他们后，一些公司也很感兴趣，并对它们进行了一些改进并拓展了一些新用途。如对纤维和橡胶，一些天然材料的主要使用者如轮胎制造商也做了些类似的工作。

得到普遍承认的合成材料的首创人应该是英国化学家亚历山大·帕克斯（Alexander Parkes），他给自己的材料取名为帕克赛恩（Parkesine），这种材料由硝酸纤维和石油制成，在 1865 年取得了专利，可以说它就是赛璐珞的前身。但是帕克斯为推广使用他的创新产品而建立的帕克赛恩公司最后倒闭了，这是因为他没能研制出适当的塑化剂和满意的溶剂，他生产的梳子和其他产品都是不合格的。海厄特虽然没有接受过作为一个化学家而应受的正式教育，但他成功地使用樟脑作为塑化剂，从而他在美国的公司使赛璐珞成为第一种可投入市场的塑料材料。这最早说明了工业创新的国际性和不确定性①。

---

① 关于塑料工业早期历史，请见 Kaufman（1963）；Hufbauer（1966）；Yarsley 和 Couzens（1956）；也可见 De Bell（1946）。

人造纤维工业经历了相似的历程,一系列的英国创新活动解决了易燃性的一些关键问题。而易燃这一问题曾使法国发明家兼企业家康特·查多奈特(Count Chardonnet)中止了他在贝赛姆康(Besamcon)进行的新型硝化纤维的生产。就像帕克斯一样,查多奈特也可能只是一个先驱者,但是在他的产品还未完全成熟时,就于1884年投入了生产。当时的纤维还太脆弱,易断,没有适用的纺织机械。但是查多奈特有经费因而坚持下来了,而且在19世纪90年代在法国和德国使生产恢复起来。人造黏胶纤维和醋酸纤维最后的发展远远超过了最初的硝化纤维。黏胶加工过程是1892年由一个名为克罗斯(C. G. Cross)的英国化学家发明的,在这之前不久,人们研究出一种拔丝技术。

另外一种早期塑料材料——加拉利瑟(Galalith)由一家新成立的公司率先推出,这种材料是由酪素和甲醛合成的,在纽扣生产中广泛使用。德国化学家斯皮特勒(Spitteler)与商人克里舍(Krishe)合作,在1899年成立了国际加拉利瑟公司,并取得了很大成就。

虽然尼龙工业中的第一次创新是由发明家兼企业家完成的,但没过多久规模更大而经济实力又很雄厚的公司就开始涉足这一领域了。1900年创建的黏性拔丝辛迪加(Viscose Spinning Syndicate),扩展了克罗斯和贝文(Cross和Bevan)的黏性纤维加工方法,并在1904年把它卖给了英国丝绸工业最大的公司——考陶尔德(Courtauld)公司。从这以后,这家公司就在英国的尼龙工业中取得了垄断地位,此后在世界生产中它也具有了很强的实力。

类似的是,海厄特(Hyatt)在澳尔巴尼开设的牙托公司第一次成功地应用了赛璐珞,不久之后也被一家经济基础十分强大的集团接管了。发明了赛珞玢胶片,并于1912年取得世界专利权的瑞士出生的法国化学家布兰登堡(Brandenberger)和法国人造纤维集团合作设立了新的分公司,名为赛珞玢胶片公司,专门生产和经销他的产品。这家公司的产品于1917年上市。这样,在20世纪的工业中出现了一个新的专利产品,而发明家兼企业家已显得不那么重要了,大型人造纤维公司已经支配了整个生产和经营的发展。

最成功的早期发明家兼企业家无疑当数利奥·贝克兰特(Leo Baekeland),一位比利时的化学教授,他1910年在美国创建了自己的公司,生产以他自己的名字命名的压缩塑料。他早期曾在美国的工业研究界做过几年独立发明人。他不仅是名为贝克利特(Bakelite)的酚甲醛树脂专利权的最初所有人,他还独立开辟了这一材料的大部分早期市场。他建立了一个非常成功的商业企业,其分公司和委托代办处遍及许多国家。虽然今天它在全球塑料市场中所占的比重不到5%,但是贝克利特在两次世界大战之间仍是世界范围内最重要的人造树脂。

5.2 主要的合成材料

从第一次世界大战后开始使用的合成橡胶及几乎所有其他主要的合成材料和纤维都经过了拥有大量研究和开发机构的大型化学公司的改进。通常,化学方面的重大发现和创新都是在大学的实验室中完成的,而且斯托丁格(Staudinger)在弗里伯格(Freiburg)进行的有关长链分子的特殊研究为20世纪30年代的许多工业发展提供了理论基础。但是,一般说来,为了使一种材料从实验室转化为商业性批量生产,进行多年的实用性研究和试验工厂工作是十分必要的。此外,为了开发大量潜在的应用、改进它们以形成不同等级的材料或与其他材料混合以适应各种特殊需求,进行大量实用性研究和实验性开发工作是必不可少的。

诺里恩·科雷(Noreen Cooray)通过人造橡胶取代天然橡胶的研究发现,相比较而言,合成材料的主要优势在于其应用领域十分广泛,也就是说面对各种特殊的要求,它们可以组合、混合与特制。她认为,如果天然橡胶的生产者拟订了一个类似的应用研究计划,而不是把自己仅仅限制在改进种植所开发的多种高产橡胶树和减少天然橡胶的花费和价格这样的一直是非常成功的技术上，那么天然橡胶实际上才能参与竞争。

从某种程度上说，聚合体研发以及应用研究的优势正在不断加强。同时它也加强了本已十分强大的工业研究所的技术主导地位。早期的发明家兼企业家，常常会在建立一家创新的公司之前，自己出资进行试验进而拥有自己的专利权。而对新型合成材料的生产来说，这一模式完全改变了。能清楚地反应这一变化的例子是涤纶——ICI聚酯纤维（在美国商品名为Dacron，而在德国称Trevira）。这种纤维是一家中型纺织公司，卡利科印刷协会（Calico Printers' Association）的研发实验室于1940年研制出来的。但卡利科印刷协会未能研究出这一工艺过程，也未能生产出这种纤维。它被美国的杜邦和英国的ICI认可，从而获得了充裕的资金进行花费极高的新纤维的开发、应用研究、试验性生产和试验性销售。据估计，在1950年这一产品最终投放市场之前，它的开发过程估计已用掉了ICI公司和杜邦公司各1 000万英镑。

在其他许多情况下，在大化学公司的研发实验室同时进行着发明和开发工作，如尼龙、聚乙烯、PVC和科芬（Corfarn）①，我们将在本章末尾对这些产品作简要介绍。就算是某产品最初的发明是在大学里完成（就像氯丁二烯橡胶和甲基丙烯酸甲酯）或是由一家小公司完成（就像涤纶），但开发经费、市场问题以及在新的生产厂的投资规模都必然使得实际的创新要由资本雄厚的大公司来推出。

在合成材料技术创新中有着骄人业绩的众多公司中包括IG－法本（IG-Faben）、杜邦和ICI，它们分别是德国、美国和英国最大的化工公司。这些公司不仅自己开发了许多最重要的合成材料（如PVC、尼龙、聚乙烯、聚酯、丙烯酸、聚苯乙烯、丁橡胶和氯丁二烯橡胶），并且经常也是其他公司创新产品的最初仿制者或使用者，而且他们在开发新型机械设备和多种多样的用途中扮演了

① Corfam（科芬），杜邦公司的透气合成革——译者注。

举足轻重的角色。这里对这三个公司各举一项主要创新成果为例进行讨论，但首先对总体贡献进行评述。

5.3 IG-法本的研究和实验开发工作

正如我们在第 4 章中所介绍过的，德国化工公司从 19 世纪起就已经形成了一套研制和生产自己新产品的传统模式，在此基础上人造染料工业在世界上占据了主导地位。所以，早在他们于 1925 年建立 IG-法本联合公司以前，数额巨大的研发计划的长期投资对德国人来说就已经是习以为常了。20 世纪 50 年代以前，没有哪个国家对研发开支有正规的统计，只是一些最早的先驱专业研发的公司保留了早期的记录。很幸运，我们找到了 IG-法本公司的一些数字记录（Ter Meer，1953）。虽然这些估计值在现在看来并不十分准确，但是德国化学家们的研究证明这些数字的误差也并不很大①。

1925~1939 年间情况是非常清楚的，IG-法本公司在合成材料领域从事的研发活动远远多于其他公司，并且在世界范围内它的整个研发计划也是最庞大的。1925~1939 年，IG-法本公司全部研发的开支平均起来每年增加 7%以上，这一数字也是第一次世界大战以来大化工公司中较高的一个，其他公司大多在 3%~5%之间。1925~1931 年，IG-法本公司的年支出增长大约在 7%~10%，但由于世界范围内经济的不景气使这一数字在 1933 年猛降到 4.9%。值得注意的是开支中大部分是用于开发，其研究人员在这段时期内一直保持在

① 关于研发（R&D）的定义，见经济合作与发展组织（OECD，1963a）。一个企业或一个工业的研究强度最好的衡量是看其研发与净产出之比。这样能够符合企业内部和企业之间比较的要求，因为它消除了购买材料和部件价格上的差别。但是，净产出数据很难获得，通常只好使用稍次的研发费用与营业额之比，或者用研发人员在总职工人数之间的比例。在 IG-法本公司的案例中的数据是研发费用在总营业额中的比例，占净产出的比例大约要提高一倍，但不能精确测定。

1 000多名,他们多是很有才能的科学家或工程师。1934~1939年,研究和开发经费又开始上升,达到每年增长5%~6%。而这个数字不包括技术服务以及对高校的额外资助,也不包括新建实验室和新增设备的投资等。一般来说,这些方面的开支会使这一数字增加一个百分点,使它们更加引人注目。整个这一时期内,IG-法本公司在研究上的花费要多于在其他方面的花费。一个解释是,正是需要把研究资源集中起来并需要在高分子聚合物化学工业方面给予大量投资,促使这些参股公司在1925年最后走到一起形成了联合企业。在世界范围内经济大萧条来临之前,IG-法本公司的研究经费不仅没有削减过,反而一直在不断地上升,这说明研究工作具有最高优先权。

IG-法本公司战前研发另一个值得注意的特征是它和在大学及其他学术机构中工作的主要的研究者保持着紧密的联系。这也促进了与其他相关公司,如拜尔、巴斯夫和赫斯特等的亲密关系,因为所有这几家公司都有聘请著名学者作为顾问的传统,这其中还包括了一名诺贝尔奖的获得者。它们在德国的许多大学里设立了科研项目,并努力为他们的实验室创造更好的条件以吸引最出色的化学家。所有的管理人员和研发部门都为研究院的化学家们提供服务。比如说在合成材料上,作为世界上研究高分子化学的最杰出的化学家,弗里伯格的斯托丁格教授曾就任两次大战之间IG-法本公司十分活跃的顾问。另一位有影响的人物是齐格勒(Ziegler),他为战后的塑料工业作出了很多理论贡献,而他本人是赫斯特的一位顾问。正是在那段时间里,他在曼海姆(Mülheim)完成了一项重要的发现,这一发现带来了20世纪50年代低压聚乙烯的全面革新。同时他也同赫斯特公司签订了一份新的顾问协议,其中包括了他的工艺的许可协议。

最后,我们应该注意到IG-法本公司在实验开发工作中,经常会使用不同的研究小组进行同一项研究。无疑,这样做的部分原因是迫于来自各分公司的压力,但同时这样做也不失为一种谨慎的方法。平行的研究小组往往能够对开发新的合成材料提出更多的资料,提供更多的发展方向以供参考。

5.4 作为发明创造成果度量的专利

我们现在来讨论一下 IG－法本公司研究和实验开发的成果。在两次大战之间，IG－法本的研发规模毫无疑问是比世界上任何一家私人公司都大。但是它的成果如何呢？为了回答这个问题，我们必须先用一些时间来讨论一下专利权和其他用以衡量成果大小的量度。

对研发成果大小的衡量是经济管理中一个十分复杂的问题，而这个问题也没有一个简单的答案能回答得了。对研发的投入通常可以被简化为用普通的金融标准来衡量。就算是这样，这里仍然有许多复杂的问题，比如说如何确定那些来自正规研发部门以外的信息输入的价值和属性等。而当我们确定产出的量度时，困难更大。对于产出，UNESCO 在 1970 年曾有过一些探讨，后来又在“研究政策”（《Research Policy》，1987，vol.16，nos.2～4）专刊中专门进行讨论。但现在我们仅可能就衡量 IG－法本的研发成果提出两种互补的方法，以专利数量判断或以新发明的数量判断。这两种方法并不是最令人满意的或是最适用的，但总的来说，它们虽不是以创新带来的收益为判断准则，却也能使我们对如何判断投入带来的效益做出一定的回答。而对于判定 IG－法本的研发项目的投入，我们所需要的有关它的新产品支出和收入的具体数字，要远远多于它所公布的数字资料。这其中包括了许多有关德国战争经济发展的非常复杂的因素。

专利是创造发明成果的标志，但却不是创新成功的衡量标准，因此它应和一些判断创新的量度一起使用。但是知道两者的界限并且牢记在心，这一点要比我们原来认为的更加要紧。施穆克勒（Schmookler）比其他经济学家更加强调它们在经济历史中的重要性，他从对 1850～1950 年间美国的铁路工业、石油精炼业、造纸和建筑业的发明专利的统计所作的独特而全面的研究中得出结论，专利统计能更好地反映出发明成果。他认为它们全面地反映出包括次要的以及有促进性作用的全部发明，而避免了对它们的重要性的主观带偏见估测的影响（Schmookler，1966）。我们接受了施穆克勒的观点，把总的专利统计值当作衡量发明进展的表示，但我们并不认可他提出的主要的专利可以作为开创性重大发明的度量的观点。

专利统计数字的一项缺陷是无法及时反映生产和公司对不同专利的偏好的变化。比如，在国防工业中对专利的偏好性比较小，从某种角度来看，这也就解释了为什么在航空和电子业领域内每单位研发费用中专利费所占的比重很小（表5.2A，5.2B）①，但是在化学工业中对专利的偏好则很高。极少有化学公司不采取措施来保护它们的发明的专利权，而若没有专利保护，就很难有任何重大的技术进步。

那些尝试使用这些统计数字的人们普遍认为，每年这些资料在数量上的波动和变化，使得5年或10年为一期的统计分析更加有说服力。而一国专利法的不断变更又带来了另一些复杂的问题②。为了克服这些困难，帕维特和苏特（Pavitt 和 Soete）在1980年最先对在美国公布的一些外国专利进行了统计，这样就使除了美国以外的所有国家都达到了同一个基准。由于美国是最重要的单一市场，所以我们很容易理解为什么公司都会将自己重要的发明在美国申请专利，这也因此非常好地证实了对外贸易活动和在美国拥有专利权相互结合所带来的利润收益（Soete，1981；Pavitt，1982）。最近欧洲专利局也开始进行并提供专利统计。欧盟在《欧洲科学技术指标》（*European Science and Technology Indicator*，1994）上刊登的数字提供了一个很好的比较资料。

---

① 当然这些差别是另有原因的。科研之中有关设备和机械工程的专利数量之所以很多，有部分原因是这些工业中的发明有相当数量是在正规工业科研系统以外进行的。这里也有两组统计之中分类不一致的问题。

② 有些国家批准专利时并不审查其独创性，但另一些国家却规定要审查。这就意味着在有些国家，如法国、比利时和意大利，专利申请中90%能被批准；可是在美国和英国，这个比例下降到60%；在德国、荷兰和北欧还要低些。国家间的比较将以德国为基础同英国和美国以及法国作比较。最重要的专利都将从主要的制造业国家中挑出，专利所属国是指企业所在国（包括那里的外国子公司）。

表 5.2A　1961 年英法两国工业不同部分中专利申请及研究费用支出比较

工业	英国	法国	英国		法国(1966)	
	专利申请,占总数的百分率		制造工业中研究费用支出百分率			
			不包括飞机制造业	包括飞机制造业	不包括飞机制造业	包括飞机制造业
飞机	1.7	1.8		38.4	、	32.7
电器和电子工业	22.2	17.3	38.3	23.5	35.0	23.6
仪器	6.3	10.6	4.1	2.5	0.7	0.5
化学及石油工业	24.0	20.6	20.3	12.5	27.5	18.4
汽车业	5.0	6.6	4.3	2.7	11.1	7.5
工程业	18.0	16.3	13.1	8.0	9.8	6.6
金属及金属制品	9.5	7.5	6.1	3.7	5.1	3.4
建筑材料、木材、家具及建筑业	6.4	11.0	6.0	3.7	5.4	3.6
纺织业	5.4	6.3	3.8	2.4	3.6	2.4
食品、饮料、烟草业	1.5	1.9	3.2	2.0	1.8	1.2
合计	100.0	100.0	100.0	100.0	100.0	100.0

引自：Fabian(1963);Report of the Comptroller General of Patents(1961);Bulletin de la Propriété Industrielle,Statistiques(1961)等。

表 5.2B　美国工业专利申请与其他行为的比较

部　门	专利许可（1973,%）	研发总支出（1973,%）	工业研发（1974,%）	科学家工程师数量（1975,%）	制造工业雇工（1974,%）	制造产品销售（1974,%）
食品及相关产品	1.0	1.2	2.1	3.5	6.9	10.2
纺织	0.9	0.3	n.a.	1.2	3.3	1.8
化工（除药类）	11.3	6.7	15.6	13.1	7.9	9.6
药业	1.3	2.9				
石油及相关产品	1.3	2.3	4.4	3.1	3.4	（14.9）
橡胶	4.1	1.3	n.a.	3.0	2.7	2.3
石料、玻璃、黏土、混凝土	1.9	0.8	1.3	2.3	2.5	1.6
含铁金属	0.7	0.7	2.2	4.9	7.8	7.8
有色金属	0.6	0.6				
制造业金属产品	11.2	1.3	2.0	7.3	5.1	3.4
非电子机械	25.9	10.2	15.3	12.5	11.2	8.5
电器和电子工业	20.0	30.6	21.2	21.5	16.6	10.6
汽车	2.8	11.3	23.8	18.5	16.5	14.7
空间技术	1.8	23.6				
科学仪器	9.8	4.2	5.8	4.9	3.6	2.5
其他制造业	5.5	2.0	6.4	4.2	12.5	14.1
合计	100.0	100.0	100.0	100.0	100.0	100.0

引自：Pavitt（1982,pp.33~51）。

在对专利统计作了简要的讨论之后，现在回来研究 IG－法本公司在开发塑料事业中的作用。幸运的是，德洛姆（Delorme，1962）不辞辛劳地在其三卷经典巨著中搜集了 1791～1955 年这段时间中全部的有关合成材料的专利。这就避免了重复计数以及把成果归于法国和美国而不是德国的带偏见统计的影响。这些数据突出显示出德国 IG－法本在 1931～1945 年期间的优势地位以及在 1930 年以前的领先地位。法本公司的专利占 30 家最大公司专利总数的 1/3（表 5.3），由于大公司占全部专利的比例很高，所以它也占了全世界专利总数的 17%。在此期间，位于次多的杜邦也只拥有法本公司专利的 1/6。IG－法本的乙烯树脂方面的专利占到全世界专利的 1/4。法本公司在 1925～1930 年注册的塑料专利是全世界 1791～1930 年其他所有公司塑料专利的两倍。

总之，在 1931～1945 年的 14 年间，塑料专利品比过去的 140 年里的还要多。而且从长期趋势看，有一个显著的特点，就是个人专利比起团体专利来越来越少（表 5.4），第二次世界大战后授予个人的专利减少了近 10%。这表明公司里专门的研发团体所作的贡献比起个人发明者来增加了，而且在这个产业里发明的生产工艺以科学为基础的特点越来越明显。

到了第二次世界大战时期，德国和美国公司占所有由公司取得的专利的 80%，除杜邦公司之外，美国的主要化学公司进入这个领域较晚。早期的塑料制品厂中贝克利特公司和柯罗依德（Celluloid）公司获得了大量的专利，来自胶片产业的柯达公司以及通用电气公司也获得了大量的专利。其中通用是美国最大的研究公司之一，它对新材料有着非常大的兴趣。这两家公司在较早时期占领先地位，现在仍处于领先地位，例如在聚醛树脂和聚碳酸酯领域。当时罗姆（Rôhm）公司和汉兹（Haas）公司的基地在德国，主要研制丙烯酸类材料（甲基丙烯酸甲酯）。到 30 年代，ICI 公司虽然在塑料研究和制造方面仍排在 IG－法本公司之后，但它已属领先阶层。在很长一段时间里，瑞士的化学公司 CIBA 一直处于领先地位，曾取得过许多专利，其中有几项主要的发明是它的骄傲，特别是在环氧树脂方面。除 ICI 和 CIBA 之外，欧洲其他的化学公司远远落后于德国和美国的公司。

表 5.3　最主要公司的塑料专利数

30 家最主要公司在英国、美国、法国、德国获准的专利数

	公司(1791~1930)	专利数		公司(1931~1945)	专利数		公司(1946~1955)	专利数
1	IG Farben	346	1	IG Farben	889	1	Du Pont	637
2	Eastman Kodak	169	2	Du Pont	321	2	Monsanto	283
3	Du Pont	78	3	Röhm and Haas[c]	145	3	American Cyanamid	266
4	Celluloid	66	4	Hercules Powder	132	4	Shell/N. V. de Bataaf	263
5	Bakelite Corp	59	5	GE	120	5	ICI	253
6	Bayer[a]	55		Eastman Kodak	120	6	Röhm and Haas[c]	210
	Meister, Lucius and Brüning[a]	55	7	Dow	115	7	Dow	187
8	CIBA	42		Kodak-Pathe and Kodak	115	8	B. F. Goodrich	160
9	Bakelite GmbH	40	9	ICI	90	9	US Rubber	156
10	BASF[a]	38	10	Carbide and Carbon	88	10	Eastman Kodak	140
	GE	38	11	Phrix Arbeits-gemeinschaft	73	11	Standard Oil/Esso	131
12	British Thomson-Houston	35	12	Celanese	67	12	BASF[a]	115
13	Consortium für Elek[b]	33	13	A. Wacker Ges.	65	13	F. Bayer[a]	111
14	British Celanese	28	14	American Cyanamid	60	14	CIBA	101
15	Chem. Fab. Albert	26	15	CIBA	56	15	St. Gobai	77
16	Barrett	25	16	Ellis-Foster	51	16	Distillers	74
	Ellis-Foster	25	17	Bakelite	48	17	Gen. Aniline and Film	73
	ICI	25	18	Deutsche Hydrier-werke	46		Celanese	73
19	Cie. Fr. Thomson-Houston	24	19	Pittsburg Plate GL	44	19	Wingfoot	72
	Naugatuck	24	20	British Celanese	42	20	Cie. Fr.Thomson-Houston	69
21	Kroll	23	21	Standard Oil	41		Carbide and Carbon	69

（续表）

公司（1791～1930）	专利数	公司（1931～1945）	专利数	公司（1946～1955）	专利数
22 Canadian Electric	23	22 Bakelite Ges.	40	22 Hercules Powder	65
23 Pathe	23	Cie. Fr. Thomson-Houston	40	23 Hoechst[a]	57
24 AG für AF	21	24 Monsanto	37	24 Phillips Petroleum	55
25 Kunstharz Pollak	21	25 Deutsche Kelluloid	35	25 Kodak-Pathe	47
26 Chem. Fab. Griesheim	16	26 B. F. Goodrich	32	26 American Viscose	45
27 Carbide and Carbon	15	27 Thuringische Zellwolle	30	27 Chemstrand	44
28 PF Instruments	15	28 Rhône-Poulenc	26	28 Rhône-Poulenc	43
29 E. Schering	14	29 Harvel Research Consortium für Elek[b]	24	GE	43
30 Hercules Powder	13			30 Chem. Werke Hüls[a]	42
31 Soc. Chem.des Usines du Rhône	13			Koppers	42

30 家最主要公司在美国获准的专利数

公司（1954～1958）	专利数	公司（1959～1962）	专利数
1 ICI	299	1 ICI	485
2 Du Pont	288	2 Du Pont	428
3 Standard Oil/Esso	243	3 F. Bayer[a]	346
4 F. Bayer	199	4 Union Carbide	327
5 US Rubber	170	5 Standard Oil/Esso	246
6 Midland Silicones	168	6 Hoechst[a]	207
7 Monsanto	143	7 Montecatini	205
8 GE	128	8 CIBA	168
9 Celanese	113	9 Dow Chemical	162

（续表）

公司（1954～1958）	专利数	公司（1959～1962）	专利数
10 Courtaulds	109	10 Phillips Petroleum	153
11 Shell/NV de Bataaf.	108	11 BASF[a]	145
12 Union Carbide	107	12 Röhm and Haas	132
13 BASF[a]	106	13 Shell/NV de Bataaf.	118
14 Dow Chemical	100	14 American Cyanamid	112
15 Röhm and Haas	87	15 US Rubber	110
16 American Cyanamid	76	16 Midland Silicones	109
Dow Corning	76	17 Monsanto	100
18 B. F. Goodrich	75	18 GE	92
19 Hoechst[a]	68	19 B. F. Goodrich	83
20 Hercules Powder	64	20 Dunlop Rubber	79
21 Distillers	64	21 Minnesota Mining	77
22 Dunlop Rubber	60	22 Courtaulds	73
23 Phillips Petroleum	57	23 Celanese	60
24 CIBA	56	24 Hercules Powder	63
25 Wingfoot	38	25 Distillers	53
26 Minnesota Mining	28	26 Chemstrand	51
27 Chemstrand	23	27 Rhône-Poulenc	47
Rhône-Poulenc	23	28 Chem. Werke Hüls[a]	42
Wacker-Chemie	23	29 Wacker-Chemie	41
30 Gen. Aniline and Film	20	30 Dow Coming	34

[a] IG-法本公司也有一部分；[b]与 A. Wacker 合作研究而得；[c]罗姆和汉兹公司的德国及美国分公司都归并在此。
引自：Delorme（1962）和伦敦专利局。

表 5.4　主要的塑料产品的专利数(1791～1955)

获准专利的	1791～1930		1931～1945		1946～1955	
	数目	占总数百分率	数目	占总数百分率	数目	占总数百分率
个人	1 803	43	791	15	149	8
公司	2 436	57	4 341	85	5 749	92
总数	4 239	100	5 132	100	6 238	100

引自：Delorme(1962)。

1946～1952 年,IG－法本公司被盟军政府改组,再不能获得过专利。此外,在 1945～1946 年间盟国调查组迫使 IG－法本公司的许多秘密被英国、法国和美国的公司得到。直到 1952 年,由被解散的联合企业组成的后继公司才能够重新开始正常的生产和研究工作。所以,1946～1955 年的专利统计资料显示,美国公司占极重要的地位,10 个领先公司中它占了 8 个,而且杜邦公司是世界第一。不过,IG－法本的后继公司的联合集团即使在这个时期仍比除杜邦公司之外的其他公司要强。

遗憾的是,德洛姆(Delorme)的记述到 1955 年为止,但通过英国专利局的统计资料可看出：虽然在 20 世纪 50～60 年代,领先的德国化学公司没有取得战前的优势,但它在逐步恢复(表 5.3)。英国的国家专利统计偏爱英国的本土公司而不可能偏爱德国,而且对美国公司也有偏见,只有孟山都(Monsanto)公司和标准石油(Standard Oil)公司才可能不会遭到偏见,因为它们有主要的子公司在英国。

由于从数量越来越多的渐进性创新中区分出主要发明是很重要的,因此应该使用一个有关重要发明的独立度量(Baker,1976;Clark 等,1981)。NIESR 在专家顾问里德方(C. A. Redfam)的帮助下制定了这个标准。这意味着 1790～1955 年期间的 117 项重要技术进步被鉴定,一个进步可能被体现在某个主要专利或几个相关的专利中。这 117 个技术进步中,IG－法本公司占德国总数 51

个中的 30 个,杜邦占美国总数 43 个中的 12 个,ICI 占英国总数 15 个中的 7 个,所有其他国家总共才占 8 个。

5.5 专利和创新

现在能将专利统计及主要技术进步与发明创新区分开来了。判断创新的最简单的方法就是列出所有的新合成材料,然后断定它是哪个国家的公司的第一个商品。这里给出了一个发明的目录,当然它很可能会受到批评,说它在一种新材料的应用和制造的过程中遗漏了许多创新。不过,它提供了一个有关发明成果的简介,并且适当考虑到了每种材料的相对重要性。

霍夫鲍尔(Hufbauer)制作了一个列有 56 种塑料、合成橡胶和纤维的表格,并列出在许多国家中的第一个制造者。他在研究中得出一个有趣的结果:它能根据发明的数字(世界上第一个制造者),还能根据仿制品(在发明后某一国家的第一个生产者),在国家和公司之间进行比较。霍夫鲍尔运用这个数据判断仿制品的相隔时间,得出一个非常重要的结论:发明率越高的国家其仿制品相隔的时间也越短。一般来说,德国或美国仿制他国的发明大约要 3 年的时间,而在英国和法国需要再多几年,而所有其他国家需要 10 余年,大多数时候需要 20 多年。这个结论对于霍夫鲍尔和其他经济学家提出的国际贸易理论具有重要意义(见 Posner,1961;Hufbauer,1966;Vernon,1966)。当然,国内市场的大小也是影响仿制和推广过程的一个重要因素。在此,我们关注仿制品,主要是将其作为研究能力和发明能力的一个附加指示物。发明和国际贸易之间的关联将在第 14 章作进一步的探讨。

一个有强大研究能力的公司可能会很快地吸收外界的创新并进行仿制,它与此同时可能也在进行发明。因此,在第二次世界大战期间,IG - 法本公司能独立地生产聚乙烯(ICI 公司发明的)和尼龙(杜邦公司发明的),而 ICI 公司在 1940 年就开始生产 PVC,美国的化学和橡胶工厂能生产合成橡胶(这些都是 IG－法本公司的创新)。

将专利统计资料与那些关于创新和仿制的统计资料对照,显然 IG－法本公司在几乎所有的统计资料(表 5.5)上的记录都是最好的,其次就是杜邦公司和 ICI 公司。数量上 IG－法本的创新成果远比专利成果多,而创新成果又比仿制成果多得多。一个公司在创新新产品上越成功,就越不需要去仿制,即便它完全有能力去仿制。独创创新的利润幅度比仿制的利润幅度要大得多①,在领先于竞争者期间,公司又能致力于发展自己的新产品。不过,这些也可能由于是不成功的独创而冒风险和受到大损失而被抵消。关于这一点,在本节的后面会提到人造革的例子。关于仿制的另外一些策略会在第 11 章中提到。

表 5.5　有关合成材料的专利和创新(占全世界总量的百分率)

专利和创新	总数	占全世界总量		
		IG－法本[a]	杜邦	ICI
1791～1945 公司获准的全部塑料专利	6 777	20	6	2
1931～1945 公司获准的全部塑料专利	4 341	20	8	2
1791～1945 有关塑料专利资料中的“重大技术进步”	117	26	10	6
1870～1945 合成材料领域内的创新	56	32	9	2
1870～1945“重大创新”	20	45	10	5
1925～1945 创新	36	44	11	3
1870～1945 第一个“仿制者”		14	4	8

[a] 包括原先的以及后来组并而成的公司。
引自:作者综合氏 Delorme(1962)、Hufbauer 对创新的分析(1966)及 Redfam 的综述(p.60)。

一个较大的化学公司仿制某国外竞争者的发明,不论它是得到许可授权或自主进行的,它常常会试图为产品研制一个更好的工艺或作重大的改进。

① ICI 的一份关于它的研究的生产率报告指出,基于本企业研究成果的新产品和工艺能够获得最大效益。尽管如此,Mueller 指出杜邦许多创新并不是它自己研发的成果,非公司研究成果的尼龙为公司取得了最大份额的利润(见 Holroyd,1964;Mueller,1962)。

有时修改和改良可能与初始创新一样的重要。1924年当杜邦公司发明了赛璐玢,其中的两个研究人员发现有一种方法能得到防潮湿的赛璐玢,这大大增加了它作为一种包装材料的应用范围。IG-法本公司的尼龙-6与杜邦公司的尼龙-66有重大的区别,它是一个独立的研发工程的成果。

而且,公司在引进一个新工艺或制造一个新产品后必会进行许多较小的技术改进。日本公司从欧洲和北美引进许多技术,显然在改进工艺和产品上日本公司做得非常好,但限于其本身在研发中的实力,它们也仅能做到这点(Freeman,1987;Fukasaku,1987)。由于保密和专利权的原因,这些不一定记录在专利统计资料里去。霍兰德(Hollander)发现杜邦公司的人造纤维工厂的许多较小的技术改进没有专利,但加起来它们对生产率所作的贡献比那些主要改进还要重要些。而且,这些技术改进主要是由工程部门和技术辅助组进行的,而不是由研究中心进行的。由于缺少IG-法本公司塑料工厂里小型技术改良的详细数据,无法评估它们在小型技术改良方面的表现,但是从其在世界工业(包括出口)方面的竞争能力以及反映在专利统计中的小型技术改进,还是能间接地作出估价。

事实上,IG-法本公司在主要创新和主要技术改进上的成绩比在专利上的成绩要大一些,而且在创新的效果上可能要好于在研发上花费同样比例的其他公司,作为一个创新机构,这可能反映了IG-法本的效率,但也反映了IG-法本在德国战争经济中的垄断地位。IG-法本不仅控制着各种行业团体和化工工业的咨询机构,而且还控制着一些它的新产品的重要出口市场。这使它能在研发工程里取得一些较大的进步。由于IG-法本公司的巨大资源和政府对合成代用品计划的支持,IG-法本公司的那些开发成功的合成材料中的某些肯定有市场,尤其是合成橡胶。

除第二次世界大战期间之外,在美国或英国,情况根本不相同。那时候由于许多天然材料的高可用性和低价格,使得人们不那么急迫去开发合成品。不过,当远东的天然橡胶供应暂时受到干扰时,英国政府也强烈需要聚乙烯,美国更迫切地发展合成橡胶项目计划(Solo,1980;Morris,1989)。

20世纪20年代的某段时候,IG－法本曾向世界上的天然橡胶联合企业推销它的合成橡胶专利,那时IG－法本公司还曾认为天然产品会仍然保持它的价格优势,但随着大规模的军备重建,迫使它竭尽全力继续进行研究工作,结果出现了一个对德国战争经济不可少的新型产业。不过,值得注意的是IG－法本公司在希特勒掌权之前研制出了最主要的塑料中的几种,包括PVC、聚苯乙烯、聚乙酸乙烯酯、脲(尿素)－甲醛胶和三聚氰酰胺基甲醛。所以,除非假设在20年代秘密的重建军备势力已经控制了IG－法本的研究方针,IG－法本的突出成绩不能被解释为完全是特殊的战时需要或军备重建的结果。

虽然联邦德国的合成橡胶生产在战后暂时受阻,但战后联邦德国继续保持了塑料的单位资本生产和消费的世界最高水平。IG－法本托拉斯被解体,但其后继公司继续进行重要的发明,并开发新的应用。因而在这里记述了自第一次世界大战以来,拥有强大的专门研发设备的最大的化学公司在这个行业占尽创新优势的全部故事。不过,人们会误以为通过大规模有计划的研究项目就会几乎自动地产生新材料。高度的技术和商业不确定性正是所有的创新的特点,当我们略微仔细考察一下它们之中的三个,这点就很清楚了。

5.6 PVC(聚氯乙烯)

IG－法本公司的研究发明一个最好的例子就是PVC(聚氯乙烯)的故事,后来它成为世界上消费量最大的三种塑料之一。英美的文献总是不太愿意多谈这件事,但一位英国化学家的文章对此有详细而有价值的说明,这里作一个概述(Kaufman,1969)。

氯乙烯首先由一个年轻的法国化学家里纳尔(Regnault)于1835年在李比希(Liebig)实验室配制问世的。随后,其他研究院的化学家们也记述了此聚合物,不过没有说明它在工业上的可能制造方法和应用潜力。在1912年和1913年,一个工业研究化学家弗里茨·克拉特(Fritz Klatte)获得了一系列的专利,预料20年后将在工业上用到PVC,并且预言了它的一些应用。不过,PVC是一种不稳定的材料,它曝光就会腐化,从而很难加工,当遇热时它可能释放盐酸。单聚物很难制成,克拉特所作的聚合过程不能令人满意。后来直到这些问题被解决,并且研制出合适的增塑剂、稳定剂及合成成分,PVC才得到广泛的商业应用。在20~30年代,主要靠IG-法本的实验室找到了解决这些难题的方法,而直到对高分子结构有了基本的知识之后,对它的生产工艺才有了更好的理解和控制能力。

第一次世界大战期间,在赫斯特,实验工作仍在继续,指望研制出受封锁的天然材料的替代物。在格林希姆(Griesheim),生产出大约4吨的聚氯乙烯醋酸酯。领先的三家德国化学公司在这之前都已经研制出制作合成橡胶的步骤,而且拜尔在战争期间成功地生产出第一批合成橡胶——甲基丁二烯。1919年生产被停止,因为天然橡胶的质量仍然胜过合成橡胶,而且更便宜。至于PVC,虽然克拉特的专利在1926年失效,研究工作仍在继续。此时,其他乙烯聚合物似乎更有前途,1928~1929年赫斯特(IG)和沃克尔(Wacker)以商业规模生产聚氯乙烯醋酸酯。这个成就加上斯托丁格的文章为有关高分子的资料提供的更深的理解,重新引起了人们对PVC以及共聚物的兴趣,这导致早在30年代就开始了第一次商业生产。

早期,聚氯乙烯的合成以热处理方式、光聚合(像克拉特最初的专利那样)或溶液聚合[如俄罗斯的化学家奥斯特洛密斯兰斯基(Ostromislensky)于1912年的专利那样]为基础。虽然在20年代期间所有这些方法都有了新的专利(主要是杜邦的),但直至IG-法本公司和沃克尔的分散聚合工艺之后,商业和生产工艺才有了重大进展。1929~1931年间由费根希尔(Fikentscher)在IG-法本公司的路维夏芬(Ludwigshafen)实验室研制出来的乳胶聚合工艺现在虽然已经被废弃了,但在整个第二次世界大战期间它在贝特费尔德(Bitterfeld)大规模地进行了生产。

这个工艺的成功研制大部分归功于对橡胶 Buna-S(拜尔的一种丁二烯-苯乙烯共聚物)的早期研究,以及斯坦丁杰和 IG - 法本公司的研究人员的密切合作。事实上,对各种高聚物和共聚物(丙烯腈、苯乙烯、甲基丙烯酸甲酯、乙烯基醋酸酯、氯乙烯等)的研究经验的积累大大地促进了 IG - 法本公司的发展。在某些领域里,其他领先的化学公司,特别是美国的联合碳化物公司、戈德里克(B. F. Goodrich)及杜邦公司和英国的 ICI,它们与 IG - 法本公司的差距并不大,有关 PVC 增塑剂的一些早期进展是由戈德里克做的,而不是 IG - 法本公司。不过德国在增塑剂方面的研究超过了戈德里克,并且在 PVC 及共聚物的应用上远远走在前面,不仅用于电缆业里的包覆和绝缘层,还用于鞋底及袜底、地面瓷砖、化工设备、打包业和许多其他用途。早期的一个非常主要的应用是研制磁带,这是与德国的电力公司 AEG 的一个共同研究项目。在 1933 年后,战争准备和害怕缺乏天然材料,强烈刺激了这项工作。

简而言之,很显然,不可能用像发明安全剃刀那样的意义来描述 PVC 的发明。它被成功地引入德国经济,经历了一系列的实验、发明和发现,持续了其中有许多阻碍和挫折的 30 年时间。它确实不是一种材料,而是一系列材料,甚至在第二次世界大战期间,它的应用仍是较小规模,在战争初期它仅达到约 1 万吨。战后,PVC 的应用经常被大大低估了,尤其是由于在像防雨布之类的领域里的一些早期产品的质量非常差。直到 20 世纪 50 年代末,世界产量才达到 100 万吨。战前在生产工艺中得到过许多更进一步的改进,尤其是导致了用乙炔取代乙烯作为基本的中间物,并使用悬浮聚合反应。

美国、德国和英国公司共同开发这些工艺,并研究其应用,以致 PVC 成为建筑(排水管、水槽、铺地板的材料等)、衣类、鞋底、袜底、包装、土木工程及电线、电缆各产业中的主要材料。虽然一些新的有关环境保护的因素影响到 PVC 的发展,但 PVC 现在仍被确认为是一种消费量很大的塑料材料。

5.7 聚乙烯

聚乙烯是最主要的塑料材料，它并不是特意研制出来的，而是在其他研究里间接得到的。

阿伦(Allen,1967)详细论述过化学研究和ICI公司的聚乙烯的发明之间的联系。像尼龙一样，聚乙烯也是由一项基础研究工作发现的。但不像杜邦公司的计划和斯托丁格的研究那样，这次不是研究长链分子的结构和合成，而是研究高压反应。ICI公司的碱性部从布鲁诺·蒙德(Brunner Mond)开始就有很强的研究传统。蒙德自己对索尔维氨碱法工艺上有许多改进，并且在惠林顿(Winnington)建有研究实验室。在20世纪20年代，主要研究人弗里茨(Freeth)有一个长久的研究方向，并在1925年吸收一个年轻的英国化学研究家吉布逊[R. O. Gibson，他与荷兰阿姆斯特丹的米歇尔(Michels)教授曾密切合作过]。当吉布逊开始在ICI工作时，与米歇尔的合作仍然在继续，且后者由于他在高压效应方面的杰出成就而成为一名ICI的顾问。米歇尔设计的特殊设备于1931年被安装在惠林顿的ICI公司的实验室里，且被用于一系列的化学反应研究中。

在这些实验期间，聚乙烯被发现且它的特性也被认识。此发现大部分归功于1933年的一次事件中使用此设备时偶然发生的一个错误，它导致了乙烯的聚合。研究工程师曼宁(W. R. D. Manning)对此设备作了重要的改进，使它能更安全地继续进行高压实验。不可能把聚乙烯的发明者确认为某一个人，因为斯瓦诺(Swallow)、菲赛特(Fewcett)和伯兰(Perrin)也都对这项工作作了重要贡献。专利在1935年取得，安全的高压工艺的研制困难而昂贵，经历了数年之久。米歇尔一直进行压缩器的设计，这对中试工厂来说是非常重要的，它于1938年3月开始生产。虽然ICI公司很快识别出这种新材料的一些重要特性,但还是过了相当长的时间才认识或设想出我们现在知道的聚乙烯的大多数应用。虽然它做成绝缘体的可能性几乎立刻被认出,但它很昂贵,第二次世界大战前它被设想将主要应用于海底电缆。直到 1937 年 ICI 与 BICC 共同开发它的应用,才奠定了它的重要地位。它在战时的雷达应用上是非常重要的,但由于战后对军用需求的下降,人们曾认真考虑过 ICI 的主要工厂的倒闭问题。

不过,此材料的多方面适用性逐渐被认识,由于工艺的发展降低了生产成本,所以在 20 世纪 50 年代有了许多新的应用,而且通过应用研究进行必要的更改,并产生新的聚合物,这有力地推动了世界市场的发展。美国法院在 1952 年决心迫使 ICI 许可除杜邦(最早被许可的公司)之外的其他一些美国化学公司生产此材料。虽然那时的竞争很激烈,但由于美国法院对 ICI 没有裁判权,因此此决定对 ICI 来说很可能是因祸得福,这项裁定导致新应用的更快发展,特别是在国内市场和包装方面。并且 ICI 出售取得的许可使得费用和关键技术使用费收入持续增加。取得许可证的有孟山都、道氏(Dow)、康柏(Koppers)和斯宾塞尔(Spencer)公司。

更进一步促进聚乙烯在整个世界市场发展的因素是采用了许多改进了的工艺。这些影响了生产成本和新应用的范围及特性。联合碳化物和杜邦公司在最早取得 ICI 的许可证之后,联合起来改进技术,从而使他们能够有以自己的技术为基础的许可证。早在 1938 年,巴斯夫就有一个独立研制的使用一种略微不同的反应堆的实验装置(Schott 和 Müller,1975)。许多新型聚乙烯被采用以适应那些特殊要求,而这些又依赖于树脂制造者非常仔细地控制熔融指数和密度的能力。生产和工艺的改进是紧密相连的。施高特和米勒(Schott 和 Müller,1975)区分出多达 10 种不同的高压工艺,而彼加(Bejar,1994)甚至划分更多的高压工艺(见表 5.6)。

20 世纪 50 年代出现了更重要的创新:低压(高密度)聚乙烯。虽然当时有些公司害怕 ICI 公司最早的高压工艺可能被这些新开发所影响,但事实证明

表 5.6　高压 LDPE(低密度聚乙烯)工艺[a](1987)			
引发剂类型	高压釜	反应器类型管型	备注
过氧苯甲酰	海湾石油(2) ICI(22)	Arco(1) 巴斯夫(6) Dow 道氏(2) Imhausen(3)	
氧	住友(2)	ANIC(1) 住友(0) Atochem(7)	
详情不清楚	CdF(7) USI(7) 埃索(0)	EL Paso(3) DSM(0) 联合碳化物(4) 科学设计(1)	杜邦(2) Koppers(1)

[a] 按反应器和引发剂类型划分(括号内为专利数)。
引自:Bejar(1994)。

他们在一定程度上是互补而非竞争的。新型的聚乙烯比起最初的 ICI 公司的低密度聚乙烯来有更高的密度和非常不同的特性。因此它们倾向于扩大整个应用的范围,而不是减小高压工艺的重要性。1950 年齐格勒在慕尼黑的马克·普朗克(Max Planck)研究院进行一项关于催化剂的研究中发明了低压工艺。当时他已是赫斯特公司的一名研究顾问,很快就安排大规模研制,使用以他的铝催化剂和他的专利为基础的新工艺。1956 年在德国和美国都开始了生产。

由于 ICI 和许多持有它的许可证的公司一直在强化其研发工作,因此在生产和工艺上继续做了许多改进。虽然最初的专利早已过期,但 ICI 在整个 20 世纪 60 年代继续从出售技术和新专利的使用权中获得了可观的收入。ICI 公司的技术领先,且连续作了一些小的改进,以至于新的生产者发现花大价钱购买这个专有技术是值得的。虽然这些费用的总数没有公开,但加上为涤纶所花的费用,这些肯定已经说明了,大约占 1 000 万英镑中的绝大部分。这是 ICI 在 60 年代每年因许可证和技术费用所得到的。1971 年,ICI 从许可证上得到的收入总共有 1 300 万英镑,而为许可证所花费的费用是 300 万英镑(ICI,1971)。不过在 70 年代,高压聚乙烯的情况经历了一次激烈的变化。持续上扬的成本和许多新的生产者的加入导致了利润幅度的下降和生产能力过剩。这证明工艺越新则利润越大。

1977年联合碳化物公司(Union Carbide)采用一种新的低压工艺来得到低密度聚乙烯LLDPE。它在主要费用(50%以上)和能量消耗(75%)上有较大的节约,并且正如彼加(Bejar,1994)指出的那样,这种方法也生产出一些新等级的具有对一些应用,如包装,特别适合的性能的低密度聚乙烯(LLDPE):"LLDPE作为第三类产品出现在聚乙烯市场上。这种产品一方面在性能与应用上类似低压聚乙烯(LDPE)。另一方面,它的生产工艺又非常类似高密度聚乙烯(HDPE)。"(同上,p.224)"把工厂摇一摇"就既可以生产低密度聚乙烯(LLDPE),又能生产高密度聚乙烯(HDPE),原来的界限已变得很模糊了。正是这些发展,促使80年代ICI在与一家美国公司共同开发专用的低密度聚乙烯技术失败后从聚乙烯产业中退出。ICI总裁认为,当时ICI没有深入研究这项技术而判断失误。巴斯夫成功地研发出自己的工艺,但不得不大大减少它的高压低密度聚乙烯(HPLDPE)工厂的生产能力。其他的美国的石油和化学公司拥有了20世纪80和90年代建造的新工厂的专利生产许可(表5.7及5.8)。各种类型的聚乙烯的广泛应用,使它成为世界上消费量最大的塑料。

表5.7　主要聚乙烯工厂数目和工厂所在地(1992)

	运营厂总数	北美	西欧	东欧	远东	拉丁美洲	中东	非洲
北美	83	23	20	6	21	7	5	1
Dow	13	4	4	—	4	1	—	—
杜邦	6	1	1	1	2	1	—	—
Phillips	19	5	7	1	5	—	1	—
Quantum	12	2	3	1	3	2	1	—
UC	33	11	5	3	7	3	3	1
西欧	105	10	40	15	29	9	1	1
Solvay	6	3	2	—	—	1	—	—

（续表）

	运营厂总数	北美	西欧	东欧	远东	拉丁美洲	中东	非洲
Atochem	11	—	5	3	2	1	—	—
Enichem	17	—	9	1	5	1	1	—
巴斯夫	11	2	5	1	3	—	—	—
赫斯特	13	1	5	—	5	2	—	—
Stamicarbon	3	—	1	—	2	—	—	—
BP	13	2	3	—	8	—	—	—
ICI	31	2	10	10	4	4	—	1
日本	20	1	3	4	10	2	—	—
三井	15	1	3	4	6	1	—	—
住友	5	—	—	—	4	1	—	—
总计	208	34	63	25	60	18	6	2

引自：Bejar（1994）。

表5.8　1987年各国拥有聚乙烯工厂数

	LDPE	HDPE	LL/HDPE
美国	10	4	4
日本	2	5	3
德国	2	2	1
法国	2	0	2
意大利	1	1	1
英国	1	1	1
荷兰	1	1	1
比利时	0	1	0
加拿大	0	0	1
西班牙	0	0	1
总共	19	15	15

LDPE：低密度聚乙烯（高压）；
HOPE：高密度聚乙烯（低压）；
LL/HDPE：线性低密度聚乙烯/高密度聚乙烯。
引自：Bejar（1994）。

由于齐格勒的发现引起了对催化聚合的进一步研究，这导致了由米兰理工学院（Milan Polytechnic）的诺塔（Natta）教授与意大利的领先化学公司蒙特加蒂尼公司（Montecatini）密切合作研制的合成聚乙烯工艺的发展。这种工艺也在全世界获得专利许可，但某些美国公司争夺这些专利，并宣称他们已经独立地研制出一种聚丙烯的工艺。聚丙烯的发展速度非常快，因为它便宜且耐用，并且为一种过去经常被浪费掉的提炼厂副产品丙烯提供了有价值的应用。它很快与聚氯乙烯（PVC）、聚乙烯及聚苯乙烯一起成为主要的塑料材料之一。

5.8　多孔透气人造革——卡芬（Corfam）

最后一个例子不同于前两个，它介绍的是一个商业失败案例，导致损失了大约 1 亿美元，这个教训很有益。20 世纪 30 年代末，杜邦公司受到其尼龙的杰出成功的鼓励，它的研究中心研制了几项制造多孔人造革薄膜的技术，并在整个 40 年代都继续进一步研究这些技术（Lawson 等，1965）。透气性薄膜不仅可做鞋面料用皮革的代用品，还可做其他纺织品、包装和上衣料。50 年代早期，杜邦公司的一些生产部门与研究中心合作进行研制工作，但从 1956 年起，研制工作集中到制造与精加工部。1956 年、1957 年通过在皮鞋和服装领域的应用试验，杜邦公司决定开始全面研制并在 1959 年建立小型实验厂，在扩大生产中不得不解决大量工程问题，从而花费了比预期多得多的时间才得到满意的生产工艺。

皮革的价格正在上扬，市场分析表明带皮纹的皮革代用品皮鞋的潜在市场很大且稳定。杜邦公司在 1960 年任命了一个销售代表，而且每季度定期召开销售研制产品计划会，解决产品发展的困难。最初决定致力于较高价位的女式时装鞋。“我们感到这种有主攻方向的市场将比让各种鞋混乱地进入所有市场要理想得多。”杜邦公司对皮鞋工业和皮革市场的经济情况进行了充分的研究。另一项特别的研究是针对顾客对于皮鞋的零售价的反映。

200个不同的皮鞋厂制造了16 000多双皮鞋,实现了扩大试验,从而确定产品是会被接受且有益健康和舒适的。通过使用一个计算机“风险分析”模型,测试出关于未来市场发展的广告影响及其他因素的各种设想,最后在一个巨大的广告战后在田纳西州(Tennessee)的一个工厂开始了全面生产,并于1966~1968年间在北美和欧洲迅速扩大销售。

不过,虽然卖出了几百万双人造革皮鞋,但此产品并没有给杜邦公司带来预期的效益。在1970年,公司宣布此小型实验厂将倒闭,并且公司将从此市场退出。杜邦公司不曾作过完整的解释,但据推测,女式鞋的鞋面可以用更便宜的合成代用品[PVC和波维革(Porvair)]来制作,这一点很可能是导致这一决定的因素之一。虽然波维革比人造革暂时要成功些,但整个70年代它仍要面对极大的不确定性和风险(Gibbons和Littler,1979)。

举此例主要是因为它说明强大的研发、创新经验、市场调查和实验,或者周全的新产品计划都不能保证创新成功。连最大、最成功的创新型公司都要面对这种不确定性,其意义将在第10章里讨论。

5.9 产品及工艺的开发

本章对几种主要的合成材料创新的背景情况介绍主要集中在这些材料及其应用方面。显然,这些合成材料成功地研制以及转变成为产量非常大的工厂,都要依靠在第4章中谈到的创新工艺工程。不仅是新材料,而且制造它们用的中间产品都需要专门研制新工艺来生产它们。虽然化学公司与其他公司合作研制工艺设备的特殊部分,例如压缩器、压力器和阀,但在很大程度上,他们自己也进行这项工作。这涉及对设备的设计和功能的专门研究,并且必然出现化学工程的新职业。

新材料最初常常是孤立的,或是通过较廉价的方式甚至是偶然地被发现。这种情况往往发生在大学或其他一些与基础研究有关的实验室里,很久以后才开始商业应用。大型化学公司为使这些材料形成工业规模作出了相当大的贡献,因为要给这些新材料及其中间物、副产品研制出满意的工艺需要资金,并且会遇到困难。

在每一个我们所提到的事例中,都证实这需要资金,且需要相当长时间。它需要将基本的物理化学、工艺设计、机械工程及其他各种工程的技巧相结合。除非在工业上的一个专业研发系统的结构里,或者在一个像原子能局或类似核能研究所之类的政府组织的结构里,否则,很难将这些技巧糅合在一起。

5.10 设　　备

新原料、新工艺的研制与基础研究之间日益密切的联系在设备领域里最为明显。在近 50 年里不可能不用新的科学手段(工具)来研制核能或许多新的化学工艺和材料。在线色谱法、模拟控制、专门的敏感元件以及传感器的运用使化工设备设计发生了巨大变化,并且使对复杂的工艺流程的精确监测和遥控成为可能。它还引起了纯度标准和质量控制的巨大改进。

新型实验室设备的设计,特别是光谱仪,是物理化学进展的一个重要部分。质谱仪、其他形式的光谱仪和电子显微镜的研究使查明分子结构和一个分子里的特殊基因的排列成为可能。这些仪器和其他新型设备的发明加强了化学技术和基础科学知识之间的联系,因为大多数这类设备发源于基础研究实验室。正如丹尼尔·辛肖尼(Daniel Shimshoni)所指出的:

> 物理化学分析是从对光谱的可见部分的观察开始的。最初发现当一种物质受激发或从某外源吸收一定波长的光时，物质可通过发出有特征波长的光而被识别出来。后来使用物理方法研究物体的工作扩大到使用整个电磁光谱范围，增加了识别和探测的能力，设计并销售更便宜的设备。
>
> (Shimshoni, 1970, p.64)

在从事基础化学研究工作期间，这些大学为了他们自己的工作经常设计和制造新设备，而这些设备常常被建有设备厂的科学企业家商业化。美国和英国的许多主要的设备公司就是通过此方式建起的①。有些化学公司的科学家们也协助设备公司研制新产品。冯·希普尔(von Hippel, 1976, 1978)详细地记录了这种合作的密切性。化学和石油公司的研发部门和大学实验室、政府实验室是实验分析设备的主要使用者。红外分光光度计是珀金-埃默尔(Perkin-Elmer)于1943年发明的，大部分是由施那米德(Cyanamid)实验室的巴纳斯(Barnes)和威廉姆斯(Williams)设计的，他们需要用这种设备来进行他们的分析工作。那些拥有他们自己的设备公司的科学家们更起着决定性的作用，辛肖尼详细记录了这些主要产品的发明企业家的重大作用。

现在实验室的核心设备和工艺设备的进展都是电子设备进展的结果，电子计算机现在在实验和设计计算以及工艺控制方面都是非常重要的。迄今为止我们已经讨论过的产业与电子产业之间的联系将在第7章内讨论。

5.11 材料工艺的新趋势：结论

所有大的化学公司在其发明活动、技术开发和销售中都面临着许多不确

① 例如，Perkin-Elmen 和 Hewlett-Packard。

定性。而就 IG－法本公司和它的子公司来说，还要加上巨大的政治上的不确定性。它们的合成橡胶在一段时间内几乎被放弃，PVC 受到过很大的挫折，从煤中提炼汽油则因为从先前的魏玛共和国到后来的希特勒政府非常的关税保护才被保存下来。战后这个企业自身的存在也发生了问题，它们的财产和技术由于它们在希特勒政权中的作用而被查封。

德国之外的一些大的化学公司所面临的问题和不确定性并没有这样严重，但他们也有一些失败的经历，必须从一些以前有希望的市场中完全退出来，例如，ICI 公司的线性低密度聚乙烯和杜邦公司的人造革。

大的化学公司和石油公司有很强的应变能力。这一方面无疑来自其金融资源和院外集团的游说能力，但也和他们的创新能力以及知识的积累有关。当他们在某些领域遭到挫折或竞争失利之后，他们可以借助新产品、新工艺或两者兼有的方式来弥补。20 世纪 80、90 年代，他们面临一个全新的局面，不仅是因为世界经济下滑，更是因为科技的更新。经济情况正在经历一个技术经济范式的转变，从一个主要以技术力量集中或标准化商品的流动生产为基础的系统进入一个以信息强化计算机化技术的系统，它能在更大范围内生产更专门或按客户要求定做的产品，并提供服务。在第 7 章和第 17 章对这种转变做了更全面的分析。这种转变在材料技术领域更为明显。

电子设备的创新和极其强大的计算机促进了基础科学的进展，繁衍出多种高性能材料①。这种增长如此广泛，以致产业和高等院校都难以定义和区分新材料的范围。不过，大多数分析员认为材料包括聚合物和金属、有机物和无机物（例如陶瓷）以及它们的无数合成物。表 5.9A 和 5.9B 说明这些新（和老一点）材料在聚合物和陶瓷中各自的特性和应用。

① 若要考虑这些新的发展，请参考：Lastres（1992）；US National Research Council（1989）；Forester（1988）；Barker（1990）。

表 5.9A　新高分子聚合物的功能和应用

功　能	材料实例	应用实例
机械性能		
高强度高、高耐用性	聚酯,聚酰胺	各种结构的材料
弹性	合成橡胶,泡沫塑料	各种结构的材料
冲击力和吸音	泡沫塑料	各种结构的材料
表面保护	表面薄膜,电子束硬化塑料	表面材料,各种油漆涂料
黏附性	氯丁橡胶	各种胶合剂
热性能		
耐热性	聚酰亚胺,有机硅树脂	耐热结构玻璃,消光器
抗低温能力	硅酮橡胶,氟橡胶	抗低温橡胶
热绝缘性	泡沫塑料	高温绝缘材料
电性能		
导电性	聚乙炔	电池,电线
绝缘性	聚酰亚胺,聚乙烯,对苯二酸酯	印刷电路板,电容器导体
能量转换	聚氟乙烯,掺杂聚乙炔	传感器,电声转换器件
光性能		
光传导	聚甲基丙烯酸甲酯,酸性聚碳酸酯	光纤,塑料透镜
光敏性	照相排版塑料	复写材料,光刻
双折射性	液晶	显示器
生物性能		
血液适应性	聚乙烯对苯二酸酯	人造血管,人造心脏
组织适应性	硅聚合物	人造皮肤,人造组织,人造骨头
分离性能		
离子交换	苯乙烯基,丙烯酰基	离子交换树脂
混合物分离	醋酸纤维素类,芳香聚酰胺类,聚丙烯	空气/气体分离,生物分离膜和药品传送系统
化学性能		
防腐蚀	聚丁烷-1,聚酰胺,氯丁橡胶	保护材料,海上建筑材料
化学耐久性	聚氯丁烯,丁二烯,丙烯腈	柔性储藏箱,肥料箱

引自：Lastres(1992)。

表 5.9B　先进陶器的功能及应用		
功　　能	材料实例	应用实例
机械性能		
高温强度	氮化硅，碳化硅	气轮机，柴油机
切割	碳化钛，氮化钛，碳化钨，碳化硼	切割工具
润滑	氮化硼，二硫化钼	固体润滑剂
耐磨性	氧化铝，碳化硼	轴承，密封垫，钻头
热性能		
耐热性	氧化铝，氮化硅，碳化硅，氧化镁	MND 发动机电极，耐热轴承
隔热性	氧化钾-氧化钛，氮化铝，氧化锆	高温熔炉的热绝缘体，核反应器
热传递特性	氧化硼，氮化硅，氮化铝，氧化铝	电器和电子零件，散热器
光性能		
光传导	氧化铝，氧化钇，氧化钡	钠蒸气灯，高温光学透镜
光感应	氧化硅	光通信纤维，胃镜机，光传感器
光折射	(锆，钛)酸(铅，镧)	光存储设备(可逆的)
荧光	GaAs、稀土陶瓷，钕-钇系列玻璃	半导体激光器，发光二极管
光敏性	卤化银覆膜玻璃	太阳镜，印相纸
电性能		
超导电性能	钇-钡-铜氧化物，铋-锶-钙-铜氧化物	发电机，磁体，超级计算机，磁悬浮火车，线性马达汽车
半导体	氧化锌，钛酸钡	变阻器，加热器，太阳能电池，传感器
压电性	石英晶体，锆钛酸铅，铌酸锂	点火器件，压电震荡器
绝缘性	氧化铝，碳化硅，氧化铍	多层线路板，集成电路封装，集成电路印板
电感性	钛酸钡，钛酸锶	集成电路电容，高压电容
离子/离子导电性	氧化锆，β-氧化铝	酶传感器，固态电介质
电辐射	溴酸镧	电子枪用阴极垫
磁性能		
磁性	铁氧体，钡铁氧体	铁氧体磁铁，磁带，存贮器件
生物性能		
组织相容性	氧化铝，磷灰石	义齿，人造骨

（续表）

功　　能	材料实例	应用实例
化学性能		
吸收性能	多孔二氧化硅，氧化铝	吸收剂，催化剂载体，生物反应器
催化性能	沸石	环保催化剂
防腐性能	氧化锆，氧化硅，氧化铝	MHD 发动机电极

引自：Lastres（1992）。

因为定义和测定问题，先进材料在生产和消耗上的增长很难追踪，但经济合作与发展组织估计在20世纪80年代末世界生产量大约是200万吨。不过，这些以其性能和功能快速增多及其质量和性能的惊人改进而显著的材料的质量或体积的增长并不快。强度与密度比就是这样一个例子，它在建筑材料里是特别重要的，例如碳纤维（是碱性丙烯酸系纤维类）与环氧树脂构成一种非常轻而又非常坚韧的材料。

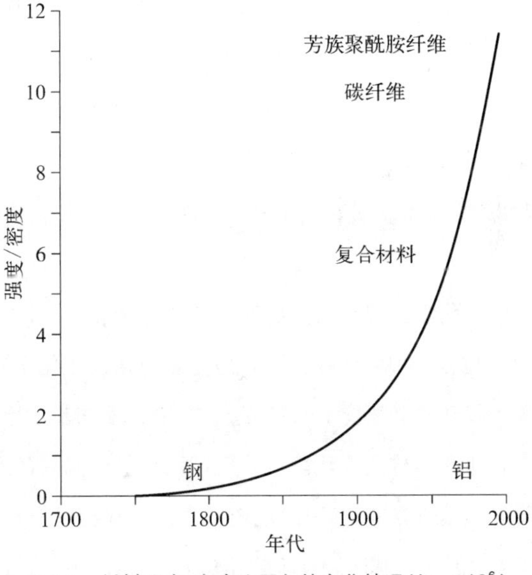

图5.1　材料强度-密度比历年的变化情况（in.，$\times 10^6$）

引自：Adapted from US National Research Council（1989）；Lastres（1992）。

库克(Cook)和夏普(Sharp,1991)在其简述中说碳纤维制品也是具有很大不确定性的又一典型,它一直使发明者,就像碰到以前的材料那样不断地面对更新的材料。碳纤维制品最初是由英国的一个政府研究所——皇家空军建立的机构与罗尔斯·罗依斯(Rolls Royce)公司在20世纪60年代共同研制出来的,罗尔斯·罗依斯想在它的RB211工程中使用它们。这个尝试失败(并且罗尔斯·罗依斯短暂破产)后,此材料被提供给ICI去研制,不过ICI拒绝了。另一家考特尔德(Courtauld's)公司要了它,并开始少量生产。他们还将技术卖给了一家美国化学公司赫克利斯(Hercules,大力神公司),这家公司开发出许多新应用,而且日本的一家大化学公司——住友公司为其提供碳纤维制品的中间物。这使得日本公司有机会接近此技术,另外也因为他们对先进材料的研究有浓厚的兴趣,所以日本很快成为正在迅速增长的世界市场的最大供应商。

海连娜·拉斯特里丝(Helena Lastres,1992)在其对日本的先进材料方针的研究中指出,在日本许多新材料是由电子公司研制和创新的。虽然化学、金属和工程公司也占一部分,但日本在微电子方面的能力是很有竞争力的。同样,自从瑞士的IBM研究实验室在1986年发现了高温超导电性(为此两名物理学家获得了诺贝尔奖),日本人就对超导电性的兴趣极大。许多新材料的研制和应用研究都是由材料供应商和使用者合作进行的,伦德瓦尔(Lundvall,1985,1988b)曾就此方式对机械设计的极端重要性做出阐述,而亚当·斯密更早就指出过。

欧洲和美国的大化学公司不仅面临其主要大宗的标准商品的利润下降的挑战,而且还在生产和工艺的大范围内,尤其是在制药和农业化学制品上,面临以生物和生物化学为基础的全新技术的挑战。这些技术和市场的巨大变化引起了20世纪80、90年代工业结构的变化。大公司试图自己研制新的专门产品,但由于他们没有必要的科学研究经验,因此他们常常被迫与大学合作(孟山都、赫斯特和ICI都与其选出的大学和医院在生物化学方面有较多的协议),或者兼并在小范围内有专门技术的特殊的小公司。这些小公司往往是从大学或研究所脱离出来的，这些大学或研究所的科学家识别出一种潜力大的应用，但缺乏资金来源和商业技巧去进行长期的研究并使之商品化。另一方面，一些大公司希望自己摆脱他们的某些生产低利润或失去市场的其他主要化学品的工厂。这意味着随着一些较旧的产品都集中在最强的公司，有时以公司间的产品和设备的交换为基础，逐步形成多种经营。表5.10表明在20世纪80年代所获得的工艺范围和性质。

表5.10　世界化学工业1988年兼并与收购

	兼并与收购按区域划分	
	并购数目	占总数百分率
美国	723	56
西欧	404	31
日本	24	2
其他	132	10
总计	1 283	100
	兼并与收购按业主国籍划分	
	并购数目	占总数百分率
美国	613	48
西欧	520	41
日本	56	4
其他	94	7
总计	1 283	100
	兼并与收购按行业划分	
	并购数目	占总数百分率
特种化学	217	17
制药与保健品	211	16
塑料与橡胶制造业	148	12
大宗化学品	136	11
消费产品	80	6
其他	491	38
总计	1 283	100

引自：Cook and Sharp(1991)。

面对所有这些变动，大公司通常在此产业里成功地保持着非常强的地位。德国和瑞士的化学公司 20 世纪 30 年代就在研发上占世界领先地位，在 20 世纪 90 年代仍然保持着强大的科研实力。从绝对值上讲，它们在大宗销售和大规模研发方面仍较它们的大多数对手强大（图 5.2）。大企业和与它们共生的小创新公司的生存能力将在第 9 章内讨论。研究传统和知识积累同长期处于“胶粘”状态的国际贸易的关系和作用将在第三篇讨论。

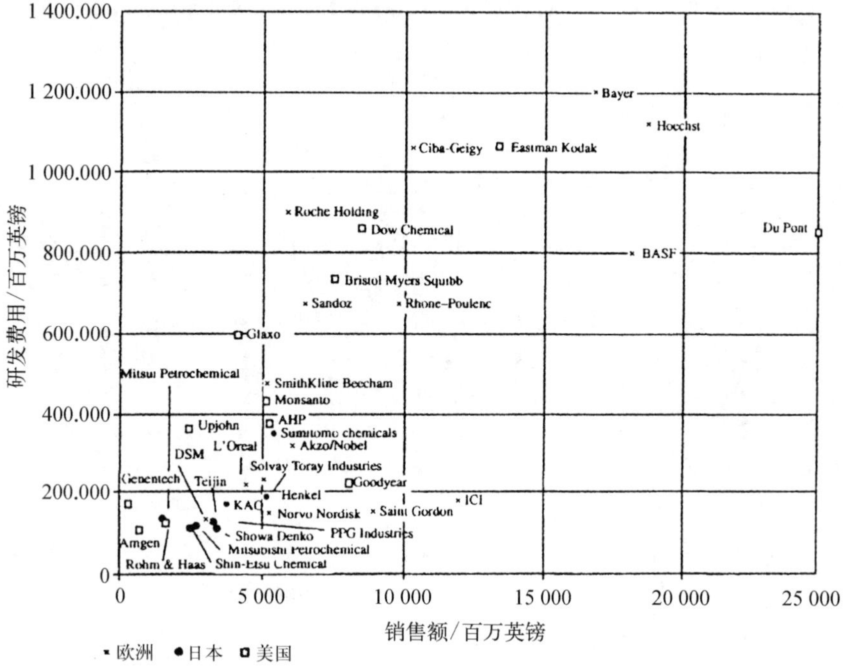

图 5.2　化学工业 1992 年销售与研发费用

引自：MERIT。

第 6 章　大规模生产与汽车业

在第 4 章及第 5 章中,我们举例说明了在石油工业中通过引入流程法工艺的流水线并使其在大型工厂中的应用增多的方式而使得生产力有了巨大的增长(如见表 4.1)。与此同时,随着通用零配件和装配流水生产线的不断引入,流水线生产技术在以汽车制造为首的其他一些工业中的应用也有了相当的提高。在第 3 章中,我们曾提到,在 1870~1940 年间由于资本强化的技术变革的大量出现和当时特殊的环境使得美国的工业领先于世界其他国家。当时流水线应用增多的原因之一在于技术劳动力的短缺。这使得美国的企业家和工程师们不得不寻找一种新的生产技术,以达到既能用机器替代劳动力,又能尽量少用熟练技术工人而代之以半熟练或不熟练工人的目的。

使用可互换的通用零配件为在生产线上使用不熟练安装工替代熟练的机械师或装配工提供了基础。计算机的先驱,剑桥大学数学系教授查尔斯·巴佩奇(Charles Babbage,1834)就很明确地指出这对制造商是一项可取的战略。罗森伯格(Rosenberg,1994)又发现了巴佩奇作为经济学家的功绩,这点特别表现在巴佩奇的《机械与制造的经济学》一书中。在该书中,他不但赞扬了后来被称为"时间与动作研究"所具有的价值,而且还巧妙地从新的角度扩展了亚当·斯密的劳动力分工原则。他指出,巴贝基认为:

> 通过将一项工作分解为对技术和力量要求不同的若干道工序来进行生产,制造商可以精确的价格购买每道工序必需的劳动和技能;反之,如果让每一个人来完成全项工作,那么这个人就必须具有完成全部工序中

最困难工作的技能，以及最劳累工作的体力。

(Rosonberg,1994,pp.175~176)

尽管这一理论上的原则早在19世纪30年代就由巴佩奇完整地提出并大力提倡，但一直到19世纪末期才在美国得以初步实现，而且其实现在很大程度上是由于工程产品中通用零配件(金属或非金属材料制成)的引入。如果零件的形状是不规则的，同时又不曾用机械加工成精确的规格，那么就需要技术工人对零件进行修正才能装配完成一件产品。从第3章的内容我们知道，在19世纪后期由于合金钢越来越普遍易得，机械工具的精确度和加工速度都有了一定的提高。与此同时，泰勒在成为管理顾问前，作为一名发明家便对工业生产作出了重大贡献。

同样是在19世纪后期，通用零配件的使用已扩展到了美国的不同工业行业中，而不再局限于它最初得到创造性应用的地方——美国军械部的斯普林菲尔德(Springfield)军工厂。在20世纪早期，尽管已出现了许多新的应用技术，但包括军工厂在内的大多数企业都还不能够做到不使用技术工人来锉改和装配哪怕是部分的零件，实际上这个比例还相当高。在亨利·福特(Henry Ford)之前，所谓的"美式生产体系"其实是一种混合体系，或者说是"晚期手工业体系"。这一体系的生产中，最终的成品里既有通用零配件，也有手工制的部分。上述情况可以在缝纫机、小型武器、农用机械和自行车制造业中看到。

批量生产技术首次得到应用是在亨利·福特位于底特律的"高地公园(Highland Park)工厂"中。1908~1914年间，福特在他自己的工厂中逐步削减手工制部件在T型车生产中所占的比例，并最终于1913年完全引入了流水作业线。麻省理工学院一本关于福特的"国际汽车计划"(International Motor Vehicle Project，简称IMVP)的书(Womack等，1990)中强调说，装配生产线本身只是在引入机械工具并提供给人们切割或压制原料成型的可能性以后才能存在。

本章主要讨论汽车制造及其相关工业中的制度创新问题，同时也稍带涉及这些工业生产中的技术创新。我们之所以将重点集中在制度和社会性的变化上，是因为“批量生产模式”，或者更确切地说是“福特模式”在超过半个世纪的时间里都支配着经济管理哲学，直到 20 世纪后期才被新的经营思想和结构体系所取代（后者我们将在稍后的章节中进行讨论）。其次，福特的生产工艺学比以往的学说更好地解释了产品和工艺流程设计中的“锁定”（lock-in）现象。关于这一点，布赖恩·阿瑟（Brian Arthur，1988a，1989）已经研究并确认过了。此外，福特理论对冰箱、洗衣机及其他所谓“白色商品”制造业中的生产工艺和消费行为有着巨大的影响。在上述制造业实行了福特式的做法后，使得许多电器用品的价格相对地下降到普通家庭消费者可以承受的程度，从而为“耐用品消费”革命的出现提供了基础。尽管在 19 世纪时，军工生产、缝纫机制造就有人开始使用通用零配件，或是芝加哥肉类食品罐头业专门用来拆卸、分解肉牲的“拆卸”生产线这些批量生产技术的雏形；但是，真正从理论及实际两方面将批量生产技术体系建立起来并使其成为 20 世纪经典美式技术的还是福特。回顾第二次世界大战的历史，大量的美制卡车、坦克、飞机、登陆艇以及维持其运行所需的石油制品，可以说是盟军登陆欧洲并向意大利和德国推进的决定性因素。第二次世界大战结束后，大量消费的生活方式、汽车的批量生产和其他一些耐用商品不仅在美国国内站稳了脚跟，同时也迅速传播到了欧洲及日本。第二次世界大战后的 25 年可以说是人类历史上社会经济发展最快的一个阶段。这一飞速发展很大程度上是建立在石油、汽车、飞机、石化制品、塑料和耐用消费品的基础之上。

不过，批量生产与流水作业的巨大成功也是在经过了从 20 世纪 20 年代到 30 年代的一段痛苦的全球性结构调整后才得到的。批量生产使汽车和其他一些商品的产量超出了有限的市场对新产品的吸收能力。只有实行社会性的变革，譬如采取消费信贷手段，重新调整薪金结构，采用新的高速公路网络或是在经济管理上实施凯恩斯主义等，才有可能将新工艺的潜力与当时的社会制度、结构统一起来，使其得到充分发挥。正如我们在第 4～5 章中谈到的，廉价的石油不仅成为飞机、轿车、货车的一种非常易得的能源，同时也是生产大量消费的化学制品的廉价原料。由它生产出来的化工产品包括塑料制品、包装袋、一次性容器以及家用电器批量生产中所需的各种零件。所有这些相互依赖的工艺都是福特的技术经济模式中的一部分。这一经济模式在第二次世界大战后的25年中一直左右着世界经济。

6.1 内燃式，蒸汽式，还是电动式？

美国麻省理工学院的几位学者（Womack 等，1990）因研究“国际汽车计划（IMVP）”而在工业史的研究中处于领导地位。在他们关于IMVP的著作中，有一章名为“批量生产的起落”，其中详细叙述了1894年时一名富有的英国国会议员——埃利斯（Ellis）——购买汽车的过程。由于当时没有专门贩卖汽车的经销商，埃利斯直接去找法国机械制造商潘哈德与莱瓦索（Panhard & Levassor）公司，并向他们“委托制造”（此词本身源自法语，作者注）了一辆汽车。潘-勒公司早在1887年就已取得生产戴姆勒式内燃机的许可，到19世纪90年代，他们的年产量达到了几百台。每台内燃机都是定做的，而且是在巴黎地区不同的手工工场中完成。埃利斯想要一辆由汽车设计师设计的与众不同的汽车，因此他要求制造人员将传动闸和引擎操纵装置装在和一般汽车不同的位置上。IMVP的作者们指出，“这种要求在批量生产的现在，可能要花上几年的时间，并在工程设计方面耗费成千上万的资金”。但对于当时的手工业制造者来说，这样的要求是再正常不过的了。新车完成后，埃利斯在巴黎的街道上试了车，而后于1895年6月回到了英国。他花了5小时32分完成56英里的路程，驾车到他自己在乡间的家，平均时速为9.8英里。当时英国政府对于非马匹驱动交通工具的速度上限为每小时4英里。但在1896年，埃利斯促使英国议会通过一项新的法令，将速度上限提高到了每小时12英里。

在汽车制造业方面，美国并非从一开始就领先于欧洲。实际上，几乎汽车业早期的所有发明和创新都是在德国及法国进行的。但是到了1905年，已有数百家小型汽车制造公司,在美国及主要的欧洲国家生产汽车。这些公司均应用手工生产技术及分散在小型机器厂中的普通机械工具进行生产。他们雇用的工人一般都有着娴熟的技术,由装配线管理者进行协调、调度。有些公司至今仍采用手工技术制造少量的汽车,不过这些车的价格都很昂贵,而且其数量在总产量中所占的比例非常小。在工业生产向批量生产转化的过程中,大多数的小公司经过长期的苦苦支撑最终仍不得不宣告破产(包括 Panhard & Levassor 公司)或是被别的企业收购。而导致这一转变的,正是亨利・福特。

事实上,直到世纪之交人们仍不能肯定地说内燃机是否真的比蒸汽机或电力引擎优越。在实际生产与应用中,这三种引擎都曾进行过一定的革新。克莱因(Klein,1977,p.91)曾指出,1900 年时,美国 57 家公司生产的汽车总量估计为 4 000 辆,其中大约 3/4 是使用蒸汽或电力引擎的。到 1917 年时,美国国内注册的汽车已达到 350 万辆,而这当中只有不到 5 万辆是使用蒸汽和电力引擎的,即使是这部分汽车也在被淘汰中。在这年,最后一家较大型的蒸汽机制造商——史丹利(Stanley)轿车公司共生产了 730 辆蒸汽驱动的汽车。这个数字比福特公司一个上午的生产量还少(Volti,1990,p.43)。

作为后来者,我们也许可以对蒸汽和电力汽车的被淘汰提出一个简单的解释,即内燃(汽油)引擎"较优秀"或者说是"最好"。但是,鲁迪・沃尔蒂(Rudi Volti,1990)在他那篇精彩的论文《为什么选择内燃机?》中指出,事实并不像人们想象的那么简单。首先,在工业发展初期特别是艾米・莱瓦索(Emile Levassor)于 1891 年发明滑动齿轮传动装置前,蒸汽和电力汽车仍有一定的技术优势,而内燃汽车则有着致命的缺陷。莱瓦索用一句话来形容自己的发明:"C'est brutal mais ça marcher!"①他的这句话后来甚至成了一句名言。其次,最初的内燃机车还存在一个问题,它的启动手柄不易操作。技术不熟练或不注意的人在使用时常常会被弄断拇指甚至手腕,要不就是被伤到胸部。虽然凯

---

① 法语,意为这东西虽然有点吵,但还管用——译者注。

特林(Kettering)在1912年就为凯迪拉克公司发明了第一个电子启动装置,但由于他的发明推广速度较慢,所以在电子启动装置发明后过了很长一段时间,手柄伤人的问题才真正得到解决。

另一方面,蒸汽和电力汽车在早期的表现较平稳。但随着时间的推移,它们自身的缺陷逐渐暴露出来。沉重的锅炉和电池,以及随之产生的补充燃料的问题使得蒸汽和电力汽车的行驶距离受到限制,相对较短。以一台"史丹利蒸汽机"来看,其仪表板上装有各种计量表盘以显示一些需要定期注意的数据,比方说锅炉中的水量、蒸汽压力等。同时,"光是启动引擎,就需要对13个不同的阀门、杠杆、手柄和泵进行操作"(Volti,1990,p.44)。相对地,电动汽车由于没有离合器与传动装置而较易启动和驾驶。此外,电动汽车在行驶时很安静,性能可靠,也不会排放难闻的气体。尽管如此,到20世纪20年代时,内燃机车还是完全占据了市场的主导地位,蒸汽机车和电动汽车则被挤入十分狭小的专门市场中,甚至被淘汰进了博物馆。

能够行驶更长的距离无疑是内燃机车取胜的一大决定因素,而做到这一点并非完全依靠技术上的革新。因为要将加油站、维修及保养设备这些建立在不同基础上的硬件条件组成一个完整的保障体系,需要公共事务、制造商、管理者分别从各自的角度提出不同的策略及方法。实际上,20世纪90年代,在加利福尼亚及其他一些地方就已有人为了解决数百万辆内燃引擎汽车所带来的环境污染问题而开始研究提供电动汽车充电服务的方法。不管怎样,"锁定"于内燃引擎这一现象导致任何引向另一个系统的努力都会非常困难(见第四篇)。到20世纪90年代中期,全世界已有超过5亿辆汽车在使用当中。

6.2 亨利·福特与批量生产

内燃引擎的使用之所以会伴有强烈的"锁定"现象,其主要原因是福特的流水线的成功应用使得 T 型车的成本及价格均有显著的下降。当时电动汽车的价格却因为采用更高级的电池而上涨。同一时间,T 型车的单价由于在生产及销售中融入了许多制度、技术和社会性的创新而持续下调,从 1908 年的 850 美元降到 1913 年的 600 美元,到 1916 年则已降为 360 美元。与之相对,1913 年电动汽车的单价就要 2 800 美元。因此,当 T 型车的销售量在 1909~1921 年间增加了超过 50 倍,其市场占有率从 10%上升到 60%时,人们并不感到意外。那一年,美国汽车业的年纯利润率达到了 300%,在世界出口市场上占据了主导地位。这一过程与半个世纪后半导体工业的迅速崛起相似,可以说是真正的"快速发展史"。不过,后者也有着与它类似的特征,比方说,价格的大幅度下调,市场占有率的快速改变,采用创新措施的公司获得的突然增加的利润,以及在出现了模仿者后才逐渐失去的世界出口市场中的霸主地位(见第 7 章)。

当然,促使福特获得惊人成绩的"基础创新"还是流水线生产技术。从某些角度来讲,它其实是一种纯粹的管理制度改革,但它需要并且带动了一系列的技术改革:

> 进行管理制度改革时,汽车制造公司有许多机会可以提高机械的自动化程度以发展更高效的机械。譬如,用一台自动程度较高的水平车床替代垂直转塔车床可使每个工人的生产量翻倍。另外还有一个更惊人的例子,使用一台全自动的凸轮轴制造机能令每个工人的生产量以 10 的倍数增长。毫不夸张地讲,像这样的案例还能找到很多,好的机械能使每个工人的产量以 2~10 的因数倍增长。
>
> (Klein,1977,p.97)

顺便提一句,克莱因对于福特所提出的"英雄"式企业家的观点抱有怀疑。他引用耐威斯和希尔(Nevins 和 Hill,1954)的话说:

很清楚,《我的生活和工作》(*My Life and Work*)一书中所提出的批量生产的核心思想是从公司最高层向下渗透的这种说法是不对的,应该是具备发展潜力的新观点从最基层向上层传递。关于这一点,我们可以从实际中找到佐证。即,福特对于磁力发电机的装配有着特别的兴趣,他允许像 Gregory、Klann 和 Purdy 这样的员工参与工作并提出重要的建议,然后让 Sorensen 与其他人协助完成计划。而福特本人则只是从旁提出建议或对工作人员进行鼓励。无论怎样,新体系的发展中最重要的原则却是由受过大学教育的思想家(Avery)最近才从课堂上引入的。

(Klein,1977,p.98,引自 Nevins 和 Hill,1954,p.474)

首先,在 1908 年,当福特在通用零配件的应用方面取得很大程度的成功时,是装配车间中从一辆车到另一辆车忙个不停的工人们和精确分工的制度使得生产率有了巨大的提高。沃麦克(Womack)等人相信,这一提高比 1913 年引进流动装配生产线时的成果还要大。但由于后者是直观可视的,因而吸引了更多的注意。表 6.1 的数据显示了位于底特律的高地公园工厂在引进了流动装配线后 1913~1914 年间的生产力增长。其实,将 1913 年称为"晚期手

表 6.1　1913 年的手工业生产与 1914 年的批量生产在装配上的比较

装配时间(分)	后期手工业生产[a](1913 年秋)	批量生产(1914 年春)	工时减少的百分率
发动机	594	226	62
磁发电机	20	5	75
轮轴	150	26.5	83
整车的主要部件	750	93	88

[a] "后期手工业生产"中已出现了许多批量生产的因素,特别是一致化的通用配件及精确的劳动分工。从 1913~1914 年最大的变化是装配生产从静止变为动态的。

表中的计算结果取自 Hounshell(1984,pp.248,254~256)。Hounshell 的数据则源自记者 Horace Arnold 和 Fay Faurote 在《福特的方式及其工厂》(*Ford Methods and the Ford Shops*,发表于 1915 年《纽约工程学杂志》)中的报道。

引自:Womack 等(1990,p.29)。

工业”时期是有一定争议性的，因为当时的生产中，非精确零件的整理和装配工作实际上已经被淘汰了。事实上，福特生产体系已经不同于所有那些早期开发通用零配件的生产体系。洪歇尔（Hounshell，1984）在其名著《从美式体系到批量生产》（*From the American System to Mass Production*）中对此有所论述。

美国军械部所属位于斯普林菲尔德的军工厂通过通用零配件的使用开始了在生产工艺上的彻底改革。其划时代的意义在一些英国人参观军工厂时就已被清楚地认识到了，同时美国的一些观察家也注意到了这一点。而且，美国军械部门做了相当多的努力来扩展通用零件的用途以满足其他供应商，如柯特手枪制造公司的需求。该公司在实际运用中进一步推广了这一思想。但是，美国历史学家已经提出，不管是斯普林菲尔德军工厂，还是别的什么19世纪的制造商都没有获得完全的通用性。事实上，胜家（Singer，生产缝纫机）、麦克格罗米克（McCormick，生产收割机）、鲍普（Pope，生产自行车）这些公司的成功并不像过去一个时期所暗示的由于使用通用零配件进行批量生产而获得。洪歇尔（Hounshell，1984）就曾指出，有好些别的缝纫机厂家比胜家公司更早试验且更大范围地使用通用零配件。胜家公司并非靠新的工艺技术，而是像韦奇伍德（见第2章）那样，靠提高质量及改革销售与广告策略来打败他的竞争对手。依靠这些手段，胜家公司才能顺利地接管了好几家有竞争力的公司。这些公司在试验用通用零配件替代手工制造方面已取得了不小的成就。胜家和麦克格罗米克公司在这方面均有所进展，但他们也被生产问题所困扰，不得不在很大范围内仍旧依赖于手工业生产方式。

他们及其他一些美国公司在通用零配件应用方面的努力虽然没有像福特那样取得完全的成功，但也不是毫无结果的。罗森伯格（Rosenberg，1976）指出，他们的不懈努力在美国机械工业的发展中扮演了一个非常重要的角色。比方说那些从小型军械工厂发展起来的公司，特别是柯特手枪制造公司。事实上，初期的机床制造公司在生产中与顾客有着紧密的联系。采用这种方式，公司在穿孔、轧边、切割、设计、金属及木材原料的加工等的机器设置上都有较大的进步。这也是对后来伦德瓦尔(Lundvall,1985)提出的使用者与制造者间相互作用的一种证明。总而言之,正是新型材料、精确切割及机械速度方面的发展使得工业行业中完全使用通用性部件在世纪之交变得可行。

福特本人在他关于批量生产获得成功的报告中强调,一方面,面粉制造业中的流水作业与芝加哥肉罐头业的肉牲分剖线有着相似之处;另一方面,廉价的大规模生产带动了大量消费。胜家、麦克格罗米克和鲍普这几家常被称作批量生产先锋的公司实际上都以高价销售他们的产品。与韦奇伍德(见第2章)相同,它们的产品价格在同行业中均是最贵的(Hounshell,1984,p.9)。与此同时,福特坚持将T型车作为面向大众的一款车型来设计。降低价格成为他学说中的基础部分。彼得·德鲁克(Peter Drucker,1946)坚持认为,福特持续降低成本及价格的这一示范性做法形成了一场经济和管理技术上的革命。此外,不同于其他早期的内燃汽车,福特的T型车设计得易于操作和保养。随车附有64页的用户手册,还可帮助车主解决许多可能遇到的常见问题。另外,福特还将他早期的主要客户设定为对农用机械及工具较熟悉的农夫(Womack等,1990)。对美国市场的地理及社会特性的注意也是福特成功的原因之一。总之,消费者花较低的钱就能购买到个人的机动车是内燃引擎汽车在市场竞争中取胜的决定性因素。

对于劳动者而言,生产体制中的彻底改革并非一件易事:

> 福特批量生产线上的装配工人往往只有一项任务——将两个螺丝帽上到螺栓上,或是给每辆车装上轮子。他不用订购零件、安排工具、维修设备、检查产品质量,也不用了解他对面的人在做什么。他甚至可以埋头去想别的事情。即便他和其他工人或是工头操不同的语言也是无关紧要的……一个人只要经过几分钟的培训就可成为装配工。
>
> (Womack等,p.31)

通过重新设计工具和压缩到只需执行一项简单任务,零件的机械加工被简化到只需几个简单动作即可完成。这样,对技术工人的需求就降到最低,工厂转由新的工业(生产)工程师、工头及他们所领导的次一级工人们共同控制。对工人的训练十分严谨,工会在工厂中是被禁止的。福特努力想要实现韦奇伍德原则(见第2章):"使这些人的机器不会出错。"但很显然,他并没有成功。T型车出台后,不良的内部关系成为困扰福特的一大问题,而通用公司正是利用这一点在20世纪20年代超过了福特(Lazonick,1990)。

由于薪金的关系,新体系的运作并没有像巴佩奇预先设想的那么顺利。在第一年,由于生产线的速度、工作本身的枯燥乏味以及雇用过程中的不愉快因素(例如职业培训)使得企业内的人事变动率高得惊人。1913年,人事变动率达到了近400%。福特不得不于1914年1月5日采用了"日薪五美元"制,这意味着工人们的薪金翻了一倍。"随着高度机械化生产、自动装配线、高薪金及低产品价格的出现,福特理论诞生了。"(Hounshell,1984,p.11)新型生产体系的高生产率意味着业主可以轻松地支付给工人高薪,福特公司也依然是全美国甚至全球利润最丰厚的汽车制造公司。

在早期,福特与他的合作者们都必须面对一项明显的事实:他们的系统中存在一个无法避免的短处——会产生有缺陷的零件。他们采用的解决方法不是提高装配线工人的技术及责任感,而是在生产线的最后加上一道检查和"返工"的程序。当然,即使如此,还是有一些有问题的成品车通过了这道工序。所以,在顾客的投诉中也有不少是针对批量生产的。第二次世界大战后,日本的制造商向福特公司提出挑战,他们的一个主要目标就是要大幅降低有问题零件或辅助设备的数量。就人们所见,他们确实在这一点上取得了一定的成绩。但在半个世纪里,美国及欧洲的制造商们还是接受了这个缺陷。因为与通过高效机械生产和大量输出廉价产品而得到的利益相比,批量生产中由失误引起的损失算是微不足道的。

6.3 福特理论的普及与完善

福特的极大成功迫使其他美国公司纷纷引进流水线。他们要么成为小型但有一定地位的生产厂家,要么就被淘汰。其中一些公司合并成为通用汽车公司。该公司靠借鉴并修改福特的一部分过于古怪和专制的经营方法进行生产,进而在 20 世纪 20 ~ 30 年代成功战胜了福特公司。阿尔弗雷德·斯隆(Alfred Sloan),这个庞大集团的主要创建者引入了更加先进的经营策略,通用公司增加了汽车品种,更频繁地更新车型,不但依靠产品工程师,更依靠大规模的研发来实现稳步发展。斯隆还采用了一种分工制的人事结构,让不同的人负责具体市场的不同部分。福特手下许多重要的职员纷纷跳槽到了通用公司(Lazonick,1990,p.240)。

斯隆(Sloan,1963)也赞成在公司内部开展基础性的研究活动。他在自己的书中说,公司采用分工制的策略是以长期利益为基础的,而非只顾眼前的最大利益。事实上,通用公司拥有非常成功的研发策略,虽然它的一些重要的发明与创新并非用于在汽车工业而是在内燃电力传动机车和化学制品方面。于 1919 年就在代顿工程公司(Dayton Engineering Laboratories Co.)获得实际经验的两位杰出发明家,查尔斯·凯特林(Charles Kettering)和托马斯·米得勒(Thomas Midgley)也加入通用公司的实验室中工作。他们在内燃电力传动机车及其他几项重要革新的成功研究中起到了领导的作用。1930 年时,凯特林还说服通用公司收购了两家在发展内燃电力技术方面的资深的公司:

> 柴油发动机和电力牵引装置的组合并不新鲜,但是通用公司靠着对两家小型领先公司的收购,依靠把他们研究管理体制中大量资源应用到这项任务中,以及从国内市场巨大潜力中获利,最终使该系统取得庞大

的商业利益。

(Jewkes 等,1969)

沃麦克等(Womack 等,1990,p.129)指出:“当通用公司实验室中的工程师与科学家们在不经意间完善了汽车尾气催化技术时,他们也找到了能使全球汽车工业繁荣发展的关键。现在世界上每一家汽车制造公司都在使用这一技术来使汽车的尾气排放达标。”同时,他们也就通用公司为何没能在汽车的生产中成功引入重大创新的问题提出了有趣的解释。他们认为,“很不幸的,由于对公司未来缺乏危机意识,公司组织管理中的分割阻碍了信息的流通,新思想从研究部门向市场渗透的速度也变得非常缓慢”。在通用公司的失败案例方面,沃麦克等人列出了 Corvair 计划(20 世纪 50 年代)、Vega 计划(20 世纪 60 年代)、X-Car 计划(20 世纪 70 年代),以及 20 世纪 80 年代晚期为了通用 10 型产品而建立的高技术工厂。他们写道,“每套新产品和新工厂的创新观念都因为生产设备跟不上最初的设计标准而告失败”。

对于通用公司为何在战争期间及战后没能取得更多的创新,沃麦克等人也提出了与众不同的有趣解释。他们指出,尽管斯隆毕业于麻省理工学院电子工程系,但他坚持认为:

没有必要在设计方面领先或是去冒险进行未试过的实验,我们的车至少在设计水平上与我们最强的竞争对手是一样的。

(Sloan,1963,p.180)

沃麦克等人在其著作中暗示,正是由于当时包括通用在内有能力支配市场的只有三家大型的生产厂商,以及市场的求过于供,使得企业中的重大创新受到了抑制。

当通用公司已垄断了半个北美的汽车市场时,任何真正的划时代的创新,比如说以涡轮机提供动力的卡车或是全塑料车身的汽车都能使福特和克莱斯勒公司倒闭。汽车制造商的状况显然引起了美国政府的注意,他们试图阻止像汽车业这样国内最大型工业中的独家垄断,并发出了明确的警告。因此通用公司根本不愿意进行可能引发公司解体的创新。

(Womack 等,1990,p.128)

阿特巴克(Utterback,1993)提出,20 世纪前 50 年所展现出的美国汽车工业的发展模式同时也是在它之前或之后的其他一些工业的特征。这些工业包括打字机、自行车、缝纫机、电视机和半导体制造业。一项开创性重大生产创新会带来许多新的竞争者和有竞争力的新构想。工艺的创新及生产大规模增长又导致强势结构的出现,这使得利润减少和出现兼并及破产,最终是少数几个公司的垄断。渐进的创新就在生产和工艺中取得了主导地位(图 6.1)。

从 20 世纪 20 年代粗野的学生仔唱的五行民谣中,我们可以清楚地了解到批量生产技术到底发展到了什么样的程度:

有个人名叫亨利·福特,
他一手拿着铁皮,一手拿着板子,
他钉起了板子,
他折弯了铁皮,
他踢上一脚,那玩意儿就开始跑了。

尽管如此,在欧洲消费者、经营者和工程师中,仍然存在对批量生产商品的一种自大的轻视。这与美国本身的文化传统不同,但这也是妨碍批量生产推广的因素之一。但是,这种阻碍很快就减弱了,因为战后人们的收入开始增加,大众就有机会购买汽车及其他耐用消费品。部分西欧人的人均收入在

1950~1975 年赶了上来,他们对于耐用消费品的拥有模式也已与美国非常接近。西欧的汽车出口量在 20 世纪 60 年代超过了美国(见表 6.2)。

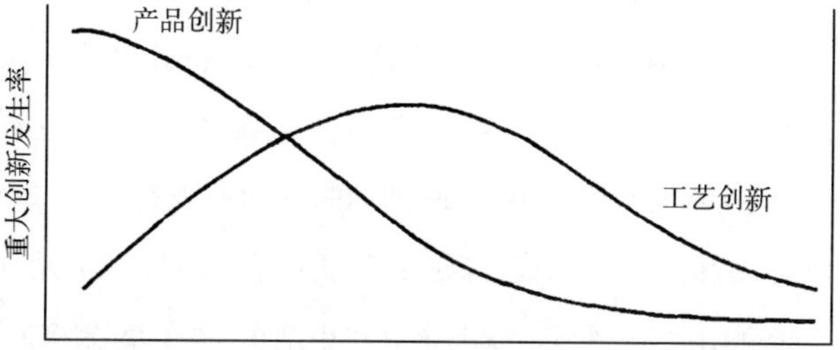

主要的创新类型	产品频繁出现重大变革	由需求增加引发的工艺变革	生产能力和产量增加导致生产率和工艺的发展
竞争重点	产品功能	产品品种	成本降低
引发创新的原因	用户需求信息和用户的技术投入	由内部技术能力扩展而创造的机会	降低成本和提高质量的压力
生产线	具有可变的多样性,常可根据顾客要求定做	至少有一项产品定型并规模生产	多为合同的标准化产品
生产工艺	灵活但低效,易适应重大变革	相对固定,变革多发生在主要工序	有效,需大量资本投入。固定,变革的成本很高
设备	通用设备,需要熟练技工	某些辅助工序自动化,出现所谓"自动化岛"	专用,大部分重体力工作实现自动化,多为监控自动化的
原材料	使用普通原材料	只限于几家指定的供应商提供专用材料	主要应用特殊材料;如果不能从外部获得,则依靠牢固的纵向联合方式保证供应
工厂	小规模,建在用户或在能够提供技术的区域附近	专业化生产通用产品	大规模,高度专业化生产特定产品

图 6.1 工业中工艺创新活跃程度的动力学模式

引自:Abernathy 和 Utterback(1978,pp.2~9)。

表 6.2 1950~1995 年世界汽车生产量(以千辆为单位)

	1950	1960	1970	1978	1989	1995
美 国	6 950	7 001	7 491	10 315	7 835	8 363
西 欧	1 110	5 120	10 379	11 321	13 749	12 636
日 本	2	165	3 179	5 748	9 052	7 611

引自:Graves(1991),Automotive News Market Deta Book(1996)。

这一追赶的过程主要是以美式工业技术和经营技巧的成功推广为基础。"马歇尔计划"和欧洲经济复苏组织及它的后身 OEEC(后又更名为 OECD,即经济合作与发展组织)都致力于这种传移,它们在战后早期派了许多工业代表团到美国去学习美国公司的美国式生产力。美国公司,尤其是福特和通用公司,在欧洲的几个国家中都有具备长期稳固基础的生产厂,它们也促进了欧洲国家对美式技术的吸收。不过,欧洲的制造商并没有单纯被动地接纳美式技术,也没有一味地模仿。他们亦是活跃的创造者,特别是在设计方面(Womack 等,1990,pp.46~47)。欧洲企业在小型车、赛车及豪华轿车的出口方面成绩卓越。

20 世纪 60~70 年代,西欧的汽车制造商进行的改革包括前轮驱动、盘式制动、燃料喷射、车身一体化、五挡变速和高功率质量比。美国公司在之前发起了诸如助力转向、空调、立体声音响及自动变速器等舒适化创新。20 世纪 70 年代石油价格的上涨给欧洲人带来了好处,尤其是在低油耗汽车方面更为显著。他们利用这一有利条件扩大了对美国的出口,使得美国从半个世纪以来卓越的汽车制造商和出口商变为了一个纯输入国。不过,美国在世界市场上失去其统治地位的一个重要原因不仅是欧洲人的竞争,还包括如流星般崛起的日本,犹如 1913 年的福特,这种迅速的崛起是以对整个生产体制进行重新设计为基础的,现在我们就转到这个话题。

6.4 日本战后的创新

自 1868 年明治维新以来,日本就十分重视通过工艺创新来改进输入的进口技术。他们吸收和改进进口技术的主要方法是多种形式的"逆向工程"(Freeman,1987;Tamura,1986;Pavitt,1985)。20 世纪 50~60 年代,这一逆向工程的广泛应用对日本的创新体系产生了多个重要的影响,其中尤以日本主要公司独有特色的研发策略影响最为显著。日本的管理者、工程师和工人养成了把整个生产过程作为一个系统来考虑并用一种综合思路来计划产品及工艺设计的习惯。这一重新设计生产工艺的能力已被确认为日本工业，例如造船业、汽车及彩电业取得竞争胜利的主要原因(Jones,1985;Peck 和 Goto,1981)。反之，日本企业几乎没有原创性和重大的产品创新，他们只是重新设计许多生产工艺及做一些附加的改革来增加产量、提高质量(见图 6.2)。而汽车工业可能是其中最引人注目的例子(Altshuler 等,1985;Jones,1985;Womack 等,1990;Graves,1991)。

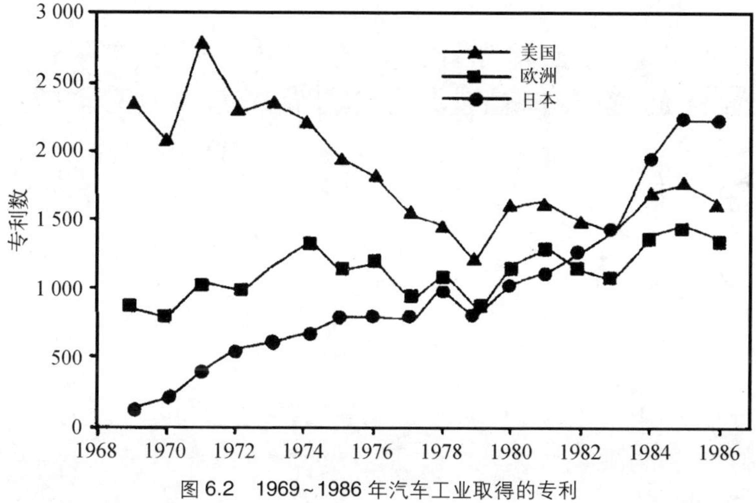

图 6.2　1969~1986 年汽车工业取得的专利

附注：图中所列出的是由美国专利局认证的分布在各主要地区的装配及供应公司取得的专利。如果取得专利的子公司其总部在一个地区，而专利的使用在另一个地区，则该专利算在使用它的地区中。例如，Alfred Teves 是以美国为总部的 ITT 在德国的子公司，Teves 的专利就应算在欧洲区；

供应公司的专利是通过对以三个主要地区为总部的主要供应商进行列表而得。资料分别引自：

日本部分：Dodwell Consultants, *The Structure of Japanese Autoparts Industry*, Tokyo: Dodwell, 1986;

北美：Elm International, *The Elm Guide to Automotive Sourcing*, 1987~1988, East Lansing, Michigan: Elm International, 1987;

欧洲：PRS, *The European Automotive Components Industry* 1986, London: PRS, 1986;

此表格后与由美国技术评估办公室提供的公司所取得的专利数据进行了对比，并删除了许多大型的、产品多样化的公司(如美国的 Allied Signal 公司和日本的日立)中一些与汽车无关的专利。

引自：Sussex 大学科学政策研究所对美国技术评估办公室(华盛顿特区)Womack 等人(1990, p.134)所提供数据的估算。

日本工程师与经营者中产生了一种习惯于“把工厂当成实验室”的观念(Baba,1985)。研发部门的工作与生产工程师的工作及工艺控制有非常密切的联系,往往难以区分。整个企业都加入学习和发展的过程中来,许多对整个系统的改进意见就直接来自生产现场。由于几乎所有对西欧及美国经营管理部门改革情况的研究均指出,R&D 与生产管理部门及市场间融合的不足是失败的主要原因(见第 8 章),因此通过创造性的逆向工程学习取得的综合效果赋予许多日本公司重要的竞争优势。同时,它也使得日本的生产管理得到比通常在欧洲甚至美国更高的地位。表 6.3 即显示了日本公司通过这类技术成功地大大减少了开发工作中的研制时间①。

表 6.3　20 世纪 80 年代中期地区性汽车工业发展的成就

	日本厂商	美国厂商	欧洲大宗生产商	欧洲专业厂商
新车平均工程时间(百万小时)	1.7	3.1	2.9	3.1
新车平均开发时间(月)	46.2	60.4	57.3	59.9
项目组人数	485.0	903.0		904.0
每种新车车型数	2.3	1.7	2.7	1.3
共用部件在总数之中的平均比率	18%	38%	28%	30%
供应商在工程中的份额	51%	14%	37%	32%
工程变动占总模具成本的比率	10%~20%	30%~50%	10%~30%	
产品滞后于计划的比率	1/6	1/2	1/3	
模具开发时间(月)	13.8	25.0	28.0	
原型车研制时间(月)	6.2	12.4	10.9	
生产开始到首次销售的时间(月)	1.0	4.0	2.0	
新车型达到正常生产能力的时间(月)	4.0	5.0	12.0	
新车型达到正常质量标准的时间(月)	1.4	11.0	12.0	

引自:Kim B. Clark,Takahiro Fujimoto 及 W. Bruce Chew(1987),“Product Development in the World Auto Industry”, *Brookings Papers on Economic Activity*, no. 3; Takahiro Fujimoto (1989),“Organizations for Effective Product Development: The Case of the Global Motor Industry”,哈佛商学院博士论文,表 7.1、7.4 及 7.8;Womack 等 1990 年复制。

---

① lead time,意为从接受任务(如设计新型汽车)到完成任务(推出新型车)所需时间——译者注。

水平的信息流动交流比美国公司特有的等级分明的垂直纵向流动更加明显地成为日本组织管理的特点(Aoki,1986)。值得注意的是,此特点不仅被一位理论经济学家(Aoki)提出,而且被日本电子公司在全世界范围内最成功的竞争对手——北方电讯的研究领导人在加拿大工程院的世纪性演讲中提及(Sakus,1987)。

汽车及机床等工业方面的逆向工程包含很多负责组装、销售成品的公司与众多出售零部件、铸件及原料等的供应商间亲密的对话。在长期的合作学习过程中形成的习惯、态度和人际关系使得与承包商间的合作程度日益提高,这一点在"准时"(just-intime)生产系统中已经体现出来了。另一个培养出如此密切联系的因素就是许多日本工业企业集团式的结构。

对产品质量的高度重视,也是日本企业技术特点之一,它是从逆向工程实行的经验中总结出来的。20世纪50年代时,不论是在汽车、电视机还是机床制造业中的最初产品样本质量常相对较差(Jones,1985;Baba,1985)。为克服这一缺陷所做的努力中包括对所有可能引起问题的源头进行系统性的检查。这一做法转而使得一系列社会性的创新被广泛接受,如"质量循环"(原是美国的一项创新),不再简单地在生产线的末端而是在每一个阶段都进行质量控制,从而大大改进了质量。日本有些最重要(也是受最严密保护)的创新如在线检查、测试、质量监控设备和仪表,也是在此过程中产生。如果分包商提供的部件质量不佳(如铸件),日本通产省就会施加极大压力要求将整个行业重组。

生产工艺和相应的分包商网络重新设计和重组最引人注目的例子当数日本汽车工业的"精益生产体系"。汽车及家用电器世界性的出口可能算是日本科技力量对全世界许多人生活产生影响的最真实证据。美国传统的大规模生产工业长期以来的优势的丧失给人们留下了深刻的印象。

这一事实已通过麻省理工学院的工程师们大力参与的两个主要的研究项目得到证实。其中第一个项目由麻省理工学院的工程师与社会科学家合作完成,并发表了《美国制造》(*Made in America*)一书(Dertouzos 等,1989)。该书以麻省学者独有的对美国工业技术通彻的了解和对不同国家企业的采访为依据,竭力说明美国许多不同工业中竞争能力的相对恶化。它最主要的结论是,在很多方面美国企业的管理仍然坚守过时的、不再适用的"大批量生产"的哲学观点。

第二个项目是对全世界机动车工业的深入研究(Womack 等,1990)。这本书,我们已经大量引用。这项研究以美国、日本、欧洲几大汽车制造公司的紧密合作为基础,由以麻省理工学院为中心的一支研究队伍完成,其中包括来自英国 Sussex 大学的科学政策研究所(Daniel Jones 和 Andrew Graves)。研究队伍成员在 15 个国家的约 100 家工厂中进行了广泛的调查,并收集到了工厂及公司超过五年的非常详细的数据。参与项目的公司在 1985~1990 年项目进行期间开展了深入的讨论。这无疑是导致许多美国和欧洲公司决定效仿日本"精确生产体系",以便能赶上他们竞争对手的因素之一。

6.5 大野与丰田公司的"精益生产体系"

"精益生产体系"的起源可以追溯到丰田公司在 20 世纪 40 年代末至 50 年代初的发展过程。该公司在 19 世纪末以生产纺织机械起家,并因其在技术创新方面的成就获得了一定的声誉,而后在 20 世纪 30 年代时,由于日本政府的推动而介入汽车制造业,专门生产军用卡车。战后,尽管只生产过少量的样车,丰田公司仍决定开始汽车及商用货车的生产。由于战后日本的原材料和资金均较短缺,因此这在战后早期的日本并不是一件简单的事。考虑到市场的规模较小及其他一些情况,大规模的生产并不适宜。不过,丰田的总工程师大野耐一(Taichi Ohno)是个极富创造力和革新精神的人。他曾多次访问底特律,并逐渐确信福特体系在原料、劳动力和资金方面都十分浪费。随后他开始实验自己的方法。开头还只是在自己的厂中,后来逐步扩展到了供应商当中。

根据麻省理工学院学者的研究,大野的早期实验之一是更换压制金属板用的压模系统。压模的一点小毛病就会导致压制出的部件产生缺陷。在福特的体系中压模的改进被交由专家来进行。他们要花很多时间来换压模,但因为大规模生产不经常更换压模,所以问题还不大。可是对于大野来说,这是不可接受的。因为当时丰田的年产量仅为数千辆,但生产中却需频繁更换压模,而他们并没有能力为每道专门的压制工序购买大量的压机。因此他采用新的方法来更换压模,并通过一系列的实验使得更换所需的时间由一天缩短到3分钟。此外,他意识到生产工人也应该学会更换压模。

这些改变有几个非常重要的结果。首先,小批量压模的快速更换使所有缺陷立即显现出来。同时,因为生产工人能自己更换压模,他们就能在缺陷发生的初期加以消除,从而避免大量的浪费。其次,从长远的观点看,更为重要的是,比起福特的系统来,这一系统要求生产线工人具备更多的责任感、技术和操纵生产线的能力。通过一系列类似的实验和改进,丰田-大野体系沿着这个方向一步步地发展起来。大野给予生产组越来越多的责任,小组的负责人与其他成员(都是男性)一起工作,每个成员都有权力及办法停止生产线并在组员的帮助下修正错误。最后,这使得一辆车在到达生产线末端之前几乎其所有的缺陷都已经被消除。如我们所见,在福特系统中,对于汽车装配的质量检查存在许多缺陷和漏洞。这些问题被交由一些特殊的员工——返工工人处理。尽管如此,还是有不少的成品车在销售时出现了各种各样的问题,以至于顾客经常对车的质量有所怨言。当日本人的“零瑕疵”理念还未被人们所认识到时,丰田-大野系统(及电子工业中的类似系统)已朝着这一方向进行了很大的努力。工人们与研究“质量循环”的工程师或有类似组织的小组一起进行讨论,并提出改进生产或工艺的建议。所有这些实验和改进导致了一个能够生产更高质量、更低成本产品体系的出现。

丰田-大野体系及其供应系统(见后)花了将近20年的时间最终达到了优

于世界竞争状况的境界。当时,日本政府维持了对外国在汽车投资上的禁令,并坚持采取保护性的关税措施。最后的结果可以通过世界贸易和生产总值及公司与工厂水平上的特殊比较来判断。

在 IMVP 中有许多工厂与工厂间的比较,表 6.4 说明了 1986 年丰田高冈工厂与通用公司的一家典型工厂之间的不同。这样的比较是很困难的,因为不同的工厂中车辆设计的差别、各种操作的垂直一体化程度、产品车型的寿命等都是不同的。麻省理工学院的研究组竭力将这些因素调整成为一个"规范化"的模式(表 6.4 第 2 行)。到 20 世纪 70 及 80 年代,精益生产体系与美国或欧洲的旧式福特制工厂相比,其生产率已拉开了一个相当大的差距。IMVP 研究小组强调,"精益生产"体系并不等同于"日本式"生产体系。并非所有的日本六大公司都发展了完全的丰田体系,有些外国公司反而比日本的企业更快地接受了这一体系。

表 6.4　1986 年通用公司佛拉明翰装配厂与丰田在高冈市的装配厂的对比

	通用佛拉明翰装配厂	丰田高冈装配厂
每辆车总体装配时间[a]	40.7 小时	18.0 小时
每辆车调整装配时间[b]	31.0 小时	16.0 小时
每百辆车装配缺陷[c]	130.0 小时	45.0 小时
每辆车占用装配空间[d]	8.1 小时	4.8 小时
零件盘存(平均)[e]	2 周	2 小时

附注:[a] 用工厂中总生产时间除以汽车量而得;
[b] 包括了标准化时的调整及产品测试时对其特性描述所需的时间;
[c] 根据 1987 年的 J.D.Power 初期质量调查估算得到的;
[d] 由每辆车长度的平方得到,并依据车的尺寸进行了调整;
[e] 由主要零件的大致平均数得出。
引自:IMVP 全球装配工厂调查(Womack 等,1990)。

尽管如此,就像特定的国内情况严重地影响了 18 世纪和 19 世纪英国工业技术的演进(第 2 章)以及使美国形成资金、原料、能源强化的生产体制一样

（第 3~4 章），精益节约的生产体系也毫无疑问地被各种日本国内的民族习惯所影响。这并不是说这一技术不能像英美两国技术成功转移一样被其他国家接受，或是它不能像日本引进其他技术一样在转移及同化的过程中得到完善；而是说，这种转移包含了制度和技术两方面的改革，需要花费不少的时间。如实际所见，许多工业实行的逆向工程的经验加强了生产、设计和发展之间的密切合作，而这正是包括汽车在内的日本工业的重要特点。相反地，某种原料及能源的极度浪费则是美国一些工业的特点。而对这些原材料的经济使用，对于一个几乎没有自然资源且缺乏资金的岛国来说是十分重要的。

更令人惊奇的是丰田-大野体系对节省劳动力的影响。日本及国外的新古典主义经济学家们力促战后日本的经济发展专门从事于劳动密集型产业，同时避开需要资本密集型产业，如汽车制造。但是，艾伦（G. C. Allen），欧洲最早学习日语并开始重点研究日本的经济学家之一，指出通产省的建议比日本银行的建议更多地被日本政府接受。

> 其中有一部分提出建议的人是由于战争而转向负责政府事务的工程师。他们是最不愿意接受晦暗经济理论的人。他们的才能在于从提高科技效能和生产改革方面寻找一个解决日本战后供给困难的方法。他们的思想更活跃。他们提出的政策是启动和发展金融经济以创造资源和财富，而不是简单地使用它们。
>
> （Allen，1981，p.74）

有些评论（包括 IMVP 报告）着重谈论了汽车公司反对通产省的要将汽车工业择优集中成三家公司的改组意见的情况。但是正如艾伦指出的那样，日本政府在战后物质缺乏的困难时期为了保证工业发展而给予其优先权这一强有力的支持在长期的竞争中起到了重大的作用。在精益生产体系的发展中，还有两个更重要的因素存在：首先，日本企业集团间关系中的合作特征促进了主导公司与承包商间的技术合作。其次,工程师和工人间的紧密合作使得创新大量增加。

6.6 精益生产体系中的承包商

丰田在供应系统方面做的改革与其在装配工厂中所做的同样重要。显然,可靠的高质量部件的供给是整个生产系统成功必不可少的。为了实现这一点,丰田与“第一层”供应商建立了十分密切的关系。工程师们在工厂间自由来去并相互交流详尽的信息。在很多情况下,丰田的工程师们被借用给供应商。长期的信任关系通过不同的方式建立起来;公司之间交叉持有股份非常常见。丰田对于它的供应商来说也起着银行的作用,相当数量的部件和分系统的设计工作被分配给了第一层的供应商,要求它们符合相应的性能特性。每个第一层供应商为了得到更简单的零部件又会组织自己的第二层供应商。丰田有些原来的内部零件供应商已经独立成立新的公司,丰田仍持有股份。这些新公司被鼓励与外部做生意,但前提是要“按时”保证丰田的供应。他们与丰田之间并没有像美国或欧洲的供应体系那样签订正式的契约,而是以“道义上”的约定来束缚彼此。

IMVP 这样描述该体系:

> 大野发展了一种建立在逐日供应基础上的协调零件供应的系统,即著名的“准时”体系,丰田内部称其为“看板”①。大野的方法将数量庞大的供应商及零件生产厂家简单地组合成就像亨利·福特的高地公园工厂一样的一台巨大的机器。其具体的做法是规定所有零件必须在要使用前

① 日文——译者注。

时才进行生产。生产好的零件由容器装着送到下一道工序。容器中的零件用完后就将它送回前一道工序,以此作为要生产更多零件的信号。

(Womack 等,1990,p.62)

这使得几乎所有的存货都被淘汰掉,整个系统从而变得十分脆弱。但它同时也使责任感和承诺的约束力得到了提高。

伦敦经济学院的日本研究学者 Mari Sako(1992)将日本精益供应链的特点与英国相同工业中的供应商做了个比较。表6.5中即列出了她所总结的主要区别,从中我们可以看出公司间相互关系的发展过程中国家及公司行为的不同。这些差异构成了我们在本书第3章中所提到的"国家创新系统"这一概念。这并不意味着组织创新的国际性的推广完全没有可能,只是说推广的过程将会花费很长的时间并遇到许多非技术性的问题。流水作业线和丰田-大野体系这两个具体的事例已充分地说明了这一点。

表6.5　分包的网络

	AcR[a](英国)	OCR[b](日本)
依赖程度	低	高
步骤	投标—定价—签订合同	在定价前已指定
争议	严格地坚持合约	逐件分析
风险的分担程度	低	高
沟通	很窄,很少	很宽,频繁
时间	短期的合同	长期的委托关系
确立成本	低	高
调查	非常彻底	几乎没有
合同形式	条件详细	口头协议
技术	不包括在谈判内容中	大量交换意见

[a] ACR——保持距离的契约关系;
[b] OCR——道义上的契约关系。
引自:Sako(1992)。

6.7 结束语

并非所有的评论家都在未来汽车制造体系方面取得共识。瑞典的沃尔沃(Volvo)就试图在其位于乌德弗拉(Udevalla)和卡玛(Kalmar)的工厂中采用另外一种体系。它使用10人一组的工人在固定平台上一天装配4辆车。但是这一体系没能长久支持到能提供足够的事实以供测验,各方对终止试验的原因也有不同的意见。不过这至少是为了解决像工人工作态度消极、人员流动率高这些从一开始就伴随着批量生产的问题而做出努力的尝试。

如我们所知,当福特引入流水作业线之初,就面对了人员流动这一严峻的事实,而唯一的解决之道就是加薪。尽管如此,工作仍然是枯燥和累人的,缺乏吸引力。这使得福特在欧洲与北美的工厂均面临招收新人及薪金方面的问题。汽车制造公司一般采用以下两种方法来解决这一问题:

(1) 像福特那样比一般工厂多付薪水。根据一些社会学家(例如Platt等,1979)的调查,在底特律,许多欧洲来的工人都曾以恶劣的工作环境为理由来要求更高的报酬。

(2) 雇用那些择业机会不多的新入境的外国移民,如德国的土耳其人、美国的墨西哥人及西班牙人或是法国的阿尔及利亚人等。

而在日本,由于没有大量的移民且又刚经历过战争,丰田和其他许多大公司一样面临着劳资关系的危机。美国占领当局在认同工会的问题上坚持己见使得罢工频频爆发。制度不稳定状态所导致的影响之一就是蓝领与白领阶层间的差别几乎消失了。另一个影响是许多大公司开始为大部分员工提供就业保障(即所谓的终生聘用制),以换取对随资历而增加的薪金及与公司利益挂钩的年度分红的要求。丰田的工人们也赞成工作类型上的灵活性。这一体制的采用极大地激发了工人们留在公司的决心,哪怕他们对于工作本身并不喜欢。年纪大的工人辞职在收入上则会有一笔很大的损失。新体制的采用也促使公司以更大的热情投入工人的职业培训和调动工人的积极性中去。

这些改变并没有受到普遍的欢迎，一些评论家坚持认为丰田体系在本质上是具有日本特色的福特理论的变种（即"新福特理论"）。20世纪90年代时汽车工业的倾向之一是将装配生产重新安置在薪金水平较低的国家（如从西欧向东欧、从北美向墨西哥转移）；最早关闭的工厂是在日本，后来甚至有厂家从德国移到美国。除了要面对在较富裕的国家中进行生产需付较高的薪水之外，汽车工业为了解决环境问题及引进更多的微电子元件和辅助设备不得不考虑生产工艺的重新设计。尽管这些问题确实导致了一些困扰，IMVP的作者们仍然对于精益生产抱有乐观的态度，同时也对沃尔沃的实验十分怀疑。

> 我们相信，一旦精益生产原则被完全地执行起来，企业就能够很快地将20世纪90年代时的自动装配线上剩下的部分完全自动化。这样我们就可预见到20世纪末，采用组装生产的工厂中的人员将几乎都是一些具高超技能的问题解决者，他们的任务就是不断地想办法使系统运行得更平稳和高效。
>
> 新工艺法的最大缺陷在于，由于它总是会偏离最初设定的方向，从而永远都达不到预期的目标，甚至最后倒退回手工业时代。
>
> 我们非常怀疑Udevalla和Kalmar所采用的组织形式能否像精益生产那样富有挑战性及令人满意。
>
> （Womack等，1990，p.102）

这一乐观想法的正确与否，到了21世纪自然会有结论。自相矛盾的是，IMVP对于采用精益生产体系的梦想与以前马克思的理想极为相似。后者主张废除脑力与体力劳动间的差别，使所有的工人转变为具有技术知识的劳动者，从而使劳动成为需要而不再是负担。

尽管提供服务与生产产品不尽相同，批量生产的理念还是对服务行业产生了影响。标准化的观点和流水线送货给快餐业及鸡蛋与蔬菜罐头业带来了十分巨大的影响。也许最好的例子应该是阿莲娜·玻恩(Auliana Poon,1993)对她的旅游的分析。她说明了在 20 世纪 50~60 年代，旅游业者怎样通过将提前付款方式、廉价的空中与陆上交通工具、标准化的旅馆住宿联合成一个“打包好的假期”，从而使成千上万的欧洲人、美国人和日本人在阳光下度过了花费不多的假日。这对他们的父辈来说是根本不可能的。

虽然制造业中非技术性工人的比率有所下降，白领对蓝领的比率有所上升；而在服务行业情况稍有不同，至少在程度上不一样。在服务行业中增多的是技术含量少、工资低的临时性工作。信息与电脑技术正在为未来工业和服务业中的职业带来全新的局面。这种技术正是我们在本书第 7 章及其后几章中要阐述的。

第 7 章　电子工业与计算机

7.1　引　　言

在 20 世纪 50 年代和 60 年代，电子通信技术以及计算机系统的应用使人们可以在数分钟甚至几分之一秒内完成过去需要数星期、数月、数年甚至根本无法完成的计算工作和操作，而且其结果的可靠程度远高于后者，费用则更低廉（表 7.1）。随着 18 世纪 90 年代无线电通信技术和 20 世纪 30 年代电视技术的出现，电子工业研制出了用于探测和导航的系统（雷达），并且在第二次世界大战后研制成功了用于处理数据和控制各种工业流程的计算机。

表 7.1　计算机领域的技术进步

计量标准	真空管计算机（50 年代早期）	混合集成电路-360 系统（60 年代末）
每立方英尺的元件数	2 000	30 000
乘法计算次数/秒[a]	2 500	375 000
每 100 000 次计算的费用（美元）	1.38	0.04

[a] 在机械计算机或第一台电子机械计算机上做一次乘法需要 1 秒钟以上。
引自：Fortune（1966），September。

将可靠的、价格低廉的电子计算机投入商业化应用是 20 世纪最具革命性的创新。虽然在第二次世界大战之前和期间，当时已有的老式机械计算机、电子机械计算机和其他计算设备已经能够实现现代计算机的某些功能，但是电子计算机的出现仍然是一个里程碑,它使可能的应用范围和成本发生了整个的改变。表 7.1 显示了在 20 世纪 50 年代到 60 年代初这段时间内计算机性能的戏剧性迅速提升和运算成本的迅速下降。在此期间,它的核心元件从真空管发展到了半导体集成电路。70 年代和 80 年代掀起的微处理器革命则更进一步增大了每平方厘米芯片上所承载的电路元件数目并且至少把生产成本降低了两个数量级,相比之下,50 年代的计算机在现在看来是那么难以置信地昂贵和笨重。

在 20 世纪 60 年代的时候,电子计算机应用就已经极大地提高了像工资表统计、发货单记录、保险理赔、设计计算这一类的大容量数据存储和处理工作的效率。另外,因为电子计算机的运算速度非常快而且结果可靠,所以可用来实时监控自动反馈系统的工作。即使是面对那些带多个变量的异常复杂的计算工作,如化学反应和飞机导航等,它也能胜任。这些控制系统的核心部件由各式各样的计算机组成,它们能够完成大量操作和处理工作,而且速度比其他方式快得多。

从某种意义上说,自动化操作并不是什么新鲜的东西,因为 1625 年发明的自动调温器就已经带有了自动反馈控制系统的特征。然而,电子学理论的发展也确实迅速地拓宽了自动反馈控制系统的应用领域,因此没有理由不认为自动化理论是在第二次世界大战后随着电子计算机技术、电子感应和探测技术的出现而确立起来的。

第二次世界大战中雷达、火炮控制系统和导弹引导装置的出现为日后的自动化技术革新奠定了基础,从而衍生出工业流程控制系统和数字化机床控制系统。随着新型电子设备和自动机械的推广应用,就像在第 6 章关于汽车的案例中描述的那样,工业生产中越来越多地使用了自动化流水线。从而,计算机将在商品生产的传统核心领域的设计和制造系统中占据越来越重要的位置。威廉姆森(Williamson)在 20 世纪 60 年代设计的基于计算机、数控机械和机器人技术结合而成的莫林斯(Molins)“第 24 系统”(System 24),后来成了众多企业拥有的全自动化金属加工工厂(流水线)的先驱。

这些新型加工系统常被称作“灵活加工系统”(FMS),但弗莱克(Fleck,1988,1993)深入研究各种机器人和计算机化机器系统后指出,各种系统都有其特点,但手工技艺仍然(永远)不会完全消失。他还合成了词汇“innofusion”或“diffusation”,来表达CNC和机器人推广应用中与创新和抉择的复杂结合过程。他把日本企业推广应用机器人的早期领先,归功于他们认识到每一系统都要按用户需要定做,并与用户合作,而且设备应杂交化。日本学者Kodama(1995)证实弗里克的观点,还更详细地指出日本FMS的高度量身定做方式。到20世纪90年代,北美、日本和欧洲的一些企业才接近实现“CIM”(计算机集成加工),但却是经过了一段漫长而困难的路程。

第二次世界大战以来,军用雷达已发展到早期预警系统、制导等复杂系统。民用设施也发展迅速——包括交通控制、空载与航海雷达和导航系统,以及宇宙探险和渔船声呐。在民用和军用中这些装置的发展是同计算机网络的发展密切相关的。美国SAGE(半自动地面环境控制)系统是由大量雷达站网加上功能极强大的计算机所组成,西欧的NADGE(北约防空地面环境系统)和民用航空控制系统也是采用同样原理。小规模的机载导航系统,如达莎(Decca)公司的“导航员”和马可尼(Marconi)公司的“多普勒”设备使用的是非常小的专用计算机。

起初,无线电收音机构成了电子工业的基础,到了20世纪30年代就让位给电视机。通信设备、娱乐及信息系统在这个行业一直占据重要地位,但它们也被计算机排挤掉了。计算机技术和无线电通信技术的结合相融引出新的表达方式“信息和通信技术”(ICT)来说明两者的结合。其应用是如此广泛,以致信息和通信技术成为谈论“信息社会”或在最近随着互联网发展连接了全世界几百万台计算机而形成的“在线社会”的通用语。电话系统更多地采用电子交换和计算机切换,也被用来进行数据传输和计算机之间的通信。需要“亲临”的服务,目前除了牙病治疗外,都已能通过与扩展得很大的电视网连通的家用电视机和录像机,提供包括从居家到生意业务的多种服务。电子商务和电子银行现在迅速普及,而且潜能极大。文字处理机已大规模应用,电子邮件服务对商务通信和研究也愈显重要。因此,20 世纪的电子创新已使服务业活动、家务及制造业的各部门都发生了革命。第 17 章将更深入地讨论新露头的信息社会的新问题,以及经济的每个部门都计算机化对政策的影响。在本章里,我们集中注意孕育这一革命性发展的历史背景。电话技术内光纤和移动电话这类技术的发展也像电子和计算机技术同样重要,但限于篇幅就不包括在内容中了。

执意要谈论这些主要电子产品的“发明人”是不太可能的。它们首先是在实验室成功,然后放大到商业规模,这都是在一个长时期里好几个国家的许多科学家和工程师的贡献积累。这表明这些系统都有大量元件,它们都在变革和改进。元件的革新、材料创新、软件升级换代和新的生产资料及消费产品的交互作用是产业发展的最重要要素。其中特别是 20 世纪 50 年代晶体管,后来的集成电路和微处理器的推出,大大有助于电子产品和系统的发展及降低其成本和体积。

对这个行业的每个分析都必须特别仔细地研究创新问题。因为在 20 世纪初还没有这类产品存在,而且其中大部分即使在 15 年前也不会以现在的形式存在。整个行业是建立在研究之上,在 50~60 年代是所有工业中研究密集度最高的行业之一(图 7.1)。同塑料业一样,电子业也表现出从发明家-企业家型向企业研发部创新型的转变。由于历史渊源,一般分析都遵循着把半导体同电子管,或者收音机同电视机的创新相比较的方式进行。随着企业专业化研发的成长,政府在资助和直接进行研发方面都起了非常重要的作用。这在空间研究计划达到顶点,但是在雷达的研究中已经发挥过大作用了。但是,发明家-企业家结构仍在工业中起重要作用,特别在电子设备方面。就是在计算机业,它的作用也比一般预料的更重要。在下面将扼要地总结 5 个主要部门:收音机、电视机、雷达、计算机和元件的主要发展。

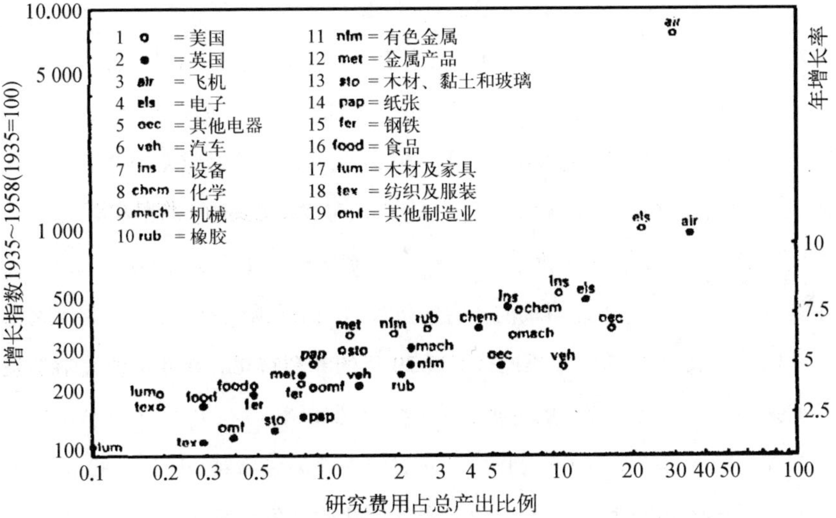

图 7.1　1958 年研究费用占总产出的百分率及 1935~1958 年工业增长率

7.2　无线电通信

对于无线电通信①而言，19 世纪 60 年代麦克斯韦(Maxwell)的电磁波理论是后来赫兹(Hertz)在 19 世纪 80 年代在德国的实验室演示无线电波的产生和检测，1890 年布兰里(Branly)金属粉末检波器，及 1894 年洛奇(Lodge)在不列颠协会无线电波接受演示实验的基础。与此同时，波波夫(Popoff)在克朗施塔特(Kronstadt)大学展示了一个重要的接收系统。以上几位都是致力于基础研究的科学家。直到 1897 年马可尼(Marconi)在伦敦建立了无线电电报公司，才开始有了系统的研发工作。马可尼首次实现了船只与岸上、海岸检查站之间、国家之间以及最后是 1901 年跨越大西洋的无线电联络。他的新公司第一

① 无线电和电视的早期历史见 Sturmey(1958)；MacLaurin(1949)；Briggs(1961)；Telefunken(1928,1953)；Radio Corporation of America(1963)。

个建立起国家间和船舶的定期无线电电报服务，德国的德律风根(Telefunken)公司不久之后也紧跟上来。作为一名高度成功的发明家兼企业家，他在电子工业领域的作用类似于贝克勒(Baekeland)在塑料工业领域所起的作用。

直到第一次世界大战及战时，许多国家的发明家对用于无线电通信使用的元器件、电路和技术做了大量改进工作，但最主要的工作是由英国、德国和美国完成的。要精确地评价这三个主要国家科学家和工程师各人的贡献，虽不是不可能，但也是非常困难的。有些进展，比如反馈电路，是这三个国家都几乎同时完成的，结果是艰难地打了近 20 年的专利官司。就在伦敦大学学院的弗莱明(Fleming)教授(他受雇于马可尼公司任顾问)在 1904 年发明了第一只热离子电子管并申请了专利的时候，美国人德弗里斯特(de Forest)在 1907 年发明了三极电子管，这种电子管后来证明接收和发送效果极好。别的美国发明家，特别是郎缪尔(Langmuir)、阿姆斯特朗(Armstrong)、亚历山大逊(Alexanderson)和费山登(Fessenden)对电子管、电路、交流高频发生器、天线和初始的无线电电话都作出了重要的贡献。美国电话电报公司(AT&T)购买了弗里斯特的三极管专利后，率先在电话重放系统内使用电子管。AT&T 公司的实验室(贝尔实验室)和制造部门西部电气(Western Electric)，以及 AT&T 许多子公司在元器件的发明和创新上都发挥过重要作用。

但在早期阶段，直到第一次世界大战末期，电子工业的领头公司不在美国，而是在英国和德国。在美国收音机最大制造商是一家马可尼的子公司，世界市场为马可尼和德律风根所把持，它们两家还控制了全世界，包括美国的船舶和海岸通信设备。1915 年马可尼公司控制了 706 座海岸收发站的 225 座，船用收发站 4 846 台中的 1 894 台。到第一次世界大战爆发前，德律风根占有份额还要高些。德国最大的电气公司西门子和 AEG，虽然起步比马可尼晚一到二年，也很快地开发了有效的无线电通信系统——西门子的布朗恩(Braun)教授的系统和 AEG 的 Slaby-Arco 系统。它们得到德国政府，特别是海军的大力支持，1903 年在凯斯(Kaiser)的推动下将它们的利益统一，成立双方合资的德律风根公司。这家公司主要从事无线电台的研发、销售、安装和维护。AEG和西门子继续制造零部件和设备。到 1906 年,德律风根已经比马可尼公司生产了更多的电台。虽然马可尼拥有许多专利并在大多数国家有效,但德国却不同意,直到 1912 年德律风根和马可尼两公司才就专利、许可证和专有技术达成了一个全球性的协定。第一次世界大战后的 1919 年将内容更新重又签订了一个相互特许和共享关键技术的议定书,最近又有过一次。

这样,马可尼和德律风根两家就都有了组织良好的工业研究发展计划和专利权上的强势地位。他们可以对其他国家的技术成果进行同化或仿效。双方都能提供全球性的技术服务,有自己的学校训练无线电台操作人员、修理和保养专利许可设备(第一所马可尼学校是 1901 年在富林顿开设)。但是德律风根在获得政府一贯的支持和供应经费方面胜过马可尼。虽然邮政局起初鼓励过马可尼公司在柏林做第一批试验,海军部也赞同过,可是后来同邮政局的关系变得困难了,政府的态度有时也不太帮忙甚至还起阻碍作用。当然,这里也包含有因私有企业在通信业的垄断和马可尼公司决意保持其专利强势地位并从中得利的缘故。

同许多重要的创新一样,无线电通信在一个长时期中不获利,马可尼公司从 1897 年开创到 1910 年都没有分过股息。

考虑到一般对美国管理的推崇,这里应该重点指出,与马可尼和德律风根公司比较,早期的美国无线电公司管理很糟糕,有些早期的发明家,如德弗利兹和费山登作为发明家和企业家都是失败者。德弗里斯特拥有许多发明和专利,尽管他的无线电电报公司得到了海军和国防部的订单,但它没能生产出可靠的通信设备来。直到 1919 年美国无线电公司(Radio Corporation of America,RCA)成立,才有了真正专门的电子企业。通用电气(GE)和西屋(Westinghouse)这两家大的电气公司,和主要的电话公司——美国电话电报公司,都对无线电感兴趣,并拥有对无线电电话作出较大贡献的研发机构。可是它们却被国际通信业为英国马可尼公司主宰的局面所阻碍,而在美国,关键性专利为两个利益冲突集团控制形成了妨碍美国最充分利用无线电技术的僵持局面。政府的推动成了解决僵局的好办法。在美国海军的大力支持下,通用电气的欧文·杨(Owen D. Young)出面买下马可尼美国子公司,并建立起一个强大统一的美国自有的无线电公司。海军的鼓动部分是商业性,部分是战略性的。海军部长(他支持一个国有的通信网络)和副部长,富兰克林和罗斯福(Franklin, Roosevelt),两人都希望要有一家美国公司,因为他们不能接受让另外一个大国,即使是友好国家,控制重要的通信网络的局面。在其他海军部官员的影响下,他们也认识到无线电巨大的商业潜能①。欧文·杨成为这个新的美国无线电公司(RCA)的主席,通用电气供应设备和电子管(西屋在1921年加入这个组合从事制造工作)。原来马可尼公司的戴维·沙诺夫(David Sarnoff)担任商务经理(后来任总裁),RCA立即同英国马可尼、德律风根和法国通用无线电话公司(Compagnie Generale de Telegraphie sans Fil, CSF)(这也是在原马可尼的子公司基础上发展而成的),共同签署了专利和相互特许协定。经过一番讨价还价达成协议,RCA有权在美国国内使用2 000件包括所有重要专利在内的美国专利;RCA还同AT&T签订了相互特许协议。

RCA成立不久,国家广播事业的发展使无线电工业发生了变化。美国工业带头规模化生产并改进设计家用无线电接收器,另一家美国公司,摩托罗拉(Motorola)在大规模生产汽车用收音机方面领先。但是美国公司在消费商品出口世界市场上从未达到过资本商品在世界出口市场的至高无上的地位。两次世界大战之间,大多数有关无线接收器的重大发明都是由欧洲公司,特别是菲利浦(Philips)公司及其子公司提出的。第二次世界大战以后,日本公司很快认识到晶体管用到收音机的可能性,取得了美国的半导体器件专利,并在电子消费商品世界出口中取得非常大的份额,先是收音机,后来是电视机和录像机(VCR)。

第一次世界大战后,由于20世纪20年代全世界短波通信网和30年代调

---

① 欧文·杨的报告中说:"阿德米尔·布拉德(Admiral Bullard)走进我的办公室,他说在巴黎刚刚见过总统。总统关心美国在战后的国际地位,并且得出结论认为,有三个领域是国际影响力的基础,即造船、石油和无线电。虽然英国现在无线电上领先,但是美国有熟练精纯的技术,至少有机会达到与英国相等的地位。"(Maclaurin, 1949, p.101)

频(FM)的发展使资本商品有了大的增长。短波通信起初是由业余爱好者和马可尼公司开发的。马可尼公司的富兰克林(Franklin)发明的定向天线使得他们能够建议利用束状短波系统建立英联邦无线电网络。他们的建议在1924年被首届工党政府不顾邮政局的反对而采纳,因为那时邮政局已经在建立电缆通信网,第一个台站在1926年启用。可是这样做的直接效果是大大减少电缆线路,最后邮政局自己也接管了整个"联邦通信网"。

调频是由独立发明家埃德温·阿姆斯特朗(Edwin Armstrong)首先研究成功的,他是哥伦比亚大学的教授。他没能从广播网站或RCA得到支持,所以他只得自己建立一个广播站来演示他的系统。部分因为这一耽搁,第一个调频实验网站不在美国,而是1936年由德律风根公司为德国军队建成。它的成功促成了第二次世界大战时建立起包括整个德占欧洲和非洲的大规模调频网络。调频引进英国要晚到1955年。

第二次世界大战以来的新进展大大地改进了无线电通信质量。使用通信卫星、移动电话和无线联络已经改变了全球电话网络,并且为能提供多种服务的宽频带网络提供了可能。

7.3 电　　视

早在1884年,巴尔·尼伯可(Paul Nipkow)在柏林取得的扫描盘发明的专利就预告了电视的可能性。这个发明以及光电元件、阴极射线示波管的改进都主要发生在德国,但却是圣彼得堡的鲍里斯·罗新(Boris Rosing)教授在1907年第一个提出使用布鲁恩(Braun)的阴极射线管来接收远处发射源的图像。英国的康贝尔·史威顿(Campbell Swinton)也提出类似的建议。索里金(Zworykin)是罗新的学生,他去美国之前,在1919年就从事阴极射线接收器的研究工作。他已经构想出一个发射和接收系统,但他在美国完成的具有专利权的光电摄像管,才使传发电视画面成为可能。直到他在 RCA 进行了一个雄心勃勃的研发计划,才在 1924~1939 年克服了许多开发问题。RCA 在 1939 年推出了商业性电视,但在实验室里多年以前就成功地进行了传播。

英国 EMI 公司起步较晚,但进展较快,布罗林(Blumlein)领导的小组独立开发了埃米特隆(Emitron)光电摄像管。马可尼公司与 EMI 公司在发射方面进行合作,两家公司各自系统开发都很成功,致使英国广播公司(BBC)在 1936 年就有定时的电视广播①。同年 EMI 和 RCA 达成了特许和技术协议。两家在财务上原就有关系,RCA 的索尔诺夫(Sornoff)是 EMI 的董事。德律风根公司在第二次世界大战前也已经能开发一个电子电视系统了,它也同 EMI 有特许和技术协议。1936 年奥运会上已作出实验性播送,1939~1940 年时又定期向部分军队播送电视。德律风根公司已经为一种普及型号大规模销售作了充分准备,但是战争阻碍了定时的电视播放。所以,虽然索里金对电视作出了杰出贡献,别的美国发明家,如法隆华斯(Farnsworeh),也有重要的成果。欧洲国家仍是紧追着美国,而且英国的公共电视推出得更早。美国是到了 1939~1941 年以及战后的早期年份,才在电视产业领先的。

RCA 在发展电视上的作用特别值得称道。1930~1939 年期间,RCA 花了 270 万美元用于电视的研究和开发。又用了 150 万美元于试验这个系统。德律风根和 EMI 在战前阶段也差不多花了这么多。这样一大笔投资,规模较小的企业绝大多数是付不起的,不过,据说法隆华斯用了他自己的 100 万美元到这项工作上。RCA 和 EMI 在早期投入人员并不多;索罗金(Zworykin)在 1930 年以前只有四五个助手,EMI 的研究部主任在 1931 年开始这项工作时也没有几个人。但是进入商业范畴运作时,规模效应便起作用了;这时若没有一个相当大的组织力量就无法解决问题。

---

① 使用不太令人满意的 Baird 机器系统的广播早在 1929 年就开始了,在 20 世纪 30 年代有个荒谬的排外运动试图说服 BBC 使用"英国"机器系统,歧视性地反对被说成是"美国"的 EMI 系统。

这在彩色电视上更加明显。RCA 在彩色电视到 1960 年开始赚钱以前,为了推出彩电总共投入了 1.3 亿美元。经过了 4 年开发工作,在 1950 年拿出它第一个彩色显像管,但是联邦通信委员会(FCC)在比较了机械不兼容和全电子兼容两种竞争系统之后,选中了前者,这实际上禁止了 RCA 产品进入市场。RCA 在法庭上抗争几年之后才将这个决定改变。在这个时期,开发工作仍加紧进行,到 1954 年开始了首批销售。起初由于广播网络的态度和高昂的价格销售增长势头很慢,但是到 1970 年时美国的销售额达到了大约每年 500 万台。

欧洲和日本原来都落后美国好多年,但日本在 60 年代和 70 年代不但赶了上来,而且还领先成为毋庸置疑的世界领袖。到 1977 年,日本彩色电视机产量超过全世界总产值的半数,总出口量的 3/4。日本在 1977 年出口彩电 500 万台,比起联邦德国的 100 万台和英国的 25 万台,况且还要考虑到欧洲的许多市场的 PAL 专利及其他许多限制,优势是明显的。后来到 70 年代后期,日本的直接输出,特别对美国下降较多,但那是日本向海外投资和日本与美国生产商之间有谈判承诺的结果。

对于电视机和盒式录像机(VCR),各公司、国家以及国际组织规定采用何种标准是极为重要的。彩色电视的 PAL(德国)和 SECAM(法国)的播送制式为 20 世纪 60 年代抵制美国进口产品和防卫各国市场提供了某种保护。可是,VCR 则有不同,虽然美国和欧洲公司领先了许多年,但是到开发后期,菲利浦公司还是被迫向日本对手让步,1985 年同意向松下转让 VHS 制式。据说 VHS 制式在技术上有许多地方不及另一个日本标准——索尼的 BETAMAX 制式。但是,由于在日本和国外的大销售量,在松下和别的公司同盟的支持下,最终使索尼从这场争斗中退让出去。这是一个典型的由标准来“锁定”(lock-in),而非由最佳制式系统决定的事例。在更早的例子,如同电子工业中打字机的 QWERTY 系统,保罗・大卫(Paul David,1985,1993)就指出了“锁定”在经济上的重要性,阿瑟(B.Arthur,1988,1989)则更详尽地剖析了电子行业中技术评估中的关系问题。VHS 制式和日本公司在生产制造和出口方面取得成功的另一原因是制造这些产品时所需要的在工程和机械方面的复杂性。即使后来在20世纪80及90年代,日本公司将其大部分VCR和TV生产转移到生产费用较低地区,精密的加工机械仍由日本供应。

正如在将晶体管引入无线电通信工业的例子中表明的,日本非凡的成功并不是靠复制式的模仿,而是包括了产品改进和工艺创新在内的一个完整的系列工程的结果。在比较了美国、欧洲和日本工业的表现之后,西伯拉斯(Sciberras)得出结论:

> 日本企业(在20世纪70年代)完成了最成功的创新。在装配、测试和处理大批量生产实现高度的自动化之后,日本在生产率和质量两方面都是胜人一筹的。
>
> (Sciberras,1981,p.590)

西伯拉斯在发现新的自动化技术提高了产品可靠性之外,还计算出日本生产每台(电视机)的工时是1.9,而德国是3.9,英国是6.1。他把生产率上这么大差距主要归因于各级日本企业都将自动化工艺和人员强化训练紧密结合的方式。派克(Peck)和威尔逊(Wilson,1982)也指出,日本制造商是第一个将集成电路技术引入彩电行业的(在节省组装人工上有着重要的经济效应)。这一成功的创新的基础是1966年在通产省(MITI)全力支持下,5家电视机制造商、7家半导体生产商、4所大学和2家研究所合作研究的成果。这个例子说明了在实现灵活调集资源以快速推广有决定性重大意义的创新方面,日本社会体制的能力(Allen,1981;Fransman,1990)。

一位居住在日本的美国工程师画出了图7.2这样有趣的图。图示表明第二次世界大战后,日本企业在一项接一项的新产品中的贡献也愈来愈大。Kumiko Miyazaki对最近的光电技术进展的研究(1995)中细致入微地以液晶显示和总的消费电子业为例,指出日本的研究同大公司的开发工作一样也是

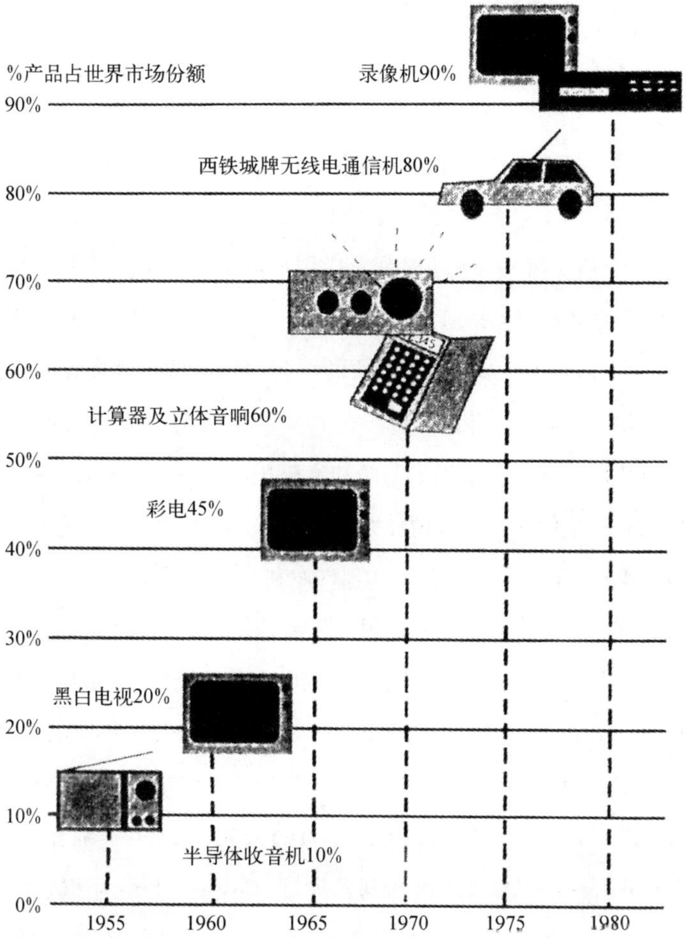

图 7.2　自有技术增长对日本的市场占有率影响

引自：Gregory(1986)。

这些公司成功的重要因素。她的分析得到了 Kodama 对日本的创新系统研究(1995)的充分支持。

另一位日本研究人员 Yasunori Baba(1985)在比较了在彩电创新方面日本和美国组织管理技术的异同之后指出，日本的彩电行业同汽车业一样，通过加强研究，开发、生产和销售各环节的密切合作缩短了新产品的筹划时间。以他的话来讲，他们“把工厂当作实验室来运作”，并把生产同工艺创新结合起来。

7.4 雷　　达

同电视一样，了解到雷达[①]原理及应用可能要远早于其实际应用。早在1904年，杜斯道夫（Düsseldorf）公司的一位工程师克里斯蒂安·洪斯米亚（Christian Hülsmeyer）申报了一种方法的专利，“用电波探测远处金属物体”。但他没能做出一个能够工作的样机。在1922年6月的一次讲座上，马可尼公司也预见到可以将这个系统用于黑暗和雾障中的探测，但马可尼在第二次世界大战以前在这个领域并没有做什么开发工作。1923年，一位美国工程师劳威（Loewy）也在美国申请了一项雷达器件专利。

到了20世纪30年代，英国和德国都开始了由政府支持的研发计划，并得到了实际结果。第二次世界大战中雷达（无线电定位与测距）在军事上的价值大到难以估量。罗伯特·华生·瓦特（Robert Watson Watt）爵士指出了电磁波反射能够投射在（示波器）荧光屏上以后，沿海岸建造一连串防空雷达站的紧急计划立即获高层批准。有开发和制造经验的公司，米特罗-维克斯（Metro-Vickers）公司（大功率发射器）和EMI及库瑟（Cossor）公司（阴极射线管），在战前就参加了这个项目，而在德国几乎全部研发工作都集中在德律风根。在战争后期，德律风根公司内从事研发工作的人员有8 000~10 000人，但其中除了雷达还有无线电通信及控制系统方面的人员。英国方面的人数要少一些，主要集中在政府机构中。特别是在无线电通信研究部（TRE，后来的皇家雷达部）。在最紧要的时刻，有3 000人在政府部门中，另有1 000人在工业部门都从事雷达开发工作。战时，马可尼的研发成员全都忙于通信方面工作。由于工业开

---

① 雷达的早期历史见Postan等（1964）；Telefunken（1928，1953）；Gartmann（1959）。

发设备不合应用,政府的工作组所执行的任务常常要从画图纸开始,有时就用刚制出的设备。整个项目的重要特点是在设备用户、制造者和政府(TRE)研究组之间直接接触的亲密关系,如在“星期日苏维埃”之中表现出的那样。

由于授予雷达项目优先权,国内大学的最优秀科学家特别是库克劳夫特(Cockcroft)和他的剑桥同事的参与,研究小组相对的自由气氛,以及大量可供调用的资源,这些使得新器件和新设备特别地以该行业历史上从未有过的,成功而且快速的方式研制成功。在这些成功投入运用的新设备之中有:拦截敌机主雷达站网(CH),战斗机空中截击雷达(AI),确定海上舰船和浅层潜水艇定位的机载海面船舰搜索雷达(ASV),船用和机用敌我识别雷达(IFF),防空火炮目标搜索(GL),飞机和船用航空及定位的导航系统(“GEE”和“OBOE”)和显示系统如平面位置显示仪(PPI),它同机载雷达结合可以提供下面地面精确而详细的地图(H_2S,Home Sweet Home)。布罗林(Blumlein)在悲剧性的空难中去世前领导了 H_2S 抗电磁干扰雷达(EMI)开发工作,这是那时最先进的雷达。

英国最杰出的成就也许是伯明翰大学的奥利封特(Oliphant)教授领导的小组在 1940 年发明的磁控管。这就使“厘米革命”成为可能,使用短到 3 cm 的短波就能使各种小型机用雷达的精度大大提高。它可增加雷达设备的脉冲峰值功率几千倍,且极难干扰。这项发明使英国雷达的精度比德国设备领先 1~2 年,德国直到在鹿特丹缴获了这种设备以后才赶了上来。这项发明在劝说美国在战时把所有的雷达技术机密都拿出来时也起了决定性作用。

英国的雷达开发虽然在大多数方面都稍微领先于美国和德国,但差距很小。所有的大国在 20 世纪 30 年代都在政府的资助下开展工作。法国在“诺曼底”(Normandie)项目制成了自己的第一台民用航海雷达,有些雷达技术机密在 1940 年被带到英国。德国在战争爆发前已经有一些雷达在工作,但都不太先进①。

① 例如,用于轰炸机导航的劳伦斯波束仪器指向系统和它的后继机型 X-Gerät,都使用连续波系统而非脉冲发生器。这些都不够精确且易被干扰。脉冲技术到 1944 年才开始应用。因同样理由,使用 Würzburg 装置(53 cm)的德国地面站网——富雷亚(Freya),在 1943 年被英国轰炸得已不能使用。

德律风根在1936年已经有了一项平面位置显示仪(PPI)专利,但是这项工作没有着力进行下去,因为追击潜艇和夜航轰炸机在德国军备计划中并不在优先地位。厘米波段设备工作在1940年也被放缓,因为觉得那并非必须。后来,厘米革命被认真对待了,在鹿特丹设备的帮助下,德律风根很快就赶了上来。对此官方的英国历史记载为:

> 在战争末期,德国开发了具有极高辨别率的,目前尚无有效的方法干扰的厘米波地面设备。由于这项发展,防守雷达赶上了攻方雷达,如果战争再继续下去的话,夜间轰炸的战术就应该作大大的修改了。
>
> (Postan 等,1964,p.427)

战后,主要的发展有以下几个方面。

第一,将战时取得的机密技术诀窍用于民用。从整体上,英国企业在此领域领先。可是,战时在雷达方面居卓越地位的企业,如米特罗-维克斯和库瑟却并非战后民用设备的领袖。马可尼和德加(Decca)公司在战时雷达工作中只沾个边,但在新型设备的开发中占了领导地位,如德加的航海雷达和马可尼公司在RRE优点的基础上开发的多普勒机载设备。它们在技术上的领先地位是强固的。在相当长一段时间中其雷达设备在世界出口中保持了相当高的份额。

第二,开发新型军用设备——具有长程测距能力的预警系统、低空飞行截击机系统和甚短波空载侦察雷达。

第三,设计基于计算机同雷达网连接的更复杂的控制系统。它们同空中交通管理系统一样,也能用于民用。总的说来,美国在这些系统设备的开发上居领导地位,美国公司在全世界这方面的生产和出口占主导地位。

最后,从第二次世界大战时的雷达伺服-控制系统和导航系统的工作基础上,已经有新的空间和防务用雷达系统开发成功。为简短起见,这里就不谈细节了,但其中最值一提的应用就是美国空间计划和通信卫星。美国航空航天局(NASA)在20世纪60年代时,其一家的花费就等于一个大型欧洲国家总的研发费用,所以美国在这个领域的技术领先权是不怕挑战的,尽管欧洲和日本也在作更大努力,这个优势仍不会变。只有苏联那时是唯一在军事和空间领域方面需要认真对待的对手。

7.5 计算机

继计算机器的先驱,莱布尼兹(Leibnitz)、帕斯卡(Pascal)、西卡德(Schickard)、杰魁德(Jacquard)等人之后,巴佩奇(Babbage)在19世纪30年代开始"分析机械"的工作。它已经具有现代计算机①的主要特性了。他得到了首次政府开发基金的一些资助,在20年中总计有1.7万英镑用于开发他的"微分机械",但这一台(专用的计算机器)和分析机(通用机器)都没有完成,主要是当时有效的元件和技术都还够不上要求。

英、美两国一般都认为第一台成功的计算机是在自己国内完成的;但事实上,最早一批里的Z3是由苏斯(Zuse)在1936~1941年期间在柏林制成的。苏斯在他还是高等技术学院学生时就开始这项工作,他的早期开发(Z1和Z2)只有几位同事帮忙。1942年第二代苏斯机Z4已能在汉歇尔(Henschel)工厂用来设计飞机。如若不是在1939年被征入伍,1940年才复员,这台机器能更早运作。后来这项开发得到官方的德国航空实验研究所的正式资助,也获得达姆斯塔(Darmstadt)和夏洛登堡(Charlottenburg)高等技术学院的一些帮助。

苏斯的Z3和Z4都是电动型的,按电子的标准来看是很慢的;同样,第一台哈佛-IBM计算机是属于自动程序控制计算器(ASCC)型,是在1937~1944

① 计算机的早期历史见Zuse(1961);Watson(1963);Hollingdale和Toothill(1965);Katz和Phillips(1982)。

年建造的。两位数字的乘法 ASCC 和 Z3 都需 5 秒钟，但加、减法 Z3 只要 0.07 秒，而 ASCC 为 0.3 秒。德国机器的开发成本要比哈佛的 ASCC 的 40 万美元或后来的美国 ENIAC(电子数字积分计算器)的 50 万美元要低得多。

第二次世界大战时最值得一提的计算机器，当数英国情报机关在布里特莱(Bletchley)公园的破解德国"英格玛"(Enigma)机器密码的机器。它是根据杰出数学家阿兰·图灵(Alan Türing)的建议开发的，虽然他的工作是基础代数和计算机逻辑，但他在发展计算机技术上起了领导作用。这台布里特莱机器是第二次世界大战时英国最大的技术成就之一，它做的有些任务要很久以后开发的平行处理机才能做(Jones，1978)。它的重要性由于有关的机密所以一直低调处理，但最近机器重新整修之后要放进博物馆去。

即使是第一台电子机器不论做乘法还是加法也要比电动机器快几千倍(表 7.1)。苏斯同夏洛登堡的薛里雅(Schreyer)博士合作，第一个开始了电子计算机工作。向德律风根公司定制了专用电子管，1942 年试验板线路试验很理想。但是薛里雅被征入伍，向官方申报经费的项目被拒绝，工作停了下来。这一切，特别是战争末期工作中断就意味着计算机开发的领导地位被转移给美国，或者稍次一点，英国。

在美国，第一台电子计算机 ENIAC 是 1942 年在宾夕法尼亚大学开发，1946 年完成的。陆军给资助，机器设计成主要用来计算炮弹和炸弹的弹道轨迹。它用了 1.8 万个电子管，而第一台苏斯电子机器只用 1 500 个管子。

卡茨(Katz)和菲利浦(Philips)在他们的关于美国计算机工业早期历史的精彩描述中，对于在战后初期私人奖金为什么不及早介入实现电子计算机商业化，有一段特别有趣的评论：

> 一般认为到 1950 年前还没有使计算机商业化的需求。老托马斯·J.沃森(Thomas J. Watson)至少从 1928 年起就对计算技术有经验，或许要比任何一个商界领袖更了解先进计算器械的功能及商业需求。他认为陈

列在 IBM 纽约办公室的那台 SSEC 机“能够解决世界上包括科学计算在内的全部科学问题”。他看不到任何商业机会。这个观点又更深入地被一些应该是计算机潜在用户的私营企业贯彻下来——大保险公司、电讯设备供应商、飞机制造商等本来都得到了这一新兴技术的情况介绍，但却不为所动。广阔的市场需要还没觉醒。

（Katz 和 Philips，1982，p.425）

1945～1955 年，在解决逻辑设计、记忆存贮和程序技术方面的一些问题取得迅速进展。美国陆军、海军和空军，原子能委员会和国家计量局都为了开发新型的计算机，都同大学以及第一批开始设计和制造的企业——特别是雷明顿·兰德（Remington Rand，Vnivac）以及后来的 IBM，签订了大笔合同。计算机主要的技术进展都是在大型计算机研制中取得的，而大多数中、小计算机则依附于它们的大兄弟，按照电子数据处理（EDP）复杂程度及所负责科学应用范围的减小而按比例缩减。美国几乎所有的早期订货要求都是来自军方市场。极少有人研究大规模使用计算机处理数据的问题，政府和实业界都认为计算机主要应用于军事和科学目的。

朝鲜战争时，IBM 在战争急需的压力下制造了 650 型机，即使到这时 IBM 仍然完全没有想到将来市场的潜力。IBM 的生产计划和销售部在应用科学集团（Applied Science Group）预测可出售 200 台时，仍然预言 650 机不会有民用的生意。结果是总共销出 1 800 台，650 机成了计算机工业中的“T 型车”①。这就强有力地指出了市场需求导向理论对于重大创新作用认识上的局限性，以及在重大新技术早期阶段政府耐心扶持的关键性作用。

特别使人奇怪的是，到这时 IBM 和别的公司仍然不重视数据处理（EDP）这一市场的商业潜力。老托马斯·沃森（T. J. Watson）主持着 IBM，他与众不

① 福特汽车公司首次流水线大批生产的汽车，大众车的代名词（见第 6 章）。

同地坚持产品创新而不以削价来扩大市场份额，所以他不断指示发展和工程部将设备改进。他极不同意把销售和市场研究与技术研究分开的做法。当他接管时，IBM 面临财务困难，他借了 4 万美元，把 2.5 万美元用于开发新的表格机。他的一位助手写道："批准将这一笔巨款用于这项开发，需要极大勇气，我们之中的许多人都很怀疑顾客是否愿意为这样更加复杂的机器多付租金；但现在证明了沃森先生那时已正确地了解最后结果。"开发那台机器花了 4 年。他一直坚持新产品开发的重要性，特别是在 20 世纪 30 年代的大萧条时期。"我们应该有新产品和新观点给我们的销售人员……如果我们在 5 年前就坚持这条路线，现在就大不一样了。"他的另一大特点就是坚持教育的重要性。极少公司能像 IBM 那样重视选择和培养自己的雇员，以及同样重视对用户的训练。IBM 的教育部门在 1956 年（那是他们的电子计算机业务大扩展之前）的经费是 1 400 万美元，大约是总销售额的 3%。

波华斯/雷明顿·兰德（Powers/Remington Rand）公司曾经在技术上领先并且研发能力强过 IBM（Hoffmann，1976），但到了 20 世纪 30 年代，IBM 在其全世界的服务和销售组织及现场工程师的成功，使其取得了最大的市场占有率①。IBM 还在法国、德国及另几个国家有从事制造的子公司。它拥有卡片穿孔机的 3/4 市场，其用户自然是要进行数据处理的。第二次世界大战前它已拥有相当重要的研发设备，在这个计算机领域中它在伦敦取得的专利超过其他公司[直到 1949 年英国表格机械公司（BTM）拥有 IBM 全部产品在英国的特许权，为 IBM 的发明申报专利。它自己不进行研发]。IBM，加上别的美国公司如 NCR 30 多年里在这个领域中的专利内都是处于强势地位。50 年来美国公司在计算机械方面拥有伦敦这方面专利的半数，而在美国专利中所占比例还要更高些。

20 世纪 50 年代初期已有的数据处理设备（主要是穿孔卡片计算器和表格

---

① IBM 总收入从 1946 年的 1.16 亿美元到 1955 年 6.96 亿美元，雇员从 2.2 万增至 4.1 万人。到 1964 年总收入达到 32.39 亿美元，雇员 14.9 万人。在 1971 年总收入为 82.73 亿美元，雇员 26.5 万人。雇员总数最多时达到过 40 万人，但因 80～90 年代更激烈的竞争，再次快速降为 20 万人。

机)是赢利的,这对 IBM 及像 BTM 和波华-沙曼(Power-Samas)这样的英国公司都是如此。所以,若要引入电子计算机而将现有设备废弃不要,这个决定是较难作的。许多公司在这种情况下,在创新面前失败了。或是虽作出决定但已太迟了。值得注意的是 IBM 在那时从处于落后的危险状态中恢复过来,新产品的优越性一旦被证明,就立即加快投入大规模开发和制造的速度。这个变化也伴随着一个组织管理的变革,以及同司法部对于 IBM 在穿孔卡片机市场上主导控制地位的反垄断诉讼裁定有关。

沃森的儿子告诉我们这个故事:

> IBM 战后历史中最使人激动的几章是与大规模电子计算机和数据处理机有关的。在 20 世纪 40 年代后期,许多非常大的工程计算工作和为数众多的会计统计因为当时的计算机械工作迟缓而受到阻碍。可是,宾夕法尼亚大学摩尔(Moore)学院的埃卡特(Eckert)和摩切里(Maucbly)博士为军方计算弹道轨迹制造了一台大型电子计算机"Eniac"。我们这个行业中许多人,包括我,都知道这台机器,但我们都不能预见它的能力。就是到后来埃卡特和摩切里离开摩尔学院,开始自己制造 Eniac 机的民用型 Univac 时,还没人认清它的潜力。
>
> 他们的公司后来在 1950 年被雷明顿·兰德(Remington Rand)公司吞并,不久就提供了几台计算机给美国政府,包括人口统计局的取代了 IBM 好几台机器的那一台。
>
> 在计算统计机器业发生这些惊天动地的发展时,IBM 仍高枕无忧沉睡不醒。我们在 1947 年就将第一台使用电子学原理工作的穿孔卡片计算机推向市场。我们在那时就了解电子计算的快速使这台机器把每张卡片周期 90% 用于等待机械部分将下一张卡片送入。即使这样,我们仍没有跳起摘下那个明显的结论,如果我们能更快地输入数据,就可以提速 9 倍。雷明顿和尤尼凡克(Univac)拿下了这个结论在赛跑中领先了。

最后,我们觉醒了并开始行动。我们在我们的因能干和勇往直前而受尊敬的最有作为的主管人员中选择了一位,并请他负责 IBM 大型电子计算机的全面工作。他和我们都胜利了。

我们是怎么从后面赶上来的?首先,我们有足够的钱来进行大规模的工程、研究和生产,这是一大笔钱。其次,我们有销售能力,这使我们可以把机器做得非常紧贴市场需要。最后也是最重要的一点是,我们有好的团队精神。每个有关人员都知道这对我们作为这个行业的领袖是个共同的挑战。我们必须尽一切可能去争取胜利,因此我们胜利了。

到了 1956 年变得很清楚的是,为了快速地应付挑战,我们需要一个新的管理模式。直到 50 年代中期之前公司主要是由一个人管理——T.J.沃森爵士。他有一个极好的班子在他周围,但由他作决定。如果我们有一个组织图表的话,会有多得出奇的线——也许有 30 条——组织管理线直通 T.J.沃森。

在 20 世纪 50 年代初,因加快经济步伐及朝鲜战争的要求,IBM 的各个层次都要以比我们的整体式结构能够合适地响应更快的反应行动。来自客户的压力增大——加上更多的由于反应较尤尼凡克迟缓而失去商机的事例——迫使我们决定采用新的、更多中心的组织模式。

我们希望要在同样情况下反应比尤尼凡克更快。新组织同传统组织在基础概念上相差 180°,但是我们实现了这个转变。

到 1956 年末,经过好几个月的筹划,我们把为首的 100 名左右高层人员召集到弗吉尼亚的威廉斯堡开了三天会。会后,我们实现了多中心化。

(Belden 和 Belden,1962,p.100)

继 UNIAC 和 EDVAC(宾夕法尼亚大学)①之后,电子数字计算机中主要

① 美国第一台计算机的名字——译者注。

的创新(磁芯记忆存贮、指令的机器语言、磁鼓和磁盘)都是由尤尼凡克(Univac,Remington Rand)公司和MIT完成,而非IBM的成绩。霍夫曼(Hoffmann,1976)在他的计算机工业研发战略的研究中指出,IBM实行的是从大学和竞争对手搜集最重要的科学技术成果并快速模仿的方针。起初,IBM从EDVAC小组聘用了优秀的数学家冯·诺依曼(von Neumann),斯潘瑞·兰德(Sperry Rand)也给1954年上市的650系列机很重要的帮助。在50年代政府下达的研发合同占IBM总支出的60%;现在民用项目研究投资要占经费(总数比以前大得多了)的绝大部分。到60年代,有15万人从事研究和开发,其中90%在18个开发研究所里(13个在美国,5个在欧洲)。有些超大型计算机中补充了更先进的、按政府部门合同订单的性能,但是十分成功,有许多变种的1401系列(1960)、360(1965)和370系列(1971)都是民用企业使用的。

360系列的推出可以很好地说明这个行业创新工作规模同战时及战后早期计算机开发规模的变化。它的总开发成本包括软件估计为5亿美元。IBM在它之前失败地使用STRETCH机器的大型计算机系统花去2 000万美元。STRETCH没有达到原定指标,价格只能从原价1 350万美元降到800万美元,就是亏本也没卖出几台。如不是政府承担了开发成本,损失还要大。

在20世纪60年代,在高度成功的1401系列(IBM通用产品部)和7000系列(数据系统部)工作是很诱惑人的。但是在工作范围上已有了许多重叠,而各部的发展规划还要扩大工作范围。经过激烈的权力斗争和砍掉了好几个新开发项目,包括英国的IBM赫斯里(Hursley)实验室之后,在数据系统部负责开发的李森(Learson)和依文斯(Evans)决定集中力量开发一个全新的兼容性系列。而不是再增加已有的条线。新系列应该适合商用,也可供科学目的研用。他们还决定使用新型混合集成电路,这是刚刚开始提供应用的。"这就好比通用汽车公司决定废弃它自己现有的产品和车型,承诺要把它们换成一个系列的新车,它能全面地满足各式各样的要求,并使用全部重新设计的发动机

和外国产的油料。”(Wise,1966)

这不但要否决相互竞争的开发项目,集中力量于 NPL(后来的 360)系列,还包括一个巨大的工厂扩展计划(5 个新工厂)以及 IBM 介入电路制造工作。1964~1967 年 IBM 除了研发费用以外,还花费了 45 亿美元用于租用机器、厂房和设备投资。

推出这个新系列计划的危险是非常大的,也是被认识到了的。但是作出这个决定的关键因素在于,如不推出这个新系列他们就要冒成长速率大幅下降,并失去市场上领袖的交椅,特别是在大型计算机方面的危险。依文斯对这段过程的评论几乎逐字重复了他对罗尔斯·罗伊斯推出新一代飞机发动机[斯贝(Spey)发动机]这一类的重大决定的评语。他说,比起采用别的措施或者什么也不做,选择 360 的危险要小得多(Wise,1966)。

除了 IBM,还有 12 家美国公司参加进入电子数字处理(EDP)市场,但在 20 世纪 60 年代之前谁都没有从 EDP 市场获利。RCA 也想对彩色电视一样,加入这个行业并投入 1 亿美元以上资金,但后来与同样投入巨额投资的通用电气(GE)一同在 70 年代初期从这个市场退出。至于 GE,这还包括企图通过并购一家主要的法国制造厂,Bull,试图在欧洲建立一个强固的立足点。至于 IBM,虽然在整个 70 年代成功保持了市场上盟主地位,然而在市场的另一些部分,如微型计算机这个后来成为最大的部分中又受到挑战。微计算机的出现是一个更加严重的威胁,但是 IBM 又一次通过引入自己的机型做出了反应,虽然迟了点。

大多数人认为 IBM 过于固守在大型计算机主机的框架之中,未能看清因 PC 机崛起给世界计算机市场带来的变革。到 1980 年 IBM 做出一个发展自己机型的应急计划时,有几家公司已在这个新市场站住脚了,如 Atari、苹果、Commodore 和 Radio Shack 公司,销售额已到达了 10 亿美元。IBM 在内部研发的主体结构之外,又成立一个特别小组,开始是吉姆·路维(Jim Lowe)后来由多恩·埃斯特里奇(Don Estridge)负责。他们成功了,但选用的是(对 IBM)不寻常的方式。主要的部件(包括硬件和软件)都是买来的。

在罗伯特·克林吉莱(Robert Cringeley,1994)的反传统但趣味性很强的文章[*All IBM stories are true*(完全真实的IBM故事)]之中,他指出,IBM把微软带进操作系统是犯了严重的战略性错误,这最后导致了微软控制了个人电脑PC的软件市场。但是另一种说法认为是IBM没有远见卓识,未能以长期眼光来处理同比尔·盖茨的关系,那时他还不过是个很小的软件公司(50名雇员)的负责人。

IBM虽然在世界个人计算机市场成功地占领了一席之地,但在20世纪80年代和90年代碰上了以前从未遭遇过的严重竞争。它被迫在全世界范围内削减人员50%,而且利润率也大大降低。大型计算机主机相对颓势同PC机及工作站的繁殖增生,促成了从经济规模的激变中受益新进的大量出现。竞争来自多方面,包括日本公司如NEC、富士通(大型机)和东芝(便携式)以及许多由PC机特点繁衍而成的小企业。因为软件同硬件相比的重要性相对增强,来自软件企业的竞争也增多了。

罗伯特·克林吉莱在其有着很恰当书名《偶然的王国》(*Accidental Empires*,1994)的著作中把这个故事既漂亮又带几分冷嘲热讽地告诉了我们。这本书是近来描写美国软件和硬件创新潮流汹涌和不确定的程度,或是谈论非常年轻的计算机爱好者的作用的许多书中间最生动的一本(*The triumph of the nerds*,讨厌鬼的胜利)。

20世纪80年代最强大计算机系统中的新发展都采用了“串并处理方式”与“平行处理方式”,使多台计算机能够联合运行运算。工业研发和大学研究团体的结合在开发新的网络结构的作用再次突现,同样在半导体器件公司和计算机公司之间的合作开发也在加强(Molina,1989)。IBM在半导体技术领域的能力使它能继续保持强大,但它仍得与英特尔(Intel)及其他元件公司合作。计算机网络的兴起在20世纪90年代给IBM带来了新的机遇。

7.6 电子元件[①]

电子生产资料商品工业的发展过程主要是由发明组装元件的新方法，使用新型元件产生新的设计，或开发新元件以满足新的设计要求所构成。实际当然还不这么简单。一个大型计算机中有几十万个各种各样的元件，大型电话交换机中有超过100万个元件，而在阿波罗登月火箭系统中有上千万个。在设计时就要使最终产品制造者同元件生产商合作，更为复杂的产品则必须就元件供应、部件组装和测试安排作周全的规划。对愈加复杂的系统，软件的开发成本会超过硬件成为全系统的关键因素（Hobday，在印）。

如果元件制造商成功地开发出性能卓越的新产品，这会使与他们保持密切接触的合作伙伴很快得益。第二次世界大战前，欧洲的公司在这方面一点没吃亏；许多电子管的最重大进展都是由欧洲的菲利浦、德律风根、GEC、AEI（BTH）和马可尼公司以及欧洲的大学取得的。战后情况则完全改变。所有的重大发明和创新都是在美国获得，最近还有日本，在欧洲制造则还需过1～4年，而且通常是由美国和日本的子公司在欧洲生产。AT&T公司的贝尔实验室发明晶体管是个重大突破，但其他元件，包括无源元件（如电阻和电容）的设计和性能也发生了革命性变化。

这些创新和改进是基础研究的成就同样也是开发工作的成果。晶体管是由一家公司的实验室发明的，花费了大量研究和开发费用。贝尔实验室用于晶体管及半导体设备的研究和开发费用，在1953年以前用去270万英镑，到1960年总共为2 800万英镑，到1964年9月达到了5 700万英镑。在60年代欧洲公司中也许只有菲利浦或西门子的研发开支能达到这个标准。在研发方

---

① 对元件创新全面的总结，参见：Golding（1972），OECD（1968），Tilton（1971），Sciberras（1977），Braun和MacDonald（1978），Dosi（1982）。

面领先的日本公司,包括 6 家后来在 70 年代与美国合作的电子公司,虽然不能从政府得到像美国那么多的军事电子学拨款,也进行了这样高强度的研发活动。

贝尔将晶体管的主要专利技术,提供给所有交纳 2.5 万美元预付分成费的感兴趣的企业,这里部分地也同一项反垄断诉讼有关(司法部在 1949 年立案,1956 年以衡平法作出承诺判决)。但是按这项法令的规定,专利安排是同各个公司分别协商后决定的。对于那些有可能反过来提供技术机密的公司,可以得到更优惠条件,通常只要一次性付出这个 2.5 万美元就行了。

1952~1963 年,西部电气公司(贝尔)总共从全世界公司收取了 900 万英镑的预付分成费,以上并不包括相互特许的利益,关于这一项,公司从晶体管上收得 300 万英镑。这些收入的绝大部分来自美国以外的公司(专利费中 55.6 万英镑是由总部设在英国的公司支付的)。美国的有关公司使用 1956 年衡平法承诺判决以前贝尔的专利时可免去预支分成费,但对判决以后申报的专利则需付这笔费用(数目由个别谈判商定可变)。

1952~1964 年 9 月根据政府规定和协商达成的专利协议,贝尔总共收到 630 万英镑,其中 100 万英镑是有关晶体管和半导体工艺设备的费用。包括基本的晶体管专利协议在内的相互特许利润大约是 260 万英镑,其中只有 4 000 英镑是英国公司支付的。这些专利收益连补偿贝尔研发成本的一小部分都不够。

整个 20 世纪 60 和 70 年代技术继续快速革新,贝尔和其他美国公司作为技术领先者,根据专利协议从欧洲公司收取了大笔的预支分成费和技术特许费。仙童(Fairchild)公司的平面技术专利特别重要,以致不但欧洲公司,连先进的美国公司如得州仪器和 ITT 也都同仙童公司签订获取此项技术的专利协议。因而有相当多的欧洲开发的元件,事实上其专利权都在美国:例如,Lucas 从 1954 年开始的工业半导体开发工作,后来成功地制成点火系统使用的高压半导体器件,是德尔康(Delcom)在美国申请的专利。耿氏二极管是在英国和西门子首批投产,却是由西屋公司在其超纯硅工艺专利中注册的。所以总的说来,美国公司在元件领域中“技术支付”的总结果是赚钱的;这反映了战后他们在大多数新元件开发领域中的领先地位。70 年代微处理器领域的发展,美国公司几乎占有这方面全部创新成果(表 7.2 和表 7.3),又进一步抬高了它的领导地位。

表 7.2　集成电路之后半导体工业重大产品创新(20 世纪 60~70 年代)

创　新	公　司	首次商品生产
MOS(金属-氧化物-半导体)场效应晶体管	仙童(Fairchild)	1962
DTL(二极管-晶体管逻辑)集成电路	Signetics	1962
耿氏二极管	IBM	1963
发光二极管	得州仪器(Texas Instruments)	1964
双极型晶体管逻辑电路(TTL)	TRW	1964
MOS 集成电路	General Microelectronics General Instruments	1965
磁泡存储器	西部电气(Western Electric)	
MOSFET(MOS 场效应晶体管)	西部电气,飞利浦	1968
肖克莱 TTL 集成电路	得州仪器	1969
CCD(电荷耦合器件)	仙童	1969
互补 MOS 集成电路	RCA	1969
静态 RAM(随机存储器)	英特尔	1969
蓝宝石上硅膜(SOS)集成电路	RCA	1970
P - MOS(P 构道金属氧化物半导体)集成电路		1971
3 -晶体管单元动态 RAM(1K 位)	英特尔	1971
CMOS(互补金属氧化物半导体)集成电路		1971
微处理器	英特尔	1972
注入逻辑集成电路	飞利浦	1973
1 -转换池动态 RAM(4K 位)	英特尔	1974
VMOS 集成电路	AMI	1975
C^2L 集成电路		1976
MNOS(金属渗氮氧化物半导体)集成电路		1976

（续表）

创　　新	公　　司	首次商品生产
微计算机(8048)	英特尔	1977
V－MOS(垂直沟道金属氧化物半导体)	三菱	1978
64K 位存储器	富士通	1978

引自：Dosi(1981)。

表 7.3　半导体工业(20 世纪 50～70 年代)重大工艺创新

创　　新	公　　司	开发日期
单晶生长	西部电气	1950
区域熔炼	西部电气	1950
合金化工艺	通用电气	1952
Ⅲ～Ⅴ族化合物	西门子(Siemens)	1952
喷射刻融	Philco	1953
氧化物掩膜及扩散	西部电气	1955
平面工艺	仙童	1960
外延工艺	西方电气	1960
塑料封装	通用电气	1963
梁架式引线	西部电气	1964
电介质绝缘	摩托罗拉(Motorola)	1965
集电极扩散隔离	西部电气	1969
离子溅射	Mostek	1970
自取向硅栅极	英特尔	1972
集成注入逻辑	飞利浦	1973
垂直取向晶体管	AMI	1975
双层多晶硅工艺	Mostek	1976
电子束掩膜注入		1976
等离子体氮化物工艺膜		1976
“异质”衬底(35 mm 膜)自动连接	夏普(日本)	1977
垂直注入逻辑	三菱	1978

引自：Dosi(1981)。

关键技术的转让和推广并不简单取决于支付能力。主要靠的是大量的人员接触和谈判,或者是人员流动,在这方面美国公司特别有利。

得州仪器公司的研究主管来自贝尔,美国半导体工业的其他关键人员也是如此。如表7.2和7.3所示,西部电气(Western Electric,当时是AT&T的制造部)、得州仪器、仙童和英特尔公司继贝尔的开创革新之后对先进的元件技术作出了特别重要的贡献。戈定(Golding)详细记述了关键的研发人事流动对其他公司发展的重要作用。许多新的小公司就是由这种方式产生,虽然多数没有维持下去,但有的成了重要的大公司。而且,还有些个人或一伙人一同加入一个营运中公司,使其能进入半导体业务领域。硅谷及别处的美国公司不仅从这种做法得益,而且还从与设备市场及大学,如斯坦福大学的密切联系中大受裨益。这种以招聘、交往及联络通信中得到的好处,引诱了许多领先的欧洲和日本公司到美国电子工业来建立自己的子公司,通常是以收购中小型美国公司的方式。日本及后来的韩国公司在设计和制造存贮芯片方面赶超美国半导体公司上的巨大成功,部分是因为这个战略,另一部分是聘用了从美国大学留学回来的研究生及在美国公司工作过的回国人员。

美国政府在贝尔的重大发现之后,对先进的元件工艺给以支持。从1950年起就大规模给研发以财务支持,帮助骨干企业扩大生产能力,大量订购元件。阿瑟·里德(Arthur D. Little)指出:

> 由于半导体元件特别是晶体管的重要性,政府在整个20世纪50年代一直在调控其发展方向。在1950年中期,他们相信了晶体管对未来军用装备是要紧的,所以他们加大了对被认为生产适用于未来军用电子装备型号的晶体管需用的开发和生产设备的投资。
>
> 总共30种锗和硅晶体管的订货合同被发给了大约12家半导体元件公司,这使其中一些在这个行业得到立足点。这笔投资使许多合同商能够添置生产设备或扩大生产场地。这样,一个每年超过100万个晶体管的

生产能力就建立起来了。

（Little，1963，p.20）

这个结论也被戈定的半导体工业经济规模的研究结果证实（1972）。他发现与学习曲线相联系的动态规模经济对新器件，由于半导体器件制造业成品率效应而特别重要。因制造微型化元件而需要保持高纯度和净化度带来的困难，使得在投产初期成品率低到只有5%～10%。显然成品率提高有极大经济效益，但是已证明这在极大程度上又是生产量的函数。在其他发生着迅速技术变革的工业领域也有类似现象。这首先在飞机工业得到证明。戈定（1972）估算，如果积累产量增加一倍，单件成本可降低20%～30%（Andress，1954；Sturmey，1958；Beloff，1966）。在波罗登（Plowden）的飞机生产报告（1965）中，指出飞机的积累产值效应要比这大一倍（见图7.3）。

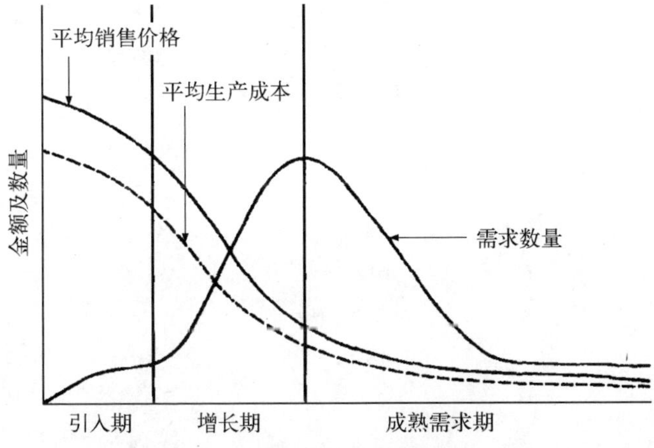

图7.3　典型的半导体器件生产周期

引自：Golding（1972）。

规模的"动态"经济效应源自劳动者和管理组织在生产中的适应学习过程。这还要加上（密切相关的）研发带来的改进，以及因常规"静态"规模经济效应——将固定成本摊加在扩大的产量和销售量上而使单位成本下降。

显然,美国政府的订货确保新器件大量生产给美国制造商带来巨大的竞争利益,对应地,欧洲公司却面临着小得多的需求及大得多的不确定性。这反映在世界市场被美国制造商把持。欧洲大量从美国输入半导体器件,美国公司在好几个欧洲国家设立子公司,以及欧洲的除几个大公司以外的这个行业内公司为了支撑下去而经受着极大困难。

可是,日本公司却以类似美国公司利用防务市场的做法,在消费电子产品市场建立起半导体工业所需的生产量。它们的策略大获成功,到了20世纪80年代后期世界五大半导体制造公司中有四家是日本企业(表7.4)。

表7.4 1988~1989年间世界领先半导体制造公司

排名		公司	1989年销售额(亿美元)	市场份额1989年(%)
1989年	1988年			
1	1	NEC	49.64	8.9
2	2	东芝	48.89	8.8
3	3	日立	39.30	7.0
4	4	摩托罗拉	33.22	5.9
5	5	富士通	29.41	5.3
6	6	得州仪器	27.87	5.0
7	7	三菱	26.29	4.7
8	8	英特尔	24.40	4.4
9	9	松下(National)	18.17	3.4
10	10	飞利浦	16.90	3.0
11	11	松下	16.18	2.9
12	12	SGS-Thomson	13.01	2.3
13	18	三星	12.84	2.3
14	15	夏普	12.30	2.2
15	20	西门子	11.94	2.1
16	14	三洋	11.32	2.0
17	17	Oki	11.25	2.0

（续表）

排名		公司	1989 年销售额（亿美元）	市场份额 1989 年（%）
1989 年	1988 年			
18	13	AMD	10.82	1.9
19	16	索尼	10.77	1.9
20	19	AT&T	8.73	1.6

引自：Datequest，摘自 Electronic Business，16 April，1990，Hobday（1991）。

按照多西（Dosi）的观点，在 20 世纪 70 年代半导体行业形成了一个由成熟的少数制造商控制国际市场的局面。限制日本向美国出口的政府和行业协议又短暂地加强了这种行业垄断。可是，由于技术创新的快速，这些协定是不太牢靠的。90 年代依靠在研发上的合作开发以及政府支持，一些美国公司又打了回来并重新在世界市场份额上领先于日本公司（表 7.5）。另外，韩国企业在 80 年代和 90 年代成功地跃入领先的集团内，作为一个“追赶”国家，其令人惊讶的成功将在第 12 章进一步讨论。

表 7.5　世界领先 10 家商用半导体器件供应商

排名			公司	1994 年半导体器件销售额（百万美元）	1994 年集成电路销售额（百万美元）	1994 年分立元件销售额（百万美元）	1994/1993 年变化比率
1994 年	1993 年	1991 年					
1	1	5	英特尔	9 850	9 850	—	30%
2	2	1	NEC	8 830	7 855	975	25%
3	3	2	东芝	8 250	6 614	1 636	32%
4	4	4	摩托罗拉	7 011	5 870	1 141	21%
5	5	3	日立	6 100	5 300	800	20%
6	6	8	得州仪器	5 550	5 500	50	35%
7	7	12	三星	5 005	4 365	640	61%
8	8	7	三菱	3 959	3 286	673	34%
9	9	6	富士通	3 335	2 975	360	14%
10	10	9	松下	2 925	2 145	780	26%
总计				60 815	53 760	7 055	30%

引自：集成电路工程协会（1995）。

半导体制造仍然是个非常复杂和困难的生产过程,要求上百道的覆膜、烘烤、光刻等工序。阿波亚德(Appleyard)等(1996)在研究了好几家公司后,得出结论是其中许多道工序仍属于只能意会的手艺而不是科学:

> 它们不太好懂,也不容易用不同的设备或由不同熟练程度人手来复制,可是它们都要求一个没有灰尘的生产环境。产品创新依赖工艺创新的程度远远超过汽车。生产一个新型号汽车需要为车身和部件的模压和成型所用的压模和工具花费大量的时间和投资,但是一个新车型极少需要制造工艺作重要变化。可是半导体器件产品的创新中,由于半导体产品特具的工艺与产品性能紧密相关的性质,所以常常要求对制造工艺作重大变动。而且,对于半导体器件制造过程科学认知的不足,意味着工艺技术的变革要做更多的试验。为了制造一项新产品,常常要使用操作特性尚未完全弄清楚的新设备来执行同样没有彻底明了的新"处方"。生产过程的复杂性也意味着当产品出问题时,要查找出毛病的性质与所在就需花费许多时间和精力。
>
> (Appleyard 等,1996,p.5)

高度的不确定性加上新工厂以及为了产生每一代新的芯片所需的研发的巨额投资费用,都成为阻挡新入者的屏障。新的"专用集成电路的推广应用"(ASICs)也有同样性质的问题,不过规模小得多。为此,微电子就成为一个非常研发强化型行业,其研发费用常占总销售额的10%。大型综合产品公司,如西门子、菲利浦、日立或三菱,都将它们的研发经费的大部分用于微电子领域,它们在这方面的专利要占它们总拥有专利的20%以上(图7.4)。动荡和不确定性继续主宰着这个仍然快速成长的行业。创新成本与企业规模关系的意义将在第8章和第9章中进一步讨论,但本章将以讨论微电子技术对经济其他部门的影响作为本章的结尾。

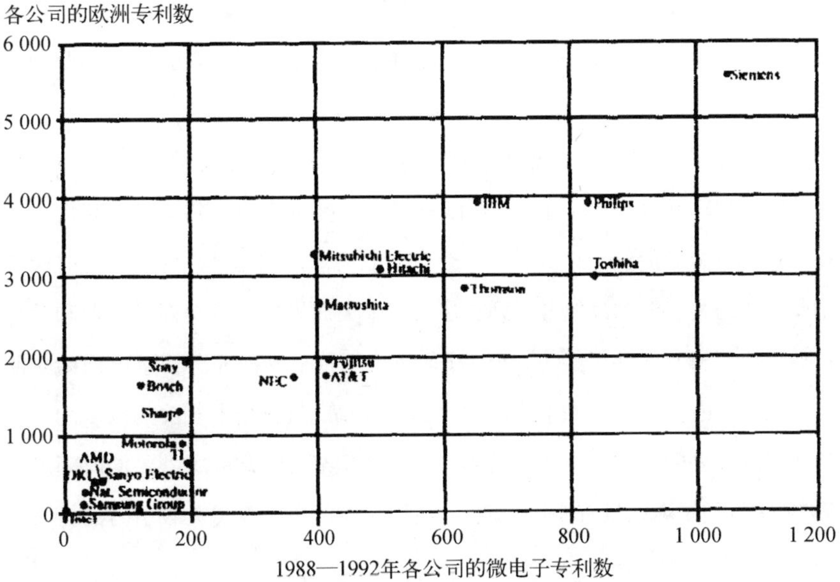

图 7.4　1988~1992 年期间微电子专利在公司总专利数中的份额

引自：European Commission(1994)。

7.7　微电子革命

一项新技术有许多潜在应用价值的事实，并非理所当然地意味着这一切会随着技术的出现而同时发生，或至少在一个短时期内发生。相反，一个重大的新技术被经济和社会系统同化和吸收是个几十年而非几年的过程，而且如熊彼特(1939)最先指出的与经济的长波有关(见第 1 章)。这一推广过程的漫长多少是不可避免的，因为一项重大的新技术，如蒸汽机、电力或电子技术，都能促成教育、社会和管理的变革，在其多种多样的应用和大量的扩大发展过程中又会出现许多技术创新。

卡萝塔·佩蕾丝(Carlota Perez，1983，1989)指出，各种社会体系因其惯性对于每个新技术的每一重大的推广传播波却有个滞后效应，为建立一个适合新技术的新范式也需要一个试验和改进的过程。但是，一旦完成了必要的体系变革，它就能完善和加速技术的革新。

在电子学技术方面，有想象力的科学家和工程师，如温纳（Wiener，1949）和德波得（Diebold，1952），在50年以前就基本上正确预见到电子计算机在包括工厂和办公室的整个经济系统中许多可能的用途。可是有些预言的时间范围却错得厉害。温纳没能考虑到在建立一个大规模生产资料商品产业和元件产业以供应所有的计算能力，外围设备及广大传输网的充分需求方面的时间滞后，也许更重要的是，他低估了为教育和训练，与新技术有关的极多的各种生产过程需要的，千百万设计、修改、运行和保养工作人员所需要的时间。最后，他也低估了那些虽有应用潜能，但纯粹从经济角度看仍无吸引力的新技术的相对成本。

如我们所见，在20世纪50、60和70年代作为生产资料使用的电子资本商品和元件产业的供应能力有了巨大扩展，它们的相对成本和可靠性比起老的电动机械系统也有巨大进步。但这仍不表示这项新技术会在整个经济中一下子就有突破性发展，这里有几个非常重要的原因：

（1）首先，仍然缺乏技术储备，那些从未有过广泛的电子技术经验的部门更是如此。

（2）为全新的应用设计软件的成本会非常高，尽管硬件成本已大大降低。

（3）全盘自动化只能在伴有相应巨额设备更新投资时才有可能。

（4）在一些重要的服务部门，只有在法律、组织、管理和社会的变革产生结果之后才有可能，但这也需要长时间的培育。

一门渗透性极强的新技术应该在发展最快的经济部门首先找到应用，那里到处有新投资加入，也更能接受创新。所以微电子技术的主要应用就是从电子产业自身开始。

第二类及早而又努力应用新技术的是那些电子设备系统在其产品总值中

占了大比例,又拥有必需的技能的企业集团(例如生产科学仪器和点钞机的企业),或者是有进取策略的元件供应商(如计算器)。

第三类比较快捷使用电子技术的是,已经采用了大规模流水线生产体制,特别是具有创新精神的管理层面对着扩展的市场的企业,就像化学工业及电力工业在 20 世纪 50 和 60 年代的情况。流水线生产过程使用较老的技术已部分实现自动化了。这三类企业在战后阶段通过将新技术成果与扩大规模经济相结合的办法使劳动生产率取得巨大而又持续的增长。

但当我们来看看那些增长较慢(或是下降)的较老的经济部门,特别是其工程技术人员水平不高的那些,推广就是个很不同的问题了。对电子技术推广普及成果作深入实际的研究表明,要使有接受潜能的广大企业和经济部门中的大多数人员都接受这一革命性创新的推广普及,对这一大过程而言,30 年绝不能算长,它本来还可能要用更长时间。

德 · 布里逊(De Bresson,1991)指出,最通用和最重要的技术是在国立研究所、实验室和大学内产生,然后转移给具有强大研发能力的设备制造商和生产资料商品生产商,只有到最后阶段才推向大规模的消费商品工业及服务业。

计算机更加迅速地扩散进入服务业的迹象在 20 世纪 80 ~ 90 年代已经增强,同时在一些服务行业,研发也在加强,电讯和计算机业内注入了巨额投资,高水准的工程师和科学家队伍在发展。我们将在第 17 章更充分讨论这些变革。

评论、综述和主要参考书目

Abramovitz, M. and David, P. A. (1994), *Convergence and Deferred Catch-up: Productivity Leadership and the Waning of American Exceptionalism*, CEPR Publication no. 401, Stanford, Stanford University Press.

Ayres, R. U. (1991), *Computer-integrated Manufacturing*, vol. 1, London, Chapman and Hall.

Bruland, K. (1989), *British Technology and European Industrialisation: the Norwegian Textile Industry in the Mid-nineteenth Century*, Cambridge, Cambridge University Press.

Chandler, A. D. (1977), *The Visible Hand: The Managerial Revolution in American Business*, Cambridge, MA, Harvard University Press.

Church, R. A. and Wrigley, E. D. (eds) (1994), *The Industrial Revolution* (11 vols, but see especially vols, 2, 3, 8, 9), The Economic History Society, Oxford, Blackwell.

Clark, N. (1985), *The Political Economy of Science and Technology*, Oxford, Blackwell.

Cringeley, R. (1994), *Accidental Empires: How the Boys of Silicon Valley Make their Millions, Battle Foreign Competition and still cannot get a Date*, London, Penguin.

Dosi, G. (1984), *Technical Change and Industrial Transformation*, London, Macmillan.

Dyer, J. H. (1996), 'How Chrysler Created an American Keiretsu', *Harvard Business Review*, July-August, pp. 42~61.

Enos, J. L. (1962), *Petroleum Progress and Profits: A History of Process Innovation*, Cambridge, MA, MIT Press.

Gerschenkron, A. (1962), *Economic Backwardness in Historical Perspective*, Cambridge, MA, Harvard University Press.

Hobday, M. (1995), *Innovation in East Asia: The Challenge to Japan*, Aldershot, Elgar.

Hounshell, D. (1982), *From the American System to Mass Production, 1800~*

1932, Baltimore, Johns Hopkins University Press.

Hounshell, D. and Smith, J. K. (1988), *Science and Corporate Strategy, Du Pont R&D, 1902~1988*, Cambridge, Cambridge University Press.

Hughes, T. (1989), *American Genesis*, New York, Viking.

Landes, M. (1969), *The Unbound Prometheus: Technological and Industrial Development in Western Europe from 1750 to the Present*, Cambridge, Cambridge University Press.

Lazonick, W. (1990), *Competitive Advantage on the Shop Floor*, Cambridge, MA, Harvard University Press.

Metcalfe, J. S. (1997), *Evolutionary Economics and Creative Destruction*, London, Routledge.

Mokyr, J. (1990), *The Lever of Riches, Technological Creativity and Economic Progress*, New York, Oxford University Press.

Morris, P. J. T. (1982), *The Development of Acetylene Chemistry and Synthetic Rubber* by IG Farben, 1926~1945, DPhil thesis, Oxford University.

Mowery, D. (1983), 'The Relationship between Intra-firm and Contractual Forms of Industrial Research in American Manufacturing, 1900 ~ 1940', *Explorations in Economic History*, vol. 20, pp. 351~74.

Nye, D. E. (1990), *Electrifying America: Social Meanings of a New Technology*, Cambridge, MA, MIT Press.

Pursell, C. W. (ed.). (1991), *Technology in America: A History of Individuals and Ideas*, Cambridge, MA, MTT Press.

Rosegger, G. (1996), *The Economics of Production and Innovation: An Industrial Perspective*, Third Edition, Oxford, Buttersworth.

Rosenberg, N. (1976), *Perspectives on Technology*, Cambridge, Cambridge University Press.

Rosenberg, N., Landau, R. and Mowery, D. C. (eds) (1992), *Technology and the Wealth of Nations*, Stanford, Stanford University Press.

Sloan A. (1963), *My Years with General Motors*, New York, Doubleday.

von Tunzelmann, G. N. (1995), *Technology and Industrial Progress: The Foundations of Economic Growth*, Cheltenham, Elgar.

Walsh, V. (1984), ‘Invention and Innovation in the Chemical Industry: Demand-pull or Discovery Push?’, *Research Policy*, vol. 13, pp. 211~34.

Womack, J. T., Jones, D. T. and Roos, D. (1990), *The Machine that Changed the World*, New York, Rawson Associates.

第二篇

CHAPTER TWO

创新的微观经济学：企业理论

绪　　言

第一篇举出了许多技术和组织管理创新结合促进生产率显著提高的例子，这些创新包括：棉纺、石油催化裂化、钢厂和化工厂规模扩大、汽车生产装配线和集成电路微型化等。同时还举例说明制陶、耐用消费品、新材料、无线电和电视等许多产业的产品创新大大丰富了消费范围，而且使价格有所下降。

本书旨在更系统地分析促使这些创新成功的条件，首先从各个公司和创新项目的角度进行分析（第二篇），然后从各个国家或地区的角度进行分析（第三篇）。第8章首先介绍那些能够阐明公司创新成功模式的实证项目研究。很多创新企图以失败告终，因此系统地比较成功和失败会得出一些有意义的结论，正如萨福（SAPPHO）项目详述的那样。这就促使我们讨论一下那些常常创新成功的公司的特点。

从第9章的讨论中可以看出：公司的规模肯定会影响公司根据技术、复杂性和成本来决定主攻何种项目，但规模本身并不决定结果。在某些地区和某些工业，小公司在创新中发挥着很重要的作用，历史事实也确实证明了这一点。小公司决策快速灵活，开发工作成本常常很低，因此占有某些优势。我们再次发现历史环境至关重要，因为技术和（或）工业的发展阶段是决定大公司和小公司的相对创新贡献以及能选择何种创新类型的主要因素之一。

正如第一篇所述，技术不断快节奏地发展、很多工业中的公司发展步伐迈得很大，推出了工业研发等全新的管理技术。尽管如此，仍有某些东西改变很少，甚至停滞不前。其中之一便是未来技术革新和未来市场变化仍普遍难以料定。从第10章可以看出，尽管项目评估和决策时采用了大量尖端数学技术，各个公司一般仍不能对未来开发费用和时间作出精确预测。对未来市场规模和投资回报率的预测常出现更大的误差。各公司一般会对成本估计不足，对开发速度则估计过高，有时差额很大。其中很有名的例子是协和式飞机或快速增殖核反应堆。对未来市场的估计既可能过高也可能过低，常常很不精确。从第一篇可以看出：总的说来，对计算机、聚乙烯和合成橡胶的未来市场估计不足，对核能则明显估计过高。

预测重大的开创性创新时误差最大。预测现有产品的小改进和新用途时，精确度可能大大提高，而且可以采用项目评估技术作为行之有效的管理手段。作为动员公司内部各种力量联合起来克服开发和投产各个阶段潜在困难的一种手段，项目评估技术总是非常有价值的。当然许多基础研究和最重大开创性的发明的最大特点正是其未来难以预料的不确定性。

尽管如此，我们不能就此断言最具风险和变化莫测的项目根本不必考虑。相反，正如第一篇的历史报道显示，实际上这种最具风险的研发的长期效益十分可观。很多目前用途最广的技术正是归功于那些主要在大学实验室里长期进行的物理、化学和生物基础研究项目。可是，如果不是企业家和发明家们下定决心，心甘情愿献出财产、毕生的精力甚至生命致力于研究，很多目前最有价值的产品就不会问世。

但是，因为变化和风险很大，以致绝大多数公司不愿从事基础研究和更加开创性的创新。这意味着所有国家的绝大部分基础研究是由政府出资的，政府资金对生物技术等一般技术以及信息技术和各种开创性的创新工作作出了巨大贡献。第四篇谈及国家的科技政策时讨论了这类国家经费。第二篇最后一章讨论了各个公司参与技术创新面临各种危险和变化不定时采取的策略。其中既有公司本身采取的策略，也有竞争对手采取的策略。

第 11 章将公司采取的策略分类为：进取型、保守型、模仿型、独创型、传统型或机遇型。采取进取策略的公司占极少数。它们试图进行根本创新，有时是以基础研究作为根据，但又并非总是如此。大多数公司采取保守策略，它们对其他公司的创新成果反应相当快,马上就推出了自己的新产品和新工艺。这种策略有时称之为“快速第二”策略。更多的公司采取简单的模仿策略,有时是通过从创新先进公司取得许可、专卖或订立转包合同。模仿型公司可以逐渐完全独立或开始独立发挥作用。发展中国家的公司引进技术时就常是这样。

有些行业里极少有技术变革,或者是在采用早已成熟的技术生产传统产品方面占有实际上的竞争优势。在这种情况下,时尚和设计创新虽然重要,但却不一定需要技术创新。最后,市场和技术条件之变化是如此多种多样,以至于始终存在合适的产品脱颖而出的机会,以及让把握住机遇的企业家去掌握这些产品的机会。

采用上述方法将公司策略分类未免过于简单化。例如,生产多种产品的公司在不同的业务部门可能会采取不同的策略,而且可能(事实上几乎肯定)随着时间变化不断改变策略。但分类仍有价值,因为从中可以看出各个公司利用研究与开发(R&D)和科技服务(STS)的不同方式。当然也有很多公司在这方面无所作为。对于“赶超”型国家,这种分类对于公司在学习如何改进引进的技术,扩大自身科研开发及科技服务能力,完善其策略方面的努力概念化方面特别有用。因此在第二篇结尾的这项讨论就直接引出第三篇对国家创新体系和追赶的讨论。

第 8 章　产业创新中的成功与失败

8.1　创新是新技术与市场的结合

现在我们试着对前面所述的公司和产业创新作一些总结，同时讨论这些总结可能在什么范围内有效，并将这些总结大体上与其他产业和经济联系起来。

朱厄格斯（Jewkes）和他的同事（1958）认为，19 世纪科学与发明之间的联系要比通常假设的密切得多。当然，古典经济学家深知 18 世纪和 19 世纪初科学进步与产业技术发展之间的联系。本书开头引用的亚当·斯密（1776）的话正说明了这一点。但据前面 7 章的证据显示，科学与产业之间关系的密切程度和性质曾有过深刻的变化。

正如第 1 章所述，这并不意味着采用从基础科学到应用研究到开发和产业创新这样简单的单向思维方式的线性研发（R&D）模式。相反，基础科学、应用研究与开发和产业创新之间一直存在着深刻的相互影响（Soete 和 Arundel，1993），其中技术对科学的影响尤为深刻，在与科学有关的现代产业中仍是如此。加泽斯（Gazis，1979）在谈及 IBM 的研究实验室时，举例说明了这种相互影响。但是，双向思考是否有效取决于技术与科学双方相互交流的能力。

前面我们谈论过的产业创新的新型式，指的是公司内专门的研发部门。研发部雇用资深的科学家和经过科学培训的工程师，他们在公司里负责研究及其他技术工作，与大学及其他基础研究中心密切联系，并将以科学为基础的技术变革作为公司生存之道。我们谈及的一些公司拥有丰富和强大的科技资源,例如:ICI、巴斯夫、杜邦、IBM、NEC、通用汽车、丰田、西门子、通用电气、赫斯特、美国无线电、马可尼、德律风根和贝尔。最突出的事例则是核武器和原子能的开发。

20世纪工业、政府和学术界发明活动的中心由个人发明家转向专业研发实验室。19世纪是发明家和企业家的英雄时代。像谈到埃利·惠特尼(Eli Whitney)——"铁匠、制钉工、织工和机械工具发明家和创新家","他能做任何东西"之类的叙述经常可以见到。现在我们仍记得那位孤僻的哲学家亨利·梭罗(Henry Thoreau)。当问及他毕业后10年的职业时,回答是:他曾是木匠、泥瓦匠、玻璃管制作工、房屋油漆工、农民、勘测员,当然还是作家和铅笔制作商。事实上他有大量铅笔制作发明,而且曾有一段时间除了在他的小铅笔厂改进铅笔制作方法外,他很少考虑其他事情(Petroski,1989)。19世纪美国和欧洲这种发明家比比皆是。英国19世纪工业革命成功大多归功于这些发明家。

进入20世纪的托马斯·爱迪生仍继续他的发明事业,但他已经从"伟大的个人主义者"(无疑,他正是其中之一),转向依靠他帮助建立起来的大型研发实验室。他完成了很多发明,取得的专利(1 093项)比其他任何人都多。但这可能部分归因于他建立了大型承接发明合同的实验室,首先是在纽瓦克,然后是在门洛公园(Menlo Park)。爱迪生这些实验室的职员中有一些杰出的工程师和科学家,后来他们帮助在德国、英国和美国建立了企业内部的研发部门。

20世纪第一个10年,爱迪生仍继续他的发明,但发明工作的重心却从以门洛公园、特斯拉(Tesla)或爱德华·韦斯顿(Edward Weston)实验室为代表的承接合同的实验室,转移到柯达(Kodak,1895),通用电气(1900)或杜邦(1902)等公司建立的企业内部工业实验室。如托马斯·休斯(Thomas Hughes,1989)在其关于1870~1940年美国发明的"洪流"的经典研究中指出,第一次世界大战爆发时,公司研发部门已经取代合同实验室成为美国发明活动的中心。依靠美国海军对工业研究的赞助,特别是斯潘瑞(Sperry)陀螺仪工作的密切关系,初期的军界-实业复合体的雏形也开始出现。

我们谈及的大多数重要发明常常是长期专业研发的成果(聚氯乙烯、尼龙、聚乙烯、氢化、催化裂化、核能、计算机、电视、雷达、半导体)。即便如此,发明家兼企业家在创新过程中(至少在初期)仍发挥着关键作用。这些个人发明家兼企业家通常是拥有设备和资金、可以从事长期研究和开发工作的科学家或工程师(Baekeland, Fessenden, Eckert, Houdry, Dubbs, Marconi, Armstrong, Zuse)。其中有些人利用大学或政府实验室开展工作,其他人则依靠自己的力量。

大学科学家或发明家经常以顾问身份与创新公司的研发部门密切合作,如齐格勒(Ziegler)、拿塔(Natta)、哈勃(Haber)、弗莱明(Fleming)、迈克尔斯(Michels)、斯托丁格(Staudinger)、冯·诺依曼(von Neumann)。其他情况下,战时特殊项目也需要吸收一些杰出的大学科学家介入政府资助的创新工程(如原子弹和雷达)。对于这些工业的科研开发而言,同基础研究保持这样或那样的密切联系是很正常的。它们的技术都是以科学为基础的,从某种意义上说,如果没有理论原理作为基础,研发根本不能发展下去。作为一个知识的总体(高分子化学、物理化学、核物理和电子学),绝不是如许多早期技术那样,仅靠对偶然事物的观察、手工技艺或在现成的生产体系中反复试验便能搞成的。对最新的生物技术而言,这一道理同样正确。

这些新的与科学密切相关的技术的兴起,产生了巨大的经济和社会效应,远远超过了专业的工业研发本身成长的影响。它不仅改变了开发程序,还改变了生产管理、销售方式、职业培训和经营方式。新型工业的企业常常会以雇用员工的大部分从事收集、处理和传播信息知识工作,而不是从事生产和管理产品。最极端的例子是计算机软件或工艺设备设计和咨询公司,可能有数百名雇员,但除纸和计算机打印输出之外没有其他有形产品。即使在十分"正规"的电子或化学公司,从事研究、开发、设计、培训、技术服务、专利、销售、市场调查和管理的雇员也可能比从事生产的雇员更多。有关的技术信息和数据处理十分复杂,因此越来越需要专门的信息存储、管理和检索系统。20 世纪 90 年代中期,全球电讯业最成功的公司之一——爱立信只用不超过 10%的劳动力从事生产。这种“非生产”职业的激增常被看作是帕金森定律的一种形式,或是一种明显的浪费。即使加波(Gabor,1964)等科学发明家也认为:从经济角度看,这种非生产职业激增并不需要(尽管从社会角度看也许需要)。毫无疑问,帕金森定律确实在起作用,这类职位中的某一些是可以精简掉的(在生产岗位上也同样有这类情况)。但作这一分析的根据是,这类非生产性职位增加的主要原因是技术的变革,以及由此带来的新型竞争。

到目前为止,我们主要是根据新产品和新生产技术的科学依据来讨论新的产业。但我们不应忽视市场作为新产业起源和发展必要补充力量的带动作用。大多数情况下,市场方面的需求都是迫切而且明确的。

两次世界大战期间,德国迫切需要用“合成”材料取代天然材料。这使 IG -法本和其他化学公司的研发(R&D)热情高涨,成果迭出。美国战后经济上对军用航天的迫切需求激发了以贝尔的半导体科学突破为基础的一系列创新,促进了第一代计算机的诞生。英国的战时急需促使各种雷达研制成功,德国政府则赞助开发调频网络和雷达。日本政府为达到军事目的说服丰田进入卡车工业。

相反,某一时期市场需求不大则会阻碍创新发展。美国合成橡胶的开发、欧洲半导体工业的发展、1940 年以前美国雷达的研制和战后欧洲彩色电视的研制都是如此。

虽然从历史上看战时需要和政府市场曾经十分重要,但这并不是说只有战时需要和政府市场才足以刺激创新。化学和其他加工工业公司实际上肯定需要降低成本的创新,因为以低成本生产一流产品不仅利润可观,而且还能增强公司技术实力。工艺创新的需求与工业规模有关,在此,美国石油工业的局势是为工艺设计机构的创新努力提供了市场推动力的关键因素。市场需求可能来自私营公司、政府或普通消费者。但缺少市场需求时，无论发明多么好，都不能转化为创新。

创新实质上是一种两方面的或相互结合的活动。施穆克勒（Schmookler，1966）将创新比作是一把剪刀的两片刀刃，尽管他自己几乎完全专注于其中一片。一方面，创新包含了承认需求，或者用经济术语更准确地说——承认新产品或新工艺的潜在市场。另一方面，创新包括技术知识，这些知识可能已经普及，但也可能常常包含从新的开创性研究活动中得到的新科技知识。试制和设计、试生产和销售正是技术可能性与市场相结合的过程。工业研发的专业化正是对于实现这一结合的复杂和困难在体制上的解决办法。但工业研发专业化仍是一个寻求探索、变化莫测的过程。

有一些创新文献试图仅依据上述两方面因素的其中之一建立一种理论。一些科学家特别强调新开创性研究和发明因素，倾向于忽略或轻视市场因素。经济学家则常常特别强调市场需求因素："需求是发明之母。"这两种片面的方法可以简称为"科学推动"创新理论和"需求拉动"创新理论（Langrish 等，1972）。与通货膨胀理论相似，这两种创新理论也可以是互补而非互斥的。

莫厄里和罗森伯格（Mowery 和 Rosenberg，1979）在一篇关于需求拉动理论的颇有说服力的评论中使用的需求概念与上述文献不同。他们坚持认为创新的实证调查结果不能用来（尽管它们常常用来）支持片面的市场拉动理论。第7章引用的电子计算机一例正好体现了他们的观点：市场不能评价它自己不了解的革命性新产品。

我们不难举出一些看来能够支持上述两种理论其中之一的例子。在原子吸收光谱仪等很多技术创新范例中，研究成果的应用最初是由科学家设想出来的，没有任何明确的用户需求。"科学推动"理论的支持者更进一步引用激光或核能等例子，在此不论潜在用户还是正从事开创工作的科学家都不曾设想过创新的最终用途，卢瑟福（Rutherford）甚至否认其应用可能性。另一方面，"市场拉动"理论的支持者喜欢引用合成橡胶、裂化法或惠特尼轧棉机等例子，在此正是明确的需求能够使得发明和创新成为必要。

有不少例子是前一种因素为主,然而另一些例子则以后者为主。所以从这里谈及的创新证据中可以得出结论:任何理论都必须同时考虑两方面因素才能够完善。既然经济学家将技术创新定义为新工艺的首次商业应用或新产品的首次投产,那么企业家的关键作用就是将新设想与市场结合起来。从一个极端看,可能有时新奇之处仅仅是对现有产品的新市场的设想①;从另一个极端看,可能有时新科学发明无须经过任何进一步适应和开发就能自动掌握市场。绝大部分创新介于这两个极端之间,是新技术可能性与市场可能性富有想象力的结合。需要可能是发明之母,但发明的诞生还需要一位父亲。

前面讨论过的几乎任何一例创新都可以用来支持上述观点。马可尼将必要的技术知识与对无线电潜在商业应用的正确评价结合起来,因此成为一位成功的无线电通信创新家。哈伯-博世(Haber-Bosch)氨合成法不但需要做困难又危险的高压反应试验,还要经受在受战争威胁和原材料短缺条件下开发人造化肥市场的考验。IBM 公司虽然最初完全低估了市场,但后来在一段时期中成了全球计算机产业最成功的公司,因为它能将设计和研制新型计算机的能力与丰富的市场知识和强大的销售机构结合起来。通用电气(GE)、美国无线电(RCA)等公司的科技实力与 IBM 相当或更强,但是计算机方面的市场知识和销售能力远不及 IBM,最后不得不从这个领域退出。

我们确实可以把命题提高到认为"片面的"创新更不可能成功这一意义上来。科学发明家或工程师如果忽视潜在市场的特定需要或产品的市场价值,即使满腔热情,创新也会失败。EMI 和 AEI 等公司在计算机以及英国几家公司在雷达方面正是这样失败的,尽管它们技术水平高、研发实力雄厚。产业研发专业化意味着现在常常有一个内部施压集团,它不断追求"技术上的完美",

① 虽然这可以称为创新,但称为技术创新则不合适。非技术性的制度的创新极其重要,而且像在批量生产和倾向性生产时就常常与技术创新联系起来,或者成为创新进入市场的契机。

而不充分考虑潜在市场、销售机构或成本。

另一方面，企业家或发明家兼企业家如果缺少必要的科技竞争力开发新产品或新工艺，不管他们对潜在市场的认识如何正确，销售能力多么强，他们的创新也会失败。帕克斯（Parkes）的塑料梳和伯德（Baird）的电视就遭此厄运。虽然如此，即使各次努力均告失败，诸多失败也可能带来创新最后的成功。正是在市场上幸存的这一点表现出创新的社会机制。各个公司创新失败可能有两个原因：一是创新本身技术不稳定，二是对未来市场和竞争可能估计错误。那种认为对技术或市场有绝对正确的知识的概念是不符合创新现实的。

创新的魅力在于市场和技术都在不断变化。因此总有新的千变万化的可能性不断出现。随着明显无关的领域的科学进步，今天技术上不可能实现的也许明年就能实现。尽管亚瑟（Usher）提出的这一概念主要是与发明有关而不是与技术创新有关，但这一"格式塔"（Gestalt，经验的整体）理论可以近似地表示出各种富于想象力的设想的结合过程。现在卖不出去的东西也许正是未来人们迫切需要的。一个意外的转折性事件也许会使早被淡忘的推测重获新生，或者让今天成功的化学方法像"渡渡"（dodo）鸟一样消亡。浮法玻璃和雷达 1914 年以前就取得了专利。建筑者弃之不用的石头正是拱门的基石。第二次世界大战后聚乙烯几乎停止生产，因为人们曾以为和平时期该产品的市场会很小。IG－法本曾提出将合成橡胶专利出售给天然橡胶企业联合会，因为 IG－法本认为和平时期合成橡胶在价格和质量方面都不具备竞争力。最初计算机制造商以为计算机只能卖给政府和科研机构。电动车辆在最初实验后过了 100 年，一些主要的汽车制造商才开始重又认真研究电动车。受科学、技术进步和市场相互关系极其错综复杂的影响，创新过程明显具有随机、偶然和任意的特点。在这种复杂环境下尝试创新的公司有一些被局势左右以失败告终，另一些则自觉把握局势获得成功。创新是一种社会进程，但付出代价的却总是创新者。第 10 章我们将讨论这种高度变化不定含义的本质。

这样的考虑引出三个基本的重要结论：(1) 随着科学研究的进步,不断涌现出新的发现和揭示出新的技术可能性,一个能以这种或那种方式监视发展前沿的企业就是能够首先实现这些可能性的企业。强有力的内部研发更能使它把这种知识转变成竞争优势。(2)一个密切关注自己顾客需求的企业,就能认识这些新观念带来的潜在市场,或者找出顾客不满意的根源,这就引起设计出新的或改进的产品和工艺。当然在以上两种情况下,它们还是有可能被行动更快、更有效率的竞争者或是被在技术或市场方面出乎预料的复杂情况所压倒。(3) 评判企业的成功素质和管理的好坏,就应看它们是否有能力将信息与新思想这两个渠道连接起来,实现技术可能性与市场可能性的结合。

创新是一个结合过程,而这种结合首先出现在富有想象力的人的思想中。新设想总是在科学、技术和市场的不断变化和相互影响中凝聚成形。这需要构思发明的创造力,还要求关注那些重在将原先以为互不相干的设想联系或结合起来的几乎所有的发现和创造的理论。但设想在发明家或企业家的头脑中成形后,仍需经过长期努力才能成为我们所说的创新。人造丝“发明”200 年后才成为创新,计算机至少“发明”一个世纪后才成为创新,飞机经历的时间更长。

就其本意来说,这种结合过程不仅是把在最初的一闪念中的那些设想结合或联系的过程,更是在整个实验开发工作及新产品或新工艺推出全过程中连续不断地创造性交流。像马可尼或巴克兰(Baekeland)这样的个人发明家兼企业家在新创新公司成立的初期可能将这一过程大大简化,但在公司后期或在已成立的任何公司内,这一结合过程必定涉及各个部门和个人的合作。公司内部以及公司与预期用户之间的交流是创新成功或失败的关键因素。我们知道,很多情况下创新设想的发展可能要花数年甚至数十年时间,这期间随着技术发展和市场变化或竞争对手作出反应,原来的设想相应地变动,不断以新的形式出现。因此,企业家的素质和充分的交流是技术创新成功的基础。

综合前面讨论和第一篇的证据,上述产业 20 世纪创新成功的公司应有如下特点：

（1）企业自己有实力雄厚、专业化的研发。

（2）开展基础研究或与进行基础研究的机构保持密切联系。

（3）利用专利获取保护并取得与竞争对手讨价还价的能力。

（4）规模大、足以长期提供研发巨额费用。

（5）比竞争对手研制周期短，投产快。

（6）愿意承担高风险。

（7）及早而有想象力地发现及证实未来的潜在市场。

（8）密切关注潜在市场，切实努力了解、培训和帮助用户。

（9）企业实力雄厚，能有效地协调研发、生产与销售。

（10）与外面科学界以及消费者保持充分交流。

我们可以假定以上是技术创新成功的基本条件。

至此，以上对创新特点的初步的概括可以通过对大量创新实例的分析和比较来验证。这种实例研究（其中多数已在第一篇引用）的困难是，我们不知道这些实例研究在多大程度上反映了创新过程的特征。事实上，多数关于产业创新的文献可分为两类：一类是缺少可比性、内容零散的具体实例历史，另一类是缺少系统的实践基础的理论分析。

因此，创新理论中有很多看似有理、未经过完全验证的假设，还有很多有趣的推测，但没有足够的公司证据来反驳或支持这些假设和推测。从第一篇的历史记述中可以得出一些有意义的结论，但很难想办法证实这些结论或评价其相对重要性。然而系统地检验这些总结和假设对增进我们的理解是十分重要的。

所以在本章的余下部分我们致力于讲述一个专门为检验这些创新的共同性而设计的项目。该项目称为萨福（SAPPHO），在20世纪70年代由SPRU实施。SAPPHO项目最初是在1968年由柯诺（R.C.Curnow）策划的，但后阶段的工作由罗斯威尔（R. Rothwell）领导。

8.2 萨福(SAPPHO)项目

萨福(SAPPHO)项目的主要意图是通过依次在每个产业部门中选择一家创新成功的公司及另一家失败的公司配对,以进行系统比较,从而证实(或反驳)关于技术创新规律的总结。当然,这个方法的依据在于认为竞争性技术创新是存在于许多工业部门之中的共同特点。

任何工业部门推出新产品或新工艺时都可能宣布老产品、老工艺过时或不经济,因此公司要想生存和发展下去,就必须能采取适应这种竞争的技术策略。这并不一定意味着每个公司都必须专注于研究或自己去搞创新。即使在技术变化很快的工业领域,公司也可以选择各种策略去适应竞争。有些公司甚至宁可退出,也不愿创新。我们将在第 11 章更系统地讨论这些策略选择。目前我们只讨论那些确实进行了产品或工艺创新的公司。其中有些公司可能试图第一家推出新产品或新工艺,希望借此在技术上领先并获取暂时的垄断利润。这种策略有时称之为有进取性的进攻式创新策略。其他的公司对竞争对手推出的创新可能只采取防御的保守式策略。无论是进攻还是防御,公司都必须具备一定能力开发新产品或新工艺并投入使用(即使是根据许可证协议或通过简单模仿)。通常试图成为第一的公司常常不成功,生产多种产品的公司常常在某些方面采取进攻的进取性策略,在其他方面则采取防御的保守性策略。但从长远来看,公司的生存和发展将取决于公司的创新是成功还是失败、公司的策略是进取还是保守。

这里概述的萨福项目的第一阶段,是对化学和科学仪器的 58 项试验性创新的研究(表 8.1)。化学工业创新主要是工艺创新,仪器创新则全部是产品创新。仪器主要是电子仪器,化学工艺则主要与石油半成品有关(SPRU,1972)。萨福项目后阶段则是对同样这两个行业的另一些创新配对作了研究,然后采用不同的方法论逐对地比较机械工程工业各个部门的创新(Rothwell 等,1974;Rothwell,1976,1992,1994)。

表 8.1　萨福(SAPPHO)配对表

科 学 仪 器	化学(工艺创新)
Amlec 涡流探伤器	食物(固体)速冻
原子吸收光谱仪	醋酸
数字电压表	用天然气加工成乙炔
电磁血压表	丙烯腈 I
电子测重 I	丙烯腈 II
电子测重 II	氨合成
瓶内异物探测仪	己内酰胺 I
牛奶分析仪	己内酰胺 II
光学特性识别	延性钛
圆度测量	芳烃萃取
扫描电子显微镜	正链烷烃萃取
X 射线微分析仪	苯氢化为环己烷
	甲醇
	环己烷氧化
	苯酚
	蒸汽粗汽油重整
	尿素制造

将试验性的创新配对,是希望在每对各自的成功或失败的特点中,找出区别。当然这种方法已广泛应用于自然科学,特别是生物学(McKay 和 Bernal,1966)。当一对创新双方某个特点或一组特点互不相同时,这可能正是创新成功或失败的原因。如果很多对创新中成功模式与失败模式之间再三显示某种显著差别,这就为某个假设或几组假设的成立提供了系统的证据。这些看似有明显统计根据的解释接下来又可以用一个新的创新范式来验证。用这种方

法可以为理论工作建立起一个结构分明、经得起检验的基础。

我们预期,创新中成功与失败的一对在很多方面会十分相似,事实证明也是如此。我们可以根据以前的经验假设尝试研究某种新工艺或新产品的各个公司常常会有很多共同的特点。对相似点的分析是对差别分析的补充,其理由有二:(1) 这样能识别出某些产业所有参与创新的公司共同的特点。这些共同点可能是公司参与竞争的必要条件,至少我们可以认为如此,除非能找出其他成功例子来反驳这一推断。(2) 更加重要的是,这样分析能使我们集中关注失败与成功模式之间确实不同的那些特点。在将来研究时才能排除不必要的假设,专心于更深层地研究这些明显的差别。

每对创新并非“双胞胎”,其相似之处是由市场确定的,不一定由技术确定。例如,两家公司可能都在寻找更经济、更合适的方法来生产苯酚或尿素,它们采取的技术解决方案可能有些不同。SAPPHO 假设正确的选择是成功的一部分原因,而错误的选择也是失败的部分原因。有一些例子中,当几个公司共享相同基础技术知识时,它们会有很多相似之处。但即使两家制造商试图满足相同的市场需求,两家的设计也会不同。创新成功部分取决于顾及现有科学和技术知识的正确的“设计”,也取决于创新潜能的应用。

把关注的重点放在创新,而不是发明之上,这对考察的方法有很大的影响。其中最重要的是在整个创新过程中市场因素的作用特别突出,而通常称为发明家的个人则隐没在社会的大背景之中。我们在作比较时,就不再考虑那些发明家和企图成为创新家的许多实验,它们早在达到商业化进入点之前就被舍弃或搁置。这样研究自然会对研发管理感兴趣,但这里更关注的是较大范围上的创新管理问题。这里谈到的失败的产品和工艺都是已经通过了商业进入点的,所以实际上已进入市场多年。因此,我们既要关注开发工作的各个阶段,也要关注生产和销售的准备工作以及创新市场化的经验。

因为萨福项目涉及的是产业技术创新,所以衡量创新成功与否的尺度也是商业性尺度。一项创新尝试如果未能建立有价值的市场和(或)创造利润,即使从技术上说行得通,也是失败的创新。能够占据相当的市场份额和(或)创造利润的创新才是成功的创新。本章将匹配地分析 29 个成功和 29 个失败的例子。通常失败显而易见,即公司破产、工厂倒闭、产品停产或卖不出去。而成功却并非总是不言而喻。某种产品可能畅销全世界,但要经过一段时间才有利润。因此有一例原以为会成功的创新——透气人造革(卡芬,Corfam)最后却被市场淘汰(第 5 章)。即使对失败作出评价也并非总是那么简单。成功与失败之间总是阴晴变化不定。萨福项目试图调查一些成功与失败"黑白"分明的例子。结果是化学工业有两例、仪器工业有一例可以配成两对,因为每一例都有几次商业成功和几次不太成功的尝试。

早期文献调查报告显示,创新企图的成功和失败可能有多种原因。因此萨福项目计划设计成可验证大量的单一假设,同时又可以验证大量因素综合的多种可能性。其目的是找出失败或成功特有的模式。对每例成功或失败案例都做了约 200 项的测试,有些测试带有比较性,有些则单独进行。例如,要验证大规模一般对创新有利这一假设,我们既可以查证两个公司中规模小的失败的有多少对,也可以查证雇员少于 500 人(或 100 人、1 000 人或 10 000 人)的公司中成功的占多少比例。

但大多数测试是在每对创新的成功一方与失败一方之间作比较,以便能作出如下陈述:与失败的尝试相比,"成功的尝试的特点是……更大,或……更少,或……更小,或……更短,或更加……"但是,测试的目的仍是将所有比较综合在一起后得出创新成功的模式。萨福项目试图验证的主要假设涉及:各种规模调查(雇员规模、研发部门规模和项目组规模);对市场研究、宣传、用户教育、用户参与的调查;创新的改进以及各个阶段进度检查;工程师、科学家和各种关键人物的作用以及他们的履历、教育和背景(见下表)[①];公司的管理、指

① 尽管很多早期文献都认可表中列出的 4 种角色,但与公司使用的正式头衔并不总是相同。职衔可能不大相同,重要的是角色而不是职衔(他们全都是男性)。

挥和计划系统；与外界的交流关系网；公司对外界技术的依赖程度和对创新的熟悉程度；组织研发工作的有效性和方式、专利政策、竞争压力、开发工作速度以及投入商业使用的日期。

从事创新的 4 种关键角色
（1）技术创新者 在技术上对创新的开发和（或）设计作出重大贡献的个人。他通常（但不一定）是创新机构的成员。他有时是（但不总是）新产品或新工艺的发明者（他们全都是男性）
（2）企业创新者 在管理机构内实际上负责项目总进展的个人。他有时可能是技术领导或研究领导。他可能与技术创新者是同一个人。他可以是销售领导或总工程师。偶尔，尤其是在小公司里，他可能就是该机构的总经理（他们全都是男性）
（3）总经理 正式职位是创新机构管理层领导的个人，通常（但不一定）有总裁的官衔。在每一例中都有明确的总经理，而且几乎总是有明确的企业创新者，但常常没有明确的技术创新者。如果个人的身份还很难明确，就不要勉强他们承担这些角色，因为调查的宗旨是评价杰出个人的贡献
（4）产品主管 在关键阶段自始至终积极热心促进创新进展。对创新作出决定性贡献的任何个人。有时他可能与技术创新者或总经理是同一个人

分析结果可以分为三类：

（1）几乎所有创新尝试具共有的因素，不管创新成功与否。

（2）创新尝试之间各不相同的因素，但其中的变化并非必然与成功或失败有关。

（3）能区分成功与失败的调查。

8.3　萨福（SAPPHO）各对中双方的相似点

以前 29 对为例，它们涉及 58 项创新企图，各对双方之间有很多相似之处（表 8.2）。化学和仪器工业几乎所有创新尝试都是在专门研究创新的正规的研发机构内进行的。这证实了第一部分所述的研发专业化。只有仪器工业几例创新尝试未在研发机构内进行,其中多数是从外界引进的新产品的设计。

既然几乎所有参与创新尝试的公司都有这种正规的研发机构,所以我们可以推测关键的区别在于研发部门组织方式、研发计划方式、项目评估方式或对科学家和工程师的奖励方式不同。大量管理和社会学著作都很关注工业研究的效率这些方面的问题。

调查并未揭示研发的组织或奖励机制方面存在着系统差别。正如以前的实证研究一样,我们发现,在进行长期计划和项目评估时,很多原以为是最实用的技术运用起来却常常事与愿违。在这一方面,成功的创新者与失败者之间差别甚少。化学工业有证据显示:良好的管理和计划安排常常与成功密切相关,然而仪器工业没有这种证据。我们将在第10章讨论研发预测和项目评估本身固有的困难。没有迹象表示成功的创新者希望得到的奖赏或惩罚与不太成功者的不同,也没有证据显示在成功的实例中,研发成员的奖励计划不同一般,或者研发成员享有更大的自由。

拥有专利优势,可能是创新成功的一个原因。但从这一方面也找不出成功者与失败者之间的差别。几乎所有创新者,无论成功与否,都同样申报了专利,并且都自认是重要的。但无一例外,失败者并不将其失败归因于对手的专利地位优越。调查结果进一步证实这一历史事实:创新公司通常会在专利上遇到麻烦,因为专利是讨价还价的重要筹码,也是进入某一领域的通行证。但亦如历史记载:专利并不一定会阻碍竞争性的开发。

从项目组的组织方式上也未发现成功创新者与失败创新者有何区别。有一种假设认为,创新试验失败者可能在部门组织管理上过于按学科分类。但事实并非如此。拥有大型研发机构的公司有时也有按传统学科分类进行研究的实验室,但这对项目组的成功和失败并无实质性影响。

另一种没有找到支持证据的假设认为:创新试验失败一方的商业或技术创新者的学历资格过低(或过高)。从事创新业务人员之间有些重要的差别的确能区分成功与失败,但学历水平的高低不是其中之一。就各对成败的双方而言,大多数企业创新者和几乎所有技术创新者都是资深科学家或工程师。化学行业中获有博士学位的成功者要多一些。显然化学和仪器工业很少有外行从事创新。有两例是会计师担任企业创新者,但都失败了。但这种情形很少,不足以建立任何普遍理论。化学和仪器工业创新负责人技术水平不高的例子可能不多,不足以验证关于外行创新是好是坏的假设。但是难于找出这样的例子的事实也进一步证明了创新工作的高度专业化性质。

8.4 与成功或失败无关的差别

根据其他很多调查确实显示创新尝试之间差别相当大,但这种差别并非与成功密切相关。这些调查包括:公司规模、研发部门规模以及研发资深工程师和科学家人数的调查。对调查结果需要特别注意说明。我们还没有发现很有说服力的证据证明大型的公司或研发部门更成功或者小型的更失败。例如,在公司雇员超过 10 000 人的例子中,6 例成功,7 例失败。大公司与小公司竞争时,大公司有取胜的趋势,但这种趋势并不明显。这一发现乍看起来也许与第一篇描述的历史事实矛盾。第一篇的历史报道显示:很多创新成本高、花费时间长,因此对大公司有利。

但是,上述调查结果并不能理解为:对化学和仪器工业创新而言,公司规模完全无关紧要。调查比较一对创新双方的规模并不能明显区分成功与失败,但在 34 项化学创新尝试中,只有 4 项是由雇员少于 1 000 人的公司完成的。显然公司规模与所从事创新的类型有关,而且行业间的差别很重要。下一章我们将全篇讨论规模与创新的关系这一关键问题。

我们还没有发现成功与创新公司董事会中科学家和工程师的人数有关,尽管各董事会中科学家和工程师所占的比例明显不相同。但在几乎所有例子中董事会里都有一些科学家或工程师,而且有可能这还是一个关键因素,因为创新过程需要技术、金融、销售和管理多方面技能的综合。

那些相信计划安排方式影响创新的人也许会吃惊,因为我们发现成功与能否确定并达到项目计划特定阶段的预期目标无关,也与创新者制订计划的总体方式无关。这一发现也需要特别注意说明,第10章将详细讨论这一点。

与某些理论相反,我们认为失败与公司在尝试并不熟悉的领域创新无关。即使各公司对某一领域的熟悉程度不尽相同,成功与失败机会仍然均等。

另一组未能区分成功与失败的调查是与公司发展速度和竞争环境的关系。当然各公司创新前的发展经历并不相同,承受的竞争压力也不尽相同。但显然这些差别对公司从事创新可在多大程度上获得成功并无影响。不过分强调这一发现也很重要。这并不是说竞争压力和发展滞后对刺激创新不重要,这只是说竞争压力和发展滞后并不保证创新成功。

有一项调查结果相当令人吃惊:开发研制周期与成功并非密切相关。我们曾以为能想方设法减少研制周期,缩短从样机或试验厂到商业投产各个阶段的创新者更会成功。但这一假设只有在应用研究的初期才成立。在化学工业领域,创新成功的公司渡过这一初期阶段所花时间要少一些。因为没有任何证据显示研制周期短才能成功,所以那些认为成品硬件研制是一种类似动物繁殖,不能人为缩短其过程的观点(Burke,1970)便有了依据。调查结果还表明:成功的公司在研制阶段不怕麻烦,克服更多困难,排除所有故障,结果在后面阶段遇到困难就少些。那些确实区分成功与失败的指标中有大量间接证据支持这一论断。

最近有证据显示,日本公司与美国公司开发研制周期不同,(Mansfield,1988;Womack等,1990;Graves,1991)。日本研制周期短似乎与日本管理创新时采用的独特组织方法有关,至少在某些工业领域如此(Baba,1985;Nonaka和Takeuchi,1986)。其中有些方法我们在第一篇已作说明,但萨福项目不包括任何日本公司,而且并未揭示美国创新与欧洲创新的本质区别。

8.5 成功的模式

在 200 项关于创新尝试的调查中，只有少数能明显区分成功与失败，两个行业之间的差别也不大。主要调查见表 8.2。

表 8.2A 不能区分成功与失败的调查

问 题	化 学			仪 器			化学和仪器			二项式检验
	S>F	S=F	S<F[a]	S>F	S=F	S<F[a]	S>F	S=F	S<F[a]	
创新对公司业务而言的开创性程度?	5	7	5	4	3	5	9	10	10	0.5
在哪一级别作出的创新决策?	2	11	4	1	10	1	3	21	5	0.363
是否确定时间限制?	4	12	1	1	8	3	5	20	4	0.5
是否由该机构取得创新专利?	—	17	—	3	8	1	3	25	1	0.313
是否有某一机构比另一机构更将创新作为自身业务?	5	8	4	6	1	5	11	9	9	0.412
是否有某一机构比另一机构采用更认真的方式制订计划?	6	7	4	2	7	3	8	14	7	0.5
是否有系统的定期审查研发的计划?	6	7	4	—	10	2	6	17	6	0.613
公司的公开政策是什么?	5	7	5	1	11	—	6	18	5	0.623
是否有奖励方案鼓励创新?	2	15	—	—	12	—	2	27	—	0.25
一旦成功预计项目会对项目组成员的事业和收入有何影响?	3	11	3	1	11	—	4	22	3	0.5
创新是不是总销售政策的一部分?	5	8	4	2	9	1	7	17	5	0.387
通常与外面科技界的结合程度如何?	2	12	3	2	8	2	4	20	5	0.5

(续表)

问题	化学			仪器			化学和仪器			二项式检验
	S>F	S=F	S<F[a]	S>F	S=F	S<F[a]	S>F	S=F	S<F[a]	
如果创新时条件许可，公司会不会招收更多 QSE？	—	17	—	1	10	1	1	27	1	0.75
每一例中创新决策何时正式成文？	5	5	7	1	10	1	6	15	8	0.395
从样机或试验厂到第一次商业销售花几个月时间？	7	3	7	5	3	4	12	6	11	0.5
机构内是否有正式 R&D 部门？	1	16	—	2	8	2	3	24	2	0.5
创新成果销售前机构的增长比率如何？	1	13	3	4	4	4	5	17	7	0.387
（根据创新销售前 5 年内营业额的年增长得出）										
商业创新者花多少年时间受教育？	5	7	5	2	5	5	7	12	10	0.315
R&D 部门是否被视为利润中心？	6	8	3	1	10	1	7	18	4	0.274
是否需要寻找或采用新材料？	—	17[b]	—	—	10	1	—	27	1	0.5

[a] S>F　成功多于失败、大于失败等，或成功并不失败；
S=F　成功与失败之间没有适度的差别；
S<F　成功少于失败、小于失败等，或失败并不成功。
[b] 其中一例没有数据。
—　无。

表 8.2B　区分成功与失败的调查

问题	化学			仪器			化学和仪器			二项式检验
	S>F	S=F	S<F[a]	S>F	S=F	S<F[a]	S>F	S=F	S<F[a]	
对世界技术而言，创新是否在一定程度上具有开创性？	10	6	1	2	9	1	12	15	2	0.006 5
比较而言，寻找创新是否慎重？	7	8	2	6	6	—	13	14	2	0.003 7
在整个机构内是否有人从商务的角度反对该项目？	1	9	7	1	7	4	2	16	11	0.011 2

（续表）

问　题	化　学			仪　器			化学和仪器			二项式检验
	S>F	S=F	S<F[a]	S>F	S=F	S<F[a]	S>F	S=F	S<F[a]	
在制订生产计划和预算生产成本时，一例是否比另一例更多地利用研制工程师？	5	9	3	4	8	—	9	17	3	0.073
一机构是否比另一极端的机构有更完善的信息关系网？	5	10	2	5	7	—	10	17	2	0.019 3
一例是否比另一例 R&D 主管资历更高？	9	5	3	2	8	2	11	13	5	0.105
销售业绩是不是创新成功或失败的一个主要因素？	7	10	—	9	3	—	16	13	—	0.000 015
商业销售后是否根据用户经验作过改进？	1	8	8	2	6	4	3	14	12	0.017 6
是否有售后问题？	—	4	13	1	2	9	1	6	22	0.000 005
是否采取措施教育用户？	8	9	—	6	5	1	14	14	1	0.000 49
如果工业生产需要新工具或设备，决定大规模生产前是否订购？	8	7	2	2	10	—	10	17	2	0.227
在涉及的特定领域内与外面科技界的交流程度如何？	8	9	—	5	6	1	13	15	1	0.000 92
在宣传和广告上花多少精力？	6	10	1	4	7	1	10	17	2	0.019 3
用户是否必须修改创新？	—	10	7	—	7	5	—	17	12	0.000 24
是否有意外生产调整？	1	7	9	1	7	4	2	14	13	0.006 36
最初生产阶段是否有“小故障”必须处理？	1	6	10	1	5	6	2	11	16	0.004 9
决定在生产线或现有工艺中采用创新时，市场（或销售）部门是否作过系统预测？	5	7	5	6	5	1	11	12	6	0.166
一例中的创新者是否比另一例创新者更全面地了解用户需求？	15	2	—	9	3	—	24	5	—	0.000 000 1
一例中的商业创新者是否比另一例企业创新者经验更丰富？	8	8	1	8	2	2	16	10	3	0.003 77

(续表)

问题	化学			仪器			化学和仪器			二项式检验
	S>F	S=F	S<F[a]	S>F	S=F	S<F[a]	S>F	S=F	S<F[a]	
一例是否比另一例企业创新者地位更高?	8	8	1	5	4	3	13	12	4	0.024 5
一例是否比另一例企业创新者职权(权力)更大?	9	7	1	6	4	2	15	11	3	0.000 656
对外部技术的依赖在多大程度帮助或阻碍生产?	10	6	1	6	4	2	16	10	3	0.002 21
项目开始时以多大规模的项目组从事创新工作?	12	2	3	4	4	4	16	6	7	0.046 6
项目高峰期从事创新工作的项目组规模有多大?	9	4	4	7	4	1	16	8	5	0.013 3
企业创新者在工业上花多少年时间?	9	7	1	3	4	5	12	11	6	0.119
企业创新者是否有国外工作经验?	3	14	—	5	6	1	8	20	1	0.035 2
一例是否比另一例企业创新者管理责任更重大?	10	7	—	4	5	3	14	12	3	0.006 36

[a] S>F　成功多于失败、大于失败等,或成功并不失败;
S=F　成功与失败之间没有适度的差别;
S<F　成功少于失败、小于失败等,或失败并不成功;
—　无。
引自:Science Policy Research Unit(1971)。

调查中那些反映最明确的项目与销售直接相关。在某些例子中市场需求可能被认为是明显的,但实例研究显示,即使是最明显的市场需求有时也会被忽视。创新尝试成功与失败的区别往往在于:成功者更注重用户教育、宣传、市场预测和销售(仪器创新尤其与此最密切相关)以及了解用户需求。

区分成功与失败最明显的单项调查是"了解用户需求"。这不能简单地甚至大体上解释为有效的市场调查。它同样反映了研发和设计以及创新管理。产品或工艺必须经过设计、研制、排除隐患才能满足未来用户的特定要求,因此了解市场必须从很早阶段开始。冯·希普尔(von Hippel,1976,1978)在研究新产品开发时"消费者起作用"范例的著作中,特泊尔等(Teubal,1976)在关于以色列医用电子工业“市场起决定作用”的著作中，都得出了相同的结论。曼斯菲尔德等(Mansfield，1977)在关于项目选择时市场与研发相结合及其影响成功可能性方式的著作中，伦德瓦尔(Lundvall，1985，1988b，1933)在其著作中，都进一步研究了这一结论。

在失败的例子中，新产品研制后都出现意外调整和故障，将近一半的失败例子需要用户修改，这一有力的事实根据进一步证实了上述论断。大约四分之三的失败例子中出现了严重的售后问题。因此，“了解用户需求”既是区别研发工作效率的调查，也是区别市场销售和全面管理成效的调查。

对项目组规模的调查可以明显地看出区别，而其他方面规模的调查则并不能区分成败。因为在许多例子中小公司的项目组规模都很大，这意味着小公司更专心于某个具体项目。在第9章谈及小公司创新的相对优势时有必要考虑这一点。另一项明显体现研发专业化优势的调查条目是关于公司与外面科学界相结合的调查。

卡特尔和威廉姆斯(Carter 和 Williams，1959a)已经强调与外界适当交流是技术上领先的公司最重要的特点之一。最落后的公司当然不会尝试创新。但在尝试创新的公司中，各自的交流总体方式又有很大差别。与外界交流充分的容易成功，但最大的关键在于：与公司交流的外界科学团体的具体部门是否掌握了与创新密切相关的知识。与外面科学界仅是泛泛之交并不能影响成功与失败。

当然所有上述差别可能都与管理水平和方式有关，因此对企业创新者的调查也许是最有意义的。首先必须注意的是，化学工业企业创新者几乎从不会是总经理，但仪器工业企业创新者却常常是总经理。企业创新成功者与失败者之间最有趣而且出乎意料的差别是：成功者往往资历更深。成功者(全部均为男性)比失败者权力更大、正式地位更高，比失败者更负责，而且年龄也更大，富有各种各样的经验。在仪器工业中这些差别则不是那么明显。仪器工业机动性更大、公司规模更小，而化学工业管理机构等级更多。化学工业创新成功者通常比失败者在创新公司和化学界工作时间更长，而仪器创新的各对例子中却并非如此。

创新成功者地位高、权力大可能与他们愿意冒更大风险和扩大项目组规模有关。在化工工业，成功与更彻底地解决重大技术问题密切相关。但对承担风险问题进行各种调查后发现，只有很少的证据显示成功创新者承受风险更大。在化学创新中，成功者往往第一个进入市场，而每对仪器创新调查中，晚一步进入市场的往往更成功。

区分成功与失败的调查包括：主要反映研发竞争能力的调查、主要反映销售效率的调查以及对企业创新者是否具有良好交流特点的调查。这一事实证实了开始提出的工业创新实质上是一个结合过程这一观点。片面强调研发或销售确实会歪曲这一结合过程的真正复杂性。图8.1所示的多元统计分析有力地证实了这一点。

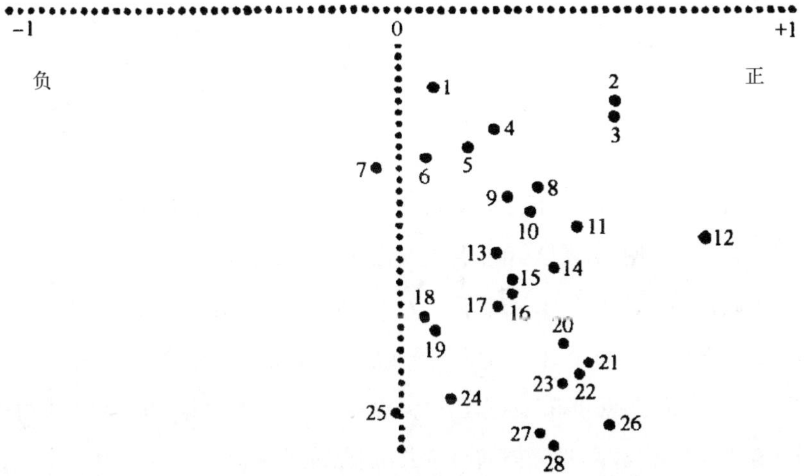

图8.1　成功点的指数变量值

引自：Science Policy Research Unit(1972)。

综合指数变最是根据对一个因素的几项调查得出的。图中适当分类的各点的百分率是综合调查研发实力、销售和用户需求后得出的最大值。在化学工业，与管理方式和管理能力有关的综合变量也很重要。管理能力主要与企业创新者的地位和职责有关。

企业家的关键任务(无论是什么样的个人或完成这一任务的个人组合)是将技术与市场结合起来,即比竞争对手更了解用户需求,同时保证为研制和投产提供充足的资源。这一关于企业家才能的关键作用的解释,与巴纳(Barna,1962)、彭罗斯(Penrose,1959)的调查结果以及熊彼特关于企业理论的早期著作(1912,1942)是一致的。

在大公司里,企业创新者的职位必须很高,足以调动资源将事情办好。创新者必须充分了解公司运作方式,以便知道"怎样"将事情办好。这在小公司则常常指总经理或地位相近的人员,有能力确保把必要的力量集中起来。无论是大公司还是小公司,创新者都必须拥有足够的权力而且清楚市场目标,在研制和试生产过程中才能确保各种筛选和检测顺利进行,以免有缺陷的产品和工艺进入市场。过早不成熟投产比晚一步投产更危险。

上述结论对消费品创新不一定全部适合,在消费品创新中起作用的机制有些不同。对作为生产资料的资本商品而言,最根本的是满足某个最低限度的技术性能标准。我们将在第 16 章讨论这些总结在何种程度上适用于其他工业。在这里我们有必要考虑上述分析的一些其他限制,接下来在第 9 章更深入地讨论公司规模问题,在第 10 章讨论变化、风险和计划问题。

因此,萨福项目的结果证实了第 259 页的推断中的第 1、3、8、9 和 10 点。第 2 点我们将在第 11 章详细讨论。第 4 点要求特别注意说明,第 9 章将全篇讨论这一点。第 5 点和第 7 点在萨福中找不到支持依据。第 10 章将详细讨论创新者要冒的风险,第 11 章接着讨论公司理论的含义。

至此,根据第一篇的历史材料对创新所作的各种推断就已经从上述调查中找到了一些证据。尽管这些推断可能对专业研发出现后产业创新的某些方面作了看似完全合理的解释,但肯定不能说这些推断已牢牢地建立在统计或实际例证的基础之上。这些推断所选的范例并不具有随机性,所以创新"世界”仍是个未知数。但是，再选 14 对范例便可以完全从本质上证实原来的结论。而且，将创新解释为一个结合过程还得到另外很多实际例证的证实，同样也得到逻辑和常识的支持。卡特尔和威廉姆斯（1957，1959a，1959b）经过早期研究后，系统地提出了“技术上领先公司”的概念，其中包含萨福从很多成功的例子中综合得到的特点。大约同一时期，对英国工业创新的另一重大系列实例研究是由萨福项目在曼彻斯特独立完成的，这些文章的作者作了如下总结：

> 也许对技术创新所作的最高水平的概括必定会涉及某种需要与某种技术可能性的结合。影响及利用这种结合的方式有很多种而且形式各异。这不仅取决于周全的计划和“技巧”，还取决于个人动机、机构压力以及政治、社会和经济类型等外部影响。因为创新过程随着时间延续，所以我们必须时刻注意这些因素的变化，善于发现并抓住新的机遇。
>
> （Langrish 等，1972，p.200）

8.6　创新的进一步研究

加拿大一份对 47 家新型小厂的调查报告也为某些主要萨福项目结论提供了重要的经验依据。这次调查是由技术企业家发起的。与萨福相似，这份报告也包括对失败和成功的研究。利特瓦克（Litvak）和莫尔（Maule，1972）在报告中总结如下：

> 企业家市场观念差是项目失败率高的主要原因。大多数企业家未能发现产品创新与市场创新之间内在的联系……大多数新产品都是在研制完成后才去努力进入潜在市场，并花费代价去渗透挤入市场……要指出的是：企业家对自己创新成果的热爱往往会使他看不到真正的机遇和市

场竞争的现状。

(Litvak 和 Maule,1972,p.47)

对用户需求的低估和对市场的了解这一问题必须着重强调,因为萨福项目调查时不断发现,与研发管理者和企业家交谈时他们似乎理所当然地了解这一问题,但在实践中仍忽视这一点。

相当出乎意料的是,对某些萨福项目结论的进一步证实出自匈牙利电子工业(Szakasits,1974),以及经济合作与发展组织对产业创新的国际性研究,尤其是帕维特(Pavitt,1971)对各成员国公司创新成功情况的相互比较,还有出自美国国家科学基金会(NSF)资助的创新研究。伦纳德-巴顿(Leonard-Barton,1995)在对美国极成功的科研密集型的惠普(Hewlett Packard)公司的报道中(pp.132~133),举出一个很有趣的例子,说明某些工业公司在管理自己的创新时以何种方式接受和利用萨福调查结果。

但是,即使对公司的统计比较准确,就像第 9 章中谈到公司的规模时那样,其结论仍有待大大改进。原因之一是创新或发明的"世界"仍是个未知数,所以我们找不出严格随机的范例①。因此,尽管我们竭力研究一组具有代表性的发明和创新——正如朱厄格斯的研究或本章所述的萨福项目,我们还是不能肯定这样的范例的确具有代表性。当我们开始考虑所谓的第二类或改进性的发明和创新时,保留上述意见尤为重要。在进行案例研究和历史研究时,我们倾向于关注那些更引人注目的发明和创新。但吉尔菲兰(Gilfillan,1935)和霍兰德(Hollander,1965)等人认为:对技术进步而言,无数的小改进和型号更新与重大的突破性创新同样重要。而且,我们似乎可以认为:专家和内行对突破性创新贡献大,而非专家和非专业人员对第二类创新作出了重大贡献。在第二类发明和创新中,也许市场知识比科学研究作用更大,换言之,对工艺创新

① 第二份曼彻斯特创新研究(Gibbons and Johnston,1972)的根据是创造性地推出的一个随机范例(p.327)。

而言，直接的实践经验作用更大。

施穆克勒(Schmookler，1966)指出：长达一个多世纪以来，美国几类工业的发明(由相关专利数量统计得出)倾向于比需求(由投资统计得出)落后数年。但是，SPRU 对化学工业的另一项调查显示：在化学工业某些例子中，有证据证明根本的新技术出现初期呈“非施穆克勒”式发展，例如 20 世纪 20 年代和 30 年代的合成材料和医药(Walsh 等，1979)。这些时期发明活动和科学发现似乎比销售和投资领先一步，正与第 7 章讨论的电子计算机一例类似。要想部分地解释这种看似自相矛盾的现象，我们应当把开创性发明和创新与第二类的改进发明和创新区分开来。开创性发明和创新数量较少，而大量第二类的改进发明和创新则随着工业发展、市场和投资变化迅速增多。这样熊彼特的理论就能与施穆克勒的统计相符，虽然熊彼特的理论强调经济发展的主要原因是企业家自发的创新活动而不是市场需求，而施莫克勒统计得出的结论却截然相反。

因为专利统计既包括小发明也包括大发明，所以施莫克勒指出，20 世纪 50 年代专业化公司研发的发明占美国工业发明一半左右，而且在已经开发利用即转化为创新的发明中所占比例可能更高。很多其他发明也出自政府和大学的专业研发。在绝大多数情况下，对大学、政府和个人发明家的发明的开发和利用也牵涉到产业专业研发的某些工作。但仍有相当多的发明和创新不能归功于专业研发。也可能还有比例更高的非专利技术进步应归功于专业研发系统之外的人群。

虽然发明和创新的世界仍是个未知数，但是我们也不应该夸大我们不了解的程度。据可靠的经验证据显示：大多数专业化工业的研发致力于产品和工艺改进以及老产品的更新换代。我们不知道的是：与完全在正式研发系统之外完成的发明和改进相比，研发工作对技术进步的贡献到底有多大。似乎有理由假设在研究密集型产业里正式研发系统的贡献要大得多，但又似乎当专业研发小组与参加工艺或产品创新的所有其他人密切合作时，技术进步最快。这些参与者本身可能就对很多问题的解决和证明作过贡献。详细研究一下煤矿工业的重大技术创新——安德顿(Anderton)滚筒式联合采煤机,就能证实上述观点。汤森(Townsend,1976)证实采煤机的推出和普及之所以获得极大成功,是因为采煤机设计者(与英国国家煤炭局研究机构密切合作)推出的一系列开创性的重大发明和创新,加上在奖励计划鼓励下依据实践经验而完成的大量改进发明。英国和德国的制造商都对采煤机的设计作了重大改进。这些改进部分出自制造商自己的研发,部分出自英国国家煤炭局指定的改进公司。霍兰德在其著作中特别强调工程部和技术协助小组对技术革新的贡献,但有时也提及研发的作用①。

萨福项目后阶段由强调特定创新成功或失败的个例,转向研究各公司在相当长时期内的成功或失败。这样萨福项目既能注意各个重大创新,也能注意创新的发展。萨福工作集中于工程工业某些部门,例如纺织机械(Rothwell,1976)、采矿机械(Townsend,1976)和衣用机械(Rothwell,1979)。尽管公司通过致力于不断改进,能够而且确实获得短期内成功,有时甚至没有任何正式研发机构。但是,因为没有能力对抗更具开创性技术的竞争[例如苏尔泽(Sulzer)编织机],所以最终往往陷入困境。研究结果显示:长期成功取决于有能力将偶然的开创性、根本创新与根据用户需求和经验所作的一系列设计及小改进结合起来。20世纪60年代和70年代,这种技术创新的结合越来越需要由实力雄厚的研发来承担。最初萨福项目实例研究虽然倾向于单个项目,但也提及对研发的需要。尤其是科学仪器工业,成功者的标志之一几乎都是有能力对一系列新型号不断作设计改进,例如牛奶分析仪(Robertson和Frost,1978)正是如此。

有一部重要的实证性著作支持下述观点:无论是对重大根本发明和创新而言,还是对小改进发明和创新而言,专业的研发及其他技术服务都越来越重

① 有时这可能只是一个术语问题。某公司称之为“工程”或“技术部”的,另一公司可能称之为“工艺开发”或“研发”。

要。这部著作就是阿根廷人卡茨(Katz)的著作(1971)。卡茨着手调查技术进步对阿根廷几个经济部门大量企业发展的促进作用。他收集了各个时期大量公司(250家)的资料,并将调查结果与调查企业的适应性研发及其他技术活动联系起来。他通过初步采访查明:很多阿根廷公司虽然自身没有进行最初的开创性创新,但对从国外某公司或通过仿制或许可证获得的工艺和产品作了很多改进。卡茨假设这种适应性的研发能使公司更满足阿根廷市场的特定要求,或适应特定工作条件,从而使公司拥有重要竞争优势。从这一著作以及马丁·贝尔(Martin Bell,1984,1991)对其他发展中国家的研究中得出结论:无论在任何国家,“学习”都不单单关系到花多少时间,它还取决于组织周密的活动,不管这些活动一般是由研发部门预先安排,还是由公司其他部门预先安排的。

卡茨的调查结果明确显示:(1)企业的发展与其技术进步密切相关;(2)企业技术进步与适应性研发和专门技术服务的实行有关,尽管负责这项工作的专业小组可以称之为工艺开发部或技术部,而不是研究部。从他的调查结果中还可以得出另一个重要结论:模仿或适应性研发比进取型或保守型研发结果更稳定,而研究美国和英国的公司发展与研发强度时却没有发现这种密切联系。霍兰德甚至断定很多技术小改进实际上没有风险。

英国工业联合会在比较英国公司发展速度与研发强度时发现两者肯定有联系,但关系并不密切;可是在两头的极端情况下,其间关系相当密切。综合考虑上述结果与萨福项目结果后,得出结论如下:

(1)在技术进步快的行业,很少或没有实行研发的公司可能会停滞不前或被淘汰。

(2)实行大量研发的公司可能有时因进取型策略奏效而异常高速发展。

(3)介于上述两者之间采取保守型策略的公司,从统计上看不出研发强度变化与公司发展的联系。变化不定者占优势。

尽管统计显示研发强度与随后公司发展关系并不十分密切,但创新成功与随后公司发展关系密切。曼斯菲尔德(1968a,b)和其他经济学家都提出了令人信服的证据，证明一条已是常识的结论——技术创新成功能促使公司迅速发展。另一方面，正如所知，创新失败可能导致公司破产，不管其研发规模有多大。下一章我们将进一步讨论开创性创新高度不确定性的含义。

8.7 结束语

接下来在关于20世纪70年代和80年代项目成功与公司成功的著作中，罗斯威尔(Rothwell,1992,1994)试图将其研究结果与对80年代创新的其他实证研究综合起来。罗斯威尔除强调他的这本著作证实了萨福项目对其他公司和其他产业的调查结果外，他还着重强调管理计划和指挥程序的重要性(表8.3)，但并没有提供有力的证据证明这种指挥程序是否有效。他从公司角度出发强调高层管理责任和长期策略。第11章将进一步讨论这一点。罗斯威尔引用梅迪克和泽格(Maidique 和 Zirger,1985)、道奇森(Dodgson,1991)及普

表8.3　成功因素

项目执行因素

- 内部和外部充分交流：获取外部技术诀窍
- 将创新作为全公司范围的任务：有效的内部职能协调，各种职能全面平衡
- 执行详细的计划和项目指挥程序：高质量的前期分析
- 开发工作效率高、生产质量好
- 强烈的市场导向：强调满足用户需求，研制着重于创造使用价值
- 为用户提供最佳技术服务：有效的用户培训
- 有力的产品主管和技术把关者
- 高质量开明的管理：旨在发掘利用优秀人才资源
- 争取项目间最佳协作效果和项目内互相学习

公司水平因素

- 高层管理信奉和明确地支持创新
- 长期公司战略及与之相关的技术对策
- 长期支持重大项目(提供专利费用)
- 公司对变革作出灵活反应
- 高层管理承担风险
- 形成接受创新，并使之与企业精神相容的文化

引自：Rothwell(1992,1994)。

拉哈拉德(Prahalad)和哈默(Hamel,1990)的著作来支持自己的观点：创新不断成功取决于在相当长时期内关键性技术诀窍的积累。

巴兹尔·阿契拉德利斯(Basil Achilladelis)对萨福项目中的很多化学工业创新作过研究,接着他又对化学工业各个部门公司的创新进行了极其透彻的研究,尤其是农药、石油化学品和药品(Achilladelis 等,1987,1990)。在他诸多颇有意义的研究结果中,最重要的是他证明了：借助突破性创新取得最初成功的化学公司接下来往往能在同一领域取得一系列更大的创新成功(表 8.4)。他的著作进一步显示：大型化学公司在合成材料方面的成功也延伸到化学工业其他部门(表 8.5)。这些研究结果证实了罗斯威尔关于知识积累有助于公司成功的结论。

表 8.4　公司技术传统范例

序号	公司	技术传统	开创性创新	年份
1	美国 Cyanamid	氨基塑料	尿素蜜胺树脂	1935
2	美国 Cyanamid	有机磷杀虫剂	Thimet	1956
3	巴斯夫	有机化学媒剂	合成氨	1913
4	巴斯夫	聚苯乙烯塑料	聚苯乙烯	1928
5	巴斯夫	录音磁带	第一盘盒磁带	1935
6	拜尔	有机磷杀虫剂	硝苯硫磷脂	1942
7	拜尔	合成橡胶	首次合成橡胶	1910
8	拜尔	聚氨酯泡沫塑料	聚氨酯	1942
9	B. F. Goodrish	聚氯乙烯	聚氯乙烯	1930
10	Celanese	合成纤维	乙酸纤维素	1924
11	Celanese	有机化学媒剂	醋酸	1933
12	Ciba-Geigy	杀虫剂	DDT	1939
13	Ciba-Geigy	除草剂	三嗪	1957
14	Ciba-Geigy	瓮染料	西巴紫	1905
15	道氏化学	卤代烃	氯仿	1903

（续表）

序 号	公 司	技术传统	开创性创新	年 份
16	道氏化学	聚苯乙烯	聚苯乙烯	1932
17	道氏化学	杀虫剂	五氯苯酚	1930
18	杜邦	合成纤维	尼龙	1936
19	杜邦	杀真菌剂	代森钠	1936
20	ICI	除草剂	MCPA	1942
21	ICI	活性染料	普施安染料	1956
22	孟山都	除草剂	草蓁死	1955
23	孟山都	有机化学半成品	氨	1924
24	孟山都	聚丙烯塑料纤维	聚丙烯	1954
25	Rohm & Hass	丙烯酸系塑料	有机玻璃	1932

引自：Achilladelis 等（1990）。

表 8.5　1930～1980* 年化学创新中的技术积累和集中度

1 创新类型和公司	2 杀虫剂	3 杀虫剂	4 合成材料
	最大 5 家公司	最大 10 家公司	最大 5 家公司
	拜尔 Geigy ICI 道化学 杜邦	第 2 列的公司， 及巴斯夫 赫斯特 壳牌 Cyamid Sumitomo（住友）	拜尔 巴斯夫 赫斯特 杜邦 ICI
占全部创新公司的百分率	6	12	5
占全部产品和工艺专利的百分率	19	27	30
占全部新产品的百分率	31	44	58
占全部根本创新的百分率	38	54	60
占主要销售业绩的百分率	35	55	66

* 合成材料从 1930～1955 年。
引自：Achilladelis 等（1987），Freeman 等（1963）。

最后，罗斯威尔（Rothwell，1992，1994）研究了信息和通信技术对创新管理和创新成功的影响。这使得他更加强调被他称作“第五代”创新的各种形式

"网络化"的重要性(表 8.6)。对创新成功而言系统因素总是很重要,纺织、化学、电子工程和汽车的历史事实已经清楚地证明了这一点。但我们越来越发现,对创新成功而言信息和通信技术更加重要。首先,信息和通信技术为机构内以及个人与机构之间数据积累和快速传输提供了非常有效的手段。其次,现在很多创新,包括一些电子设备或计算机元件创新,都常常需要与电子硬件或软件公司进行某种形式的合作。研究 20 世纪 80 年代和 90 年代公司间合作规模迅速扩大时发现,其中涉及信息和通信技术、生物工程和新材料的公司占很高比例(Hagedoorn 和 Schakenraad,1990,1992)。目前信息和通信技术、生物工程和新材料等技术开发十分复杂,非独立研发能够承担,因此迫使各个公司筹划这样那样的合作。有很多例子说明信息和通信技术研究意义越来越重大,其中一例是《研究政策》(*Research Policy*)特刊上关于"创新网络"的文章(DeBresson 和 Amesse,1991),另一例选自 1993 年曼彻斯特"技术合作"会议(Coombs 等,1996)。对网络进化的研究仍然很少,只有几个例外,例如瑞典安德斯 · 伦德格林(Anders Lundgren,1991)对成像网络的著名研究。

表 8.6 第五代创新过程:系统一体化和网络化(SIN)
基本策略要素 时间策略(更快更有效地开发产品) 研制重点在于质量及其他非价格因素 强调公司灵活性和责任感 用户至上策略 与主要供应商相结合的策略 横向技术合作策略 数据电子处理策略 全面质量管理政策
能够实现的主要特点 整个机构和系统一体化更完善 ——平行和集成(横向作用)开发方式 ——初期供应商参与产品开发 ——技术领先的用户参与产品开发 ——适当建立横向技术合作 组织结构更简单灵活,旨在快速有效地作出决策 ——授予基层管理者更大的权力

（续表）

——授予产品主管(项目主管)权力
全面开发的内部数据库
——有效的数据分享系统
——产品研制衡量标准、计算机探试、专家系统
——采用三维-CAD 系统和仿真模型的计算机辅助产品开发
——链接 CAD/CAE 系统以提高产品开发灵活性和产品生产能力
有效链接外部数据
——通过链接 CAD 系统与供应商合作开发
——用户接口采用 CAD
——与研发合作者有效的数据链接

引自：Rothwell(1992)。

尽管如此,现在已有足够的证据证明网络化对创新的作用。如果说 19 世纪最典型的模式是发明家兼企业家,20 世纪最典型的创新模式是与外界充分交流的企业内部研发部门,那么现在这些模式正逐渐被 21 世纪网络化合作系统的创新模式取代。促使这一转变有两个最重要的因素：一是技术革新日益复杂,二是很多信息和通信技术创新本身具有系统性。以 IBM 公司为例,就能很好地说明这一转变：20 世纪 50 年代及 60 年代公司几乎没有任何合作研发的安排,公司自身庞大的研发能力处于自给自足状态;80 年代和 90 年代公司在各行各业与其他公司进行了大大小小很多合作。

本书的第三篇和第四篇将进一步探索国内国际创新体系网络化的发展。

第9章　创新与公司规模

第一篇的历史记述说明了在合成材料、化学工艺、核反应堆和某些电子系统内,大公司在创新方面占优势。但无论是第一篇还是萨福项目都不能证实“大则赢”这个一揽子假设。尤其是在科学仪器工业,新型小公司作出了杰出的贡献。在化学、汽车、半导体和无线电工业初期,发明家兼企业家成立的新公司显然也很重要。在微型计算机和计算机软件工业,这类小公司也不断兴旺发展。可是,关于大公司与小公司对工业创新的相对贡献的论断能在多大程度上获得验证呢?

目前萨福项目的研究结果显示出当两家竞争性公司进行创新试验时,公司规模本身并不太影响竞争结果。但是,真正的小公司显然根本无法涉足某些范围内的创新,例如化学或涡轮发电机之类的工业之中主要是各种大型或巨型公司之间的竞争。不同工业大公司和小公司对创新的相对贡献大不相同,因此萨福项目之类的调查并不能从大体上回答大公司或小公司在经济上对研究和创新的累积贡献有多大这一问题。

产业的规模结构及其与垄断和竞争的关系问题是一个长期困扰着经济学家的问题(Turner 和 Williamson,1969;Cohen,1995;Scherer,1992c),现在已有大量统计信息能帮助回答这一问题。但遗憾的是,从我们的观点看来其中绝大部分信息实际上是与研发或专利有关,而与创新无关,因此如何解释是个大难题。本章的目的是提供这样的解释,并以几个对制造业中大公司和小公司创新的数量的直接调查的总结来结尾(Freeman,1971;Kleinman,1975;Townsend 等,1982;Pavitt 等,1987;Acs 和 Andretsch,1988;Kleinknecht 和 Reijnen,1992b)。

9.1 公司规模与研发费用

20 世纪 50 年代除美国以外很少有显示产业研究和开发集中度的可靠的数据，但 60 年代这种证据开始出现。经济合作与发展组织努力将定义和方法标准化①，因此有 12 个国家已开始提供可比较的数据（OECD，1967，p.46）。这些数据证实了经济学家关于高度集中的假设。表 9.1 中除一个国家以外，其他所有国家的 100 项最大的研发计划已占全部产业研发的 2/3 以上，大多数情况下占 3/4 以上。除一个国家以外，表中其他所有国家的 40 项最大的研发计划占全部工业研发的一半以上，而表中所有统计到数据的国家的 8 项最大的研发计划占全部工业研发的 30% 以上。荷兰 5 项最大的研发计划占全部研发费用的 2/3（菲利浦，壳牌，联合利华，AKU，DSM）。

表 9.1　公司完成产业研发总数的百分率（按研发项目规模排序）

国家	公司数量（按规模排序）						
	4 家	8 家	20 家	40 家	100 家	200 家	300 家
美国	22.0	35.0	57.0	70.0	82.0	89.0	92.0
英国	25.6	34.0	47.2	57.9	69.5	75.0	77.0
法国	20.9	30.5	47.7	63.4	81.0	91.2	95.6
日本	—	—	—	47.7[a]	52.1[b]	63.1[c]	71.4[d]
意大利	46.4	56.3	70.4	81.6	92.5	—	—
加拿大[f]	30.3	40.8	58.4	71.5	86.2	93.2	—
荷兰	64.4[e]	—	—	—	—	—	—
瑞典	33.2	43.0	54.0	71.0	85.4	90.0	—

① 研发（R&D）之定义见 OECD（1963a）。

（续表）

国　家	公司数量（按规模排序）						
	4家	8家	20家	40家	100家	200家	300家
比利时	38.5	51.8	72.6	82.7	92.8	97.5	99.4
挪威	29.5	38.8	55.7	70.6	88.2	97.9	100.0
西班牙	25.2	47.0	73.9	91.5	—	—	—

[a]前54家公司；[b]前85家公司；[c]前180家公司；[d]前289家公司；[e]前5家公司；[f]目前内部费用。
引自：OECD（1967）。

自20世纪60年代起，集中度稍有减缓。这与信息和通信技术、新材料和生物工程的新的小型NTBF（以新技术为基础的公司）飞速发展有关。有证据显示OECD国家绝大部分小公司仍没有实行任何有组织的研究和开发，这些证据虽不完整但相当有说服力。在法国、英国和美国，可能还有大多数其他国家，实行研发的小公司的比例几乎可以肯定不超过5%（如果将小公司定义为雇员少于200人的公司）。

事实上对研究和开发费用的官方统计可能未记录经理、工程师或其他职员在本职工作以外零星地进行研究和发明工作的费用。这种业余兼职工作可能成果丰富，这一现象值得讨论，因为我们发现在重大发明和创新中，小公司所占比例异常高。但就特定的专业研发活动而言，在统计到的所有国家中都有相当确凿的证据显示研发高度集中于大公司。

前面引用的OECD统计（表9.1）调查的是研发项目规模的集中程度，而不是以雇员总数、营业额或资产来衡量的公司规模的集中程度。但主要国家对公司规模的集中程度也作了一些统计，尽管分类并不一致。1970年美国雇员超过5 000人的公司的研发费用占全部产业研发费用的89%，1978年占90%。1979年联邦德国的约占75%，同年英国的比例大约与此相同。1978～1979年日本雇员超过3 000人的公司的研发占总产业研发的2/3左右。

但是，公司规模（按雇员总数分类）的集中程度不如研发项目规模的集中程度显著。1970年美国有466家雇员超过5 000人的公司实行研发。但其中很多公司的研发项目规模较小,而一些中型公司(雇员 1 000~4 999 人)的研发项目规模相当大。因此 300 项最大的研发项目计划的费用与 470 家最大的公司的费用大约相等,各占总费用的 90%左右(表 9.2)。研发项目的集中度要超过销售或雇员(表 9.2)。法国 200 项最大的研发项目的费用约占总费用的 91%,而 200 家最大的(根据雇员人数得出)公司的费用约占总费用的 72%。有些工业中即使最大的公司也很少或没有进行研究,而另一些工业里即使小公司也进行大量研究活动。

表 9.2　1970 年美国有大型研发项目计划的公司研发、净销售和总雇员所占百分率

计划规模	总研发	联邦政府的研发	净销售	总雇员
最大的 4 项	18	20	6	8
最大的 8 项	32	40	9	11
最大的 20 项	55	71	16	19
最大的 40 项	66	85	23	27
最大的 100 项	79	93	38	39
最大的 200 项	87	96	50	50
最大的 300 项	91	97	63	62

引自：National Science Foundation(1972,pp.46~47)。

各公司间研究强度不同主要与涉及的工业有关,因此最好逐个分析各个行业研究强度与公司规模的关系。

20 世纪 60 年代最初产生争论时,某些经济学家便声称已经发现研究强度与公司规模之间的反比关系,至少在几个欧洲国家和加拿大的某些产业如此(Hamberg,1966;de Melto 等,1980;Morand,1970)。但这些研究结果受到质疑,因为人们开始获取更完整的证据。科恩(Cohen,1995)和西蒙迪斯(Symeondis,1996)查阅最近所有数据后得出结论：在某一临界值以上,研发费用上升似乎多多少少与公司规模成比例：

> 对研发与公司规模及市场结构之间关系的实际事例研究有一项发现最令人信服：公司规模与研发能力之间有着密切的单调正比关系，在大多数行业中它与从事研发的工作人数成正比，或者同它在行业中的控制作用成正比。
>
> （Cohen，1995，p.196）

尽管如此，无论是对行业还是对国家而言，上述总结都有例外。

除上一章结尾提出的几点外，我们还可以假设确实实行研发的小公司分为以下三类：

（1）刚刚开始开发新发明的公司。在这种情况下，销售比研发少，预期研究强度会很高。例如1994年基因技术（Genentech）公司的研发/销售比超过40%。一旦创新商业开发成功，公司及其销售开始发展，这一比率就会倾向于下降。

（2）承担很窄范围的研究性很强的项目、富有某种专门知识的高度专业化公司。在这种情况下，研究强度也常常很高。例如在相当长时期内各科技园的某些衍生公司研发/销售比都在10%~20%之间。

（3）在新产品竞争使得研发日益重要的工业领域内奋斗求生存的公司。在这种环境下，预计各公司的管理会大不相同：一些公司凭借微不足道的研发成果艰难度日，另一些公司主要依靠合作研究，还有一些公司则冒很大风险实行其雄心勃勃的计划。

根据科技园的发展和大学周围衍生公司的增多等诸多间接证据，我们有理由推测：从20世纪70~90年代，前两类公司的数量一直是飞速壮大的。

如果上述推测正确，则其原因有二：（1）从某些研究中发现，研究强度与公司规模之间关系并不密切；（2）根据经验观察显示，这种关系的密切程度在各产业部门间差别很大。我们发现，在英国、法国、德国和美国某些产业领域，小型或中型公司的研究强度比大型公司的高。即使纵观所有产业也是如此，尽管美国的数据显示雇员超过25 000人的公司研究强度始终很高，但造成这种差别的大部分原因是联邦政府与公司签订的合同(表 9.3)。如果只考虑公司为研发提供的资金,则公司规模造成的差别并不太大(请注意,我们在此讨论的只是确实实行研发的公司)。

表 9.3　美国实行研发的公司中研发资金占净销售的百分率(按公司规模排序)

<table>
<tr><th rowspan="2">公 司 规 模</th><th colspan="3">总研发费用(包括政府合同)占净销售百分率</th><th colspan="3">公司为研发提供的资金(不包括政府合同)占净销售百分率</th></tr>
<tr><th>1957</th><th>1967</th><th>1977</th><th>1957</th><th>1967</th><th>1977</th></tr>
<tr><td>少于 1 000 人</td><td>1.8</td><td>1.7</td><td>1.7</td><td>1.4</td><td>1.6</td><td>1.6</td></tr>
<tr><td>1 000~4 999 人</td><td>1.8</td><td>1.7</td><td>1.5</td><td>1.2</td><td>1.4</td><td>1.3</td></tr>
<tr><td>5 000~9 999 人</td><td rowspan="3">3.9</td><td>2.1</td><td>1.9</td><td rowspan="3">1.6</td><td>1.6</td><td>1.5</td></tr>
<tr><td>10 000~24 999 人</td><td rowspan="2">5.2</td><td>1.8</td><td rowspan="2">2.3</td><td>1.5</td></tr>
<tr><td>25 000 人以上</td><td>4.2</td><td>2.4</td></tr>
<tr><td>全部公司</td><td>3.4</td><td>4.2</td><td>3.1</td><td>1.5</td><td>2.1</td><td>2.0</td></tr>
</table>

引自:National Science Foundation(1979)。

汉姆伯格(Hamberg,1964)和谢勒尔(Scherer,1956a、b)着手研究大公司间研究强度的差别时发现:以雇员或销售额来衡量的公司规模与研究强度之间关系并不密切,而以资产来衡量的公司规模与研究强度之间关系更不密切。汉姆伯格的范例由《财富》500 强中的 340 家大公司组成,而谢勒尔的范例则由 500 强中的 448 家公司组成。谢勒尔得出了一个有趣的观察结论:在几个工业领域,销售额上升达 2.5 亿美元之前,研究强度普遍随之上升,但销售额介于 2 亿~6 亿美元之间某一点时,研究强度开始下降(见 Kamien 和 Schwarz 的文献综述,1975)。苏特(Soete,1979)审查 20 世纪 70 年代的最新证据后得出的结论是,美国的研发数据总的说来并不支持汉姆伯格和谢勒尔的观点,尽管其中确实仍为这两个人的观点提供了某些证据。苏特坚持认为美国的证据显示研发有随公司规模上升的趋势,至少在某些工业如此。但我们必须注意,表 9.4 中所有数据都是针对雇员超过 25 000 人的公司(即特大型公司)。第一篇中的证据也显示:有时规模最大的公司研究强度也最高(IG-法本、美孚和贝尔)。

表 9.4　对一些公司的专利、研发费用等项内容的调查（雇员超过 25 000 人，按雇员多少排序）

包括的公司数量	占全部 130 家公司的百分率			每 10 亿美元销售的专利数量	研发/销售百分率	每 10 亿美元研发费用的专利数量
	专利	雇员	研发			
最大的 4 家	9.04	23.98	24.13	11.86	2.69	0.441
最大的 8 家	19.89	34.62	38.39	17.98	2.94	0.609
最大的 12 家	25.91	40.84	43.87	20.17	2.90	0.695
最大的 16 家	35.21	45.98	51.61	20.06	2.50	0.803
最大的 20 家	40.71	50.39	54.50	21.41	2.44	0.879
最大的 30 家	53.13	59.28	63.88	24.47	2.50	0.978
最大的 40 家	58.31	66.25	69.69	23.03	2.34	0.984
最大的 50 家	64.81	71.93	75.11	23.55	2.32	1.015
最大的 75 家	78.99	83.87	78.75	23.17	2.14	1.085
最大的 100 家	91.08	92.77	94.11	22.99	2.02	1.138
全部 130 家	100.00	100.00	100.00	23.03	1.96	1.176

引自：Soete(1979)。

因此，20 世纪 70 年代有关公司规模与研发费用的证据概括如下：

（1）在有统计数据的所有国家中，研发项目计划高度集中。

（2）这些项目计划主要在雇员超过 5 000 人的大公司内实行，但公司规模的集中程度远不及项目计划规模的集中程度。

（3）绝大多数小公司（可能远不止 95%）未实行任何专门的研发项目计划。

（4）在大部分产业确实实行研发的公司中，总雇员规模与研发项目计划规模密切相关。

（5）研究活动（研究强度）与公司规模之间关系通常并不密切，在某些产业这种关系无关紧要。

（6）有几个国家的确实实行研发的小公司的研发强度超出平均水平。

20 世纪 80 年代和 90 年代的最新证据显示：研发项目计划规模和公司规

模的集中程度都有所减缓,但研发的集中程度仍高于雇员或销售的。虽然绝大多数小公司仍未实行专门的研发,但实行研发的小公司的数量还是上升了。

解释上述研究成果前有必要稍深一层考虑研发费用(研发投入)与研发成果之间的关系。

9.2 公司规模与发明

很多经济学家坚持认为:尽管研发费用高度集中于大公司,大部分重要发明和创新仍是由小公司完成的。如前所述,虽然在过去的25年内对研发投入的计量已经取得了显著进步,但对研发成果的计量[①]却进展不大。经合组织国家到了1980年才召开了一次专门讨论研发成果的会议(OECD,1980b)。人们普遍认为,产业研发的直接成果是一系列与新产品新工艺及改进产品和工艺有关的知识信息流。其成果可能以研究报告、技术说明书、操作数据和使用手册等形式出现,而它们又是建立在实验厂或样机的实践经验、科学论文、公式、口头交流、蓝图或专利等基础之上的(表1.1)。没有人能找到一种方法可以在这一大堆知识信息中,简化出一个使它们能在各公司或各个产业部门之间进行相互比较的共同标准。所以最可取的方法就是以某种定性的方法衡量之后或不经衡量,就直截了当按发明和创新的数目进行评价。

对大量发明所作的唯一能普遍采用的统计是专利统计,人们已经创造性地将专利统计用于各种形式的比较,包括研发成果与公司规模的比较。但是,正如我们在第5章已经注意到的,这种比较并不令人满意,其原因有多种,其中最主要的原因是各个公司和各行各业的专利习惯大相径庭。我们调查专利习

① 研发成果计量的全部问题详见联合国教科文组织(UNESCO)(1970)。Irvine 和 Martin(1980,1981),Martin 和 Irvine(1983),以及 OECD 成果调查会议录(1980b,1982);又见《研究政策》(*Research Policy*)关于成果调查的专刊(第16卷,No.2~4,1987)。

惯时发现,有些公司十分注重专利,设有庞大的专利部门,积极组织专利活动,用这个方法统计时,它们的发明成果有被夸大之嫌。另一些公司要么不想为专利操心,要么情愿依靠保密来保护自己。人们倾向于假设大公司比小公司更注重专利,所以根据专利统计得出的研发成果可能会低估小公司的贡献。因为美国小公司比大公司的专利数量/研发费用的比值大得多,所以这被称为小公司研发的超生产能力现象(见 Rothwell 和 Zegveld,1982)。

但是,美国专利统计的权威施穆克勒(Schmookler,1966,p.33)提出了令人信服的证据证明:与人们普遍相信的相反,美国大公司不如小公司注重专利。施穆克勒之所以提出这一点,是因为有实际证据显示反托拉斯法对大公司专利政策产生了影响,还因为大公司在提出专利申请之前进行预先检测的可能性大得多,而且在专利共享和技术关键交换安排方面更有保障。小公司一般负担不起没有专利保护的损失,而且等不起,总是迫不及待地申请专利。所以专利统计倾向于夸大小公司和个人对发明成果的贡献。英国帕维特(Pavitt,1982)的著作以及泰勒和西尔伯斯顿(Silberston,1973)对英国专利体系的作用的分析都支持上述观点。

专利统计的另一个主要问题是专利重要性的可变性。解决这一难题的方法是对专利进行衡量,或者将主要发明列成表。这些方法并非轻而易举,它们十分费时,除非只用来统计少数真正杰出的发明。如果只统计少数真正杰出的发明,则会出现两种困难:一是选择最重要的发明时主观判断上的困难,二是将最初突破性发明与大量第二类改进发明相比较评定其相对重要性的困难。采用这种筛选统计法最有名的例子是前面已经讨论过的朱厄格斯的研究(Jewkes 等,1958),他试图证明 20 世纪 70 项主要发明大多是在大公司研发部门之外完成的。美国商业部的研究(1967)采纳了与此基本类似的观点。承认个人发明家和小公司的重要性。但它缺少实际证例依据,而且似乎将发明与创新混为一谈。在此之前,格罗夫纳(Grosvenor,1929)和汉姆伯格(Hamberg,1966)也提出过类似的看法。

朱厄格斯的分析也许会受到批评,因为他忽略了某些重要的公司发明,更正确地说,是因为20世纪20年代以来大公司的贡献已经变得更加重要了。如果将朱厄格斯的发明表一分为二,可以看出1930年以前公司研究、开发的发明份额不大,但1930年以后公司研究、开发的发明则占优势(Freeman,1967,1992)。但是,对朱厄格斯的批评还需留有余地,因为我们必须承认朱厄格斯和他的同事有力地证明了以下观点,即大学、个人发明家和小公司对20世纪开创性的重要发明作出了极大贡献。这一点我们自己也在有关的历史记述中证实了。

9.3 公司规模与创新

因此,我们并不一定采纳上述意见,因为就其研发投入而言,小公司可能以大量专利或大量重大发明而取得较好成绩,而且小公司一贯比大公司研发的效率更高。可是,我们已经注意到,朱厄格斯统计中的大量私人发明都是通过大公司开发和投入市场的。在大公司研发之外完成的发明中也许约有一半也是通过这种方式成为创新的。工业研发的最终目标是一系列创新,因此开发的效率与初始发明工作同样重要。事实上常常很难说是谁完成了某项发明,因为声明和反诉总是接连不断、纠缠不清。但是从新产品或新工艺的首次商业使用的意义上,通常可以很准确地说是哪一家公司完成了某项创新;显然大公司的创新业绩比发明业绩好,而且朱厄格斯承认,在开发工作中(通常费用高得多),大公司发挥着更加重要的作用。

因此,我们有理由假定:在发明工作初期以及费用少但更具开创性的创新中,小公司可能相对而言占某些优势;而在发明工作的后期以及改进和扩大最初重大成就时,大公司则占优势。而且,不同工业之间大公司与小公司的相对表现有显著差别。化学产业研究和开发工作常常费用很高,因此大公司在发明和创新两方面都占优势。在机械工程行业,人的创造性才能无须本钱但作用更大，因此小公司或个人发明家贡献更大。专利统计很清楚地反映出这些差别，本节结尾概述的萨福项目的调查结果也完全证实了这一点。但是，我们必须注意：计算机软件至今仍常常不能取得专利，因此专利统计可能并未反映该工业新的小公司的主要贡献。

正如第一篇所述，有些类型的创新远非小公司力所能及。零件数量极多是影响因素之一。零件最多的例子是阿波罗11号，它需要200多万个零件。但另有一些普通的成套工程产品可能也需要1万多个零件，例如新型喷气式航空发动机、电子电话交换机、大型计算机系统、核反应堆或某些工艺设备。当有几条路径可能通向成功、每条都变化莫测、同时选择几条才有利可图时，大公司也占相对优势。同样地，当解决某个问题需要各行各业众多专家齐心协力时，当昂贵的仪器必不可少时，大公司也享有优势。

小公司最大的优势也许是灵活、集中和内部交流。萨福项目指出加强集中管理很重要，而在小公司里市场销售与研发决策的有效结合更容易办到。在讨论电子仪器工业时我们曾提及辛索尼的著作(Shimshoni，1996，1970)。辛索尼发现，在几项重要仪器的创新中，新的小公司发挥着关键作用。因此他推测这种公司的主要优势在于创新动力大、成本低、开发研制周期短(因为决策迅速)和灵活多变(表9.5)。他还断定新成立的公司在外部经济方面有一个主要有利条件，即可以从其他地方的研发系统内购买专业技术知识。

表9.5　仪器创新中各类公司的比较优势[a]

创新过程	稳定的大公司	生产第二类或附属产品的新型小公司	生产第一类产品的企业
创新动机	3	1-	1
获取或完善自身技术知识的能力	1	3	1
利用外部新知识的费用优势	2	3	1
可以用来打入市场的经费	1	2-	3
用于新产品开发的经费	1	3	1或2

(续表)

创新过程	稳定的大公司	生产第二类或附属产品的新型小公司	生产第一类产品的企业
制造样机和早期模型的成本和速度优势	3	1-	1
采用新产品或新技术的灵活性	3	2	1+
大批量系列生产和销售的成本优势	1	2-	3

[a] 1——比较优势最大，3——比较优势最小。
引自：Shimshoni(1970,p.61)。

罗伯茨(Roberts)在研究衍生的仪器公司时也指出：技术型企业家很关键，很重要，因为他们从大学和政府实验室等科学发源地带来了新设想和研制中的新产品。戈丁证明在美国半导体工业这种机制的确在起作用。在美国半导体工业，新的小公司和衍生公司发挥着极其重要的作用，因此有些观察家断定，熊彼特的“1 型”比“2 型”更真实地反映了当代现实(即大公司在创新过程中不占优势——见第 1 章)。但贸然下此结论前，我们有必要考虑以下几点：

(1) 大公司(通用电气、美国无线电、AT&T 等)的确在关键创新中所占份额一直很大(可能占一半之多)；

(2) 大公司在关键工艺创新中所占份额超过一半；

(3) 在欧洲和日本，大公司在极大程度上控制着仿制过程和创新过程。

罗斯威尔和泽格威尔德(Rothwell 和 Zegveld,1982)承认小公司在创新过程中有某些有利条件。与此同时，他们又指出小公司有某些不利条件，例如融资途径少、应付政府调整能力有限、缺少专门的管理专业知识。

系统地验证各种工业和经济中小公司与大公司的相对创新贡献有多大可能？虽然证据仍不完整，调查难题依旧令人生畏，但 20 世纪 70 年代和 80 年代还是取得了几次较大进展。英国和美国的萨福项目也使我们能够相当明确地回答上述问题，尽管这一答案不像我们本来希望的那样详尽和准确。

1971 年 SPRU 进行了一个项目，试图直接调查英国很多工业部门三类规模公司中每一类完成创新的数量(Freeman,1971; Townsend 等,1981)。这项调查是由博尔顿(Bolton)小公司咨询委员会负责执行的。该委员会将小公司定义为雇员少于 200 人的公司。调查包括 1945~1970 年这段时间,但后阶段由科学研究委员会(SERC 和 SSRC)资助的调查增加了 1971~1983 年这段时间的新信息(Pavitt 等,1987)。重要发明一览表是从大量不同产业部门各个独立的资料来源获得的。因此创新可以追溯到各个创新公司,其中 90% 的公司能提供创新时期公司总雇员的信息。

如果假定调查到的产业部门基本上在英国产业中具有代表性,则可以得出以下最重要的结论:

(1) 1945~1983 年间,小公司创新占全部产业创新的 17%。这可以与小公司的生产和雇员份额作个比较。1963 年小公司的净产值份额约为 19%,雇员份额为 22%。

(2) 1950~1970 年,小公司的创新份额显然相当稳定,但此后急剧上升。

(3) 20 世纪 60~70 年代,特大型公司(雇员 10 000 人以上)占创新总数的份额上升,但 80 年代下降。

(4) 在整个时期,雇员超过 1 000 人的公司,其创新占全部产业创新的 2/3。

表 9.6 **1945~1983 年英国工业各种规模公司的创新份额**

时间阶段	公 司 规 模					创新数量
	1~199 人	200~499 人	500~999 人	1 000~9 999 人	超过 10 000 人	
1945~1949	16.8	7.5	5.3	28.3	42.0	226
1950~1954	14.2	9.5	4.5	32.2	39.6	359
1955~1959	14.4	10.1	9.1	24.9	41.4	514
1960~1964	13.6	9.2	6.0	27.8	43.4	684
1965~1969	15.4	8.2	8.5	24.7	43.7	720
1970~1974	17.5	9.0	6.3	20.7	46.5	656
1975~1979	19.6	9.6	7.5	16.2	46.2	823

（续表）

时间阶段	公司规模					创新数量
	1～199人	200～499人	500～999人	1 000～9 999人	超过10 000人	
1980～1983	26.3	12.1	4.3	14.9	41.9	396
创新数量	774	411	299	1 004	2 020	4 378
平均百分率	17.0	9.4	6.8	22.9	43.1	100

引自：Rothwell and Dodgson(1994)。

9.4 创新按公司规模和产业部门分类

按产业部门分析1945～1970年小公司的创新贡献时显示出有很大差别。这些产业部门可以相当清楚地分为以下两类：

（1）在下述类产业部门中，小企业对创新的贡献很小或看不出来，不管是相对而言还是绝对而言。这类产业部门包括：航空航天、汽车、染料、药品、水泥、玻璃、钢、铝、合成树脂和造船（见表9.7），以及（特殊类别中的）煤和煤气。1963年这类工业部门小公司仅占创新的1%强（总数479项中的6项），但净产值约占8%。

表9.7　英国小企业在创新及产业新增产值所占比例

1958 SICMLH编号	工业部门	1945～1970年小公司创新份额百分率	1945～1970年小公司创新数量	1945～1970年全部公司创新数量	1963年小公司净产量份额百分率	1963年全部公司净产值（百万英镑）
471～3	木材和家具	39	7	18	49	220
351	科学仪器	28	23	84	23	154
331～3,450	皮革和鞋类	26	5	19	32	157
335	纺织机械	23	15	65	21	65

（续表）

1958 SICMLH 编号	工业部门	1945～1970 年小公司创新份额百分率	1945～1970 年小公司创新数量	1945～1970 年全部公司创新数量	1963 年小公司净产量份额百分率	1963 年全部公司净产值（百万英镑）
481～3	造纸和纸板	20	6	30	15	317
339	通用机械	17	18	108	14	409
332	机床工具	11	4	38	18	100
411～15	纺织物，地毯	10	6	63	18	670
417，419，492						
364	电子	8	13	160	8	320
211～29	食品	8	3	38	16	814
381	汽车，拖拉机	4	3	64	5	733
276	合成树脂和塑料	4	2	52	12	77
370	造船	2	1	59	10	215
217(1)	染料	0	0	22	7	35
272(1)	药品	0	0	44	12	124
463	玻璃	0	0	13	14	96
464	水泥	0	0	18	0[a]	41
383	飞机	0	0	52	2	185
321	铝	0	0	16	10[a]	100[a]
311～13	钢铁	0	0	68	9	630
101	煤	0	0	23	0	655
601	煤气	0	0	15	0	216
500，336	建筑业，土方工程					
337	设备和承包厂	12	4	33	53	1 931

[a] 估计。
引自：Freeman(1971)。

（2）在下述类产业部门中，小企业对创新的贡献相当大。这类产业部门包括：科学仪器、电子、地毯、纺织、纺织机械、造纸和纸板、皮革和鞋类、木材和家具，以及建筑业。1963 年这类产业部门总创新 623 项，小企业创新 103 项，约占 17%；与此相比，小企业净产值约占 20%。

如果按小企业占创新数值的份额来进行逐个产业顺序排列,那么这一顺序与根据小企业净产值份额调查集中程度的顺序十分吻合(表 9.7),但小企业的创新份额比净产值份额上升得更快。

在科学仪器、某些类型机械以及造纸和纸板产业,小企业的创新贡献份额比例超过了其在总产值中所占份额比例。这些产业中等规模公司(雇员 200~999 人)也对该行业中的创新作出了重要性贡献。

有些行业小公司的创新贡献比其产值份额小得多,或者根本没有贡献,这些产业一般资本强度很高。当然有例外,主要是航空航天、造船和药品。这些产业部门中虽然资本强度低,但大多数新产品的开发和创新成本很高。造纸和纸板又是一个例外。尽管这一产业资本强度一般较高,但在不是造纸的特种制品和纸板方面的中小型公司仍完成了一些重要创新。上述产业部门资本强度较低。

因为这一例外,看来的确在资本密集型产业,工艺创新和产品创新都主要由大公司垄断。这一发现与第一篇的结论十分相符。小公司主要对机械和仪器创新作出了贡献,机械和仪器产业很多产品的资本强度和开发成本较低,新公司的投入成本也较少。这又十分符合第一篇的历史上的结论。机械、仪器和电子创新占小公司全部创新的 2/3。尽管小公司对纺织、皮革和家具等传统产业的创新作出了巨大贡献,这些传统产业的创新总数仍然较少。从上述调查得出一个重要结论:朱厄格斯指出的大公司专业研发的发展并没有排除小公司对产业发明创新贡献的观点是对的。但加尔布雷斯(Galbraith)相信大公司在当代产业创新中占优势也是对的。

从 20 世纪 70 年代起英国办公司在总的创新中占的份额在增加,特别是在它们原来就较强的电子、仪器和计算机这些行业。在美国的研究也显示出非常类似的结果。

最新对实际事例的研究显示:20 世纪 70 年代和 80 年代小公司所占总创新的份额不断上升,历史上也是这样。过去在主要新技术研究初期,小公司作出了超常的极大贡献。但随着技术不断成熟,集中日趋明显,出现了占优势的设计、技术封锁普遍盛行(见图6.1及Utterback,1993)。为分摊不断上涨的研发费用及获取竞争对手的研发控制权,各竞争公司常常采取收购和兼并的方式。90年代信息和通信技术产业及生物工程再次出现集中现象,其间大型化学公司和医药公司收购新技术公司(NTBF)尤其值得注意。卡普林斯基(Kaplinsky,1983)在谈及计算机辅助设计(CAD)公司时举了一个很好的例子说明这一"再集中"过程。我们还应当保留另一点意见:某些报告可能夸大了小公司的贡献,因为这些报告未能清楚地区分哪些是大型跨国公司的小型子公司或国内公司建立的机构和子公司,哪些才是真正独立的小公司。

但最终还是有确凿证据证实20世纪最后25年内,小公司占总创新的份额确实增加了。虽然以前在技术变革浪潮的冲击下,这种份额增加未能持续下去,集中的长期趋势又开始出现,但现在形势发生了某些变化,原因是第8章提及的网络化趋势和技术的日益复杂。很多工程师和科学家喜欢到小而关系密切的机构工作,因此形势会越来越对小公司有利。奥托(Autio,1994)在研究剑桥(美国马萨诸塞州)地区、剑桥(英国)和赫尔辛基地区的新技术公司(NTBF)时有一个重要发现:大部分公司并不希望扩大规模或降低专业化程度。因此21世纪可能是大公司与小公司以新的形式携手合作,而不是出现第一篇描述的19和20世纪曾有过的集中趋势。这将是21世纪一个重要的研究主题。

9.5 结束语

从本章可以看出,对公司规模、研发规模、发明成果和创新的统计性结论必须作重大修正。这与产业、技术和历史都有关系。在产业或技术发展的初期阶段与后期阶段,小公司的作用大不相同。要获得较好的创新成绩,集中程度是高好还是低好？这个问题是不能用一个简单化的结论来回答的。竞争压力的确会激发更多创新，但无论是对高度集中的国际寡头而言，还是对小公司占优势的行业而言，这种竞争压力都是同样大的。

这意味着竞争政策并不像某一时期看上去那样简单。西蒙尼迪斯(Symeonidis,1996)在一份经济合作与发展组织调查报告中对自己研究"熊彼特假设"后得出的结论作了极为简洁的概括：

> 目前文献调查表明，似乎很少有实际证据支持这一观点，即公司规模大或高度集中是促使创新活动水平提高的原动力。当然，一旦证实这些变量都是内源性，由内部因素决定的话，研究的重点将由对偶然事件转向对相互关系的考察。目前也没有证据表明创新与市场结构或公司规模存在着普遍的正比关系。虽然这种正向联系的环境肯定是存在的。这意味着在竞争政策和技术进步之间并不存在着对应关系。尽管在某些研发密集型的产业中不可避免地会存在高度集中……在某一行业中能有多大程度的集中，取决于该行业诸多特定的因素。如：技术、机遇、研发项目平均成本、技术连续性和可预测性，以及经济知识范畴；同类产品差别及需求特点；以及像价格竞争强度之类策略的相互作用问题。
>
> (Symeonidis,1966, p.33)

最后值得一提的是：尽管有很多同一主题的文献引用了规模大对创新有利这一"熊彼特假说"，熊彼特本人并未明确及系统地阐述过这一假说。事实上，熊彼特(1942)的确曾以相当引发争议的口气指出大公司的优势，但我们可以认为实际上他指的是只有大公司才能担负起极其复杂的产品和工艺的开发。熊彼特在其早期著作(1912)中主要谈到的是发明家兼企业家和小公司的优势，而我们也在第1章指出了他的早期模式("1型")与后期模式("2型")之间的区别。虽然熊彼特明确指出研发集中于大公司，但他也指出了大机构官僚主义的危险。而且,他也缺少参考统计数据这一有利条件,因为统计数据是他去世后才开始出现的。因此,那些认为熊彼特的假说正被驳倒的判断通常是没有公正地用历史观点衡量他的学术思想,也没有合理地考虑各个产业部门和各种技术之间差异的复杂性。

第 10 章　不确定性，项目评估和创新

10.1　风险和不确定性

大公司的实力不应过分夸大。根据日常观察以及本书第一篇内容，并根据萨福项目和其他实地考察研究的结果都清楚地表明，许多尝试性的创新项目在一些大企业中会失败，在一些小企业中也会失败。对失败所占比例的判断，由于种种原因是不十分可靠的。这种判断常常是根据某一企业或少数几个企业在某一特定时期内的情况作出的。而关于失败的判别标准常常是含糊不清的。通常研发管理的经验表明，一般成功率在十项中只有一项，甚至百项中只有一项。但是这里的每件事情都是与进行评估时所处的阶段有关。成功率较高的情况经常是已经通过了初步选择或筛选，那些没有吸引力的研发项目或提案早在投入大量资金，并且远未达到商业运作阶段之前已经被剔除。被搁置一旁的研究成果或开发项目，可认为是在早期阶段就已失败了的创新项目(Centre for the Study of Industrial Innovation，1971)。不过在研发阶段的淘汰率要比商业运作阶段大得多。萨福项目所关注的就是如何判断哪些项目可以进入这个最后阶段。

然而当达到这一阶段之后，项目的失败率仍然不算低。本章将扼要讨论高失败率的各种原因，以及企业在选择项目中面临的主要困难。最终的结论是除了有适应能力和仿制型的项目外，即使通过改善创新管理或项目选择和技术控制仍很难降低失败率。

这个结论可能与萨福的结果不一致,也可能与我们为了加深对创新管理的理解而设计出的其他研究计划的结果不一致。但是重要的是应充分认识到这些结果的局限性。即使它们能够大体上正确地说明成功和失败的特征模式,但仍远不能为确保成功提供一个准则或公式。

鉴于其他创新者取得技术上和商业上的成功也会影响任一项努力的结局,在存在类似的或竞争性的项目时,总是有一定的失败率。对成功的条件有了全面了解后,可以提高总体管理水准改进试验项目工作,但是不可能消除失败的可能性,赛场上有赢家必有输家。

可以用足球队的管理做个比拟。球队的管理人员通常知道为获胜应做些什么,他们对取胜的比赛方案有一个十分完美的设想。然而他们总会有对手,由于多种原因,包括对手的所作所为,使他们在赛场上没法轻易地把设想转变为现实。事后才能认识到的情况总是无法控制的,也无法在事先传授给队员。所涉及的许多变数在任何场合都是难以控制的。

当然也会有好的情况,市场状况可能会允许若干个创新者都获得成功。一个参赛者的成功并非必然意味着另一个要失败;有些比赛所有参赛者都可获奖,况且还有一些比赛是单匹马赛跑。可是即使在垄断体制下创新也会有失败,其原因有三:技术的不确定性、市场的不确定性,以及一般的政治和经济因素的不确定性,有时称之为商业的不确定性。

最后一点是在有关未来的决策和评价未来的收益和支出时,应该确定一个合适的折扣率,这是个恰当的方法。不过创新比其他类型的投资有更大的复杂性,因为创新项目在其潜在利益要变为现实之前,需要一个长得多的时间间隔。这些复杂情况将在本章末尾讨论。

其他类型的不确定性是创新项目所特有的,而且不能低估,不能消除或是当作一项可以投保的风险来处理。确实通过试验性开发和试生产阶段可以大大降低技术的不确定性,而这正是这两类活动的目的之一。但是这些阶段的结局在它们完成之前是无法知晓的,否则这就算不上试验性工作或真正的创新活动了。此外,即使成功地完成了样机试验、中试生产、试生产和试验性销售之后,某种技术不确定性仍然存在于这些创新的初始阶段。正如我们所见,成功的创新者的特征之一就是能在开发阶段努力查出并排除隐患。但是常常还会有一些问题遗留下来,即使是在妥善经营的创新项目里也有,并且偶尔会在商业运行开始之后的某个时刻引发严重的挫折。著名而且代价高昂的例子,有彗星式喷气客机和杜邦公司的卡芬(Corfam,多孔透气人造革,见第 5 章)。

技术的不确定性不仅是"好用"或"不好用"这样的事情,当然这对成功是有决定意义的。事实上,事情很少能够简化到这样简单的水平。多数情况下是程度的高低,各种操作条件下的性能标准及成本如何的问题。不确定性还在于创新项目要在不增加开发成本,不增加生产或操作成本的条件下,满足各种各样的技术规范。若干种用合成法生产靛蓝染料的工艺在技术上是成功的,却未能在市场上存活下来(见第 4 章)。数以百计的早期采棉花机器也遇到了相同的命运。

技术创新的风险不同于常规的可以投保险的风险。大多数经济学家赞同奈特(Knight,1965),把不确定性或风险区分为:可度量的不确定性或狭义风险,和不可度量的不确定性或实际风险(亦可见 Shackle,1955,1961)。技术创新通常被定为第二类。按此定义,各种创新并不属于同一类事件,不过有些类型的创新被认为其不确定性比其他的小些(表 10.1),风险也小些。按奈特的说法,风险和不确定性的分类,除了极端情况之外只不过是程度的不同而已。人寿保险和火灾保险及其他可重复、可计算的风险通常作为第一类风险的实例而引用,这类风险可以按统计概率理论以十分简单的方式来处理,但是其中还有不确定性。对第二类风险,保险公司通常是不会承保的,银行当然也不会。所以现在有特殊形式的金融机构出现,专门处理这类不确定度,它们对每个个别事例作出特定的判断。

表10.1　与各种类型的创新相联系的不确定性程度

1. 真正的不确定度	基础性研究与基础性发明
2. 甚高的不确定度	重大的开创性产品创新 公司以外开创性的生产工艺创新
3. 高不确定度	基本产品创新 在本公司或系统中的开创性生产工艺创新
4. 中等不确定度	公司已有品种的新"一代"产品
5. 小的不确定度	获得专利的创新 仿制的产品创新 产品和工艺的改进 成熟生产工艺的早期采用
6. 很低的不确定度	新"型号" 产品的衍变 为创新产品作代理推广(销售) 已有生产工艺创新的晚期采用及在本企业中的特许授权使用 较小的技术改进

即使属于表10.1中所列的等级较低的不确定度,其研究和开发也只有一小部分获得了资本市场的直接的资金支持。内部自有现金流动占了主要地位。在公司或那些比较熟悉该项目的人不愿承担风险时,通常需要以某种成本略高的研发合同发包出去,或是将所有权转让给政府并由研发机关提供资金。

在评估人寿保险项目和其他可接受保险的风险时,曾做过大量工作来处理创新中固有的不确定性,以取代对客观数据的主观的可能性或可靠性估算(如Allen,1968,1972;Beattie和Reader,1971)。这些工作提出了复杂的哲理问题,对此我们不在此讨论,但是我们要考察它们的实际数据,以了解这些公司实际上是怎样进行创新决策和它们以统计学为基础作出判断的能力有多大。

要指出的是由于创新的不确定性,使得大多数公司在大多数时间内不愿去承担较为开创性类型的产品创新,而是把自己的工业科研集中在防守性的模仿创新、产品变化和工艺创新。这一主题将在理论基础上加以论述,而后将讨论它的实际资料。在这里,区分企业内部工艺创新和公开的市场产品创新之间的差别是非常重要的。产品创新涉及技术不确定性和市场不确定性这两个方面。工艺创新如果它是为本企业内部使用,则只涉及技术不确定性,而且如霍兰德(Hollander,1965)曾指出的那样,对于次要的技术改进这种不确定性可能是最小的。

在科研决策和创新战略中的不确定性的重要性,已经由凯恩斯(Keynes)和奈特的纯理论观点作了清楚的说明。的确有大量公司的数据可证实这一观点。然而奥斯多芬(Augsdorfer)研究了其中的一个非常有趣的现象,他在其著作《禁果:公司研发中的不确定性、学习及干私活行为分析》(*Forbidden Fruit: An Analysis of Bootlegging, Uncertainty and Learning in Corporate R &D*)之中调查研究了法国、德国、英国等 50 多家公司,发现其中广泛存在着干私活违规行为,也就是存在着由科研人员"秘密地"私下进行的研究项目。他引用了 20 世纪 80 年代和 90 年代许多作者的文章,如罗伯兹(Roberts,1991)已提到了"干私活行为"的存在,但是奥斯多芬不仅首先论证它的普遍存在,而且从其不确定性的无所不在,以及随之带来的对科研管理"理性"的集中计划管理的极大困难,论证了它的重要性。一些主管默认这些违规的私下科研,甚至予以鼓励,这是另一种非常有趣的现象。这种违规科研的存在,有时会导致个别敢于冒险的研究人员去启动较为开创性的创新项目(Augsdorfer,1994)。皮尔逊(Pearson,1990)在手段和结果两方面,直接把私下科研和高度不确定性联系起来了。谢勒尔(Scherer,1997)对高科技的领头企业的实地考察研究极好地证实了在发明和创新过程中的不确定性的普遍存在。

10.2 项目评估程序及其可靠性

现在我们来考虑决策者在决定是否要在企业里启动一个创新项目时所面临的问题。不管他们喜欢用什么样的选项方法,即使他们纯粹凭直觉来选择,基本上要对下列 3 个参数做出评估:

(1) 创新项目开发、生产、推向市场及使用销售系统的成本,以及这一开支项目的大约的时间安排。

(2) 由创新项目的销售和使用所带来的未来大概的收益趋势,及其时间表。

(3) 在技术上和商业上获得成功的概率。

在理想情况下,决策者希望有一个与创新相关的未来开支和收益的完整的现金流量图(图10.1)。开发成本和随后的投产成本的估计显然对于任何粗略的利润率估算都是不可缺少的,但是如我们都知道的从飞机开发的经验可以清楚了解,这些估计往往错得厉害。评估方法可以做一些改进,而且在军用和民用项目的评估都已做了大量修正。但是千万不可忘记的是,只有在不确定性降低时,估计才会真正准确,然而只有通过进一步研究或者是减少项目创新性时其不确定性才会显著降低。有些企业在谈到,把开发成本估测的误差保持在正负20%以内的要求时,往往只涉及技术不确定性最小的那类项目,例如为设计的电子线路寻找新用途但不超出既有技术范围,或者只对现成设计做些小修改(表10.1中的第5和第6类)。

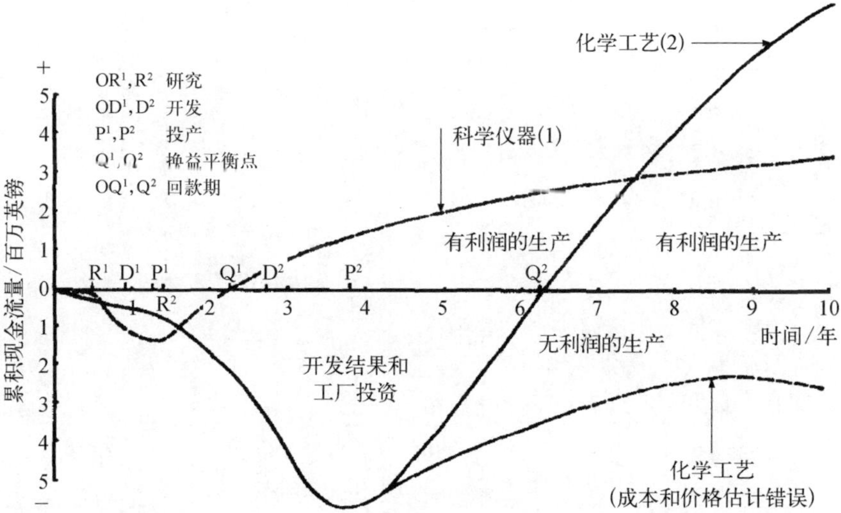

图10.1 累积现金流量图

兰德(Rand)公司所做的关于项目评估误差的实地研究,有力地支持了这个结论(Marschak 等,1967;Marshall 和 Meckling,1962,Mansfield 等;1971,1977;Allen 和 Norris,1970;Norris,1971;Keck,1977,1970,1982;Kay,1979)。其中,曼斯菲尔德(Mansfield)的工作特别有价值,因为它可使不同类型的创新进行比较。当然,应该承认度量一项创新是否属于开创性的是很困难的。但仍然可以肯定的是,一个新的化学实体与仅靠变更配料方式改变的方式相比,当然是更为开创性的一种创新。同样,新产品与改进旧产品相比是更重大的变化。开创性创新与一般的相比,在平均成本和时间超限方面,以及在估测偏差方面的差异都很大(表 10.2)。

表 10.2 美国非处方药物研究所 69 项成果(药物),实际成本与估计成本比值的平均值和标准偏差

项目类型	技术进步程度		
	小	中等和大	总值
产品改进平均值	1.39	1.49	1.41
标准偏差	1.39	1.64	1.41
项目数量	28.00	5.00	33.00
新产品平均值	2.21	5.46	2.75
标准偏差	3.56	5.86	4.11
项目数量	30.00	6.00	36.00
上述项目实际时间与估计时间之比			
产品改进平均值	2.80	1.74	2.64
标准偏差	1.28	0.84	1.27
项目数量	28.00	5.00	33.00
新产品			
平均值	3.14	3.70	3.24
标准偏差	1.53	2.19	1.80
项目数量	30.00	6.00	36.00

引自:Mansfield 等(1971,pp.102 和 104)。

曼斯菲尔德的工作之所以极其重要,是因为他证实大的误差不只限于军事工业或飞机工业。此外,他的关于化学工业的研究也指出估计误差不能归咎于没有经验,因为他调查的企业都具有长期的项目评估和创新经验,而且在美国产业界处于研发的领先地位。这些结果给我们的启示是,在成本与时间之间存在着某种权衡,比如在军用项目中其成本与时间相比,平均成本超限要大大超出时间,而在民用项目中情况则正好相反,在美国和英国都是这样。阿仑(Allen)和诺里斯(Norris)的著作也指出,与开发工作相比,在研究工作中时间超限要更大。皮克和谢勒尔(Peck 和 Scherer,1962)在其关于武器研制过程的研究工作中,以相当的深度考察了这种权衡。

除了存在很大的误差之外,利益最佳化倾向也是很显著的。这种倾向在其他类型的投资预算中也存在,不过没有达到这样的极度形式。这就有力地说明,项目评估的社会含义是:它是政治主张的反应,并且是利益集团之间的较量,而不是对可度量的可能性(或概率)的客观评价。对过去的个别创新决策方法的核算,以及关于这个课题的少量学术研究,也证实了这种看法。其中,霍华德·托马斯(Howard Thomas,1970)关于两家科学仪器厂的项目评估的研究特别重要。这项工作不仅使他发现工程师们对开发成本倾向于审慎地做出最保守的估计,而且他发现尽管有强烈的财政上的诱惑(包括利益分享安排),他们仍然做出"忠实的"估计:

> 企业内的许多工程师们十分坦率地承认,他们关于成本和销售量的估计,往往偏向于把最终的回报率估测得出利于企业。他们指出,估计方法本身就是非常不准确的,未能把工程师常有的对于一个项目的技术上的感性认识掺和进去,这一点财务和销售人员不一定知晓。所以,为了使回报率达到企业能够接受的水平,工程师要精心修改估算值(修改做出评估的方法)。对于那些从个人和技术角度看更有吸引力,而从企业角度看并非如此的项目,他们是不会这样做的。因为他们知道,企业的财政收益和自己的利益是一一对应的,作为酬劳的一部分,企业提供了优先共享收益

的计划。他们唯一的动机是使企业对鉴别项目有个更加灵活的数值标准。

(Thomas,1970)

同时,事实上关于项目评估的实际案例证据,仍然不像我们希望的那样可理解,它必须被认为是下述一个假设的有说服力的支持,即宽的误差范围(带有乐观的偏见)是试验性开发工程的特征。这本身就使创新活动成为冒险的事情,至少在样机和实验化生产之前的阶段做出决策是冒险的。在前社会主义国家中,关于项目评估的考证,也得有同样的结论。

当然,仅仅是开发成本评估误差就足以使一个企业破产,如果这些成本在企业的可利用资产中占有很大比例的话。这种事情曾在 20 世纪 70 年代引人注目地发生于罗尔斯-罗伊斯(Rolls-Royce)公司,在本书的第一篇也曾引用了若干个规模较小的例子。但是,正如我们将要看到的,市场的不确定性经常地远远大于技术的不确定性。

西勒(Seiler,1965)发现,100 个美国大企业的管理部门,对"技术上的成功概率"和"开发成本"所做的评估,要比"市场成功概率"或者"产品销售收益"的评估更易于做得准确(表 10.3)①。

表 10.3　美国企业研究与开发管理精确度的比例(%)
(由此可估计出影响研究与开发的因素)

指　　标	1	2	3	4	5	4+5
	优秀	良好	尚可	差	总体上不可靠	
研究成本	3.5	27.8	52.2	14.8	1.7	16.5
开发成本	2.6	38.8	46.6	9.5	2.5	12.0
技术成功概率	3.5	51.3	39.9	6.3	0.0	6.3

① 美国的研究管理部门相信,能够从许多这类因素做出"良好的"估计。对这种明显自欺欺人的乐观主义,曼斯菲尔德(Mansfield)作了讽刺性评论,你可以相信他的评论,不过这里的论点只是相对精确的。

（续表）

指　　标	1	2	3	4	5	4+5
	优秀	良好	尚可	差	总体上不可靠	
完成研究的时间	0.9	18.6	50.4	24.8	5.3	30.1
完成研究的人力	2.6	34.2	53.5	7.0	2.7	9.7
市场成功概率[a]	3.6	33.6	38.2	14.5	10.1	24.6
完成开发的时间	1.8	34.5	41.8	17.3	4.6	21.9
产品的市场寿命[a]	4.6	28.0	29.0	23.4	15.0	38.4
产品的销售收益[a]	5.3	36.0	28.9	27.2	2.6	29.8
研发成功导致的成本降低	10.7	57.1	14.3	14.3	3.6	17.9

[a] 假设研发成功。
引自：Seiler（1965，pp.177～178）。

为什么会是这样，容易想到的有以下若干原因：

（1）成果投入市场和扩大销售，在时间上距离较远，而且可能拉长到20年以上。在这段时间内，大量的情况可能发生变化。其中一部分是与未来的商业不确定性的问题，但是就其对消费行为预测的影响来说它对创新项目又是特别重要的。

（2）鉴于开发工作在很大程度上或者完全地处于企业自己的控制之下，这就极少适合市场情况，尤其是在资本主义经济制度中。经济理论不能根据一个大主顾的反应来预测所有客户面对创新的反应，也不能预测与新产品安全性相关的法制趋势。

（3）对未来销售收入和可能的利润的预测，不仅取决于对可销售的总量的预测，而且取决于对未来产品成本、价格和价格灵活性的预测。对于一个顾客以前没有用过的产品来说，这是一项艰难的任务。

（4）技术的陈旧可能使一项新产品或工艺，几乎在一推出来之后就被扼杀。

对实际案例进行调查所得数据虽然不系统，却证实了理论假定。早期对未来市场的估计，曾经是杂乱而不准确的。如本书第一篇提出的，近80年来主要的民用创新是在电子工业和合成材料方面。在这两个工业领域内,几乎每一项主要的创新,包括材料方面的聚乙烯、PVC 和合成橡胶,以及电子工业中的计算机、晶体管、机器人和数字控制技术,在早期阶段都被令人失望地做出了过低的估计。

正如第 7 章中详细谈过的,最有趣的实例之一是计算机。早期的估计几乎全部认为,其市场将被局限于少数大规模科研机构和政府部门。即使像 IBM 这样的公司,据小沃森(Watson)证实,直到电子计算机已应用了几年以后,仍然对其潜力一无所知。在 1995 年最乐观的估计,把美国在 1965 的计算机总存有量定为 4 000 台,而实际结果是超过了 20 000 台。因过低估计了未来数控机床和机器人的潜在用途,也类似地出现了大误差。

聚乙烯和 PVC(聚氯乙烯)这两个例子,都是对基础创新项目的未来市场潜力,粗略地做出过低估计的实例。不过,也有草率地做出过度乐观估计的例子,比如燃料电池、飞艇、Ardil(合成纤维)、各种核反应堆以及 IBM 的 STRETCH 计算机。

可以这样说,1980 年以前尽管做了许多这样的估计,但所使用的预测技术仍然是非常初始的,而现在有一些非常先进的方法,会降低这些误差。不过这还要再看一看,因为一些预兆并不令人鼓舞。就花费在市场调查和成本估算上的努力和专门经验而言,没哪个例子可以同杜邦公司的卡芬(Corfam)人造革相比。杜邦公司为了开发卡芬人造革,首先设计了一个关于皮革、革制品和皮鞋的世界市场的计算机模型,而且还有一个制造商和顾客试用透气人造革鞋帮的长期方案。很少有厂家能像杜邦公司这样拥有这样一个令人印象深刻的产品创新纪录,关于皮鞋市场,在推出卡芬透气人造革以前它们很可能比工业界任何厂家都知道得更多。可是,在它们把这个产品从市场上撤出以前,还是明显地损失了大约 1 亿美元。

如果我考虑第 2 章至第 7 章所讨论的各种创新项目,很难设想它们中任何一项能按原来预料的去完成。其酝酿期往往比开拓者所料想的要长得多(如聚氯乙烯、氨、电视、合成橡胶、催化裂解,光学字符识别,靛蓝),而且开发成本往往也高得很多。在20世纪60年代和70年代,协和式飞机可能是草率地过低估计研发成本、又过高地估计市场的一个最惊人的例子。尽管经过英国和法国的极大努力,他们还是损失了10亿多英镑,而且不得不对生产、销售、航线运行以及研发进行补贴。即使如此,也只有很少量飞机投入运营。

10.3 动物心态与项目评估

所有这些只会使某些人感到吃惊,这些人相信某个新项目评估技术或模拟分析技术,能够解决创新活动本质上所固有的困难问题。凯恩斯是一位极有智慧的人。虽然他能够在股票交易中发财致富,能够写出关于概率论的论著,并使经济学理论发生巨大变革,但是,他对风险投资,不管是投机性的还是创新性的,都不抱有幻想:

> 当我们决定要把某件事情做好,而事情的全部后果要在将来的很多天之后才会表现出来,那么大多数这样的决定只可能看作是出于动物精神(一种要求行动起来而不是不采取行动的自发的强烈欲望)的结果,而不是根据定量利益的加权平均值乘以定量的概率所得到结果。企业自称主要是根据计划书中的财政表格来决定自己的行动,不管怎样,这是坦率而真诚的。与南极考察差不多,它是以将来利益的精确计算为基础的。如果动物精神变得微弱了,自发的乐观主观动摇了,那么留给我们要去依靠的,除了数学期望值以外就一无所有了。这样,企业就会衰落和消亡——虽然对失败的恐惧比起原先的获利的希望来,不一定有更合理的根据。
>
> 可以有把握地说,企业根据对未来的希望行事的做法总体上讲对社会是有利的。但是对于个别的先驱者,有了合理的计算再加上冒险的动

物精神作补充，就足够使他们开始行动了，所以对于先驱者经常最终会失利的担心，正如经验毫不含糊地告诉我们和他们的那样，要把它搁到一边去，就如一个健康的人要把预期的死亡搁到一边去一样。

(Keynes,1936,pp.161～162)

围绕创新的不确定性，造成了在可供选择的投资可能性中，创新项目异乎寻常地取决于“动物精神”。但是谨慎的决策者是害怕和不信任动物精神的。正如一本关于投资决策的标准教科书所说：“管理部门将优先考虑已知结果的项目，而不是结果不确定的项目，而且投资计划数额，将按照不确定性的程度递减。”(Townsend,1969)

常常用主观估计的预测值代替客观推导出来的概率值，所依据的又是一种不真实的假设，那就是如凯恩斯所指出的，“可以指望测定出上天堂或下地狱的概率，能够与到达凡间国度的概率一样精确”。自然，每个企业家对风险(不确定性)的厌恶程度是有极大差别的，但是我们可以十分有把握地认为，没有很多人准备拿自己的生命做赌注，参加输赢机会对半开的赌博。只有在可能的结果不是极端差，而且以前的经验可以重复时，使用主观的概率估计值才是可以接受的。

这就是说创新中的高度不确定性，大概只有限于下列情况才能被接受：

(1) 少数小的企业创新者，他们准备做一次大赌博，或者他们的生存受到威胁被迫这样做。

(2) 大的企业创新者，他们使用谨慎的项目选择方法，而他们又承担得起研发投资，依靠大量的普普通通的项目抵销一小部分非常不确定性的投资。非常不确定的投资规模，通常不会太大，其失败不会威胁到企业的继续生存。

(3) 大企业创新者，他们不受任何正规项目选择集团控制，而且能够相当自由地使用公司资金，并让公司接受他们的主观估计或选择。

(4) 大的和小的企业创新者，他们不明智地接受了不确定性程度非常大的项目，他们出于“动物心态”又受了发明者、企业家或产品的鼓吹者的热情诱导把他们推了上去。在有些情况下（很可能是大多数情况）他们不愿意做麻烦的复杂计算来估计可能的回报。另一些人可能接受粗略的主观过度乐观的估测。

（5）政府支持的创新者，他们承接了国家迫切需要（通常是由于战争或战争威胁），或是国家科学政策战略决定的项目，如果成功了就会获得一个有保证且有利的市场。

（6）政府支持的创新者，由于其他原因他们接受了对未来回报的过于乐观的估计，可是在这里失败并不对决策者造成严重威胁，就如协和式飞机的情形，出于外交和声誉上的考虑，在20年内一直容忍了这个违背商业标准和常识的事例。

（7）“干私活”的个别研究人员，他们在公司的研究环境中私下从事非正式的项目。其中有些项目在后来可能变为正式的项目。

对于使用项目选择技术的实证研究则指出，由统计学家和管理咨询人员开发出来的先进的程序方法很少被采用。在美国，贝克和庞德（Baker 和 Pound，1964）发现，有几种技术方法曾被使用过，但随即便被弃之不用。人们喜欢使用较简单的凭经验和常识决定的方法，或打折扣的资金流量（DCF）计算法（亦见 Rubenstein，1966）。这些方法具有强烈的短期回报倾向，在使用它们的体系中常常以单个项目为基础，而不是以总业务量为基础。其广泛使用很可能不利于更具开创性的重大创新项目，这类项目在较为先进的选择系统或不太正规的系统中本来是处于有利状态的。瑞典在1971年的一项调查中证实，在瑞典工业只使用简单的定量方法，并指出了不愿采用先进方法的一些原因（Naslund 和 Sellstedt，1972）。同样，沃林（Olin）在1972年调研的结论是，欧洲的化学工业界项目选择仍停留在实用主义和凭直觉的阶段。

对定性的成本收益法或折扣资金流量法（DCF）做了部分修改后，采用了定性的审核细则法。审核细则法的优点是能够考虑许多数学公式难以包括的因素：（1）例如任何研发项目获得成功的一个关键因素是项目负责人的积极性和能力,以及他(她)的其他承诺。(2) 企业的熟练人力资源和在该领域积累的技术诀窍,以及从其他研发项目的衍生成果中得利的可能性。(3) 企业与潜在顾客的关系;等等。所有这些因素,一个研究管理人员或者企业家在计算技术成功概率或商业成功概率时,都应考虑到,而审核细则法就具有这样的长处,它可十分系统地注意到每一点。实际的审核清单可能会按照企业或其他创新组织的特殊环境和性质而变化,但在大多数核对细则中势必应包括下列事项(Dean,1968;Seiler,1965):

1. 与公司目标的相容性。
2. 与其他计划的相容性。
3. 是否拥有研发项目所需要的科学能力。
4. 很可能出现的关键技术问题。
5. 研发规划的平衡。
6. 与其他研发项目的相互作用。
7. 竞争对手的研发规划。
8. 潜在的市场规模。
9. 影响市场拓展的因素。
10. 政府法规和管理的影响。
11. 出口潜力。
12. 竞争对手的可能反应。
13. 可能的专利许可及专有技术使用权问题。
14. 与咨询机构或其他组织合作研发的可能性。
15. 对其他产品销售的影响。
16. 所需材料的可获得性和价格。
17. 创新项目开拓繁衍的可能性。
18. 生产的熟练技工和设备的可利用性。

19. 销售技术和经验性。
20. 宣传方面的要求。
21. 技术出让和服务措施。
22. 对公司形象的影响。
23. 对健康或生命的危险性。
24. 大约的开发、生产和销售成本。
25. 专利权保护的可能性。
26. 必需的投资规模和时间安排。
27. 新工厂或工厂的扩展部分的厂址。
28. 研发的关键人物的态度。
29. 主要董事的态度。
30. 生产和销售部门的态度。
31. 工会的态度。
32. 对公司成长的总体影响。

有些企业还可能考虑到附加的外部成本和收益,如废物处理问题或就业效应、再培训要求和来自公司外部的研究工作的帮助。在 20 世纪 80 年代和 90 年代,环境效应的考虑已经变得更加广泛,而且事实上在某些国家已经成为一项法律义务(见第 18 章)。企业还可以找到更有价值的一些方法,力求预见和避免所有那些能想得到的,会阻止项目未来进展的错误和漏洞(Davies,1972)。最后,还有一些其他类型的核对细则和投资分配方法,它们达到了更广泛的程度,并且把项目的解决和企业的关于技术和其他目标的总体策略联系起来(例如,见 Patterson,1996;Kanz 和 Lam,1996)。

虽然审核细则法能够把定量分析法忽略或漏掉的许多因素考虑在内,但它也有严重的局限性。它不容易对不同的项目进行比较,或把不同的项目按等级排列,也不能对大概的支付的绝对量给出任何指示。由于多数企业都会拥有一批储备项目,要在这些项目中做出选择,所以这些局限性就成为严重的缺陷。最终,理想的项目选择方法可能是定量的成本效益法和定性的核对清单法相结合。已经出现了若干个这样的评分体系。图 10.2 表示了最初做出的项目评估,是由莫加尼特(Morganite)的哈特(Hart,1966)完成的。哈特体系是建立在计算项目指数值上,它考虑到了最高销售额的估计值、销售的净利润、研发在技术上的成功概率与未来研发成本相关的时间折扣因子,计算公式如下:

$$I(\text{指数值}) = \frac{S \times P \times p \times t}{100C}$$

其中,S=最大销售额,英镑每年;P=销售的净利润(百分数);p=研发的成功概率,取值范围:0 到 1;t=时间折扣因子;C=未来的研发成本(英镑)。

各个变量的估计值,是由对审核细则的回答得到的。图 10.2 表示出每种可能的回答的记分,并且允许用加法累积得分,而不是用答案的对数函数来相乘。这个方法可以使用不同的问题和不同的记分值,以适应企业具体的情况。

这种方法的优点是允许企业考虑到外部的竞争和顾客的态度这样一些因素,同时还在系统的基础上把不同项目排列出等级,而且假设销售额增长和高利润率是企业的主要目标。这个做法的另一个优点是,它在应用中,在讨论和评估过程中,会涉及企业的所有部门,因而有助于企业资源的流动和整合。这可能就是任何正规评估技术的主要好处。因而,某种类型的正规程式就是用来监视和控制项目的进展也是必需的。对于技术创新的有效管理来说,项目评估的定期修改和重新考虑是至关重要的。

然而明显的是,影响项目选择的主要因素是研发部门的工作和整个企业工作之间的平衡。因此,项目选择必须和规划的制定联系起来。管理部门想要知道的是项目的投资分配,而不是一系列独立的项目。按照投资分配而不是按照项目的观点,就可能选择出一个由有把握的项目和高风险项目组成的混合的项目安排,这样,更为长期的和开创性的先进项目就不会被忽略。如果完全根据记分法或者回报率法,它们就有被忽略的趋势(Kay,1979,1982,1984)。

1	最高销售额(英镑每年)	£2 000 30	£5 000 70	£10 000 100	£20 000 130	£50 000 170	£100 000 200	£200 000 230
2	边际成本(%销售值)	20% 35	30% 30	35% 25	40% 20	45% 15	50% 10	60% 0
3	生产的关键技术诀窍(%)	100% 30	90% 25	80% 20	60% 15	40% 10	20% 0	
4	附加的固定投资(%年最高销售额)	0 20	20% 17	50% 13	75% 10	100% 7	150% 0	
5	外部的竞争者(产品和公司)	无 20	少 15	中等 10	相当多 0			
6	顾客对产品的态度	准备接受 25	有少许阻力 20	中等阻力 10	相当大的阻力 0			
7	与其他公司的产品的竞争	无 20	少 15	中等 10	相当大 5	严重 0		
8	相对于其他公司产品销售的提升(%年最高销售量)	0 0	10% 5	20% 10	50% 20	100% 30		
9	研究与开发的成本	£1 000 200	£2 000 170	£5 000 130	£10 000 100	£20 000 70	£50 000 30	£100 000 0
10	研究与开发的成功概率	100% 70	80% 60	60% 50	40% 30	20% 0		

11	产品的市场寿命(年，从现在开始)		5年	10年	15年	25年或更长
12	研究与开发时间+开始生产的时间+得到顾客接受的时间＋达到一半销售额的时间(年，从现在算起)	6个月	120	140	150	160
		1年	110	135	145	155
		2年	95	125	140	150
		3年	75	120	135	145
		5年	–	100	120	135

项目得分

分级标准	600或以上优秀	500~600良好	500~550尚可(边界线)	500或更少，差(不可接受)

图10.2　产品研究和开发项目评估图

引自：Hart(1966)。

实际资料证实，产业的研发大量地集中在不确定性较少的那类项目上。只有少数企业进行少许基础研究，而且在多数经济合作与发展组织国家中，这种研究工作仅占全部工业研发经费的不足5%。一些调查已证实，研发经费的大部分是用于次要的改进和快速得到回报的项目,而不是用在更长期的开创性创新项目上[FBI(英国工业联合会),1975;Schott,1976;Kay,1979,1984;Nelson 等,1967]。表 10.4 给出了一份关于意大利工业研发调查的结果,数据是由各个研究者提供的。它证实了技术服务活动所涉及的范围和花在基础研究上的时间比例相对较低。应当知道,从经费开支来看(不是研究人员花费的时间),试验性开发所占的份额较高,研究工作所占份额较低。

吉本恩和约翰斯顿(Gibbons 和 Johnston,1972)的研究,虽然并不直接地与研发经费分配相关,却提供了又一个有趣的证据。他们把 1971 年某一选定的日期在英国技术期刊上公布的新产品列成清单,想要由此得到一个创新产品的随机样本。他们检查了清单中的 1 317 个产品,剔除了 258 个重复的、32 个工艺式服务创新以及来自非工业界的 16 个产品,剩下的 1 000 个新产品经过分类列在表 10.5 中。

当他们进一步更加仔细地考查最后的这个与他们的研究目的有关的 18%新产品时,他们发现这些有限的样品中,有一半可以说是公司现有产品的修改型。

可以有根据地相信,企业更愿意把力量投到与自己的工艺有关的开创性创新活动,而不是投到与他们的产品有关的方面。这自然包括生产资料工业产品创新项目的采纳和改进。随着企业内部的工艺创新,市场不确定性大大地降低。由于类似的原因,在有保证的市场条件下(不管是政府的或是其他的市场)会比竞争性市场时出现更多的产品创新。这一点可以在雷达和合成材料以及军用飞机的开发中看得很清楚。

如果所开发的工艺不能被企业自身使用,那么其不确定性自然就更大。这种差别在很大程度上说明了化学工厂承包商的工艺创新途径为什么与化学企业本身不同。正如我们已在第 4 章看到的,承包商不能使用他们自己的工艺,但又必须面对极不确定的市场,他们势必把力量集中在设计改进和规模扩大上。他们通常完全打算把新工艺只和一个化学企业或石油企业结合起来。

表10.4　研究人员花费在各种活动上的工作时间分配，按不同工业、研究者类型和责任等级来分类

	研究人员数量	花费的时间%							
		个人的研发	集体的研发	分析与监测	教　学	组织，行政管理	技术服务	做广告宣传，其他任务	其　他
食品和纺织	187	18	21	11	2	25	16	6	1
冶金	264	11	29	15	2	11	26	7	0
机械制造	1 669	23	20	10	2	17	20	6	2
电器制造	644	17	24	12	2	22	15	6	1
电子通信	3 056	20	27	12	4	15	16	6	1
运输车辆	1 209	22	23	11	3	11	19	8	2
制药	2 139	22	28	19	3	13	10	3	0
化学制品	2 328	17	29	14	2	15	14	7	1
橡胶和纤维	868	18	32	12	1	16	15	6	0
研究公司	1 083	22	33	15	3	10	10	5	0
其他制造部门	1 564	16	22	14	2	8	25	9	4
总计	15 010	20	26	13	3	14	16	6	1
参加活动的研究人员%	—	72	83	81	18	60	55	42	6
科学家	3 248	33	39	14	1	6	4	3	0
工程师	11 762	16	23	13	3	16	20	7	2
初级研究人员	5 959	27	26	14	2	8	15	5	3
项目负责人	7 154	16	29	13	3	15	17	7	0
领导人员	1 808	10	18	13	4	27	18	9	1

（续表）

	研究人员数量	研发时间分配%						研究人员类型		
		基础研究	参加活动的研究人员%	应用研究	参加活动的研究人员%	试验性开发	参加活动的研究人员%	科学家	工程师	平均年龄
食品和纺织	187	9	53	34	94	57	94	0	2.4	40.4
冶金	264	2	18	49	94	49	94	1.4	2.0	42.2
机械制造	1 669	10	41	56	100	35	83	6.9	6.0	37.0
电器制造	644	8	28	55	88	37	67	4.1	6.7	31.8
电子通信	3 056	8	30	41	86	51	85	10.1	20.8	36.2
运输车辆	1 209	8	44	51	91	41	82	12.4	11.3	35.9
制药	2 139	17	62	55	94	28	68	31.2	15.9	36.2
化学制品	2 328	11	43	43	86	45	83	11.9	14.8	40.5
橡胶和纤维	868	10	39	51	93	39	80	6.0	3.9	38.3
研究公司	1 083	10	47	53	93	38	77	13.8	10.1	35.1
其他制造部门	1 564	8	35	43	98	49	96	2.3	6.0	38.4
总计	15 010	11	43	49	91	41	79	100.0	100.0	37.4
参加活动的研究人员%	—	—	—	—	—	—	—	—	—	—
科学家	3 248	16	57	69	98	15	58	100.0	—	35.4
工程师	11 762	9	39	43	89	48	86	—	100.0	37.8
初级研究人员	5 959	12	46	49	88	38	76	61.5	33.7	34.1
项目负责人	7 154	9	40	48	93	43	82	34.2	51.4	38.1
领导人员	1 808	11	45	50	93	39	83	4.3	14.9	43.4

引自：Sirilli（1982）。

表 10.5　英国[①]研发活动的分布

	百分率
无技术上改进的范围的扩展	17
已有产品的新用途	2
适应特殊用途(如便携式)的新规格的标准产品	29
符合新标准(如公制)的产品	2
使用更方便的标准产品	6
新推向市场的标准产品	2
新设计的标准产品	2
英国以外开发的产品	23
新产品,涉及技术上的革新,并由英国企业开发	18

另一方面,化学企业和石油企业则有强烈的动机,不仅要对他们内部的工艺做改进,而且要探索开创性的新工艺用于他们自己的企业,希望能把创新结果在很大程度上保持在自己的控制之下。这种新工艺的引进,可用来降低生产成本和增加利润率,或者降低产品价格并扩大市场。有些情况下,可能要推迟引进,以便维护现有投资的利润率。如果这项工艺最终转让给其他企业,可以看作是一份额外的收益,不过对于市场上成功的专利和工艺转让通常不是主要的。通常对于保密工艺要谨慎地保护优先使用权,而不转让。

20 世纪 80 年代和 90 年代的研究表明,在按照项目的评比之中可以看出新产品或新工艺带来的收益份额占着重要的地位,但在不同行业之间差别很大。耶鲁大学系统性的创新考察报告(Lavin,1988;Lavin 等,1987)和后来更深入的若干个欧洲国家的 PACE(性能与成本估计)考察报告(Arundel,1995)都证实了这个论点。

① 原文为 Italy,与表中文字叙述不符,疑为 UK(英国)之误——译者注。

10.4 研发预算和企业策略

通过主要从事不确定性程度较低的研发工作(表 10.1),企业事实上是把它们的研发预算当作一种保险形式来使用,以防备技术变化的风险。或者,像阿罗(Arrow,1962)提出的,“公司应像它自己的保险公司那样行事”。管理部门实际上往往把它们的研发预算建立在一个销售收入的百分率上。这份保险费,在产业界的不同行业中是不一样的,是由技术上竞争的激烈程度决定的;但在同一个行业的许多企业中,开支数额则往往是相当一致的。虽然管理部门不能准确地计算出任何个别项目或一部分研发的回报,不过他们从经验和从观察竞争对手,已经懂得这个“常规水平”的研发经费将有可能帮助他们生存和成长。然而,还是有各式各样的不同策略存在的空间,这些将在下一章更全面地讨论。有些企业可能会比同行在研发上吃力地花费更多的钱,并采用高风险的进攻性策略。其他一些,则可能在研发上投非常少的钱来对付,或者完全不投钱,而是依靠其他来源的竞争优势。

临界值因素更进一步使预算问题复杂化,这些因素已在第 7 章讨论过,通过一个行业平均标准说明了研发预算的某些危险性。耐斯隆德(Naslund)和西尔斯太特(Sellstedt,1972)提出证据说明,在瑞典产业界许多企业是根据一个特别选定的项目来分配研发资金,而不是按照稳定不变的预算。但是凯(Kay,1979)有说服力的证明,这些差异在很大程度上与企业大小有关。瑞典企业主要都是小企业,而较大的欧洲和美国企业一般地都采纳较为长期的预算策略。

不同行业之间在研究工作上的投资强度继续存在着大幅度的差异,而且可以假设它们一方面是由于历史环境(出现新技术的概率),另一方面又是由于竞争压力的变化造成的。如果在一个行业中每 10 年左右就出现新工艺或新的换代产品,那么为了避免产品系列逐渐过时或成本过高,就有必要投入适当高的研究强度(药物、仪器、机械、车辆)。这种行业中的个别企业，虽然可以通过削减研发费用在几年内增加利润率，不过这可能是以牺牲长期利润或企业的生存为代价。在那些不存在工艺技术过时问题的行业，或产品系列的变化主要是流行样式变化的行业，非常低的研发活动，或者完全没有研发活动，也会是一个能够维持生存的策略。

在飞机工业和电子工业这样的领域内，为了生存，水平非常高的研发活动就会是必需的，在这里，来自军方的研发和采购，以及世界科学技术的迅速变化，对产品的淘汰形成人为的刺激。在这种极端的情况下，“使用着的就是过时的”。在美国和英国，飞机工业的 1/3 的净产值实际上是用在长期的研发上，这个事实就只能用上面那句《爱丽丝漫游奇境记》(*Alice in Wonderland*)中的话来解释。这样，决定研究强度的主要因素是行业性质和行业在工业界的排行位置，这在所有工业化国家都是相似的。纳尔逊(Nelson,1991)和帕维特(Pavitt,1984)都极力强调这种行业之间差异的重要性。

具有高度技术不确定性和市场不确定性的各个项目，其结果是企业或其他任何人都无法精确预料的。不然，他们就很容易发财了，而且能享有高且比较稳定的增长率了。但是在行业内部，极其可能有某一个企业成功地取得很大进步，尽管我们不能准确预料是哪一个企业。因此，研发所具有的不确定性，只会使我们期待研发经费与整个行业的发展之间能有更强的统计相关性，而不指望与个别企业的发展相关。事实上这正是实际证据所表明的。

总的来讲，大多数研究强度高的产业是具有最高增长率的产业(图 7.1)，而很少研发的产业在整体上相对地增长缓慢或者不景气。不过，在快速增长当中，研究强度高的产业，如电子产业或制药产业，就一个企业来说，在高增长与研究强度之间并没有那么强的相关性。有些经验资料提示有弱的相关性，有些则提示完全没有相关性。这个结果，不仅可以根据任何个别企业中围绕昂贵的进攻性项目成果的高度不确定性预料到，而且可以根据研发中不断增加的外部因素预料到。在一个行业中，许多企业可以从仅只一个或两个企业所做出的技术进步或者还可从另外的工业领域的技术进步中获得好处。整个电子工业都从贝尔实验室对半导体的研究工作中获得了利益。这种利益中仅有一小部分是贝尔实验室以特许许可证和关键技术有偿转让或以真正的销售形式收回的。尽管专利制度加强了对内部研发取得的知识产权专有的可能性，仍然不可能而且确实没有能阻止这种信息通过各种不同渠道的扩散，特别如美国半导体工业中通过人员流动而将技术传播扩散的情形。

把企业发展同与科学技术服务机构（STS）的合作研究开发措施联系起来就能组成更紧密的结合。这样就能实现如霍兰德（Hollander）指出的对生产进行小范围的改进达到生产能力重大的增长。卡兹（Katz）的实际考察结果证明这个假设，他还就优秀人才配置对企业成长的贡献得出同样的结论。

为了不被淘汰或保持自己的独立性，企业认识到了需要进行研发工作，但是又没有成功创新的诀窍。这就是促成增长率“杂乱无章”或“托尔斯泰”（Tolstoyan）模式的主要因素之一。成功创新的特征之一是创新者有能力把有效的研发和市场需求的知识联系起来。然而，这是在事后而非事前才更清楚的事。伯恩斯（Burns）和史塔克尔（Stalker）在其经典性研究（1961）中曾指出了企业要把这些功能的综合程度达到必需水平所存在的内部困难。由于创新活动往往是延续若干年的诸多事件的复合体，所以所说的联系过程也是一个连续不断的过程，而且容易受到企业内部问题和外部事件的严重制约。这是一个摸索、搜寻、试探的过程，即使安排最好的计划，也可能归于失败。一个设置了有效的研发能力的企业有更大的生存可能，但没有办法确保成功。即使它们是自己的创新结果，也会增加总的不稳定性和不确定性，以致在企业本身内部往往也将是不受欢迎的。萨福项目曾指出，典型情况是，基于商业和技术的理由，一项创新通常会遭到企业内部的反对。基于商业的理由，创新的失利则会遭到更加强烈的反对。

研发决策及其执行过程中的固有的不确定性的冲突说明选择和预测的程序并不总是像这些方法正式叙述的那样。关于工程技术预测的各种方法及其在美国工业中的应用已有大量著作（Jantsch，1967）。这种工程技术预测方法无疑是非常有用的，布赖特（Bright，1968）特别证明了在辨别新工程技术的机会和威胁方面，这些方法在公司决策中的价值。然而，和其他管理方法一样，实际情况与积极鼓吹者所描绘的图像并不会完全相同。鉴于认识产业界真正发生了什么，以及把真实情况和理想化的抽象概念区分开来是很重要的，我们要引用一大段调查研究的结论：

> 由于一些公司本来可以从已有的工程技术预测方法获得好处，但他们就是不去实践，于是我们就去他们组织内部，寻找阻止他们使用这种方法的因素。我们寻到了这些常见的、与管理部门有关的、阻碍使用这种方法的障碍：
>
> • 没有把工程技术预测融合到自己管理体系的常规计划中
>
> 虽然多数管理者支持这样的观点，即在执行任何预测方法时最关键的因素是把它们整合到一个大范围的规划程序中，包括研究项目的选择和资源的分配，并使之与公司的总体目标一致，但在实践中，最常见的情况却不是这样。
>
> 更典型的是那位执行官员的经历，他调到公司高级规划组的任务就是建立一个正规化的预测程序来简化计划规划过程……但上层根本就没有过要用预测方法来评测公司主要生产组成的技术前景的打算，所以，他的努力对计划也就没有作用了。
>
> 在另一家公司，一个有技术背景的人，对复杂的工程技术预测产生了兴趣，而且有公司副总裁支持研究工作，他交出说明性报告已有一年多了。他除了准备好了关于工艺的报告之外，他也指出了研发方法，还特别强调了技术预测同规划的融合问题。但是与扬奇（Jantsch）对同一公司的报道相反，我们没有发现证据可表明有任何人使用过这些方法来做决策。

公司的作为使一个对未来怀有希望的人做了工作以后,在推销他的想法时遭遇到的是对成功很渺茫的前景。

- 没有客观地选择研究和开发项目

在我们所研究的多数公司中,研究和开发经费的规划和管理,在最好的情况下也表现出随意性。对研究和开发投资的经济效益、直接效益和间接效益,做客观真实的评价是极少的例外。这种情况中的一部分,是任务的不可避免的不确定性和必要的灵活性以及非正式性的自然产物,而灵活性和非正式性是多数研究活动的特征。同时它也是管理部门没有对规划和管理方法给予足够重视的结果。我们所观察到的研究和开发项目选择方法,主要地是一种"主张",这种主张的根据是研究人员的个人兴趣、关键性管理人员的喜好,以及各式各样的与公司的战略利益不一致的其他准则。

在一家公司中,主要的研发决策是由内部权势人物决定的,导致了出现大量的"兴趣工程",或对宠爱的项目的没有根据的研究。在另一家,研究经费是在主张和权力的基础上,按职能或规章制度来分配的,虽然承认按照产品的分配会为规划提供更坚实的基础。尽管研究计划项目需要有客观的成本合理性,我们还是发现研究和开发决策者极少鼓励和支持对工程技术进行规划和预测。

- 没有理解先进的管理技术的作用

在更深的含义上说,管理人员对工程技术预测以及对其他管理技术的阻力,源于害怕未知事物、担心决策特权会被超越和(或)害怕系统的决策技术会揭露出以往的决策错误。另外,采用复杂先进的预测方法很可能使规划任务进一步复杂化而不是简单化。

- 没有得到最高管理部门对预测工作的支持

对于许多主要变革,最高管理部门的支持是必要条件,但我们很少发现最高管理部门支持工程技术预测工作,更不用说开创这项工作了。开创工作的人应该具有良好的基础背景、兴趣和激情,可是这样的人又往往缺乏建立他的技术预测思想所必须的影响力。

行政条块障碍是这个问题的又一方面,公司一个成员制订了一个计划想要售给部门的计划规划组,但却被推出来要他去向部门领导去游说。

- 分部管理部门没有考虑足够远的未来的超前意识

对技术预测的最后一个管理上的障碍,是在有利润支配权的部门中,生产决策者的短期观点。来自工程技术预测的回报要在长期运作中才能实现,正如一位技术规划主管指出的,"大公司已经不记得怎样做长期投资了"。

(Dory 和 Lord,1970;Roberts,1968)

许多其他考察调研,特别是沃林(Olin,1972)可以引用来证实这些结论。他们支持纳尔逊和温特(Winter,1977)、多西(Dosi,1984,1988)、唐尼(Downie,1958)、戈德(Gold,1971,1979)以及莫里斯(Marris,1964)的关于企业理论的论点。唐尼所关注的是去解释为什么会出现这种情况:在企业之间效益差距已大得非常明显之后,向更有效率的企业集中的过程,并没有更快地、更"合理地"继续进行下去,他的解释是,当企业中的创新项目达到"意想不到的"成功时,它已经落后了。这样,"创新机制"就抵销了效率"转移机制",而继续不断地改变着相互竞争的企业之间的相对地位。莫尼斯证明了增长率最大化要比利润最大化是对企业行为更现实的解释。不过他假设这种增长政策还是要受到利润的制约。由于研发被看作是帮助增长和生存的主要力量，它的扩展就和专业管理部门的态度联系起来，他认为这是现代企业的特征，但是由于他们不能估计出大约正确的利润率，研发仍停留在一个乱七八糟的状态，由于受到利润/生存关系的约束，它们有时会因带来麻烦和无效益而被清除出去。

另外，实际情况表明，牵涉研发计划或战略问题时其决策常要引起企业内部一大场争论。其总体的不确定性自然意味着会有多种不同观点，其情况就同政治辩论一样，项目计划评估被利益集团用来支持某一特定观点。评估方法和技术预测，就像部落战争前的舞蹈，在动员、鼓励、组织方面起着非常重要的作用。

虽然保守性的研发战略可以被看作是对于产业中研发密集型部门的典型反应，但绝非唯一可能的反应。特别是在科学欠发达的国家中，这种策略就不会是现实可能的。即使在经济发达国家，有些企业的管理层也可能宁愿采取仿制、依赖，甚至是自取灭亡型的策略。但是只有当来自政府的强大的军用或民用需求在世界市场的特殊部分提供了强力的人为刺激时，或是当跨国公司在研发、经济动力和市场力量方面都享有压倒优势时，这些保守性策略也许是唯一现实的选择。

提供给企业的可能性将显著受到国家创新政策的影响。从本书第一篇的历史记述中可以清楚地看到，德国的合成材料发展和美国电子工业的发展都与政府政策密切相关。通过大大降低技术和市场的不确定性，政府对产业创新给以极其有力的促进。利率制约(或利润最大化行为)意味着多数企业在做出决定的时间范围是比较短的。这就使企业中长期研发政策的主张往往处于不利地位，除非它们能得到上述的那种外部支持。考虑到污染、能源储备和资源耗尽这类问题时，这一点具有极大的重要性(见第四篇)。

由于这个问题(开创性重大研发的不确定性和长期性)，我们一定会预料到在私人资本主义经济中,尽管个别企业也许会从中获得潜在的好处,长期研究和创新项目会有投资不足的倾向。这种投资不足最严重的是存在于基础研究和转为开创性的创新方面(Nelson,1959;Arrow,1962)。主要是由于这个原因,在资本主义经济以及前社会主义经济中,政府都支持最基础的研究和一定数量的开创性的创新项目(见第16章)。相反地,在与产品变形和品牌形象有关的短期研发上会有过度的投资。在少数厂商控制的卖方市场上,企业会通过广告宣传和少量的技术变化相结合的手法为自己的产品分得一块市场,而努力减少市场的不确定性。但是没有必要接受阿罗(Arrow)和其他经济学家提过的论点,即如果把研发从企业中分离出来,创新体系将会更加完善。来自萨福项目及多数其他创新研究的证据表明:如果企业自身有研发的积极性并同企业家的职能结合起来,研发就可以最有效地完成。成功的创新有赖于技术和市场知识的结合。关于"企业核心能力"的争论(Teece,1986;Prahalad 和 Hamil,1990),大体上得出的结论是,对于有能力把自己的制造技术诀窍和研发融合起来的企业可获得较大好处。有些经济学家用交易成本理论来解释这种情况(Williamson,1975,1985),但社会学家的解释更有说服力。

本章关于创新的不确定性和项目选择的评述为我们呈现的整体图景是倾向假定企业是托尔斯泰型而非新古典理论型。由于创新过程固有的不确定性,以及企业缺乏理性运作必需的信息,或者缺少时间和意向去获取这些信息,或者缺乏应用非常复杂的评估方法的能力,多数企业对任何一个项目都不能做出非常合理的计算。这就意味着发展是杂乱无章的,并且没有一家能非常清楚地预见自己和竞争对手的行为的后果。如果有谁怀疑这一点,那就请他们想一想 1950~1990 年间美国和欧洲计算机工业界的企业的所作所为,或者 1900~1930 年间无线电工业界的情况。尽管如此,这种参差不齐的创新活动所造成的社会利益和代价也会是非常巨大的。现在我们就在这种程度的技术不确定性和市场不确定性局面下,转到下一章去考虑企业所要面对的各种策略,在第四篇从国家政策的观点来考虑这个问题。

第 11 章　创新与公司战略

11.1　创新战略的范围

尽管在解释公司行为时,生存和赢利上的制约显然是最重要的,从第 10 章我们知道,由于存在着与各个创新项目有关的不确定度,因此可以断定合理的利润最大化行为(或增长最大化)几乎是不可能实现的。这不是说新古典主义的短期运作理论不是公司行为的有价值的、精确的、扼要的模型,而是它意味着这个模型的实用性有限,而且必须用别的方法来解释和理解创新行为(Nelson 和 Winter,1977,1982;Dosi 等,1988)。针对这一理论,一种解决方法(仅仅是一个初步方法)是考虑一下面临技术变革的公司所能采用的各种战略。这样的方法不能指望达到过去从未有过的平衡,但是它考虑了某个国家的各种产业的历史背景。本章将某些可能的战略进行分类,并讨论它们与研发,与公司的其他创新活力的关系。

将战略分类多少有些随意性,并且是粗暴地对待真实世界中的无限多变情况。这种理想的分类如用于概念化的目的,可能还是有意义的,就像外向型和内向型性格的概念在心理学上都有用一样。实际上在类型之间有无限多等级,而且许多个人兼有两种类型的特性,而且个人或公司并不总是按某个类型行动。还有,人们和公司的战略总是变化的,所以在前十年是正确的判断,对后十年并不一定是正确的。例如,信息和通信技术使公司行为产生许多变化,特别是它们外部的关系网络和它们与其他公司的伙伴关系(Coombs 等,1996;

Hagedoorn 和 Schakenraad,1992)。

任何公司都是根据世界科技和世界市场发展所产生的一系列技术和市场前景来运作的。这些发展几乎与个别公司无关,即使某家公司不再存在,发展大都仍会持续下去。为了能生存和发展,公司必须考虑到这些限制和历史情况。在这个范围里,创新活动不是自由的或任意的,而且受历史条件的约束。公司的生产和发展,依赖于它适应和改变这种快速变化的外部环境的能力。尽管传统的经济学理论大半忽视了世界科学和技术的复杂性,并将市场看作环境,不断变化的技术却是大多数国家中大多数工业的公司环境中的最重要方面。

在这些限制的范围中,公司有一系列选择方案和取舍对策。公司在利用其资源和科学技术关键时,可以有许多不同的组合方式。它可以对短期或长期设想多重视一点或少重视一点,可以组合成各种联盟,可以给别处搞的以它的成果为基础的创新发放许可证,可能试图做市场预报和技术预报,可以独自开发各种新产品和工艺,可以小量地改进世界科学和技术,但是它不能精确地预测自己或对手的创新工作效果,所以如果它试图在世界技术方面做出重大的改变,危险和风险总是会存在。

但是不创新就是死亡,一些公司实际上选择了死亡①。有些公司如不能在化学、仪器或电子工业中推行新产品或新工艺,通常就无法生存。因为它们的竞争者就会用新工艺更便宜地制造出标准产品以便抢先占领市场。结果,如它们希望生存,尽管创新有那么多不确定性,大多数公司还是不得不吃力地推着创新的磨盘转动。它们可能不希望成为进取型创新者,但它们可能常常很难避免成为保守型或模仿型创新者。技术和市场变化以及对手的进步迫使它

① 麦特卡尔夫(Metcalfe)关于兰开夏棉纺公司的研究指出,大多数公司不愿购买一种简单的新设备(上浆槽),尽管其成本小于 100 英镑,而其投资回收期则由制造商研究协会证明小于一年。曼斯菲尔德(Mansfield)等人关于美国工具和模具工业中采用数控机床的研究中也类似地指出,"即使公司负责人承认没有数据,很快就会在竞争中处于劣势"。许多工厂仍不打算采用。曼斯菲尔德估计,这种情况的平均投资回收期是 5 年,他指出许多这类公司的负责人都已临近退休。

们去努力,去设法跟上前进的步伐。可供它们采用的战略有很多种。如何选择,则取决于它们的资源、历史、管理姿态和运气(表 11.1)。

表 11.1 公司战略

战 略	公司内部的科学和技术功能[a]									
	基础研究	应用研究	实验性开发	设计工程	生产工程质量控制	技术服务	专利	科学和技术信息	教育与培训	长期预测和产品计划
进取型	4	5	5	5	4	5	5	4	5	5
保守型	2	3	5	5	4	4	4	5	4	4
仿制型	1	2	3	4	5	3	2	5	3	3
依赖型	1	1	2	3	5	2	1	3	3	2
传统型	1	1	1	1	5	1	1	1	1	1
机会主义型	1	1	1	1	1	2	1	5	1	5

[a] 表中数字 1~5 指从弱(或不存在)到很强。

它们不同于那些经济学家通常研究的理想竞争模型。因为这个模型的两个假定是完整的信息和同等的技术。从我们研究的大部分战略来看,这两个假定全是不现实的,但是它们对于传统的战略或许是适宜的。这种战略可能被在竞争条件下生产标准的同一商品的公司所采纳。

这些公司能将它们所有的发明才能集中到低成本高效益的生产,并能够忽略其他科学和技术活动或将它们当作公司以外的事。在那种近似于传统竞争的假定条件下,有些产品仍在生产,但它们可能只是一种极端情况。传统战略基本上是非创新的,或者是限于采用别处搞成的但在本工业中所有公司通用的工艺创新。农业、建筑和饮食服务业是在某些方面近似于这些假定的一些例子,当然这三个行业现在也受到信息技术和组织创新的相当强的影响。

我们考虑 6 种可选择的战略,但它们必须被考虑为一系列可能性的总体,而不是几种可明确区分的纯粹形式。虽然某些公司被认为是遵循这种或那种战略,但它们却可能从一种战略转变到另一种,它们也能在某些不同的业务部门遵循不同的战略。

11.2 进取型战略

进取型创新战略,是通过推出新产品成为竞争的领先者的战略①。由于大量的世界科学和技术也能由其他公司获得,这样一个战略必须基于同部分世界科学-技术系统有特殊关系,或基于强有力的独立研究与开发,或基于抢先利用新的机遇,或是基于这些优势的某种组合。特殊的关系可包括吸收关键个人、咨询安排、合同研究、优良的信息系统、人际关系以及这些因素的某种组合。但是在某种情况下,创新所需要的技术与科学信息和知识将很少是来自单个来源,或者是以完成的形式提供的。因此,公司的研究与开发部在进取型战略中起关键的作用。它必须自己生产那些从外部搞不到的科技信息和知识,而且把拟议中的创新发展到可以开始正常生产的程度。这个概括的部分例外是一种新公司,成立这种新公司是为了利用已全部或大部在别处开发了的创新成果,正如许多科学仪器创新的情况那样,新的小公司是一类特殊的进取型创新者。这里的评论主要适用于早已建立的公司,但是我们可以回忆一下第 8 章及第 9 章的结论,即新的小型创新公司的重要性是与许多已经成立的公司不愿和不能采纳进取型战略有关的。

推行进取型战略的公司一般是高度研究密集型,因为它常常在很大程度上依赖于内部的研究与开发活动。在极端情况下,它可能专门从事研究与开发若干年。它通常十分重视专利保护,因为它的目的是达到世界第一,或接近第一,并希望以巨大的垄断利润收回所承担的研究与开发的巨大成本,并补偿不可避免的失败。它必须准备采取长期的观点,并承担高风险。在第一篇考虑过的进取型战略的例子有美国无线电公司的电视和彩电的开发,杜邦公司

① 当然,许多新产品也可能是使用其他公司的技术。

的尼龙和卡芬人造革、IG－法本公司的聚乙烯、美国化学公司的涤纶、贝尔的半导体、胡德利(Houdry)公司的催化裂化和英国原子能管理局的各种核反应堆的开发工作。大部分创新要在研究工作开始了10年以上的时间以后才能获得一些利润,而且有一些从未获得过利润。

进取型战略要求将内部基础研究进行到何种程度是一个部分地需要讨论、部分地需要规定的问题。从狭隘的经济学观点出发常常会嘲弄内部基础研究,并把它看成是高档的玩具或无用的时髦玩意儿。它当然有可能成为这样的,而且许多经济学家和管理顾问将基础研究放到大学里去的建议还算是有头脑的,但是太狭隘了一点。一些很成功的进取型创新肯定有部分是基于内部研究,或者至少是正在做进取型创新的公司把它说成是这样,而且它可能被合法地确定为看起来没有具体实用目的(应用研究的定义)的研究。但是它可以肯定不是完全不考虑可能的应用的纯粹的学院派研究。人们有很强的理由把这类研究工作作为进取型战略的一部分来进行(或者甚至在某些情况下作为保守型战略的一部分)。

反对内部基础研究的经济论点明确认为,任何公司都只不过能做有重大关系的内部基础研究的一小部分,而且在任何情况下公司都能获得在别处完成的基础研究的成果。这个过于简化的"经济"论点是不能成立的,因为它没有认识到研究过程中信息处理的性质和科学与技术接口的特殊性质。在科学变化和技术变化之间没有直接的对应。它们的相互作用是极为复杂的,而且更像一个新旧知识互相交流的过程。"任何人都能够读基础科学所发表的成果"这个说法只是对了一半。在美国进行的一些实证研究指出:获得基础研究成果的多少、部分地与参与的程度有关(Price 和 Bass,1969;Steinmueller,1994)。在回答"为什么公司用自己的钱做基础研究?"这个问题时,罗森伯格(Rosenberg,1990)将基础研究投资描述为科学和知识积累网络的"入场券"。创新的许多个案研究表明,尽管获取的模式可以有很大的不同,直接获取原始研究成果是极重要的(*Illinois Institute of Technology Research Institute*,1969;

Langrish 等,1972; Wilkins,1967;Gibbons 和 Johnston,1974;*Industrial Research Institute Research Corporation*,1979;Hounshell 和 Smith,1988)。由曼斯菲尔德对 76 家美国主要公司所作的更多的系统研究表明,它们大多数相信如果没有创新之前 15 年内大学所作的基础研究,他们在 1975~1985 年间推出的绝大部分新产品和新工艺是不可能开发成功的。

在第一篇所考虑的某些个案中,企业内部基础研究显然是重要的(例如尼龙和聚乙烯),而且它在贝尔公司发现与开发晶体管中所起的作用已由纳尔逊(Nelson,1962)在其经典论文中作了论述,相当大一部分美国个案研究,例如通用电气公司和道氏公司的这种研究也表明内部基础研究很重要。萨福项目的研究结果尽管还不足以使其能根据基础研究成果明确有力地区分它们的成功与失败,但的确提出了从事基础研究活动人员的边际优势(Science Policy Research Unit,1972)。把研究工作定义为基础的、面向基础的或应用的许多类,实际上是在搞不必要的过细划分。我们必须记住,所有分类办法在某种程度上都有任意性和人为性。

普莱斯(Price)和巴斯(Bass,1969)企图测定直接参加作为进入原创性研究的各种模式所处的相对重要性。在 27 个创新个案中,他们列出了 244 个耦合事件。耦合事件是把基础研究的发展与技术进步联系起来的事件。表 11.2 所列数字表明直接参加占事件总数的 40%,而且公司外科学家的被动作用情况也很重要。而认为交流的有效性在某种程度上是反映了它参与基础研究的程度的函数,并非是不合理的。

表 11.2　耦合方法的使用频率

耦合类型	Suits 和 Bueche	Frey 和 Goldman	Tannenbaum(MAB)
间接[a]	8	5	25
被动待用[b]	28	17	43
直接参加[c]	38	18	40

（续表）

耦合类型	Suits 和 Bueche	Frey 和 Goldman	Tannenbaum(MAB)
促进交流[d]	14	2	6
“耦合事件”总数	88	42	114

[a] 新科学知识的原创者和使用者不直接对话；
[b] 科学家有待联系，但不启动对话，技术人员请求帮助；
[c] 包括跨专业小组，交流和咨询人员；
[d] 选派杰出人士承担促进科学家与工程师之间沟通的专门任务。
引自：Price 和 Bass(1969)。

这些与创新有关的研究多数是由可以归入进取型类别公司做的，而且往往会肯定一种观点，即对追求这种战略的公司来说，企业内部的面向基础研究与关注和咨询相结合是获取新知识的重要模式。

普莱斯和巴斯归纳出：

> 1. 虽然发现新知识不是创新过程的典型“起点”，但经常接触新知识，接触积极参加科研工作的人员，与他们交流是非常重要的。
>
> 2. 创新通常依赖于其要求无法明确预料的信息，因此无法事先计划安排；然而关键信息却通常会通过无关的研究工作获得。由于在跨组织、跨地区、跨行业的交流上有很大的自由度和灵活性，这一过程就更容易实现了。
>
> 3. 基础研究在创新过程中的作用，通常可能被描述为科学界与技术界之间有意义的对话。创新过程中的企业家通常属于后一类，而非常熟悉必需科学知识的人都通常属于前一类。
>
> （Price 和 Bass，1969，p.804）

这些发现是极为重要的。因为从这些个案常常可以得出结论认为技术创新与基础研究或科学知识进步无关。《美国国防部计划述评》（Sherwin 和 Isenson，1966）与《获曼彻斯特女王奖的研究》（Langrish 等，1972）这两篇著作就是这样错误地看这个问题的。因为它们认为大部分新产品是在“老”科学的基础上开发出来的。这就是说,任何重要的创新成果都要从大部分是老的知识储备中吸取营养。但实际上,创新能否获得成功越来越依赖于其利用包括新、老知识在内的系统知识和整体知识的能力(Stein-mueller,1994)。

因此,以高度发展的科学技术基础结构形式存在的外部经济环境是影响创新效率的极重要因素。虽然外部经济环境在某种程度上指的是在全世界范围内的,而且因此可以说存在着世界的知识储备或知识库,但是其中有许多部分的通道是受限制的。文化、教育、政治、国家和商业专利等方面的壁垒,还有纯地理因素都限制了人们自己使用这一储备。如何才能使用这一储备,是研究与开发管理的一个重要方面,并与科研的成效和信誉有一定的关系。帕维特的创新成效在国家之间的比较(1971,1980)证实了这个结论,吉本斯(Gibbons)和约翰斯顿(Johnston)的科学与技术相互作用研究也起了同样的作用(1974)。

因此,根据普莱斯和巴斯及其他实际案例研究和我们自己的调查,我们可以归纳出,基础研究虽然对于进取型创新战略并非必不可少,却通常是获取公司外产生的新、老知识的有价值的方法,以及公司内新思路的源泉。虽然最终所有公司都可能会运用新的科学知识,采取进取型战略的公司的目标却是早许多年就能达到这一步。即使它自己并不进行定向的基础研究,它也需要或是通过进行应用研究,或通过顾问,或通过补充年轻的研究生或采用其他的方法同做了这种研究工作的人进行交流。这对于培训政策及与外面科学和技术界的交流,都有很重要的意义。

尽管获取基础科学知识常常可能是很重要的,但是采取进取型创新战略的公司最重要的技术功能是实验性开发工作。其中一方面包括设计工程,另一方面包括应用研究。希望在引进新产品或新工艺方面能走在世界前列的公司,必须在原型试验工厂的设计、建造和试验方面有很强的解决问题能力。公司花钱最多的可能就是在这些方面,它不仅为原始的开创性发明,也为一系列二次发明或跟踪发明寻求专利保护。许多新产品基础上是工程系统，可能需要各式各样的技能。皮尔金顿(Pilkington)公司在浮法玻璃工艺上，IG－法本在聚氯乙烯上都取得成功，主要是因为它们有从在试验工厂中培养起来的解决问题的能力，这些问题凭经验是解决不了的。核反应堆的开发工作更是这个道理。

关于研究与开发经费占创新总成本多大比例的问题，有过许多混淆和误解。人们常喜欢把研究和开发成本说成是创新总成本中比较无足轻重的一部分——最多10%。这个观点从未在实际案例研究中得到肯定。之所以产生这种错误是由于误解了一份人们经常引证再引证的美国商业部报告。关于这个问题的一些实际个案研究指出，电子和化学工业的研发成本一般约为推出一个新产品总成本的50%。在产业创新的许多方面，曼斯菲尔德和他的同事们(1971，1977)认真地进行了系统的实证观察和测量这样困难的工作，而不是凭空拿出一个概括。加拿大产业研发报告和德国的工作报告(OECD，1982)在更大的规模上证实了他们的成果。

这并不意味着贬低生产计划、工具、市场研究、广告和销售的重要性。所有这些功能，创新公司都必须有效地执行，但是最重要的与众不同的特点可能是它们在应用研究和实验开发上所承担的重大责任。如我们所见，这正是IG－法本、杜邦、通用电气、美国无线电公司、贝尔和其他进取型创新公司的特征。就为推出新产品而建立新公司的情况而言，发明人与企业家相结合，正是这个特点活的化身。

但是为了在其进取型创新中取得成功，公司将不仅要搞好研发，还要能教育其顾客和自己的员工。在较后阶段，随着新技术的广泛采用，这些功能可以交给社会去承担；但是在前阶段(可能会要数十年)，创新的公司可能必须负担这种教育和训练工作，其中可能包含开设课程、编写手册和教科书、拍摄影片、提供技术帮助和咨询服务以及开发新仪器。这方面创新的典型事例，有马可尼无线电报务员学校、巴斯夫(德国巴登州苯胺与苏打工厂)的农业咨询站、帝国化学公司的聚乙烯和其他塑料的技术服务、IBM 和 ICL(国际计算机公司)的计算机培训和咨询服务、英国原子能管理局(UKAEA)的同位素工作、联合企业与英国中央电力局(CEGB)的技术教育。如我们所见,许多观察家(例如 Brock,1975)相信,有效地提供这些服务正是鼎盛时期的 IBM 公司在世界计算机市场上的主要优势。

为了实现所有这些功能以及为了新产品的生产和推销,进取型的创新家将需要优秀的科学家、技术专家和技术员。这意味着,这些公司可能是高度技术密集型的,其受过科学训练的人员与总雇员的比例高于平均值。用于信息的产生和处理的劳动力占了很大比例。虽然对传统型公司来说,这可能代表着最严重资源配置的浪费,但是这些活动却正是进取型创新公司的生命力之所在。这种信息进入产品知识和工艺的转换,正是这类公司最重要的特征。

11.3 保守型的创新战略

在任何国家都只有少数公司采取进取型的创新战略,甚至这些公司也几乎都不能长时间地坚持这样做。它们在原创的创新上的极大成功可能使它们满足于已有荣誉,并力求巩固已获得的地位。在任何情况下,它们都有处于不同产品周期的产品——一些是完全新的,另一种是刚稳定投产的,还有一些是接近淘汰的产品。但是绝大多数公司,包括那些曾经是进取型创新的公司,宁愿采取不同的战略,保守型、仿制型、依赖型、传统型或机会主义型。必须再次强调的是这些类型都不具很纯的形式,而是在逐渐相互转变。其差别对发展中国家的工业特别重要,但在欧洲和美国它们也是重要的。

保守战略并非意味着没有研究与开发,恰恰相反,保守战略可能是与进取战略同等程度的研究密集型[第 6 章所描述的,斯隆(Sloan)在通用汽车公司处理研发问题的方法就是一个很好的说明]。差别在于创新的性质和时间安排。保守型创新者不希望成为世界第一,但也不愿意落在技术变革潮流的后面。他们不想带头创新从而冒巨大的风险,而是想从早期创新者的失误中和他们开拓的市场中获得好处。换句话说,保守型创新者可能缺乏更带原创性的创新能力,尤其是涉及基础研究方面的能力。或者,他们也许在生产过程和市场营销方面有特殊的长处和技能。采取保守战略最可能的原因是上述情况和其他类似因素的混合体。有时,保守型战略并非出自本意,因为他本来想当进取型创新者,却被更成功的进取型竞争者超过了。

一些评论(Nelson 等,1967;Schott,1975,1976;Sirilli,1982)已经指明,在所有发达国家里,大多数工业研发在性质上属于保守型或模仿型,而且主要涉及较小地改进现有产品和工艺,或修改技术服务和其他短期项目。保守型的研发大多发生在寡头卖主垄断的市场上,并与产品是否多样化有关。对于垄断性供货商来说,保守性研发是一种保险的形式,它使公司能对竞争者引起的技术变化作出反应并加以适应。既然保守型创新者不希望落后太远,他们必须能够在时机成熟时很快行动起来。如果他们希望得到或维持可观的市场份额,他们必须设计出至少像早期创新者同样好的样品模型,并且最好加进一些能使他们的产品与众不同的技术改进,而且最好有较低的成本。因此,实验开发和设计对保守型创新来说与对进取型创新同样重要。半导体出现很久之后,那些继续把电子管计算机推向市场的计算机公司不可能生存。而企图向市场推出一个技术上被淘汰工艺的化学公司也是不能生存的。保守型创新者即使不能有个飞跃,也至少必须能在竞争中不落后。这意味着,在诸如半导体和软件这样的工业中,所有创新者必须极为敏捷灵活,因为每种新一代器件和产品的寿命都相当短促(Hobday,1994)。

在一项关于计算机市场的令人感兴趣的研究中,霍夫曼(Hoffmann,1976)认为:IBM 虽然有一些进取型的因素,但主要还是遵循保守型创新战略;斯潘瑞·兰德(Sperry Rand)公司(Univac)是比较一贯地采用进取型战略,而霍尼威尔(Honeywell)公司则采取了模仿型战略。可是以绝对数字计,IBM在研发上的花费比斯贝里·兰德多得多,这说明保守型的创新者有可能比进取型创新者付出更多的科学与技术资源。为了应付各种各样新的机遇,为了保持必要的灵活性以便很快行动赶上竞争者首先挑起的技术进步的竞争,有必要保持一定数量的机动资金。但是,即使投入大量的研发资金,采取保守型战略的公司也可能被更灵活的竞争对手以智取胜。被人以这种方法制胜的研发密集型公司的典型例子也是IBM公司,它在个人计算机的开发上迟缓了,最终不得不借助外部资源和在自己主要研发机构之外的研发小组以努力赶上(第7章)。

对保守型创新者来说,专利可能是极重要的,但起的作用稍有不同。虽然对先驱者来说,专利通常是保护技术领先和保持垄断地位的重要方法。但对保守型创新者来说,专利却是削弱垄断去讨价还价的本钱。保守型创新者一般把专利当成累赘,但又主张必须得到它,以避免被排挤在新的技术分支之外。进取型创新者通常以专利为许可证收入的主要来源,并作为回收研发成本所需价格水平的保障。他们可以为建立和保护其专利地位去进行重大的法律诉讼,如RCA公司为电视的专利地位、帝国化学(ICI)公司为聚乙烯、拉罗基(La Roche)公司为镇静剂、EMI公司为其扫描器、德律风根公司为电视隔行扫描制式,都这样做了。通常,这些公司从特许和知识产权交易上获得的收入,远远超过其花费(1971年ICI公司有1 350万英镑专利收入,而花费则为300万英镑)。

保守型创新家可能认为必须为他们的顾客和他们自己的职工提供教育与培训的条件。通常他们也必须提供技术援助和咨询,而且这些作法对保守型和进取型创新者都同样重要。另一方面,广告组织与销售组织这类市场垄断商的传统武器,将可能变得更加重要,而且在某种程度上,对顾客的技术服务也将与此有密切的联系。市场垄断商试图采用产品多样化与技术服务相结合的途径来获得单靠独创性无法达到的市场份额(Brock,1975;Hoffmann,1976)。

不论公司有无正式的长期计划,远景规划得到了进取型和保守型创新者双方的重视。在许多情况下,这常常不过是企业家和他们的亲密同事的想法,但是这一功能也逐渐专业化和专门化了。所以,生产计划对进取型创新者和保守型创新者来说,都成为一个典型的部分。但是更带推测性的"技术预测"却更能反映进取型创新者的特征,而且,如我们在第 10 章中所见的那样,它还深受占星术或算命术的影响。动员一伙人去支持某个计划或战略,还可能被认为是一种复杂的"战舞"①,但现在已经进步到越来越严肃的方法(Bright,1986;Beattie 和 Reader,1971;Encel 等,1975;Jones,1981)。

因此,像进取型创新者一样,保守型创新者也是知识密集型公司雇用高比例的科学与技术人员。因为生存和发展在很大程度上依赖于时机的掌握,所以科学与技术信息服务特别重要,必须加速决策。保守型创新者可以等待直到看清市场怎样发展,先驱者犯了什么错误,但是他们也不能等得太久,否则可能坐失机会,或者滑入完全依赖他人的地位丧失了自由机动的余地。一旦经理部门决定投入,研发工作将向着提高开发和设计的速度和效率方向发展。这样的公司,有时会把它们的研发说成是高级开发而不是研究。

通常,多产品的大型化学公司或电气公司其各种生产线将兼含进取型和保守型两种战略成分,而在比较小的工业化国家则保守型战略更能代表公司的特征,因为它不能冒进取型战略的风险,也缺少科学的环境和市场。

一家公司可能或乐于执行的战略受到国内环境与政府政策很大的影响。例如欧洲的公司,它们在战后一般不能或不愿在半导体工业中采取进取型的创新,而且它们所发挥的几乎都是保守性的作用(第 7 章及 Hobday,1991)。法国化学公司常采取保守型战略,而德国化学公司则通常采用进取型战略。国家环境与公司战略之间复杂的相互作用无法在这里详细阐述。但是有必要指出简单而基础的一点,即进取型中许多公司都是美国公司,发展中国家的大多

① 原始部落动员上战场或庆祝胜利的仪式——译者注。

数公司是模仿型、依赖型或传统型的，而欧洲国家则处于中间状态。在 18 世纪和 19 世纪初期，许多英国公司虽然没有正式的研发部门，却采取了进取型战略。如对 1990 年后的日本经验进行最简单化的解释，可以这样说，就是越来越多的公司从传统战略转向模仿战略，然后又向保守型和进取型创新转变。日本国家政策则被按照促进这一进步的要求进行设计。这一转变的程度从战后日本技术收支平衡表上的许多统计数字可以清楚地看出来。战后早期，日本公司花了比出售他们自己的技术多得多的钱购买外国专利和技术。这时，人们通常习惯于认为日本是“超级模仿者”，而他们的战略中的长期因素则遭到忽视。在 20 世纪 70 年代和 80 年代，日本公司通过新签订的合同出卖自己技术的所得超过了他们的付出。

哈伯迪（Hobday，1995）在他关于东亚各“小龙”国家的公司创新战略的研究中指出：那些国家有类似的发展，他们的战略从依赖型、模仿和与外国公司搞合作项目，逐渐向独立创新发展。国家政策则致力于促进这一发展（见第 12 章）。这类技术政策包括了从科学技术服务综合体向着更加研发密集型的混合体转变。研发型式也从适应型向增强独创性方向发展，但是这需要一段较长时间，让大部分企业家在认真构想的国家长期战略基础上维持依赖或仿制型的战略，同时慢慢地增强其技术源泉。这一国家长期战略包括保护幼稚技术以及建立起大范围的政府所支持的科技服务（STS）。这一国家长期战略的主要内容，由阿仑（Allen，1981）作了详尽描述，并在第 12 章进一步加以分析。科技服务的具体效果随每个国家的规模、自然资源和历史背景而有所不同。但是在许多发展中国家，科学技术信息服务机构（STINFO）、勘测机构、标准学会、技术援助组织和能对包含进口技术的项目进行公正检查和可行性研究的设计-工程顾问组织等都是极端重要的。尽管受过培训的科学和技术人员有限，这些组织却能提供必需的科学技术基础结构，使企业一级的科技服务部门有效地发挥作用。只有少数的企业能够逐渐地先开发出适应型的能力，后又进一步开发出原创性的创新型的能力。但是，即使在美国绝大多数公司在战略上仍是属于传统型、依赖型或仿制型。我们现在转入对这些战略的研究。

11.4 仿制型和依赖型战略

保守型创新者在正常情况下，不会去完全依样仿制早先的创新者推出的产品。相反，他们希望利用早期产品的缺点改进设计，而且他们必须有技术能力才能这样做。至少他们希望通过小的技术改进来改善他们的产品。他们打算建立独立的专利地位来开展竞争，而不是简单地获得特许，但是如果他们取得特许，通常是为了将它作为跳板以求做得更好。但是从其他公司（进取型或保守型）获得关键技术和特许所花费的费用，时常会超出他们从特许得到的收入。而对模仿型公司来说，情况就总会是这样的。

仿制型公司不热衷于"蛙跳"式的跃进，甚至不想跟上比赛的节奏。它们满足于跟随在已定型的技术领导者之后，通常是落后一大段路。这种落后的程度是变化的，随行业、国家和公司的具体环境而有所不同。如果落后较远，它不必申请特许，但是购买专有技术还是有用的。如果落后不多，通常必需正式和慎重地申请特许和购买专门的技术。仿制型公司可能推出一些二次专利，但这不过是它们活动的副产品，而不是其战略的中心部分。与此类似，仿制公司可能会投入一定力量从事技术服务或培训，但与创新的公司相比，这些工作的重要性要低得多，因为仿制者可以依据别人的开创性工作或通过国家教育系统使这些活动社会化，这方面的一个例外可能是一些全新的地区（如发展中国家），那里既没有进口，也没有创新型公司的分公司来打开市场。有事业心的仿制者可能想成为保守型的创新者，特别是在经济高速增长的地区。这意味创新科技服务的升级和研发活动的加强或开始，这常常导致建立合资企业或与外国或本国公司达成合作协议。这方面的例子将在第三篇讨论。

仿制者为了与已确立优势的创新公司竞争而进入市场，就必须先行具备某些有利条件，其中包括受控的市场和明确的成本优势等。受控市场可能位于公司或其附属企业之内。例如大量使用合成橡胶的轮胎公司就可能自己来生产合成橡胶。这个市场也可能是在公司享有特殊条件保护的地区，即具有从政治特权地位到关税保护等有利条件。（这是许多发展中国家在进口替代期间的典型情况，今天在许多地区还是这样。）此外，仿制者可以在较低的劳动力成本、工厂投资成本、能源供应或材料成本等一个或几个方面享有优势。前者在电气装备方面更重要，后者在化学工业中更为重要。材料成本较低可能是自然优势，或其他活动的结果（例如，塑料工业中的石油精炼）。最后，仿制者会在管理效率和低得多的管理成本方面享有优势，事实上，他们在研究与开发活动、专利、培训、技术服务上不需要大量花费，而这些对于创新公司来说却显得很突出。仿制者靠这些优势能侵袭先前的创新者的地盘到何种程度取决于技术变革的后续步伐。先行的创新者试图以不断的改进、不断投入新型设备的办法来甩掉仿制者。但是一旦技术定型了、工艺变得成熟了，创新者就容易受到损害，因而不得不到别处另起炉灶去研发新的创新。尽管技术力量很强，杜邦公司却决定抛开人造丝工业，是这类战略计划的一个好例子。关于化学工业中另外几个更近的例子，奎德拉（Quintella，1993）在其关于战略的书中作了讨论。就某些工业和技术来说（但绝不意味着全部），一个工业的成长可以说是按照周期图形运动，即一个从“出生”到“成熟”的产品周期。有时技术变化的速度和新产品的快速更迭可能延迟“成熟”，而在另一方面有些看起来“成熟”的工业又可能“返老还童”。根据那些近似于生长图形的实例，赫西（Hirsch，1965）总结出了有助于仿制者开展竞争的产品周期特性（表 11.3 和图 11.1）。实际上他们能够做到多大程度，还要受到制度因素和政府政策的强烈影响，在发展中国家尤其是这样（见第 12 章和第 15 章）。

表 11.3　生产周期特点

特　点	周　期　阶　段		
	早　期	成长期	成熟期
技术	短期见成效 快速变化的技术取决于外部经济	逐渐引入大规模生产方式技术的变革仍频繁	长期稳定的技术很少有重要创新
资本强度	低	高(因废退速率高)	高(需大量专用设备)
工业结构	准入由技术诀窍决定,大量公司可提供特种服务	企业数目增加,许多偶然和边缘(的企业介入)	财务条件限入,许多企业走下坡路
介入的关键人员	科学家和工程师	管理层	不熟练及半熟练劳动力
要求结构	卖方市场 由被置换产品的性能和价格决定购买者的期望值	单个生产商面对弹性增长的价格行业内竞争导致降价产品的信息资料扩散	买方市场 信息变得容易获得

引自：Hirsch(1965)。

除非仿制者享有明显的市场保护或特权,他们必须降低单位生产成本才能取得进步。通常这意味着除了降低企业管理费外,他们也得努力提高基础生产过程的效率。他们可能试图通过工艺的改进来实现这一点,但是静态和动态的规模经济通常使他们在竞争中处于不利地位,所以制造工作必须要有好的适应性研发与之紧密结合。因此,生产工程和设计是仿制者必须加强的两个技术功能。即使他们是在获得特许进行仿制生产,仿制者也承受不起高生产成本,他们也希望及时获得关于生产技术和市场变化的信息,所以科学和技术信息服务对仿制公司也是必不可少的。信息功能对如何挑选仿制产品和决定从哪家公司获取技术都是重要的。显然,在发展中国家,除非国家政策被制订成有利于技术进步,想要成为仿制者的人可能会受到当地环境的严重制约。

如果国家政策和公司战略是在培训、教育、金融投资、技术输入等方面都坚定地面向赶超,那么后来者就有可能把迟到转变为竞争优势。格申克龙(Gerschenkron,1962)主要就 19 世纪钢铁工业的工厂规模问题发表了后来者优势的理论。他指出可承担大额投资费用的金融机构的重要性,并认为考虑到这种“社会能力”使后来者公司可以享有已经存在的世界市场,还可以引进

生产因素	产品周期		
	新生	成长	成熟
管理	2	3	1
科学和工程技术关键	3	2	1
不熟练劳动力	1	2	3
外部经济	3	2	1
资本	1	3[a]	3[a]

图 11.1　产品周期各阶段的各种因素的重要性对比

注：方块的意思是把产品周期的不同阶段、不同因素的重要性分成等级，矩形的相对面积不过是大致表现所示等级的重要程度。

[a] 被认为是同等重要的。

引自：Hirsch(1965)。

比早先的创新者所采用的更快、更便宜的技能和技术。金近顺(Jang-Sup Shin，1996)用韩国钢铁和半导体工业为例，更进一步发展了格申克龙的观点。

在第 2 章引用的英国纺织工业的例子表明 18 世纪后期和 19 世纪早期，英国的进取型创新者可能通过集团经济和网络化优势，以及通过组织和销售的创新来加强他们的竞争优势。最后，他们被后来国家的赶超公司追赶上来，但这是一个很长的过程，平衡是微妙而且复杂的。后来的公司和国家能够通过坚定而且明智的追赶战略克服他们弱点的做法和内容正是第三篇，特别是关于国家创新系统（第 12 章）和开发系统（第 15 章）所讨论的关键问题之一。

依赖型战略是同意在与其他较强公司的关系中充当基础上是附属或次要角色的地位。依赖型公司除非来自客户或母公司的特殊要求外，不打算在自己的产品中启动甚至仿效技术变革。它们常常依靠顾客来为新产品提出技术规格和有关推广的技术建议。工业化国家的大公司有一些附属公司为它们提供部件，或做合同规定的制品和机器，或提供各种服务。依赖型公司常常就是分包商，甚至是次分包商。一般地讲，它没有产品设计的主动权，也没有研发设施。资本密集型工业中的小公司常常属于这一类，并因此不太从事创新工作（见第 9 章）。关于日本经济中这类公司所起的特殊作用，可参看他们的著作：Clark（1979）、Sako（1992）、Womack 等（1990）。

但是，依赖型小分包公司也可能会设法提升它的技术水平，在某些情况下，其主要客户甚至会帮助它们这样做。在第 9 章，我们已经讲到最活跃的小公司就是所谓的以新技术为基础的公司（NTBF）。这些公司常常是很专业的特需市场中的进取型创新企业。但是小型分包公司也可以在某一狭窄的领域里提升专门知识，从而使自己从依赖状态变为创新类公司。它们只要加强自己的创新能力，就能够通过扩大顾客网来减少自己的依赖性。

正如我们在第 6 章~第 7 章所见，日本汽车工业和电子工业常常被引为改变分包关系的例子。大的总装公司可以将它们的技术援助范围扩大到它们的"第一层"供应商，把自己的工程师借给它们，并与它们合作以提高它们所供应的部件和材料的规格。在欧洲和北美，同一战略日益被模仿，而且零售业和制造业方面的某些大公司在数十年前就实行了这种做法。玛克和斯宾塞（Marks 和 Spencer）公司是这方面的一个好的例子。克莱斯勒公司的情况是另一个有意义的例子。这段时间内，这家公司显然是美国三大汽车公司中最弱的一家，它实际上是由于获得联邦政府的救助才免于破产的。它审慎地仿效日本同行与零件承包商紧密合作的战略以摆脱困境。1989~1996 年，它把承包商的数量从 2 500 家减少到 1 140 家,并与剩下的公司在设计和制造方面建立起新的合作关系。戴尔(Dyer,1996)研究了它的承包公司,把这一改变描述为创造了"美国的系列"①,并指出克莱斯勒公司每辆车的利润从 20 世纪 80 年代的 250 美元调高到 1994 年的每辆 2 110 美元,创造了全美汽车业的创利记录。克莱斯勒从最少获利变成 20 世纪 90 年代美国汽车公司中的最大获利公司,而且零部件承包公司能提出大量重要的改进建议,其中许多已被采纳执行。虽然在这种情况下,看来主要利润归了克莱斯勒公司,但显然承包商也有所获,而且承包商和克莱斯勒之间的关系也从依赖变为相互信任和合作。

纯依赖型公司实际上是大公司的一个部门或一个车间,而且通常这样的公司是被兼并过来了。但是对大公司而言,保持客户关系可能更合适,因为分包商是减少主公司工作负荷波动影响的缓冲器,20 世纪 80 和 90 年代出现了一种大公司将原来内部生产的配件转向外部采办的相当强劲的世界性趋势。依赖型公司也希望保持形式上的独立性,因为业主希望通过多样化或扩大市场,最终改变它们的状态。即使它们还是附属公司,它们却仍然珍视这种有限的自主权。尽管它们的讨价还价地位很薄弱,它们却能在相当长的时间里享有好处,因为平均管理费低,企业管理能力强,有专门知识或内部特有的其他优点。即使它们被客户"压榨"得很厉害,它们宁可低利润地长期干下去而不愿被全面兼并。虽然破产和兼并是平常事,但经常又有新的企业加入。

11.5　传统型和机会主义型战略

"依赖"型公司与"传统"型公司在产品性质上不同。总的说来,传统型公司供应的产品变化很小,而依赖型公司供应的商品则可能有相当大的变化,但

① 原文系列(Keiretsu)来自日文,指一系列承包商——译者注。

却是按外界的要求和规定做的。传统型公司没有理由改变它们的产品,因为市场并未提出要求,而且竞争也没有强迫它这么做。传统型公司缺乏科学和技术能力来推行意义深远的产品变革,但是它有可能应付基础上属于款式而非技术的设计变化。有时候这实际是它所能做的最大限度。

传统公司可以在严酷的竞争条件下运作,这种条件接近于经济学家的完全竞争模型。它们也可以在分散的当地垄断条件下运作,而这种垄断的基础是通信不良、缺乏发达的市场经济和前资本主义的社会体系。它们的技术通常基于手艺技巧,而它们的科学投入很少甚至没有。对于这些公司产品的需求,通常可能很大。这在一定程度上正是因为它们有传统的工艺技巧(手工艺、餐饮业、室内装饰业)。这类公司甚至在高度工业化的资本主义经济里也会有很好的生存能力。但是在许多工业分支里,它们也肯定易受外来技术变化的影响,由于它们不能在自己的生产线上启动技术创新,也不能对别人引进的技术更新采取防止性对策,所以它们逐渐被排挤出来,这些人是工业中的"农民"。

工业化资本主义社会包括某些主要是传统性的工业和另外一些以快速技术创新为特征的工业。有人认为,20 世纪的一个重要特征是研究密集型部门的增长。但是这些变化能达到何种程度,却是一个只能推测、只能靠政策来解决的问题。这是一个复杂的过程,因为有时一种技术创新的成功可能导致新商品的标准化大量生产,而在长时期内不再作技术变更,也不再进行研究。然而,通常由研发创造的工业会继续进行研发,于是平衡被打破,研究更密集型的工业就会逐渐占据优势,从而实现高速度的技术变革。本书的论点是,这是在 20 世纪工业中最重要的变化之一,但是这个问题必须以长期的眼光来观察。

这种变化现在已扩展到服务行业,并已成为工业化国家或发展中国家 21 世纪中十分重要的结构性变化。主要由于通信与信息技术得到了普遍的推广,一些服务行业如金融服务、娱乐和信息服务变得更加资金密集化(通过它们在计算机和通信设备方面的大批投资),同时也更加研究密集化(通过软件和电子工程师的雇用)。已经研发相当密集和投资相当密集的长途通信产业,现在仍在这些方面继续发展,而且与娱乐业和多媒体服务业的联系也在迅速加强。此外,早已在 20 世纪 50 和 60 年代打通了的制造业与服务业之间的老界限,现在已经完全消除了。

要对 IBM 这样的公司进行归类,无论归入服务业或归入制造业都有不妥,因为它在这两方面都极强。由于计算机工业的总产出中软件和咨询的份额一直在快速增长,IBM(和类似的计算机公司)越来越像一个服务公司,尽管制造仍是一项极重要的内容。同样,在长途通信设备制造公司的实例中可以看到同样的趋势。爱立信(Ericsson)是这个领域里最成功的欧洲公司之一,它目前在制造方面的雇员已不到雇员总数的 10%。其大部分雇员从事软件、系统设计、研发、全球咨询和营销、技术服务、管理以及网络工作。它把大量的制造工作外包出去做。史莫特(Smart,1996)描述了在美国像通用电气(GE)公司那样的传统制造企业也采取了进入服务业的审慎战略。1990 年,GE 的制造业还占收益的 56%,而到 1995 年就降为 44%,到 2000 年预计降到 33%了,金融服务、医疗服务、咨询和“售后服务”都在迅速地扩展。

一个更极端的例子是贝纳通(Benetton)公司的情况,大多数人会认为这家公司属于制衣业。但是正如佩鲁西(Belussi,1993)等人指出的那样,贝纳通公司除了为在技术开发上保持领先而从事的试验性业务外,已不太使用制造方面的雇员了。在意大利东北部,几乎所有制造工作都分包给小公司网去做,而贝纳通则集中搞设计,并通过分布在全世界的数百家特许零售店来进行全球销售。信息和通信技术对贝纳通是极重要的,因为从这些零售商店每日上报的销售数据都集中到威尼斯附近一家计算机化批发货栈进行处理和协调,并据此向分包商提出制造订单。

所有这些例子足以说明一些根本变化,这些变化通过信息和通信技术在全球传播而影响了经济。结果,各地的公司都不得不重新考虑它们的战略。当然,这种重新考虑一般不会采取先进的全新管理方法。只有少数大公司会使用像技术预测这样的先进管理方法。最近时兴的管理词汇,如企业再造工程或技术审议,精确生产或基准化将会更加普遍地使用。而对绝大多数公司来说,可以重新考虑采取这样的形式,即总经理、企业家或其他管理人员根据竞争者、媒体、配件供应商和其他外部信息和知识来源的意见和压力采取措施,相应地调整自己对未来的设想和看法。这种与信息和通信技术传播有关的思想转变到处明显可见(见第17章)。

这种转变与其说是中央政府有意识造成的后果(虽然政府政策逐渐趋于赞成这个转变),还不如说是公司对国内外压力的一系列适应性反应和实现发明家梦想等的结果。由于公司要谋生存、图利润、求发展,所以它们就采用一种或几种前面已经讨论过的战略。但是对于变化的环境可以做出许多种不同的反应,所以针对这种多样性应当增加另外一类战略,这就是机会主义型或特需型战略。企业家总有可能在快速变化的市场中发现某些新的机会,这种机会既不需要内部的研发,也不需要复杂的设计,却总能使企业家发现一种重要的特殊需求,并提供消费者需要却无人打算提供的产品或服务,从而使他们兴旺发达起来。富于想象力的企业家即使在研究密集型的工业中也经常能找到和研发关系不大的新机会,但是这种人物现在还不多见。

采用进取型或保守型创新战略的那些公司已经逐渐学会怎样创新。但是没有能保证成功的处方,围绕着战略的各主要部分还存在着激烈争论。由于他们常常是在世界上进行创新,他们所遭遇的不确定性就会增大了,常导致政府参与以资助研发活动,创造适当的基础条件,减小市场的不确定度。经济政策不可避免地会影响科学技术政策。这些问题对发展中国家特别尖锐并将在第三篇加以讨论。

11.6 结束语

根据历史证据,本书第一篇指出研究与开发的专业化过程是20世纪工业中最重要的社会变化之一。第二篇则说明成功的创新的需要和工业内部出现研发机构都深刻地改变了公司行为的模式。这意味着只通过对外部环境中价格信号作出反应,通过调节实现平衡来解释公司行为不再令人满意了(如果曾经满意的话)。世界技术像世界市场一样是公司环境的一部分,而且公司对技术变化的适应性反应不能简化为对价格变化的可预测的反应。这给经济学家造成了困难,并意味着必须对工程师,对社会学、心理学和政治学给予更多的注意。经济学家有一套简洁的理论来面对这又杂又乱的现实。他们的理论在过去和现在都对说明和预报公司行为的许多方面作出了重要的贡献,但这个理论不是也不想成为封闭和自我维护的,那只会扼杀今后的发展。

第二篇各章都没有对假设公司具有完备的知识或最优的行为的理论提供支持。对这些理论更完善、更新的辩解也不过是从“好像……”开始的说法。人们承认公司无法像新古典主义所假设的那样对未来作出分析判断,但是却认为竞争保证了那些存活并发展起来的公司是符合这一预测的,所以它们也就“好像”能够有这样的能力一样。但是,如郝奇逊(Hodgson,1992)和温特(Winter,1986)令人信服地说明的那样,这种说法并不比原来的说法更为可信。无论是生物的进化,还是公司和工业的进化,都不会达到最佳效果。

根据第一篇和第二篇所提出的证据,像纳尔逊和温特(Nelson 和 Winter;1974,1982)及道西等(Dosi,1988)所提出的那种公司理论,看来更有道理。这种理论全面地阐述了受限制的理论,不完善信息、市场和技术的不确定性等方面的问题。此外,好的公司理论也必须考虑到不同工业部门、不同历史时期行为的不同。

已故的艾迪思·彭鲁斯(Edith Penrose,1959)用她的“以资源为基础”的公司理论为经济学指明了新的方向。这种理论涉及“工作能力”及技能和知识积累的各种组合。最近的理论界在追随蒂斯(Teece,1986)发展的有关公司内部各种功能,如研发、制造和销售方面竞争能力的概念。如果这走向极端,就可能导致出现“空心公司”,把制造工作部分全部分包出去。但是上面讨论过的一些例子并不表明情况一定会这样。甚至贝纳通(Benetton)公司也认识到有必要维持一定的最低制造能力,以便能够检查分包商的工作,和避免因突然出现的新技术而被赶超。

克里斯丁逊(Christensen,1995)提出了另一种有趣而且新颖的想法,他对创新资源的4种通用类别进行了概念性的区分,即:(1)科研资源;(2)工艺创新资源;(3)产品创新应用资源;(4)美学设计资源。最后一类在工作能力的理论化时经常被忽略,但是在许多工业和服务业中却是极为重要的。虽然有些时候,创新可能只依赖于这4项资源中的一两项,但更为通常的是需要把一批资源动用起来。这些资源存在于各种各样的、经常重组的组织机构环境之中。克里斯丁逊的理论指出许多供经济学家、社会学家和组织理论学家研究的激动人心的途径。

本章的讨论并非是为了建立公司行为的另一种理论。对此理论,还需要在社会科学方面做更多的综合性的工作。讨论的用意是指出任何理论都需包含的问题,即要说明公司对技术变革,以及对因素输入和产品市场中的价格变化作何种创新性及适应性反应。现在已经出现了一种令人鼓舞的迹象:包括经济学家在内的若干学科的社会科学家们正在着手开发更全面、更令人满意的公司理论(MacKenzie,1990; Stirling,1994)。

评论、综述和主要参考书目

Afuah, A. (1977), *Innovation Management: Strategies, Implementation and Profits*, Ann Arbor, University of Michigan Press.

Archibugi, D., Cesaretto, S. and Sirilli, G. (1987), 'Innovative activity, R&D and patenting: the evidence of the survey on innovation diffusion in Italy', *Science Technology and Industry Review*, no. 2, pp. 135~50.

Barnett, C. K. (1997), 'Organisational learning theories: a review and synthesis of the literature', *Academy of Management Review*.

Carroll, G. R. and Teece, D. J. (eds) (1996), *Industrial and Corporate Change*, special issue on Firms, Markets and Organisations, vol. 5, no. 2, pp. 203~645.

Cohen, W. (1995), 'Empirical studies of innovative activity', in Stoneman, P. (ed.) *Handbook of the Economics of Innovation and Technological Change*, Oxford, Blackwell.

Cohen, W. M. and Levin, R. C. (1987), 'Empirical studies of innovation and market structure', in Schmalensee, R. and Willig, R. (eds) *Handbook of Industrial Organisation*, Amsterdam, North Holland.

Coombs, R., Saviotti, P. and Walsh, V. (eds) (1992), *Technological Change and Company Strategies*, London, Academic Press.

Coombs, R., Richards, A., Saviotti, P. and Walsh, V. (eds) (1996), *Technological Collaboration: The Dynamics of Industrial Innovation*, Cheltenham, Elgar.

Cyert, R. M. and March, J. G. (1963), *A Behavioural Theory of the Firm*, London, Prentice-Hall.

DeBresson, C. (1996), *Economic Interdependence and Innovative Activity*, Cheltenham, Elgar.

Dodgson, M. (1993), 'Organisational learning: a review of some literatures', Organisation Studies, vol. 14(3), pp. 375~94.

Dosi, G. (1988), 'Sources, procedures and micro-economic effects of innovation', *Journal of Economic Literature*, vol. 36, pp. 1126~71.

Duysters, G. (1995), *The Evolution of Complex Industrial Systems: The Dynamics of Major IT Sectors*, Maastricht, UPM.

Freeman, C. (1994), 'The economics of technical change: a critical survey', *Cambridge Journal of Economics*, vol. 18, pp. 463~514.

Gaynor, G. H. (ed.) (1996), *Handbook of Technology Management*, New York, McGraw Hill.

Gjerding, A. N. (1996), *Technical Innovation and Organisational Change*, Aalborg, Aalborg University Press.

Gold, B. (1979), *Productivity, Technology and Capital: Economic Analysis, Managerial Strategies and Government Policies*, Lexington, Lexington Books.

Granstrand, O. and Sjølander, S. (1992), 'Managing innovation in multi-technology corporations', *Research Policy*, vol. 19, no. 1, pp. 35~61.

Häkansson, H. and Snehota, I (eds) (1995), *Developing Relationships in Business Networks*, London, Routledge.

Jewkes, J., Sawers, D., and Stillerman, R. (1969), (2nd edn.) *The Sources of Invention*, London, Macmillan.

Kodama, F. (1996) *Emerging Patterns of Innovation: Sources of Japan's Technological Edge*, Cambridge, MA, Harvard Business School Press.

Leonard-Barton, D. (1995), *Wellsprings of Knowledge: Building and Sustaining the Sources of Innovation*, Cambridge, MA, Harvard Business School Press.

Loveridge, R. and Pitt, M. (eds) (1990), *The Strategic Management of Technological Innovation*, New York, Wiley.

Miyazaki, K (1995), *Building Competencies in the Firm: Lessons from Japanese and European Opto-electronics*, Basingstoke, Macmillan.

Pavitt, K. L. R. (1990), 'What we know about the strategic management of technology', *California Management Review*, Spring, pp. 17~26.

Pearson, A. W., Stratford, M. J. W., Wadee, A. and Wilkinson, A. (1996), 'Decision support systems in R&D Project Management' in Gaynor, G. H. (ed.) *Handbook of Technology Management*, New York, McGraw Hill.

Penrose, E. (1959), *The Theory of the Growth of the Firm*, Oxford, Blackwell.

Quintella, R. H. (1993), *The Strategic Management of Technology*, London, Pinter.

Rothwell, R. and Gardiner, P. (1988), 'Re-innovation and robust design: producer and user benefits', *Journal of Marketing Management*, vol. 3, no. 3, pp. 372~87.

Sakakura, S. and Kobayashi, M. (1991), 'R&D Project Management in Japanese Research Institutes', *Research Policy*, vol. 20, no. 6, pp. 531~59.

Scherer, F. M. (1992), *International High Technology Competition*, Cambridge, MA, Harvard University Press.

Scherer, F. M. (ed.) (1994), *Monopoly and Competition Policy*, Library of Critical Writings in Economics, Cheltenham, Elgar.

Steinmueller, E. (1994), 'Basic research and industrial innovation', in Dodgson, M. and Rothwell, R. (eds) *Handbook of Industrial Innovation*, Cheltenham, Elgar.

Swann, P. (ed.) (1993), *New Technologies and the Firm*, London, Routledge.

Symeonidis, G. (1996), *Innovation, Firm Size and Market Structure: Schumpeterian Hypotheses and Some New Themes*, Economics Department Working Paper no. 161, Paris, OECD.

Teece, D. (ed.) (1987), *The Competitive Challenge: Strategies for Industrial Innovation and Reneval*, Cambridge, MA, Ballinger.

Utterback, J. M. (1993), *Mastering the Dynamics of Innovation*, Boston, Harvard Business School Press.

von Hippel, E. (1988), *The Sources of Innovation*, Oxford, Oxford University Press.

Whiston, T. G. (1992), *Managerial and Organisational Integration: The Integrative Enterprise*, London, Springer.

Whittington, T. (1993), *What is Strategy and Why Does it Matter?*, London, Routledge.

Williamson, O. E. and Winter, S. G. (eds) (1993), *The Nature of the Firm: Origins, Evolution and Development*, New York, Oxford University Press.

Winter, S. G. (1988), 'On Coase, competence and the corporation', *Journal of Law, Economics and Organisation*, vol. 4, pp. 163~80.

第三篇

CHAPTER THREE

创新的宏观经济学：科学、技术、发展及全球化

绪　言

国家的成长和发展总是与取得以及有效地利用科学和技术密切相关。如第一篇指出的，近代历史极大地受到与科学密切相关工业的兴起及许多新产品推广传播的影响，典型的就是化学工业的成长（第 4 和第 5 章）及汽车（第 6 章）和电子产品（第 7 章）的发展。这些发展的巨大的重要性也使得我们意识到先进的经济对成功应用新技术的依赖关系，以及后者部分地对原有科学及技术能力的依赖关系都应该大大地加以强调。

在第二篇，我们试图应用这一历史证据，来概括出企业在创新努力中成功或失败的条件。我们通过分析企业规模、研究与开发（R&D）和创新之间的关系，以及接着讨论企业以何种方式来实现对它们自己创新项目的评估。最后在第 11 章，我们讨论了企业面临着不确定的市场和多变的技术所采取的策略。这样很自然地就把我们的研究引向包含它们的国家和国际的环境。

在第三篇开端的一章中，指出了涉及科学、技术以及更广泛的意义上普及高等教育、创新和技术的许多体制的相互作用问题。这些国家范围的作用，不论是政府还是私人的，我们都将之归纳在“国家创新系统”内。如第 12 章，表明了对这些国家系统的作用为从微观创新经济向宏观创新经济的转变建立了基础桥梁。这对充分理解科学和技术的增长动力，和这种成长动力在各国之间表现令人吃惊的差异都是十分重要的。

理解这些成长动力无疑是在 20 世纪 60 年代初期进行的那场探究美国和欧洲“技术差距”的政治辩论的主要原因之一。国际经济之间的国际贸易、国际投资和技术转让表明在这个越来越相互依靠的世界经济框架中，工业领导权能够多么迅速地从一个国家和地区转移到别处去。日本和苏联,一个是在世界经济竞争的主流内,另一个则游离在外,在技术/创新/经济环节中表现完全不同。日本经济把技术带进市场,并且建立起支撑这个过程所需的科学和技术能力。相反,苏联将其实质上强于日本的科学和技术努力的绝大部分在同一时期都用于空间和防务,虽然有集中的计划,防务取向的封闭经济体系对于企业把新技术推广到这些部门以外或进行部门以外的创新,并没有提供什么鼓励。

在20世纪60年代就已经有许多关于经济成长表现不同的核心问题在于技术上水准不一致或存在"差距"的论文。科学和技术对经济增长贡献的重要性,已经被过分地用于解释那些"残留物",即其增长不能用劳动和资本积累来说明的部分。第13章中阐述的增长理论主要是60年代的经济论文的观点。随之而来的70年代的经济危机,及那些"残留物"的"消失",这个题目慢慢地从经济学专业的学术讨论目录上退出。更偏向熊彼特传统理论和后来基于"新"增长理论传统的替代的解释形成了。到了80年代末期,成长理论重又成为经济理论及政策辩论的中心。今天,我们更目睹到新古典增长理论在实践中再生;残留物差不多快"消失了"而增长又一次成为能够用劳动力和资本积累来作使人信以为真的解释的理由。

但是为解释增长所做的探索,在过去的40年兜了一个圈子的同时,世界上各国在依靠国外资源来实现自己的发展的程度上发生了根本的变化。科学和技术与国际贸易和投资之间的作用已愈加被认识到了。国际贸易对技术和经济发展状况无疑都有着重要影响。我们在第14章开头讲述的那个老的寓言指出有必要突破贸易传统的新古典主义的"要素能力"的解释,并同时引入更老的和更加古典的解释以及"新的"在过去20年中对经济学家影响很大的贸易解释。但是我们的经济体系的国际开放绝不只限于商品和货物的进口与出口。

在第一次大战之前,后来称为跨国公司的外国投资已经引发了相当多的技术知识推广传播(见第3章的电气化)。20世纪60年代,跨国公司主要在美国设立,并且通常活跃在技术最先进的工业部门,发展了将研发能力、生产能力和市场渗透能力在全世界布局的策略。新技术通过生产周期中的研发、创新和市场销售阶段流动,实现了生产从美国到欧洲的转移。这一国际化进程在20世纪80和90年代变得更广泛和更多样化,采取了比跨国海外子公司更复杂的跨越国界的技术、生产、金融和市场竞争的公司间联盟的网络公司形成。最近推出的"技术全球主义"这个词就是表达了现在由于企业间竞争不再是一个国家的企业同国外企业的竞争而成为"全球的"或"多国-国内"企业间的竞争,而呈现出技术国际化这个大趋势。

但是如第15章所示,这个过程至少到目前还没有在世界范围内导致世界共同的增长和发展。欠发达现象虽然不再像30年以前那样普遍,但仍然是对我们时代的主要挑战。技术的承诺仍然没有触及非洲、拉丁美洲和亚洲的千百万人民。正是这个原因,使本书在第三篇的最后一章又回过头来,再次考察发展中的许多问题和技术推广以及技术发展的本土化趋势问题。

第12章　国家创新系统

12.1　引言：弗·李斯特的“国家系统”

在本书第一篇，我们从历史的角度论证了英国经济、技术、文化和政治体制的独特性，正是这种独特性，使英国在产业革命时代超越了世界各国（表12.1）。在第3章，我们用同样的方法指出了美国国家系统的一些特性，这些特性又使美国超越了英国，并轮到美国领先于世界各国（表12.2）。在前一章，我们指出了德国经济和日本经济的某些特征，这些特性使这两个国家在20世纪取得了极高的经济增长率。上述实例都表明，国家环境对于企业的创新活动来说，无论在激励、促进还是在妨碍、阻止其创新活动方面，都有相当重要的影响。本章将探讨“国家创新系统”这一概念，尤其要比较苏联和日本的国家系统；同时还将对拉丁美洲与东南亚各国为追赶先进工业国家所作的尝试进行对比分析。本章的论述将使我们能够在下一章中就技术和经济的增长继续进行更有效和更广泛的讨论。

表12.1　18和19世纪英国国家创新系统的特点
● 科学家和企业家之间建立了牢固的联系
● 开展科学活动已成为国家的一种制度，受到政府的鼓励，并得到地方团体的推广和普及
● 在运河、公路、铁路等运输基础设施的建设上，地主提供了大量的地方投资
● 组织形式上的合伙关系，使发明人能够筹集资本并与企业家进行合作

（续表）

● 从贸易和服务业得来的利润可以用于全国和地方的资本市场，从而对工厂的生产特别是纺织品生产进行投资
● 经济政策受到古典经济学的极大影响，并且经济政策要满足工业化的利益
● 对本国拥有的技术采取有力的保护措施，从而使竞争对手不能迅速赶上
● 在 1850 年，英国的人均生产率是欧洲平均水平的 2 倍
● 减少或消除了对内和对外的贸易壁垒
● 不受宗教束缚的高等专业学校和一些大学对学生进行科学教育；在新兴的工业城市，技工们受到业余培训

表 12.2　19 世纪后半叶和 20 世纪美国国家创新系统的特点
● 取消了封建的贸易和投资壁垒，1865 年铲除了奴隶制度，资本主义思想深入人心
● 从 19 世纪 60 年代起，由于有了铁路设施，使全国范围的超大型市场迅速增长
● 因缺少技术熟练的劳动力，从而发展了机器密集型和资本密集型技术［如麦考米克公司（McCormick）、胜家制造公司、福特公司等］
● 通过大量投资和大规模的经济活动，开发了丰富的资源（钢铁、铜、石油等）
● 批量生产和流水作业已成为美国的典型生产技术
● 资本密集的工业企业发展成超大型企业［通用汽车（GM）、通用电气（GE）、美孚石油等公司］，并开始进行企业的研发
● 从 1776 年起，无论在全国还是在各州，都积极鼓励技术教育和科学活动
● 到 1914 年，美国的生产率已达欧洲的 2 倍
● 通过欧洲移民引进技术和科学，这已成为美国引进技术和科学的主要途径

正如我们在第一篇中已经看到的那样，弗里德里茨·李斯特（Firedich List）对古典经济学家忽略科学、技术、技能在国家发展中所起的作用提出了批评。我们不妨将他 1841 年出版的《国家的政治经济系统》（*The National System of Political Economy*）一书改称作《国家创新系统》（*The National System of Innovation*）。他所关注的主要是正在赶超英国的德国的问题，以及与欠发达国家有关的一些问题（这些国家的状况，正如当时与英国相比的德国所处的状况一样）。弗·李斯特不仅赞同保护弱小工业，并且支持国家为实现和加快工业

化和经济增长制定一系列政策，而这些政策大部分都与掌握和应用新技术有关。他对“国家创新系统”的许多当代理论曾明确地做出了预见（Lundvall，1992；Nelson，1993；Mjøset，1994）。

世界银行在回顾了经济学家对于第二次世界大战以来的国家发展理论的变化之后，得出结论：与有形资本相比，用在知识积累方面的无形投资对于国家的发展更具有决定性的作用，这一观点曾为人们所认识（1991，pp.33~35）。世界银行提出的报告引用了“新增长理论”（Romer，1986；Grossman 和 Helpman，1991）来支持这一观点，但事实上这个所谓的“新增长理论”不过是把已有的被经济史学家和新熊彼特派经济学家共同承认的现实主义的假说结合进新古典主义模型中而已（见第13章）。其实，世界银行的这份报告本可以引用弗·李斯特批评亚当·斯密的文章时的一段话：

> 与这种推理相反，亚当·斯密仅仅以这样的观点理解“资本”这个词，即“资本”只有在投资商或商人的簿记和资产负债表中才必须用到……；亚当·斯密忘记了这样一个事实，根据他对资本所作的定义，他自己就已将生产者的体力和脑力两方面的能力归纳进资本的含义之内。但他却错误地认为，国家的收入仅仅依赖于物质资本的总额。
>
> （F. List，1841，p.183）

世界银行还可以进一步引用弗·李斯特的如下论述：

> 各国所以能够达到目前的发展水平，是由于它们汇集了自古以来多少代先辈们发现、发明、改进和辛勤劳作的成果。人类前辈的这些活动形成了当代人类社会的知识资本，任何一个国家的生产能力，都与其运用前人的成果以及通过自己的创造来补充这种成果成比例。
>
> （同上，p.113）

弗·李斯特对有形及无形投资关系的清楚认识具有明显的现代意识。他还主张工业界必须与正规的科学机构和教育机构建立联系：

> 几乎所有的制造商都要涉足物理、机械、化学、数学或设计工艺等各个学科，如果这些学科不能取得进步，或是没有新的发现和发明，那么大量的产业和工艺将得不到改善和提高。因此，在制造领域，必须推广科学和技术。
>
> （同上，p.162）

正是由于弗·李斯特和持有同样观点的经济学家的大力倡导，以及长期形成的普鲁士的制度，德国才形成了世界上最优秀的技术教育和技术培训体制。许多历史学家（如 Landes，1969；Barnett，1988；Hobsbawm，1968）都认为，这种体制不但是德国在 19 世纪后半叶超过英国的主要原因，而且也为德国在 20 世纪形成各行各业拥有的技术熟练、高生产效率的劳动大军奠定了基础。一个多世纪以来，英国的教育和培训政策实际上已经落后，并且在追赶德国的技术教育和培训体制这方面，英国也从未坚持进行全面成功的尝试。

弗·李斯特不但预见了当代国家创新系统工作的基本特点，而且他还清楚地认识到引进国外技术与国内技术开发的关系。一个国家不但应该获取其他先进国家的成果，同时还必须依靠自己的努力来进行发展。当时的普鲁士就已经以这种方式来掌握技术知识，如其获取机床制造技术就是一个典型的例证。在 19 世纪的头 25 年中，正是英国的工程师[尤其是莫德斯雷（Mawdslay）的工程师]和机械师承担了机床技术的重大革新工作。由于这项技术可以为各个工业领域设计和制造用来加工金属的精密机器，因此被比作“现代机械制造的基石”（Paulinyi，1982）。参与这项革新工作的人员试图对该项技术采取严格的保密措施，而且英国政府也试图禁止机床出口，并对违反禁令的处以严厉的罚金。但由于普鲁士认识到这项技术的重大意义，普鲁士政府还是采取了果断措施去获取这项技术。

当时,普鲁士政府已经创立了技术培训学院(Gewerbe-Institute)。政府确信从英国引进的机床可以转换成工程技术,并可用来培养德国的技术人员,而这些技术人员此后将把这项技术传播到整个德国工业界(Paulinyi,1982)。由于这项技术的大部分都依赖于只能意会难以言明的知识,因此许多英国的技术人员也被吸引到普鲁士(当时在英国从事先进机床制造工作的创业人员中,有3/4的人在莫德斯雷的车间中工作过许多年)。由普鲁士政府促进和协调的技术转移取得了极大的成功。在19世纪40年代和50年代,德国的机床工业和机器制造业,已经具有设计和生产用于制造蒸汽机车所必需的所有机械设备的能力,这使普鲁士(即后来的德意志帝国)在赶超英国的道路上处于有利的位置。虽然弗·李斯特没有引用这个例子,而且也没有用抽象的理论来阐述工业化和技术转移,但弗·李斯特对于展现在他面前的工业化和技术转移的进程却做出了论述。

弗·李斯特对国家创新系统的许多特征进行了分析,这些特征已成为当代研究的核心问题,如教育和培训的机构及制度,科学与技术的研究机构,用户与制造商的交互学习,知识积累,对引进技术的改造与提高,促进工业的战略性发展等。不仅如此,他还着重强调在协调和执行工业与经济发展的长期政策中政府所起到的作用。常与弗·李斯特展开辩论的琼·巴普蒂斯特(Jean-Baptiste)认为,政府除起到相反作用外不能起更多的作用,而后者成为弗·李斯特与古典学院派进行论战时最好的嘲讽目标。1969年,兰德荻对普鲁士政府在该国赶超英国期间所起的作用进行了总结:

> “只有政府才负担得起派官员到美国进行考察的高昂费用,也只有政府能为学校提供必需的教学建筑和设备,为学生提供衣、食、住条件,以及支付学生数年消耗的费用。”而且,教学机构虽然是教育体系中最重要的部分,但它也仅仅是用来介绍和传播新技术的庞大的教育体系中的一部

分。除了教学机构外,还有其他的学术机构、博物馆,以及可以起重要作用的各种展览会。

最后,政府还能够为发明家和入境的移民企业家提供技术指导和帮助,为他们提供奖励资金,馈赠机器,免除或减少工业设备的进口关税。普鲁士的一些措施直接继承了其在经济发展中与国家直接利益有关的深厚传统。在德国,这尤其反映了政府对于加速追赶英国并予以组织实施的强烈愿望。在这种积极的尝试中,政府强调建立合理的研究标准和工业标准,这对未来将产生重要影响。

(Landes,1969,p.151)

19 世纪后半叶,美国在追赶英国方面显然比德国更加成功。弗·李斯特在美国期间了解了大量的情况,特别是他从汉密尔顿(Hamilton)1791 年所著的《关于制造业的报告》(*Report on Manufactures*)一书中得到了大量信息。美国比德国更加广泛地促进教育的发展(虽然不包括工业技术培训)。然而,价格低廉和易于获得的大量物资、充足的能源和广袤的土地,以及持续不断的移民浪潮,使美国形成了不同于欧洲国家的某些特征。在追赶英国的过程中,对于德国来说,政府起了主要作用;而在美国则是国外资本起了更大的作用。

虽然弗·李斯特预见到当代有关国家创新系统辩论中涉及的许多特征(尽管他使用的术语与当代的不同),但如果认为他能预测未来一个半世纪世界经济和各国经济发生的全部变化,那显然是荒谬的。特别是他没有预见到在工业界内部兴起的专业研究与开发活动,他更没有想到出现了在不同国家开办企业并越来越多地在公司本地以外的其他地区开展研究与开发活动的多国公司或跨国公司(TNCs)。世界出现了许多新的重大变化,它们深刻地影响了有关国家系统的所有观念。本章 12.2 节将首先讨论研究与开发活动的兴起,12.3 节将对一些相反的国家系统展开讨论,12.4 节拟讨论跨国公司的作用及其在世界不同地区可能影响国家经济发展的各种方式。

12.2 专业化的研究与开发活动的兴起

在 20 世纪,人们热衷于简单地根据研究与开发(R&D)活动和教育体制来分析“国家创新系统”。在本节我们将摒弃这种研究范围狭小的定量方法,而采用研究领域更宽阔的定性分析方法,其研究范围将包括社会机构和制度。

如同我们在第 4 章和第 5 章中所看到的,正是德国在 1870 年率先出现了企业的工业研发部门这样重大的体制改革。德国染料工业界首先认识到更加经常化、系统化和职业化的新产品研制和化学新工艺的开发已成为有利可图的事情(Beer,1959),而在此之前由公司开展的产品和工艺创新活动已经持续了一个多世纪。赫斯特公司、拜尔公司和巴斯夫公司保持并加强了这种传统直至今日,今天这些公司的研究与开发实验室已经雇用了成千上万的科学家和工程师。毋庸置疑,科学发现和技术创新,如开发合成靛蓝、其他合成染料与合成药物、生产化肥的“哈勃-博赤工艺”等,是使德国的化学工业在第一次世界大战前后位居世界领先地位的主要因素。1926 年,这三家公司合并为一个庞大的托拉斯 IG-法本公司(IG-Farben),它进一步加强了研究与开发活动(见第 5 章),并在合成材料、合成纤维与合成橡胶领域完成了许多重大的技术创新工作,如开发出聚氯乙烯、聚苯乙烯、脲甲醛树脂、丁钠橡胶等。

从 19 世纪后期至 20 世纪前半叶,专门从事研究与开发的实验室已从最初的化学和电力工业领域逐渐发展到整个制造业,成为制造工业中大多数大公司特有的一部分(尽管大多数小公司和服务业的情况并非如此)(Mowery,1980 和 1983;Hounshell,1982;Hughes,1989)。工业活动的这种变化以及政府实验室、独立的合同研究机构的增加和大学研究活动的增长,给许多观察者深刻的印象,以致一位重要的物理学家曾作出这样的评论:19 世纪最伟大的发明就是发明方法本身。当然,在 1870 年以前的几个世纪甚至上千年的过程中,人类取得了大量的发明成果，但新的专门用来进行研究与开发的实验室，似乎使人类的发明活动向前迈进了巨大的一步，而第二次世界大战有力地加强了这一观念。在第一次世界大战中，科学已经起到了重大作用，其重要性远远超过当时大多数人对它的认识。促使全球人民认识到科学的巨大力量的，是曼哈顿计划以及原子弹在广岛的威力。大规模的研究与开发计划，调动了政府、工业界和大学的大批工程师和科学家，使战争双方取得了大量的研究成果，如雷达、计算机、火箭和炸药等。

因此，在二战结束后的环境下，有组织的、职业化的研究与开发活动受到空前的重视。1939 年，一位爱幻想的物理学家贝尔纳(Bernal)曾建议英国和其他欧洲国家将研究与开发活动增加一个数量级，在当时这实际上无异于荒谬的空想。然而在二战后新的政治环境下，这一建议事实上得到了落实。所有的工业国家几乎以相似的速度迅速扩大了研究与开发的能力(见第 1 章及表 12.3)，甚至许多第三世界国家也趋向于建立政府的科学研究顾问机构、国家研究与开发实验室和其他科研机构，以从事核物理的研究，并计划在某些情况下实施核武器的制造(如阿根廷、印度、巴西、以色列和南斯拉夫)。科学技术是国家发展的"推动力"这一简单的线性模式，在各国作为政府顾问机构的科学委员会中被广泛接受。显而易见，原子弹的出现产生了这样的"链式反应"：

表 12.3　1934～1983 年各国研发经费占国民生产总值的比率(GERD/GNP)

	1934	1967	1983	1983[a]
美国	0.6	3.1	2.7	2.0
欧洲共同体[b]	0.2	1.2	2.1	1.8
日本	0.1	1.0	2.7	2.7
苏联	0.3	3.2	3.6	1.0

[a] 仅计算国内研发经费；

[b] 采用 12 个欧共体国家的加权平均值。

基础物理研究→大型实验室中开展的大规模开发活动→在军事和民用领域中的应用与创新。这种“线性模式”在万尼凡尔·布什[Vannevar Bush(NSF,1945)]所著并有广泛影响的《科学——永无止境的前沿》(*Science, the Endless Frontier*)一书中特别得到了赞誉(Stokes,1993)。

由此,人们经常将研发视为国家创新的唯一源泉。美国国家科学基金会20世纪50年代首先使用、此后所有参加经济合作与发展组织(OECD)的国家于60年代广泛使用的指标体系又加强了人们的这一印象。1963年,经济合作与发展组织通过所谓的“弗拉斯卡蒂手册”(Frascati Manual)使这一指标体系实现了标准化。事实上,尽管如作者所指出的那样,技术的发展并不仅仅取决于研发活动,而且还要依赖于许多其他相关的活动,如教育、培训、生产工艺、设计和质量控制等,但这一指标体系仍被频繁使用。在这一方法中,研发替代了有助于开发新产品和促进产品改进的所有活动,而且该方法还经常忽略或忘记从市场和生产到研发这一反馈循环的重要性。然而,由于研发是唯一存在的测度体系,这一简单的事实又加强了上述倾向。

许多国家20世纪60~70年代的政府报告以及这一时期经济合作组织(CEDO)对其成员国作出的“科学政策评述”中,我们可以看到这种观念产生的影响。这些评述是仿照该组织对成员国的经济政策所做的评述进行的,与该组织所作的经济政策评述一样,科学政策评述的目的是通过用国际上可比的尺度,对各成员国的发展做出善意的但确是公正、挑剔的评估。实际上,这些评述主要集中在正规的研发和技术教育领域,它显然是有价值的,但同时这也意味着“国家系统”一词一般被限定在意义狭窄的范围内。对发明和创新所进行的许多研究已经充分证明,要在创新上取得成功,有许多比研发更为重要的因素。然而,对这些因素进行国际上的比较存在着很大的困难,而采用“范畴表”(league table)方法对研究与发展进行国际比较却很容易,而且也非常有影响。出于同样的原因,在“新增长理论”(见第13章)建立的模型中,也经常应用研发和教育的定量测度方法。

在20世纪50~60年代期间,越来越多的事实表明,技术发展的速度和经济增长率不仅取决于能否取得世界首创的重大创新成果,还更多地却是取决于是否能有效地推广与普及这项重大创新,而且社会改革与技术创新对于技术的发展和经济增长率的提高具有同样重要的作用。在经济合作与发展组织不同时期的报告中(1963b,1971b,1980a,1988,1991,1992)出现的重点转变,以及在一些国家介绍"创新"活动的报告中出现的重点转变,都反映了这一事实。当然,基础科学仍被看作至关重要的因素,但目前技术及其传播则被看作是更重要的因素。

虽然经济合作与发展组织提出的报告对正在变化的科学观念和科技政策作了合适的记录,但报告本身却难以引起这些变化。这些报告总结并反映了各成员国的发展历程和变化,并告诉人们从这些发展经历中得到教训。而且,与大多数国际组织相比,经济合作与发展组织更乐于采纳独立研究人员的意见,所以它们的报告中包含有相当多的来自学术研究界以及工业研发管理组织对技术发展所作的评述。在20世纪70年代日本加入经济合作组织后,该组织将各国与日本进行了比较,这尤其产生了广泛的影响。

12.3 对20世纪70~80年代各种国家创新系统特点的一些对比

随着日、美、欧各国工业研发和创新活动的不断丰富,以及就这些活动开展的分析不断深入,人们日益清楚地看到,创新的成功、传播速度和由此获得的高生产率,不仅依赖于有效的研发,而且还受到广泛的其他因素的影响。"渐进创新"尤其来自生产工程师、技术员和操作工人,而他们的作用又与工作机构的不同形式密切相关(Hollander,1965)。

此外,对产品和服务的大量改进,还取决于这些改进与市场、子承包商、服务和原材料供应商等有关公司的相互影响。虽然有效的研发通常对突破性创新起着决定性的作用,但人们已不能再否认,其他因素在公司和产业的技术发展过程中所起的作用和影响(von Hippel,1976,1988;Lundvall,1985,1988b,1992;Sako,1992)。

正如本书第二篇指出的,要取得突破性创新的成功,不仅公司与公司之间的关系极为重要,而且较窄的专业科学-技术系统与外部的联系也起着关键的作用。最后,对创新传播开展的研究越来越表明,创新中的各个方面都对创新的传播速度、与特定传播过程有关的生产率的提高,有着越来越重要的影响。任何一项具体的技术创新,如机器人、计算机数控(CNC)都有赖于生产系统中出现其他有关的变化(Fleck,1993)。随着信息技术、生物技术和新材料技术这三种“通用”技术在20世纪70~90年代全面渗透到全球经济中,创新中的各个方面都呈现出越来越重要的作用。

在国际上,20世纪80年代两种截然不同的经历给决策和研究人员留下了深刻的印象:一方面首先是日本、其次是韩国,取得了技术和经济发展的巨大成功;另一方面,东欧的社会主义经济走向崩溃。

起初,人们常把日本在20世纪50年代和60年代所取得的成功简单地归因于日本照搬、模仿和引进国外的技术,并常常引用所谓的“技术收支差额”的统计数字来支持这一观点。统计数字表明,日本在获得生产许可证和进行关键技术的进出口交易上,出现了高额财政赤字;而美国却相应地出现了巨大的盈余。然而,随着日本的产品和加工在越来越多的工业领域超过美国和欧洲,因而尽管引进技术仍继续具有重要作用,但这种解释的不足之处一下子变得令人一目了然了。70年代,日本用于工业研发的支出所占国内工业净产值的比例超过了美国;在80年代,日本国内研发的总经费占其国民经济总产值(GNP)的比例也超过了美国。现在,人们对日本能够取得这样的成就更多的是从其研发的强度上来作出解释,尤其是因为日本的研发高度集中在一些增长最快的民用工业领域,如电子学领域。对日本的专利所作的统计表明,在这些民用工业领域中，处于领先地位的日本电子公司不仅在国内而且在美国取得的专利数量都超过了美国和欧洲的公司（Patel 和 Pavitt，1991，1992；Freeman，1987）。

然而，尽管对研究和创新活动所作的粗略统计确实指明了日本在科学技术活动中取得的巨大进展，但它们却不能解释日本开展的这些科学和技术活动，是如何导致更优质的新产品、更高水平的新工艺、更短的交货时间和研制周期以及更快的技术推广速度的。与日本相比，苏联和其他东欧国家的例子从反面说明，简单地把大量资源用于研发，并不一定能取得创新的成功，也不能保证技术的传播以及获得更高的生产效率。显然，除了要考虑纯粹关于研发和创新的定量因素外，还必须考虑影响国家系统的定性因素。

表 12.4 给出了日本和苏联在 20 世纪 70 年代实行的两种不同的国家体制的主要区别。显然，两种体制最显著的区别在于，苏联对军事和空间应用开展了大规模的研发，而这些研发很少直接或间接地用于国内的经济发展。

表 12.4　20 世纪 70 年代日本与苏联国家创新系统的对比

日　本	苏　联
● 研发经费与国民生产总值之比（GERD/GNP）较高，为 2.5%	● 研发经费与国民生产总值之比（GERD/GNP）很高，达 4%
● 军事和航天研发经费占研发经费总额的比例非常低，<2%	● 军事和航天研发经费占研发经费总额的比例极高，>70%
● 企业一级的研发经费和公司提供的研发经费占研发经费总额的比例很高，约为 2/3	● 企业一级的研发经费和公司提供的研发经费占研发经费总额的比例很低，<10%
● 研发、生产和技术引进在企业中得到紧密的结合	● 研发、生产和技术引进相互分离，各机构之间只有薄弱的联系
● 从用户到生产商、子承包商都建立了密切的联系网	● 销售、生产、购买之间未能建立或只建立了微弱的联系
● 积极鼓励企业创新，包括管理和人员方面的创新	● 60 和 70 年代逐渐鼓励创新，但其他相反的阻碍作用抵销了这一效果，因而影响了包括管理和劳动力在内的创新活动
● 在国际市场上拥有丰富的竞争经验	● 除了参与军备竞赛以外，较少参与国际竞争

为了与美国进行超级大国的军备竞赛，苏联将大约 3/4 的研发经费用于国防与空间研究上，其经费总额接近苏联国民生产总值(GNP)的 3%，以致苏联用于民用领域的研发经费仅仅维持在大约 1% GNP 的水平上。其民用研发经费与 GNP 之比还不到大多数西欧各国的一半，更是大大低于日本的这一比率(表 12.3)。

但是，即使在苏联的体制下，如果能加强社会、技术和经济的联系，能够采取更有力的措施提高效率，本应可以进行更有效的生产。苏联的科研体制是以彼此无关、相互脱节的研究机构为基础的，这些机构分为属于学术系统(从事基础研究)、各工业部门(从事应用研究和开发)、承担工厂的设计和技术引进的部门(工程项目设计机构)(Barker 和 Davies，1965；Amann 等，1979)。无论哪种机构，都仅与企业层次的研发保持极其薄弱的联系，尽管在 20 世纪 60 和 70 年代苏联一直力图改革这种体制，但在民用工业领域，企业只有非常薄弱的研发能力。

除此之外，在苏联的体制下，还存在着阻碍企业创新的强大阻力(Gomulka，1990)，例如，企业必须完成生产计划的数量指标。除了飞机工业和其他国防工业外，苏联的企业在研发、生产和技术引进之间非常缺乏联系；反之，在日本的体制下，将研发、生产和技术引进密切结合，是日本公司的最大特点(Baba，1985；Takeuchi 和 Nonaka，1986；Freeman，1987)。

最后，在苏联的许多工业领域中，用户和厂商之间几乎没有形成或仅形成微弱的联系，而在大多数工业国家中，建立用户和厂商之间的联系受到高度重视。

20 世纪 50 和 60 年代取得快速经济增长的国家在国家体制上都有彼此相同的一些特征，这些国家不论在过去还是在现在都拥有良好的教育体制，年轻人接受高等教育的比例很高，国家重视科学和技术的发展。这些国家在科学技术体系(S-T-System)的发展上具有远见卓识，并能够制订长期的发展目标。在日本，对远期发展的决策不仅仅是通过通产省和其他政府机构，而且还要通过工业界和大学的共同参与和相互影响才能形成；而在苏联，这种共同参与、相互影响受到了很大的限制，并且对远期发展的决策很大程度上受军事和空间技术需求的支配。

20 世纪 80 年代，与苏联、日本相似，在拉美国家与东亚“四小龙”之间，尤其在两个新兴的工业国家巴西与韩国之间，也典型地存在着国家创新系统上的鲜明差别（表 12.5）。

表 12.5　20 世纪 80 年代东亚与拉丁美洲创新系统的区别

东　亚	拉丁美洲
● 推广全民教育的教育体制，使更多的人接受高等教育，并且工程类毕业生所占比例非常高	● 落后的教育体制，在这种体制下工程类毕业生所占的比例较低
● 技术引进与当地的技术发展计划紧密结合，并因此能迅速提高研发的水平	● 进行了大量的技术引进，特别是从美国引进技术。但是企业的研发水平落后，而且很少将引进技术与研发相结合
● 工业研发一般占全部研发活动的 50%以上	● 工业研发所占比例一般低于全部研发活动的 25%
● 大力发展科学技术基础设施，并且这些活动与工业研发能够建立良好的联系	● 只有薄弱的科学技术基础设施，并且还未能与工业形成良好联系
● 80 年代和 90 年代进行了大量的投资，并且主要从日本吸引资金和引进技术。深受日本管理模式和网络化组织方式的影响	● 主要依靠美国等国外的投资，并且投资额度较低
● 在发展先进的电讯工业的基础方面，给予大量投资	● 现代电讯业发展缓慢
● 电子工业发展迅速，大量出口电子产品，并从国际市场上获得广泛的用户信息	● 电子工业力量薄弱，只有少量的产品出口，从国际市场上几乎得不到有用的信息

亚洲国家从 50 年代开始起步，当时其工业化程度和人均国内生产总值均低于拉美国家（表 12.7），到 60 年代和 70 年代，东亚国家和拉美国家一同被看作为发展迅速的新兴的工业化国家（NICs），在 80 年代，东亚国家和拉美国家开始逐步拉开巨大差距（表 12.8）。

东亚国家的国民生产总值（GNP）年平均增长率约达 8%，而包括巴西在内的大多数拉美国家的增长率跌至不足 2%，这意味着多数情况下拉美国家人均收入的下降。

表 12.6　20 世纪 80 年代韩国和巴西不同国家创新系统下的一些定量指标

技术能力和社会指标	巴　西	韩　国
● 同年龄段人群接受高等教育的比例(%)	11(1985)	32(1985)
● 工程类学生所占人口的比例(%)	0.13(1985)	0.54(1985)
● 研发经费与国民生产总值之比(%)	0.7(1987)	2.1(1989)
● 工业研发经费与研发经费总额之比(%)	30(1988)	65(1989)
● 每百万雇员拥有的机器人的数量	52(1987)	1 060(1987)
● 每百万雇员拥有的计算机辅助设计系统	422(1986)	1 437(1986)
● 每百万雇员拥有的 NCMT	2 298(1987)	5 176(1985)
● 电子工业的增长率(%)	8.0(1983~1987)	21(1985~1990)
● 每百人拥有的电话数量(台)	6(1989)	25(1989)
● 人均电讯设备销售额(美元)	10(1989)	77(1989)
● 获得美国专利的数量	36(1989)	159(1989)

表 12.7　1955 年拉丁美洲和亚洲国家开始工业化进程时的水平

国　家		制造业与农业净产值之比	人均制造业净值(美元)
拉丁美洲	阿根廷	1.32	145
	巴西	0.72	50
	墨西哥	1.00	60
	委内瑞拉	1.43	95
	哥伦比亚	0.42	45
亚洲	韩国	0.20	8
	泰国	0.28	10
	印度	0.30	7
	印度尼西亚	0.20	10

引自：Maizels(1963)。

表 12.8　1965~1989 年不同地区国内生产总值(GDP)增长率的比较

GDP 年增长率	1965~1980	1980~1989
东亚	7.5	7.9
南亚	3.9	5.1
撒哈拉以南的非洲地区	4.0	2.1
拉丁美洲	5.8	1.6
人均 GDP 年增长率	1965~1980	1980~1989
东亚	5.0	6.3
南亚	1.5	2.9
撒哈拉以南的非洲地区	1.1	−1.2
拉丁美洲	3.5	−0.5

资料来源：世界银行(1991)。

对于这种明显的差距当然会有许多解释。一些亚洲国家实施了比拉美国家更彻底的社会变革,如土地改革和普及教育。这些变革在这一时期极大地推动了结构转变和技术的发展。

就巴西和韩国而言,可以用更详细的定量指标来说明两国之间存在的某些差距,表 12.6 比较了两国 20 世纪 80 年代在教育、企业的研发、电讯基础结构和新技术应用诸方面的显著差距[更详细的内容见纳尔逊对两国所作的比较(1993)和维拉斯彻(Villaschi)对巴西所作的研究(1993)]。最近,巴西经过 80 年代的停滞后已经复苏,但仍与韩国存在着很大的差距。

12.4　全球化和国家系统

国家系统对技术发展速度从而也对国民经济的发展是否会产生深刻的影响,是人们一直争论的问题。我们在前面所介绍的各种国家系统,当然是一些较极端的例子。不过，国家之间体制间的差异的确一直是 20 世纪下半叶全球发展的重要特征，并且它还反映出了全球经济的不平衡发展，以及经济增长速度的差距的缘由。纳尔逊在 1993 年曾对若干不同国家的创新系统开展了比较研究，结果表明，日本、美国、欧共体以及欧洲各国的国家系统，也存在着重大的差别；Mjøset 对爱尔兰和一些其他小国所作的比较研究也表明了这一点；而埃德奎斯特（Edqvist）和伦德瓦尔（Lundvall）1993 年对丹麦和瑞典所作的比较表明，从表面上看在许多地方极为相似的邻国，同样也存在着国家系统的重大差别。此外，1992 年阿奇布基（Archibugi）和平塔（Pinta）还论证了技术和贸易的增长模式的特性，而法格博格（Fagerberg，1992）则指出，对于获得相对技术优势来说，国内市场具有长期的重要性。

然而，有关国家创新系统以及国家创新能力差别决定国家发展水平的全部学说，最近受到了下述观点的挑战：跨国公司正在改变着世界经济的格局，推动了经济的全球化发展。例如，奥曼（Ohmae）在其所著的《无国界的世界》（*The Borderless World*）一书中指出，国界正在“消融”，并且他还提出了日、欧、美三元组合的所谓“互联经济”（Interlinked Economy），以及包括日、欧、美和新兴工业国家在内的“互联经济”。奥曼认为，80 年代以前，国家政策和国家之间的差异是非常重要的，对日本来说尤其如此；但是在今天，互联经济变得如此强大，以致它已经“淹没”了绝大多数用户和公司，使传统意义的国界消失，迫使官僚、政治家和军方向产业界靠拢。

对于这种观点，迈克尔·波特提出了相反的看法，他指出：

> 竞争优势的获得和保持具有强烈的地域性，各国在经济结构、价值观念、文化、制度和历史等诸方面的差异，对于它们在竞争中的取胜将起重要作用。与过去相比，国家仍然起着重要或更加重要的作用。从表面上看，竞争的全球化或许使国家的重要意义有所减低，但实际上国家的作用似乎将变得更重要。他还指出，在削弱为庇护缺乏竞争力的国内公司和

工业而设置的贸易壁垒之后,国家的重要意义将会与日俱增,因为它是支撑竞争优势的所有技术的根源。

(Michael Porter,1990,p.19)

即使面对全球网络产业,如电讯工业,戴维斯(Davies)和赫尔斯恩(Hulsink,1996)仍坚持认为,国家基础对于全球竞争已经变得具有更加重要的意义。除了波特外,伦德瓦尔(Lundvall,1993)也指出,如果采用动态的信息和当地的数据,并通过有限的推理来建立关于微观经济活动的基本的和更接近实际的假说,而不是根据理想的信息和过于严密的推理来得出传统意义的假说,那么就一定会得出这样的结论:国家环境的变化一般会导致不同的发展途径和不同的结果,而不会出现统一和趋同现象。

跨国公司(MNCs)的活动乍看起来或许对经济发展的地域性多样化或差别,能够形成强有力的抵销作用。世界上最大的公司,无论它们起源于欧洲、美国、日本还是其他地方,经常在许多新的不同的地区进行投资。这些投资即使最初主要用于销售和服务网络,或者用于生产设备,但近来有更多的投资用于研发。虽然20世纪80年代的大部分资金主要投在了经济合作与发展组织(OECO)的成员国家和石油生产国,并且对于这些投资活动与其说是"全球化"不如把它看作美、欧、日"三元组化"来得更为准确,但是80年代以后,尽管投资极不平衡,外来资金还是大量注入了第三世界的其他国家,而且目前这些资金还流入了社会主义阵营的国家。

正如哈里·约翰逊(Harry Johnson)早在1975年指出的,从标准化这个意义上说,多国参与的确会使全球达到统一化。由于物理、化学、生物学和其他科学的基本规律具有普遍的适用性,因而存在这种统一的技术。原则上这种技术可以应用于全球任何地区,并产生同一的或非常相似的效果。最大的全球跨国公司能够在世界范围推销产品和提供服务,能够在许多不同的地区进行产品生产,它们拥有强大的力量并能够推进技术和产品的全球标准化。正如卡隆(Callon,1993)建立的模型所表明的,知识的传播过程能够加强知识接受者之间的相似性。

对于消费品来说,可以想象人们对消费品的品位会持续不断地出现广泛的变化,但是我们所有的人都非常熟悉诸如可口可乐这样的产品和麦当劳提供的服务,从而能感受到全球范围实际存在的产品生产和销售网络,以及全球范围的标准化产品和服务。

我们可以设想,在全球的生产和贸易中,将有更多的生产和贸易采用这样的方式。支持这种想法或观点的不仅有连锁饭店、软饮料、罐装啤酒、旅游机构和各种信用卡等明显实例;而且这种观点在生产、广告、营销、设计和金融等各行各业还得到了以静态和动态规模经济为基础的理论经济学的支持;不仅如此,大量的跨国公司还能够从不同国家之间存在的投资成本、劳动力和能源花费的差异中得利,跨国公司的这种能力和活动对这种观点也提供了支持。

然而,把这看成全球经济发展中唯一的或者最强劲的趋势,无疑是轻率的。这种趋势显然也不需要由国家和国际经济政策来推动。实际上,维护甚至鼓励多样化所带来的益处,有时会超过投资形成的规模经济所带来的短时期利益。在实际情况中,一些地区实行全球标准化,而另一些地区则日益增长着多样化,这两个过程是同时并存的。

毫无疑问,的确存在世界各地普遍需要的某些产品和服务,如前面提到的可口可乐和麦当劳,而且对于这些产品和服务来说,不同地区的制度、气候、人们的爱好以及其他条件的差异并不重要,或者说对这些差异可以不加以考虑。但是对于更多的产品和服务来说,必须考虑不同地区之间的这种差异,这样才不致产生不良的后果。大量事实提醒人们,气候条件会影响设备、仪器、车辆和材料的性能,此外还有许多因素会影响各种国家标准、规范和规则的变化。这里存在着两个事实:一方面,通过国际标准化组织(ISO)和希望取得一致技术标准的其他组织的大量工作,国际标准化的推广已使它在消除产品和服务的差异方面具有了强大的威力;另一方面,欧共体 20 多年的经验证明,推行国际标准化除了在一些地区比较容易外，在许多地区都是一个极其困难的过程。迄今为止，在我们讨论的所有问题中，还没有涉及文化方面的影响，与地区差异的情况一样，文化差异也会深刻地影响人们的饮食、服装和个人服务。

至此，我们主要以产品为例进行了讨论，简单地指出了某些阻碍全球标准化的因素。尽管持有全球化观点的人认为，通过媒体、旅游、教育和国际组织的长期影响，某些阻碍因素会不断减少，但他们也会接受我们讨论的大部分观点。

我们可以就跨国公司在其全球战略中能够很容易地解决地区差异这一问题，进行更深入的讨论。1992 年，罗斯威尔(Rothwell)曾指出，设计领域的电子化在推动设计和研发的全球化方面将发挥重要作用。全球化的研发已经导致跨国公司对产品进行地方化改进，以满足不同国家的需要，并且这种改进已经被跨国公司当作日常工作。有些公司如日本的本田公司还迈出了更远的一步，宣布将实施全球范围的设计多样化战略，它不是对标准产品进行简单意义的改造，而是在产品的设计阶段就已经对世界各个地区的地方因素作了考虑。但是，对于绝大多数的日本公司而言，与其将它们看作真正意义的国际化公司，不如看作本质上属于开展国际经营业务的日本公司；与日本相同，美国及其他国家大多数受国内环境影响的跨国公司，其真实情况也不外乎如此(Hu,1992)。目前，跨国公司开展的多数研发活动，仍旧主要在国内进行，并且研发活动受到本国的国家创新体制的深刻影响，公司的所有制和管理仍主要建立在国内环境的基础之上。

尽管缺少统计资料，但对全部有效数据所作的分析和对专利统计进行的核查表明，美国公司在国外开展的研发活动，还不到其研发总数的 10%。日本公司的这一比例虽然正在迅速提高，但目前这一比例还不足 2%。欧洲的情况较为复杂，这首先是缘于欧共体和统一的欧洲市场的发展，二是因为欧洲有一些技术先进的小国，如荷兰、瑞典、比利时、瑞士，其国内基础规模太小以至于不足以以国内为基础形成强大的跨国公司(MNCs)，这些国家以及欧洲其他许多地区所开展的研发活动，大部分是由国外的跨国公司来承担的，而它们所“拥有”的跨国公司在国外开展的研发活动，远远超过美国和日本在国外开展的这类活动。全球开展的大部分研发活动都是在先进的工业国家中进行的，跨国公司在其他地区投入的研发资金极少（表 12.9）。

表 12.9 日本在欧洲设立的研发机构的数量

	1990	1991	1992	1993	1994
英国	24	47	72	79	83
法国	10	17	29	33	34
德国	14	28	38	46	53
荷兰	3	4	6	12	16
比利时和卢森堡	4	8	10	17	16
爱尔兰	1	2	2	5	7
西班牙	11	15	23	20	26
意大利	3	8	8	12	14
丹麦	0	1	1	1	1
葡萄牙	0	0	0	0	0
希腊	0	0	0	0	0
上述欧共体国家总计	70	130	189	225	250
芬兰	0	0	1	1	0
挪威	0	0	1	1	1
瑞典	1	1	3	5	5
奥地利	0	0	2	5	3
瑞士	1	3	3	3	4
冰岛	0	1	1	0	1
总计	72	135	200	240	264
增长率（%）	—	88	48	20	10

对大量公司的跨国经营所作的定性分析表明，跨国经营不但包括为满足各种国家标准、规范而对地方设计进行的改进，而且还包括为促进当地检验技

术的发展而开展的研究。除了药品和电子工业两个重要的例子之外,跨国公司的研究、开发和设计的最初工作绝大多数集中在国内完成,在药品和电子工业领域,专业化的科学研究能力将起重要作用。

对跨国公司在第三世界国家的子公司而言,其创新能力和研发活动在当地的增长是不容忽视的,因为它们预示了在21世纪将出现的长期的重要变化(Reddy,Sigurdson,1994)。实际上,这种现象在世界经济中两个增长最快的工业即药品和电子工业领域已经出现,这一事实具有特别重要的意义。

马来西亚电子工业是颇令人们感兴趣的一个实例,阿瑞芬(Ariffin)和贝尔(Bell,1997)曾对其进行了分析。他们对国外跨国公司在该国的25个子公司进行了深入调查,调查的分析结果表明,虽然各母公司与子公司之间的关系在本质上有很大的差异,但2/3的子公司都是通过极大地利用而不是排斥母公司的成果来开展创新活动的;1/3的子公司则通过与它们的母公司或姐妹公司进行合作来开展创新工程。与日本相比,美国和欧洲可能会注入更高的技术投资,并将重点转移到更先进的高技术产品上。1991年,西门子-槟城公司①被西门子公司选作世界范围的光电半导体中心;而在摩托罗拉-槟城公司中,从事研发的工程师已从1976年的5人增加到1995年的130人。

马来西亚的这个例子说明,当地国家环境和政策不但可以改变本国公司的经营,而且也能促使和导致跨国公司经营的改变。这与前面提到的某些理论互相矛盾。此外,从新加坡、中国台湾、韩国也可以得到许多相同的实例。总而言之,在亚洲的电子工业中,器件、材料、资本货物和软件密切相连、互相依存,产品和加工迅速更新换代。亚洲电子工业的发展说明,一些持全球化看法的预言家们所预示的转移,已经以前所未有的规模展现在人们面前,这种典型的转移已从可能性变为现实。对此,佩蕾斯和苏特(Soete)在1988年提出的"窗口机遇"理论是非常贴切的。我们在第15章将讨论他们的这一观点,即信

① Siemens Penang,槟城是马来西亚的一座城市——译者注。

息和通信技术非常容易发生转移,而且能为赶超先进国家提供新的机遇。

如果我们讨论的只是静态不变的大批产品,或者讨论的只是为适应不同地区消费者品位和环境而对产品作的少量改良,那么对有关的标准、全球化的各种观点,甚至对使用完善信息的简化的新古典主义经济假说,我们都将难以确定它们的可信度和实用性。但是,如果我们讨论的不是这些静态不变的内容,而是进入既有技术创新又有组织创新的根本性创新的动态世界,研究实现科技新发展的不平衡、不均匀的动态过程,那么整个情况就会出现转变。要使经济理论有助于决策,提出更接近实际的假说和预见是十分重要的。东亚和正在兴起的南亚这些例子说明,要提出更加准确的预见,国家体制是一个要考虑的基本特性。

伦德瓦尔在 1993 年指出,即使在开放的经济环境中开展持续创新的情况下,推动标准化的动力也是有限的。先进用户在地理和文化上的相似性,以及用户与生产商之间的稳定关系网(即使是非正式的),都是提高发展能力和获得相对优势的重要资源;这正如成熟的经营管理、先进的技术、知识的积累也是重要资源一样。虽然伦德瓦尔承认,由于相互间的学习会给跨国公司带来利益,跨国公司也许会为此在当地设立"国家大本营",但他认为进入这样的市场并非总是简单易行的事情,因为这要受到许多非经济关系因素的影响。对于这种情况,同时也对于产品的发展和质量的提高来说,全球市场竞争的标准都将成为极其重要的手段。

就"根本性创新"而言,进行机构改革和在当地开展学习活动是非常重要的。对此,波斯纳(Posner,1961)提出的"技术差距与模仿滞后"理论有重要价值(见第 14 章)。模仿者也许要过上许多年才有能力把各种技能、工作组织、机构改革有机地结合起来,而这种结合对于全新产品的生产和营销是必不可少的。阿里芬和贝尔在他们的研究中,对于学习生产技术和学习创新作了有价值的区分,而哈伯迪(Hobday,1995)则强调了学习出口业务所起的作用。

跨国公司对于根本性创新在全球范围的传播显然能够发挥重要作用。如果它们愿意,它们可以把专用设备和技术转移到任何新的地区,并在这一地区激励和组织必要的学习。它们可以在全球的任何地区,与竞争对手达成技术交流协议,并组成合资企业。因此,不仅第三世界和社会主义国家,而且许多欧洲国家的政府也急迫地提供诱人的条件,来吸引日本和美国公司的大量投资和相关技术的转移。

然而,在进行这些转移和投资时,如果不能像有些亚洲国家所做的那样,同时实施各种体制的变革,从而有计划地增强这些国家自主技术的能力,那么上述转移和投资所获得的成功将是十分有限的。这种情况对于那些通用技术来说尤其如此,而这些技术在过去的 20 年中曾是全球范围技术转移的重点。因此,必须强调技术创新和组织创新之间或者各种创新之间的相互依赖关系。忽略了这些依赖关系的技术发展理论,就如同经济领域中忽略了价格和产品数量之间依赖关系的理论一样,只会是毫无益处的理论。哈伯迪(1995)就亚洲公司的各种不同的组织形式和改革途径进行了很有价值的研究。

1983 年佩蕾斯指出,适合大量已有技术发展的社会和体制结构,未必同样适合于一项新的开创性的新技术的发展。开展“渐进创新”可能会很容易取得成果,但对于根本性创新来说或许就不是这样。根据定义,根本性创新含有“破旧立新”的性质。大量的根本性创新将伴随着快速进展的“渐进创新”而出现,当我们讨论这种根本性创新时,结构和社会调整问题可能会变得非常重要,显然我们会把这些调整看成改革管理方面的内容,但是这些调整还应包括许多其他体制的变革,如标准、专利、新的行政机构、新的基础结构、政府的政策、公共组织等各种体制和机构的变革。

由此可见,国家创新系统这一观念具有重大意义,从这一观念出发,我们就不难明白为什么人们对 20 世纪 70 年代微处理器的发展带来的计算机革命的深度和广度有了深刻的认识之后,随即对组织创新和管理创新重要性的认识也不断提高。

新的技术经济模式的推广,是一个摸索前进的过程,涉及大量的体制变化。在这个过程中,过早地推进标准化技术和标准化组织,存在着相当大的风险。技术上的单一经营要比生态上的单一经营更危险。当一项技术已经清楚地显现出优势,并且发展成熟、能够形成规模经济时,保持体制上的灵活性至关重要,而且这时为更新的技术和组织的诞生创造良好的条件也将十分关键。

各国的国家政策和国际政策,都面对着用成熟的方法来解决一系列复杂问题的需要。推广标准的技术的政策显然十分重要,并且这些政策有时可以鼓励跨国公司进行投资和技术转移。但是,鼓励本地的独创性和多样性的政策同样也非常重要。

12.5 结束语

本章试图从历史的角度说明,不同的国家在发展国民经济中,对新产品、新工艺的开发、引进、提高和推广采取了不同的途径,存在着重大差别。以 18 世纪后期和 19 世纪初期的英国为例,很容易说明这些差别。当时的英国在技术和贸易上均处于世界领先地位,堪称“世界工厂”(第 2 章)。

史学家们(如 von Tunzelmann,1993;Mathias,1969)通常认为,只有把相互影响的社会、经济、技术的发展变化,在国家经济发展环境中密切结合起来,才能够解释为什么英国能够取得这样的成功。尽管英国当时在纺织业和冶铁工业中取得的重大发展十分重要,但英国所取得的成就显然不仅仅局限于这两个工业领域。在英国还出现了更多的重大变化,包括:作坊式的生产方式转变为工厂的生产方式;出现了新的管理模式和信贷公司(开始是合伙经营的公司,之后又发展了股份公司);新兴的公司之间、各工业领域之间在新材料、新物资、新机器的使用上相互影响相互学习;在贸易、工业和新市场的发展以及在零售、批发制度等各个方面,铲除了旧的束缚和限制;建设了新的运输基础设施;形成了能够产生新的科学理论和科学发明的良好文化环境。此外,还有很重要的一点，即推动这些发展变化的经济理论和政策被广泛地传播并广泛为人们所接受。当时的英国首相曾对亚当·斯密说，"现在我们都是您的学生"。虽然对外贸易、海盗和对外掠夺对于英国的经济增长，特别是在它的资本积累过程中也起了一定的作用，但是对英国经济增长起决定性作用的是将这笔财富投资于国民经济，而不是简单地攫取财富或将这些财富用来进行奢华消费。

当然，欧洲的其他许多国家也出现了许许多多新的变化，但是无论在技术创新和制度改革的速度和方向上，还是在经济增长速度、对外贸易和生活水平上，欧洲其他国家与英国相比都存在着明显的差距。对于今天和过去的史学家来说，这些差距是显而易见的，不仅在经济学家的著作中而且在小说家的作品和旅行家的随笔中都可以看到这些差距。正是这些差距促使弗·李斯特和欧洲其他经济学家投身于他们的理论和政策研究，以寻找英国商业能够称霸全球以及德国和其他一些国家能够成为后起之秀的深刻原因。本章试图表明，弗·李斯特早在他的理论研究中，已经预言了当代国家创新体制的许多思想，其中包括：将技术引进与本地的技术活动相结合，并以此方式来实现具有决定性意义的技术积累；通过积极的"干涉"政策来培育具有战略意义的新兴产业等。

19 世纪后半叶，自然科学和电力工程的新进展，使英国出现了具有先进思想的企业家，带来了进步的改革，从而在英国更加职业化和系统化的学习和创新过程，伴随甚至替代了那种"边干边学""边用边学"和通过相互影响进行学习的陈旧方式。英国国内的研发部门进行的组织创新，为新产品和新工艺的引进打下了更加坚实的基础；而新出现的学院和高等教育机构为英国培养了大批优秀的科学家、工程师和技术员。除了英国以外，本章还要说明的是，19 世纪下半叶和 20 世纪初，德国和美国同样在体制上开展了创新，并且对整个国家产生了深远的影响。

少数工业化国家与其余的发展中国家之间迅速扩大的鸿沟（Durlauf 和

Johnson,1992;Dosi 等,1992),以及在先进国家中曾出现的“飞速发展”“迅速超越”和“衰退落后”等现象(Abramovitz,1986),都要求人们对于为什么在增长速度上这些国家存在着如此巨大的差距作出解释。对此,作者将在下一章就技术发展和经济增长这一问题进行分析。采用新古典主义经济学说大胆简化的假定,或许会使人们认为,增长速度上存在的差距不是在扩大而是在缩小(通过全面的信息及免费而迅速的技术转移)。对此,以往正统的经济增长理论和模型并不能提供多少帮助,因为在这些理论中,大多数有价值的现象都因它们相互依存不能分解开来而被视为“多余的东西”(Nelson,1973)。

许多经济史学家和一些赞成目前被称为“国家创新体制”学说的学者认为,不同类型的体制和不同的技术发展是造成增长速度差距的原因,并且认为对于这种不同的体制和技术发展的变化,即使还难以定量阐述,也可以进行定性的描述。作者认为对研发进行过分简化的定量比较,是远远不够的。在本章中,作者以日本与苏联、东亚与拉美的新兴工业国家为例,试图表明在新技术、新产品和新工艺的引进、提高、发展和传播方面,各国在体制上存在着差别,这种体制上的差别是造成经济增长速度悬殊差距的主要原因。

最后,本章还讨论了全球化及其对国家创新体制的影响这一尚有争议的问题。具有讽刺意义的是,当人们越来越认识到技术政策和工业政策的重要性时(如在经济合作组织成员国和一些发展中国家中),人们也越来越强调国家政策的局限性,并且对国家体制的作用开展了越来越多的争论。要想对国家系统作出令人满意的分析,就必须考虑以下这些现象:跨国公司已遍布全球,全球通信网络服务大幅度的降价和质量的迅速提高,以及全球经济发展中其他相关并迅速发生的变化(Chesnais,1992;Freeman 和 Soete,1994;Edqvist,1997)。

奥曼(1990)的著作以及将各国经济和政府的作用视为迅速废退的因素并予以忽略的观点,乍看之下是能够迷惑人的。奥曼在解释变革速度之快和分析难点时,或许混淆了术语。他坚持各国政府无论对“上”还是对“下”都正在失去它们的影响和权力。所谓对“上”就是指对超国家机构,如欧共体、北大西洋自由贸易区(NAFTA)、联合国组织以及跨国公司等;所谓对“下”是指对国家之下(或称为“次国家”)的省、市政府,或地方当局和地方机构。他认为联邦政府和中央政府的作用正在削弱,某些地区的地方政府、各种形式的免税区和“硅谷”这样的地区正在变得日益重要。不幸的是,至少在英语中,regions 这一单词可用来表达两种涵义,它既可形容超大“区域”的贸易集团,如北大西洋自由贸易区或新兴的东亚地区;又可形容一国范围之内的很小的一块次国家“区域”。就此而言,看来还需要在这里进行“术语创新”。毫无疑问,研究这两种“区域”的发展以及它们与国家体制之间的相互影响是十分重要的。

地理学家和经济学家令人信服地证明,次国家区域对于销售网络的发展和新技术系统的发展具有重要意义(例如 Storper 和 Harrison,1991;Saxenian,1991;Scott,1991;Lundvall,1992;Antonelli,1994)。他们认为,地方的基础设施、外部环境、熟练的工人和劳动力市场、特色服务,以及相互的信任和人际关系,对于繁荣区域的发展将起极大的作用。无论如何,人们都不应忘记,“区域创新系统”和经济发展的凝聚作用,始终加强和巩固着国家系统的基础。马歇尔(Marshall)早在 1890 年就已经重点强调了“工业区”的重要性,当时在这些工业区内“空气中也充满了工业秘密”(Foray,1991)。皮奥里(Piore)和萨贝尔(Sabel)也于 1984 年特别强调了 19 世纪以来存在于欧洲许多地方的这些工业区域的重要作用。此外,还有一个值得研究的问题,即信息和通信对于这些区域的经济的发展究竟能起多少积极的或消极的作用。

当外界环境出现动荡时,许多国家的经济表现得十分脆弱。尽管放松对资本市场的限制、国际贸易和投资实现计算机化并与通信网络密切结合等做法,加深了这种脆弱性,但国家经济的这种脆弱性绝不是近 10 年或 20 年才出现的新现象。长久以来,在金本位制度下,在英国伦敦出现的动荡会深刻影响近近远远的小国家。20 世纪 80 年代法国社会党执政,组成左翼政府,结果使法国蒙受了 30 年代社会主义政府时期“资本流失”那样的损失。

本章试图说明，各国政府、国民经济和国家创新系统，仍然是经济和政策研究中最基本的研究领域，虽然这种研究有些要深入到更高层的超国家领域和低层的次国家领域。

迈克尔·波特于 1990 年在进行辩论时，就已经表述了这样一种正确的观点，即全球竞争的白热化不是削弱了国家的作用，而是使国家的作用变得更加重要。从发展中国家的立场来看，要发展先进的技术、正确的国家政策仍然是最基本的重要因素。然而，国家系统与次国家区域和机构的创新系统的相互作用，以及国家系统与跨国公司之间的相互影响和作用，将发挥越来越重要的作用，并将在有利于赶超先进和促进发展的全球体系中，对国际合作方面发挥作用。同时，国际合作在未来持续发展的全球体系中，将有助于国家的发展和赶超先进水平。这些看起来有时相互矛盾、有时又相互一致的趋势，无疑是 21 世纪最吸引人的研究领域，这项研究之所以引人关注，就在于它所研究的内容将是“区域创新系统”（Sectoral Systems of Innovation）。区域创新系统不但对专门工业或工业群体将产生深刻影响，而且有时比国家系统能起到更好的作用（参见 Carlsson 和 Jacobsson，1991）。

第 13 章　技术和经济增长

经济学家们长期以来早已经认识到了科学和技术对长期经济增长和生产率提高的重要性。正如我们在第 1 章中所看到的，亚当·斯密和马克思都认为发明和创新是促进资本主义经济增长、吸引资本积累、扩大经济规模和市场扩张最具推动力的因素。传统上，增长理论认为，知识积累在经济增长过程中起着决定性的作用。没有技术改革，资本积累就无法持续，劳动生产率就会下降，最终将导致单位资本的经济增长率趋于零。新机器的发明和中间商品的出现提供了新的投资机会。正如我们在第一篇中描述的各种情况所强调的那样，与科学相关的技术的兴起，新产品和新工艺的出现、推广和持续改进是战后相关领域劳动效率增长的最主要因素之一。

本章将研究科学和技术最为突出的宏观经济本质。以任何标准来衡量，关于这方面的文献量都是巨大的。同时，我们发现 20 世纪 80 年代和 90 年代在这一领域的研究又有了重大的突破。我们建议读者参考这部分末尾列出的最近出版的关于这一研究的综述性文章（其他参考文献见 Amable，1994；Nelson，1994；Verspagen，1993；Schneider 和 Ziesemer，1995）。

我们首先对与长期经济增长模型进行简要的经验性论述。正如我们在上一章中强调的那样，不同时期、不同国家，经济的长期增长特性是完全不同的。这就对 20 世纪 50 年代和 60 年代发展的经济增长模型中普遍出现的简单的趋同假设提出了质疑。在本章 13.2 节，我们将从老的、新古典平衡增长模型开始，到包含技术革新一些更“内在”特性的较新的增长模型，研究基本的经济增长学说。13.3 节，我们将研究熊彼特的结构化经济增长学说，该学说是在广泛的宏观经济冲击下出现的主要的新技术基础上产生的。无论过去 50 年中经济学家做过多少工作，实际上，各个国家的长期经济增长特性，用《经济学家》（*The Economist*，1996）上的话来说，在某种程度上依旧保持着一种“神秘”。

13.1 事例和数据：长期经济增长阶段

许多经济历史学家都对通常的经济增长理论表示反对和存有疑义。世界范围的长期经济增长模型似乎就被定义为由发散式的经济增长趋势引发的经济爆炸理论。值得讨论的是，世界上大多数国家的单位资本效益在产业革命之前比现在要相近得多。如表 13.1A 和表 13.2 所示，在产业革命之前，最富裕国家和最贫困国家的单位资本效益的差距相对很小，在 1.5~2 之间。经过现代上百年的工业化，这种差距显著增大了。可以说，在过去两个世纪中，主导的经济发展模式是快速增大的国家间差距及多样化发展模式（见表 13.1B）。

表 13.1A　产业革命早期每单位资本产生的国民生产总值估算（以 1960 年的美元和价格为基准）

	年　代	每单位资本产生的国民生产总值
现在的发达国家		
英国	1700	160~200
美国	1710	200~260
法国	1781~1790	170~200
俄国	1860	160~200
瑞典	1860	190~230
日本	1885	160~200
现在的不发达国家		
埃及	1887	170~210
加纳	1891	90~150

（续表）

	年　代	每单位资本产生的国民生产总值
印度	1900	130～160
伊朗	1900	140～220
牙买加	1832	240～280
墨西哥	1900	150～190
菲律宾	1902	170～210

注：假设在评估之前单位资本产生的收益近似不变可能会是一种比较安全的计算方法。这样，加纳 1700 年的数字和加纳 1891 年的数字就不会有非常显著的差异（在奴隶交易之前，这一数字甚至可能会更高）。这些数字只是粗略的统计数据，而且，必须记住的是，许多经济学家和社会学家认为，由于经济结构的变化、产品结构的变化和制度的变化，在一个非常长的时间跨度内，单位资本的收益是不可比的。根据一些经济学家的观点，只有在某一特定的、不是一个非常长的经济增长期内，不同国家之间的比较才是有意义的（见第 17 章向信息社会转换过程中测量问题的讨论）。

引自：Bairoch（1981）。

表 13.1B　经济增长模型的"典型"因素

经济增长模型	"典　型"因　素
SF1	过去两个世纪中经济发展可能是有史以来发展的最快时期
SF2	经济以不同的、变化的速度在增长（在个别时期和个别国家有时是负增长，如阿根廷、其他不发达国家、苏联等。许多国家在特定时期，如大萧条时期也会出现负增长）
SF3	各国长期增长模型的差别越来越显著，尤其是单位资本效益的差距愈加明显
SF4	超越"领先"国家的事例相对较罕见（英国经济在 18 世纪超过了荷兰；美国、德国和其他国家在 19 世纪后半叶和 20 世纪超过了英国；日本在 20 世纪末几乎超过了所有国家）
SF5	经济发展取得的成果更为广泛（西欧和中欧在 19 世纪；斯堪的纳维亚国家和意大利在 20 世纪；东亚国家在 20 世纪末；欧共体在 20 世纪 60 年代和 70 年代追上美国）
SF6	经济衰退也成为一种比较常见的现象（如许多不发达国家在 20 世纪 70 年代和 80 年代，少数国家在经过一段迅猛的经济增长后又经历了经济退缩。与 20 世纪 50 年代相比，拉丁美洲和东欧国家在 20 世纪 80 年代经历了经济衰退，英国经历了相当长时期的经济衰退）
SF7	一般来说，人们几乎无法根据一个国家经济发展的初始条件来推断其持续的经济发展状况（比如"所有经济发展缓慢的国家将会有一个较快的经济发展趋势"或"那些经济发展较快的国家未来还将以较快的速度发展"）。对特定的经济模式或某类模式进行仔细研究的确显示了一种长期的持续性（如日本，或者衰退的例子，如英国），但是，造成这种现象更多的是由于这些国家本身存在的某些特性，而不是世界经济发展的共性

引自：Dosi 等（1992）。

表 13.2　单位资本国民生产总值的趋势预估
（以 1960 年美元和价格为基准，1750～1977）

年代	发达国家		第三世界国家		国民生产总值（GNP）	
	(1) （总值亿美元）	(2) （单位资本）	(3) （总值亿美元）	(4) （单位资本）	(5) =(2)/(4)	(6) 最发达国家和最不发达国家的比值
1750	350	182	1 120	188	1.0	1.8
1800	470	198	1 370	188	1.1	1.8
1830	670	237	1 500	183	1.3	2.8
1860	1 180	324	1 590	174	1.9	4.5
1913	4 300	662	2 170	192	3.4	10.4
1950	8 890	1 054	3 350	203	5.2	17.9
1960	13 940	1 453	5 140	250	5.8	20.0
1970	23 860	2 229	8 000	380	7.2	25.7
1977	21 080	2 737	10 820	355	7.7	29.1

引自：Bairoch（1981，pp.7～8），Dosi 等（1992）。

（1）当今工业化国家的长期经济增长和技术趋同

意料之中的是，经济学家的绝大部分工作都集中在研究促进长期经济增长的不同途径上。在第 12 章的讨论中，许多作者都试图解释有效地使用科学和先进技术的成功国家和其他国家的区别。阿巴拉姆维奇（Abramovitz，1986）首先提出了经济增长中“领先”“赶超”和“落后”的区别。正如我们在第一篇中详细讨论的那样，只有两个“领先”的主要例子（见第 2 章和第 3 章中讨论的 19 世纪的英国和 20 世纪的美国）。同时，不同工业领域会有不同的“领先”样例（如第 4 章和第 5 章中德国在化工领域的领先例子，以及第 7 章中日本在日用电器方面的领先例子）。

关于以整体速度追赶领先国家的现象，20 世纪的欧洲国家以及越来越多的亚洲国家都有许多这样的例子。经济历史学家和经济学家已经认识到无论是在“领先”型国家还是在“追赶”型国家，技术创新都起着关键的作用，但是只有极少数人对推动技术创新的体制进行深入的研究。阿巴拉姆维奇就是这极少数人中的一位,他首次提出了"社会能力"的概念来描述那些能够将体制变革和技术创新进行必要结合的体制。

正如我们第12章中所描述的,这种方法体现了最近关于"国家创新系统"研究的特点。小岛经济(如毛里求斯和经济贸易交易中心中国香港)与大陆型经济(如中国和印度)具有明显不同的环境。这种差异使一些经济学家和历史学家回避了普遍性和总体增长模型而强调国家环境的不同。国家系统的方法试图解释各个国家的特殊性,而增长理论则试图对所有国家,或者至少是对大部分国家的情况有一个总体的概括。各个国家文化、政治体制、社会和经济结构、科学和技术体制、政策及相互关联的各个方面的不同使其成为一个固有的难题。战争、劳动力和资本的动荡、技术转移的放松及跨国公司的操作更增加了这一课题的难度。尽管如此,人们还是希望得到一个具有普遍性的理论。实际上,这样一个具有普遍性的理论可以通过某类特定国家经济增长的一个时期进行论证,比如,第二次世界大战后,西欧国家追赶美国,或拉丁美洲和东欧国家在20世纪80年代的经济衰落。然而,就如汉恩(Hahn,1987)所辩论的那样,增长理论具有启发性的意义,尽管它得到的结论是有条件限制的,只论证了某一特定地区经济增长的趋同性和趋异性,或者甚至是得到相反的结论。

作为少数作者中的一个,麦迪逊(Maddison;1982,1987)采集了目前发达国家的历史数据作为例子,将经济增长时期划分为许多不同的阶段(见Landes, 1965; Cornwall, 1977; Abramovitz 和 David, 1994; von Tunzelmann, 1995)。用技术特性数据对Maddison采集的经济数据进行放大,Pavitt和Soete(1981)发现这些经济增长阶段与不同的创新系统之间有着明显的联系。以下是麦迪逊划分出的不同阶段①。

① 在这部分,许多作者都提到了"有条件的趋同"这一概念,见Barro(1991)和Mankiw等(1992)。Maddison(1995)将他的分析进一步扩展到其他发展中国家,将重点更明确地聚焦在将要出现的趋同的条件上。

- 1890~1913 年这一阶段具有以下 4 个特点

1. 被称为由企业家驱动的生产增长：经济增长较快的是那些具有较强创新力度的国家，这些技术创新在这一时期初期被采用。

2. 国际性的技术趋同：落后国家在技术创新方面有追赶领先国家的趋势，但是这种技术升级并没有带来更高的经济增长。

3. 与其他阶段相比，各个国家每单位资本的 GDP 值趋于相同，每单位资本的 GDP 值与技术创新不呈线形关系。阿巴拉姆维奇的"社会能力"概念和弗里曼（Freeman，1995）有关技术、文化、政治和经济的"一致性"中有所描述。

4. 一般来说，技术变量和增长速率之间的相互关系相对松散。就是说，各个国家的经济增长模式与技术积累的作用有较大的差距。

- 1913~1929 年从另一方面产生了最领先的国家

1. 技术创新的速率和经济效益的增长有了直接的联系。技术创新活动开始直接与经济增长过程发生联系。

2. 赶超"领先"国家和技术趋同的趋势还在继续，但是在单位资本的效益增长方面出现了不同。

3. 从另一方面来说，技术和经济增长之间的联系在全球范围内的一致性增加了。

- 大规模经济萧条时期和第二次世界大战时期

1. 技术创新和经济发展继续保持密切的关系，标志着经济发展将转向一个创新、投资、生产率增长和竞争之间的联系变得更为直接的时期。

2. 技术能力和单位资本收益出现差异。

3. 国际经济结构的一致性——技术制度和增长模型之间的“微调”变得很小。

- 战后经济的高速发展时期(1945~1975)

这一时期是经济结构非常一致的唯一的一个时期。在这个时期,技术活动起着非常重要的作用,技术创新和国家的经济增长相对比较统一。

1. 技术和效益的“赶超”与由模仿、学习、技术创新的增长、劳动生产力的增长和高比例投资等因素组成的“良性循环”密切相关。

2. 国际竞争是这一时期促进经济增长的一个基本因素。这是由于通过所谓的国际贸易“倍增器”扩大了经济的增长,而与此同时,通过国际贸易平衡又对其进行了限制。

3. 制造业的发展是推进整体经济效益增长的主要动力。

1975年以后的这一时期被普遍认为是一个新的阶段,这一时期是全球经济增长的黄金时期——富拉斯蒂尔(Fourastiers)所预言的“光辉的三十年”时代终于来到。技术和经济通过“微调”实现稳定发展(Boyer,1988)。对那些越来越多的原先“落后”的发达国家,大规模仿效美国技术的可能性已经没有了。在长期存在的增大创新活动与提高产值收益关系变弱时,新的“企业家驱动”机制也不能有效取代它,因此,采取了高度国家级的创新活动带动了良好的经济发展趋势。

(2)战后世界经济的发展水平:经济增长速率怎么会不同?

正如以前所描述的,现在的工业化国家的发展途径显得非常趋同。许多经济学论著表明,在战后时期,在经济合作与发展组织范围内,最不发达的经济合作与发展组织经济的单位资本效益以最快的速率在提高。然而,将此分析延伸到经济合作与发展组织以外的国家，就会引出许多不符合单位资本效益和由此带来的增长速率的简单（线性）关系的问题。现在，许多经济学论著都试图解释的一个问题："为什么增长的速率不一样？"这样，我们又回到了丹尼逊（Denison）最初的理论①。

为了说明经济增长和技术之间的关系，由符斯巴根（Verspagen）1993 年制作的图 13.1 根据各个国家经济增长性能规律与各个国家同战后领先国家——美国之间差距的关系，总结出了关于经济增长速率的一些有用数据。

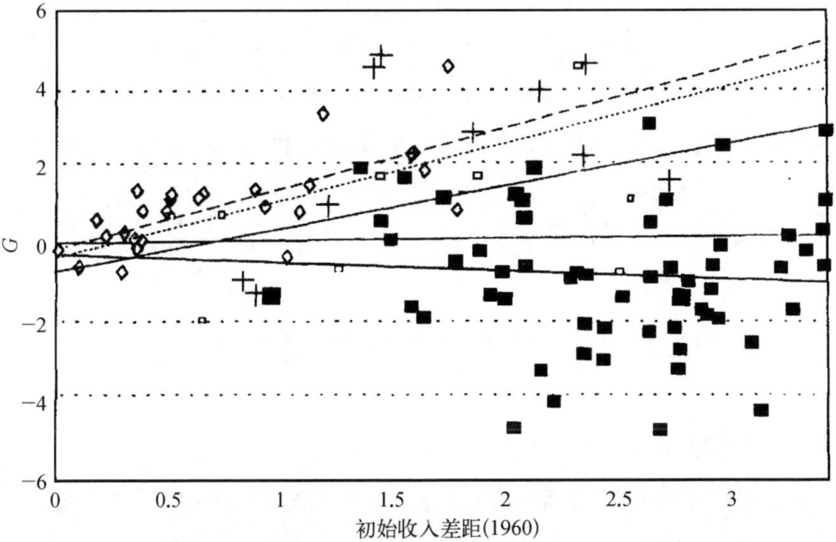

图 13.1　1960—1986 年年度收入差距百分比递减图

□ 石油输出国　+ 新兴工业化国家　◇ 发达市场经济国家　■ 其他

如图 13.1 所示，符斯巴根计算出，114 个国家最初的（1960）单位资本效益与美国的差值。*G*（定义为美国单位资本效益和其他国家单位资本效益之比的对数值）对比其在 1960~1985 年期间②的变化。每一点对应一个国家，这些国

① 其中包括 Abramovitz（1979，1986）、Baumol（1986）、Dowrick 和 Nguyen（1989）。

② 数据是从 Verspagen（1994）的文献中得到的，从这篇文献中，我们可以得到关于增长就绪结构的详细内容。

家根据世界银行和联合国的定义,被分为“石油出口国”“新兴工业化国家”“发达市场经济国家”和“其他”几类。图中所画的直线是对应各类国家的简单的线性回归线。效益差异的正变化意味着差距缩小或赶上的趋势;负变化是表示差距扩大与落后。因此,正斜率的回归线与差距减小趋势是一致的。

正如符斯巴根注意到的那样,如果说在图 13.1 的全部数据点图中存在一个系统模式,那就是差值,它随着单位资本效益差距的增大而变大。这样,与经济和技术最发达的国家(以美国的经济特性来衡量)相比差距小的国家,它们的增长速率差异要比那些差距大的国家要小(绝对值)。

然而,图 13.1 的结果表示在世界上趋同和趋异两者之间是一分为二的。20 世纪 60 年代,与发达国家经济差距最大的国家(最不发达国家)与发达国家的差距进一步扩大(回归线的斜率为负数),这与趋同或赶超假设是截然相反的。

13.2 技术变革和经济增长之间的模型

公平地说,任何一个经济学学说,无论是古典的、新古典的,凯恩斯主义的还是结构主义经济学理论都没有否认过技术变革的重要性。许多有说服力的经济学家一直都承认,技术创新即使不是资本主义经济发展最具推动力的因素,也是最重要的因素之一。然而,这种非常明显的结论不应该掩盖不同经济学家在研究技术和经济增长问题时采用的分析框架的差别。这些差别在建立经济增长过程模型时表现得非常明显。

(1) 从老增长理论到新增长理论

近年来,人们又重新激起了建立增长模型的兴趣,这从某种程度上反映了改变事物判断方法的重要性。随着“新”增长模型一族的出现,新的判断方法被用来分析关于经济增长的源泉的问题。这种新的方法强调技术进步在经济增长过程中所起的本质性的作用,将技术进步突出为决定性的因素。我们再简要回顾一下老的更为传统的增长模型。尽管“技术进步”在许多老的增长模型中也被视作“保留项目”,但直到现在,技术进步才进入中心舞台。

“老”的新古典增长模型(Solow,1956,1957)的特点是建立了一系列大型的传统新古典假设:生产函数的回报值为一定值。这是与理想的竞争机制相匹配的假设;资本和劳动者是生产力的两个因素,其中资本是可积累的,劳动者不能积累并在私有经济机构中具有“最佳”的行为表现。可能是为了回复哈罗德(Harrod,1948)提出的关于内在的增长稳定性及没有取得“全部行业”增长的一些基本问题,索罗奠定了新古典增长模型的基石,证明了在相对简单的新古典增长环境中如何能够获得全部行业的稳定增长。产值和资本股票将以平衡增长的方式增长,其增长速度与人口总数的增长速度和(劳动生产力增强)技术进步的速度相等。没有人口增长,没有劳动生产力增强或稳速的技术进步,由于仅仅依赖可累积因素——资本所得到的利润回报率的降低,经济增长将消失。资本的积累导致生产回报下降,这将成为长期投资中的障碍。只有两个外在的因素(人口增长和技术进步)才能拯救经济增长,这样,长期平衡增长才能在总体上独立于经济因素之外。

在更正式的术语中,产值(Y)被定义为以资本(K)和劳动力(L)为变量的生产函数的定值回报。

$$Y = f(K,L)$$

技术进步的外在趋势以及人口的稳定增长速度可以补充到该模型中。代表资本积累的方程也可以增加到该模型中,其中等式后面是相似的,同样的产值可以用于投资也可用于消费。经理人要对投资或消费作出分配方案。

这样,经济增长过程可以描述为:资本水平的变化依赖于产值(r)的水平,这是由于 r 和 K 之间存在着储蓄率(s)这样一个函数关系。由于资本 K 的利润率在产生产值 r 时,随着 K 的水平的增加而降低,K 的水平值越高,资本对产值的增加作用就会减小。这样导致的结果是资本积累变得越来越困难，最终导致长期经济发展中的零增长。这个结果起源于储蓄行为，是典型的新古典增长模型的结论，虽然是很好的具有启蒙性的，但新古典增长模型无法用来解释长期的经济增长。长期的单位资本效益增长只有在技术进步产生的外在动力存在的情况下才能维持。否则，在索罗（Solow）的基本模型中增长只是短期的。

索罗模型中的其他方面也值得注意。

它首次提出了储蓄对资本/劳动者比值的影响。储蓄率水平影响了资本/劳动者比值，而不是定义中的外在的平衡增长速度。实际上，在平衡点，所有的储蓄将用于为新引入的而不是现有的劳动者的投资。这样的结果是，影响储蓄水平的政策只有一个层次的影响，当经济趋近于单位劳动者资本平衡水平时，将会有一个短期的效果，但这不会影响增长速度。

其次，在一个国际化框架中，所有公司都有相同的认识，即它们的储蓄率相同的假设下，所有国家的资本和单位资本效益一定趋近于一个相同的水平。这样一来，贫穷的国家将“赶上”富裕的国家。过去几十年的观察（如图 13.1）显然无法为这一发现提供足够的事实支持。

为了获得“不间断”的增长，我们必须考虑一个超越时间的、能提高劳动生产率的外部因素。这样，外在因素技术进步（T）就可以加入生产函数中。

$$r = f(K,L,T)$$

但是，必须假定 T 是有别于生产力因素 K 或 L 的。生产函数的定值回报假设意味着资本对技术的利润回报将降低，使其不能长期对经济增长作出贡献，除非出现其他假设。

技术进步的影响是以下两方面的：(1) 直接提高劳动生产率；(2) 提高资本回报，导致附加投资并产生额外收益。技术改革带来的直接结果是资本积累，技术进步是经济增长的唯一源泉。由于没有包含技术进步的因素，经济增长在该模型中依旧是由外在因素推动的。

卡尔多(Kaldor,1957)和阿罗(Arrow,1962)强调学习是技术改革的源泉,试图阐析技术变革的实质,从而克服了上述不足。其他“老”的内在增长模型采取了类似的方法,其中,技术进步是生产力、投资或人力资本①的副产品。这些带有“内在”增长特性的一般模型的突破始于 10 年前“新”增长模型的出现。

(2) 新增长模型

与传统的新古典增长模型(Solow,1956,1957)认为技术进步是一个简单的时间趋势相比,新增长模型将技术进步视为决定性的因素,认为,在本质上,技术进步是经济增长内在的、决定性的源泉。随着经济增长回到平衡或客观状态,在这些因素累积时,因素累积产生的利润率将不为零,从而使经济的永久增长成为可能。正如阿马贝尔(Amable,1994)指出的那样,“新”增长模型对累积“采用了一种特殊的定义:一定数量的资源对一种因素产生一定百分率的增长,而不是一定数量的增长”。

许多作者都曾试图对这些内在增长模型进行分类。根据目前的需要,阿马贝尔(1993)根据增长动力源泉的分类是最有意义的。推动增长的许多“增长”资源确实存在。

内在增长的第一个动力是某种因素的投资。比如,罗莫(Romer,1986)研究了一种相对简单和传统的模型,它不受报酬不变的限制,但具有独立于企业之外的规模经济。

技术创新是经济增长更直接的动力,它依赖于投入研究与开发和其他知识创新活动资源的总量。在罗莫(1990)提出的一个模型中,资本不是一个单一的商品,而是由一系列不同的中间商品组成的。新的概念是,研究和发展资源投入新的研究过程中时,就出现了中间产品。阿钦(Aghion)和胡威特(Howitt,1992)提出了一个对比框架,其中,此类创新是

① 见其他:Uzawa(1965),Phelps(1966)。

由许多“创造性的破坏”组成的,而不仅仅是往现有的投入中添加一些新的东西。现在,每一个新的投入取代了先前的一个,这样,同时也结束了附加在上面的垄断力量。

人力资本的累积是内在经济增长的另一个动力源泉。在卢卡茨(Lucas,1988)提出的一个模型中,个体资源以及罗莫(1986)模型中的投资在报酬递增的情况下累积了人力资本。人力资源的平均水平越高,那么,在最终商品生产中,每个劳动者的劳动生产率就越高。

最后,通过公共设施和基础建设也可以实现增长;谈到今天,人们可能就会想到通信网络、信息服务等。这些设施提高了个体劳动者的劳动生产率。许多机构同时使用这些设施的可能使得它们成为传统意义上的公共设施。它们是由税收支持的社会团体生产的。公共设施政策将在这些设施的供应中起关键作用。

先前的预测说明了在物质、研究与发展、人力和公共资本方面的投资对于技术变革和“内在”经济增长关系方面的特殊作用。在以需求为导向的动态经济环境下,这种关于“增长”的解释是非常重要的。当一个个体企业作出投资决定或更定性的决策时,我们可以进行如下描述。在开发一种新的增长机会,即引入一种新的产品之前,企业将逐渐寻找机会并了解实现新技术的技术要点。在对新产品和产品改进进行评估之后,同时为了适应相应的生产流程将进行必要的研究和开发(无形投资),这将增加公司股票的技术含量。然而,只有在有物质投资的前提下,后者才能生效。在进行成功的市场调查之后,考虑进老产品需求减少带来的“创造性的毁灭”的因素,由于新机会引起的双重投资最终将导致企业的扩张。在生产过程中,可以看到,有效周期是从公司作出战略性重组的决定开始的,由此公司期望改进其竞争力/价格(或竞争力/灵活性)能力。

相应的管理创新取决于新设备的发展潜力。这将逐渐地导致物质投资,但不是总能这样,反过来,物质投资又能转变为劳动生产率的提高,进而提高企业的市场份额。

上述在个体经济水平下描述的无形投资、学习、物质投资和市场压力(成本和需求两方面)的良性循环,在总体的宏观经济水平下,突出了无形投资在"内在"增长中的重要性,强调了技术改革的积极作用。无论是斯密(1776)提出的经典理论,还是扬(Young,1928)提出的理论,还是卡尔多(Kaldor,1957)提出的凯恩斯理论,都认为投资的增长是由市场增长和市场规模驱动的。战后的贸易自由化进一步推动了市场在地区规模、购买力和多样性方面的扩张。这种连续的市场扩大和质量提高趋势背离了任何一种单个产品市场饱和的固有趋势(Pasinetti,1991)。这种市场增长的程度和特性导致了产品差异和价格下降两方面的良性竞争,在潜在的生产率增长和适应不同需求方面,加速了技术和机构的创新。而且,这种技术和机构创新的加速需要在科学领域和许多"高技术"领域增加大量的研究人员和研究机构。由于复杂性的增加及科学和技术性能的差异,从而导致了网络、联盟、科学和技术交换的发展,这也是技术"外在"效应的增大。

正如上一章所描述的,目前后者远比正在改革的机构或领域以及正在改革的国家要运行得好。集中最新技术创造的产品需要购置新的设备,因此需要增加物质投资。宏观经济自由化可能会进一步加大物质投资的力度:我们后续几章将要详细论述的资本市场的开放、金融市场和投资的国际化与技术的国际化以及企业的全球化是密切相连的。新的投资提高了生产率并产生了一大批新的、不同种类的产品。伴随着古典的"报酬递增"观点(Young,1928;Verdoorn,1949,1980;Kaldor,1980;Buchanan 和 Yoon,1994),产品的增加产生了额外的收入,额外的收入又增加了对其他商品、服务和商业机会的需求,从而使良性增长循环接近于上述第一个增长趋势。

尽管存在技术、投资和增长相互作用,尤其是技术革新产生报酬递增这样一种观点,从上面简单的描述中,我们还是可以非常明显地看到,新增长模型实际上依旧滞留在定义的水平上,对技术和增长之间相互关系的复杂性仅作示意性的阐述(Nelson,1994)。其他更定性的研究主要集中在与增长相关的一些结构特征的分析上,这些研究在战后时期得到了极大的发展。

(3) 新增长理论有多少年历史?

首先应该强调的是,传统的生产力因素——资本和劳动者,在新增长理论中不再扮演它们在传统的(新古典)模型中所扮演的角色。这样就同时限制了资本和劳动力,当然,这是由于其中的许多模型是进行分析用,而不是用于实际的。以劳动力为例,"新增长"模型对劳动力和人力资本进行了区别。在大多数模型中,人力资本是研究领域(研究和开发)最大的投入。为简化起见,假设相同的因素(人力资本)也同时被用于消费性商品范畴。事实上,用于研究和开发领域的劳动力(质量)与用于其他方面的劳动力存在着很大的差异。这样,对"劳动力/人力资本"回报提高的效应只限于特定情况,那就是,大批量的研究人员导致了增长速率的提高。由于某种原因,如缺乏训练或劳动力市场的僵化,劳动力资源丰富并不一定会带来大量研究领域的从业人员,规模效应在这一模型中并不成立。这同时也为那些大多数模型没有获得预期的效果,即拥有大量劳动力资源(人口增长速率较快)的国家比那些人口数量稳定或人口数量下降的国家发展得快,找到了一个可能的解释。

通常意义上的资本在大多数"新"理论中是不再存在的①。同样假设没有物质资本只有在知识方面的投资(Romer,1986),或者,在更复杂的模型中,只有中间商品,它与通常意义的物质资本不同,是不能积累的。在后一种情况下,假设这些中间货物的质量提高发生在研究领域,生产率提高发生在消费商品领域。为了简单起见,大部分模型假设存在一种单一的中间环节的商品,或者说,所有的中间环节的商品受技术变革的影响程度是一样的。

这样导致的结果是,在研究和开发方面的大量投资进一步提高了所有中间环节商品的质量,这样,通过增加投资就会提高增长速率。然而,就像阿钦

① Scott(1989)是一个例外。

和胡威特(1990)提出的那样,一旦“创造性的破坏”的熊彼特现象被允许,简单的事实是,追加的中间商品也会通过所谓的“商业偷窃效应”,使一些中间环节商品过时遭废弃。有趣的是,在这种情况下,先前的结论将不再成立。研究和开发的增加将导致增长降低①。

关于技术,“新”增长模型中最大的争论焦点是,技术变革是一项商品,它与其他商品一样要制造出来,同时,它也包含着一种公共商品(Romer 的“可分享”)概念。这类商品的一个典型特性是在自由的市场环境下,其生产总是存在投资不足的固有趋势。另一个特点是,这种商品的生产水平影响着经济的增长速度(对规模的报酬递增)。按经验来说,后一种结论是估计投资和产品的增长速率,或者说是在所谓“无限制”的(即对规模的报酬递增保持一种尽可能地开放程度)生产函数中资本的利润率之间的关系的基础。这些由现有数据激发的方法盲目地采用了大多数“新”增长模型中的假设,即资本(或中间商品)是同质性的(De Long 和 Summers,1991)。

如果我们的目标不是正规的经济模型评估,那么由新增长理论得出的经验性结论就丧失了大部分的权威性。人们从这种分析中得出的大部分结论也可以从基于其他模型的分析中得出。格瑞里克斯(Griliches,1984)在很多情况下对所谓的“全因素生产力”和研究与发展费用的关系的估计就是很好的例子。这种关系与“新”增长理论所描绘的情形非常吻合。相同的观点也用于与专利数量之间的关系方面,专利的数量被视为描述中间商品和经济增长变量的一项指标。与其他现有的经验方法相比,在分析中直接引进技术变量的经验方法在很大程度上提高了人们对技术变革和经济增长之间内在联系的认识。

我们认为,将“新”增长理论的一些观点与科学和技术在不同领域中所起的不同作用的详细分析结合在一起的方法是对该领域进行深入研究的有效的

① 从 Grossman 和 Helpmann(1990)那时开始,许多作者开始集中研究被称作“熊彼特”的这类增长模型,这仅仅是由于包括了“创造性的破坏”这样的特性。见 Aghion 和 Howitt(1994)的论著。

分析方法。举例来说，如果我们认识到，在商品生产中，国民生产总值包括那些技术变革对商品质量影响不大的产品及那些技术变革在商品生产中起很大作用的产品。“新”增长理论在逻辑上的延伸是在生产函数中将技术变革在生产中起很大作用的产品（称为“高技术”产品）和那些技术变革在生产中影响不大的产品（称为“低技术”产品）分离开。“新增长理论”提出的简单的总的动态规模效应没有必要局限在低技术产品的投资情况下，对比而言，在高技术产品的生产中，规模效应更有可能带来产品质量的提高（通过资源在研究与开发领域的应用），从而带来更多的投资，这样就对总体经济的生产率增长起到了积极的影响。解释现实世界中新增长理论特定框架最合理的基础就是认可高技术产品和低技术产品的区别①。

我们不难看出技术投资是如何以无形投资的形式，尤其是在前面叙述的更分散的框架下组合的，这种组合导致人们用许多方法重新评估传统的宏观经济的一些问题。这样，一旦由于技术变革引起的回报增加这种更现实的情况被引入宏观经济分析中时，关于技术方面的政策（即研究和开发方面的支持）明显地不同于其他改善微观政策的战术方法，如竞争政策等，但它对动态经济增长起着重要的作用。在距现在更近一些的开放式经济增长模型中（Grossman 和 Helpman，1990），这种政策就能使人信服，并有效地说明为什么许多新技术“产生”在这个国家，而不是另一个国家。在下一章中，我们将讨论“国际化”方面的问题。

13.3 经济增长的新熊彼特观点

作为对“新”增长传统理论的补充，在熊彼特的传统理论中比较叙述性的

① 见关于研究和开发方面计量经济学的一些论著，例如，Griliches（1980）。

结论通常是以某种新技术的出现和发展的详细案例研究为基础的,并引出控制技术变革发展和传播的复杂机理。第一章的假设中,技术发展的突出特点是“技术范例”的存在,“技术范例”具有很强的启发性,并确定了一个相对有序的技术变革模式,即所谓的技术“轨迹”。该假设允许引进技术变革的一些带有破坏性、创造性的资本破坏特性。在这样的熊彼特框架下,人们可以考虑在现有的描述经济持续发展或不持续发展趋势的范例范围内对范例和“常规”的技术进步进行改变。

后者与熊彼特理论的主要区别是目前关于新技术应用带来的生产率增长明显缺乏宏观经济证据的问题以及更为普遍关心的所谓“通用技术”(尤其是信息通信和生物技术)推广应用缓慢的中心问题。

我们下面讨论关于所谓的“索罗生产力悖论”的一些可能的解释。索罗指出,计算机虽然随处可见,但实际上,由于计算机应用带来的生产率提高却非常有限,甚至没有。这种被广泛重视的说法强调了各种阻碍技术传播壁垒,包括人力资源、组织和管理以及更广泛的周边社会、经济和体制环境所起的重要作用。

大量基础性的技术创新不仅会对生产领域造成重大冲击,同时也会对更广泛的社会、体制和管理领域造成冲击。这类技术的经济和社会潜力只有经历很长的历史时期才会被认识到,同时,在这一“学习”过程中,管理策略及体制环境上的变化将会影响企业的成功和国家的经济发展。根据这种观点,这种新的通用技术需要社会观念和体制的转变,如果没有这种转变,就不会有新技术的普及和生产率实际的提高。

许多作者都曾经指出,信息技术太普遍,具有太多新的特征,以至于成为熊彼特连续的“创造性破坏狂风”的最新一股飓风。尽管,众多技术创新没有引起结构调整的重大问题,这种重大突破性、创新性的新技术系统的引入还是激发了许多类似的问题。它需要变革!但好在清单还不是没完没了的——资本股票市场需要重新设置和新格局,劳动力要有新的技术水平,新的管理结构和工作组织,需要建立在国家和国际层次上的新的工业关系模型与新的体制管理模型,比如全球通信网和贸易信息服务。

这种变革的重要意义已经渐渐为人们所认识,正如《经济学家》(*The Ecomonist*,1986)指出的,“工厂正在进行重新设计”。传统的生产线被撤换,取而代之的是灵巧的,能“生产任何东西”的机器……人们在又长又窄的生产线上来回移动……这是一幅自早期的汽车王朝以来随处可见的生产场景,这一切正在被由计算机控制、多指机器人操纵、众多芯片组成的多用途机器所取代。整个工业生产的结构正在发生变化。

“未来的办公室”也正在经历类似的变化。个人计算机、文字处理器、数字银行、电子邮件和其他许多新的信息服务同样引起了商业活动的重大变革,这样,服务第一次成为资本密集型行业,在某种情况下,成为研究和开发密集型行业(见第 17 章)。如此广泛、密集的新技术带来的核心问题就是新技术在经济的各个领域的普及。对于广泛应用的技术如信息技术,技术普及就是结构调整面临的最主要的问题之一。计算机工业可以最有效地利用自身的技术,与此相比,大多数没有计算机应用经验的制造业和服务业在它们试图采用该技术时,必然会遇到许多问题和阻力。它们通常缺乏必要的技术和管理能力。这不再是在它们熟悉的、业已建立的轨迹上不断进行完善的问题,而是要同过去决裂。

约翰·戴波德(John Diebold)在其论著《自动化工厂的到来》(*The Advent of the Automatic Factory*,1952)一书中对这些问题表现了非常超前的认识。戴波德指出了在大规模工业生产中,尤其是在设计和维护领域所需采取的新技术。他同时指出,计算机技术将贯穿“产品设计和制造的整个过程”。这在大多数工厂的“结构进行改变,使得研究和开发、设计、生产与市场各个环节的信息流动更加顺畅”之前是不可能实现的。反过来,这又需要“改变管理结构,以促进人和信息之间的水平传递”。计算机硬件的获得只是全过程中最基本的第一步,实现计算机化的整个过程不是几年而是几十年的事。

事实证明戴波德是完全正确的。直到 20 世纪 80 年代,以灵巧的加工系统、计算机集成制造、计算机辅助设计等形式的计算机自动化才开始形成一定的规模,无疑,这还需要经历很长一段时间。服务领域的计算机化更是如此。所有信息系统和软件咨询机构的管理人员都承认,在这个复杂的普及过程中,必须使计算机技术(尤其是软件技术)和通信技术适应各个领域、各个企业的特定需求。路凯特(Lockett,1987)在他对大型多国计算机公司的信息技术创新的研究中指出,提供者和使用者之间的频繁交流是信息技术创新成功的必要条件。实验性的研究和开发方法是必需的。

所有这些发现都验证了 20 世纪 60~70 年代关于创新的研究成果(见第 8 章),在这些研究中都明确了用户需求是成功的创新最重要的条件。不过,在信息技术中,“用户友好”尤为重要,同时也随之出现了许多问题:(1) 用户经常对定义和详细论述其需求细节感到非常困难;(2) 提供方很少能够立刻从外界知晓用户的需求;(3) 技术本身仍然具有极大的流动性。最后,信息技术的引入常常带来对管理本身和(或)生产系统进行重组的需要。

这一切与弗里曼(Freeman,1987)和戴维(David,1991)勾画的历史上的关于电力普及的情况特别类似。电力技术主要的技术创新是在 19 世纪 60 年代和 80 年代产生的,随着 80 年代和 90 年代有效的发电和电力传输系统的建立(它们同时也带动了社会、法律、体制的创新风波),技术重点转移到在工业经济和民用经济两方面普及应用电力。在这一阶段,虽然技术创新依旧保持在一个较高的速率,已有的硬件设备进行了重大改进,然而,最关键的问题是企业组织结构的改变,技术的改变,工厂布局的改变和工程师、管理人员、工人态度的转变。温仑·达凡恩(Warren Devine,1983)对这种变化的描述同样可以用于计算机自动化技术的普及(见第 3 章)。

电气化和计算机化之间的相似性是非常有用的一种情况,因为它说明了对大范围的产品和服务产生影响,使之需要进行重新设计才能实现新技术全部潜能的各类技术创新所包含的长期效应。佩蕾斯(Perez,1983,1989)指出,在特定的一段时间内，主导性的技术，无论是与电或钢铁相关的技术，还是与电子计算机、集成电路、通信相关的技术，由于共同发展并利用了特定阶段新的技术和经济机会，实际上已经成为一个一体化的技术网。随着技术经济模式的建立和发展，技术的相互促进变得越来越明显，新系统的逻辑性得到了自我验证。新的技术和体制创新流解决了主要问题和瓶颈问题。但是，在技术创新早期，由于新技术还不是一个一体化的系统，采用新技术需要在使用过程中不断地进行探索，因此，采用新设备具有很大的难度和风险。

这些考虑意味着对于离新技术很远的领域，指望应用该项新技术使生产率有一个突然提高是不合理的。这种生产率的提高只是经过相当长一段时期的熟悉、开发特定设备、使用新技术和新的管理态度与结构后才有望实现。在此应该强调跨行业部门的推广过程，在使用和相互作用中学习（Lundvall，1988a，b），以及将重大新技术系统潜在的提高生产的能力转变为现实之间的时间滞后现象。

这一点是非常明显的。在潜在的生产率提高到实际生产率收益的转变过程中，问题的焦点将集中在物质投资的不足上。“学习”和其他适应性的滞后可能是技术推广过程缓慢和第 12 章中所述的各个国家技术普及不均衡的原因。

纳尔逊（Nelson，1996）在关于新、旧增长理论的论述中指出，新增长理论中的大部分观点，阿巴拉姆维奇在 1952 年就已经提出了，而其他的经济历史学家甚至在更早就已经提出了。他提出这样一个问题：“为什么专家们把对经济增长早已提出的意见结合进正规增长理论，要花这么多时间？……这种受到广泛认同的观点结合进正规增长理论之后又会带来什么好处呢？”

在回答这些问题时，他指出，他所谓的“有价值的理论化”在多数情况下是独立于正规增长模型以外运行的。正规的理论模型无法与有价值理论模型相比，而且没有起到任何帮助。我们自己的调查验证了他的结论，即：当有价值的理论模型和正规的理论模型有效地结合时，新的增长理论为这种积极的相互作用提供了更好的机会，经济学研究将产生最佳的结果。

第 14 章　创新与国际贸易情况

14.1　引言：国际竞争中的静态与动态现象

在本书的第一篇，我们提到了不少行业中由于成功进行了技术与体制创新而取得的良好出口成绩（如英国的棉纺及陶瓷业，德国的合成染料与塑料制品业，日本的汽车及消费电器业）。尽管这些成功的例子的确反映了那个时代的情况，但缺乏贸易理论系统的支撑。这个理论不但应考虑到进口，也应考虑到出口、贸易专业化的利与弊及自然资源使用的原则等方面。因此，在本章中，我们将尝试就创新和贸易状况与国际贸易通常的理论联系实践获得的发现进行讨论。

最近 20 年来，技术创新在决定长期国际竞争和贸易状况中的重要性日益受到国际贸易经济学家和决策者双方面的重视。与前面章节中讨论过的新发展理论一样，对这一策略的认同日趋增多，乍看起来像是个新观点了，即认为重要的外部客观环境决定了知识创造，因此从国际水平上看战略性的技术干预可以说是正当的，在某些情况下还是必要的。这样，保持了近 25 年的支持贸易全部自由化的所谓经济学家卡特尔（同业联盟）协议就被打破了。

本章根据道西等人（Dosi，1990）的分析，以对较早的及并不很新的贸易理论所作的简要叙述和评论作为开始。有关战略性贸易政策的一些较普遍的观点及这些政策在实施中的各种形式也会在本章中介绍。而在下一节，这些以国家为基础重点的政策却受到质疑。国家战略性政策的讨论似乎越来越与国际化的水平不谐调，从国际情况看，这些干预政策的预期受益者所经营的往往是大型的，更经常是跨国公司。正如许多作者特别是奥斯特里（Ostry，1995）所强调的，现在的情况有点自相矛盾。一方面国家战略性贸易及技术政策的精神已被国际贸易理论家和国内决策者双方面认同；另一方面，这些政策具体实施的可能性与有效性好像反而降低了。

在国际贸易理论家中流传着这样一个寓言故事：很久以前有个天堂，每个人都生活在高效的环境中。人们以最有效的方式制造及买卖一切所需的物品。后来，一位天使出现了。他在每个人的前额印上不同的颜色（你可以说它是国旗），并规定人们只能用和他（她）颜色相同的土地及资本进行生产和交易。他们后来散居各地又使不同地区的效率有了很大的差异，从而导致世界的利益遭到巨大的损失。从那不幸的一刻开始，国际贸易理论学家们——那些从全球性角度、而不仅着眼于民族利益来定义的经济学家——就试图指出怎样才能令世界经济重返到那天堂般的境界。

这一分析的主要思路又回到古典经济学者的观点，即企图说明不管一个国家的效率有多低，它都能通过专门从事某些相对来说最有效的产品/工业而多少有些收获。这些收益主要依靠的是在全球均适用的分工原则。新古典主义在这一方向上延伸，在说明一个国家的比较优势时引入了更正式的"要素能力"概念，同时也与要素价格均等化、收入分配及增长建立起了一系列重要的联系。根据前面的寓言，可以说，不管国家在"要素能力"上的差异如何，已建立起来的贸易理论将通过上帝无形的手，用自由贸易来纠正天使犯下的错误，并在全球范围内重建天堂。

毫无疑问，国际贸易是战后世界经济发展的主要动力源之一。靠着持续发展的贸易自由化，世界贸易流动在1950~1975年间增加了超过500个百分点。与之相比，同期内的世界生产量仅上升200个百分点。但是，尽管有一些机构，如GATT（关贸总协定）即现在的WTO（世贸组织），在发展一个稳定、自由、无歧视的贸易体系上已取得成功，且该体系中的制造业所占比例越来越大，国际贸易学家们还是开始对这些贸易流动潜在的理论基础提出疑问。

首先，以实证研究为基础的分析者们发现，不符合"纯正"贸易理论解释的贸易流动的量越来越惊人。这一发现随即被描述为"有明显矛盾特点的事物"，即所谓的"列昂惕夫(Leontieff)悖论"。它似乎可以看作是在不完全竞争现象控制的领域中纯正贸易理论作用和价值都是有限的证据。对于现存理论贸易体系的不安已成为对许多贸易问题进行分析时标准的开场白。比如说巴夸丁(Bhagwati)在 30 年前曾有所论述，现节选如下：

> (对于)实际的现象……例如在生产和消费中发展新技术，实质上包括了不完全竞争的现象。撇开张伯伦(Chamberlain)和琼·鲁滨逊(Joan Robinson)不谈，我们直到今天仍然没能就其普遍平衡问题提出任何有力的理论。……因此，除非我们能建立起一个新的强有力的理论体系……否则就别指望能确实地打击旧有的分析体系。
>
> (Bhagwati，1970，p.23)

由于注意到他们"直到那时为止仍不能提出多少东西与萨缪尔森(Samuelson)的华丽的(也许是令人迷惑的)要素价格均等化法则相比较"，胡伯尔(Hufbauer，1970，p.192)用一种更讽刺的语调评论了他从实际研究中得出的"佯谬的"结果。

第二组有争议的问题更直接地与"传统贸易理论"在量定贸易收益时的成功(或失败)有关。使许多决策者们吃惊的是，贸易分析家们对遵循贸易自由化(如建立自由贸易市场[1])的贸易收益做出了相当低的评价。事实上，这一评估实际上排除了通过开拓与不完全竞争有关的贸易业务而取得的最重要、最

① 特别参考对 20 世纪 70 年代欧盟的扩展及其后单一欧洲市场构造的评价。

显著的收益部分。譬如说，由规模经济的实施导致的效率上升，或产品高度多样化给消费者的利益，这都是单纯的贸易模式不曾也不能包含在内的。正如我们引用的巴夸丁的意见一样，一种“全新的”分析方式的发展完善只是时间的问题。

上述有关分析的第二个主要的“新”方向在最近10年中得到发展，并常与戈罗斯曼（Grossman）、赫尔曼（Helpman）和克鲁格曼（Krugman）的名字联系在一起。它是从一个完全不同的假设出发的，即大多数的经济行为是以增强而非减少回报作为特征的。从这一观点来看，不论一个国家的大小是像卢森堡还是美国，贸易收益的增长首先都是其国家经济通过自由贸易而获得的规模经济的结果。这些收益（通过规模经济的自由贸易）实际上比传统贸易理论推出的要重要得多。许多“新”贸易理论传统的实际研究均以这些收益的意义为对象。其中最有代表性的是史密斯（Smith）和万奈伯斯（Venables，1988）关于欧共体内部市场进一步一体化的研究，以及哈里斯（Harris，1984）关于加拿大与美国自由贸易协定的研究。

从我们所提到过的寓言来看，可以比喻为在一些大国家中将特定的活动集中在特定的地方进行，如克鲁格曼最爱举例的宾夕法尼亚州的蘑菇生产那样，总的说来实现我们的“天堂”可采用集中资源的方式进行，无论合并在一起的是日本的汽车制造还是意大利的瓷砖瓦片。尽管现在恢复“自由贸易”的首要原因是它使消费者可利用这种贸易行为中的“不完全竞争”优势（规模经济及产品的衍进多样化），它仍将再次成为上述行为取得成功的根本所在。在这一方式下，由一系列特定活动共同为某一地区或国家带来的利益与有效开发利用世界性规模经济给消费者带来利益相比并不算很重要。

不论如何，从这样一个根本性不同的最初设想出发，“新”贸易理论已引出了太多“新”东西，同一些基本的经济法则相比，它的理论结果有些是荒谬的，有些是雷同的。与传统的贸易观念不同，最具争议性的结果无疑是布兰德尔（Brander）和斯宾塞（Spencer，1983，1985）提出的结论，即市场结构在某些情况下,自由贸易可能不再能使世界利益达到最大限度的增长。但是,一项“战略性”贸易政策却可能是合理的,并确实为人们所需要。正如狄西特(Dixit)在他为克鲁格曼关于战略性贸易政策的专著所写的一篇文章中谈到的:

> 最近的研究支持了几乎所有关于贸易政策的口头及流行观点。而在几年前,大家还都是反对经济学者们提出的自由贸易常识的。现在,重商主义者关于限制进口、提高出口的观点已由“利益共享”得到了证明。对别国政府可能在一个接一个的工业中通过给予少许初动力而降低学习曲线,从而获得工业生产中的永久利益的担忧,现已改认为是一种无可指责的正规模式而存在了。因别国亦会做出同样举动而要求自己政府实行更具有侵略性政策时,这一行为也不再被指责为“不合逻辑的步骤”了。
>
> (Dixit,1986)

围绕战略性贸易政策的讨论带出了许多有特色的东西,它们乍看之下似乎更好地反映了决策者与企业家在许多行业均会遭遇到的工业现实。特别是对与技术革新及国际贸易有关的分析部分,这一作法为研讨制定适应全局的贸易、工业和技术政策提供了更好的理论框架。垄断利润、利益共享及战略性贸易的重要性似乎与许多高科技工业有着特别的联系。此外,现在美国学术界中出现的这些新理论是在美国国内对日本贸易及技术挑战的恐惧日益增加的状况下产生的(Mowery 和 Rosenberg,1989)。

不管怎样,战略性贸易概念的出现也提供给人们一些关于技术革新特别是其累积作用的动态特征。与前面提到的一组“新”贸易理论相比,替代熊彼特主义的贸易理论正如道西等人(1990)评论的那样,更加地重视“报酬递增”的动向,尤其是与生产技术和创新联系在一起的递增利润。按开头的寓言的说法,工业技术的发展和成长是一个不可逆转的过程,因此是不可能恢复到原来的"天堂"的。更确切地说,它是一个与最佳性没有特别联系的历史的发展过程。从这一点看,与技术改进(如学习专门知识,及随之而得的正、反两方面的反馈)紧密联系在一起的动态特征是紧随在各国固有的非常独特的发展与专有模式(部分是好的,部分是不好的)之后的主要的说明因素。

和许多布局理论中强调的一样,因"路程依赖"而有区别的发展过程同初期工业化布局的确定方式有关。它也与利用现有的聚集经济而在其他地方试行阿瑟(Arthur,1988a,b)所说的"竞争性排斥"有关。第2章中引用的英国棉纺业就是一个很好的例子。换言之,以动态的技术观点来看,某地区或国家是否适合于快速发展蘑菇房或硅片都无关紧要。少数"新"贸易理论的作者已将这些动态特征完全融合在他们的贸易模式①及策略决定中。

"在这个世界中还能保留一个规范的世界'天堂'吗?"统一各方的原则后,我们对这一问题的回答只能是"不能"。所有动态及更先进的分析都提出了历史、人为干涉、制度、跨国企业特别的国际投资决策,或是所有在像国际经济环境这样的复杂体系中做出的个人或集体决定所起的极重要作用。这些都成为"规范"的对立面。

与分析的第二方面相比,第三个方面进一步提出了在为达到静态布局效率和动态增长效率的策略间可能进行的协调。一旦引入"报酬递增"这样的概念,那些具有静态布局效率,同时也必定保证动态效率准则的机制就毫无价值了。如道西(Dosi)等人(1990)强调的:

在静态新古典主义"纯正"贸易领域中,相对优势定理将以其最纯正的形式进行运作,即由于从国外得到的收益比国内除去一切专门的生产和消耗后所得到的还要多,从而使各个贸易伙伴从交易中获利。同样地,由早期"新"贸易著作的静态说明出发也可以得到这样的结论,即与传统

① 更详细的分析,请参考Dosi等人的专著(1990)。

的贸易一样,从真正意义上的静态布局效率中所得的贸易收益通常具有“一次决定一切”的特征。反之,一旦引入了与“战略”产品和工业的规模性联系的动态经济,我们就有了在动态和静态之间进行重要交易的可能性。

(Dosi 等,1990,p.202)

这一点远在成为贸易理论的内容之前就为不少作者所强调(例见 Chenery,1959),并通过连续的、正式化的方式使其受到决策者的重视。确实,如果不同的产品或行业在其动态战略潜力(如经济规模中的技术改进,从实践中学习等)上出现重大的差别,那么在动态相对准则下有效的国际专业化可能最终会造成工业技术进步(或后退)的良性(或恶性)循环①。

14.2 创新与国际竞争

将对工业技术差别的关注作为贸易发展起点,在一定程度上来说是对列昂惕夫悖论的回应。虽然传统经典的要素比例理论本会让人以为美国在资金密集型产品方面表现最好,但列昂惕夫(1953)却以实例表明,事实上其在劳动密集型产品方面表现更佳。优良的技术被认为是这种美国贸易方式的一种可能解释。这方面最早的理论贡献是波斯纳(Posner,1961)的技术差距模型。波斯纳注意到,新产品及新工艺过程会为生产国带来短期的垄断优势,从而提供一个并非建立在不同自然能力基础上的贸易起点。但是,创新在国家间的扩散会逐渐削弱垄断优势。一个国家只有不断地进行创新并保持“技术差距”才能始终保持新产品的相对优势。这一理论强调了从创新中获利的能力,以及

① 亦见于 Cimoli 和 Soete(1992)及 Fagerberg 等(1994)。

创新者由其创新中得到的垄断优势。产品周期法(第 11 章)为以商品的成熟特性为基础的国际生产布局考虑了一个类似的动态框架。随着时间推进,产品的成熟性带来了标准化,并导致了生产从那些先进的、创新的、在生产非标准化产品上占优势的国家向技术先进性稍差的国家传播。

这些贸易和技术方面的理论观点与将所有技术差别统一到主流的新古典主义俄克歇尔-奥林(Heckscher-Ohlin)体系中去的做法截然不同,他们将工业技术当作是一种概念性的东西。他们扩展了原有的双因素(劳动力与资本)能力模式,增加了一种"知识"或说是智力资本因素。这种对俄克歇尔-奥林体系的扩展,即所谓的新要素能力方式,经常也包含了将劳动力按能力进一步划分为熟练的与非熟练的劳动力能力。其中前者显然与技术优势有关。结果是,有较强知识能力的国家将会在知识密集型产品的生产上取得相对优势。这是一个与技术差距方式相符合的预测。无论如何,在新要素能力模式中,知识被认为是经济的一种静态能力,而不是包含了随在技术差距或产品周期模式中的普及而产生的创新的一种动态过程。因此,这一新要素能力模式是静态的,并因而忽略了"知识"方面的动态内涵。

虽然技术差距和产品周期模式包含有创新的一些有意义的特征,如垄断优势,但他们仍缺乏对创新过程更完善的处理方式。依照技术差距模型,创新带来的利益在短期内是可专有的,并且是有垄断权的。但这一模式没有提到利益间的动态内涵。通过被他们称作"新熊彼特主义"的方式,道西等人(1990)注意到由于其企业特有的性质及部分排斥其他利益共享者的能力,通过创新累积起来的利润会带来企业、行业甚至国家所特有的技术优势。它还会随时间而积累起来,并能引起发展的良性及恶性循环。在此,第一篇中引用过的英国棉纺业和德国塑料业的案例能够再一次提供给我们一个明确的历史实例。工业技术被描述为一种明确具体的、地区性的、通常是沉默的、可部分利用的技术。它能说明长期以来创新在地理上的集中。这种技术差距的永久化显然是与例如传统的索罗发展模型指出的,由于创新从发达国家向欠发达国家的传播而产生的趋同效应及随之而来的技术优势的丧失的观点相矛盾(见 Fagerberg,1994)。道西等人(1990)认为,结果是分散还是集中取决于那些有助于技术优势随时间积累的因素和是否有让那些国家“赶上”技术前沿的机会之间的平衡。

“新”贸易理论通过将内源形成的技术改进并入新古典主义贸易模式,而预测出许多相同的结果。例如克鲁格曼(1986,1989,1990)认为,从实践中学习知识的做法导致了知识的积累,使国家在某些专业化和发展路线上被锁定。用这一方法,技术常被定义为由“蓝图”(或是发明)组成,其收益可以部分被创新企业占有,但它同时也对充实集体知识积累作出贡献。除了在创新公开的好的方面之外,知识从一个国家溢出进入另外国家的作用也得到了重视。这种对创新的概念化使其与更侧重于工业技术改进的累加特征的新熊彼特主义的方式分离开来,自成一体。

虽然这些关于贸易及工业技术的不同的理论方式各自侧重于创新的不同方面,但从实际的经验来看,它们之间的差异并不明显。在一定程度上,由于缺乏准确的技术指导,很多观察性论文将焦点集中在其他类似于技术贸易关系的内容上,比如说可影响到价格外竞争的创新的重要性。在一些有关出口导向型模式的实证调查计划里,以创新替代其他的如产品数量、价格和收入等因素进行了调查,例如英国(Greenhalgh,1990)和一些经济合作与发展组织国家[马格尼和杜加斯-比尔纳特(Magnier 和 Toujas-Bernate,1994)]。结果表明,市场份额的增长不仅依靠价格(或是单位劳动成本)方面的竞争能力,还要靠技术能力、产品质量及开发创造新产品与新市场的能力。从这些竞争模式中得出的结论,说明了对贸易行为有着积极影响的价格外因素的重要作用。关于英国贸易情况,格林哈夫(Greenhalgh,1990)发现,这一关系随着行业的不同而有相当大的变化。尽管有半数以上的行业中的贸易运作从其本行业或自其他行业的创新中获利,但仍有部分重要的、正在进行改革的行业未能从中受益。同样地,马格尼和杜加斯-比尔纳特(1994)通过对5个经济合作与发展组织成员国的研究,指出了创新(这里以研发费用表示)对市场份额长期的影响,以及因为重要的国家和行业不一致性而强调了重视行业间关系的重要性。阿玛巴和符斯巴根(Amable 和 Verspagen,1995)用专利数表示创新,来考察它对国家和行业的具体影响,也证实了这些结论。阿曼德拉(Amendola 等,1993)使用国家一级的国际竞争的动态决定模型,证明了创新的差异对贸易业绩有着长期的重要影响。总而言之,对于出现了一篇强调国家在国际竞争中长期技术优势累积率的差异的文献这一点是值得强调指出的。

下一节将简略地讨论一些"战略性"贸易和技术政策的国际意义。正如我们要在下文中讨论的,这些对政策的决定有着重大的意义。这不仅是由于对一系列更加谐调的、有条理的国家工业、技术、竞争及贸易政策的需要,还因为对超越贸易并包含了工业及技术政策的国际性基础规则体系的需要。

通过上述观点可见,那些努力实行这些"国家"战略性工业政策的"本土化"企业通过加入所谓的"战略同盟",越来越依赖国际化、规模化的"战略性"科技输入正日益全球化、跨国化。这使得它们实行的"本土化"战略的工业政策及其理论基础中存在着一种重大的矛盾。即看起来上述企业既是随着战略性贸易政策的广泛实施而日增的贸易摩擦的制造者,也是其受益者及受害者。

在上面的说明中,我们不止一次地有区别地使用了"战略性"这个词。因此,有必要对有关战略性工业的一些不同的概念的定义进行讨论。

14.3 对战略产业及政策的阐述

从分析的观点来看,似乎应从三个相联系而又有相当差异的定义来理解"战略性"的概念较好。这三个层次分别是技术、贸易及工业。

"战略性"的第一个,可能也是最狭义的定义可在相似于这个词的军事术语的解释中找到。据此定义,长期的获取是证明战略性利益及准备好额外的维持成本的主要原因。从前面的观点可知,对某些产品或技术的使用权中包括了"战略性"利益。这种军事意义上的战略性,最明确的体现可能就是长期以来阻止高技术产品向东欧国家出口的做法上。这一做法明显具有双重目的:一个是军事的目的,在此就不需要讨论了;另一个是经济目的,它与某些高技术产品的基本作用(即同时获得资金和最终消费品)密切相关。

不管怎么说,将高技术产品归入战略性产品类中的原因并非直接明了的。这一点在与那些世界储备集中在一个或少数几个国家的紧俏的自然资源(如石油)相比时尤为明显。由于高技术产品不断地因新发明和创新而受到"创造性破坏",而且知识很难保持在企业内,更不用说国家了。新的科学技术的突破和技术的国际性普及可能成为使这些战略性高技术产品很快过时的主要因素。如果考虑到在如微电子技术方面发展"战略"能力的成本问题,那么很显然地,处于领先地位的企业不断改善的运作情况会使得该行业中战略支持政策的成本变得非常的昂贵,并肯定具有较高的风险性。一些看似成功的技术的"跨越"发展实例(如韩国在长时期内成功发展了生产超大规模集成电路块,即 VLSI 的技术能力)也许证明了,"适宜的"体制环境和随机的好运气比任何考虑了成本及利润的详细"战略"政策更有用。因此,在日本企业由于美国的反倾销讼案和进口关税标准而被迫提高芯片价格的前面几年,三星与金星公司介入以芯片为基础的 IC 生产业并迅速地从投资中回收到了高额利润。经济上极少对股东负责的财团在资金方面的"经济宽容度"以及美韩间在贸易流、科技和工程管理人才培训方面的紧密联系都是韩国"战略性"跨越过程中极重要的特殊因素(也见于第7章)。

但是,正如上面所证明的,高技术产品的"战略性"首先是以该领域中技术进步的累积的、学识的、动态的报酬递增为基础的。战略政策认为,许多技术由更广泛的国家技术能力来实现相互作用,对于未来技术的成功及其他经济领域中技术的成功转让和有效应用来说可能是必要的。高技术产品,由于其"渗透性"而具有超比例的重要性,这使其具有战略意义。比方说,它们可以是基本的“原材料”,或是许多资金注入和最终消费品的中间性技术。这些技术的发展中常含有强烈的、累积的报酬递增特征。国家及超国家的技术政策非常关注这样的产品。我们可以想一想,如日本、美国或欧洲国家中的 VLSI(超大规模集成电路)、半导体(Sematech)和杰西(Jessi)支持计划。同时,“战略性”一词常被用于表明政策上支持特别是在那些并未真正满足于“渗透性”准则的高技术领域,譬如说在核能、HDTV(高分辨率电视)或欧洲空间计划方面。

“战略性”的第二层概念现正逐渐应用于政策方面,其与新贸易理论的关系最为密切,并通过布兰德尔(Brander)与斯宾塞(Spencer,1983)的论文得到了很好的证明,其论据是以报酬递增观点为基础的直接的经济论据。但是与那些贸易国际化的产品的实际生产间的联系更加直接。特定产品生产在国际水平上集中于某些地区或国家的现实为“战略性”干涉提供了可能性。这一点是刺激上述地区或国家在其他地区或国家采取同样行动之前争得静态生产报酬递增的首要因素。但问题是,大家都发展这种“战略性”政策的话,那么谁都无法由那些从理论上证明了这种政策的规模和集聚经济中获利。

国家间差异较大的某些特定行业中的贸易与工业支持政策均可归入这一范畴。我们可以想见的例子有欧洲对航天工业的支持政策,法国对 TGV 的优先权等。在此,产业政策在生产或行业上的重点显然是由地区或国家的相对优势或潜在相对优势所认定的。政策在实际执行中所遇到的主要问题则是与这些行业的概况有关。尽管以前许多国家将钢铁行业列入“战略性”之列,但现在已没有人会这样做了。很明显,不管在理论上还是在实践上,静态和动态的经济规模过去和现在在这个区域内一直是重要的①。格申克龙(Gerschenkron,1962)把这作为他的理论——后来者在工厂规模上优越性的例证。

第三个,可能也是最广泛的表现一些产业政策支持的直接理由(raison d'être——法文),它可以用法文的“filières——环环相扣的系列”最好地表达。

---

① 这也说明了为什么在 20 世纪 50~60 年代时,EC(ESCC)和日本的这些行业会成为许多“战略性”政策积极干预的核心(尽管当时尚未使用“战略”一词)。

从一个国家的立场上看,某些行业拥有这种在材料和知识前后上下的必要的全方位结合,它们对国家已具"战略意义"。法国汽车工业可能是这种行业的最好例证。10 个法国人当中就有一个被列为法国汽车的潜在消费者。在这种情况下,一个行业可以说已经具有战略性,它通过大量的、全面的结合广泛地渗透到整个经济领域。很显然,这最后"最广泛的"关于"战略性"的说明可以轻易地变成一个非常保守的定义。这一"战略性"术语与一些军事上特写的用法有太多的类似(例如:"战略的"撤退以更好地防御或发动一场新的进攻)。例如,若在有大量输入品渗透的情况下,国货由于国家战略的原因可能暂时地需要加以保护。这样做的额外成本又一次在动力学术语中被认为是正当的:如果失去了,发展这样一个广泛的组织或重新进入这一行业的花费实际上可能更高。

据此,(我们)可提出多个论点以支持"战略性"策略:最初的技术的缘由(我们的第一个论据);贸易的缘由(我们的第二个论据);或是产业发展的缘由(我们的第三个论据)。现在让我们转移到对这些政策的限制上来,我们更多地是从政府推行方面的限制而不是从这些国内政策实际受到的国际干预来讨论。

14.4 服务于跨国公司的国内战略政策

虽然新理论对政府向国内战略性产业和技术给以支持的行为提出了可行的证明,但是实际却有点自相矛盾,那些本可具有国家应支持的主要的产业或技术特征的公司证明了:这些政府的支持行为已逐渐变得稀少了。

跨国企业的产生和成长当然不是一个新鲜或刚出现的情况。现在有一些内容丰富的文献,提供详细的关于跨国公司发展的基本原因的见解①。目前生

① 近期的概述尤见于 Dunning(1988,1989)和 Narule(1996)。

产的国际化已经只是更普遍的发展的“国际化”模式的一种表现形式，这一关于贸易及资本和技术交流的发展模式曾是战后稳定、自由贸易的特征。因为许多国际性投资最初可能是出于对保护贸易论者的恐惧和对成功进入一个在市场的强烈渴望而被激励的。战后生产国际化的发展已经普遍地成为国际贸易流的补充而非替代。某一方面可能更进一步：从根本上讲，正是最近这30年来生产的国际化使得“最实用”的生产技术和产品快速地从美国普及至大量经济合作与发展组织欧洲国家，并完成了后者的技术赶超。这导致了两者间收入差距的缩小，其程度远大于传统贸易理论中实际的国际贸易流动所能达到的①。或许，更加值得注意的是20世纪90年代日本MNCs(即跨国公司的简称)的重新布局。部分原因是日元的高汇率。1994年，日本国外的日资公司所生产的录像机占日本总产量的53%，彩电占78%。

造成上述状况的一个主要原因，是实际上外国的投资不仅仅局限在生产上，还经常包括了对生产的维护、工程管理及开发活动的投资。当然，这并不奇怪。国内的和国外的用户的需求之间可能存在很重要的差异。像我们在第12章中看到的，外国的规则、标准和其他已有的规范在各方面都可能与以国内为基础的公司有相当的不同。更不用说两者间喜好和经济所带来的差异了。毫无疑问，这些因素促使许多跨国公司在国外成立或接办从事研究和发展的研究室，有时直接就同它们的子公司合并，有时则不是②。

第二次世界大战以后这一趋势已在加速③。这一过程在跨国公司以小的

---

① 举例来说，这一点可从欧盟的出口及其内部高技术产业(如电子行业)贸易方面外来跨国企业内交易的重要性中显现出来。后者不但占了欧盟在电脑、电子消费品、电子元件等行业超过50%的进口额，还在欧盟内部贸易中占有过半的份额。换言之，似乎首先是外来的跨国企业(简称为MNC)利用了单一欧洲市场的绝大多数贸易优势。参考Grupp和Soete(1993)。

② 就在第二次世界大战后不久(甚至在战前)，ITT、通用和福特在欧洲，北美的菲利浦公司在美国，IBM在欧洲包括瑞士，已设立了研究机构。同时，柯达在法国接收了Pathé，爱克发则在比利时接管了Gevaert。

③ 关于这一主题有大量专著，请参阅Cantwell(1989)；Casson(1991)；Pearce and Singh(1991)；Granstrand(1992)等。亦可参考第12章。

经济合作与发展组织国家为其“母国基础”的状况下特别明显(你可以想想母公司设在荷兰、瑞士和瑞典的跨国公司)。在这些国家中,对输入更多相关科学和技术的国际资源的需要感越来越迫切。事实上,没有道理认为只能从国内获得所需要的有能力的科学家和工程师。但是研发在国际上分布的数量相当有限。美国商业贸易部的资料显示,在20世纪70~80年代,美国跨国公司总研发的国外部分比率在逐渐增加(从约6%~10%)(见Freeman和Hagedoorn,1992)。

表14.1,依据可得的“官方的”经济合作与发展组织资料显示了在把欧盟作为一个统一体的前提下,在1981~1989年期间,国内和外国公司的研发经费情况,图表显示,外来研发的重要性仍然很微小,仅仅是逐渐地增加到公司对研发经费总额的约8.5%。然而,有理由相信,这种官方的数据低估了实际的资助量。特别是像比利时、荷兰、瑞典和瑞士这样一些小的欧洲国家。在表14.1中,政府的研发资料以巴特尔和帕维特(Patel和Pavitt,1991)搜集的美国专利的资料为根据的证据作了比较。图表不仅说明了在公司研发经费中对外国所有的份额可能的低估(特别在小的国家),而且说明在组织合作与发展组织国家之间,特别在日本、美国与在大的欧洲国家之间对国外研发经费研发定位方式的非常多样性。关于小的和较小的国家,表14.1中的专利资料说明了这些国家有的以外国的跨国公司在研发之中的强有力作用为特点(如比利时、加拿大、瑞士,或放宽一点,英国),也有的是以本国的跨国公司在国外大力推行研发为特点(如荷兰、瑞典和英国)。不管是否具有战略性,那些国家的技术扶持政策长期以来一直面对着这种本国支持的有效性与国际化的外来冲击相比较下逐渐增大的差异。在这种背景下,不同的小国家间技术扶持政策的差异相当明显。在比利时或加拿大这样的国家,政策的焦点在于改进基础设施和生活环境,以吸引外国跨国公司对生产和研发的投资。而像荷兰这样的国家,政策的目标是怎样努力使中等的或小型的公司从巨大的本地跨国公司的控制中“解放”出来。后者需要使其对国内的研发的支持赶上欧盟政策规定的较高水平。这些在本国政策上的不同反映出了基本的问题:存在国际性的资源注入

和溢出的情况下，为什么各国都应有一个战略性的扶持技术政策，决策者怎样评价外国公司是“好公民”？新加坡是以一个有力的国家政策吸引跨国公司从事研发和其他技术活动，并使其与当地目标相一致的好例子。

表 14.1　外国掌握的国内的技术与国内掌握的外国技术比较（以1988年研发和1981~1986美国专利为依据）

本土国家	外国公司对研发的资助（占总研发支出的%，1989）	外国公司的美国专利（占本国所有美国专利的%）	国内公司的美国专利（占本国所有美国专利的%）
比利时	无资料	45.7	16.5
法国	13.5	11.8	3.8
德意志联邦共和国	3.0	11.5	8.5
意大利	7.8	11.2	3.0
荷兰	4.4	9.5	73.4
瑞典	2.3	5.4	16.7
瑞士	2.0	12.5	27.8
英国	16.2	22.3	24.5
欧共体/西欧	8.4	7.4	9.3
加拿大	18.8	28.1	12.5
日本	0.1	1.2	0.5
美国	13.7	4.2	4.4

引自：美国，*Science and Engineering Indicators*（1991）；OECD，*Science and Technology Indicators*；Patel & Pavitt（1991）。

最近，这个争论不再局限在这种小国家里，或局限在战后一段时间里由美国和欧洲跨国公司建立和收购的研发实验室里①。在第12章给出的例子说明了这一点。一个更深刻的“全球化战略”倾向（囊括了更广阔的国际交流组合，包括战略联盟，科学和技术信息网络，研发外包）已经出现并快速地发展，尤其

① 这一观点与Patel和Pavitt（1992），及Duysters与Hagedoorn（1993）提出的论据大致相符。

在所谓的三角公司之间①。这个全球化倾向与波特(1990),或巴特尔和帕维特(1991)关于那些正在显现出全球化的公司所具备的竞争优势的强大国家的“本国基础战略”论据并不矛盾。与 14.1 节中所述的一样,事实上正是国内的成功业绩才创造出跨越国界的机会。但是,恰恰在战略性贸易理论方面,这一重点在提出了国际竞争和战后贸易流特征的一些本质的“真实性”的同时,揭露了这些公司新出现的全球化、网络化趋势。这一趋势的出现是由于许多战略同盟中反映出来的公司在市场销售分配、研发及技术来源方面的日益国际化。

切士纳斯(Chesnais,1992)、哈奇多仑(Hagedoorn,1991)和莫厄里(Mowery,1992)深入探讨过的这些“全球化”公司间战略联盟与网络的发展提出了关于战略最终政策讨论的三个明确的问题。

首先,人们可能对这些联盟的性质提出一些疑问。它们是与科技的复杂性、对科技的国际性外包和获取的需求紧密相关的新全球网络经济的一种新的、几乎持久的特征呢,还是一种短暂的特征——作为动态和静态规模经济控制的行业中由少数供应商垄断市场的世界性企业联合出现的第一步呢?

很显然,这个问题的答案不止一个或两个。关于战略联盟的研究资料指出几乎所有为公司间战略合作,主要由技术激发产生的指导思想是高度多样化的。其范围从风险共担的研究到寻找进入外国市场的捷径(Hagedoorn 和 Schakenraad,1992)。目前这种全球化、联盟化、网络化趋势需要一个大得多的世界生产份额,包括了原料供应国的生产;投资(包括无形的投资);对市场销售和其他公司(包括兼并者)暗含知识的接纳。对于这一点的观察不能脱离许多由规模经济控制的行业中日益增长的世界市场中求过于供的趋势而单独进行。

因此,第一个主要的政策争论点是是否需要一个全球的竞争政策,及怎样实现它。若是不参加这一讨论②,显然,限制全球化公司在全世界范围形成卡

① 论据的概述,请参考 Freeman 和 Hagedoorn(1992)。
② 关于该问题的坦率的陈述,请参考 Ostry(1990)。

特尔的超国家形式的国际竞争政策会成为直接削弱政府战略性支持的一个重要理由,即对“外国的”垄断价格的依赖。

第二个主要的争论点,在战略技术政策领域中进行的网络化和全球化的讨论所产生的结果会不会对国际局域化和网络化产生冲击与刺激作用,战略联盟和技术网络真的以大型全球化公司为改进资源配置,获得更多动态创新及提高最实用的技术的传播而提出的国际交换需求为基础的吗?或者它们是由利用不同国内的“战略性”支持政策的愿望所促成的?由此展望,全球性公司转变为“跨国企业”,并在尽可能多的国家中试图将自己作为“良好国内公民”的行为也是本国战略支持计划重要性渐增的结果,这一计划为“本国的”竞争者提供主要的竞争优势(Mowery 和 Rosenberg,1989)。

此外,对这些问题的恰当反应只能由对两个特征的强调组成。大公司的目标逐渐地集中于全球性战略,并寻找一个平衡点,以期在获得全球市场的某些产业特定规模优势的同时,再开发利用不同的具有地域性的消费群和生产要素。大型跨国公司的组织结构和生产技术在面临这些不同时,往往会提供了必要的弹性空间。它在生产单位、市场销售、研究甚至承包商方面的分散化,使它可以尽可能地利用全球的优惠条件,包括能够获得政府资助的科学和技术知识的使用权。同时,这样一个公司厂址的准确选择非常地依赖于其周围环境的情况。然而,地方的选择又常常依赖于当地可提供的技术、知识基础设施和地方政府支持。毫无疑问,公司本身不仅会对地方产出和解决就业有所贡献,而且对长期的发展和地区的技术、培训、获得知识、地方能够提供厂商的专门技能及网络也会有所贡献。那些通常缺乏的要素因此能精确地组合起来,为长期发展带来有利回报。这也解释了为什么地方当局总是极热心地鼓励外国公司在他们的特别行政地区投资和落户。

跨国公司为地方上创造的利益的贡献产生了许多有趣的自相矛盾的政策。在国家的,或超越国家的(例如欧盟)范围中,有人很关切国家的战略支持,特别是技术方面的支持的优惠会流向那些“外国”公司。他们会尝试将这些公司排斥在国家(这里包括了欧盟)提供的战略政策之外。但是,在地方上,人们并不关心这些公司是来自国外还是国内,对公司提供服务的竞争仍然日渐激烈——在上述地方,绝大多数的公司将会是国外的公司。这种竞争常会导致“新”增长点重复产生,并在几乎没有发展能达到某些必要规模的外部环境和动态发展要素的情况下导致科技园或综合技术园大量的产生,它还会使相互作用和通信的成本上升。

第三个关于日益增长的网络化和战略联盟趋势的政策争论点,与围绕战略政策展开的讨论有特别关系,它也涉及那些不属于该网络的公司/国家对技术的使用权。正如前面所指出的,已经证明特别在 20 世纪 80 年代,全球范围的公司在“战略性”技术合作上取得了快速的发展。这首先发生在所谓的三角地区:美国、日本和欧盟的企业之间。人们估计,超过 90%的技术协议与合作都是由美国、日本和欧盟的公司签订的(Hagedoorn 和 Schakenraad,1991;Freeman 和 Hagedoorn,1992)。这种在地理上集中的战略合作网络对处于现存网络外的国家或企业提出了一些重要的问题。由于缺少一个国际性的规章体系,这一技术网络在对技术和投资的使用上可能会有越来越多的不公平现象。这种“排他性”是报酬递增和学习过程的典型特征。由此,需要有一些广泛适用的国际性准则,如关于进入技术网络的互惠原则,也包括 NIC(新兴国家)和发展中国家的问题[①]。

14.5 结束语

“新”贸易理论及随之产生的“新”增长理论[②]又把经济现实主义大量带回

① 这个问题在经济合作与发展组织所谓的 TEP 报告中被特别地强调(OECD,1991)。

② 正因为“新”发展理论里混入了很多在经济历史学家和熊彼特主义的经济学家(见第 13 章)中已用得陈旧的观点,“新”贸易理论在某些方面具有传统性这一点已由 Reinert(1994,1997)适当地分析过了。他指出,早在 1613 年,Antonio Serra 已详细地说明了有关报酬递增和“熊彼特式的重商主义”的理论(Reinert,1997,p.29)。

经济分析：如与由规模经济和不完全竞争控制的工业中企业的运作方式有关的现实主义；消费者消费不同的产品并不断寻求消费品的多样化；国家的发展和贸易并非建立在报酬递减与资源禀赋基础上，而是基于绝对成本和技术“创造”优势，通常是以历史性成长的“外在性”为基础。由此，贸易理论就恢复了面对同世界消费者进行自由贸易获利的重要问题。同时，它也打开了政府干涉可能性的“潘多拉盒子”。政府的干预行动将会涉及发展的良性循环的启动、国际的竞争及技术的积累。

从某种程度来看，这些“新”见解强调了许多企业界人士和国家决策者早已提出的观点，即由于行业间动态发展潜力的不同，在静态相对优势准则下十分有效的国际专业化从长远的角度来看可能并不那么有效。不论如何，在披上了“新战略性”政策的外衣后，这一老套的讨论还是提出了一些重要的东西，即对可能存在的国家政策协调仍具有国际性价格上的意义。从“战略性”行业的实际补贴上看，价格并不重要；而当价格干预导致了报复性的贸易和定价行为（如 1986 年日美间的半导体协议）时，其意义则可能极大，同时使世界消费者的支出增加。

本章强调了战略性政策的另一个国际性特征，即本土的企业（对它们来说“战略性”国家政策可以在“新”发现的理论知识基础之上进行发展）逐渐向全球化发展，并和外国企业一起组成“战略性”同盟。后者可能是战略性外交政策的结果。渐增的全球化趋势提出了许多重要的策略问题，尤其是与政策的执行有关的问题。显然，全球性的、网络化的或跨国的企业正在逐渐地对许多国家性政策的意义产生怀疑。在多数情况下，这些企业可能与本土企业一样只是个“好公民”；但在某些情况下并非如此。政府虽非不可能，也是很难在这里画出一条线，使制定出的国家政策的结果可以全盘接纳或全盘否定“外资”企业。

虽然技术政策再一次被提到多数发达国家的重要议程上，使决策者感到沮丧的是，其政策效力似乎在被削弱。而造成其削弱的正是过去决策者们重视的焦点——大型的、国家的、进行研发的企业。不过这也可能正是技术政策有问题的地方,需要根据众多因素重新定位。要从过多顾及国家优势、领先企业的技术培育撤出,改进为实行中小企业区域性网络化;加强高等教育,培训及基础研究设施;改善地区性制度的建设;等等。这些内容广泛的技术政策是我们的分析所认同的,正日益被当作"国家创新系统"概念而越来越受到重视。

第15章　技术的开发与扩散

15.1　引　　言

如先前几章所述，19世纪欧洲和美国的工业化进程中，“外来”的技术及其在各国之间扩散的重要性已被一致公认，20世纪的日本这方面的作用更加明显。而那些所谓的“新兴工业化国家”的快速工业化的证据使这一重要性日趋突出。这些国家或地区有时也被称为“活跃的亚洲经济体”，如韩国、中国台湾、新加坡，以及新近的中国、马来西亚、泰国和印度尼西亚共和国。发展中国家作为一个集团，在20世纪80年代和90年代的发展速度已大大高于发达国家。如国际货币基金组织（IMF）指出的，发达的经济合作与发展组织国家已不再像50年代和60年代那样代表世界发展的火车头了。可在同时，许多发展中国家，尤其是在非洲的仍然落后，而且国民经济GDP收入增长率低于人口增长率，使实际人均收入减少了。

大多数发展中国家在致力于工业化的过程中遭遇到巨大困难，表明了不能过多地依靠单纯的历史模仿和相对较为简单的机械的发展程序理论。根据第12章陈述的观点，本章将重点讨论隐蔽在发展过程内的技术问题①，目的是探究技术怎样进化和扩散普及，以及在何种情况下才能发生一个“有效的”技术赶超过程。

① 本节的大部分内容以佩蕾斯（Perez）和苏特（Soete，1988）的研究为基础。在此，我们要感谢卡萝塔·佩蕾丝（Carlota Perez）提供给我们的有用的意见和建议。

已有大量专著研究了技术在各个国家之间的扩散和“赶超”,后者已成为经济历史学家关注的热点(例如,Gerschenkron,1962;Landes,1969;Hobsbawm,1968;Rosenberg,1976)。我们不打算在这里评述这些文献,但有足够把握地指出,基于对国家在生产和某一特定技术的应用上的作用进行深入历史研究而发表的著作的结论(特别如,Ames 和 Rosenberg,1963;Habakkuk,1962;von Tunzelmann,1978),同前几章关于以仿效和“赶超”为基础的最新国际贸易与发展模式之间出现了一些“趋同”现象。这种趋同的共同点在于注重过去进行仿效和赶超时的历史的制度结构,其中包括历史偶发事件的作用,“发展的”阻力是经济上的(如自然资源匮乏),也有政治上的,移民(见 Scoville,1951)和其他“细菌携带者”的作用,以及政府的关键性作用(见 Yakushiji,1986;Wade,1990;Lall,1995)。

从这种观点出发,可认为各国发展历程的多样性表明了发展途径的重要性,由于在多个发展的枝叉路口和机会上被“锁定”,使得一些地区被选定而实现工业化。这些地区随后通过有效的经济凝聚方式对其他地区进行竞争性的“排斥”(Arthur,1988)。正是这种与工业化和发展相关联的报酬递增使发展的状况变得如现在这样充满矛盾。原有的资本可用来产生新的资本,同时,必须有一定知识才能吸纳新知识,需要有技术才能获取新技能,所以只有发展到一定水平才能产生可以进一步发展的凝聚成团的经济。总之,就系统动态过程逻辑的某一范围而言,富人将变得更富,对落后者而言差距将被保持并且扩大。

所有的发展政策都必须以一个或多个方法来打破这种恶性循环。其中很多都着眼于通过某种投资和基础设施布局的变化来解决问题,但较少直接关注知识和技能上不足的制约。本章要解决的问题是这些限制是否总是同样地难以克服,或它们的强度是否会随时间有某些增加或减少,由此打开机会的窗口而跳出恶性循环。很明显,技术的全球普及对解决不发达问题在技术上被“锁定”的矛盾提供了极重要的解决方案。这也是前面讨论过的关于新技术对世界贸易局势影响的中心论据。在这里,比较优势可随技术进一步向"欠发达"国家扩散而发生转移。通过运用引进的技术,这些国家可以在低技术含量的成熟产品和产业方面取得一些相对的工业化优势,乍一看来,选择这些产品作为一种突破口的观点可能是能够启动发展及确立经济发展进程的唯一选择。可是(即便暂且抛开所有的技术"混合"和其他因用户主动改变技术的因素),选择从严格的意义上讲技术活力已被利用殆尽的产品,将有踏入低工资、低技能、低增长发展模式的"陷阱"的危险。与简单的"使用"技术相反,技术赶超只有通过取得创造和改进的能力才能获得成功。这意味着他们在经过某一阶段后就能够升级成为新产品或新工艺的仿制者或创新者。那么,这一切将会在何种情况下发生呢?

为了回答这一问题,就技术变革作为一个引发方向和深层结构变化的裂变过程的作用,应该像我们在第一篇所做的讨论那样进行更加深入的理解。那种认为技术变革在全球一直在时多时少地以多种方式持续地支持着传统的发展方式的概念,在此要重新探讨:可以认为发展是一个单向的积累过程,是一场沿着固定跑道进行的比赛,赶超在这里仅仅是个相对速度的问题。可是如佩蕾丝(Perez,1988)特别强调的,速度固然是有关的一个方面,但历史上多的是从另一个新方向发展成功达到赶超的例子。

本章的重点是技术赶超和仿效能够发生的特定条件,并以当今新技术传播推广的最明显的微电子技术的普及作为范例(第7章)。这使我们能从国际经济发展及赶超的角度来考察这些新技术特有的破坏旧传统的特性。

本章从技术扩散模式的一些方法论观点的简单应用开始。接着以通用的术语讨论那些让仿效者进入并有效赶超的条件。本章15.3节,我们讨论了某些有关国际贸易和发展理论分析的意义。最后部分我们讨论了一些政策的作用。虽然第12章讨论的东南亚经济情况与我们在这里的分析很切题,但在此我们并没有具体指明任何特定的国家群体。

15.2 技术扩散及工业增长

传统流行的创新扩散模式同工业增长及经济发展模式在方法论方面有着惊人的相似。其中后者是库兹涅茨(Kuznets,1953)和熊彼特(1934)等人在20世纪30年代引入的。在许多方面,这并不令人吃惊。有关在研究扩散中十分重要的“模仿”和“赶潮流”概念,过去是、现在仍然是涉及经济发展①的较为结构性论述中的重要问题,在那里S形推广模式和许多产业部门的兴起、长期发展和衰落的模式很相似。弗里曼(Freeman)等(1982)曾试图把这两种理论联系起来。确实,大量创新包括扩散期间后继创新的“集聚效应”概念同新工业的快速发展是密切相关的,在极端情况下甚至是使整个经济增长繁荣的重要因素。

以更严格的扩散术语来讲,这可以看作一组相互密切相关的创新群体的推广曲线的“包络线”,它们在一个有限的时间段中产生便能使在扩散早期的经济向更高速发展的方向倾斜。罗斯托(Rostow)的经济阶段发展理论(1960)也有类似扩散模型,它由起飞、快速发展“进入成熟期”和“大规模消费时期”及标准化组成了明显的S形模型。罗斯托形态包含许多假设为新产品而设立的S形发展模式,典型的可在有关市场营销和后来的国际贸易关于“产品生命周期”的文献中看到。60年代中期赫希(Hirsch,1965)也提出过类似论点,他指出某些生产因素的相对重要性怎样在生产周期不同阶段中变化(见第11章,图11.1)。赫希与后来的弗农(Vernon,1966)和另外许多产品生命周期贸易理论的拥护者都举例说明了在产品达到了成熟阶段时这些变化是如何使欠发达

---

① 此处未讨论一些较为正规的经济增长模式。相关内容参见:Dosi 等(1992);Landesmann 和 Goodwin(1994);Silverberg 等(1988);Silverberg 和 Lehnert(1994);Silverberg 以及 Verspagen(1995)和 Soete 及 Turner(1984)。

国家获得了相对优势。

在20世纪60年代的有关发展理论的文献著作中,"依附学派"的,特别是罗斯托的观点,受到了强烈的批评。罗斯托的机械式带自发本性的经济发展秩序的假定,甚至被嘲笑为"无历史概念"。然而有趣的是,对罗斯托的机械性发展模式的批评在新近的技术扩散理论中也找到了反映,它们也批评了"流行的"S形技术扩散模型的"机械的非理论"本性。

最新的有关扩散的著作也为早些时候提到的范围更广泛的产业发展理论增添了许多有趣的见解,第一批关于"标准"的扩散模式的评论已导致"概率单位分析"应用于企业间扩散发展的可选择模式。概率单位分析已成为研究新产品在各成员之间扩散的广受好评的技术①。概率单位模式的主要假设是认为当个人消费者(或公司)的收入(或能力)超过某一临界水平时,将会去选用新产品(或采用新的创新)。这个临界或允入的收入(或规模)水准代表了消费者(公司接受能力)的鉴赏能力,它可与任意数目的个人或经济特征相关。可是随着时间推移,在人们收入增加而又假定收入分布状态不变时,由于模仿、更多及更好的信息、赶潮流效应等,社会的鉴赏品位全盘改变,而使要求的临界收入值降低。

产业发展理论同概率单位模式的关联是不言而喻的。罗斯托的经济发展阶段理论或阿布拉莫维奇的"吸收能力"概念之中,单位资本的"临界"收入概念被直截了当地提了出来。个体的概念被"国家"代替之后,各个国家发展表现的差异就可以解释及预期。考虑到各国承担风险与"进入新的创新"(概率单位模式中消费者品位变化)能力之间及世界上收入不平等的巨大差异,我们对世界范围的工业化进程(传播散扩)之缓慢就不感到奇怪了,许多贫穷国家甚至在工业化"临界收入"水平随时间下落的情况下,仍未能达到起步阶段。

对于标准推广模式的第二个批评是同它的静态本性,以及把扩散降为一

---

① 概率单位模式在经济领域的应用始于 Farrell(1954)和 Tobin(1955)。尽管 Tobin 有关耐用品的例子并非杂志上首次出现的,但其依然是最主要的参考。

个纯粹的由需求激发的现象处理方式有关。梅特卡夫(Metcalfe,1981,1982)更强调了在这个领域内标准模式的局限性。正如许多对“创新过程”详细的研究所指出的,我们有充分理由预期创新及其周围环境都会在扩散过程中发生变化。

当技术进行扩散时,我们可以料想到会发生创新的重大进步。这种新添加的进步可以是自发的,也可是由扩散过程引发的:例如,通过用户的信息反馈,以及面对新用户对创新更广阔的应用要求,这就要求更好地表现和(或)更精确限定的质量特性。当技术扩散和特定用户的要求变得更迫切时,可以预料为了增进创新的运作、质量和可靠性,将会大大地增加“科学知识”的有效使用。

从经济观点出发也可看出,标准扩散模式静态的、着重于需求的本性是有争议的。在由梅特卡夫(1981,1988)加以发展的模式中,新的创新的价值不再是恒定的或沿着一个特定的时间通道演化的,而是由扩散的程式决定的。另外,创新的供应受生产能力限制,而后者的发展速度取决于创新产生的利润率。这一模式也取决于创新者教育培训使用者(用户)的能力(如可见第 7~8 章中的例子)。在一个典型的企业家兼发明家的熊彼特学派的“剧情提要”中,他最初的由垄断利润组成的短期回报由于仿效者的逐渐加剧的竞争而使“创新潜力”耗尽。于此同时,尽管回报给提供创新的人的利润比例下降,可是“相关的价格也降低了,这又增大了采用创新所获的利润”。这使创新能进一步推广。最后,扩散途径也依赖于系统因素,如原料、新型生产设备、元器件等的供应状况。

一旦这些系统性的补给因素的重要性被充分承认,过去对“旧”的已经确立的技术投资会减缓新技术创新扩散的缘由就显而易见了;过去的投资不只是物质资本的投入,还有人力资本,甚至是“智力”资本的投入(此处使用了弗里德里希·李斯特的说法)。已投入被取代技术投资和已有承诺的重要性就在于它们会延缓新技术的扩散,也指出了技术之间竞争现象及技术发展被“锁定”的问题(Arthur,1988a,b)。新技术起初会在不利条件下与现有技术竞争。如罗森伯格(Rosenberg,1976)指出的,19 世纪蒸汽动力的扩散很明显地被一系列已有的水力动力技术的改进所推迟,这就延长了旧技术的寿命。一项技术"死亡"的过程确实很慢,因为使用旧技术的公司已完全收回了投资,所以它们有能力使用削价方式压倒采用新技术的公司。19世纪时帆船与蒸汽轮船竞争是这一过程的一个显著例子,它又被称为"帆船效应"。

15.3 国际性技术扩散和赶超

技术在各国之间扩散以及技术上赶超的潜在意义是十分重大的,至少从方法论的观点来看是这样的。我们当然没有理由不认为大多数新技术首先将在技术最先进的国家兴起。可是,也有充分的理由来预见这些重要新技术在这些国家的扩散将会被前述的各种对新技术竞争(在扩散方面)的不利因素所阻碍。这样,早先投向已有技术的投资,加上管理当局的承诺、熟练的劳动力,还有将老技术调整到更高水平的"发展"研究花费,都可能阻碍新技术的扩散,以至于使新技术在实际生产和投资方面都未受旧技术束缚的国家中扩散反而更加快捷。同时,在扩散时有些对结果十分重要、渐进性的创新,比如来自用户的反馈信息,会使技术优势进一步转向对新技术推广更快速的国家。

德国、法国、美国和一些欧洲小国家19世纪工业化过程为这一观点提供了佐证。当时,英国在世界上占有技术上绝对领先地位,19世纪中叶英国生产的蒸汽发动机超过世界其他国家生产的总量,它在世界制造业出口中占了一半以上,后来其地位颓落的戏剧性变化是这一现象的有力例证。它确切地指出了在赶超现有技术领先者,以"竞争性"价格获取外国技术方面,"后工业化"的重大优势。如我们在第12章所见,近代这一优势变得更明显,如20世纪60~70年代的日本和80年代的韩国。它们通过快速的工业化进程,在一个很短时期内在钢铁、汽车和电子消费产品方面取得了世界"最佳运营"的生产能力,近年来在主要是最初引进的技术基础上计算机也取得不凡成绩。

金江舜(Jang-Sup Shin,1996)说明了韩国在钢铁制造方面的后来者优势,这和格申克龙(1962)描述的欧洲一世纪前的后来者居上有相似之处。然而,这些成功范例的稀少显示了这种有效的技术赶超和蛙跳式跃进是多么“非自发性”和不可预料。从国外引入重要技术加以应用可能作为一种直接的“工业化”捷径而出现。但是国外技术的有效同化实际上是困难而复杂的。这个国家及其国内企业的“吸收能力”将是其中的关键问题[见拉多塞维克(Radosevic,1996)的一个对于企业之间技术转让的更全面的讨论]。

正如佩蕾丝和苏特(1988)所指出的,过去在讨论国际技术传播时的一个重要问题是把扩散的狭义解释“使用”这个词,同有更广泛技术含义的“进入”几乎不加区别地混用。技术赶超说到底意味着对外来技术实行以掌握和改善为目的的有效“使用”。重点应放在技术的获得和同化。对一个正在工业化的国家或其他落后地区而言,这肯定只能通过对外来技术的“使用”才能实现。

扩散理论给我们启示,说明了为什么这类国家之间的技术扩散不能自发进行以及在“接纳”时被耽搁的原因。概率单位模型强调了“阈值水平”的作用,低于这个水平“接纳”就不太可能发生。根据定义,一旦低于这个水准就不会有技术的获得、掌握和赶超,更不用说技术的跨越发展了。当概率单位模型应用于新的消费产品的推广时,由收入水平和消费品位所决定的临界阈值观点就很直观了。然而,在涉及生产技术的推广时,比起使用来,进入这个阈值概念要复杂得多。

15.4 技术进化和进入成本

早期扩散模型的假设之中最不现实的一点就是认为技术的一劳永逸的静态特性。当一个产品或工艺流程首次引进,它不可避免地处在较原始的形式,以后需要不断地渐进性改进。这些改良可以是降低生产成本以及(或)是提高质量、性能、可靠性,或是其他对用户有益及有助于扩大市场的措施。这些改进可以很好地符合纳尔逊和温特(Nelson 和 Winter,1977)的“自然”轨道或多西(1982)的“技术”轨道。在产品生命周期模型中,任何特定的技术从引进到成熟的这类连续渐进性创新路径可以用熟悉的 S 形曲线表示。起初,改进的成效很慢,然后便加速,最后按照渥尔夫(Wolff)的渐进性创新投资回报递减法则,再次缓慢下来。

这就是说,仿效者并不总是进入与创新者“相同”的技术。后来的仿效者也不是在前人技术演化或轨道的同一点切入。所有的改进都需要代价,而且也意味着产生了在创新上又追加了新的知识和经验。这也表明进入成本随时间变化。合理的假设似乎是这个持续增高的成本应是原先的投资加上后继改进的追加投入之和。但是,也不一定都这样。赫希(1965)指出,入门标准的重要性在产品生命周期的各阶段是不相同的。用我们的术语来讲,这就是入门成本的各个部分的相对重要性在变化,产品生命周期各阶段相关技术具有的最低阈值水准也在变化。图 15.1 就表示了产品周期的 4 个阶段的情形。

图中:阶段Ⅰ是最初的引入阶段,其中的焦点就在产品本身。产品必须具有适当的功能并能成功打入市场。对于设计人员、制造工程师、管理部门、工人、营销人员和消费者,这是个学习的阶段。这也是熊彼特喜爱的企业家发挥才能的天地。因为这些牵涉到原始设计和工程,尽管相关的技艺和经验的阈值(E)可能还较低,但是对科学和技术的阈值(E)的下限仍然处在高位。对位置定点的要求(X)是十分关键的,而且对引进是否成功至关紧要。最后,相对于技术带来的成就,初始投资成本(I)如果不总是绝对的至少是相对,很可能还是比较低的。

阶段Ⅱ是市场发展阶段,当产品已基本定型,而且其市场发展能力已受过考验,重点转移到生产程序上。工厂设计变得重要,其不断改良使产品与生产流程达到最佳配置,从而提高了生产量和生产率。选材和产品形状可以变化以降低成本、提高效率或适应市场需求。工厂系统逐步最佳化并选用或定制

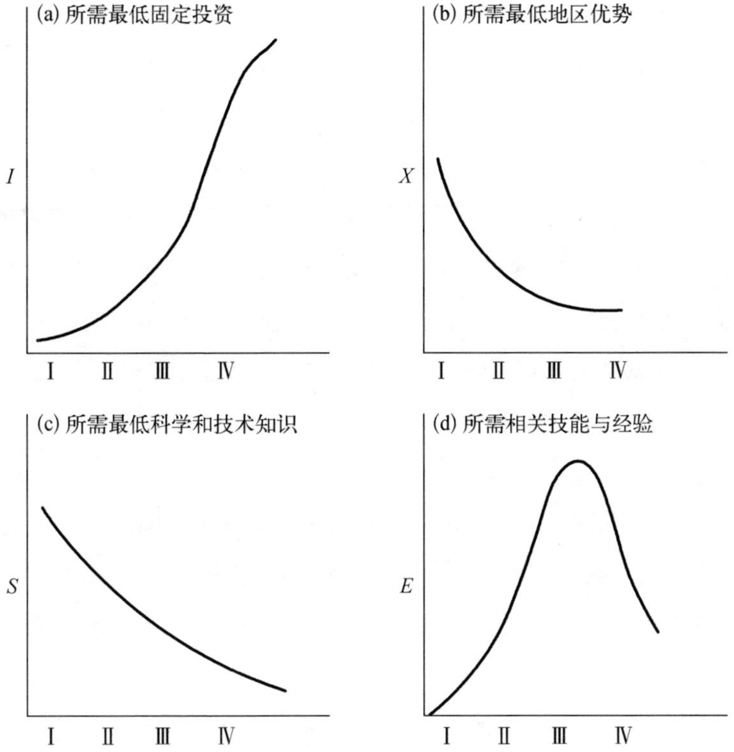

图 15.1　产品生命周期的四阶段

引自：Carlota Perez 和 Soetz(1988)。

了最合适的设备。这些正是生产工程师和市场营销经理施展才华的天地。当科技问题逐步解决，并应用在产品和生产装备上之后，模仿者的阈值便降低了。但生产企业在产品、生产工艺和市场销售方面所积累的经验，又使所需的技能阈值大大增高。进行创新活动时用在生产人员上的开支，使当地的经济和基础设施改善，所以随后来的人员会发现相关的基础条件比早来者更好。为了处理更大的交易额，最佳的工厂规模增大了，需要更先进、更合适的装备，因而当前投资成本也比前期高。

在阶段Ⅲ，所有的主要条件都已明确。大家都知道了市场的规模和发展速度，看清楚从工程学的意义上产品和生产工艺的关系已达到“最佳化”，后继的渐进性创新的方向应是进一步提高生产率。当前重点在于管理企业和获取市场占有率这两点上。这个阶段的特点是工厂和企业都呈比例地增长，而在此过程中许多在前两个阶段成功的公司会被淘汰。在第三阶段中参加竞争所需的实际资本投入和管理技能会是一般难以达到的。所以这不是新参与者加入的时机。进入成本的知识成分（S）这时就相对偏低，而经验（E）和投资（I）则处在最高峰而且还在增长。这时与成功公司累积的市场和金融实力的内在化经济相比，位置优势就变得不那么重要了。最后，回到公司出售技术的价格问题上，在阶段Ⅰ其价格趋向于无限大，原因是公司希望垄断技术信息，而在阶段Ⅲ公司的目标是通过内部积累下来的大量经验，垄断市场，这使价格再次位于高处。

最后，在成熟期——阶段Ⅳ，产品和生产工艺均已标准化。进一步向技术改良投资反而会减少利润。当各个因素被确立和固定后，生产成本上的优势将归属于那些把其中任何因素节省最多的企业或地区。导致在阶段Ⅲ的末期就有一些有地位的公司将它们的工厂迁址。但这也使公司继续注意其他创新，并且将在前几个阶段中获得的技术在商品流通中兑现，也就是说公司愿意以许可证或“关键技术”合同方式定价出售这类成熟技术。如果有相互竞争的供应商时，最终会出现一个买方市场。因此，在技术的最后或者说成熟阶段入门阈值进一步降低，虽然进入的实际成本还比较高。原先的技术知识标准在此时已降低，因为它们已几乎全部体现在产品和设备中了。所需的技能已经文本化并可以合理价格购得，但若无购买方的巨大努力真正掌握仍不能保证实现有效生产。恰当的地区定点优势仍然重要，这牵涉到能否提供引进技术所需的教育基础，以及最要紧的是否拥有消费人群。最后，固定投资成本比阶段Ⅰ高得多，但有经验并知道必需的设备性能和规格的供应商却已有现成的了。

在已定合适条件下，阶段Ⅰ和Ⅳ都为新参与者提供“最易达到”的阈值情况，但却是在完全不同的成本和要求条件状态下。尽管没多少资金和经验，但只要具有科学和技术知识,加上适当的地区优势或辅助的“帮助”,创新者或仿效者就能在早期阶段进入市场。在阶段Ⅳ进入,取决于传统上相对的或地区的优势,它需要相当大的投资和技术收购资金。两个进入点的重要区别在于:阶段Ⅰ的进入不保证竞争中的生存。竞争者在改进的路途中需要更多的追加投资和技术成果。当所涉及的产品在市场里还没有新产品可以取代时,在成熟期进入还是比较安全的。利润则取决于在此阶段有多少新的生产者来争夺市场份额。

于是,产品生命周期贸易理论提出的两点结论都得到了证明,它可以说明以制造成熟传统产品为基础的出口导向型工业化战略的成功,也能解释似乎矛盾的另一些工业发达国家对数码电讯、电子存贮芯片或生物技术产品的早期进入“事件”。另外,后面这种“早期进入”现象,如前面章节已经讨论过的那样,还得到了许多现已工业化国家的许多历史证据的进一步支持。

15.5 技术赶超:从产品生命周期到技术-经济范式

上文中提出和使用的生命周期理论的框架有一个主要的缺点,那就是把所有的产品都设想为相互独立的。每项新产品都被看作一个开创性的创新,对它及其生产流程的后继改进是使它们进一步成熟的渐进性变革,而在此之后,下一个产品将被看成是注定要沿相似进化途经发展的开创性的新起点。可是实际上如在第一篇各章的大部分篇幅中讨论指出的,一项产品是在另一些产品的基础上发展而成的,并且在技术体系上互相联系。每项产品的生命周期是在一个较为广阔的家族中发展,后者又包含在另一更广大的系统之中。

为什么技术系统观念与发展战略的相关性要比单一产品循环更为密切呢?有两个原因可以说明这一点:(1)同一系统中不同产品所要求的知识、技术和经验互相联系、互相支持;(2) 根据系统作出的技术分析,可使我们确定那些具有可缩短学习、赶超时间,并能提供更广阔发展和成长空间的众多系列产品和系列生产工艺。

回到上一节的不同进入阶段,人们发现进入新产品(第Ⅰ阶段)在管理能力和资金方面的要求相对较低。这对正在发展工业化的国家是很理想的,但却有两个条件需要满足:高水平的地域优势及科学技术知识。如果假设政府总体上的安排可以补偿地域和基础设施优势不足的障碍,现在我们来关注一下因科学技术知识出现的问题。

在发达工业国家,如第一篇所指出的,真正的新技术系统不一定起源于那些最强大、最有经验的公司。它们通常是同在先进的大学里学习过专门领域知识的企业家开创的小公司密切相关,正如我们在微电子学和生物技术,或者像亨利·福特(见第6章)这样的新思想中见到的那样。大部分后来为系统成长阶段和随后的产品所需的知识和技能都是由这些有关的公司开发的,在这个过程中这些公司有的发展了,有的被大公司兼并,也有的就此消失了。在早期阶段进入一个技术系统所需的大部分知识实际上是大学里就有的公开知识,可是所需的大多数技能则需在实践中发明。当系统发展了,会产生出一些具有越来越多的不公开性的知识和技巧,公司一般是不愿出售给竞争者的,但逐渐地当系统接近成熟时,知识和技巧又都趋向公共化,或者愿意定价出售。

也就是说,这为优秀的大学人士提供了一个充满机会的窗口,他们可以从这里自主地在早期介入新技术系统中的新产品工作。这样部分地说明了一些在前面谈到过的主要的技术领先国家和公司以外产生的创新实例。这个问题现在转变为:如果进入这个发展系统,仅仅依靠内源的知识和技能是否足以把业务支撑下去。这意味着不但在技术上要保持进取,而且需要不断增加投资。发展不只是指个别产品的成功,而是要在进化中建立起相关的技术系统,由此实现自主持续发展的能力。

如果我们根据弗里曼和佩蕾斯(1988)的分类来看,这一切都会清楚明了:我们所讨论的技术系统又是组成另一更大整体的元素,而这个整体也会按从早期发展到成熟的各阶段顺序随时间变化。这种技术经济范式的“生命周期”是由一套相互关联的技术系统组成的。很明显,正是技术系统间的相互联系产生并传播了广泛流传和具有普遍用途的知识、技能和经验。基于这个观点,现在的变迁期就与技术经济观念的变化趋同,并将会从整体上影响在前期概念下发展和成熟的技术系统。由于新的信息,强化、灵活、系统地以微电子学为基础的观念,在生产系统中扩散,大部分技术系统发生了彻底变化。这里包括夕阳产业的复兴,成熟产品的重新设计,新产品和新产业的出现和发展,基于其他相关知识的新技术系统的兴起和因新需求产生的新产业布局和基础设施等。

它对发展中国家的意义是,在观念的转型期间提供了一个参与新兴产业的短暂机会。一个能说明问题的例子就是:尽管有日、美间激烈的竞争,东亚国家还是参与到微电子领域的竞争中(Hobday,1995)。美国技术向国外转让,主要是到东南亚工业发展中国家,有时原始创新产生刚一年就进行转让,正是这种竞争压力的反映。

这些新兴产业部门竞相打破垄断利润,至少从世界范畴来看要比历史惯例要快而且少受国家控制。跨国生产资本当然更具流动性,许多可察的向国外的技术转让纯粹是跨国公司使其科学技术知识“内部”国际化的需要的反映。

第一个原因是合法地“使用”电子发明和创新所遇到的具体困难当然同这一现象有因果关系(如见关于保护“软件”知识的辩论)。(国际)专利体制未能对电子领域的发明和创新提供有效保护,这使得反对创新保护的创新/专利利润的竞争-仿制及“蜂拥效应”在本国及国际上都快速地大量发生。

第二,微电子学具有与众不同的资源节省优势的特性,故在应用及生产上它更“适应”于大部分半工业化或新兴工业化国家。沿用上一节里的术语,相对许多早期技术而言,这些国家的地区优势是较高的,特别是信息技术的特别的资本节省优势对那些通常短缺资金的国家尤其重要。

第三,微电子学公认的所谓“去技能”(deskilling)效应,对于需要多种专业化(机械和电工)技术的技能有特别重要的影响。这方面熟练技能人手的缺乏,在当前许多部分或新兴工业化国家已成为阻碍发展的人力资源“瓶颈”。而“错误”的技术和“不相干”的经验积累对技术创新所造成的瓶颈障碍和对扩散的阻碍效应,对发达国家的影响要远大于许多发展中国家。

尽管如此,微电子学领域中技术赶超潜力仍然受限于前面提到的多变的阈值水平和进入成本因素的制约。地区与基础设施的优势不是凭空得到的,而是需要国家在科技人才和技术方面投入一定努力才能取得。它们是综合了以往的发展历史、自然资源及社会、文化、政治各方面因素后得到的结果。根据新观念的不同性质,每个国家中上述因素的综合结果可以是非常好、令人满意,也可以糟糕,甚至是毫无希望的。此外,要想利用新的机会和良好的环境,就必须具备识别机会的能力。同时,还需要能力和创造力来设计出适当的战略、社会条件和严格按此执行的政治信念。

任何一个国家所能获得的真正的发展机遇到底是大还是小,依赖于上述所有因素,但它们同样也受国际上社会体制结构的最终形态的影响。我们的主要观点是,当前的时期已经是,而且将继续是,特别有利于我们进行跨越式发展(而且不论其规模如何都是有可能)的时代。这就要求我们从新机遇的角度重新评估每个国家的现状。

15.6 结束语:对增强自身能力的需要

本章的讨论显示了赶超过程中知识传播的重要作用。我们将以对研发和科技服务(STS)的意义的说明来结束这一章。

对于外国技术的引进,经常是从两个不切实际的极端来进行讨论的。一方面,一个国家想要在科学技术方面达到完全的自主,想要力争使其在研究和开发的各方面均做到独立所需付出代价之巨可以说是灾难性的。除了最有实力的超级大国外没有人能做到这一点,对于发展中国家的决策者来说,国际性技术转让具有重大意义。每个国家都准备尽可能多地从世界科学技术的国际交流和劳动分工中获益。

另一方面,科学技术劳动力在全世界的分布是非常不均匀的,它使许多地区被剥夺了自主的科学能力。这一点同样难以让人接受。即使从最狭义的经济基础来看,这也都是十分不利的,只有那些从未实际接触过技术转让问题的人才会赞成这一做法。今天即使只是仿效模仿先进技术,若要有效地掌握运用仍需要一定的独立自主研发能力,甚至只是为了吸纳研发成果也仍是必要的。

不仅农业,制造业的地区差别也很大,单纯的“照抄”是行不通的。因此在许多国家,接受外来技术的能力必须具备必要的独立、土生土长的科学基础。为了解决林林总总的地区问题(诸如土地、原材料、环境、技能和气候等),一个国家自身的基础必须发展并壮大。当然,多种多样的其他科学和技术服务,比如信息服务、咨询服务、地质勘测、项目规划、测试设备和组织培训,也像研发一样不可缺少。在相当长一段时间内,科学和技术服务会比研发为工程师和科学家提供更多的工作机会。

对经济和技术基础合适的东西,在文化和政治领域会更适用。为引进吸收国外研究成果和技术成就需要建立一定的科学和技术能力,毫无疑问花费要比超级大国或一些西欧国家要少得多。显然,国家的大小在这个问题上是一个很重要的基础,它还影响到这个国家必需的专业化程度。世界上大多数国家,不可避免地会发生对引进技术的高度依赖。这一状况的经济后果可能不会太严重,但在文化和政治上却相反。有人因而会预料那些较小国家和发展中国家会更加重视均衡取得世界科学和技术的国际渠道。建立更为昂贵的“自主的”研发体系的做法是对来源阻断的潜在危险的防卫性反应。只有增加相互信任和开展诚实可信的国际政策,科学和技术的国际性分工才有可能更加公平、更加互利。总之,这样的分工在原则上必须以所有的国家都有义务增加世界知识储备,也有权从中获益为基础(见第16章)。

这里的含义对技术和跨国合作都是复杂的,但对基础科学则相对清楚一点。基础研究最大的意义在于,它为建立一个大范围的科学和技术服务提供了多用途的通用知识基础。每个国家无一例外地都需要这样一个基础,即使其规模很小。没有这一基础,一个国家就不能拥有长期独立的文化、经济或政治的发展。科学技术世界政策的主要目的之一即应该是,在所有的发展中国家里建立和维持本土的科学能力。加拿大国际发展研究中心在向世界科学重新定方向和帮助这方面的政策上起了重要作用(IDRC,1972),因此后来有许多机构与基金会追随它的做法。不幸的是,其主张的对投资项目和自主性科学和技术强化工作的"援助"总额在20世纪90年代被大量削减了。第四篇将会把在这里开了个头的关于政策的讨论进行下去,并从一个国家及全球范围的基础科学研究政策开始。

评论、综述和主要参考书目

Antonelli, C. (1995), *The Economics of Localised Technological Change and Industrial Dynamics*, Dordrecht, Kluwer.

Archibugi, D. and Michie, J. (eds) (1997), *Technology, Globalisation and Economic Performance*, Cambridge, Cambridge University Press.

Cantwell, J. (1995), 'The globalisation of technology: what remains of the product cycle model?', *Cambridge Journal of Economics*, vol. 19, pp. 155~74.

Cappeleu, A. and Fagerberg, J. (1996), *East Asian Growth: A Critical Assessment*, Oslo, NUPI.

de la Mothe, J. and Paquet, G. (eds) (1996), *Evolutionary Economics and the New International Political Economy*, London, Cassell.

Dore, R. (1987), *Taking Japan Seriously: A Confucian Perspective on Leading Economic Issues*, London, Athlone Press.

Dosi, G., Pavitt, K. and Soete, L. (1990), *The Economics of Technical Change and International Trade*, Brighton, Wheatsheaf.

Fagerberg, J. (1987), 'A technology gap approach to why growth rates differ', *Research Policy*, vol. 16, no. 2, pp. 87~99.

Fagerberg, J. (1995), *Convergence or Divergence: The Impact of Technology*, Working Paper no. 524, Oslo, NUPI.

Fagerberg, J., Verspagen, B. and von Tunzelmann, N. (eds) (1994), *The Dynamics of Technology, Trade and Growth*, Aldershot, Elgar.

Freeman, C. (1991), 'Networks of innovators, a synthesis of research issues', *Research Policy*, vol. 20, no. 5, pp. 499~514.

Hagedoom, J. and Schakenraad, J. (1990), 'Strategic partnering and technological cooperation', in Freeman, C. and Soete, L. (eds) *New Explorations in the Economics of Technical Change*, London, Pinter.

Hobday, M. (1995), *Innovation in East Asia: The Challenge to Japan*, Aldershot, Elgar.

Jang-Sup Shin (1996), *The Economics of Late-comers, Catching-up, Technology Transfer and Institutions in Germany, Japan and S. Korea*, London, Routledge.

Kaplinsky, R. (1990), *The Economies of Small: Appropriate Technology in a Changing World*, London, IT Publications.

Krugman, P. (1995), 'Technological change in international trade', in Stoneman, P. (ed.) *Handbook of the Economics of Innovation and Technological*

Change, Oxford, Blackwell.

Lazonick, W. (1991), *Business Organisation and the Myth of the Market Economy*, Cambridge, Cambridge University Press.

Lundvall, B.-Å. (ed.) (1992), *The National System of Innovation*, London, Pinter.

Maddison, A. (1982), *Phases of Capitalist Growth*, Oxford, Oxford University Press.

Mjeset, L. (1992), *The Irish Economy in a Comparative International Perspective*, Dublin, National Economic and Social Council.

Narula, R. (1996), *Multinational Investment and Economic Structure*, London, Routledge.

Nelson, R. (1996), *The Sources of Economic Growth*, Cambridge, MA, Harvard University Press.

Nelson, R. (ed.) (1993), *National Innovation Systems: A Comparative Analysis*, New York, Oxford University Press.

Niosi, J. (ed.) (1991), *Technology and National Competitiveness: Oligopoly, Technological Innovation and International Competition*, Montreal, McGill University Press.

Perez, C. (1988), 'New technologies and development', in Freeman C. and Lundvall, B-Å. (eds.), *Small Countries Facing the Technological Revolution*, London, Pinter, pp. 85~97.

Reinert, E. (1994), 'Symptoms and causes of poverty: underdevelopment in a Schumpeterian system', *Forum for Development Studies*, nos. 1－2, pp. 71~109.

Reinert, E. (1997), 'The role of the State in economic growth', *Working Paper 1997－5*, Centre for Development and Environment, University of Oslo.

Ruigrok, W. and van Tulder, R. (1995), *The Logic of International Restructuring*, London, Routledge.

Scott, M. F. (1989), *A New View of Economic Growth*, Oxford, Clarendon Press.

Soete, L. (1989), 'The impact of technological innovation on international trade patterns: the evidence reconsidered', *Research Policy*, vol. 16, nos. 2-4, pp. 101~30.

Strange, S. (1988), *States and Markets*, New York, Blackwell.

Vernon, R. (1966), 'International investment and international trade in the product cycle', *Quarterly Journal of Economics*, vol. 80, pp. 190~207.

Verspagen, B. (1993), *Uneven Growth between Interdependent Economies: An Evolutionary View on Technology Gaps, Trade and Growth*, Aldershot, Avebury.

Verspagen, B. (1992), 'Endogenous innovations in neo-classical growth models: a survey', *Journal of Macro-Economics*, vol. 14, no. 4, pp. 631~62.

Wade, R. (1990), *Governing the Market: Economic Theory and the Role of Government in East Asian Industrialisation*, Princeton, Princeton University Press.

第四篇

CHAPTER FOUR

创新与公共政策

绪　言

本书第三篇指出国家环境或“国家创新系统”以多种方式影响企业的创新活动。国家系统的区别对解释过去两个世纪里各国增长速度的差异极为重要。第14章和第15章特别指出全球国际环境对企业的业务行为的影响正在增大。就是在世界经济最发达的大国里，世界的科学和技术也越来越大地影响着所有的大大小小企业的创新活动。一个国家的政策也严重地受国际环境的制约。战争和冷战时期是如此，而对于主要由经济目的或社会目标决定的政策也仍是这样。

在这最后一篇里，阐述了关于科学、技术和创新的国家政策，第16章从历史的角度纵观了国家对研发投资的主要历程，以及第二次世界大战以来相关的活动。我们不可能讨论这个复杂题材的全部，只能把范围限制在几个关键性的主题上。我们并不深入讨论军工科研和军事创新及其管理，可是我们的讨论肯定指出了它们在半个世纪，特别是战后早期的极其重大的作用。我们努力指明军工研发系统对民用科研强大的影响，不但在大国而且在许多较小的国家都是如此。

同样，我们也不可能讨论多种多样的各个国家的采购制度和补贴办法，我们把注意力集中于工业化国家共同的主要趋势。第三篇谈到多样性的重要，本篇说明近50年呈现出强烈的政策趋同现象。这种趋同效应部分是由于科学和技术固有的普适性，但也部分是因为全球经济竞争迫使国家留意竞争对手的行为并采用看上去更成功的技术。追赶潮流也是部分的原因。

可是在20世纪40年代和50年代大国以军事目标为主，到了60年代和70

年代经济政策目标,如发展提高生产率,开始处于优先地位,即使对那些承担大量军事义务的大国也是如此的。

国际组织,特别是经济合作与发展组织为讨论一些重要的政策问题进行分析和辩论提供了论坛。简略的历史性小结指出,在20世纪70年代已达成共识,必须实行变革把创新政策置于优先地位。虽然在50年代和60年代各国都普遍实行对军工和民用科研项目给以补贴的做法,这种补贴的价值现在大受质疑,经济学家一般认为支持创新的政府开支主要应用于4个方面:

(1) 基础研究,主要在大学。

(2) 一般有通用性的技术及其推广普及,特别是信息和通信技术。

(3) 组织结构不利于有效地在企业范围内发挥研发效果的行业。农业是其中的典型,但对中小企业(SME)的技术咨询和研究服务是被广泛宣传和贯彻执行了的。

(4) 计量标准检测系统(STS)的基础结构投资,如计量标准服务数据库和其他信息服务。

第16章陈述了国家支持基础研究的主要经济学论据,这些在20世纪下半叶已几乎被普遍接受,并且引入了同样的用以证明国家支持一般通用性技术政策合理性的论点。80年代和90年代国家在这方面补贴支出主要用于促进信息和通信技术的发展和推广。这项技术对全世界经济产生了奇特的影响,所以应该着重讨论,而它对就业的作用,已特别成为公众辩论的焦点。所以我们专门以第17章全部来讨论信息和通信技术、就业以及“信息社会”的有关问题。

在第18章我们回过来讨论我们面对的21世纪和新的千年应采取的更广泛的国家政策问题。没有人能准确地预言未来,但我们持何种环境政策这个问题却很可能在下个50年具有压倒一切的重要性。我们主张对科学和技术政策要采取全新的观点,在被称为“马斯特里赫特宣言”(Soete和Arundel,1993)的建议中就提出了一个系统的观点。

最后在结尾的第 19 章中,我们讨论了技术政策的政治和社会内涵。“技术评估”有过一个波折变动的历史;原来的“技术评估局”(OTA)在美国被关闭了。但在另几个欧洲国家的技术评估却朝着另一方向发展。特别是荷兰的“建设性技术评估”提供了新的有独创性的途径。我们强调,技术政策不论采取何种形式都需要持续和建设性的评估,其中必须包括从政治、社会和道德以及从经济角度的全面评价。

第 16 章　关于科学、技术和创新的公共政策

16.1　引　言

如我们在第三篇所见，大多数国家对基础研究都给以实质性支持，即便是那些欠发达国家，它们在关注将国外已有技术引进、仿制、吸收及改进的同时，也支持在大学和国立实验室做少许研究工作，还派一些研究生赴国外上学和进修，以获取入门知识和一定深度的学识。这样随着设施进步和标准提高，这些国家的科学体系对世界科学已能作出更大的贡献，但是世界科学出版物似乎仍被少数国家所控制（表 16.1）。

早在产业革命以前，基础科学研究为了取得国家政府的支持就已采取了功利主义的观点。雅各布·施穆克勒（Jacob Schmookler，1965）在他的文章《基础科学的灾难与功利主义》中指出，在支持科学的作用方面，“文化”的观点远不及军备竞赛及经济效益的作用。尽管个人和社会都受好奇心和追求知识的愿望所驱使，但涉及国家基金和经费时，功利的动机却会压倒一切。这并不是要贬低或诽谤那些富有的赞助人说他们对科学的支持不如对音乐和艺术那样真诚执着，也不是否认许多教育学家的观点，他们认为科学应该作为人类文化遗产的核心纳入每个中学及大学的课程。这仅仅是说明这些为施穆克勒指出的功利动机对科学的推动效果要超过仅仅为追求增长知识的一般表现。

表 16.1　在世界科学出版物中所占份额		
	1983	1993
欧洲联盟	26.8	29.6
欧洲自由联盟(EFTA)	4.5	4.6
欧洲经济联盟协定(CEE)	10.8	4.8
北大西洋自由贸易区(NAFTA)	40.9	40.6
日本	6.9	8.2
DAE	0.3	1.6
其他亚洲国家	3.0	3.7
澳大利亚/新西兰	2.8	2.8
其他美洲国家	0.9	1.1
其他国家	3.1	3.0

引自：OST 根据国际标准工业数据(ISI date)。

在本章我们要指出,前面已谈到过的第二次世界大战之中及战后科学带来了巨大的军事和经济效益,许多国家因此几十倍地加大对科学的投入,使之进入了被称为“大科学”的阶段(Price,1963)。

本章先研究投向基础研究的国家基金,然后转过来讨论有点争议的其他类型的研发国家经费。这又引发了更广泛的科学和技术孰为领先的争论,因为这会在研发及别的科学和技术活动经费排名顺序上看出来。我们简略回顾了这半个世纪排列次序的变化,也谈到了以后的半个世纪可能的排列情况。本书没有详谈在基础科学的多个项目中选择的具体方法,因为超越了本书讨论创新的范围。有兴趣的读者请参阅 Irvine 和 Martin(1984)及 Martin 和 Irvine(1989)的有关著述。

16.2　研究的公共资助

第一位坚定并明确主张一个国家的科学技术政策应该建立在国家政府大

力支持科学研究基础之上的是弗朗西斯·培根(Francis Bacon,1627)。他在《新理想国》(*The New Atlantis*)一书中提出要建立一个主要的研究机构——所罗门之家(Salomon's House),运用全世界的科学考察和发现的成果建立起“了解事物运动的原因和秘密的知识”。培根在他已有的作品之外还写了莎士比亚戏剧的传说是不太可信的,但是培根在 17 世纪早期是很有名的政治家,他的著作很有影响。也许就是培根和牛顿这两位名人帮助英国在 17 世纪和 18 世纪建立起高度尊重科学的政治氛围。英国皇家学会从 1662 年起对于航行探险、捕获和其他冒险给以的科学捐款,同我们在 20 世纪已经变得习惯的资助相比,当然是个小数目,可是作为最高级别的社会和国家的认同仍然有重要的意义。尽管一些意大利的市政府更早就提供了很慷慨的支持,但文化、宗教及政治方面的问题阻碍了在意大利发展出一种类似英国在 18 世纪那样,特别有利于工业革命的科学文化(Jacob,1988)。应该说明的是,在那时还没有在基础和应用研究之间划定明确界限的做法。

在 19 世纪最后 10 年之前,用于支持科学学会、科学共同体和大学研究的经费总额非常小。政府只花少量的钱给军备研究,通常是给公营军火厂,以及少数管理计量的部门。虽则总量不大,但在当时战略影响却不小。例如,军械和兵工厂通常在金属加工工艺上居领先地位,海军造船厂在整个船舶制造业内十分重要(Reinert,1993;Modelski 和 Thompson,1993)。如我们在第 3 章和第 6 章所见,斯普林菲尔德(Springfield)兵工厂在零件互换性工艺方面领先,其中弗里德里克·泰勒早期的合金钢方面工作是由美国海军资助的。由贝里达(Beretta)拥有的意大利军工厂被历史学家描述成“世界上最古老的工业王朝”(Jaikumar,1988),把许多新技术引入了意大利。莫德斯莱(Maudslay)早期在 1800~1810 年间为皇家海军和伍维西(Woolwich)兵工厂在机床方面做了不少工作。特别是为朴茨茅斯(Portsmouth)滑轮工厂制造的 22 种 45 台机器可以每年生产 13 万只船用滑轮架——超过了整个海军的全部需求。这是第一家使用机器进行批量生产的大规模生产厂,甚至比第 6 章的“美国生产体系”还要早(Corry,1990)。

至19世纪末,随着新兴化学和电气技术的兴起,各国政府也扩大了它们的科学和技术活动的范围。为了支持民用科研政府建立起制订和规范工业标准(计量学)的实验室,比如美国国家标准局、德国物理和技术研究所及英国国家物理实验室,它们在研究及制订计量标准方面发挥了重要作用,同时也建立一些别的公立实验室。

第一次世界大战使许多国家对科学研究和开发增加了政府方面的支持,如英国在1915年建立了科学和工业研究部(DSIR)(McLeod和Andrews,1970;Andrews和Poole,1972)。这个部门管理许多政府实验室和资助大学研究,支持民用科学直到60年代。许多国家也这么做,不过那是在第二次世界大战和后来的冷战时代,这引发了政府对研发最大的支持浪潮。对一些大项目采用大规模的支持方式,其中最出名的是设计和制造核武器的"曼哈顿计划"。接着许多国家建立起大型研究所从事核能的军事科研及和平利用。这并不是唯一的"大科学"实验室;还有别的一些,特别是军用的,以及空间探索方面的。但是在相当长时期内,有些政府开始增加对"小科学"的投入,就是大量的由研究小组、研究人员个人或研究生进行的研究项目。第二次世界大战后,这类(主要是大学的)研究活动在许多国家同大科学一样获得相当慷慨增加的研究经费。大科学本身实在也不是从第二次世界大战或者曼哈顿计划才开始,而是在20世纪30年代就有的。那时尽管农业部用在研究的开销比国防部多(那种日子还会回来吗?),"小科学"稳占头筹,但第一个大科学的实验室确实是在第二次世界大战前就出现了。其中最重要的无疑是加州大学伯克利分校的劳仑斯(Lawrence)实验室(Galison和Hevly,1992)。

第二次世界大战时及战后大科学的主要特点都已在30年代的这个实验室呈现了,其中有:等级制的组织、管理结构及委员会;基础科学与技术和工程(经常是不同学科的)之间强烈的相互渗透;复杂的外界工业和政府经费资助,以及因大型设备、巨额经费和科学成就在当地及全国的影响和威望。就放射学研究所而言，还存在着该所领导人独断独行的问题，这在后来的有一些、但绝非全部的大科学项目里都出现过。可无论是专制独裁，还是官僚主义或是民主，对年轻科学家来说在工作环境和事业前途上，进大科学研究所同进传统的大学里的小科学是大不相同的。吸引力明摆在那里，在 20 世纪 30 年代这个研究所的工作人员之中近 1/4 有自己的资助来源（博士生以及博士后），研究所经费中州里给 20%，本系统经费 25%，其他额外的资金占 27%。

额外的资金对贵重设备特别重要，而从经济及管理的角度来看这些设备正是大科学的主要特征。在伯克利研究所，洛克菲勒基金会以及联邦政府提供了主要份额，私人及公司也有一部分奉献。所以第二次世界大战和朝鲜战争发挥的重要作用并不是让政府开始对科学花钱，而只是使政府部门养成了给许多中心定期支付大笔科研经费的习惯。

应当讲这样巨额的科研开支并非是不受挑战地一直增加的。在许多国家，科研经费经受住了经费削减的磨炼，增长的势头一直保持到 20 世纪 80 年代，那是多个因素综合的结果。毫无疑问最主要的是许多国家，特别是超级大国军事部门的支持。核弹及雷达是让人们，甚至最持怀疑态度的人，也信服现代武器严重地依赖科学，特别是物理的事例。前几个世纪军队有时对新武器持保守态度，但第二次世界大战后军方不仅欢迎新武器项目，而且支持大学和政府研究所中他们觉得可作为新军事技术基础的基础研究。因而美国空军、海军科研局及其他军事部门在 50 年代及 60 年代是美国基础研究的主要资助者。他们的支持意味着，科学界寻求更多投资的呼吁比起战前来要获得好得多的回应。

在苏联和东欧国家，科学院研究所（从事基础研究）和军事-工业复合体的联系更紧密，国家对基础研究的投入增加很快，但不像西欧和美国那样集中在大学里。

从经济学角度赞同以国家资金支持研究的观点广义上讲早就不乏相当高明的观点了，但直到第二次世界大战后不久还没有深入全面的阐述。理查德·纳尔逊(1959)和凯恩斯·阿罗(1962)的两篇经典性著作使大多数经济学家,包括那些对国家支出最持怀疑态度的,也能同意用国家的钱来支持基础研究。他们这样做的主要依据是如果完全让市场资金来支持基础研究,私人在这方面的投入就会低于经济和社会所需的水准。基础研究实际上还没有明确定义;但是研究人员却的确不知道谁能从成果中受益。所以公司企业也不会给基础研究过多资助,因为他们无法预知哪个行业或公司能从这些投资中获得回报(详见第10章)。

这种迟疑的姿态更因基础研究经常有很长的研究期而加强。如我们在第10章所见,公司企业对研发投资往往持中、短期观点。他们希望在几年内、至多10年就有回报,在这方面作决定时有很强的基于现金贴现计算方式的影响。因而没有几个公司会认为值得资助那种要花20~30年还不知道能得到什么结果的研究。

这种认为公司不太会给基础研究太多资助的观点,如我们在第一篇及第二篇所见一般的是基于经验性的根据之上的。可以肯定的是确实有工业长期支持基础研究的例子。其中有些像贝尔实验室这样的案例(第7章),但只适合于电讯行业中这种具特别规模的企业。自20世纪90年代AT&T缩小规模及改组之后,基础研究经费就大大减少了。在另外几个案例,化学工业中的特大公司,如拜尔、赫斯特、巴斯夫、ICI和杜邦(第5章),都愿意支持"定向"的基础研究,因为它们可牵带出多种产品系列使公司得到有利的成果。还有如我们在第三篇中见到的,另外一些公司是为了能获取和理解别处进行的科研成果,或者是为能招募到优秀的科学家而不得不做一些基础研究。在许多国家实地考察的结果都表明,各行业的公司为了成功地创新都必须持续地同大学的科研保持接触或者参与其中[可参见Senker和Faulkner(1994),Faulkner等(1995),Mansfield等(1977),Mansfield(1980)]。

工业界也进一步支持国家拨款资助基础研究,有报告指出,聘用那些掌握先进科研设备以及大学科研新近开发出的数学和计算机技术知识的研究生经常同基础研究成果本身一样重要，或者更加重要些（Pavitt，1990）。长期基础研究效益的最明显（以及未预料到）的例子是生物学，它在几十年里一直是自然科学中默默无闻的灰姑娘。从克里格（Crick）和华生（Watson）起，生物学研究成果引发起生物技术极迅速发展，并带来了无限的可能应用前景。面对这种始料未及的发展，化学行业的公司只得赶快弄懂这些各种各样的技术，并且吸收大学科研的成果。其中就包括雇用大量大学的生物学家做顾问，聘用他们参加工业科研开发，或者资助大学院系里的研究工作（Faulkner，1986；Sharp，1991；Martin 和 Thomas，1996）。

最后，国家及公众支持基础和应用研究的社会效益是远超企业的竞争收益及经济成长的。对公众健康和环境的研究就是个明显的例子。帕维特（Pavitt，1996）指出私人企业多半不会资助环境基础科学、肿瘤及吸烟危害的早期研究，也更不肯或不能给臭氧层空洞或火星上生物的研究给予经济资助。我们可能会弄不懂天文学和核子物理学研究的成果，也不清楚这些研究设备的运转费用为什么很贵，可是从整个社会来看，会认为纵然私人公司不肯在这上面投资，这笔钱还是值得花的。

这种认为从基础研究自然会成长出丰硕成果，故应投入大量国家公众资金的观点在 20 世纪 60 年代和 70 年代从未受到质疑，但后来还是受到米尔顿·弗瑞德曼（Milton Friedman）以及最近一位科学家德伦斯·凯雷（Terence Kealey，1996）的攻击。凯雷在“科学研究的定律”中，像他以前的多位持同样观点者一样地指出，所谓的科研的“线性模式”是谬误的，可是当大多数历史学家、工程师和社会科学家觉得应该改用“相互作用”模式以阐明基础研究、应用研究、开发、生产和市场之间强烈的相互作用时，凯雷却认为基础研究应排在最后。只有当社会非常富裕时才会有钱供养得起基础研究。他从自己搜集来的历史证据中推导出“反向的”线性模式，可是却受到历史学家强烈的质疑（如 David，1997）。

凯雷提出的政策是应该撤销一切对基础研究的国家投入。他认为应该用增加来自私有企业、私人投资和私人基金的投入以取代国家经费。这个观点好处在于提出了一个多元化的经费供应方式,这要比单一来源要好。

由于基础研究的不确定性,作抉择时的主观性及思想意识方面的因素等原因,能够有几个可供选择的经费来源自然是比较理想的。但是若要完全停止国家经费的供给,从长期观点看在大多数国家会造成灾难性后果,况且私人经费也无法弥补国家经费留下的空缺。这并不是说国家经费所有的使用决定都是正确的。正相反,有许多证据指出相当数量的钱没有用好(有些私人研究也是这样)。下一节将要讨论国家对科学和技术投资的另一些领域,也要给出一些投放得不好的例子。

16.3 对工业科研的公共投资

在第一篇我们分析了自产业革命以来技术变化的主要特点。可是即使在第二篇~第三篇的实际统计数据资料中,确实有些重要的工业部分被遗漏了。这主要在下面两类:

(1) 一些高度强调研究型工业,如航空和核武器,在科研和采购方面严重依赖政府。

(2) 许多不太强调研究的民用消费行业,如服装、家具、食品、耐用消费品、建筑业、商品销售业、金融和服务业。

本书大多数观点是同整个工业都有关的。如第 9 章的企业规模和第 10 章的项目评估方法对食品行业及电子和化学行业是一样的。但在以上两类行业出现了一些尚未讨论过的情况。这些都是国家政策方面的问题。

美国、英国和法国在第二次世界大战后大部分时间中,对航空工业的科研投资都超过总的研发经费的 1/4。尽管开发工作由工业界负责做,但花的钱中极大部分是国家的经费。在 20 世纪 60 年代认识到把发展新型军用飞机放在这样高度优先地位，已经没有必要或不再合适了，但是接着又执行了增加国家资金投向民用飞机的计划。虽然在某些情况下，就文明、经济和社会效益，特别像降低航空旅行费用和减少使人不舒服的噪声方面而言，这样做是有点道理的。但是没有证据表示超音速飞机（SST）能够证明其经济和社会效益；制造商也没承诺要负担主要的开发成本。没有哪个私人投资者会冒这个险，但是英国和法国把国家对民用科研经费之中相当高的比例在60年代给了协和与另几个飞机项目。到70年代还以较小规模拖延了一段时间，直到协和飞机项目结束才停止。

这并不是说国家对包括飞机在内的民用和工业科研给以经费支持的原则是错的。从经济这个小范围来讲可以证明它是行得通的，但就是没有理由证明支持优先权就应该给航空工业，而不该给铁路、通信业、计算机工业或机床等行业。即便综合考虑社会和环境的耗费及效益，它们也是强有力的竞争者，如把技术向其他工业衍生的效果也计算在内的话就更是如此了。的确，高级节能的陆地交通系统除了可以为乘客带来直接的利益外，其技术的衍生效果很可能比航空客运大得多。但是对交通或通信需求慎重的评估显然比不上由习惯、院外活动集团及有关的军方和威望等因素造成的对航空工业的偏爱，所以结论总是使科研经费对航空业优惠。这肯定不是由先进的项目评估方法得到的结果。

艾达斯（Eads）和纳尔逊（Nelson，1971）讨论美国的经验时指出，在一些民用技术方面，如超音速飞机和核反应堆方面，同军方竞争搞“撞车”的工程计划的做法是错误的，结果是严重地浪费了资源。政府的开支虽然是很重要的，但应该集中供给应用研究和早期的试验性开发工作。而国家实验室和国家财政经费最起作用的领域是在基础研究和启动技术方面。当开发工作进入了可直接导致产品或系统的商品化的阶段时，如让企业负责这项工作，并由公司承担全部或大部分费用就能避免许多浪费。很明白的就是如果让政府作为公司开发费用的主要津贴方，危险性是很大的。但若确实要提供政府津贴时，事先必须经过国家和公众彻底的讨论审核。

不管您是否同意加尔布雷斯(Galbraith)的“新工业国”的基本观念或是本书第一篇~第二篇的论点,都很难否认军事-工业联合体是一个现实存在,它对许多公司的行为,至少在几个行业之中,有很大影响。现代技术的规模和复杂性在军用飞机、导弹和核武器的研究、设计和开发方面都已发挥到其极限。政府大规模地介入及军火市场的特性,使得制订科研政策选择项目过程成为全国范围的公开的政治生活内容。在这类抉择的过程中,国会的“院外活动集团”和“走廊游说者”的作用要比对投资回报计算更加重要。其实这种计算通常也纯属是让这种政治操作变成一个看上去有理由的运作的把戏而已。显然,非经济性的国家政治在决定军事和民用航空工业,以及一些同飞机密切相关的工业的创新发展项目上,起了主导作用(Peck 和 Scherer,1962;Peck,1968)。

这些对给予飞机和核物理研发国家津贴的批评,还好,并没有让支持企业开发工作或应用研究的方针一同跟着受挫。

按德仑斯·凯雷(Terence Kealey)的做法,那会把婴儿连同洗澡水一同泼掉。以农业科研为例,国家资助企业的应用研究和开发,肯定会给国家带来利益,这也会使消费者及生产者都受益。

在这个例子中,农业这个行业结构使几乎每个国家都深深介入农业科研。家庭农场规模太小无力承受自己搞科研的费用,他们大都也不具备相应的科学知识。有鉴于此,以及食品生产的战略重要性,政府对大部分应用农业研究给以资助。事实上,这是从 19 世纪 60 年代至 20 世纪 60 年代技术改变美国经济的一个最成功的例子。现在情况有些变化,农场兼并成大农场(农业公司),有些已有能力自己搞科研,随着基因工程的引入,化学公司也越来越多地参与进来。

飞机制造和农业这两个不同的例子很好地说明了纳尔逊和温特(1977)的观点,在分析技术变革时重要的是要考虑每个行业的特点。另外,差别很大的例子是消费商品和服务业。

16.4 消费商品和服务业的创新

第一篇说明了 20 世纪在资本货物(生产工业品所需的生产资料)、部件和材料方面技术创新非常巨大的成就。资本货物和中间产品,如武器系统的买家通常都是在科学技术方面非常内行的。他们是他们自己的创新的“用户”,当他们到外面去买东西时,他们常常比供应商在技术上更加内行(例如,化学公司选购一只泵或一个过滤器的情况)。他们常常会利用买方的特权把一项技术创新授权给供应方。买方在这种市场上关心的是真正的技术性能,而且会规定出严格的技术性能规范。他们不太会被产品品种的变化所迷惑,广告的作用也远不如产品本身以及对客户的技术服务。

大多数对创新案例的研究都证明了,那些肯花苦工夫去确定他们客户未来需求的创新人员从整体上讲要更加成功。萨福项目将创新的成功和失败实例作的分析比较(第 8 章)指出,大多数的失败都与忽视市场要求或者不理解客户愿望相关。我们谈到这里,观念就要同加尔布雷斯的把创新强加给市场的“生产者主导权”的假设有些分歧了。

现有的结果还是有力地指出至少在资本货物(生产资料商品)方面,市场有效地调节创新使它适合实际市场需要,以及尽可能(即使实际上不总是)符合社会利益。消费商品肯定也有合乎萨福项目结论的实例,就像丹麦的塑料玩具“列戈”(Lego)公司花了大力气来了解客户(这里主要是儿童)的需求和爱好。回报是列戈成了世界上销售及出口最成功的玩具公司。反之,公司若不先把样机给用户彻底试验就匆忙推出新产品,这个创新就失败了。还有许多家用产品及药物使消费民众得利的例子。而且绝大多数消费者因资本货物、材料和通信系统的技术创新带来的生产率提高而提高了生活水准,改善了生活。

然而要让技术创新的成果利益扩大化,就必须大大改善资本货物范围以外区域的环境。大多数创新研究潜心关注的是在一些紧要方面的突破性创新,而不会去考虑那种许多消费产品特有的每年形式上的变换。有理由相信,消费品的顾客决不会像资本货物的买主那样有深厚的技术鉴别力。他们一般都没有好的信息来源,也缺乏进行严格技术评估的能力。

对各国工业科研经费支出分布大致一看,就可发觉投资明显偏重于资本货物和材料。消费品工业所得很少,而且这点有限的科研经费中的大部分和其他科学投入也是用于在垄断性控制市场的产品更新上,并且同计划安排好的让产品过时更新活动有关。这类工业科研在社会进步和福利方面得到的评价是毁誉参半。费舍等(Fisher,1962)指出,一份英国政府报告(*Report of the Committee on Corrosion and Protection*,1971,p.128)对美国汽车工业每年更换车型和“有计划的过时”使汽车加速报废的高昂代价,提出了猛烈的抨击。显然,就是这类技术创新使加尔布雷斯提出他的“生产者主导权”的论点。这种论点与消费品货物的关系显然远超过资本货物。

这就使市场和创新方向的经济理论出现了问题。从理论上讲,理想的消费者市场应该是消费者有权从众多的选择中挑选。他们拥有“完善”的信息,自由地根据价格和质量作最好的购买抉择,从而通过竞争机制迫使供应商使他们的产品适合消费者的需求。这便是理想的“消费者主导权”。当然,没有哪个经济学家会认为现实会完全符合理想状态。消费者永远不会真正地被告知“完善的”信息,而且还经常被供应商或垄断组织以不同方式蒙骗。但是在一些基本日用品市场、水果和蔬菜市场和有些资本货物市场,现实有时还是很接近这个理想抽象化的市场模式的。

经济学家十分关注维护消费者主导权的问题(如见 Knox,1969)。许多关于垄断的理论和对广告的评论都谈到了对消费者选择权的损害。许多国家的反垄断和消费者保护法,都试图限制或逆转那种生产者集中兼并和更大的生产商主导权的强势趋向(Heath,1971)。在这里我们不再多谈这个一般性的问题,而特别关注技术创新对消费者市场影响的问题。

有三种主要方式可使技术创新削弱消费者主导权,而一般的反垄断法没法干涉:

(1) 消费者选择理论基本上是静态的,假设中消费者的选择不过是从已有的一系列货物和服务中选择。但是在一个技术变革很重要的领域中这批东西却是由多年以前决定好的创新或选择过的科研项目预定了的。消费者主导权中缺少了要紧的一点就是影响这批未来的货物和服务的权力。为目前事态辩护的观点认为,消费者确实是间接地施加了影响,因为生产商是根据利润来作选择的。我们在相当多产品的事例中看到这点是对的,但是的确存在着做出创新决定的人员把他们的爱好和选择强加给消费者的可能性。福特·埃德塞(Ford Edsel)指出,这种权力也不是受限制的,但那是个严重问题。

(2) 消费者选择理论意味着对可供选择的产品和服务系列拥有完备的信息。比如我们来看一位顾客走遍街市上十多家店铺查看蔬菜的价格和质量时,他对真实情况可以说了解得差不离了。但是加进技术先进性和产品型号变化因素,比如汽车、电视和其他耐用消费品,以及越来越多变的加工食品和化学产品,情况就大不同了。在互联网上购物会使问题更加复杂。所有的消费者协会都关注市场情况,但是对技术信息的了解却要从完全不同的途径取得。各工业国家中对耐用消费产品维修和保养服务的不满就是这个问题很好的说明。尽管有上千家公司在争夺生意,各处的消费者仍是不断在发泄其不满。

(3) 消费者不可能考虑到在许多产品之中大量的单个选择造成的多种多样的长期边际效应。买车的个人不会也不可能想到成百万个类似的决定引起的都市环境后果。供应商确实也不会。密席安(Mishan,1969)早就指出过,供应商只管自身利益无视广大消费者的做法会使社会付出极大代价。塑料和核能废料处理问题就是考虑不周引发的长期社会代价。

这三个缺陷有助于说明为什么本该是至高无上的顾客常常会觉得无能为力及灰心丧气的原因。问题经常出在对一项已感觉到的需求是否适当的应对上。但也常与生产商只顾产品花式及品牌形象,而不重视富于想象的技术创新或社会需求有关。比如说,设计安全性更好的汽车及接近无污染汽车有明显的社会需求,但在一个长时期内,增进安全性或防止污染的科研一直被忽视。有趣的是,促进不是来自生产商的科研而是外界的批评,如拉尔夫·纳德(Ralph Nader)和国家的管制。在设计使公众更满意的特别是供拥挤的都市地区使用的陆地运输系统问题上更是如此。

还可举出一些例子来说明创新和设计人员怎样忽视用户利益,只按他们自己的主张和热衷行事。在英国,住房是一个明显的事例。在20世纪60年代,建筑师和城市规划人员热衷于建造高层公寓(高层大楼公寓指的是六层或更多层的大楼)。这种特别的有技术含量式样的不一般处,在于它比这个时期常规住房或低层公寓贵得多(McCutcheon,1972)(估计每平方米成本要贵1.3~1.8倍)。而且当时处于经济紧缩时期,市政当局不断受到中央政府(和选民)的压力要他们削减开支和服务。尽管如此,在60年代几乎所有大城市都建起上千幢高层公寓。

要是社会调查证明消费者喜欢住高层,经济基础好,不在乎付高房租,那这样做也许情有可原。可是没有这种证明。社会调查还没有得出结论,但大多数调查都显示承租人,特别是老人及有孩子的,都不喜欢高层公寓。

这些例子表明不论是私人企业还是国家当局都不乏把设计和创新人员的价值观和爱好在一定程度上强加给消费者的情况。这并不是说他们对消费者不怀好意或有所企图。恰恰相反,在每件事上创新者都相信自己是在为消费者谋求最大利益。这不过是社会科学家熟知的问题的又一特别表现而已。研究、开发和设计的特定目的与它们自己的思潮、流行时式、兴趣和热情之间的割裂,不可避免地会带来缺乏社会责任感的危险。理论上,还是这种竞争市场机制应当自发地实现这种功能。但是已经有人指出,这个市场机制在理论上是假定为可确保消费者愿望和生产供应之间的协调,但是即使在一些部门实行了,也没能很好地发挥功能。这就意味着需要扩大政治机制,在恢复自治的市场机制设法保证的消费者主导权方面发挥作用。

原则上没有理由认为,有事业心的消费者协会不应该像资本货物的客户一样去参与制订所需的技术性能参数的工作。根据情况,他们可以同国家当局合作或自己干。最后可以发展到由他们来授予科研合同及购货合同。有些连锁商店和超市已经为他们的顾客这样做了。为了将这个环封闭起来,民用商品只有去学习30年以前的军用品,而资本货物创新人员早就了解的社会技术。

英国罗斯切尔德(Rothschild)报告(1971)中的"顾客-契约甲方"原则,如果理解为,主张所有的研发机构都要有社会责任感,并且要促进科学界同社会公众的沟通的做法的话,那是极有价值的。可是这个报告把政府部门的利益和选择,同它们代表的社会公众的利益和选择当作是一一对应,完全融洽一致的。这与事实自然相距甚远。政府部门经常会被拉向设计人员,赞同他们的技术设想和选择,而不顾及消费者的实际愿望(这在飞机开发和高层公寓的情况中都曾发生过)。

人们肯定会希望执行部门对公众已表达出来的愿望及需要负责,同时又努力去了解还没有反映给他们的民众爱好。但是几千年的政治现实告诉我们不能指望这些(Armytage,1965;Lenin,1917)。根本的办法在于确保对执行部门不间断地批评检查和监管。本地居民自发的主动性是很重要的,但是议会也同样重要,而加强议会同科学和技术的关系是非常必要的。正是由于上述那些问题加强了要把某些类型的技术评估放在议会监督之下的动议。虽然原来的美国国会技术评估办公室(OTA)在20世纪90年代被作为金里奇(Gingrich)经费削减计划的一部分而被撤销,但是这种观念在欧洲仍然保留,而且很可能会以这种或那种形式重新出现。这将在本书最后一章进一步讨论。

16.5 科学和技术优先次序的变化

不论在决定国家对基础研究和军事科研投资分配，或是在对各个行业的应用研究和开发的支持，或者为了弥补这方面科研的不足方面，还是在确定所有这些不同对象的先后次序的过程中都有政治因素涉及其中。有不少人不赞成这么做。罗斯切尔德报告（Rothschild Report，1971）就强烈地表现出这种看法。按照这个被英国政府接受并且贯彻的报告，国家根本不该确定研发在国家中的排名。要做的话也只能在部门这一级进行，每个政府部门必须作为一名顾客自主地为所需要的科研订合同。

如飞机工业这一例子表明的，在欧洲和美国如果有优先排名的话，也是以较为含蓄不很明确的方式。真实的排名能从考察实际的科研经费分配看出。在 20 世纪 50 年代和 60 年代，国家拨款最明显的特点是大规模的核物理、军事和空间计划。这在经济合作与发展组织的美国、英国和法国，以及外面的苏联及中国都是这样。

只有在较小的国家和日本的科研经费支出小于 10%（表 16.2）。

表 16.2 军事、空间和核物理科研经费占国家科研经费总额比例在 20 世纪 60 年代变化情况

国家	1960~1961				1969~1970			
	国防	空间	核物理	总数	国防	空间	核物理	总数
美国	68.7	9.1	10.7	88.5	48.7	23.2	6.5	78.4
加拿大	23.2	—	21.2	44.4	11.2	1.4	19.5	32.1
比利时	6.0	—	24.3	30.3	2.0	6.0	14.8	22.8
英国	64.5	0.5	14.7	79.7	40.4	3.7	11.5	55.6
挪威	8.6	0.4	16.5	25.5	7.1	1.2	8.3	16.6

(续表)

国 家	1960~1961				1969~1970			
	国防	空间	核物理	总数	国防	空间	核物理	总数
日本	5.6	—	7.6	13.2	2.2	0.7	7.4	10.3
瑞典	49.0	0.1	23.9	73.0	28.3	1.5	9.4	39.2
荷兰	5.0	0.2	11.7	16.9	4.5	2.9	10.5	17.9
法国	41.5	—	27.5	69.0	30.7	6.7	17.8	55.20

“—”没有资料。
引自：OECD 统计(1971)。

因为美国和中等欧洲国家占了经济合作与发展组织中总科研经费中的绝大部分,用于增进国家安全和威望的国家科研经费在 20 世纪 60 年代早期超过总数的 75%。这差不多等于经济合作与发展组织 60 年代全部(国家和私人)科研经费的 50%。在 70 年代,因各种原因这个布局发生很大变化(表 16.3)。在 60 年代成功登月之后美国政府对国家宇航局(NASA)的拨款已经减少了,国际上缓和政策也有利于相对减少军费开支。可是在英国极高的军费支出一直增加到 70 年代。

要按国家的目标来对科研费用进行分类定会碰到很大困难,因为同一计划会受到不同部门出于各种动机的支持,而且这种动机会随时间变化。然而还是应该进行这种分类,因为如对国家优先排名和变化方向的辩论必须要先掌握大致分配规模。

军事、核物理和空间计划总体状态,至少是 20 世纪 50 年代和 60 年代的事情,可以说明一个重要的情况。在那个时期它们毫无例外地全都依靠国家经费;如不是全部也是主要地受国家安全和威望方面考虑的影响;它们都有许多专门的机构来控制和运作这些计划,这些机构通常是“极其”多样化的。而且在公众概念之中它们被认为是一种确定的科研政策。公众概念中“大科学技术”观念的形成有非常重要的社会意义。这些项目应该优先的概念是如此强烈,以致无须证明公众就倾向把“大科学技术”当作总的科学技术的形象。

表 16.3　特定政府研发拨款总数按社会-经济项目分配(百分率)

	美国			日本[a]		德国			英国			法国		
	1971	1975	1980	1975	1979	1971[b]	1975	1980	1971[b]	1975	1980	1971[b,c]	1975	1980
国防	52.2	50.8	47.0	3.8	3.6	21.3	17.6	14.2	46.2	52.9	59.4	38.0	32.6	40.9
空间	19.2	14.5	14.4	11.8	9.3	9.4	6.8	6.0	1.9	2.5	2.3	7.0	6.1	5.0
民用航空	3.1	1.6	1.6	—	—	3.6	2.6	2.3	14.5	8.2	3.4	7.0	6.7	2.4
国防及航天	74.9	66.9	63.0	15.6	12.9	34.3	27.0	22.5	62.6	63.6	65.1	52.0	45.4	48.3
农业	1.9	2.2	2.2	22.2	18.4	3.1	3.0	2.6	2.9	4.8	4.5	4.0	4.2	4.3
工业增长(nec)	0.6	0.4	0.4	17.7	13.9	8.6	9.1	11.7	4.6	3.1	3.4	7.0	8.9	7.6
农业与工业	2.5	2.6	2.6	39.9	32.3	11.7	12.1	14.3	7.5	7.9	7.9	11.0	13.1	11.9
能源生产	3.6	7.1	11.8	12.8	17.8	16.4	16.8	20.1	7.5	7.1	7.3	8.0	9.4	8.5
交通、电讯	1.6	1.8	1.1	3.2	2.2	0.9	2.3	2.9	0.9	0.7	0.7		3.2	3.2
城市及农村规划	0.4	0.5	0.4	1.0	1.9	0.8	1.8	2.1	1.2	1.7	1.1	6.0	1.6	1.5
土地及大气	1.5	2.0	2.0	1.4	1.9	2.3	2.8	3.9	0.3	0.8	0.9		3.3	3.3
能源及基础结构	7.1	11.4	15.3	18.4	23.8	20.4	23.7	29.1	9.9	10.3	10.1	15.0	17.5	16.5
环境保护	0.9	0.9	1.1	2.6	2.5	0.5	1.6	2.8	0.2	0.6	0.9	3.0	0.9	1.2
健康	8.7	11.9	11.9	5.1	4.3	4.4	5.2	5.7	1.9	2.3	1.8		4.4	5.0
社会发展及服务	2.6	2.0	2.2	2.0	1.5	6.7	7.7	5.4	0.7	1.2	1.2	1.0	1.2	1.4

（续表）

	美国			日本[a]		德国			英国			法国		
	1971	1975	1980	1975	1979	1971[b]	1975	1980	1971[b]	1975	1980	1971[b,c]	1975	1980
健康及福利	12.2	14.8	15.2	9.7	8.3	11.6	14.5	13.9	2.8	4.1	3.9	4.0	6.5	7.6
增长知识				2.8	2.5									
nec[d]	3.3	4.3	3.9	13.6[e]	20.2[e]	22.0	22.7	20.2	17.2	14.1	13.0	19.0	17.0	15.2
研发经费总数	100.0	100.0	100.0	100.0	100.0	100.0	100.0	100.0	100.0	100.0	100.0	100.0	100.0	100.0

[a] 仅政府范围内，不包括知识增长和工业发展项。
[b] 不能严格同后来年份比较。
[c] OECD 粗略估计。
[d] 不包括公立大学基金及美国慈善机构支持的基础研究经费。美国的修正值在 1980 年约为 1.5%。
[e] 大学从政府的指定项目，包括其他目的，所获得经费总数。
nec＝别处未包括的。
来源：OECD（1981）。

第二次世界大战以后，经济合作与发展组织国家的科学技术政策经历了几个阶段（表16.4）。紧接战后的阶段还深受战时经验，当然还有冷战起始的影响。第一阶段非常着重在科学技术系统的供应方面，尤其注意建立强大的研发能力。在60年代和70年代转向更平衡的方式，在认识到在科研政策中片面依靠供应一方的危险性之后，更加强调总的经济环境对技术变革的影响和整个创新过程的作用。

最后，在最近几年里一直不断地试图把这两种方式一体化，并且把科学技术政策同工业的以及经济政策结合起来。不应夸大这些着重面的差异；“供应”的因素和“环境”的途径在大多数国家的全过程中都有表现。表16.4以非常简化和扼要的方式表现了主要的欧共体国家自40年代以来科学和技术政策的三个阶段。

表16.4　20世纪科学技术政策的三个阶段

40~50年代	60~70年代	80~90年代
曼哈顿计划	经济增长	基因技术
V_1，V_2火箭	生产率	材料技术
军用飞机	民用飞机 核能	生物技术 市场竞争 信息和通信技术
科学咨询委员会	科学技术委员会及部	科学、技术和工业部
物理学家，化学家	物理学家，化学家，经济学家，工程师	“硬科学”生物学，生态学，社会科学，经济学
武器系统	经济增长	结构变化
基础科学	武器系统	环境
国家实验室	工业研发 大学扩展	网络 武器系统
开创性创新	渐进性创新	扩散
科学技术经费大扩张	经费连续，但较慢扩张	经费持平，有时减少

(续表)

40~50 年代	60~70 年代	80~90 年代
V. Bush(1946)[a]	OECD(1963a)[b]	OECD(1979)[c]
J. D. Bernal(1939)[d]	OECD(1971b)[e]	OECD(1991)[f] J. Ziman(1994)[g] OECD(1990)[h]

[a] Science, the Endless Frontier;
[b] Science, Economics Growth and Goverment Policy; I. Svennilson*;
[c] Science and Technology in the New Economic context; R. Nelson*和 J.-J. Salomon*;
[d] The Social Function of Science;
[e] The Brooks Report; H. Brooks*;
[f] Technology, Economy and Productivity Programme; F. Chesnais;
[g] Prometheus Bound: Science in a Steady State;
[h] Sundqvist* Report.
*小组或委员会报告的主席或主要作者。

第二次世界大战时曼哈顿计划(原子弹开发)、雷达计划和军用飞机的巨大成功使政府相信,向科学技术巨额投资可以在纯军事方面取得惊人的报酬。这些结果证明了,至少在表面上表现出如果组织起一支宏大的科研队伍加上慷慨的财政支持就能克服困难完成复杂任务。这种想法常常表现为,如果人类能应用科学技术登上月球,那么地球上就不该有人类智慧不能解决的难题,比如都市交通。虽然有点幼稚,这种想法仍然包含一个重要的真理:科学和技术能够达到的高度在相当程度上同为研究设立的社会地位及目标有关(Nelson,1977)。

原子弹成功开发的一个结果是给了核科学及飞机院外活动集团在审核国家科研决定时的巨大威望和地位。20 世纪 40 年代设置好的式样决定了后 10 年世界科研经费开支方向。在 50 年代早期冷战高峰时,领导核武器竞赛的大国把全国科研资源的 50%及国家科研经费的 90%投向这些项目。应该记住,研发计划只是在计划限定的狭义的内容中有效。虽然用了过量经费,他们还总算是制造出了一代又一代先进武器。而且对给这些计划这种异常的高额优先经费的质询,得到的答复常是指出其“衍生”效应使总的技术和经济进程受益。曼哈顿计划的示范效应不但证明“大型技术”项目在发起国家的成功,而且激起一轮竞争及仿效活动。核物理在民用科研以及核能计划在国家燃料研究之中占据首位的事实都离不开核武器令人敬畏成就的社会政治效应影响。在许多国家第一个事实上的科学政治协会就是政府的核研究组织(Dedijer,1964)。

苏联在1957年发射人造卫星造成更大震动。尽管可能应该把卫星的成功开发归功于给核武器火箭投掷系统的大量投入,可是它的重要性远远超过了原来目的。这马上又引发美国增加国家对科研投资,进一步开展导弹竞赛,又使许多别的国家也对科学和技术政策作了重大改变。它也促使美国总统决定把在1970年以前人类登上月球这一连系国家声望的任务当作美国全国技术界的首要工作。这项工作胜利完成,没有人会对其技术成就之重大提出疑问。

过分偏重"大科学技术"并非20世纪50年代科学政策唯一的缺点。那时有一股高估科研重要性,而相对忽视其他科学技术服务以及整个经济成功创新和有效技术变革工作的潮流。除了少数几位,如纳尔逊、卡特和威廉姆斯等例外,经济学家大都忽略这些题材并且很少或者根本不知道研发或创新。权威的经济学之中,只有熊彼特在其经济系统行为理论中把发明和创新放在首要地位,但即使是他也不关心自己的分析对政府和产业界在政策上的意义。但这并不意味着经济学家不考虑科学的需求。相反,如我们见到的,他们那时都主张应该优待科学和技术。正规地讲,差不多各种经济理论都认识到技术进步是经济增长的主要动力,可是却没有对其中的玄虚作深入探究。

经济学家仁慈的宽容,政治家和多数经理的不知情,以及科研和军备的自身利益共同结合,创立了有利于政府及实业界快速增加科研费用的条件。40年代及50年代是科研经费扩张的黄金时期,那时对经费使用效率很少过问,而且一般都假定投入多效果只会好。可是那种今日还确信在军事和民用领域科研投资的回报率都很高的观点也不全是轻信(Schott,1975;Mansfield等1971,1977)。许多科研经费相当快速地增长是有充分的经济合理性的。

我们对战后第一阶段快速的发展的评价绝不是全然负面性的。但是紧接着的就是缓慢甚至紧缩阶段,以及对研发和其他技术活动采取更加考虑成本及成本效率的管理方法。这种变化是有许多道理的,一般实业界根据明显的原因显然领先于政府。出于市场、竞争和利润率方面的压力迫使许多企业更加慎重地考虑其科研项目和计划。对于政府这方面同样有强大压力。在 20 世纪 50 年代,因大型武器项目巨大的耗费和逾期拖延产生的困惑已经引起议会和公众舆论注意。而且经费巨额扩张也伴随着应负更大的公众义务。在科研经费是小数目时还能逃脱不受仔细审查,但一到上百万以至于几十亿就不可避免受到高度严格管理。

因而 20 世纪 60 年代和 70 年代在大多数经济合作与发展组织国家出现了两个新趋势: 减慢研发经费增长;更加重视研发的成果。同时学术研究人员以及实业界经理都像对研发项目评估和运筹狭义范畴的关注一样,开始以切身利益关注整个工业创新和技术变革。

自相矛盾的是在 20 世纪 60 年代这种认识反而更加强了 50 年代已有的供应学派政策,有点不加选择地建立科研设施和教育系统。在这个阶段的早期受关注的主要是欧美之间技术和生产率方面的差距。至于同日本的差距,虽然很早在有几个行业比如造船业已经露头,可是在消费电子产品及汽车上的差距到 70 年代及 80 年代才公开化。美国在 50 年代的领先常常被错误地主要归功于军备、空间和核科学研发的规模以及政府对这些技术的影响(如 Servan-Schreiber,1965)。

可是到 20 世纪 60 年代随着经济和政治分析的日益深入,军备和大科学院外活动集团的"衍生"效益观点逐渐变得不再可信。美欧生产率差距稳步缩小,许多研究如埃德斯(Eads)和纳尔逊(1971)从经济理论和实际事例两方面揭示了在许多"大技术"上,政府资助开发的浪费。以英国的卡特和威廉姆斯(1957,1959a,1959b,1964)以及美国霍兰德(Hollander,1965)为主的许多研究,指出在其他方面的科学技术活动以及在工业创新活动中科研的巨大重要性。这样虽然诸如协和飞机和快增殖反应堆在整个 20 世纪 60 年代和 70 年代仍然得到慷慨的财务和政治支持,它们却受到越来越挑剔的检查和批评,甚至美国宇航局在凯旋登月之后经费也被大大削减。几乎没有一个英国或美国的经济学家会援手支持政府给超音速飞机特别拨款。确实这种窘迫的财政措施也直接反映出政府开支快速节减的总趋势,这种趋向在 60 年代已在蓄势,70 年代和 80 年代越发增强了。

这种集中力量于经济增长的目标,即使 20 世纪 60 年代它在大多数国家盛行时也不是完全不受挑战的(OECD,1971b)。它在好几种领域但主要在两个方面受到质疑:由于材料及能源的耗竭,增长能维持多久;因增长带来的污染会不会危及人类的生存。这两个都不是完全新的问题,但在 70 年代早期已大受关注,而且在整个经济合作与发展组织区域对科学和技术政策有重大影响。它们因"增长的极限"(Meadows 等,1972)和相反观点的"思考未来"(Cole 等,1973)两篇著作引发的辩论而受大众瞩目。辩论的收获之一便是大多数政府和民众舆论都接受了环境政策应该在决策时有更重要的份额,以及重要的科学和技术工作应该符合更高的环境标准,并防止严重的污染损害(见第 18 章)。纵然在最近有些退步,但这些对科学技术经费分配和对总的政策都有重要影响,并如表 16.3 所示,这导致了 70 年代时经费的重大重新配置。

这场辩论的另一收获是认识到如果要使长期经济增长能够持续一个长阶段,就必须在材料、能源和股票资本的使用上作快速的技术上的变革。麻省理工学院的研究指出:新的发明创造、使用低等级矿石、经济地使用材料、升级换代、循环使用及社会变革结合起来就能避免下一个 50 年世界经济崩溃的悲惨结局。但这只有在技术政策是成功的,以及同经济政策结合并迅速同经济增长合拍的情况下才能实现(见第 18 章)。

1973 年石油输出国组织(OPEC)的石油震撼重重地教训了经济合作与发展组织国家,使它们认识到开发代用能源,以及还需要实行更有效的保护资源政策的紧迫性。这些要求也意味着重新安排科研顺序和引入全新的计划以适应新形势,诸如太阳能工程、地热能源、生物量等计划。这样经济合作与发展组织国家在战后科学技术政策的第二阶段末期才深刻地认识到,如果不对科学技术方向作调整并使科学技术规划同经济、工业和能源政策更加密切结合的话，维持经济持续增长这一长期目标到了 80 年代将无法维持下去。技术变革和就业问题日益受到关切和重视，这将在本书下一章中讨论。

经济合作与发展组织国家第二阶段的科技规划在处理研发和创新问题时不能像以前那么简单了。其标志就是在许多国家建立了单独的科学政策部、技术政策部或科技部，或者在内阁级设有强有力的组织来掌管研发。同时主要由于经济合作与发展组织的努力，科研资料统计总的来说更成熟，而且可在各国之间作比较。该组织还发起对每个成员国的国家科学政策进行评论，指出问题并加以分析。

第二阶段科技规划的成就同其第一阶段相比，不该过高估计。虽然科学技术政策制订人开始关注军事科研和一些“大科学技术”的高昂机会成本，他们还是不能或不愿过多改变这项花费。20 世纪 60 年代军事花费在整个科研费用上的比例在大多数国家都下降了，但在 70 年代及 80 年代又攀升了。

即使在将经费转移用途或将新经费投向有更直接和更有经济效益与经济增长前景计划的国家，在组织和管理这些计划时也遇到许多困难，对它们价值的评估也有许多疑问。虽然在许多国家设置了处理科技规划问题的新的政府组织，但是它们通常都不持久而且又不断有让人搞不清楚的新委员会、评议会、办事处和部等组织冒出来，结果反而更让人迷惑。

这些失败的原因是深藏在大多数经济合作与发展组织国家的经济、社会和文化结构及传统的内核之中。它们关系到市场经济中政府与实业界，政府行政部门系统各职能部门，以及在教育和职业系统不同训练之间的各种关系。这也同劳动者和管理层对待技术变革以及对引入和管理的反应的态度有关。

最后，艾森豪威尔总统指出的“军界-实业”复合体继续在第二个科学技术阶段享有特殊地位。甚至到冷战后我们称为“第三阶段”时它仍确实继续存在。在第三个科学技术政策阶段对这方面有些问题曾有过几个新的方案，试图解决其中的一些问题，但还不能说哪一个是完全有效的。

对政府政策和实现其目标方法问题的理论探讨在20世纪最后25年中非常深入(见 Stoneman, 1987, 1995; Teubal, 1987; Teubal 和 Steinmueller, 1982; Metcalfe, 1995; Pavitt 和 Walker, 1976)。可是在同时,由于从快速增长和充分就业时期转变为80年代及90年代的深刻结构变化及高失业率时期而产生了更多困难。东欧高度计划化经济的崩溃及冷战结束,为大幅度降低科研中从20世纪40年代起就在国际上呈主导的高额军用开支创造了条件。而同时公众对各种环境问题的关注和国际协议迫使政府增拨更多的经费给环境和民众健康疾病研究。

这些变化在第二到第三阶段的科研经费分配模式中也有反映。但是这要比20世纪80年代和90年代政治和经济巨大变化所应该对应的要小得多。在所有的大国之中,军事和经济目标仍然居主导地位(表16.5)。事实上,军事科研的份额在美国80年代确实增加了,从1980年的54%显著增大到1991年的60%。在英国同样也很高,约为45%。在美、英两国,1991年时军费的份额都比60年代末期要高,直到1994年仍比那个时期要高。政府经费不是很容易分类的,所以表16.2、表16.3和表16.4不完全一致。虽然如此,这个总趋势还是很清楚的。

在美国和英国,20世纪80年代和90年代初用于环境、健康及相关目标的国家经费份额都有大幅增加,但在别处并不这样明显。德国这方面比例一直稳定在总额的13%,而英国到1994年才达到这个水平。

20世纪80年代军用科研经费份额增加而环境方面份额反而减少,其原因并不能用经济分析方法来解释。显然是政党、利益集团和院外活动集团(... and lobbies determined this reallocation)[①]操纵了这个再分配过程。如本书的第二篇及其他章节已指出的,即使在优先考虑经济的企业内部,利益集团和政治上的鼓吹游说对科研方面的决定都发挥了重大作用。政治和经济因素不可避免地卷入,引导出本书最后一章里的一些更加根本性的结论。

---

① 这里及全书中使用的"lobby"一词(议会走廊,院外活动集团),在此并无贬义,而是政治科学上的正常意义,指的是有特殊立场、希图劝说和影响政府政策的利益集团。

表 16.5　经济合作与发展组织国家按主要项目分类的国家科研预算

10 亿 PPPS	美国			日本			德国			英国			法国		
	1981	1991	1994	1981	1991	1994	1981	1991	1994	1981	1991	1994	1981	1991	1994
项目总和	33.7	65.9	68.3	7.1	10.5	13.1	7.5	14.0	15.3	6.5	7.8	8.5	7.3	14.2	13.5
国防	18.4	39.3	37.8	0.4	0.6	0.8	0.7	1.5	1.3	3.0	3.4	3.8	2.8	5.1	4.5
民用	15.3	26.6	30.5	6.7	9.9	12.3	6.8	12.5	14.0	3.5	4.4	4.7	4.5	9.1	9.0
经济目标[a]	5.5	5.9	6.9	2.3	3.3	3.8	2.4	3.1	3.2	1.3	1.3	1.4	1.7	3.0	2.0
健康、环境[b]	5.4	1[illegible].6	13.5	0.4	0.6	0.8	1.0	1.6	1.9	0.5	1.0	1.2	0.7	0.9	1.0
未归入上类项目	1.3	2.6	2.7	0.5	0.9	1.2	0.8	2.1	2.1	0.4	0.4	0.4	1.1	2.2	2.4
民用太空[c]	3.1	6.5	7.4	0.4	0.7	1.0	0.3	0.8	0.9	0.1	0.2	0.3	0.3	1.2	1.4
大学基金[d]	0.0	0.0	0.0	3.1	4.4	5.5	2.7	4.7	5.9	1.0	1.5	1.5	0.7	1.8	1.9

[a] 农业、林业、工业发展和能源；
[b] 环境保护、健康、社会发展服务、地球和大气；
[c] 民用太空计划；
[d] 提升知识，不包括美国。
引自：MSTI Database，Jnly 1996。

第 17 章　信息社会与就业

17.1　新技术：职业的创造和消失

从 1821 年李嘉图(Ricardo)提出那著名的论据及辩护言论开始，经济学家已经认识到技术变革的双面刃性质：它消失旧职业又创造新职业。通常经济学家认为尽管在整个 19 世纪和 20 世纪不断地减少工作时间，从长期过程看来其创造职业的效果已经超过消灭职业的效果。但是没有人说过这种“补偿”会是自动的、没有痛苦或及时的。如李嘉图指出的，新职业不会在技艺和地点方面都同老职业对应。当这种失配很严重和(或)拖得很久时，经济学家就会大谈“结构失业”和“结构调整”问题，然而在“结构”和每天越来越引发“摩擦”的失业之间的精确界限却常常不容易确定。然而现在普遍都认为从 20 世纪 70 年代到 90 年代存在着相当严重的失业问题，90 年代里大多数发达国家里“长期”失业或无业的比例快速增加和居高不下使这种情况变得更加明显①。

熊彼特(1939)以他的新技术扩散渗透进生产体系时的“连续产业革命”概念引发起这场辩论的新转折。不论他们是否接受熊彼特的长波理论，今天没有哪个经济学家或工程师会否认信息和通信技术巨大的全球性影响。事实上许多评论家走得更远，提出这个信息和通信技术是新时代或“后工业”社会的先导。今天，与微电子有关的集成电路、无线电通信和电子计算机的成本一代

① 后者的比例不太受各国测量失业标准上差别的影响，在某种程度上更正确地测量了经济中“未利用劳动力趋势”。

比一代不寻常地降低(表 17.1),这对经济的每个部门,不论是初级、次级还是终端部门,所产生的极大影响已成为大家的共识。早期的新技术系统,如蒸汽机或电力也有过这类普遍性的影响,但只有信息和通信技术是影响到企业的每一项功能,而且是涉及每个产业和服务业。科学和市场研究,设计和开发,机械、仪器和加工、生产系统,输送系统、市场、分配及一般行政管理都深受这种革命性技术的影响。而且在微电子领域,计算机和无线电通信的成本和价格上的反通货膨胀效应,对广阔范围的制造业和服务业都有影响。

表 17.1　20~21 世纪信息和通信技术容量增长的估计

变化范畴	(1) 40 年代晚期~ 70 年代早期	(2) 70 年代早期~ 90 年代中期	(3) 90 年代中期以后 “最佳”状态
OECD 国家安装的计算机台数(机器数)	3 万台(1965)	几百万台(1985)	几亿台(2005)
OECD 全职软件人员	>20 万(1965)	>200 万(1985)	>1 000 万(2005)
每个微电子电路元件数	32(1965)	1 兆存储元件 (1987)	256 兆存储元件 (90 年代后期)
先进计算机每秒运行次数	10^3(1955)	10^7(1989)	10^9(2000)
成本:每一美元计算机可运行次数($\times 10^3$)	10^5(1960s)	10^8(1980s)	10^{10}(2005)

引自:Freernan and Soete(1994)。

在处理职业的创造与消失效果时,重要的是区分直接与间接效果。直接效果是生产及引申出的新产品与服务的工作,而间接效果是在别处的后继效果。计算机终端是到处都有,但却总不能搞清楚它们是取代了工人的位置还是增添了新的服务和就业。计算机工业本身提供了置换早先电动办公室设备的机器,同时微电子工业大规模地取代了老式电子管工业。新型数字式电话交换机制造和维护所需劳动力比老式电动交换机少得多,在大多数工业化国家电话交换机行业内工作的人数就此大大减少。对原有的垄断性电话网进行竞争性重组,纵然使从业公司的数目增加,线路数和电话使用最也都增加,却仍然使雇用的人数减少。但是,新的电讯技术基础为大量新信息服务产业和设备,诸如电子邮件、传真、数据库和将来的新型多媒体服务提供了坚实的根底(Mansell 和 Silverstone,1996;Dutton,1996)。

要比较得与失是很难做到的,20 世纪 70 年代和 80 年代对许多实例进行的研究都证实了这一点。那种认为信息和通信技术只是个简单的自动化及消灭职业的过程,与同样片面地认为信息和通信技术纯粹是能提供新职位的良好源泉的观点都是似是而非的。任何正确地处理就业效果的做法都必须同时考虑职业消灭和职业创造两个方面。第 7 章已经强调了职业消失和创造职业对整个经济和社会系统深远的影响。

这种办法("技术-经济范式"的变化法)同时强调了信息和通信技术的直接与间接效应。它指出了 20 世纪后半部分全新工业的兴起,如软件产业、电子计算机产业、微电子工业、录像和电视产业。目前其中每一个都雇用了数以百万计的人员,而且在 1950 年以前这些行业都是不存在的。更有甚者的是按照熊彼特的分析由新市场的开辟及有利可图的投资带来的众多机遇产生的领头效应,信息和通信技术革命带来的间接效应更值得重视。凯恩斯(Keynes,1930)无保留地接受了熊彼特的理论,指出新技术能最有效地刺激新的投资浪潮,但仍受金融巨头的控制。

对某个国家经济正面或负面的影响是不能简单地凭计算新增多少职位或消失若干老职业的加减法来判定的。现已经认识到对国家经济和世界经济的扩展性影响从总体上讲还是取决于劳动生产率的快速增长。作为一个革命性的新技术应能提供一个良性循环,使投资增长,劳动生产率快速增高,但产出增长更快,这样就业率可以净增长。这种良性循环能否实现取决于宏观经济政策、就业政策、贸易以及新技术。如果技术、政策和组织能够配合好,就可产生长期的充分就业。欧洲、日本和北美在 20 世纪 50 年代及 60 年代由于廉价石油、汽车和其他耐用消费品工业、钢铁、塑料及相关服务业非常快速地发展,就处于这样的美好时期。生产率增高了但产出增加更多,所以就业显著增加,失业率下降(图 17.1)("Verdoorn"效应)。一个正统的"乐观"观点认为经过结构调整阶段之后世界经济会回到这个状态。

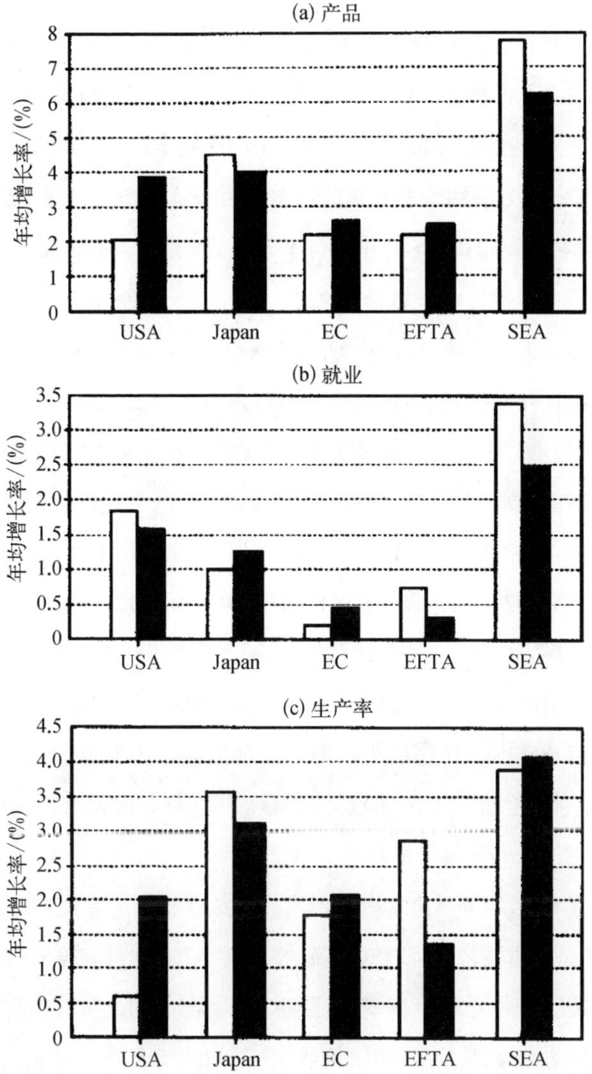

图 17.1 1972~1992 年均增长率(生产率增长=每人每小时产量)

□ 1972~1982 ■ 1982~1992

引自：IL0(1992)；OECD，CRONOS 数据库。

20世纪50年代和60年代发生在大多数经济合作与发展组织国家的良性循环借助于新技术又重现了,但这次是在亚洲。东亚的"四小龙"及最近东南亚的一些国家显然实现了高产出,生产率及就业率全面提高(图17.1),世界银行(1993)称为"东亚奇迹"并且已在第12章和第13章讨论过了。电讯业生产商本身的高劳动生产率及低成本有利于信息和通信技术在这个地区的推广。在表17.1中总结的技术变革使信息和通信技术制造业部分的劳动生产率增加得非常高。其他工业化国家中技术发展和就业增加的证据已由经济合作与发展组织(1991a,b;1992)在其TEP报告和其他研究中进行了分析。制造业方面情况可见图17.2。

可是有理由对世界经济趋势作比经济合作与发展组织的研究更加仔细的观察。发达国家失业率快速升高与好几个东亚国家在生产和出口方面快速赶超的情况同时存在,以及技术迅速推广渗透到大多数发达国家,使发达国家对于技术-就业关系的学术和政策又恢复了兴趣①。但是后来这些关系不再用古典和非古典的或熊彼特思想在传统的"封闭经济"框架内讨论,而是在快速的生产的国际化,国际贸易和投资的自由化,以及信息和通信全球化的框架中讨论,如第三篇描述的及像埃德里安·伍德(Adrian Wood,1994)讨论的那样。

同以前一样,这场辩论主要针对的是由于应用新技术和(国际上)重新布局及对生产因素的更有效应用所获得效益,而应给就业的"补偿"的政策方面,它并没有直接和立即的作用能力。但同以前的辩论不一样的是,现在关注面已经扩大,更明确地包括了国际贸易和重新布局的直接和间接效应。现在的文献已经特别注意到这两个特点。

从就业方面看,经济辩论集中于现代技术革新特别是有关信息和通信技术方面的可能的"偏重技艺"本质(Berman 等,1994)。现在越来越多的经济学家认识到信息和通信技术代表了一种普遍性的,可称为"多用途"的技术,它意味着需要大量熟练劳动力,以及日久耗时的结构调整过程,要求个人、企业、工业、政府及

① 在这个问题上有许多实证性文章。最近的文献综述,可见 Wit(1990),Vivarelli(1994)。

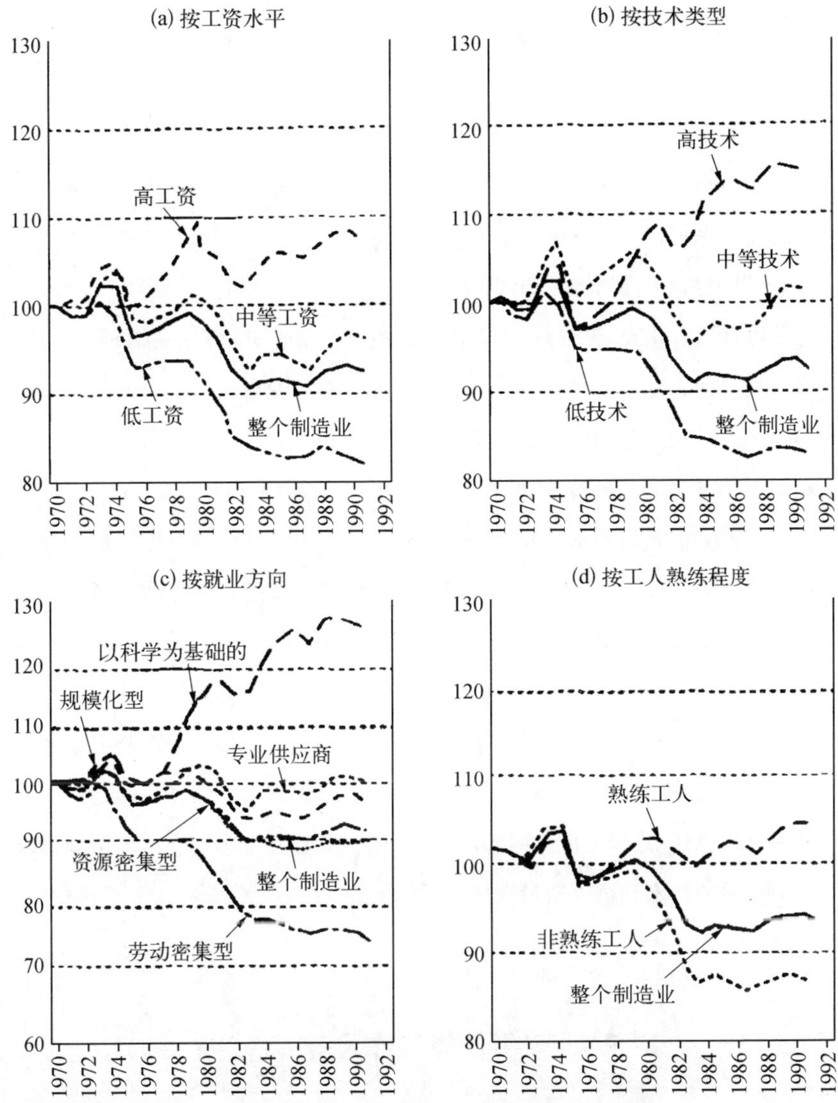

图 17.2　从 13 个经济合作与发展组织国家* 平均得出制造业按行业统计就业情况(1970=100)

*澳大利亚,加拿大,丹麦,芬兰,法国,德国,意大利,日本,荷兰,挪威,瑞典,英国,美国。
引自: OECD(1994)。

其他团体都要通过反复学习和实践来掌握怎样更有效地使用通信和信息技术①。

从总的方面看，对信息和通信技术内涵的强调导致把注意点从调整技术"失配"及其可能的增长瓶颈效应，转移到更加关注欧洲、美国和日本的技术变革引起的劳动力技能分布问题，特别是对非技术劳力需求下降趋势。如图17.2所示，受教育较少、技术水平低的工人的失业率要比受教育较多的工人高一倍。还要加上那些非熟练劳动力人群的"脱离就业"——不就业率，一些国家中在20世纪90年代增加了30%以上。

隐藏在这种重点转移后面的对政策的挑战是很难对付的：一方面，向信息社会过渡可能引起对各种教育和技能要求的实质性变化；而另一方面，大部分非熟练工人受到排斥的可能(性)大大增加了。

图17.2中的每个国家在20世纪80年代和90年代都以不同方式表示出制造业中非熟练工人需求减少的趋势。在美国，劳动力市场调整使受教育最少和技术最低的工人实际工资显著下降。在欧洲是非熟练工人的高失业率。加拿大则主要表现为调整工作时间。然而，这种对非熟练工人需求下降是否同技术变革及信息和通信技术相关已成了辩论的一个主要题目。这引起了一个根本性的问题：结构变革能否通过增加技能和加速技术变革实现，还是必须通过低收入阶层减少低工资和降低生活水平来实现？实际上这两种趋势都存在，但是很明显的是为了使阻碍和困难变得最小，要由与宏观经济政策及区域性政策相关的技术和培训政策发挥主要作用。

17.2 信息服务工作及未来就业

关于"信息社会"的辩论特别集中于服务业的特殊重要性方面。一般服务

① 许多作者都已指出信息和通信技术同电能，特别是电力驱动(电动机)的推广在历史上的相似性(Freeman 和 Soete，1985，1987；David，1991。亦可见第3章的讨论)。

可以定义为其产出主要是在产生时就被消费掉的活动(或部门)①。然而也可以用较为狭义的定义只考虑现在归入统计学中服务业的有限的几个部门,这在分析时很有用,因为这里强调了许多服务业内在的非物质、无形体的本质,不论是为个人服务的理发、娱乐业的歌剧表演、教育的上课、医疗保健的医生出诊,或是为公共服务的福利。那种几近于同时的生产和消费普遍地限制了这些活动生产率的提高。这也附带说明了为什么不值得认真地讨论为何经济界通常忽略对服务业活动的研究和分析。

信息和通信技术根据定义可以增加服务活动的可贸易性,特别是那些受生产和消费在地理和时间上接近性限制的服务业。通过引入空间或时间存贮自由度,信息技术可以将许多服务业的生产同消费分隔开来,从而增加了它们的贸易可能性②。

现在的"新"信息和通信技术及其发展趋势,不但可以以很低成本来收集、贮存、处理和传送大量信息,而且能在全世界实现网络化、互相联系及通信——地球变成了地球村——新技术的时间/贮存和空间自由度都为许多服务业带来广阔天地,可增加其国内及国际上的可贸易性。以电话为例,很可能现在的这些"新"出现的计算机制造业和其他电子制造业部门将来同最终的新的信息和通信服务部门的成长和规模相比只能算是小角色而已。但是即使是后面那个定义也为传统上的"直接接触"服务越来越多地变成"信息型"服务而变得模糊不清。

对于较为传统的生产活动,主要是工业生产,也包括传统的服务业,它们

---

① 这方面早期的分析可见 Quinn(1986)和 Soete(1987),也可见 Miles(1996)。关于服务的另一定义是:服务是你不能把它们落到你的脚上去的东西。实际上两种定义都含糊地说明了这个事情的复杂性以及对所谓"第三"部分经济活动重新分类的迫切性。

② 肯定地说明这种情况的例子,我们可看中世纪印刷术的发明,这个第一个新信息技术对修道士手工抄誊只是有限度可贸易"服务"活动的影响。新印刷技术的时间/存储容量以最激动人心和普及的方式打开了通向信息的途径,并且按马克思的话说,导致"科学的复兴",增加大学、教育、图书馆、文化的普及等。这种开放的"可贸易性"对西方社会未来的成长和发展的重要性,从纯粹是制造业方面来看也要远远超过产生一个新的印刷业的重要性。

都包含有货物的运动如运输、批发和零售，信息和通信技术的作用准确地说应属于相反的型式。信息和通信技术带给服务业的不仅是为生产和消费之间提供了时间/存贮功能，信息和通信技术首要的目标是减少生产和消费之间的时间/存贮空间。许多新信息和通信技术最突出的特点都直接与建立元件和材料供应网络有关，这样可降低存贮和生产的时间成本——特别是所谓“准时”(just-in-time)生产系统。同时，新技术带来的灵活性允许将生产同需求更密切结合起来，从而减少了企业自己的贮存和库存成本，其典型就是准时销售。这些特点很明显是同我们前面讲的功能相反，即其目的是为了降低生产和消费之间时间/存贮间隔。在这么做的时候，就减少了许多中间存贮和库存的“可贸易性”。所以从根本上讲，信息和通信技术是使服务业更具贸易性以及更像制造业，使工业和服务业更加趋向一致。

帕维特(1996)特别指出服务产业在雇用科学家和工程师方面的根本性变化。长期以来服务产业雇用的高资历的专家一直较少，但到1992年的统计指出(美国历史上首次)在“非制造”行业就业的科学家和工程师超过了制造业(表17.2)。

表17.2　1992年科学家和工程师在各行业就业比例

行　业	科学家和工程师就业比例% (计算机专家%)	
制造业	48.1	(10.9)
非制造业	51.9	(23.7)
工程服务	9.1	(3.2)
计算机服务	8.3	(51.8)
金融服务	6.1	(58.5)
贸易	5.2	(25.5)

引自：NSF(1993)，Pavitt(1996)。

计算机服务业和金融服务业发展特别快，两者都明显同信息和通信技术的影响有关。1992年制造业中计算机专家只占科学家和工程师总数的略超过

10%比例,而在非制造业中占总数的近 1/4。在早些时候的著作(Freeman 和 Soete,1987)之中,我们指出过软件研究由于概念和计量方面的问题经常没被包括在科研统计数据里,在有关专利的统计中则更是如此了。就在 1983 年如果把全部软件经费包括进电子科研经费内,软件经费要占英国总共的"研究、开发和软件"总费用的 50%。大多数同计算机化有关的技术变革都采取用户或生产者换用新的软件设计和应用的方式,所以这个合并后的总费用(现在要大得多)能够很好地表示信息和通信技术传播引发的技术变革的规模。

随着制造产业和服务产业逐渐趋同,服务业务已经占欧洲联盟国家总经济活动的 2/3,服务业本身的重要性以及对越来越多别的领域(主要是制造业)的重要性更加显著(实例可见第一篇和第二篇中所述的通用电气和别的"制造业公司"的情况)。特别是自从信息和通信技术兴起及其对许多服务业活动"可贸易性"的作用,服务业的作用主要表现为增强"核心"的价值作用。本文的要点是将数值、信息和知识这三者区分开来。

信息和通信技术在知识的"编码化"之中起了重要作用。编码化指的是将知识转变为"信息",它可体现在新的物质货物(机械,新消费产品)之中或者以信息为载体而很方便地流传出去。这是一种简约和转化的处理方式,使知识的具体化呈现,或转化、证明、贮存和复制变得更容易①。同编码化知识不同的是意会型的知识②,它指的是不能言传或者用明晰的方式表达出来的知识。技能就是一种重要的意会知识。有技能的人遵循一条他的追随者不完全或者不能正式知道的规则行事。他们具有通过学习但经常是 种非常规训练才能获得的知识和能力。新的信息和通信技术的重要作用便是消除了意会和编码化知识的界限。它使原是意会型的知识向编码知识转变,使之变得在技术上可能又在经济上有吸引力。但是在此同时,他们又创造了新形式的意会知识,有

① 特别可见 David 和 Foray(1995)。

② 我们可以想象,诸如园艺、流通或家政之类的活动。从哲学角度看意会知识的深入讨论,可见 Searle(1995)。关于企业中的意会知识的讨论,可见 Nelson 和 Winter(1982)及 Senker(1995)。

关软件设计就是其中的例子。

编码化知识体现为物质产品大大地改善了许多生产资料和消费产品，包括许多新的电子信息和通信设施的性能。这又成为西方社会不断提高生产率，增加投资和消费需求的依据。如作者在其早先的“后工业化”文献①中强调指出的，这个过程也可以描述为一种服务的“产业化”：通过将内含“编码化”知识具体化的家用产品（如洗衣机、电视、烘干机等）代替原来的专门服务工作。最近这些产品的电子技术的进步进一步提高了这些产品的家务工作性能，又减少了家务劳动时间。可是这些新的物质产品性能终究不能完全替代原来的服务工作（洗盘机便是个好的例子）。编码化过程会过于复杂，产品会变得对用户不那么友好（典型例子如录像机），但是用户并不需要具备或者懂得贮存在机器里的知识。

服务方面的情况则相反，按照上面的观点，当编码化的知识在使其比以前更能为同信息网络有联系的经济，或是为了解如何使用这些网络的所有部分和部门所接受时，服务的非物质本性决定了它将永远不能完全编码化。编码化过程不是降低反而是增高了以技能、能力和其他形式存在的意会知识的相对重要性。正是它们的运作成为这些服务的价值所在——其“内涵”。虽然有一部分是基于纯粹意会的，如才能和创造性，可是其他大部分仍来自不断的知识积累——学习。其典型的就是螺旋式上升的运动，意会型知识转变为编码型知识，然后对应这个新产生的编码化知识又发展了新的意会型知识。这种螺旋上升运动正是个人和有组织的学习的精髓所在。

这种由大量制造有日益趋多“编码化”知识内涵的货物，向服务型的“意会”知识活动的转移正是新信息社会产生的典型特点。这也部分地解释了电子和计算机制造企业要进入有信息含量活动领域的趋向。同样，这也部分说明了一些原来主要从事制造业活动的公司的结构和战略转变（如通用电气、爱立信等，第 11 章）。在服务业，也解释了“载体”运作企业最直接面对的将其内

① 其他的，可见 Gershuny（1983），Gershuny 和 Miles（1983）。

涵部分(媒体、教育、文化)实行知识“编码化”并将其推销出去的转变。

从另一方面讲,信息社会是根据用户对新信息产品和服务的需求而出现的。而这个“需求的明确性”主要取决于新规则制度框架以及总的宏观经济气候。信息和通信服务业在许多情况下,其业务的成功是由能否将所从事的实质性经济实现规模化决定的,参与规模化网络活动的公司只需支付原来成本的一小部分(大家可以想象电影、软件、金融和保险服务等的情况)。欧洲被分割为多个国家市场和多种文化显然不利于实现这样的规模效益。为了更快地从分割市场的禁锢中解脱和粉碎这些束缚提出了多个提案,如在全国无线通信市场方面的本杰明(Bangemann)行动计划或 G－7 实业家行动计划就是反映了对至少能部分解决这个问题的迫切心情。

17.3　新的就业挑战

随着信息社会出现带来的就业方面情况首先反映出信息和通信技术对提高整个生产率和产值,特别是对前面提到的新的信息服务部门的影响。可是其中多数将决定于新信息服务部门能够提供的新需求和市场;也将主要取决于整个经济中受生产率提高获益部门的分布状态。生产率提高的效益主要是基于微电子产品、计算机和无线电通信的成本及价格下降引发的反通货膨胀效果,这些又影响到更广泛范围的产品和服务,如组织机构的改进和在许多如商店门市、生产计划或行政管理工作等方面因学习信息技术带来的效率进步。

如本章 17.1 节指出的,在谈论信息和通信技术的创造就业和消灭就业效果时很难从间接效果中把许多直接的负面和正面效果区分出来。这再次使国家政策要关注信息社会的就业问题,除了考虑历史及宏观经济补偿问题(见插框 17.1),还要考虑新信息和通信技术的特别的形式与特性,其中有四项是应特别提到的。

插框 17.1　技术变革和就业：历史的教训

过去 200 年来一直有关于"下一轮技术变革将会引起高失业和(或)实际工资大幅度降低"的预言。今天这些惧怕表现为不同形式；相信计算机和机器人很快会取代非熟练工人的职位，或是经济结构变化速度过快以及由技术性失业引起的严重的供需不平衡。到现在为止这些预言都是错的。生产率提高伴随着对劳动力需求增加及实际工资增长。

18 世纪 60 年代法国的重农论者认为只有农业才是真正的生产，将法国的劳动力转移到别的领域会减少国家的财富。亚当・斯密将他们的论点阐述为：市场的功能促使从事服务和制造业的工人增加，"侵占了本来应该属于(农业)生产的职业。每一个这样的侵占一定……必然也导致逐渐减少真实的财富和社会的收入"。

接下去的半个世纪中，从事农业的劳动者份额继续减少。但是生产率提高使法国的平均工资增加了近四分之一，而失业率没有明显增高。

19 世纪 20 年代，"李嘉图(Ricardian)的社会主义者"认为使用机械提高生产率会减少就业、压低工资和减少人口。他们是根据在戴维・李嘉图(David Ricardo)的修订版《政治经济学原理》第 30 章中大量事例得出这种观点的，由此，李嘉图下结论说，"这个为劳动阶层接受的观点——使用机器通常会损害他们的利益，并不是基于偏见和误解，而是适合政治经济学正确的原则的"。

而在后面半个世纪，资本积累和技术革新使得英国的平均工资增加了一倍多，而失业率并未显著上升。

在 19 世纪 60 年代卡尔・马克思写了《资本论》，"社会财富与货币资本越多……劳动生产率越高，工业后备的(失业)大军越多……工人阶级越加贫困化"。

在接下去的半个世纪中资本的强度和生产率继续增高，英国的平均工资再次几近翻倍，失业率并未明显增高。

在第二次世界大战后的 20 世纪 40 年代，萨缪尔森(Paul Samuelson)报道过，控制论学者诺伯特・温纳(Norbert Wiener)曾预言："计算机的发明会产生技术性的失业大军，会让大萧条看上去只是场野餐会。"而在以后 40 年中美国的平均每小时工资涨了超过 1 倍，而失业率只增加了 1%~2%。

引自：OECD(1994)。

(1) 新信息和通信技术对于服务业部门，特别是迄今受到大量"保护"使其免受自动装置或"信息化"影响的部门和职业有特别大的影响。

由于这种"摒闭的"服务性职业在以前主要是吸收从制造业和农业转移出来劳动力的岗位，所以就很关心新的服务业是否真的能够提供足够的新就职机会。这些新服务如前面指出的，极其依赖适当的规则框架。信息服务的新市场的出现不仅要求一个更加竞争性的框架，解除规则的束缚和开放门路，还需要新的协会来制订这些新市场的规则，包括控制产权的权力、安全、保密性等。同时像互联网的事例表明的，变革的速度超越了现阶段推行的"受控的"解放程序，并且包含了一个全新通信价格结构的戏剧性"创造性破坏"过程。特别在欧洲，已有证明显示结构改革过慢因而致使欧洲的新服务落后于世界其他地区的发展。

（2）由于新信息和通信技术使获取数据和信息成本大幅下降已能与宏观经济通货紧缩效应相比，就引发出我们现行的估测“通货膨胀”的统计方法是否仍然有效，以致不是在继续更多地测量通货膨胀“假象”而是货币的假象的问题①。

这个观点被 1996 年 11 月 22 日的《经济学家》杂志上的评论员及特邀文章所肯定。有理由假设欧洲和美国现行的通货膨胀估算方法忽略了许多新产品和新服务以及特别是与新信息和通信技术有关的数量上的增加，因而每年高估了通胀率几个百分点。其结果是我们在信息和通信技术广泛推广和新生的信息社会的基础上可料想到的，许多国家的经济在 20 世纪 90 年代中期已不是处于通货膨胀，而是处于通货紧缩状态。在欧洲货币联盟（EMU）统一准则框架内，绝大多数欧共体成员国基于高估的通货膨胀采用的严厉的货币政策，自然不太能在短期内鼓励新生的信息社会对产量和就业起促进作用。这并不是要否认财政预算整顿政策对利率、私人投资和增加就业——这些可以举例指出的拥挤在欧洲就业战略委员会中的问题——的可能的长期正面作用。可是在短期观点上，我们的确可以问一下在 90 年代，欧盟把严格紧缩宏观经济的货币政策放在优先地位，对于欧洲迅速出现的信息社会究竟起了什么作用，而对在充分就业这方面是不是做得更少了？

（3）由于信息和通信技术是“信息”技术——其本质是有越来越多的记忆和存贮、数据和信息的快速运算和演绎——总的说来会进一步增加人类技艺的“编码化”。

如前面章节所述，这丝毫不会否认“意会”部分知识的重要性。相反的是，当更多的知识编码化了，其余的不能编码化部分就变得更加紧要。这种以创造性方式将有关知识编码化的能力以及挑拣出有关信息并有效地使用的能力

① 见 Soete（1996）。

已经有并且继续会有更大的重要性。因为同样原因,更多的常规技能变得完全编码化,其重要性大大降低了①。由于我们社会绝大多数职业的确包含了这些常规任务,就要考虑信息社会对职业布局的冲击。而且,随着各种形式信息和计算机技术日趋广泛的应用,"技能失配"似乎有了更加普遍和共同的属性,这就引发了关于新信息和通信技术的内禀"技能基础"的问题。当对这种布局的关注引出了对扩大社会各阶层教育和训练的严重性必要认识的同时,也产生了有关可能受排斥的集团,如不熟练及常规技能的劳动力人群的根本性问题。

(4)由于国际上进一步编码化及可传输化的日益扩大的趋势,信息和通信技术在某种程度上可认为是首次真正的全球技术。

信息和通信技术可以超越距离和时间实现信息和知识的编码化,不但可带来更多的通向全球的途径而且可以使企业/组织重新设置这些能够编码化的常规活动使之能在全球进行贸易。换句话说,信息和通信技术对经济的透明度作出贡献,并且通过变更地点实现成本效益最佳化,实现国际资本流动和特殊活动的国际"外源化"。虽然对世界来说作为一个更加透明、无边界完整的世界,其利益是无可争议的,但仍然对这些利益在全世界的分配存在疑虑。如第三篇指出的,对于最贫困、最僻远国家和地区,他们仍被排除在外;对于富裕的、技术上领先国家和地区,他们关注的是创新带来的对其垄断利润的侵害,以及其对欧洲就业、工资和已有社会安全体系的影响。在大多数欧共体国家,国家社会安全体系及更大范围的福利制度的经费都同就业密切相关,它们是来自雇主和雇员的缴费。在一个更加全球化和经济上透明的世界里,这种国家间的联系,受到了损害。

无论从新信息和通信技术的数量、部门和职业组成上或是从进入信息社

---

① 作为使人感兴趣的对比,比较简单的人类活动(比如园艺)可能永远不会编码化。这就解释了作为一项以"技艺为基础"技术革新的信息和通信技术思想,为什么不能真正把握住这个简化接着重又技艺化过程的复杂性。进一步内容,可见OECD(1996)。

会方面，都很难精确地预告其对就业的冲击。不管直接还是间接就业影响，实际上都是社会结构转变的结果。20 世纪后半部全新工业部门的兴起已带来了新的就业机会，如软件产业、电子计算机工业本身和微电子工业以及别的新信息和通信服务部门都产生并提供了新的就业机会。可是要这么做，首先至关紧要地取决于对产生新信息和通信市场合适的规范化的制度环境，以及合适的宏观经济气氛。考虑到这两方面，就会产生认为当今的情况对于这样快速涌现的新市场可能并不足够有利的疑虑。

同时，主要在欧洲又意识到信息社会带来的直接和间接的职业变动效应将是实质性的。一些最典型的与信息和通信相关的服务业，如金融、保险和其他业务部门，新信息和通信技术可以有很高的增加其效益的潜能；在这些部门特别是常规工种的许多职位将会被取代。而且还应注意到许多传统的“不可贸易”的服务活动会变成在国际上可贸易的，这些工作会被移放到低工资国家和地区去。另外，这些看来会被取代的职位大都是简单常规的职业，但不一定是不熟练体力型的，也会是那些便于用信息和通信技术将其所含信息和知识编码化的职业。

无论这些直接和间接的就业效应的结果是正还是负，它们都不能从简单地计算产生的新职业和消灭的旧职业得出。应该认识到信息社会对任何国家经济和世界经济的扩展性效应，从整体上看还要有点矛盾地取决于新信息和通信技术将会创造的良性循环，那里的投资是高的，劳动生产率增长也快，但产量增长得更快，所以结果是职业的净增长。这也是为什么可以对随着信息社会一起出现的本质性的长期福利和大量新职业机会，持以根本性的乐观态度的原因。但是这些福利收益及新机会不是自动给予的。上面讲到的良性循环能否实现将取决于宏观经济政策，劳动力和产品市场规则与制度改革，对用户更加友好及关注技术的政策，新分配政策，促进生产率增长的政策以及将新信息和通信技术结合进入社会的政策等政策面状况。如果在技术、政策和制度方面有好的配合就极有可能获得长期的充分就业。

17.4　信息社会中的失业和不平等

要在短短的一章里谈论伴随信息社会而来的所有复杂的社会问题是不可能的①。我们已经选择了就业和失业问题,因为它们是最受关注的。例如,经济合作与发展组织秘书长(1993)就称它们为“扰人的和使人惊恐的”。而且它们同技术、教育和培训政策密切相关。然而,在结束本章时我们简要地把注意力扩展到与失业相联系的更广泛的,最终会成为重大政治和社会紧张根源的问题:国家内部及国家之间社会不平等的增长。

20世纪80年代和90年代严重的结构性失业加上同时在职人员增收面的扩大导致了全世界范围内的社会不平等感增长。前中央计划经济国家推行市场改革和私有化计划引发了贫富两极分化。最后,如熊彼特指出的,新产业和企业的增长也造成了一些部门特别的高利润率,同时也伴随着其他部门利润的衰减和消失现象。

信息社会的到来已伴随着对社会正义及增进福利倾向的反转趋势,而这种倾向正是第二次世界大战后四分之一世纪的特征。信息社会的一些特点似乎会进一步加深这种趋势。尤其在“信息富裕”和“信息贫乏”之间会产生界墙。有相当多的,甚至包括最富有国家的人们,不能够或者不愿意使用新技术去获得他们可以利用能力的手段。“信息贫乏”相当直接地联系着物质(收入)的贫困,虽然这还不是等同的。然而可以肯定,在劳动力市场里却一般会引向物质的贫乏。福利条件变差及递减税率的增长使社会底层扩大并加剧了社会排斥,这成了信息社会的特点。这种趋势在英国和美国很强劲,但也清楚地表现在另外的大多数国家之中。若不制定出经过认真研究的专为扭转这种趋势

① 关于信息社会众多的社会和经济方面更深入的讨论,可查阅 Castells(1996);Dutton(1996);Gates(1996);Whiston(1991);关于第三世界,请见 Nasthakken 和 Akhtar(1994)。

的政策,这种情况是不会消除的。有些经济学家及社会科学家小组已经提出一些这样的政策,欧盟 1996 年出版的《建设一个我们大家的信息社会》的报告就是个例子。

一个关注信息技术的专家小组令人惊奇地提出要研究一种新的所谓"比特税"(Bit Tax)的新税种,以增加国家税收和使政府能够解决到处存在的社会不平等问题(Soete,1996)。提出这个税种有好几个理由,但首要的是拓宽税收来源使之能够适应信息技术带来的巨大的经济结构变化。其次需慎重考虑的"比特税"或"信息传输税"却是有点矛盾地为了提高信息产业的效率。信息过载一直是科学技术的长期困惑(见 Bernal,1939 或 Ziman,1994),而且也是经理、政治家和许多消费者日益感觉到的问题。要把数据和信息转换成有用的知识就必然包括思考和准备,这总是要大量的说明、文本和介绍。过载总是会带来密切相关的信息污染问题:把无价值的信息轻率地传送给不需要的人。适当的税收规则是纵然不能消灭但能抑制这种趋势的一种简便方法。

最后,詹姆斯·托宾(James Tobin)就这种国际不平等性的增长提出一个建议。他指出即使对国际金融市场交易加赋一笔很低的税率也可以很容易地收集到远比联合国和其他国际援助项目给第三世界全部援助多得多的经费。由第三篇讨论中的理由,国际上发展速度的两极化在以后将会比 20 世纪更严重,所以那些为了"受排斥"国家和地区的计划将会更加重要。

考虑到发展和不平等方面长期的社会问题,库兹涅茨(Kuznets)认为,"我们可以设想在世俗社会特有的不平等性上做一个长程的摆动;在经济发展的初期扩大……不久就稳定下来;在后期缩小差距"(Kuznets,1953,p.18)。他指出这个长程的摆动是"经济发展大范围运作中的一个组成部分,它同其他因素类似的运动有关,其中包括人口增长速度,都市化速率及内部迁移,储蓄率或国民生产的资本组成……外贸占国内生产的比例,(以及)如我们能恰当地测量出来的政府根据市场力量采取的行动(市场力量必须有很大的自由度而给政府有较大干预空间)……收入不均衡的长程摇摆大致也同资本构成比例密切相关——因为大幅的不均衡会使全国的储蓄率升高,较小的不均衡则会降低储蓄率”(Kuznets,1955,p.20)。

他得出结论:

> 最后谈论一下,对这个问题进一步的剖析可能会把我们引导去的方向……如果我们能妥善地处理经济发展进程,技术、人口总数和社会框架变化的长期变化过程——以合理的方式影响经济力量的运作——其结果必然是我们超越了经济本来的范畴……不可避免的是这使我们可以更加熟悉有关社会秩序的许多发现,它们可帮助我们理解人口增长方式,技术变化的本质和力量,决定政治制度特点和趋势的因素……这方面有效果的工作必然会要求市场的经济转向政治和社会的经济。
>
> (Kuznets,1955,p.28)

第18章　技术和环境

18.1　引　　言

紧接着第17章关于就业的讨论,本章的中心议题是利用创新、技术和其他的补充政策来支持环境可持续发展目标。要达到这个目标,创新和技术政策起着必要的作用,这是因为需要以创新来取代现行的不可持续的生产方式和消费方式,也因为需要更快地发展和推行广泛的对环境更适合的技术。有三个理由可以进一步解释为什么注重环境专题是一个全面而长远地审核由技术革新和创新引起的特定的政策是否正确有效的有用方法。

首先,环境可持续发展是一个典型的长期政策目标,它迫切需要更高地放在科技政策部长、政策执行和制定者的议事日程上。它要求广泛的创新和改革并使已有的体制、生产和消费技术的逐步变化以适合新的目标。最近的研究估计,这些变化即使齐心努力也可能需要30~50年时间(Jansen和Vergragt,1992)。相比而言,许多其他的欧洲政策目标,包括技术政策在内都是短期或中期的,就像前一章中所讨论的,比如最近10年左右在降低历史性的高失业率以保证技术劳动力那样。

其次,应有特定的政策去注意可持续发展这一问题的复杂性。环境可持续的目标,特别是能帮助满足这个目标的创新的开发和推广,如果没有广泛的政策,包括许多各方面的经济界人士,和现有的经济、社会、文化机构的变化,这个目标就不可能达到。由于这一问题的复杂性,以至于可用它来作为检验指导发展政策的系统方针是否正确的原则。

最后一个成为对环境技术和可持续发展的特殊兴趣的理由是政府和私人目标之间的紧密联系。环境可持续目标主要是一个政府目标,然而如果不能保证私人方面的生存并能随革新而调整,这一目标就不能实现。研究这两方面的问题,就能使系统方针平衡考虑国家及私人利益,亦使国家及私人目标符合总的环境可持续目标。

18.2 环境可持续发展:科技政策的新旧使命

环境可持续发展有许多定义。我们这里使用的字眼从经济体制的意义上解释就是:能够满足这一代人发展的需要,而没有不可替代地减少对后代发展有用的资源和没有对环境产生不可恢复的损害①。这个定义认识到经济系统满足人类长期需要的能力依靠生态系统的可生存性,并且要求生产和消费技术符合两个标准:

(1) 引起环境损害的废品的生产必须通过防止产生不可循环废品的方法而逐步被排除。这是一个比减少污染更理想的方针,因为后者会引导出把污染从一处转移到另一处,例如,从丢弃到河流改为放进陆上废品处理场的政策的产生。

(2) 有用的不可再生资源的整体不能被耗尽。如要符合这一要求,应该使生产技术使用可再生的资源,或者是当不能再生的资源被耗尽时,需要不断地找寻替代物。

每一种情况,重要的解决方法或是依靠快速推广现有最佳实际技术,或是

① 某些资源的减少以及某些环境的损害是不可避免的,问题是要限制这种减少和损害,以便使资源能够通过再循环和替代物所替代,以及损害被补偿政策所抑制或扭转。

开发新技术的创新活动。

利用科学技术政策以达到保护环境的目标，是技术政策的一个新焦点。表面看来，这需要回到 20 世纪 50 年代和 60 年代强调的适用于使命导向型计划的政府规划。然而，旧的使命导向型计划，比如核防御、太空计划和新的保护环境发展的资助计划之间有着根本性的区别。在第 16 章中已讨论过，过去发展新技术的计划完全依靠政府的经费，尽管这些项目通常影响相关产业的结构，并带出一批新技术而广泛地牵引其他行业的发展，但总体上讲还是同其余的经济无关。相反，目标明确的环保项目需要好多项政策共同作用，才能对经济的整个生产和消费结构发生全面深入的影响。

适合新环境目标的任务性项目要求一个更加系统化、更全面的政策。这种做法同过去的任务性项目的做法有巨大差别①。表 18.1 总结了新旧使命导向型计划模式两者的主要特点和区别。我们着重强调的是实现创新的体制方面的一些主要特点。

表 18.1　新旧"使命导向型"计划的特点

旧的：国防、核科学和航天	新的：环境保护技术
以与经济可行性关系很少的技术成果数据和类型来规定任务 ● 由一小部分专家先行规定好技术发展的目标和方向 ● 在政府行政的范围内集中控制 ● 把成果推广到参与者核心之外是不重要或不受鼓励的 ● 由于强调少数尖端技术，限于一小群企业参与 ● 不大需要配套和辅助政策的自我完善的计划，并且不必太注意政策的协调一致性	以经济上可行的技术方案来解决特定的环境保护技术问题 ● 技术创新的方向受到广泛的，包括政府、私人企业和消费群体的参与者影响 ● 带有一大群利益相关者的分散控制 ● 成果的推广是一主要目标，并被积极鼓励 ● 为了鼓励大批企业参与，对开创性的及渐进性的创新与开发均加以重视 ● 辅助性的政策对成功是必不可少的，且需要密切关注与其他目标的协调一致性

由于涉及有关的研究、开发和供应项目的将是一大批机构和组织，这就需要采用网络方式来加快信息的传播和评估。这可通过鼓励由几个机构进行合

① 见 Ergas(1987,1992)有关使命导向型计划的主要特点的详细讨论。

作或平行研究的研究和资助政策来实现，但是这仍然需要一个领头的机构，它能在研究中起带头作用，又能在发包给私人和国家组织机构的协作计划中发挥协调作用。协作计划也应包括非政府组织（NGOs）和来自发展中国家的科学家与组织。非政府组织不仅把宝贵的专家带到了科学技术研究计划中，他们也能帮助将政府需要和介于消费者目标与产业目标之间的需求结合起来。需要来自发展中国家的研究者们参加，也是立足于保证环境保护技术的全球性推广。协作项目的大最参与者也要求评价每项计划的方式制度化，这就建立了通过周期性的技术评估来对技术发展方向加以影响的发展程序①。

18.3 技术变革是一个循序渐进的过程：沿着一条环境可持续发展技术的轨道前进

环境保护政策的一个主要困难是如何在市场经济的范畴内促进环境可持续技术的发展，因为在市场经济中，选择产品和生产工艺并非基于环境的标准，而是基于需求为转移的利润。克服这个困难的方法是发展由技术变革的积累和自我加强特性带来利益的政策。通过指导产业界寻求对环境有利的创新和技术的发展政策，便能做到这一点。这些政策的目标是启动一个自动加强的过程，对为新技术方案的解决而作的附加研究，也要沿着类似的技术途径前进。例如，从光电池取得电能的实验，很少情况下是经济上有竞争力的，这将引导研究，逐步改进光电池的效率，并增进它的竞争能力。这样，竞争能力的增加会吸引对这项技术更多的投资，再引导到进一步的技术改进、价格下降，以及许许多多经济上有利的应用。这种效应也在英国 NFFO 的政策中由风能和其他可再生能源项目的价格下降所说明（Mitchell，1995，1996）。

① 关于对德国一个生物制氢的基础研究项目的连续监察的例子，见 Meyer-Krahmer 和 Reiss（1992）。

有 4 个主要的政策手段可用于引导私人企业向着环境可持续技术开展投资：直接限制、经济手段、赞（资）助和转变社会对技术创新态度的政策。以下依次进行每个方面的讨论。

（1）直接限制

直接限制，例如通过空气、水、土壤和产品质量标准，或对产品的条件和应用的限制，这是最普遍地用于降低污染或危险物质暴露的方法。限制手段已受到理论上的广泛批评，作为促进降低污染技术的改革手段，它不及经济手段有效[①]。然而制订最低限度的标准和防止暴露危险物质的限制手段，仍是必要的。

（2）经济手段

经济手段包括可购买的排放物许可证、排放物和产品税，以及某些情况下的津贴。在以下讨论中，津贴是作为资助的一部分看待的。经济手段与直接限制不同的是不对排放物质制订标准。污染是允许的，但是对污染者收一项直接费用（“污染者必须支付费用”）。经济手段的作用是通过政策实现的。这些政策估计污染的额外费用，并把这项费用附加在产品的投入和产出成本上。例如：高硫燃料应被加征包括酸雨对环境破坏的预计支出的税。工业的额外费用将会吸引创新活动，以找到另外的燃料或能降低硫散发的新技术。

经济手段的有效利用取决于如何以更好的评估方法去估算环境成本和是否有准确测量排放物的技术。后一问题已被表明是主要障碍，虽然能够用投资与开发对一些物质的即时监察系统给以部分解决。另外需要的是认可和取消不适当的经济手段，比如会引起对环境有害的农业生产操作的税收贷款的优惠和津贴。

（3）赞（资）助

赞（资）助政策，或者是通过直接支持研究和开发，或者是给予私人企业内有益于环境的技术应用以津贴，这对达到环境可持续发展的目标上起着主要

---

① 关于不同类型法规方法，包括使用标准或经济手段，例如对排放物质或产品课税，其利弊的讨论见 Pearce 等（1989）和 Milliman 与 Prince（1989），也可见于 Howes 等（1997）。

的作用。直接赞(资)助可能对于应用于基础结构系统内的新技术开发最恰当,比如对能源、运输或废物处理系统。补助津贴,例如:通过税金优惠或工业和政府研究所间的协作研究计划可能是发展更清洁技术工艺最有效的方式。事实上,私人企业掌握着大量现成的,且尚未整理或未实施的对公众有益的知识。

(4) 社会约束——转变社会对技术创新的态度

技术的社会约束,由限制社会和经济双方可行性的技术类型的广泛影响组成(Schot,1992)。这包含影响消费者需求和企业管理层对环境结果重要性的认识等因素。这两者都受教育计划的影响,例如,在对经理们和工程师的教育计划中列入环境课程,会使他们学会自动地考虑自己的事业对环境的影响。另一个目标是利用政策支持一些组织。它们可从外部和内部向企业施加压力,"促使企业把环境问题纳入企业的总业务策略之内"(Cramer 等,1990),例如,通过对环境目标的内部评测和评估方法。有某些证据表明:越来越多的企业已开始行动,并指派高级管理人员对此领域负责。

能增加企业外部压力的机构除了政府之外,研究院、环境技术部门,还有大量的非政府组织,比如消费者、公众健康和环境保护组织。非政府组织能够通过提高消费者对环境问题的觉悟和以实行合作策略来增加对企业的压力。德国消费者组织似乎已在施加这类压力方面做得特别有效。

对企业施加内部压力可通过贸易、产业组织和私人企业内的环境和市场部门。这些组织能够改变已接受的习惯,保证环境问题作为长期战略上的一个重要因素①。这里也需要更多社会科学研究,以使我们考虑各种组织和个人采纳环境目标的能力和在制订鼓励这个进程的政策时,能有更多的知识。

建设性技术评估(Constructive Technology Assessment,CTA)②是使用技术的社会约束将其导向有利方向发展的一个办法。我们将在最后一章中更详细

① 经研究了解到,企业都把环境问题加入集体的战略计划经济。见 Groenewegen 和 Vergragt(1991)。

② 关于 CTA 的理论和应用的讨论,见 van Boxsel(1989)和 Schot(1992)。

地讨论这种方法。建设性技术评估不同于其他技术评价方法的是,它着重在受到新技术不论是有利还是无利影响的生产者、用户和社会群体之间开展对话。这就扩展了能影响新技术开发的感兴趣集团的范围,因而也就提高了引导创新活动向有利于环境和社会方向发展的动力。

18.4 从锁定到重大突破

人们很难预见未来技术发展带来的益处和危害,这就给如何判断技术变革带来不确定性①。某些技术可能在开发的初期对环境有害,但后来竟发展成非常良好的技术,同时另一些最初看来是对环境有益的或中立的技术,后来却表明是具有危害的。由于对将来的发展不能预知,我们建议在制定可能禁止实验性试验或导致技术在初级阶段过早地被封闭的法规和政策时要非常谨慎。

锁定于已有技术之内的做法经常会导致一种技术管道终端化趋向,它简单化地将污染从一处转移到另一处②。一个例子是使用催化剂来降低内燃机排气管中的有害气体,却没想到从一开始就开发一种不产生有害气体的内燃机来替代。

管道终端(end-of pipe)技术在私人企业范围具有明显的优势,因为它比起一些清洁的生产工艺革新具有更好的短期的灵活机动性。它能添加到已有的生产厂去,需要的学费代价比对主要工艺进行创新小得多。在许多情况下,它

---

① 后一情况包括众所周知的实例,比如 CFCs(氯化氟代烃类,chlorinated fluorocarbons)可用于减少食物浪费的冰箱,但是破坏了臭氧层。DDT 虽然提供了对蚊子传播的疾病的保护,但有杀死有益昆虫的反作用;能够增加农用土地的灌溉计划在某些情况下反而会导致土地盐碱化和沙漠化。很难为前一种情况提供证据,因为实例通常都会引起争论,在可能的候选者之中,包括计算机,最初发展是为了军用;DNA 重组技术是由新病原体的偶然发展而出现的。

② 管道终端技术是作为工业过程中清洁废弃流体而提出的。一个实例是用气体净化器从燃煤电厂中去除二氧化硫,有些管道终端技术能用作清洁技术,如果这收回的化合物能循环使用,便可减少资金的投入。

确是现有的工厂控制污染排放物所需要的合理解决方法,此外,管运终端的解决方法能用于广泛的多种生产领域,结果对于制造控制污染设备的工厂来说它比清洁的生产工艺更能提供一个较大的市场。作为这种优势的结果,鼓励环境革新的政策会不知不觉地支持基于管道终端技术的低级技术方法的发展,从而阻碍可从源头上避免污染的清洁生产过程技术这一长远目标。

污染者赔款这一准则,必须很小心地应用使其也能鼓励研究更清洁生产工艺的组织机构,不然就会很可能变成促进对管道终端解决方式的依赖。但是如果没有像对发展或应用清洁的生产工艺方法技术的支持之类的津贴,这就很难实现,对于那些较小企业更是如此。

一个长远的解决办法是鼓励能促进降低生产单位产值所需成本总量的创新,这将不仅仅降低生产一定水平的产值所需的资源,从而使企业能生存下去,而且在大多数情况下,也实现了清洁的生产过程的技术,因为总投入,包括最终造成浪费的投入被降低了①。较低的投入/产出比,技术上明显是可行的。这已在欧共体 1973~1988 年第一次能源价格大批上涨期间,每 1 000 ECU(欧洲货币单位)的 GDP 能耗以平均 20% 的速度下降所表明。在这个时期,丹麦的能耗下降了 33%。然而,这种改进在 90 年代明显减慢,这可能由于有的能源价格已不再能提供相类似的鼓励以及对煤炭课税的失败所致,见表 18.2。

表 18.2　GDP 的最终能耗[a](1973~1993)

国　家	1973	1988	1993
比利时	0.64	0.49	0.47
丹麦	0.46	0.31	0.32

① 这一结论被 Pearce 和 Turner(1984)数学地说明,但在某些情况下,成本的下降将不会对环境有利。如果不考虑下降成本需要的直接和间接的影响,也就不能肯定这一点,因为降低成本的技术又会增加另外的环境问题。例如要求复杂的计算机控制系统的节约能源的生产过程,会增加集成电路生产中有毒物质的用量。评价一种技术对环境效应的困难也要加上原料与废物的国际贸易因素。

（续表）

国 家	1973	1988	1993
德国	0.52	0.40	0.39
希腊	0.51	0.60	0.52
法国	0.44	0.36	0.38
爱尔兰	0.59	0.57	0.43
意大利	0.46	0.36	0.37
卢森堡	1.51	0.74	0.65
荷兰	0.59	0.47	0.44
英国	0.62	0.45	0.44
欧共体	0.52	0.41	0.41

[a] 能耗[每 1 000 ECU 的耗油量(吨)]，指粗略的国内消耗量除以 1980 年价格和 1980 年外汇兑换率的 GDP 值。
引自：Eurostat(CEC，1994a)，上溯到由 Eurostat(CEC，1990，1995)，Eurostat Energy Statistics，EC，Eurostat，Luxemburg，此处有所修改。

18.5 政府政策在保护环境可持续发展中的作用

支持可持续发展政策的一个重要目标是鼓励对环境有利的技术的快速推广。通过有计划地培养大量掌握创新知识，并能应用于工业需求中去的人员，就能加速推广。支持示范性项目和技术转让计划的政策可使其为更多的潜在用户了解而扩大影响①。基于渐进主义原则的资助方案（在后面讨论）也有助于通过增加掌握直接相关的技术知识，并有能力用到私人部门去的人员数目，从而快速地将最实用的技术推广出去。

① 这些计划的有效性可能依靠提供新技术的工业结构。通常对论证计划和知识推广的援助在供应给产业的技术具有竞争力的情况下，看来不大会引起对推广的速度产生不合适的或成问题的影响。

环境可持续发展的目标要求更大范围的技术开发和应用,每种技术要用相应独特的方式来开发和应用。大量的技术、需求和应用意味着,政府缺少必要的信息去决定哪一种类型的创新是解决某种特殊问题所需要。政策并不规定具体的解决方法,而应当如前面讨论过的那样,用政策来影响企业,并支持其建立在资源和应用的创新极其多样化的基础之上,以保证潜在有益的技术在最宽广的可能范围内被发掘和开发。这个目的可通过执行研究和资助计划来达到,这些计划把进行创新的企业、新产品及新生产工艺可能的用户、政府研究部门和非政府组织都包括在内了。此外,为了确保把应用潜力全部开发出来,政府资助的新技术开发计划也应该把有可能受益的大量企业全都包括在内。最后这点特别重要,它指出了知识和技术被不同企业应用的独特方式的重要性。

支持环境可持续性的资助计划必须同时开发传统的和新的技术。特别是许多潜在的于环境有益的新技术。比如,信息、通信、新材料以及生物工程技术,需要将它们全面开发并广泛地应用于生产和消费。例如,信息技术通过改进工业和居室的温度控制系统可以降低能耗和材料成本。表 18.3 提供了在清洁的生产工艺内应用信息技术,使用实时传感器件得到对环境有益的低投入/产出比的几个实例。另一个例子是应用信息和通信技术,通过电视购物、利用计算机在家中工作,与以电视连接的商业会议等来降低旅行所需能耗①。

表 18.3 对电子传感技术研究与开发投资的潜在受益的精选例子[a]

技术手段	效果
清洁的生产过程	
旋转式水泥窑的燃烧过程中气体的还原	NO 排放物降低 20%
改进的加热过程和发电过程的控制技术	SO_2和 NO_x排放物降低 10%~20%

① 见 Freeman(1992),Kemp 和 Soete(1990)。虽然信息技术在降低工作旅行的潜在收益被日益增长的休闲旅行所抵销(Cramer 和 Zegveld,1991),这种趋势也被帆船、飞艇和其他公共运输的节能方法日益增长的应用所抵销。

（续表）

技术手段	效果
改进的内热式热水供应装置的控制技术	CO_2排放物降低10%
降低投入/产出比	
电化学镀镍槽的PH和镍含量测量的在线控制	电镀槽寿命增加2~3倍
高速公路上汽车的跟随车距车载控制	汽车通过量增加2~3倍（降低新高速公路建造的需求）
给洗衣机自动加入定量的分散剂成分	洗涤剂用量降低50%，能耗水耗降低20%
塑料板厚度的在线测量	原材料消耗降低2%~10%

引自：Angerer（1992），本处有所修改。

尖端技术的突破和对现有技术的逐步改进两者都是必需的。未来创新突破实例之一是太阳能或其他的可再生能源技术，它能在环境可持续经济中起到重要作用。对环境有良好影响的逐步改进的创新实例之一是对喷气式飞机发动机提高燃料效率和降低氮氧化物排放的技术改进。

应当注意到，“渐进主义”（incrementalism）这个词汇被一些研究者用于阐述创新进程的特定方法，而并非指创新的分类。一个渐进主义的创新过程既能产生逐步的，也能产生具有突破意义的开创性创新。

渐进主义的基本原则是，创新的过程应当规划成使它们能鼓励大量的研究者和潜在的用户对技术开发经常不断地进行评价。这样可以对每项技术进步采用较短开发时间、小的项目规模、低的项目资本投入，以及减少专用的基础设施投资的方式，但同样能完成任务①。后面这三项准则的履行，就可以允许同一范围内的多个企业和研究所对某一技术进行平行研究，而为广大民众提供批评估价技术的机会。不论是严酷的市场考验，还是非市场方式，这些评价的结果都可用来引导下一步技术开发。

渐进主义方法的目标是使创新过程应该避免过多地投资于范围有限的昂

① 对于渐进主义和历史上由于在庞大的、重点加强的计划上过分投资的几个失败实例的广泛讨论，见Collingride（1981，1990）及Collingride和James（1989）。

贵技术。这类技术后来往往被证明是不适用、太贵或对环境反而比计划替代的技术更有害。然而,对于需要通过大型、昂贵和耗时的工作才能实现的使命导向型大项目,这时就只能限于让少数技术先进企业或研究机构参加了,所以这也是会有问题的。但是,如果有一项或几项渐进主义的原则可能会完全妨碍一个有希望的有利的技术的探索工作时,这些原则也应该暂时搁弃在一边①。

18.6 系统方法:相关性与一致性

环境可持续发展的目标需要广泛的相关政策来支持向新的环境技术投资及使其成功快速推广应用。这些政策已在前面章节中讨论过,且有必要把它落实到两个主要的政策范围,如表 18.4 中总结。这两个范围是引导投资去寻找对环境有益的技术的政策和促进这些技术开发和推广的政策。执行保护和支持工业竞争性和革新能力的政策是实现环境可持续发展的先决条件。反之亦然,能够促进环境持续发展的政策,就不应该降低工业的竞争能力。在某些领域就需要在国际上达成协议,以免使某个国家处于不利地位。

发展环境技术的政策可在两个方面提高工业的竞争能力:

(1)能降低每单位产值的原料用量和能耗,一般情况,也会降低成本。例如一项对荷兰的关于公共运输、食品、电镀、金属加工和化学工业中的 45 项防治污染计划的研究发现,只有 3 项计划增加了企业的成本,19 项对成本没有影响,20 项计划降低了成本,其中 16 项计划不到一年就偿还了贷款②。

---

① 例如,技术约束限制了对聚变研究的大规模定向任务计划。欧共体(EC)的聚变研究到目前为止已经花费了大约 45 亿欧元,并会另外花费 150~350 亿欧元建立一个最初的聚变发电反应堆(Ford 和 Lake,1991)。如果对于经济上和环境上都可行,那么这项聚变反应堆将是大规模定向任务计划的成功实例。另一方面,即使聚变发的电能满足这两个标准,花费到其他的适合于小规模的和渐进主义原则的电能来源的资金可能要少得多,并且在没有把太多资金投入一项计划上危险的情况下能达到相同或更高的商业可行性。

② 评价时有三个计划对成本的效应没有弄清楚,见 Dieleman 和 de Hoo(1993)。

（2）引导创新向着符合严格的环境和安全标准的产品和生产过程去开发的政策，也同样能增加产业的全球性竞争力，如果这些标准今后会被许多不同的国家所采纳的话①。

表 18.4　支持环境可持续发展目标的主要政策观点

1. 可用于引导创新，尤其是向着清洁的生产过程和那些较低成本/产值比的技术政策
   - 直接的法规，比如空气、水、土地和产品质量标准
   - 经济手段，比如排放物和产品税或可购买的排放物许可证
   - 采购，或者通过对研究与开发的直接支持，或者通过津贴
   - 促进社会制约，包括社会信念、需求因素和建设性的技术评估政策
2. 影响创新进程和确保新知识推广的政策
   - 无论在哪里都尽可能应用基于短期开发和小规模计划，以允许大量的机构和企业家参与研发的协作计划的渐进主义原则
   - 应用网络来联系起领导作用的研究机构、私人企业和其他机构，实行对创新计划的分散控制
   - 论证项目和技术转移计划

环境问题与国界无关。由一个国家的工业或消费产生的废物可以通过空气或水传布到许多其他的国家甚至于全球，CFCs 就是这样。另外的情况是，许多国家产生的废物能积存于一个国家或地区。例如，荷兰河流三角洲的大部分重金属含量归因于比利时、法国、瑞士和德国的工业。与之相似的跨越国境的问题出现在加拿大与美国之间的五大湖地区和世界许多其他地区。由于环境问题的国际性特点，环境可持续发展的目标对于世界上所有不同地区和国家都至关重要，它同时要求广泛推行新技术及其支持制度。问题及其解决办法都具有多国家特点，提出了一个像联合国那样强有力的超国家组织的作用，而同时，许多污染源的地方性特点和已经开展解决环境问题的办法和规定各不相同，例如对于生活和工业废品的处理或再循环，都要求地区和国家政府的广泛参与。基于这个理由，环境可持续发展目标只能通过包括所有各级政

① 这点被 Porter（1990），Irwin 和 Vergargt（1989）所强调，比尔 · 克林顿（Bill Clinton）在一篇文章中概述的美国民主施政的环境政策（Guardian，1992 年 11 月 9 日）中也强调了这一点。Jochem 和 Hohmeyer（1992）根据法国的数据资料表述了这一争论，资料表明，法国出口的节能产品在 80 年代不断增长到所有其他工业产品出口率的 2 倍。

府的实际参与才能实现。这就要求仔细地运用辅助原则,以决定各级政府的责任,“辅助原则”可定义为所有情况下都把抉择权留给尽可能最低的,而又能有效地完成职责的级别去做。

很显然,联邦政府的情况,比如美国或加拿大,宪法依据专门的、制度的、法律的和政治的条件,为了最大限度地扩大地方基层的参与,并减少聚集的官僚政治,辅助原则是一个有用的指导方针。然而考察欧洲联盟或美国联邦政府的实例表明,许多责任最好由较高级的,或者与超国家的、联邦的、国家的和地区当局联合承担。希望将来全球性国际机构能为全球标准化承担更大责任,以避免因强有力的环境政策,如煤炭税,使一些国家和地区丧失竞争优势的情况发生。

18.7 结束语

本章我们概述了环境可持续发展的政策抉择和普遍目标,但我们没有深入讨论哪些政策抉择在把技术变革引导向特定目标时才是最有效的。这两者都是政治问题,需要通过社会辩论和以民主的方式作决定。

利用什么政策的选择,相比之下较多地取决于社会和国家政治因素,如对采用特定选择取得政治上一致性的能力。而较少取决于它们在理论上的强点或弱项,例如对污染排放的规定是采取直接的规则,还是可购买的排放许可证方式的抉择就是这样。这样就意味着同时要有几种可供选择的方案,特定的资助计划,改变社会约束的政策,以及或是用直接的行政规定,或是用经济手段,但是对每种选择和最佳执行方法的抉择最重要的依据却是政治决策。

要就某一特定环境目标确定和发展出一个一致性的意见是个更为棘手的问题,尤其在环境目标要求系统化和联动的技术发生实质性变革时期更是这样。例如,农业是个生产和消费体系,不仅包括农民和消费者,而且也包括政府对农业津贴和收入的资助计划，以及设备、农药和化肥供应商等。解决农业生产的环境问题不只需要一些诸如改用低毒农药那样的小变化，更需要农业生产整个结构的革新。同样，要实现降低能源消耗的目标，就应该把从19世纪就形成的复杂的交通运输基础结构做个系统性的变革，使公共交通比私人汽车更具吸引力和灵活性。这类技术经济范式的重大变革如果不经过辩论达成社会公众观点一致就不可能做好。在结尾的一章中，我们将重点讨论经济的政治属性。

第 19 章　结论：超出工业创新经济学之外的内容

19.1　经济学和技术进步：一个如何评价的问题

在这最后一章中，将超越狭隘的“物质福利”立场，从更广阔视野对科学和技术的政策辩论提出了许多结论性意见。在上一章内，我们着重指出了必须从长期可持续性和社会福利出发，对科学技术的作用进行实质性的重新评价。本章将以科学技术更广泛深入地与社会结合作为重点。本章 19.1 节主要评论一些错误的传统经济观点，并说明其错误的程度。19.2 节将分析范围拓宽，而重点放在技术变革的内在特点之上。19.3 节主要提出一些“建设性的”技术评估的基本问题。

对于大多数经济学家而言，对技术创新的评价从某种意义上似乎是个远未在经济现实内解决的谜。其主要原因还要回溯到传统的经济结构，在这个结构框架内技术被降级为一种“外生性”的外部因素，例如它对经济增长的影响，就特别像对人口增长的研究中用来表示人口增长的特殊变量数值：“黑箱”变量一样，除了科学家和工程师谁也无法打开它。若不是经济学家们把这个也当作技术对经济发展与增长作用的特别观点和解释的话，那么认识到这一限制倒也是经济学家们对社会值得称道的贡献。从这一特定的经济观点来看，技术变革确实是（且根据定义只能是）同经济发展的物质财富增长有关系，当然其中还包括了市场分配的功劳。

这也反映出这正是一般对技术变革的评价。从这种经济学观点出发，对技术变革的评价仅仅局限于注意那些有明确经济效果，能提高生产率或满足新产品需要的新技术。即使关于后者，由于把新产品纳入生产功能框架而产生的方法论问题，一般也会使技术创新对生产率增长经济贡献——通常表现为劳动力和资本生产率的加权平均值（全要素生产率）——的结果评价被进一步低估。在第 1 章中我们提出了这个评价问题，在第 13 章中就更加系统化。我们在这里又再次提出是因为它很好地表明了在对技术作经济分析时的一般认识，即认为，技术革新及其社会影响只有在经济学范围内才能正确评价。

经济学家常常会惊奇地发现，许多创新有极广泛的社会效应，但其可称道的经济效应却很小，或者对宏观经济的发展和效率的提高只有间接的作用。20 世纪 60 年代和 70 年代，口服避孕药的发明在多数西方国家中对性行为发生重大影响，并引发了一场有关医药和社会伦理方面的根本性辩论。它对宏观经济的影响是微不足道的，至多只是使更多的妇女进入劳动力市场。指纹识别是从生物技术领域发展出来的一项更新的技术进展。据说对法医学、犯罪侦破和司法过程，尤其对强奸案、暴力案和谋杀案的侦破具有很大的重要性。它跟医学预后和人寿保险也有很大关系，它也将引起一些医学和社会伦理方面的基本问题。尽管很难预见这类技术进步的经济意义，当然也可能很微小。许多其他创新，尽管在可量度的经济影响上似属无甚意义，但它们的社会影响可能是巨大的。

另一个为经济分析所忽视，且乍一看来好像不大涉及技术评估的特性是：找到仅在一个部门应用的创新和那些影响到许许多多，甚至所有经济部门的创新之间的区别。在有些科学技术领域的作者（Freeman，1982；Pavitt，1984；Rosenberg，1982）提出的技术分类中，技术的先进性经常是根据它们影响的“局部”或“普及”程度来认定的。一个解释性例子可用于阐明这一区别。由 20 世纪 60 年代皮尔金顿（Pilkington）研究成功的平面浮法玻璃生产过程对于这个企业和玻璃工业肯定具有普遍性的巨大经济重要性，并且在以后几年它包揽了世界上几乎所有的主要玻璃生产。然而，它却不适用于玻璃工业之外，因此它的宏观经济意义相当小。微处理机或电子计算机，如我们在第7章和第17章中所讨论的，实际上在每个经济部门都找到了应用，因此可预料会对于经济的有效性增长和就业方面带来巨大的经济冲击。

换句话说，经济学家不仅很少意识到技术创新的社会影响，而且也很少能充分地意识到技术创新的经济影响的广泛变异性。毫无疑问，这个问题在最近10年来尤为严峻。然而在20世纪60年代和70年代，这个领域内大多数的对技术创新实际案例所作的研究，它们把分析的技术进步的实施者和这种进步的资助者的范围都只局限在工业部门之内。而如我们在第17章中所见，当越来越多的服务部门要成为技术创新的主要发起策划人时，创新过程便会更加复杂化。在第17章，我们指出了对有关信息和通信技术在服务及在更加广泛的质量进步方面所发挥的作用，进行衡量及实行指标化时遇到的众多问题。若要对服务产业活动进行系统性总结，也就意味着我们要面对越来越多的关于这些技术进步的直接经济影响的问题。在许多服务产业部门，要把技术创新带来的经济上可计量的影响同对社会生活质量的影响分开，是非常困难的。

19.2　经济发展评估和内生性技术

因上述原因，在政策制定者和经济学家之中更多人已认识到①，对于技术传统经济学的“外生性”处理方式以及相应的判断评价方面的偏见正在成为一

① 经济学家当然总是坚持认为国民生产总值（GNP）从来都不是一个“幸福”的量度，例见Tibor Scitovsky在《无趣的经济》（*The Joyless Economy*，1977）一书中对物质进步和幸福之间差异的困惑。

种障碍,而不再是一个可用来对一些新近有关技术与经济相互关系的政策进行讨论的概念框架。由生产率缓慢增长的所谓“索罗(Solow)悖论”引发了如何评估经济“发展”这一更普遍的问题。从战后一直到20世纪70年代中期,金·弗拉斯蒂(Jean Fourastié)的《辉煌的三十年》(*Les trente glorieuses*[①])等普遍认为战后生产和生产率增长的定量数据确实提供了这一时期内始终一贯的“发展”的总体图景。也如弗拉斯蒂所说的:“20世纪巨大的希望”已经在“生产、消费、(缩短)工作时间、健康保护和生活前途的现实”中完全实现。

可是到了最近,随着生产率困惑的出现,在这些指标以及过分倚重物质增长指标,还有这种“追求形式”的物质和非物质“增长”的观点之间,出现了越来越多的矛盾。这是一种更为重要的认识,即经济指标并不能正确度量为了经济发展而使社会和环境所付的巨大代价。从以上曾提到过的其他关系中也能得出相似结论。同时越加认识到,与新的和更好的产品与服务相联系的,已经发展起来的“消费者福利”,其主要部分都不能用通用的总额或经济指标来衡量[②]。

这种争论在20世纪80年代和90年代已经导致了对技术看法上的转变。虽然经济合作与发展组织的布鲁克斯(Brooks)报告(1971b)已经讨论了与经济增长有关的环境质量,但是桑德奎斯特(Sundqvist)报告(OECD,1990)可能是第一份经济合作与发展组织经济政策报告,其中着重强调技术革新的重要性是体现在广泛的社会革新的过程中。在报告中有这样的说法:

> 技术能被解释为一种为了达到实在的或想象上的需要而进行变革的社会过程,它改变这些需要,同样这些需要也改变它本身。
>
> 社会被技术革新塑造,技术变革也被社会定型,技术创新有时是由科学发现推动的[③],有时是由于需求而产生的,它发生在经济和社会体系之

---

① 法文——译者注。
② 例见Nakamura(1995),美国参议院委员会(1995),Soete(1996)。
③ 对于在选择技术和技术成型的辩论中的社会政治要素,可专门见于Stirling(1994)和Molina(1995,1996)。

内,它并非仅仅是那些由体系外带来的因素引起的变化的一种调整。

(OECD,1990,p.117)

换而言之,如果技术变革对社会产生有益的效果,那么它将需要“融入”社会并与社会结合。

从这样一种观点可知,技术创新当然并非是一种由科学家和工程师的努力,从外界引入的“上天所赐的甘露”(manna from heaven),而是一个内部成长的过程,它将持续地被社会广泛需要所采纳与选择。一个可以找到的有意义的例子是最近20年来的大多数东欧国家,尽管在20世纪70年代和80年代在科学技术和高等教育上付出了大量的投资仍然发展停滞不前(Gomulka,1990)。由于缺少了相应的市场联系,科学技术系统被孤立起来了,东欧国家科学技术系统的“市场”失败显然仅仅是这种分离孤立的一个小方面,技术变革缺乏与社会的结合(缺乏安全标准、忽视环境污染、高度的健康冒险、缺少人类工程学思考等)是另外一方面。因此,科学技术实际上被强加于社会和工人之上,结果造成它在商店里缺乏功效和质量进取心。

在东欧国家中关于环境和其他技术政策问题的辩论肯定比以前更广泛和更深入,但从许多方面来看,讨论仍局限在专家之间进行。在资本主义经济学中,技术的内生性当然表现在技术发展的所有阶段。当技术尚处于“创造”阶段时,技术革新不仅受到科学发现的推动,它更是由于需要而产生的,由潜在的经济意念发展而成的新产品和新生产工艺过程,它需要许多实验性阶段以使初始的意念同市场可能性相互检验。在将产品投入市场或决定生产工艺过程之前,发明和创新已在许多环节中相互作用了。从产品最初在市场上销售成功,到它在全国和全球广泛推销,其中存在许多一步又一步相互影响和反馈的环节。产品或创新生产过程的可接受性当然也受到社会态度、标准、文化规范和政治方面的制约。因此,在更广泛的意义上讲,从经济和社会体制内成长出来的技术革新就绝不仅仅是那些由体制外因素变化而带来的一种调整。社会是会采用另一种更能为技术接受的方式讲话的。因此，这也是在进行政策抉择时，技术评估是很重要的原因。

可是，近几十年来大多数西方经济中制定的大部分技术政策的目的和意图，似乎极少有哪几个是认清楚这一明显观点的。

19.3 内生性的技术政策：如何建设性地评价技术

前述的政策讨论主要集中于技术的经济内容。然后，很明显，新的生产过程或产品的经济可行性仅仅是技术与“社会”结合的一部分，虽然通常是决定性的部分。其他包括社会的、伦理学的和社会-政治部分也起着重要的作用。一旦接受这样一种观点，即技术能力的创立的确是一个经由社会最大限度地协商和调整而成的包括复杂的内生性的革新过程。那么很明显，科学技术范围内的政策不能也不应当限于经济和技术创新的融合，而必须包括那些革新与更广泛的社会所有方面的融合，技术革新只有在与社会更广泛的交互影响中，才能被社会选择和接纳，才能实现技术的向前发展。从这种观点出发，技术创新被定义成一个广泛的概念，它包括研究与开发、推广、模仿和新技术的改进，以及相关的社会和组织管理体制的革新与创新。

在这个广泛概念结构内，（建设性）的技术评估是作为政府政策的一种制度和手段，其目的一方面为了改善技术与社会的结合，另一方面为了增进技术本身的利用和进一步发展①。大多数形式的技术评估可认为是分别由经济学以及更多的是从经济政策各自发展而成的。对经济和更广泛的社会状况两者重要性的认识，为发展技术政策建立一个更加和谐、更完整的概念框架提供了

---

① 对于术语“建设性”的由来及其意义，参见 Rip 等，1995。

可能,而它在本质上即是,而且只应该是持续的建设性技术评估。老的(亦可称为静态的)技术评估,以及更为动态(建设性)的技术评估,在这里都有它们的位置。60 年代已经有几种成本-利润分析,试图把原来被传统投资估价忽视的范围较广的问题也考虑进来①。

静态的技术评估问题多年来已被深入讨论,我们现在用经济的语言来表达,就是在技术创新正的和负的外部性的不对称分布的引导下进行讨论。例如,就像哈威·布鲁克斯(Harvey Brooks,OECD,1971b)等作者强调的,在技术影响的分布方面存在着明显的谬误。新技术的花费和所承担的风险常常落到有限的人群上,而它的利益却广泛分布,以致任一特定群体就不太能体会到它的利益惠泽,即使在大多数人获益的总和要远远超过受到有限的不利影响人群所付总代价时亦是如此。例子是很多的。如自动化,由于降低了它的相对价格,使产品的消费者得益,但产品价格降低中由工人劳动量成本转移过来的部分则由少数人所承担,他们会受到伤害。一个大的发电站会不利于局部环境,而输出的电能使大众得益。处于特殊危险行业的工人,例如采矿业承担着与从开采得到原料矿石得利不成比例的代价,而这会给整个国家的经济带来广泛的得益。

支出和收益之间的不成比例也会以其他方式存在,就像许多环境污染和排放物的实例一样。从集中的工业地区,比如鲁尔河谷或美国大湖工业区所流出的水流会将含有的硫酸扩散到很少从工业活动中得益,但是可引起生活质量与农业生产因此而严重衰退的非常广阔的地区。

技术革新支出和收益的分配问题表明以下两点是多么重要:首先,从国家和国际两方面观点来看,如果一切都允许自由竞争,那么应该制定一些“游戏规则”,以保证不利影响低于它本应产生的损害。其次,要趁早建立这些法规,赶在既得利益所带来的特权和竞争的可怕性危害到这些法规的强制性应用以

① 参见 Prest 和 Turvey(1996)为美国经济协会和皇家经济学会所作的综述。

前。用“静态”这个字来表达所有这些分配问题显然都是不适当的。随着技术复杂性的增加，可能出现的风险不仅危害着更大的地区，甚至有可能长远地持续影响几代人。

这些传统的 TA 或成本−收益分析因而应当以更动态化的方法加以补充。由此，技术广泛与社会结合和技术适应社会需要都是关系重大的核心问题。这已明显得不再仅仅是一个动态的外在特性问题。然而从一个实际的经济政策立场出发，至少初看起来，有必要进一步以“外部性”的语言而不是以建设性的方式进一步推敲。根据这些理由，就应该规规矩矩地处理外在性的动态特性，有决断地不对所确定的分类法有任何怀疑，并且与特定的历史和结构体制的内在本质相联系，正如纳尔逊和温特所指出的：

> 可以这样说，技术创新是在不断地抛出新的“外部性”，而那是我们必须以这种或那种方式去处理的。在一个技术革新不断产生，组织管理结构面对需求和供应方式变化也在相应改变的时代，原有法规和政策未能妥善容纳的新的非市场关系肯定会出现，而旧的会消亡。80 年前，长效化学杀虫剂并不是个问题。马粪会污染城市，但汽车尾气不会。演化理论规范的“外部性”问题是新技术被老的体制结构忽略的收益和支出的产物。
>
> （Nelson 和 Winter，1982，p.120）

从这一立场出发，用“建设性”或“社会最佳的”评估方式去评价技术创新的长期效应就失去了它的许多意义。矛盾和不确定性是不可避免的。目前在技术政策分析中占主流地位的意见是，应该让社会也加入这场试验之中，从试验中得到的信息和反馈，将成为引导当前经济和技术系统进化的主要应考虑的内容。比如在“市场失败”的分析中，因技术和社会之间动态关系的复杂性及难以预料，简单的惯用法规则对制定“建设性”的技术（评估）政策没有多大用处。从这一观点出发,诸如纳尔逊和温特(1982)提出的关于市场失败分析的意见就认为,技术评估“政策应该把重点放在处理及调整革新问题。这里首先要做的就是放弃传统的事先确定一个理想最佳目标及实现它的体制结构的习惯做法,改为采用确定问题然后作出改进的更加慎重的方法”(Nelson 和 Winter,1982,p.394)。这可能是一种谦逊的目标,但就人类历史而言,考虑到技术创新及其在本书中已指出的不确定性,这又是一个现实的目标。这里有一些问题是既麻烦、又复杂[①]的,比如,可持续发展或降低发展的不均衡性问题就是这样。这些任务将让我们在 21 世纪足够忙碌,就如加缪(Camus)在其关于西西弗斯(Sisyphus)[②]的苦役的优美描述中提醒我们的那样,“西西弗斯在微笑”。

评论、综述和主要参考书目

Ausubel, J. H. and Sladovic, H. (eds.) (1989), *Technology and the Environment*, Washington, National Academy Press.

Barras, R. (1990). ‘Interactive innovation in financial and business services: the vanguard of the service revolution’. *Research Policy*, vol. 19, no. 3, pp. 215~39.

Bell, M. and Pavitt, K. (1996), ‘Development of Technological Capabilities’, in Haque, I. (ed.), *Trade, Technology and International Competitiveness*, Washington, World Bank.

Bessant, J. and Dodgson, M. (1996), *Effective Innovation Policy*, London, Routledge.

① 关于经济理论和模式复杂性的认识论问题的完整讨论,见 Louça(1997)。

② Sisyphus,西西弗斯,希腊神话中狡猾的科林斯国王(他曾骗过了死神的使者——译者注),被罚在地狱中把巨石推到山上,但在他就要把巨石推到山顶时,巨石又滚下来,只得重新再推,如此永无终止——《简明不列颠百科全书》(国际中文版)。

Bijker. W. E. and Law, J. (eds) (1992), *Shaping Technology, Building Society, Studies in Socio-Technical Change*, Cambridge, MA, MIT Press.

Castells, M. (1996), *The Rise of the Network Society*, Oxford, Blackwell.

Clark, N., Perez-Trejo, F. and Allen, P. (1995), *Evolutionary Dynamics and Sustainable Development: A Systems Approach*, Aldershot, Elgar.

Daedalus (1996), 'The liberation of the environment', Special Issue, Summer.

De Witt, G. R. (1990), *A Review of the Literature on Technical Change and Employment*, European Commission, DGs V and XIII, Brussels.

Dutton, W. H. (ed.) (1996), *Information and Communication Technologies*, Oxford, Oxford University Press.

European Commission, High Level Expert Group on the Information Society (1996, 1997), *Interim Report* (1996), *Final Report* (1997). Brussels, EU.

Foray, D. and Grübler, A. (eds) (1996), *Technological Forecasting and Social Change*, special issue, Technology and the Environment, Amsterdam, North Holland.

Fransman, M. (1990), *The Market and Beyond: Cooperation and Competition in IT in the Japanese System*, Cambridge, Cambridge University Press.

Freeman, C. and Soete, L. (1994), *Work for All or Mass Unemployment: Computerised Technical Change into the 21st Century*, London, Pinter.

Gummett P. (1992), 'Science and technology policy', in Hawkesworth, M. and Kogan, M. (eds) *Encyclopaedia of Government and Politics*, vol. 2, London, Routledge.

Howes, R., Skea, J. F. and Whelan, R. (1997), *Clean and Competitive? Motivating Environmental Performance in Industry*, London, Earthscan.

Kemp, R. (1995), *Environmental Policy and Technical Change: A Comparison of the Technical Impact of Polity Instruments*, Maastricht, University of Limburg.

Mansell, R. (1990), 'Rethinking the telecommunications infrastructure: the new "black box"', *Research Policy*, vol. 19, no. 6, pp. 501~17.

Mansell, R. M. (1995), *The New Telecommunications: A Political Economy of Network Evolution*, London, Sage.

Meadows, D. H., Meadows, D. L. and Randers, J. (1992), *Beyond the Limits: Global Collapse or a Sustainable Future?*, London, Earthscan.

Metcalfe, J. S. (1994), 'Evolutionary economics and technology policy', *Economic Journal*, vol. 104, pp. 931~41.

Metcalfe J. S. (1995), 'The economic foundations of technology policy, equilibrium and evolutionary perspectives', in Stoneman, P. (ed.) *Handbook of the Economics of Innovation and Technological Change*, Oxford, Blackwell.

Meyer, W. B. (1996), *Human Impact on the Earth*, Cambridge, Cambridge University Press.

Miles, I. (1989), *Home Informatics: Information Technology and the Transformation of Everyday Life*, London, Pinter.

Mitchell, C. (1995), 'The renewables NFFO'. *Energy Policy*. vol. 28, pp. 1077~91.

Mitchell, C. (1996), *Renewable Energy in the UK*, London, Council for the Preservation of Rural England.

Mowery, D. (1995), 'The practice of technology policy', in Stoneman, P. (ed.) *Handbook of the Economics of Innovation and Technological Change*, Oxford, Blackwell.

Pavitt, K. (1996), 'National policies for technical change: where are the increasing returns to economic research?', *Proceedings of the National Academy of*

Science, *USA*, vol. 93. pp. 12693~700.

Pavitt, K. and Walker W. (1976), 'Government policies towards industrial innovation'. *Research Policy*, vol. 5, pp. 1~90.

Rip, A., Misa. T. J. and Schot, J. (eds) (1995), *Managing Technology in Society: The Approach of Constructive Technology Assessment*, London, Pinter.

Rothwell. R and Zegveld, W. (1982), *Industrial Innovation and Public Policy*, London, Pinter.

Rush, H. and Bessant, J. (1996), 'Building bridges for innovation: the role of consultants in technology transfer', *Research Policy*, vol. 24, pp. 97~114.

Salomon, J-J. (1985), *Le Gauloise*, *Le Cowboy et Le Samurai*, Paris, CNAM.

Soete. L. L. G. (1991), *Synthesis Report*, *TEP*, *Technology in a Changing World*, Paris, OECD.

Stoneman. P. (ed.) (1995), *Handbook of the Economics of Innovation and Technological Change*, Oxford, Blackwell.

Teubal, M. (1987), *Innovation Performance*, *Learning and Government Policy*, *Selected Essays*, Madison, University of Wisconsin Press.

Tisdell. C. (1981), *Science and Technology Policy: Priorities of Governments*, London, Chapman & Hall.

Vivarelli, M. (1995), *The Economics of Technology and Employment: Theory and Empirical Evidence*, Aldershot, Elgar.

Williams, R. and Edge, D. (1996), 'The social shaping of technology'. *Research Policy*, vol 25., no. 6, pp. 865~901.

Ziman, J. (1994), *Prometheus Bound: Science in a Dynamic Steady State*, Cambridge, Cambridge University Press.

参考文献

Abernathy, W. J. and Utterback, J. M. (1978), 'Patterns of industrial innovation', *Technology Revievo*, Vol. 80, pp. 2 - 9.

Abrarnovitz, M. A. (1979), 'Rapid growth potential and its realisation: the experience of capitalist economies in the postwar period', in Malinvaud, E. (ed.) *Economic Growth and Resources*, vol. 1, *The Major Issues*, Proceedings of the Fifth World Congress of the IEA, London, Macmillan, pp. 1~51.

Abramovitz, M. A. (1986), 'Catching up, forging ahead and falling behind', *Journal of Economic History*, vol. 46, pp. 385~406.

Abramovitz, M. A. and David, P. A. (1994), *Convergence and Deferred Catch-up: Productivity Leadership and the Waning of American Exceptionalism*, CEPR Publication no. 401, Stanford, Stanford University Press.

Achilladelis, B. G. (1973), 'Process innovation in the chemical industry', DPhil thesis, University of Sonex.

Achilladelis, B. G. Schwarzkopf, A. and Lines, M. (1987), 'A study of innovation in the pesticide industry', *Research Policy*, vol. 16, no. 2, pp. 175~212.

Achilladelis, B. C. Schwarzkopf, A. and Lines, M. (1990), 'The dynamics of technological Innovation: the case of the chemical industry', *Research Policy*, vol 19, no. 1, pp. 1~35.

Acs, Z. J. and Andretach, D. B. (1988), 'Innovation in large and small firms: an empirical analysis', *American Economic Review*, vol. 78, no. 4, September.

Afuah, A. (1997), *Innovation Management: Strategies, Implementation and*

Profits, Ann Arbor, University of Michigan Press.

Aghion, P. and Howitt, P. (1990), *A Model of Growth Through Creative Destruction*, NBER Working Paper, no. 3223, Cambridge, MA.

Aghion, P. and Howitt, P. (1994), 'Endogenous Technical Change: the Schumpeterian Pecepetive', *Economic Growth and the Struture of Long-Term Development*, New York, St. Marttn's Press.

Aghion, P. and Howitt, P. (1992), 'Model of growth through creative destruction', *Econometrica*, vol. 60, pp. 323~51.

Allen, D. H. (1968), 'Credibility forecasts and their application to the economic assessment of novel R and D projects', *Operations Research Quarterly*, p. 25.

Allen, D. H. (1972), 'Credibility and the assessment of R and D projects', *Long Range Planning*, vol. 5, no. 2, pp. 53~64.

Allen, G. C. (1981), 'Industrial policy and innovation in Japan', in Carter, C (ed.) *Industrial Policy and Innovation*, London, Heinenarm, pp. 68~87.

Allen, J. A. (1967), *Studies in Innovation in the Steel and Chemical Industries*, Manchester, Manchester University Press.

Allen, J. M. and Norris, K. P. (1970), 'Project estimates and outcomes in electricity generation research', *Journal of Management Studies*, vol. 7, no. 3, pp. 271~87.

Altahuler, A., Anderson, M., Jones, D. T., Roos, D. and Womack, J. (1985), *The Future of the Automoble*, London, Allen & Unwin.

Amable, B. (1993), 'National effects of learning, internatianal specialization and growth paths', in Foray, D. and Freeman, C. (eds) *Technology and the Wealth of Nations*, London, Pinter.

Amable, B. (1994), 'Endogenous growth theory, convergence and divergence', in Silverberg, G. and Soete, L. L. G. (eds) *The Economics of Growth and Technical Change*, Aldershot, Elgar.

Amable, B. and Verspagen, B. (1995), 'The role of technology in market shares dynamick', *Applies Economics*, vol. 27, pp. 197~204.

Amann, R., Berry, M. and Davies, R. W. (1979), *Industrial Innovation in the Soviet Union*, Newhaven, Yale University Press.

Amendola, G., Dosi, G. and Papagni, E. (1993), 'The dynamics of international competitiveness', *Weltwirtschaftliches Archiv*, vol. 129, pp. 451~71.

Ames, E. (1961), 'Research, invention, development and innovation', *American Economic Review*, vol. 51, no. 3, pp. 370~81.

Ames, E. and Rosenberg, N. (1963), 'Changing technological leadership and industrial growth', *Economic Journal*, vol. 73, pp. 13~31.

Andress, J. F. (1954), 'The learning curve as a production tool', *Harvard Business Review*, January.

Andrews, K. and Poole, J. B. (1972), *Government of Science in Britain*, London, Weidenfeld & Nicolson.

Angerer, E. (1992), 'The role of electronics in environmental technology and its impacts on the environment, paper presented to the international conference Eco World' 92, Washington, DC, 14 - 17 June.

Antonelli, C. (1994), 'Technological districts, localized spillovers and productivity growth: the Italian evidence on technological externalities in the core regions', *International Review of Applied Economics*, vol. 8, no. 1, pp. 18~30.

Antonelli, C. (1995), *The Economics of Localised Technological Change and Industrial Dynamics*, Dordrecht, Kluwer.

Aoki, M. (1986), 'Horizontal versus vertical information: structure of the firm', *American Economic Review*, vol. 76, no. 5, pp. 971~83.

Appleyard, M. M., Hatch, N. W. and Mowery, D. C. (1996), *Managing the Development and Transfer of Process Technologies in the Semi-conductor Manufacturing Industry*, Laxenburg, ILASA.

Arcangeli, F. (1993), 'Local and global features of the learning process', in Humbert, M. (ed.) *The Impact of Globalisation on Europe's Firms and Industries*, London, Pinter.

Archibugi, D. and Pinta, M. (1992), *The Technological Specialisation of Advanced Countries*, Report to the EC on International Science and Technology Activities, Dordrecht, Kluwer.

Archibugi, D., Cesaretto, S. and Sirilli, G. (1987), 'Innovative activity, R&D and patenting: the evidence of the survey on innovation diffusion in Italy', *STI Review*, no. 2, pp. 135~50.

Archibugi, D., and Michie, J. (eds) (1997), *Technology, Globalisation and Economic Performance*, Cambridge, Cambridge University Press.

Ariffin, N. and Bell, M. (1997), 'Patterns of subsidiary-parent linkages and technology capability-building in TNC subsidiaries: the electronics industry in Malaysia', in Jama, K. S. and Felker, G. (eds) *Malaysia's Industrial Technology Development, Political Economy, Policies and Institutions*, Oxford, Oxford University Press.

Armytage, W. H. G. (1965), *The Rise of the Technocrats*, London, Routledge & Kegan Paul.

Arrow, K. J. (1962a), 'Economic welfare and the allocation of resources for invention', in National Bureau of Economic Research, *The Rate and Direction of Inventive Activity*, Princeton, Princeton University Press.

Arrow, K. J. (1962b), 'The economic implications of learning by doing', *Review of Economic Studies*, no. 29, pp. 155~73.

Arthur, W. B. (1988a), 'Competing technologies: an overview', in Dosi, G., Freeman, C., Nelson, R., Silvetberg, G. and Soete, L. (eds) *Technical Change and Economic Theory*, London, Pinter.

Arthur, W. B. (1988b), 'Self-reinforcing mechanisms in economics', in Anderson, P. W., Arrow, K. J. and Pines, D. (eds) *The Economy as an Evolving Complex System*, Reading, MA, Addison-Wesley.

Arthur, W. B. (1989), 'Competing technologies, increasing returns and lock-in by historical events', *Economic Journal*, vol. 99, no. 1, pp. 116~31, March.

Arundel, A. (1995), *PACE Report*, *Maastricht*, University of Limburg.

Ashton, T. S. (1948), *The Industrial Revolution, 1760－1830*, Oxford, Oxford University Press.

Ashton, T. S. (1963), 'The industrial revolution in Great Britain', in Supple, B. (ed.) *The Experience of Economic Growth*, New York, Randoen House.

Augadorfer, P. (1994), 'Taxonomy of management attitudes towards bootlegging and uncertainty', in Oakey, R. (ed.) *New Technology-based Firms in the 1990s*, London, Chapman & Hall.

Augsdorfer, P. (1996), *Forbidden Fruit: An Analysis of Bootlegging, Uncertainty and Learning in Corporate R&D*, Aldershot, Avebury.

Autio, E. (1994), 'New technology-based firms as agents of R&D and innovation: an empirical study', *Technovation*, vol. 14, no. 4, pp. 259~73.

Ayres, R. U. (1988), *Technological Transformation and Long Waves*, Laxenburg, IIASA.

Ayres, R. U. (1991), *Computer-integrated Manufacturing*, vol. 1, London, Chapman & Hall.

Baba, Y. (1985), 'Japanese colour TV firms: decision-making from the 1950s to the 1980s', DPhil dissertation, Brighton, University of Sussex.

Babbage, C. (1834), *On the Ecomonty of Machines and Manufactures*, London, [publisher not known].

Bacon, F. (1605), *The Advancement of Learning.*

Bacon, F. (1627), *The New Atlantis.*

Baines, E. (1835), *History of the Cotton Manufacture*, London, quoted in Rostow, W. (1963) and von Tunzelmann (1995).

Bairoch, P. (1981), 'The main trends in national economic disparities since the industrial revolution', in Bairoch, P. and Levy-Loboyen, M. *Disparities in Economic Development since the Industrial Revolution*, London, Macmillan.

Baker, R. (1976), *New and Improved: Inventors and Inventions that have Changed the Modern World*, London, British Museum Publications.

Baker, N. R. and Pound, W. H. (1964), 'R and D project selection: where we stand', *IEEE Trans Engin Manag*, vol. Em-11, no. 4, p. 124.

Ball, N. R. (1987), *Professional Engineering in Canada, 1857-1897*, Ottawa, National Museum of Canada.

Barker, B. (1990), 'Engineering ceramics and high technology superconductivity: two case studies in the innovation and diffusion of new materials', PhD thesis, University of Manchester.

Barker, G. R. and Davies, R. W. (1965), 'The research and development effort of the Soviet Union', in Freeman, C. and Young, A. *The Research and Development Effort in Western Europe, North America and the Soviet Union*, Paris, OECD.

Barna, T. (1962), *Investment and Growth Policies in British Industrial Firms*, NIESR Occasional Paper XX, Cambridge University Press.

Barnett, C. (1988), *The Audit of War*, Cambridge, Cambridge University Press.

Barras, R. (1990), 'Interactive innovation in financial and business services: the vanguard of the service revolution', *Research Policy*, vol. 19, no. 3, pp. 215~39.

Barro, R. (1991), 'Economic Growth in a Cross Section of Countries', *Quarterly Journal of Economics*, vol. 106, no. 2, pp. 407~43.

BASF (1965), *Im Reiche der Chemie*, Düsseldorf, Econ-Verlag.

Baumler, E. (1968), *A Century of Chemistry*, Düsseldorf, Econ-Verlag.

Baumol, W. J. (1986), 'Productivity growth, convergence and welfare: what the long run data show', *American Economic Review*, vol. 76, pp. 1072~85.

Beattie, C. J. and Reader, R. D. (1971), *Quantitative Management in R and D*, London, Chapman & Hall.

Beer, J. J. (1959), *The Emergence of the German Dye industry*, Chicago University of Illinois Press.

Bejar, L. E. M. (1994), 'Essays on the study of technological change and international trade', PhD thesis, University of Manchester.

Belden, T. G. and Belden, M. R. (1962), *The Lengthening Shadow: The Life of Thomas J Watson*, Boston, Little, Brown.

Bell. M. (1984), 'Learning and accumulation of industrial and technological capability in developing countries', in King, K. and Fransman, M. (eds) *Technological Capacity in the Third World*, London, Macmillan.

Bell, M. (1991), *Science and Technology Policy Research in the 1990s: Key Issues for Developing Countries*, Brighton, SPRU.

Bell, M. and Pavitt, K. (1996), 'Development of Technological Capabilities', in Haque, I. (ed.), *Trade, Technology and International*

Competitiveness, Washington, World Bank.

Beloff, N. (1966), 'The learning curve: some controversial issues', *Journal of International Economics*, June.

Belussi, F. (1993), 'Industrial innovation and firm development in Itafy: the Benetton case', DPhil thesis, University of Sussex.

Benham, F. (1938), *Economics*, London, Pitman.

Berman, E., Bound, J. and Griliches, Z. (1994), 'Changes in the demand for skilled labour within US manufacturing: evidence from the annual survey of manufactures', *Quarterly Journal of Economics*, vol. 109, no. 2, pp. 367~97.

Bernal, J. D. (1939), *The Social Function of Science*, London: Routledge & Kegan Paul.

Bernal, J. D. (1953), *Science and Industry in the Nineteenth Century*, London, Allen & Unwin.

Bernal, J. D. (1958), *World Without War*, Routledge & Kegan Paul.

Bessant J. and Dodgson, M. (1996), *Effective Innovation Policy*, London, Routledge.

Bhagwati, J. N. (1970), 'Comment', in Vernon, R. (ed.) *The Technology Factor in International Trade*, New York, NBER/Columbia University Press.

Bijker, W. E. and Law, J. (eds) (1992), *Shaping Technology*, *Building Society*, *Studies in Socio-Technical Change*, Cambridge, MA, MIT Press.

Boyer, R. (1988), 'Technical change and the theory of "regulation"', in Dosi G., Freeman, C., Nelson, R. R., Silverberg, G. and Soete, L. L. G. (eds) *Technical Change and Economic Theory*, London, Pinter.

Boyer, R. (1997), *Les Systèmes d'Innovation à l'Ère de la Globalisation*, Paris, Economics.

Brander, J. A. and Spencer, B. (1983), 'International R&D rivalry and industrial strategy', *Journal of International Economics*, vol. 14, pp. 225~35.

Brander, J. A. and Spencer, B. (1985), 'Export subsidies and international market share rivalry', *Journal of International Economics*, vol. 17, pp. 83~100.

Braun, E. and MacDonald, S. (1978), *Revolution in Miniature: The History and Impact of Semi-Conductor Electronics*, Cambridge, Cambridge University Press.

Briggs, A. (1961), *The History of Broadcasting in the UK*, Oxford, Oxford University Press.

Bright, J. F. (ed.) (1968), *Technological Forecasting for Industry and Government*, New York, Prentice Hall.

Brock, G. W. (1975), *The US Computer Industry — A Study of Market Power*, Cambridge, MA, Harvard University Press.

Bruland, K. (1989), *British Technology and European Industrialisation: The Norwegian Textile Industry in the Mid-nineteenth Century*, Cambridge, Cambridge University Press.

Buchanan, J. M. and Yoon, J. (eds) (1994), *The Return of Increasing Returns*, Ann Arbor, University of Michigan Press.

Burn, D. L. (1967), *The Political Economy of Nuclear Energy*, London, Institute of Economic Affairs.

Burns, T. and Stalker, G. (1961), *The Management of Innovation*, London, Tavistock.

Bush, V. (1946), *Science: The Endless Frontier*, republished by United States National Science Foundation (NSF), Washington (1960).

Callon, M. (1993), 'Variety and irreversibility in networks of technique conception and adoption', Chapter 11 in Foray, D. and Freeman, C. (eds) *Technology and the Wealth of Nations*, London, Pinter.

Cantwell, J. (1989), *Technological Innovation and Multinational Corporations*, Oxford, Blackwell.

Cantwell, J. (1995), 'The globalisation of technology: what remains of the product cycle model?', *Cambridge Journal of Economics*, vol. 19, pp. 155~74.

Cappeleu, A. and Fagerberg, J. (1996), *East Asian Growth: A Critical Assessment*, Oslo, NUPI.

Carlsson, B. and Jacobsson, S. (1993), 'Technological systems and economic performance: the diffusion of factory automation in Sweden', Chapter 4 in Foray, D. and Freeman, C. (eds) *Technology and the Wealth of Nations*, London, Pinter.

Carroll, G. R. and Teece, D. J. (eds) (1996), *Industrial and Corporate Change*, Special Issue on Firms, Markets and Organisations, vol. 5, no. 2, pp. 203~645.

Carter, C. F. and Williams, B. R. (1957), *Industry and Technical Progress*, Oxford, Oxford University Press.

Carter, C. F. and Williams, B. R. (1959a), 'The characteristics of technically progressive firms', *Journal of Industrial Economics*, vol. 7, no. 2, pp. 87~104.

Carter, C. F. and Williams, B. R. (1959b), *Science in Industry*, Oxford, Oxford University Press.

Carter, C. F. and Williams, B. R. (1964), 'Government scientific policy and the growth of the British economy', *Minerva*, vol. 3, no. 1, pp. 114~25.

Casson, M. (1991), *Global Research Strategy and International Competitiveness*, Oxford, Blackwell.

Castells, M. (1996), *The Rise of the Network Society*, Oxford, Blackwell.

CEC (Annual, 1990s), *Eurostat Energy Statistics*, Eurostat, Luxernbourg.

Centre for the Study of Industrial Innovation (1971), *On the Shelf: A Survey of Industrial R and D Projects Abandoned for Non-technical Reasons*, London CSII.

Chadwick, R. (1958), 'New extraction processes for metals', in *Oxford History of Technology*, vol. 5, Oxford, Clarendon Press.

Chambers, J. D. (1961), *The Workshop of the World: British Economic History from 1820 to 1880*, Oxford, Oxford University Press.

Chandler, A. D. (1977), *The Visible Hand: The Managerial Revolution in American Business*, Cambridge, MA, Belknap Press.

Chandler, A. D. (1992), 'What is a firm?: a historical perspective', *European Economic Review*, vol. 36. pp. 483~94.

Chenery, H. (1959), 'The interdependence of investment decisions', in M. Abramovitzm (ed.) *Allocation of Economic Resources*, Stanford, Stanford University Press, pp. 82~120.

Chesnais, F. (1988), 'Multi-national enterprises and the international diffusion of technology', Chapter 23 in Doai, G. *et al.* (eds) *Technical Change and Economic Theory*, London, Pinter.

Chesnais, F. (1992), 'National systems of innovation, foreign direct investment and the operations of multinational enterprises', in Lundvall, B. A. (ed.) *National Systems of Innovation*, London, Pinter.

Christensen, (1995), in Stoneman, P. (ed.) *Handbook of the Economics of Innovation and Technological Change*, Oxford, Blackwell.

Church, R. A. and Wrigley, E. D. (eds) (1994), *The Industrial Revolution*, The Economic History Society, Oxford, Blackwell.

Cimoli, M. and Soete, L. (1992), 'A generalized technology gap trade model', *Economie Appliquée*, no. 3, pp. 33~54.

Clark, N., Perez-Trejo, F. and Allen, P. (1995), *Evolutionary Dynamics and Sustainable Development: A Systems Approach*, Aldershot, Elgar.

Clark, J. A., Freeman, C. and Soete, L. L. G. (1981), 'Long waves, inventions and innovations', *Futures*, vol. 13, no. 4, pp. 308~22.

Clark, R. (1979), *The Japanese Company*, Newhaven, Yale University Press.

Cohen, W. M. (1995), 'Empirical studies of innovative activity', in Stoneman, P. (ed.) *Handbook of the Economics of Innovation and Technological Change*, Oxfold, Blackwell.

Cohen, W. M. and Levin, R. C. (1987), 'Empirical studies of innovation and market structure', in Schmalensee, R. and Willig, R. (eds) *Handbook of Industrial Organisation*, Amsterdam, North Holland.

Cole, H. S. D. *et al.* (1973), *Thinking about the Future*, London, Chatto & Windus.

Collingridge, D. (1981), *The Social Control of Technology*, Milton Keynes, Open University Press.

Collingridge, D. (1990), 'Technology organizations and incrementalism: the space shuttle', *Technology Analysis and Strategic Management*, vol. 2. pp. 181~200.

Collingridge, D. and James, P. (1989), 'Technology, organizations and incrementalism: high rise system building in the UK', *Technology Analysis and Strategic Management*, vol. 1, pp. 79~97.

Cook, P. L. and Sharp, M. (1991), 'The chemical industry', in Freeman, C., Sharp, M. and Walker, W. (eds) *Technology and the Future of Europe*, London, Pinter.

Coombs, R., Saviottl, P. and Walsh, V. (1987), *Economics and*

Technological Change, London, Macmillan.

Coombs, R., Saviottl, P. and Waish, V. (eds) (1992), *Technological Change and Company Strategies*, London, Academic Press.

Coombs, R., Richards, A., Saviotti, P. and Walsh, V. (eds) (1996), *Technological Collaboration: The Dynamics of Industrial Innovation*, Cheltenharn, Elgar.

Cooray, D. V. B. N. (1980), 'The technological factor and its relevance to the competition between natural and synthetic rubber in international trade', DPhil thesis, University of Sussex.

Cornwall, J. (1977), *Modern Capitalism Its Growth and Transformation*, London, Martin Robertson.

Corry, A. K. (1990), 'Engineering methods of manufacture and production', in McNell, I. (ed.) *An Encyclopaedia of the History of Technology*, London, Routledge.

Crafts, N. (1994), 'British economic growth, 1700－1831: a review of the evidence', in Hoppit, J. and Wrigley, E. A. (eds) *The Industrial Revolution in Britain*, vol. 2, Oxford, Blackwell.

Cramer, J., Schot, J., van den Akker. F. and Maas Geesteranus, G. (1990), 'Stimulating cleaner technologies through economic instruments; possibilities and constraints', *UNEP Industry and Environment Review*, vol. 13, no. 2, pp. 46～53.

Cramer, J. and Zegveld, W. C. L. (1991), 'The future role of technology in environmental management', *Futures*, vol. 20, pp. 451～68.

Cringeley, R. (1994), *Accidental Empires: How the Boys of Silicon Valley Make their Millions, Battle Foreign Competition and Still Cannot Get a Date*, London, Penguin.

Daedalus (1996), 'The liberation of the environment', Special Issue, Summer.

David, P. (1997), 'Review of Kealey, T. (1996), The Economic Laws of Scientific Research', *Research Policy*, vol. 26, no. 2.

David, P. A. (1984), *The Economies of Locational Tournaments*, *Center for Economic Policy Research*, *Technological Innovation Project*, Working Paper, Stanford University.

David, P. A. (1985), 'Clio and the economics of QWERTY', *American Economic Review*, vol. 75, no. 2, May, pp. 332~7. [An extended version is published in Parker, W. N. (ed.) (1986), *Economic History and the Modern Economist*, Oxford: Blackwell.]

David. P. A. (1991), *The Dynamo and the Computer: An Historical Perspective on the Modern Productivity Paradox*, Paris, OECD.

David, P. A. (1993), 'Path-dependence and predictability in dynamic systems with local network externalities: a paradigm for historical economics', Chapter 10 in Foray, D. and Freeman, C. (eds) *Technology and the Wealth of Nations*, London, Pinter.

David, P. A. and Foray, D. (1995), 'Accessing and expanding the science and technology knowledge base, STI outlook', *STI Review*, 16. Paris, OECD.

Davies, A. (1996), 'Innovation in large technical systems: the case of telecommunications', *Industrial and Corporate Change*, vol. 5, no. 4.

Davies, G. B. (1972), 'Contingency planning: the neglected end of the planning cycle', *Process Engineering*, December, pp. 93~7.

De Long, J. and Summers, L. (1991), 'Equipment Investment and Economic Growth', Quarterly Journal of Economics, vol. 106, pp. 445~502.

Dean, B. V. (1968), *Evaluating*, *Selecting and Controlling R and D*

Projects, New York, American Management Association, p. 49.

Deane, P. (1965), *The First Industrial Revolution*, Cambridge, Cambridge University Press.

De Bell, J. M. (1946), *German Plastics Practice*, Huddersfield, Springfield.

DeBresson, C (1987), *Understanding Technological Change*, Montreal, Black Rose Books.

DeBresson, C. (1991), 'Technological innovation and long wave theory: two pieces of the puzzle, *Journal of Evolutionary Economics*, vol. 1, no. 4, pp. 241~72.

DeBresson, C. (1996), *Economic Interdependence and Innovation Activity*, Cheltenham, Elgar.

DeBresson, C. and Amesae, F. (1991), 'Networks of innovators: a review and introduction to the issue', *Research Policy*, vol. 20, no. 5, pp. 363~79.

Dedijer, S. (1964), 'International comparisons of science', *New Scientist*, vol. 21, no. 379, pp. 461~4.

de la Mothe, J. and Paquet, G. (eds) (1996), *Evolutionary Economics and the New International Political Economy*, London, Cassell.

Delbeke, J. (1982), *The Mechanisation of Flemish Industry, 1812 – 1930: The Case of Antwerp*, Louvain, Centre for Economic Studies, Catholic University of Louvain.

Delorme, J. (1962), *Anthologie des Brevets sur les Matières Plastiques*, vol. 1 – 3, Amphora.

Dertouzos, M., Lester, R. and Solow, R. (eds) (1989), *Made in America*, Report of the MIT Commission on Industrial Productivity, Cambridge, MA, MIT Press.

De Tocqueville, A. (1836), *Democracy in America.*

Devine, W. (1983), 'From shafts to wires: historical perspective on electrification', *Journal of Economic History*, vol. 43, no. 2.

De Witt, G. R. (1990), *A Review of the Literature on Technological Change and Employment*, Brussels, European Commission, DGs V snd XIII.

Diebold, J. (1952), *Automation: the Advent of the Automatic Factory*, New York, Van Nostrand.

Dieleman, H. and de Hoo, S. (1993), 'PRISMA: the development of a preventative, multi media strategy for government and industry, in Fischer, K. and Schot, J. (eds) *Environmental Strategies for Industry: International Perspectives on Research Needs and Policy Implications*, Washington, DC, Island Press, pp. 245~75.

Dixit, A. (1986), 'Trade policy: an agenda for research', in Krugman, P. (ed.) *Strategic Trade Policy and the New International Economics*, Brighton, Wheatsheaf.

Dodgson, M. (1991a), *The Management of Technological Learning: Lessons from a Biotechnology Company*, Berlin, De Gruyter.

Dodgson, M. (1991b), 'Technological leaning, technology strategy and competitive pressures', *British Journal of Management*, vol. 2, no. 3.

Dodgson, M. and Rothwell, R. (eds) (1994), *The Handbook of Industrial Innovation*, Aldershot, Elgar.

Dore, R. (1987), *Taking Japan Seriously: A Confucian Perspective on Leading Economic Issues*, London, Athlone Press.

Dory, J. P. and Lord, R. J. (1970), 'Does TF really work?', *Harvard Business Review*, vol. 48, no. 6, November - December, pp. 16~28.

Dosi, G. (1981), *Technical Change, Industrial Transformation and Public*

Policies: The Case of the Semiconductor Industry, Brighton, Sussex European Research Centre, University of Sussex.

Dosi, G. (1982), 'Technical paradigms and technological trajectories — a suggested interpretation of the determinants and directions of technical change', *Research Policy*, vol. 11, no. 3, pp. 147~62.

Dosi, G. (1984), *Technical Change and Industrial Transformation*, London, Macmillan.

Dosi, G. (1988), 'Sources, procedures and micro-economic effects of innovation', *Journal of Economic Literature*, vol. 36, pp. 1126~71.

Dosi, G., Freeman, C., Nelson, R., Silverberg, G. and Soete, L. (eds) (1988), *Technical Change and Economic Theory*, London, Pinter.

Dosi, G., Freeman, C., Fabiani, S. and Aversi, R. (1992), The diversity of development patterns: on the processes of catching up, forging ahead and falling behind', paper presented at the International Economics Association, Varenna, Italy, October.

Dosi, G., Pavitt, K. and Soete, L. (1990), *The Economics of Technical Change and International Trade*, Brighton, Wheatsheaf.

Downie, J. (1958), *The Competitive Process*, London, Duckworth.

Dowrick, S. (1997), 'Trade and Growth: a survey', in Fagerberg, J., Hansson, P., Lundberg, L. and Melchior, A. (eds), *Technology and International Trade*, Aldershot, Edward Elgar, pp. 197~26.

Dowrick, S. and Nguygen, D. T. (1989), 'OECD comparative economic growth 1950 - 1985: catch-up and convergence', *American Economic Review*, vol. 79, pp. 1010~30.

Drucker, P. (1946), *The Concept of the Corporation*, New York, John Day.

Dunning, J. (1988), *Exploring International Production*, London, Unwin

Hyman.

Dunning, J. (1989), 'The theory of international production', in Fatemi, K. (ed.) *International Trade*, New York, Taylor & Francis.

Dunsheath, P. (1962), *A History of Electrical Engineering*, London, Faber.

Durlauf, S. and Johnson, P. A. (1992), 'Local versus global convergence across national economics', mimeo, Stanford University.

Dutton, W. H. (ed.) (1996), *Information and Communication Technologies: Visions and Realities*, Oxford, Oxford University Press.

Duysters, G. (1995), *The Evolution of Complex Industrial Systems: The Dynamics of Major IT Sectors*, Maastricht, UPM.

Duysters, G. and Hagedoorn, J. (1993), *An Analysis of Economic and Technological Differences in the International Information Technology Industry*, ENCIP Working Paper.

Dyer, J. H. (1996), 'How Chrysler created an American Keiretsu', *Harvard Business Review*, July - August, pp. 42~61.

Eads, G. and Nelson, R. R. (1971), 'Government support of advanced civilian technology', *Public Policy*, vol. 19, no. 3, pp. 405~27.

Economist (1996), 'The mystery of economic growth', 25 May.

Edqvist, C. (1997), *Systems of Innovation*, London, Pinter.

Edqvist, C. and Lundvall, B. -Å. (1993), Chapter on Denmark and Sweden in Nelson, R. (ed.) *National Innovation Systems*, Oxford, Oxford University Press, pp. 265~99.

Ellis, C. H. (1958), 'The development of railway engineering', in *Oxford History of Technology*, vol. 5, Oxford, Clarendon Press, pp. 322~50.

Encel, S. *et al.* (1975), *The Art of Anticipation: Values and Methods in Forecasting*, London, Martin Roberston.

Encylopaedia Britannica, 9th. edn., vol. 2, p. 543.

Enos, J. L. (1962a), *Petroleum Progress and Profits: A History of Process Innovation*, Cambridge, MA, MIT Press.

Enos, J. L. (1962b), 'Invention and innovation in the petroleum refining industry', in National Bureau of Economic Research, *The Rate and Direction of Inventive Activity*, Princeton, Princeton University Press.

Ergas, H. (1987), 'Does technology policy matter?', in Guile, B. and Brooks, H. (eds) *Technology and Global Competition*, Washington, National Academy Press.

Ergas, H. (1992), A future for mission-oriented industrial policies? A critical review of developments in Europe, mimeo, Paris, OECD.

European Commission, High Level Expert Group on the Information Society, *Interim Report*(1996), *Final Report* (1997), Brussels, EU.

European Commission (1994), *European Science and Technology Indicators*, Luxembourg, EC.

European Union (1996), *Building the Information Society for Us All*, Interim Report, January.

Eversley, D. E. C. (1994), 'The home market and economic growth in England, 1750-1780', in Hoppit, J. and Wrigley, E. A. (eds) *The Industrial Revolution in Britain*, Oxford, Blackwell.

Ezrahi, Y., Mendelsohn, E. and Segal, H. P. (1995), *Technology, Pessimism and Post-Modernism*, Amherst University of Massachusetts Press.

Fabian, Y. (1963), *Measurement of Output of R and D*, Paris, OECD, DAS/PD/6348.

Fabre, J. (1983), 'Le pouvoir structurant de l'electricité, *Bulletin Histoire de L'Electricité*', June, pp. 23~36.

Fagerberg, J. (1987), 'A technology gap approach to why growth rates differ', *Research Policy*, vol. 16, no. 2, pp. 87~99.

Fagerberg, J. (1992), 'The home market hypothesis re-examined: the impact of domestic-user-producer interaction in exports', in Lundvall, B. -Å. (ed.) *National Systems of Innovation*, London, Pinter.

Fagerberg J. (1994), 'Technology and international differences in growth rates', *Journal of Economic Literature*, vol. 32, pp. 1147~75.

Fagerberg, J. (1995), *Convergence or Divergence: The Impact of Technology*, Working Paper no. 524, Oslo, NUPI.

Fagerberg, J., Verspagen, B. and von Tunzelmann, N. (eds) (1994), *The Dynamics of Technology, Trade and Growth*, Aldershot, Elgar.

Farrell, G. (1954), 'The demand for motor-cars in the United States', *Journal of the Royal Statistical Society*, Series A, vol. 117, pp. 171~90.

Paulkner, W. (1986), 'Linkage between academic and industrial research: the case of biotechnological research in the pharmaceutical industry', DPhil thesis, Brighton, University of Sussex.

Faulkner, W., Senker, J. M. and Velho, L. (1995), *Knowledge Frontiers: Public Sector Rescarch and Industrial Innovation*, Oxford, Oxford University Press.

Federation of British Industries (1947), *Scientific and Technical Research in British Industry*, London, FBI.

Federation of British Industries (1961), *Industrial Research in Manufacturing Industry*, London, FBI.

Ferraz, J. C., Rush, H. and Miles, I. (1992), *Development, Technology and Flexibility*, London, Routledge.

Fisher, F. M., Grilichea, Z. and Kayaen, C. (1962), 'The costs of automobile model changes since 1949', *Journal of Politionl Economy*, vol. 70, no. 5, pp. 433~51.

Fleck, J. (1988), *Innofusion or Diffusation?*, ESRC, PICT Working Paper Series, University of Edinburgh.

Fleck, J. (1993), 'Configurations: crystallising contingency', *International Journal of Human Factors in Manufacturing*, vol. 3, no. 1, pp. 15~36.

Fleck, J. and White, B. (1987), 'National policies and patterns of robot diffusion: UK, Japan, Sweden and United States', *Robotics*, vol. 3, no. 1, pp. 7~23.

Floud, R. C. and McCloskey, D. (eds) (1981), *Economic History of Britain since 1700*, Cambridge, Cambridge University Press.

Foray, D. (1991), 'The secrets of industry are in the air: industrial cooperation and the organizational dynamics of the innovative firm', *Research Policy*, vol. 20, no. 5, pp. 393~407.

Foray, D. and Freeman, C. (eds) (1993), *Technology and the Wealth of Nations*, London, Pinter.

Foray, D. and Grübler, A. (eds) (1996), *Technology Forecasting and Social Change*, *special issue*, Technology and the Environment, Amsterdam, North Halland.

Foray, D. and Lundvall, B.-Å. (1996), *Employment and Growth in the Knowledge-based Economy*, Paris, OECD.

Ford, G. and Lake, G. (1991), 'Evolution of European science and technology policy', *Science and Public Policy*, vol. 18, pp. 38~50.

Forester, T. (ed.) (1988), *The Materials Revolution: Superconductors, New Materials and the Japanese Challenge*, Oxford, Oxford University Press.

Fransman, M. (1990), *The Market and Beyond: Cooperation and*

Competition in IT in the Japanese System, Cambridge, Cambridge University Press.

Freeman, C. (1967), 'Science and economy at the national level', in *Problems in Science Policy*, Paris, OECD.

Freeman, C. (1971), *The Role of Small Firms in Innovation in the United Kingdom since 1945: Report to the Bolton Committee of Inquiry on Small Firms*, Research Report no. 6, London, HMSO.

Freeman, C. (1982), *The Economics of Industrial Innovation*, 2nd edn, London, Pinter.

Freeman, C. (1987), *Technology Policy and Economic Performance: Lessons from Japan*, London, Pinter.

Freeman, C (1989), 'The Third Kondratieff Wave: age of steel, electrification and imperialism, in Bohlin *et al.* (eds) *Samhällsòetenskap, ekonomi och historia*, Göterborg, Daidalos.

Freeman, C. (ed.) (1990), *The Economics of Innovation*, *International Library of Critical Writings in Economics*, vol. 2, Aldershot, Elgar.

Freeman C. (1991), 'Networks of innovators, a synthesis of research issues', *Research Policy*, vol. 20, no. 5, pp. 499~514.

Freeman, C. (1992), 'A green techno-economic paradigm for the world economy', in Freeman, C. *The Economics of Hope*, London, Pinter, pp. 190~211.

Freeman, C. (1994), 'The economics of technical change: a critical survey', *Cambridge Journal of Economics*, vol. 18, pp. 1~50.

Freeman, C. (ed.) (1996), *The Long Wave in the world Economy*, International Library of Critical Writings in Economics, Aldershot, Elgar.

Freeman, C. (1995), *History, Co-evolution and Economic Growth*, IIASA

Working Paper 95－76, Laxenburg, IIASA.

Freeman, C., Clark, J. and Soete, L. (1982), *Unemployment and Technical Innovation: A Study of Long Waves and Economic Development*, London, Pinter.

Freeman, C., Cumow, R. C., Fuller, J. K. Robertson, A. B. and Whittaker, P. J. (1968), 'Chemical process plant: innovation and the world market', *Nat Inst. Econ Rev*, no. 45.

Freeman, C., Fuller, J. K. and Young, A. (1963), 'The plastics industry: a comparative study of research and innovation', *National Institute Economic Review*, vol. 26, pp. 22～62.

Freeman, C. and Hagedoorn, J. (1992), *Globalization of Technology*, MERIT Research Memorandum 92－013, Maastricht.

Freeman, C., and Perez, C. (1988), 'Structural crises of adjustment: business cycles and investment behaviour', in Dosi, G., Freeman, C., Nelson, R., Silverberg, G. and Soete, L. (eds) *Technical Change and Economic Theory*, London, Pinter, pp. 38～66.

Freeman, C. and Soete, L. (1985), *Information Technology and Employment: An Assessment*, Brussels, IBM.

Freeman, C. and Soete, L. (1987), *Technical Change and Full Employment*, London, Pinter.

Freeman, C. and Soete, L. (eds) (1992), *New Explorations in the Economics of Technical Change.*

Freeman, C. and Soete, L. (1994), *Work for All or Mass Unemployment: Computerised Technical Change into the 21st Century*, London, Pinter.

Freeman, C. and Young, A. (1965), *The Research and Development Effort in Western Europe, North America and the Soviet Union*, Paris, OECD.

Freeman, C. Young, A. and Fuller, J. K. (1963), 'The plastics industry: a comparative study of research and innovation', *Nat Inst Econ Rev*, no. 26, pp. 22~62.

Fukasaku, Y. (1987), 'Technology imports and R&D at Mitsubishi Nagasaki shipyard in the prewar period', *Bonner Zeitschrift für Japanologie*, pp. 77~90.

Gabor, D. (1964), *Inventing the Future*, Harmondsworth, Penguin.

Galison, P. and Hevly, B. (1992), *Big Science: The Growth of Large-Scale Research*, Stanford, Stanford University Press.

Gartmann, H. (1959), *Sonst Stunde die Welt Still*, Dusseldorf, [publisher not known].

Gates, W. (1996), *The Rood Ahead*, London, Penguin.

Gatrell, V. A. (1977), 'Labour, power and the size of firms in Lancashire cotton in the second quarter of the nineteenth century', *Economic History Review*, vol. 30, pp. 95~139.

Gaynor, G. H. (ed.) (1996), *Handbook of Technology Management*, New York, McGraw Hill.

Gazis, D. C. (1979), The influence of technology on science: some experience at IBM research', *Research Policy*, vol. 8, pp. 244~59.

Gerschenkron, A. (1962), *Economic Backwardness in Historical Perspective*, Cambridge, MA, Harvard University Press.

Gershuny, J. (1983), *Social Innovation and the Division of Labour*, Oxford, Oxford University Press.

Gershuny. J. and Miles, I. (1983), *The New Service Economy*, London, Pinter.

Gibbons, M. and Johnston, R. D. (1972), *The Interaction of Science and Technology*, mimeo, Department of Liberal Studies in Science, University of Manchester.

Gibbons, M. and Johnston, R. D. (1974), 'The roles of science in technological innovation', *Research Policy*, vol. 3, no. 3, pp. 220~42.

Gibbons, M. and Littler, D. (1979), 'The development of an innovation: the case of Porvair', *Research Policy*, vol. 8, no. 1, pp. 2~25.

Gilfillan, S. C. (1935), *The Sociology of Invention*, Chicago, Follet.

Gille, B. (1978), *Histoire des Techniques*, Paris, Gallimard.

Gjerding, A. N. (1996), *Technical Innovation and Organisational Change*, Aalborg, Aalborg University Press.

Gold, B. (1971), *Explorations in Managerial Economics*, New York, Basic Books.

Gold, B. (1979), *Productivity, Technology and Capital: Economic Analysis, Managerial Strategies and Government Policies*, Lexington, Lexington Books.

Golding, A. M. (1972), 'The semi-conductor industry in Britain and the United States: a case study in innovation, growth and the diffusion of technology', DPhil thesis, University of Sussex.

Gomulka, S. (1990), *The Theory of Technical Change and Economic Growth*, London, Routledge.

Granstrand, O. (ed.)(1994), *Economics of Technology*, Amsterdam, North Holland.

Granstrand, O., Hakanson, L. and Sjølander, S. (1992), *Technology Management and International Business*, Chichester, Wiley.

Granstrand, O. and Sjølander, S. (1992), 'Managing innovation in multi-technology corporations', *Research Policy*, vol. 19, no. 1, pp. 35~61.

Graves, A. (1991), 'International competitiveness and technological development in the world automobile industry', DPhil thesis, Brighton, University of Sussex.

Greenhalgh, C. (1990), 'Innovation and trade performance in the United Kingdom', *Economic Journal*, vol. 100, pp. 105~18.

Gregory, G. (1986), *Japanese Electronics Technology: Enterprise and Innovation*, 2nd edn, Chichester, Wiley.

Griliches, Z. (1980), 'R&D and productivity slowdown', *American Economic Review*, vol. 70, pp. 343~8.

Griliches, Z. (1984), *R&D, Patents and Productivity*, Chicago, University of Chicago Press.

Groenewegen, P. and Vergragt, P. (1991), 'Environment issues as threats and opportunities for technological innovation', *Technology Analysis and Strategic Management*, vol. 3, no. 1, pp. 43~55.

Grossman, G. and Helpman, E. (1990), 'Comparative advantage and long run growth', *American Economic Review*, vol. 80, pp. 796~815.

Grossman, G. and Helpman, E. (1991), *Endogenous Growth Theory*, Cambridge, MA, MIT Press.

Groevenor, W. M. (1929), 'The seeds of progress', *Chemical Markets.*

Grupp, H. (1997), *Messung und Erklärung des technischen Wandels: Grundzüge einer empirischen Innovationsökonomik*, Berlin, Springerverlag.

Grupp, H. and Hofmeyer, O. (1986), 'A technometric model for the assessment of technological standards and their application to selected technology comparisons', *Technological Forecasting and Social Change*, no. 30, pp. 123~37.

Grupp, H. and Soete, L. (1993), *Analysis of the Dynamic Relationship between Technical and Economic Performances in Information and Telecommunication Sectors*, Final Report in Fulfilment of Project no. 8862 for DG XIII of the

European Commission.

Guardian (1992), 9 November.

Gummett, P. J. (1980), *Scientists in Whitehall*, Manchester, Manchester University Press.

Gummett, P. (1992), 'Science and technology policy', in Hawkesworth, M. and Kogan, M. (eds) *Encyclopaedia of Government and Politics*, vol. 2., London, Routledge.

Habakkuk, J. H. (1962), *American and British Technology in the Nineteenth Century: The Search for Labour-saving Inventions*, Cambridge, Cambridge University Press.

Haber, L. F. (1958), *The Chemical Industry during the Nineteenth Century*, Oxford, Oxford University Press.

Haber, L. F. (1971), *The Chemical Industry, 1900 - 1930*, Oxford, Oxford University Press.

Hagedoorn, J. (1991), 'Networks in research and production', *International Journal of Technology Management*, special issue on The Increasing Role of Technology in Corporate Policy, pp. 81~95.

Hagedoorn, J. and Schakenraad, J. (1990), 'Strategic partnering and technological cooperation', in Freeman, C. and Soete, L. (eds) *New Explorations in the Economics of Technical Change*, London, Pinter.

Hagedoorn, J. and Schakenraad, J. (1991), 'The internationalization of the economy, global strategies and strategic technology alliances', *Nouvelles de la Science et des Technologies*, vol. 9, no. 2, pp. 29~41.

Hagedoorn, J. and Schakenraad, J. (1992), 'Leading companies and networks of strategic alliances in information technologies', *Research Policy*, vol. 21, no. 2, pp. 163~91.

Hahn, F. (1987), 'Neo-classical growth theory', in Eatwell, J. (ed.) *The New Palgrave Dictionary of Economits*, vol. 3, London, Macmillan.

Häkansson, H. and Snehota, I. (eds)(1995), *Developing Relationships in Business Networks*, London, Routledge.

Hall, P. and Preston, P. (1988), *The Carrier Wave: New Information Technology and the Geography of Innovation*, Landon, Unwin Hyman.

Hamberg, D. (1964), 'Sieze of firm, oligopoly and research: the evidence', *Canadian Journal of Economics and Political Science*, vol. 30, no. 1, pp. 62~75.

Hamberg, D. (1966), *R and D Essays in the Economics of Raearch and Development*, New York, Random House.

Hamilton, A. (1791), *Report on the Subject of Manufactures*, reprinted US Government Printing Office, Washington (1913).

Hamilton, S. B. (1958), 'Building materials and techniques', in *Oxford History of Technology*, vol. 5, Oxford, Clarendon Press.

Hannah, L. (1983), 'Entrepreneurs and the social sciences', Inaugural Lecture, London School of Economics.

Hardie, D. W. F. and Pratt, J. D. (1966), *A History of the Modern British Chemical Industry*, Oxford, Pergamon.

Harris, R. (1984), 'Applied General Equilibrium Analysis of Small Open Economies with Scale Economies and Imperfect Competition', *American Economic Review*, vol. 74, no. 5, pp. 1016~32.

Harrod, R. F. (1939), 'An essay in dynamic theory'. *Economic Journal*, vol. 49, pp. 14~33.

Harrod, R. (1948), *Towards a Dynamic Economics*, London, Macmillan.

Hart, A. (1966), 'A Chart for evaluating product R and D projects',

Operations Research Quarterly, vol. 17, no. 4, pp. 347~58.

Hawke, C. R. and Higgins, J. P. P. (1981), 'Transport and social overhead capital', in Floud, R. and McCloskey, B. (eds) *The Economic History of Britain Since 1700*, Cambridge, Cambridge University Press.

Heath, J. B. (1971), *International Conference on Monopolies, Mergers and Restrictive Practices*, London, HMSO.

Hessen, B. (1931), 'The social and economic roots of Newton's Principia', in Bukharin, N. (ed.) (1971), *Science at the Cross-roads*, with an introduction by P. G. Werskey, Ilford, Cass.

Hills, R. L. (1994), 'Hargreaves, Arkwright and Crompton: why three inventors?', in Jenkins, D. T. (ed.) *The Textile Industries*, Oxford, Blackwell.

Hirsch, S. (1965), 'The United States electronics industry in intemational trade', *Nat Inst Econ Rev*, no. 34, pp. 92~107.

Hobday, M. (1991), 'The European semi-conductor industry: resurgence and rationalisation', in Freeman, C., Sharp, M. and Walker, W. (eds) *Technology and the Future of Europe*, London, Pinter.

Hobday, M. (1994), 'Innovation in semi-conductor technology: the limits of the Silicon Valley network model', in Dodgson, M. and Rothwell, R. (eds) *The Handbook of Industrial Innovation*, Cheltenham, Elgar.

Hobday, M. (1995), *Innovation in East Asia: The Challenge to Japan*, Aldershot, Elgar.

Hobday, M. (in press, 1997), 'Product complexity, innovation and industrial organisation', *Research Policy*.

Hobsbawm, E. (1968), *Industry and Empire: An Ecomic History of Britain from 1750*, London, Weidenfeld & Nicolson.

Hodgson, G. M. (1992), 'Optimisation and evolution: Winter's critique of

Friedman revisited', Newcastle Polytechnic, Department of Economics.

Hodgson, G. M. (ed.) (1995), *Economics and Biology*, The International Library of Critical Writings in Economics, vol. 50, Aldershot, Elgar.

Hoffmann, W. D. (1976), 'Market structure and strategies of R and D behaviour in the data processing market', *Research Policy*, vol. 5, pp. 334~53.

Hollander, S. (1965), *The Sources of Increased Efficiency: A Study of Du Pont Rayon Plants*, Cambridge, MA, MIT Press.

Hollingdale, S. H. and Toothill, G. C. (1965), *Electronic Computers*, Harmondsworth, Penguin.

Holroyd, Sir R. (1964), 'Productivity of industrial research with particular reference to research in the chemical industry', Institute of Chemical Engineers, *Proceedings of Symposium on Productivity in Research*, p. 6.

Hounshell, D. A. (1984), *From the American System to Mass Production, 1800 – 1932: The Development of Manufacturing Technology in the United States*, Baltimore, Johns Hopkins University Press.

Hounshell, D. A. and Smith, J. K. (1988), *Science and Corporate Strategy: DuPont R&D 1902 – 1980*, Cambridge, Cambridge University Press.

Howes, R., Skea, J. F. and Whelan, R. (1997), *Clean and Competitive? Motivating Environmental Performance in Industry*, London, Earthscan.

Hu, Y. S. (1992), 'Global or transnational corporations are national firms with international operations', *Californian Management Review*, vol. 34, no. 2, pp. 107~26.

Hufbauer, G. C. (1966), *Synthetic Materials and the Theory of International Trade*, London, Duckworth.

Hufbauer, G. (1970), 'The impact of national characteristics and technology on the commodity composition of trade in manufactured goods', in Vernon, R.

(ed.) *The Technology Factor in International Trade*, New York, Columbia University Press.

Hughes, K. (1990), *Exports and Technology*, Cambridge, Cambridge University Press.

Hughes, T. P. (1982), *Networks of Power: Electrification in Western Society, 1800－1930*, Baltimore, Johns Hopkins University Press.

Hughes, T. P. (1989), *American Genesis*, New York, Viking.

Hulsink, W. (1996), *Do Nations Matter in a Globalising Industry? A Comparative Analysis of Telecommunication Re-structuring in France, Netherlands and UK (1980－1994)*, Rotterdam, Erasmus University.

Humbert, M. (ed.) (1993), *The Impact of Globalisation on Europe's Firms and Industries*, London, Pinter.

Internatioanl Development Research Centre (1972), *Annual Report 1971－72*, Ottawa, IDRC.

Industrial Research Institute Research Corporation (1979), *Contribution of Basic Research to Recent Successful Industrial Innovations*, prepared for National Science Foundation, St Louis, IRI/RC (PB 80－160179).

Integrated Circuit Engineering Corporation (1995), *Worldwide IC Industry Economic Update and Forcast.*

Irvine, J. H. and Martin, B. R. (1980), 'A methodology for assessing the scientific performance of research groups', *Scientia Yugoslavica*, vol. 6, nos. 1－4, pp. 83~95.

Irvine, J. H. and Martin, B. R. (1981), 'L'évaluation de la recherche fondamentale: est-elle possible?', *La Recherche*, no. 128, pp. 1406~16.

Irvine, J. H and Martin, B. R. (1984), *Foresight in Science: Picking the Winners*, London, Pinter.

Irwin. A. and Vergragt, P. (1989), 'Re-thinking the relationship between environmental regulation and industrial innovation: the social negotiation of technical change', *Technology Analysis and Strategic Management*, vol. 1, no. 1, pp. 57~70.

Jacob, M. (1988), *The Cultural Meaning of the Scientific Revolution*, New York, McGraw Hill.

Jaikumar, R. (1988), *From Filing and Fitting to Flexible Manufucturing: A Study in the Evolution of Process Control*, Cambridge, MA, Harvard Business School.

Jang-Sup Shin (1996), *The Economics of Late-comers, Catching-up, Technology Transfer and Institutions in Germany, Japan and S. Korea*, London, Routledge.

Jansen, J. L. A. and Vergragt, P. (1992), *Sustainable Development: A Challenge to Technology*, The Hague, Ministy of Housing, Physical Planning and the Environment, Department for Information and International Relations.

Jantsch, E. (1967), *Technological Forecasting in Perspective*, Paris, OECD.

Jenkins, D. T. (ed.) (1994), *The Textile Industries*, vol. 9, in Church, R. A. and Wrigley, E. A. (eds) *The Industrial Revolution in Britain*, Oxford, Blackwell.

Jewkes, J., Sawers, D. and Stillerman, R. (1958), *The Sources of Invention*, (rev. edn. 1969), London, Macmillan.

Jochem, E. and Hohmeyer, O. (1992), 'The economics of near-term reductions in greenhouse gases', in Mintzler, I. (ed.) *Confronting Climate Change Risks, Implications and Responses*, Cambridge, Cambridge University Press.

Johnson. H. G. (1975), *Technology and Economic Interdependence*, London, Macmillan.

Jones, D. T. (1985), 'Vehicles', in Freeman, C. (ed.) *Technological Trends and Employment*, vol. 4, *Engineering and Vehicles*, Aldershot, Gower.

Jones, R. V. (1978), *Most Secret War: British Scientific Intelligence, 1939 – 1945*, London, Hamish Hamilton.

Jones, R. (ed.) (1981), *Readings from 'Futures'*, Guildford, Westbury House.

Kaldor, N. (1957), 'A model of economic growth', in *Economic Journal* (page references are to the reprint in Kaldor, 1980).

Kaldor, N. (1980), *Essays on Economic Stability and Growth*, 2nd edn, London, Duckworth.

Kamien, M. I. and Schwartz, N. L. (1975), 'Market Structure and Innovation: a survey', *Journal of Economic Literature*, vol. 23, no. 1, pp. 1~37.

Kanz, J. and Lam, D. (1996), 'Technology, strategy and competitiveness', in Gaynor, G. H. (ed.) *Handbook of Technology Management*, New York, McGraw Hill.

Kaplinsky, R. (1983), 'Firm size and technical change in a dynamic context', *Journal of Industrial Economics*, no. 32, pp. 39~59.

Kaplinsky, R. (1990), *The Economics of Small: Appropriate Technology in a Changing World*, London, IT Publications.

Katz, B. G. and Phillips, A. (1982), 'Government, economies of scale and comparative advantage: the case of the computer industry', in Giersch, H. (ed.) *Proceedings of Conference on Emerging Technology*, Kiel Institute of World Economics, Tubingen, J. C. B Mohr.

Katz, J. M. (ed.) (1987), *Technology Generation in Latin American*

Manufacturing Industries, London, Macmillan.

Kaufman, M. (1963), *First Century of Plastics*, London, Plastics Institute.

Kaufman, M. (1969), *The History of PVC: The Chemistry and Industrial Production of Polyvinyl Chloride*, London, Maclaren.

Kay, N. M. (1979), *The Innovating Firm: A Behavioural Theory of Corporate R&D*, London, Macmillan.

Kay, M. N. (1982), *The Evobving Firm*, London, Macmillan.

Kay, M. N. (1984), *The Emergent Firm: Knowledge, Ignorance and Surprise in Economic Organisation*, London, Macmillan.

Kealey, T. (1996), *Economic Laws of Scientific Research*, London, Macmillan.

Keck O. (1977), 'Fast breeder reactor development in West Germany: an analysis of governmen policy', DPhil thesis, University of Sussex.

Keck, O. (1980), 'Government policy and technical choice in the West German reactor programme', *Research Policy*, vol. 9, no. 4, pp. 302~56.

Keck, O. (1982), *Policy-making in a Nuclear Reactor Programme: The Case of the West German Fast Breeder Reactor*, Lexington, Lexington Books.

Kemp, R. (1995), *Environmental Policy and Technical Change: A Comparison of The Technical Impact of Policy Instruments*, Maastricht, University of Limburg.

Kemp, R. and Soete, L. (1990), 'Inside the "green box": on the economica of technological change and the environment', in Preeman, C. and Soete, L. (eds) *New Explorations in the Economics of Technological Change*, London, Pinter, pp. 245~57.

Kennedy, C. and Thirlwall, A. P. (1971), 'Technical progress', *Surveys in Applied Economics 1*, London, Macmillan, pp. 115~77.

Keynes, J. M. (1930), *Treatise on Money*, London, Macmillan.

Keynes, J. M. (1936), *General Theory of Employment, Interest and Money*, New York, Harcourt Brace.

Klein, B. H. (1977), *Dynamic Economics*, Cambridge, M. A., Harvard University Press.

Kleinknecht, A. and Reijnen, J. O. N. (1992a), 'Why do firms cooperate on R&D? An empirical study', *Research Policy*, vol. 21, no. 4, pp. 347~60.

Kleinknecht, A. and Reijnen, J. O. N. (1992b), 'The experience with new innovation data in the Netherlands', *STI Review*, no. 11, pp. 64~76.

Kleinman, H. S. (1975), *Indicators of the Output of New Technological Products from Industry*, report to US National Science Foundation, National Technical Information Service, US Department of Commerce.

Knight, F. H. (1965), *Risk, Uncertainty and Profit*, London, Harper.

Knox, F. (1969), *Consumers and the Economy*, London, Harrap.

Kodama, F. (1995), *Emerging Patterns of Innovation: Sources of Japan's Technological Edge*, Cambridge, MA, Harvard Business School Press.

Kondratieff, N. (1925), 'The long wave in economic life', English translation, *Review of Economic Statistics*, vol. 17, pp. 105~15.

Krugman, P. (1979), 'A model of innovation technology transfer and the world distribution of income', *Journal of Political Economy*, vol. 87.

Krugman, P. (1986), *Strategic Trade Policy and the New International Economics*, Cambridge, MA, MIT Press.

Krugman, P. (1990), *Rethinking International Trade*, Cambridge, MA, MIT Press.

Krugman, P. (1995), 'Technological change in intenational trade', in Stoneman, P. (ed.) *Handbook of the Economics of Innovation and Technological*

Change, Oxford, Blackwell.

Kuznets, S. (1940), 'Schumpeter's business cycles', *American Economic Review*, vol. 30, no. 2, pp. 257~71.

Kuznets, S. (1930), *Secular Movements in Production and Prices*, Boston, Houghton Mifflin.

Kuznets, S. (1953), *Economic Change*, New York, Norton.

Lall, S. (1995), 'Employment and foreign investment: policy options for developing countries', *International Labour Review*, vol. 134, pp. 521~39.

Landau, R. and Rosenberg, N. (eds) (1986), *The Positive Sum Strategy: Harnessing Technology for Economic Growth*, Washington, National Academy Press.

Landes, D. (1965), 'Technological change and industrial development in Western Europe', 1750 – 1914, in *Cambridge Economic History of Europe*, Cambridge, Cambridge University Press.

Landes, M. (1969), *The Unbound Prometheus: Technological and Industrial Development in Western Europe from 1750 to the Present*, Cambridge, Cambridge University Press.

Landesmann, M. and Goodwin, R. (1994), 'Productivity, Growth, Structural Change and Macroeconomic Stability', *Economic Growth and the Structure of Long-Term Development*, New York, St. Martin's Press.

Langrish, J., Gibbons, M., Evans, P. and Jevons, F. (1972), *Wealth from knowledge*, London, Macmillan.

Lastres, H. (1992), 'Advanced materials and the Japanese national system of innovation', DPhil thesis, Brighton, University of Sussex, SPRU.

Lawson, W. D., Lynch, C. A. and Richards, C. J. (1965), 'Corfam: research brings chemistry to footwear', *Research Management*, vol. 8, no. 1, pp. 5~26.

Lazonick, W. (1990), *Competitive Advantage on the Shop Floor*, Cambridge, MA, Harvard University Press.

Lazonick, W. (1991), *Business Organisation and the Myth of the Market Economy*, Cambridge, Cambridge University Press.

Lenin, V. I. (1915), *Imperialism: The Highest Stage of Capitalism*, English edn, (1935), London, Lawrence & Wishart.

Lenin, V. I. (1917), *State and Revolution*, English edn, London (1933), Martin Lawrence.

Leonard-Barton, D. (1995), *Wellsprings of Knowledge: Building and Sustaining the Sources of Innovation*, Cambridge, MA, Harvard Business School Press.

Leontieff, W. (1953), 'Domestic production and foreign trade: the American capital position re-examined', in *Proceedings of the American Philosophical Society*, vol. 97.

Levin, R. C. (1988), 'Appropriability, R&D spending and technological performance', *American Economtic Review* (*PP*), no. 78, pp. 424~8.

Levin, R. C., Klevorick, A. K., Nelson, R. R. and Winter, S. G. (1987), 'Appropriating the returns from industrial research and development', *Brookings Paper on Economic Activity*, no. 3, pp. 783~820.

Liebermann, M. G. (1978), 'A literature citation study of science technology coupling in electronics', *Proceedings of the IEEE*, vol. 66, no. 1, pp. 4~13.

List, F. (1841), *The National System of Political Economy*, English edn, London, Longman (1904).

Little, A. D. (1963), *Patterns and Problems of Technical Innovation in*

American Industry, Washington, DC. USGPO.

Litvak, I. A. and Maule, C. J. (1972), 'Managing the entrepreneurial enterprise', *Business Quarterly*, vol. 37, p. 47.

Lockett, M. (1987), *The Factors Behind Successful IT Innovation*, Oxford, Templeton College.

Louça, F. (1997), *Turbulence in Economics: An Evolutionary Appraisal of Cycles and Complexity in Historical Processes*, Cheltenham, Elgar.

Loveridge, R. and Pitt, M. (eds) (1990), *The Strategic Management of Technological Innovation*, New York, Wiley.

Lucas, R. E. B. (1988), 'On the mechanisms of economic development', *Journal of Monetary Economics*, vol. 22, pp. 3~42.

Lundgren, A. (1991), 'Technological innovation and industrial evolution: the emergence of industrial networks', DPhil dissertation, Stockholm School of Economics.

Lundvall, B-Å (1985), 'Product innovation and user-producer interaction', *Industrial Development Research Series 31*, Aalborg, Aalborg University Press.

Lundvall, B-Å (1988a), Chapter 1, in Freeman, C. and Lundvall, B-Å (eds) *Small Countries Facing the Technological Revolution*, London, Pinter.

Lundvall, B-Å (1988b), 'Innovation as an interactive process: from user-producer interaction to the national system of innovation', in Dosi, G. *et al.* (*eds*) *Technical Change and Economic Theory*, Landon, Pinter.

Lundvall, B-Å (ed.) (1992), *National Systems of Innovation: Towards a Theory of Innovation and Interactive Learning*, London, Pinter.

Lundvall, B-Å (1993), 'User-producer relationships, national systems of innovation and intemationalisation', Chapter 12 in Foray, D. and Freeman, C. (eds) *Technology and the Wealth of Nations*, London, Pinter.

Machlup, F. (1962), *The Production and Distribution of Knowledge in the United States*, Princeton, Princeton University Press.

McCutcheon, R. (1972), 'High flats in Britain, 1945 – 71', D Phil. dissertation, University of Sussex.

McKay, A. L. and Bernal, J. D. (1966), 'Towards a science of science', *Technologist*, vol. 2, no. 4, pp. 319~28.

McKendrick, N. (1960, 1994), 'Josiah Wedgwood, an eighteenth century entrepreneur in salesmanship and marketing techniques', *Economic History Review*, vol. 12, pp. 408 ~ 33, reproduced in Hoppit, J. and Wrigley, E. A. (eds)(1994).

Mackenzie, D. (1990), *Inventing Accuracy: A Historical Sociology of Nuclear Missile Guidance*, Cambridge, MA, MIT Press.

Mackenzie, D. (1992), *Economic and Sociologioal Exploration of Technical Change*, in Coombs, R., Saviotti, P. and Walsh, V. (eds), pp. 25~48.

Maclaurin, W. R. (1949), *Invention and Innovation in the Radio Industry*, London, Macmillan.

McLeod, R. and Andrews, K. (1970), 'The origins of DSIR: reflections on ideas and men, 1915 – 1916', *Public Administration*, vol. 48, pp. 23~48.

Maddison, A. (1982), *Phases of Capitalist Growth*, Oxford, Oxford University Press.

Maddison, A. (1987), 'Growth and slowdown in advanced capitalist economies: techniques of quantitative assessment', *Journal of Economic Literature*, vol. 25, pp. 649~98.

Maddison, A. (1995), *Monitoring the World Economy, 1820 – 1992*, Development Centre, Paris, OECD, p. 452.

Magnier, A. and Toujas-Bernatte, J. (1994), *Technology and Trade:*

Empirical Evidence for the Five Major Industrialized Countries, Working Paper INSEE-DEEE G, no. 9207.

Maidique, M. A. and Zirger, B. J. (1985), 'The new product learning cycle', *Research Policy*, vol. 14, December, pp. 299~313.

Maizels, A. (1963), *Industrial Growth and World Trade*, Cambridge, Cambridge University Press and NIESR.

Mankiw, N., Romer, D. and Weil, D. (1992), 'A Contribution to the Empirics of Economic Growth', *Quarterly Journal of Economics*, vol. 107, pp. 407~37.

Mann, J. de L. (1958), 'The textlle industry: machinery for cotton, flax, wool, 1760-1850', in Singer, C. (ed.) *et al. A History of Technology*, vol. 4, Oxford, Clarendon Press.

Mansell, R. M. (1995), *The New Telecommunications: A Political Economy of Network Evolution*, Landon, Sage.

Mansell, R. M. and Silverstone, R. (eds) (1996), *Communication by Design*, Oxford, Oxord University Press.

Mansfield, E. (1962), 'Entry, Gibrat's Law, innovation and the growth of firms', *American Economic Review*, vol. 48, pp. 1023~51.

Mansfield, E. (1968a), *Industrial Research and Technological Innovation*, New York, Norton.

Mansfield, E. (1968b), *The Economics of Technological Change*, New York, Norton.

Mansfield, E. (1980), 'Basic research and productivity increases in manufacturing', *American Economtic Review*, vol. 70, pp. 865~73.

Mansfield, E. (1988a), 'Industrial Innovation in Japan and in the United States', *Science*, no. 241, pp. 1760~64.

Mansfield, E. (1988b), 'Industrial R&D in Japan and the United States: a comparative study'. *American Economic Review*, vol. 78, pp. 223~8.

Manafield, E. (1989), 'The diffusion of industrial robots in Japan and in the United States', *Research Policy*, vol. 18, pp. 183~92.

Mansfield, E. (1991), 'Academic research and industrial innovation', *Research Policy*, vol. 20, no. 1, pp. 1~13.

Mansfield, E. (ed.) (1993), *The Economics of Technical Change*, International Library of Critical Writings in Economics, vol. 31, Aldershot, Elgar.

Mansfield, E. (1995), *Innovation, Technology and the Economy, Selected Essays*, 2 vols. Aldershot, Elgar.

Mansfield, E. *et al.* (1971), *Research and Innovation in the Modern Corporation*, New York, Norton.

Mansfield, E. *et al.* (1977), *The Production and Application of New Industrial Technology*, New York, Narton.

Marris, R. (1964), *The Economic Theory of Managerial Capitalism*, London, Macmillan.

Marschak, T., Glennan, T. K. and Summers, R. (1967), *Strategy for R and D*, Vienna, Springer-Verlag.

Marshall, A. W. and Meckling, W. H. (1962), 'Predictability of the costs, time and success of development', in National Bureau of Economic Research, *The Rate and Direction of Inventive Activity*, Princeton, Princeton University Press, pp. 461~77.

Marshall, A. (1890), *Principles of Economics*, London, Macmillan.

Martin, B. R. and Irvine, J. H. (1983), 'Assessing basic research: some partial indicators of scientific progress in radio astronomy', *Research Policy*, vol. 12, no. 2, pp. 61~90.

Martin, B. R. and Irvine, J. (1989), *Research Foresight: Priority-Setting in Science*, London, Pinter.

Martin, P. and Thomas, S. (1996), *The Development of Gene Therapy in Europe and the US: A Comparative Analysis*, STEEP Special Report, no. 5, Brighton, SPRU.

Marx, K. (1858), *Grundrisse*, London, Allen Lane (1973).

Mass, W. and Lazonick, W. (1990), *The British Cotton Industry and International Competitive Advantage: The State of the Debates*, New York, Department of Economics, Columbia University Working paper 90 - 106, April.

Mathias, P. (1969), *The First industrial Nation*, London, Methuen.

Meadows, D. *et al.* (1972), *The Limits to Growth*, New York, Universe Books.

Meadows, D. H., Meadows, D. L. and Randers, J. (1992), *Beyond the Limits: Global Collapse or a Sustainable Future?*, London, Earthscan.

Melto, de D. P. *et al.* (1980), *Innovation and Technological Change in Five Canadian Industries*, Discussion Paper no. 176, Ottawa, Economic Council of Canada.

Metcalfe, J. S. (1970), *The Diffusion of Innovation in the Lancashire Textile Industry*, Manchester School of Economics and Social Studies, no. 2, pp. 145~62.

Metcalfe, J. S. (1981), 'Impulse and diffusion in the study of technical change', *Futures*, vol. 13, pp. 347~59.

Metcalfe, J. S. (1982), 'On the diffusion of innovation and the evolution of technology', London, Conference of Technical Change Centre, January.

Metcalfe, J. S. (1988), 'The diffusion of innovation: an interpretative survey', in Dosi, G., Freeman, C., Nelson, R., Sllverberg, G. and Soete, L. (eds) *Technical Change and Economic Theory*, London, Pinter.

Metcalfe, J. S. (1994), ‘Evolutionary economics and technology policy’, *Economic Journal*, vol. 104, pp. 931~41.

Metcalfe, J. S. (1995), ‘The economic foundations of technology policy, equilibrium and evolutlonary perspectives’, in Stoneman, P. (ed.) (1995), *Handbook of the Economics of Innovation and Technological Change*, Oxford, Blackwell.

Metcalfe, J. S. (1997), *Evolutionary Economics and Creative Destruction*, London, Routledge.

Meyer-Krahmer, F. and Reiss, T. (1992), *Ex Ante Evaluation and Technology Assessment: Two Emerging Elements of Technology Policy Evaluation*, Research Evaluation, Karlsruhe, ISI.

Miles, I. (1989), *Home Informatics: Information Technology and the Transformation of Everyday Life*, London, Pinter.

Miles, I. (1996), *Innovation in Services, Services in Innovation*, Manchester, Manchester Statistical Society.

Miles, I. (1996), ‘The information society: competing perspectives’, in Dutton, W. H. (ed.) *Information and Communication Technology: Visions and Realities*, Oxford, Oxford University Press.

Milliman, S. R. and Prince, R. (1989), ‘Firm incentives to promote technological change in pollution control’, *Journal of Environmental Economics and Management*, vol. 17, pp. 247~65.

Mishan, E. (1969), *Technology and Growth: The Price we Pay*, New York, Praeger.

Mitchell, C. (1995), ‘The renewables NFFO’, *Energy Policy*, vol. 28, pp. 1077~91.

Mitchell, C. (1996), *Renewable Energy in the UK*, London, Council for the

Preservation of Rural England.

Miyazaki, K. (1995), *Building Competencies in the Firm: Lessons for Japanese and European Opto-electronics*, Basingatoke, Macmillan.

Mjøset, L. (1992), *The Irish Economy in a Comparative International Perspective*, Dublin, National Economic and Social Council.

Modelski, G. and Thompson, R. (1993), *Seapower in Global Politics, 1494 – 1993*, London, Macmillan.

Mokyr, J. (1990), *The Lever of Riches: Technological Creativity and Economic Progress*, New York, Oxford University Press.

Molina, A. H. (1989), *Transputers and Parallel Computers: Building Technological Competencies Through Socio-technical Constituencies*, PICT Paper 7, Edinburgh, Research Centre for Social Sciences.

Molina, A. H. (1995), 'Socio-technical constituencies as processes of alignment', *Technology in Society*, vol. 17, no. 4, pp. 385~412.

Molina, A. H. (1996), 'Socio-technical alignment in the intra-organisational diffusion of information technology', in Inzelt, A. and Coenen, R. (eds), *Knowledge, Technology Transfer and Foresight*, Amsterdam, Klurwer, pp. 125~48.

Morand, J. C. (1970), *Recherche et dimension des entreprises dans la Communaute*, Nancy, Economique Européenne.

Morris, P. J. T. (1982), 'The development of acetylene chemistry and synthetic rubber by IG Farben, 1926 – 1945', DPhil thesis, Oxford University.

Morris, P. J. T. (1989), *The American Synthetic Rubber Research Programs*, Philadelphia, University of Pennsylvania Press.

Mowery, D. C. (1980), 'The emergence and growth of industrial research in American manufacturing 1899 – 1946', PhD dissertation, Stanford University.

Mowery, D. C. (1983), 'The relationship between intra-firm and contractual forms of industrial research in American manufacturing, 1900 - 1940', *Explorations in Economic History*, vol. 20, pp. 351~74.

Mowery, D. C. (1995), 'The practice of technology policy', in Stoneman, P. (ed.) *Handbook of the Economics of Innovation and Technological Change*, Oxford, Blackwell.

Mowery, D. C. and Rosenberg, N. (1979), 'The influence of market demand upon innovation: a critical review of some recent empirical studies', *Research Policy*, vol. 8, no. 2, pp. 102~50.

Mowery, D. C. and Rosenberg, N. (1989), *Technology and the Pursuit of Economic Growth*, Cambridge, Cambridge University Press.

Mueller, W. F. (1962), 'The origins of the basic inventions underlying Du Pont's major product and process innovations, 1920 - 1950', in National Bureau of Economic Research *The Rate and Direction of Inventive Activity*, Princeton, Princeton University Press.

Murphy, K, Shleifer, A. and Vishny, R. (1989), 'Industrialization and the big push', *Journal of Political Economy*, vol. 97, pp. 1003~26.

Musson, A. E. and Robinson, E. (1969), *Science and Technology in the Industrial Revolution* , Manchester, Manchester University Press.

Nakamura, L. (1995), *Is Us Economic Performance really that Bad?*, Federal Reserve Bank of Philadelphia Working Paper no. 95~21.

Narula, R. (1996), *Multinational Investment and Economic Structure*, London, Routledge.

Naslund, B. and Sellstedt, B. (1972), *The Implementation and Use of Models for R and D Planning*, Stockholm, European Institute for Advanced Studies in Management.

Nasthakken, D. and Akhtar, A. (1994), *Does the Highway Go South?*, Ottawa, IDRC.

National Science Foundation (1945), *Science, the Endless Frontier*, a report to the President by Vannevar Bush, reprinted 1960, Washington, NSF.

National Science Foundation (1973), *Interactions of Science and Technology in the Innovative Process*, Final Report from the Battelle Columbus Laboratory, NSF-667, Washington, NSF.

Nelson, D. (1980), *Frederick W. Taylor and the Rise of Scientific Management*, Madison, University of Wisconsin Press.

Nelson, R. R. (1959), 'The simple economics of basic scientific research', *Journal of Political Economy*, vol. 67, pp. 297~306.

Nelson, R. R. (1962), 'The link between science and invention: the case of the transistor', in National Bureau of Economic Research *The Rate and Direction of Inventive Activity*, Princeton, Princeton University Press.

Nelson, R. R. (1973), 'Recent exercise in growth accounting new understanding or dead end?', *American Economic Review*, vol. 63, pp. 462~8.

Nelson, R. R. (1977), *The Moon and the Ghetto: An Essay on Public Policy Analysis*, New York, Norton.

Nelson, R. R. (1981), 'Research on productivity growth and productivity differences: dead ends and new departures', *Journal of Economic Literature*, vol. 19, pp. 1029~64.

Nelson, R. R. (1991), 'Why do firms differ, and how does it matter?', *Strategic Management Journal*, vol. 12, no. 1.

Neleon, R. R. (ed.) (1993), *National Systems of Innovation: A Comparative Study*, Oxford, Oxford University Press.

Nelson, R. R. (1994), 'What has been the matter with neoclassical growth theory?', in Silverberg, G. and Soete, L. L. G. (eds) *The Economics of Growth and Technical Change*, Aldershot, Elgar.

Nelson, R. (1996), *The Sources of Economic Growth*, Cambridge, MA, Harvard University Press.

Nelson, R. R., Peck, J. and Kalachek, E. (1967), *Technology, Economic Growth and Public Policy*, Washington, DC, Brookings Institution.

Nelson, R. R. and Salomon, J-J (1979), *Science and Technology in the New Economic Context*, Paris, OECD.

Nelson, R. R. and Winter, S. G. (1974), 'Neoclassical versus evolutionary theories of economic growth', *Economic Journal*, no. 84, pp. 886~905.

Nelson, R. R. and Winter, S. G. (1977), 'In search of a useful theory of innovation', *Research Policy*, vol. 6, no. 1, pp. 36~76.

Nelson, R. R. and Winter, S. G. (1982), *An Evolutionary Theory of Economic Change*, Cambridge, MA, Harvard University Press.

Nevins, A. and Hill, F. E. (1954), *Ford: The Times, the Man, the Company*, New York, Scribner.

Niosi, J. (ed.) (1991), *Technology and National Competitiveness: Oligopoly, Technological Innovation and International Competition*, Montreal, McGill University Press.

Nonaka, I. and Takeuchi, H. (1986), 'The new product development game', *Harvard Business Review*, January - February, pp. 285~305.

Norris, K. P. (1971), 'The accuracy of project cost and duration estimates in industrial R and D', *R and D Management*, vol. 2, no. 1, pp. 25~36.

Nye, D. E. (1990), *Electrifying America: Social Meanings of a New Technology*, Cambridge, MA, MIT Press.

OECD (1963a), *The Measurement of Scientific and Technical Activities*

(Frascati Manual), Paris, OECD (new edn 1993).

OECD (1963b), *Science, Economic Growth and Government Policy*, Paris, OECD.

OECD (1967), *The Overall Level and Structure of R&D Efforts in Member Countries*, Paris, OECD.

OECD (1968), *Gaps in Technology: Electronic Components*, Paris, OECD.

OECD (1971a), *R and D in OECD Member Countries: Trends and Objectives*, Paris, OECD.

OECD (1971b), *Science, Growth and Society (Brooks Report)*, Paris, OECD.

OECD (1980a), *Technical Change and Economic Policy*, Paris, OECD.

OECD(1980b), 'The measurement of the output of R and D activities: the 1980 conference on science and technology indicators', mimeo, Paris, OECD.

OECD (1981), *R and D Statistics*, Paris, OECD.

OECD (1982), *Historical Patent Statistics*, Paris, OECD.

OECD(1988), *New Technologies in the 1990s: a Socio-Economic Strategy (Sundqvist Report)*, Paris, OECD.

OECD(1991), *Technology in a Changing World*, Paris, OECD.

OECD(1991), *Technology and Productivity: The Challenges for Economic Policy*, Paris, OECD.

OECD(1992), *Technology and the Economy: The Key Relationships*, Paris, OECD.

OECD (1993), *The OECD Response*, Interim Report by the Secretary-General, Paris, OECD.

OECD (1994, 1996), *The OECD Jobs Study*, Paris, OECD.

OECD(1995), *MSTI Database*, Paris, OECD.

OECD (1996), *Technology, Productivity and Job Creation*, vol. Ⅰ and Ⅱ, The OECD Job Strategy, Paris, OECD.

Ohmae, K. (1990), *The Borderless World*, New York, Harper.

Olin, J. (1972), *R and D Management Practices: Chemical Industry in Europe*, Zurich, Stanford Research Institute.

Ostry, S. (1995), *Technology Issues in the International Trading System*, October, mimeo, Paris, OECD.

Pareto, V. (1913), 'Alcuni relazioni fra la stato sociale e la variazoni della prosperita economica', *Rivista Italiana di Sociologia*, September – December, pp. 501~48.

Pasinetti, L. L. (1981), *Structural Change and Economic Growth: A Theoretical Essay on the Dynamics of the Wealth of Nations*, Cambridge, Cambridge University Press.

Patel, P. (1995), 'Localised production of technology for global markets', *Cambridge Journal of Economics*, vol. 19, no. 1, pp. 141~53.

Patel, P. and Pavitt, K. (1991), 'Large firms in the production of the world's technology: an important case of "non-globalisation"', *Journal of International Business Studies*, vol. 22, pp. 1~21.

Patel, P. and Pavitt, K. (1992), 'The innovative performance of the world's largest firms: some new evidence', *Economics of Innovation and New Technologies*, vol. 2, pp. 91~102.

Patterson, M. (1996), 'Innovation: managing the process', in Gaynor, G. H. (ed.) *Handbook of Technology Management*, New York, McGraw Hill.

Paulinyi, A. (1982), 'Der technologietransfer für die Metallbearbeitung und die preussische Gewerbeförderung 1820 – 1850', in Blaich F. (ed.) *Die Rolle des Staates für die wirtschaftliche Entwicklung*, Berlin, Blaich, pp. 99~142.

Pavitt, K. L. R. (1971), *The Conditions for Success in Technological Innovation*, Paris, OECD.

Pavitt, K. L. R. (ed.) (1980), *Technical Innovation and British Economic Performance*, London, Macmillan.

Pavitt, K. L. R. (1982), 'R and D, patenting and innovative activities: a statistical exploration', *Research Policy*, vol. 11, no. 1, pp. 33~51.

Pavitt, K. (1984), 'Patterns of technical change: towards a taxonomy and a theory', *Research Policy*, vol. 13, no. 6, pp. 343~73.

Pavitt, K. L. R. (1985), 'Technology transfer among industrially advanced countries: an overview', in Rosenberg, N. and Frischtak, C. (eds) *International Technology Trends*, New York, Praeger.

Pavitt, K. (1993), 'What do firms learn from basic research?', in Foray, D. and Freeman, C. (eds) *Technology and the Wealth of Nation's*, London, Macmillan.

Pavitt, K. (1996), 'National policies for technical change: where are the increasing returns to economic research?', *Proceedings of the National Academy of Science*, *USA*, vol. 93, pp. 12693~700.

Pavitt, K. (1996), 'Road to ruin', *New Scientist*, no. 2041, 3 August, pp. 32~6.

Pavitt, K. L. R., Robson, M. and Townsend, J. (1987), 'The size distribution of innovative firms in the UK: 1945 - 1983', *Journal of Industrial Economics*, vol. 35, no. 3, March, pp. 297~319.

Pavitt, K. L. R. and Soete, L. L. G. (1980), 'Innovative activities and export shares', in Pavitt, K. (ed.) *Technical Innovation and British Economic Performance*, Macmillan, London.

Pavitt, K. L. R. and Soete, L. L. G. (1981), 'International differences in economic growth and the international location of innovation', in Giersch, H. (ed.) *Emerging Technologies: The Consequences for Economic Growth, Structural Change and Employment*, Tübingen, Mohr.

Pavitt, K. L. R. and Walker, W. (1976), 'Government policies towards industrial innovation: a review', *Researck Policy*, vol. 5, no. 1, pp. 1~97.

Pearce, D. and Turner, R. K. (1984), 'The economic evaluation of low and non-waste technologies', *Resources and Conservation*, vol. 11, pp. 27~43.

Pearce, D., Markandya, A. and Barbier, E. B. (1989), *Blueprint for a Green Economy*, London, Earthscan.

Pearce, R. and Singh, S. (1991), *Globalising Research and Development*, London, Macmillan.

Pearl, M. L. (1978), 'The iron and steel industry', in Williams, T. L. (ed.) *History of Technology*, vol. VI, pp. 462~99, Oxford, Clarendon Press.

Pearson, A. W. (1990), 'Innovation strategy', *Technovation*, vol. 10, no. 3, pp. 185~92.

Peck, J. (1968), 'British science and technology: the costs of overcommitment and gains from selectivity', in Caves, R. (ed) *British Economic Prospects*, Washington, DC, Brookings Institution.

Peck, J. and Goto, A. (1981), 'Technology and economic growth, the case of Japan', *Research Policy*, vol. 10, pp. 222~43.

Peck, J. and Scherer, F. M. (1962), *The Weapons Acquisitions Process: An Economic Analysis*, Cambridge, MA, Harvard University Press.

Peck, M. J. and Wilson, R. (1982), 'Innovation, imitation and comparative advantage: the case of the consumer electronics industry', in Giersch, H.

Penrose, E. (1959), *The Theory of the Growth of the Firm*, Oxford, Blackwell.

Perez, C. (1983), 'Structural change and the assimilation of new technologies in the economic and social system', *Futures*, vol. 15, no. 5, pp. 357~75.

Perez, C. (1985), 'Micro-electronics, long waves and world structural change: new perspectives for developing countries', *World Development*, vol. 13, no. 3, pp. 441~63.

Perez, C. (1988), 'New technologies and development', in Freeman C. and Lundvall, B-Å. (eds), *Small Countries Facing the Technological Revolution*, London, Pinter, pp. 85~97.

Perez, C. (1989), 'Technical change, competitive restructuring and institutional reform in developing countries', *World Bank Strategic Planning and Review*, Discussion Paper 4, Washington, DC, World Bank, December.

Perez, C. and Soete, L. (1988), 'Catching up in technology: entry barriers and windows of opportunity', in Dosl, G. *et al.* (eds) *Technical Change and Economic Theory*, London, Pinter, pp. 458~79.

Petroski, H. (1989), 'H D Thoreau, engineer', *American Heritage of Invention and Technology*, New Haven, Yale University Press, pp. 8~16.

Phelps, F. S. (1966), 'Models of technical progress and the golden rule of research', *Review of Economic Studies*, vol. 33, pp. 133~45.

Phillips, A. (1971), *Technology and Market Structure*, Lexington, Lexington Books.

Piore, M. and Sabel, C. (1984), *The Second Industrial Divide: Possibilities for Prosperity*, New York, Basic Books.

Polanyi, M. (1962), 'The republic of science', *Mineroa*, vol. 1, no. 1, pp. 54~72.

Poon, A. (1993), *Tourism, Technology and Competitive Strategies*, Wallingford, CAB International.

Porat, M. U. (1977), *The Information Economy: Definition and Measurement*, vols. 1~9, Washington, USGPO.

Porter, M. (1990), *The Competitive Advantage of Nations*, New York, Free Press.

Posner, M. (1961), 'International trade and technical change', *Oxford Economic Papers*, vol. 13, pp. 323~41.

Postan, M. M., Hay, D. and Soott, J. D. (1964), 'Design and development of weapons', in *History of Second World War*, London, HMSO.

Prahalad, C. K. and Hamil, G. (1990), 'The core competence of the corporation', *Harvard Business Review*, May－June, pp. 79~91.

Prais, S. J. (1981), 'Vocational qualifications of the labour force in Britain and Germany', *National Institute Economic Review*, no. 98, pp. 47~59.

Prest, A. R and Turvey, R. (1996), 'Cost-benefit analysis: a survey', in *Surveys of Economic Theory*, vol. 3, for the American Economic Association and the Royal Economic Society, New York, St. Martin's Press.

Price, D. de Solla (1963), *Little Science, Big Science*, New York, Columbia University Press.

Price, D. J. de Solla (1965), 'Is technology historically independent of science?', *Technology and Culture*, vol. 6, no. 4, p. 553.

Price, W. J. and Bass, L. W. (1969), 'Scientific research and the innovative process', *Science*, vol. 164, no. 3881, pp. 802~6.

Pursell, C. W. (ed.) (1991), *Technology in America: A History of Individuals and Ideas*, Cambridge, MA, MIT Press.

Quinn, J. B. (1986), 'Innovation and corporate strategy: managed chaos', in Horwitch, M. (ed.) *Technology in the Modern Corporation: A Strategic Perspective*, Oxford, Pergamon Press.

Quintella, R. H. (1993), *The Strategic Management of Technology*, London, Pinter.

Radio Corporation of America (1963), *Three Historical Views*, New York, RCA.

Radosevic, S. (1996), *Transfer of Technology*, Maastricht, INTECH.

Reddy, A. S. P. and Sigurdson, J. (1994), 'Emerging patterns of globalisation of corporate R&D and scope for innovation capability building in developing countries', *Science and Public Policy*, vol. 21, pp. 283~99.

Reinert, E. (1993), 'Catching up from way behind: a Third World perspective on First World history', in Fagerberg, J., Verspagen, B. and von Tunzelmann, N. (eds) *The Dynamics of Technology, Trade and Growth*, Cheltenham, Elgar.

Reinert, E. (1994), 'Symptoms and causes of poverty: underdevelopment in a Schumpeterian system', *Forum for Development Studies*, nos. 1~2, pp. 71~109.

Reinert, E. (1997), 'The role of the State in economic growth', *Working Paper 1997-5*, Centre for Development and Environment, University of Oslo.

Reinert, E. S. (1980), *International Trade and the Economic Mechanism of Underdevelopment*, New York, Graduate School of Cornell University.

Research Policy (1987), special issue on Output Measurement, vol. 16, nos. 2~4.

Ricardo, D. (1821), *Principles of Political Economy and Taxation*, London.

Rip, A., Misa, T. J. and Schot, J. (eds) (1995), *Managing Technology in Society: The Approach of Constructive Technology Assessment*, London, Pinter.

Roberts, E. B. (1968), 'The myths of research management', *Science and Technology*, no. 80, pp. 40~46.

Roberts, E. B. (1991), 'The technological base of the new enterprise', *Research Policy*, vol. 20, no. 4, pp. 283~98.

Robertson, A. B. and Frost, M. (1978), 'Duopoly in the scientific instrument industry: the milk analyser case', *Research Policy*, vol. 7, no. 3, pp. 292~316.

Romer, P. (1986), 'Increasing returns and long-run growth', *Journal of Political Economy*, vol. 94, no. 5, pp. 1002~37.

Romer, P. M. (1990), 'Endogenous technological change', *Journal of Political Economy*, vol. 98, pp. 71~102.

Rosegger, G. (1996), *The Economics of Production and Innovation: An Industrial Perspective*, Third Edition, Oxford, Buttersworth.

Rosenberg, N. (1969), 'The direction of technological change: inducement mechanisms and focusing devices', *Economic Development and Cultural Change*, vol. 19, pp. 1~24.

Rosenberg, N. (1976), *Perspectives on Technology*, Cambridge, Cambridge University Press.

Rosenberg, N. (1982), *Inside the Black Box: Tecnology and Economics*, Cambridge, Cambridge University Press.

Rosenberg, N. (1990), 'Why do firms do basic research with their own money?', *Research Policy*, vol. 19, no. 2, pp. 165~75.

Rosenberg, N. (1994), *Exploring the Black Box: Technology, Economics and History*, Cambridge, Cambridge University Press.

Rosenberg, N., Landau, R. and Mowery, D. C. (eds) (1992), *Technology and the Wealth of Nations*, Stanford, Stanford University Press.

Rostow, W. W. (1960), *The Stages of Economic Growth: A Non-Commionist Manifesto*, Cambridge, Cambridge University Press.

Rothschild Report (1971), *A Framework for Government Research and Development*, London, HMSO.

Rothwell, R. (1976), *Innovation in Textile Machinery: Some Significant Factors in Success and Failure*, SPRU Occasional Paper no. 2, Brighton, University of Sussex.

Rothwell, R. (1979), *Technical Change and Competitiveness in Agricultural Engineering: The Performance of the UK Industry*, SPRU Occasional Paper no. 9, Brighton, University of Sussex.

Rothwell, R. (1992), 'Successful industrial innovation: critical factors for the 1990s', SPRU 25th Anniversary, Brighton, University of Sussex, reprinted in *R&D Management*, vol. 22, no. 3, pp. 221~39.

Rothwell, R. (1994), 'Industrial innovation: success, strategy, trends', in Dodgson, M. and Rothwell, R. (eds) *Handbook of Industrial Innovation*, Cheltenham, Elgar.

Rothwell, R. and Gardiner, P. (1988), 'Re-innovation and robust design: producer and user benefits', *Journal of Marketing Management*, vol. 3, no. 3, pp. 372~87.

Rothwell, R., Freeman, C., Horsley, A., Jervis, V. T. P., Robertson, A. R. and Townsend, J. (eds) (1974), 'SAPPHO updated-project SAPPHO phase 2', *Research Policy*, vol. 3, no. 3, pp. 258~91.

Rothwell, R. and Dodgson, D. (1994), 'Innovation and size of firms', in Dodgson, M. and Rothwell, R. (eds) *The Handbook of Industrial Innovation*, Cheltenham, Elgar.

Rothwell, R. and Zegveld, W. (1982a), *Innovation and the Small and Medium-sized Firm*, London, Pinter.

Rothwell, R. and Zegveld, W. (1982b), *Industrial Innovation and Public*

Policy, London, Pinter.

Rubenstein, A. (1966), 'Economic evaluation of R and D: a brief survey of theory and practice', *Journal of Industrial Engineering*, vol. 17, no. 11, pp. 615~20.

Ruigrok, W. and van Tulder, R. (1995), *The Logic of International Restructuring*, London, Routledge.

Rush, H. and Bessant J. (1996), 'Building bridges for innovation: the role of consultants in technology transfer', *Research Policy*, vol. 24, pp. 97~114.

Saechtling, H. (1961), *Werkstoffe aus Menschenhand*, Munich.

Sako, M. (1992), *Contracts, Prices and Trust: How the Japanese and British Manage their Sub-contracting Relationships*, Oxford, Oxford University Press.

Sakus, H. (1987), Centenary Address to the Canadian Engineering Institute, Montreal.

Salomon, J-J (1973), *Science and Politics*, London, Macmillan.

Salomon, J-J (1985), *Le Geuloise, Le Cowboy et Le Samurai*, Paris, CNAM.

Samuelson, P. A. (1967), *Economics*, 7th edn, New York, McGraw-Hill.

Saviotti, P. and Metcalfe, J. S. (eds) (1991), *Evolutionary Theories of Economic and Technological Change*, Chur, Harwood.

Saxenian, A. (1991), 'The origins and dynamics of production networks in Silicon Valley', *Research Policy*, vol. 20, no. 5, pp. 423~9.

Scherer, F. M. (1965a), 'Size of firm, oligopoly and research: a comment', *Canadian Journal of Economics and Political Science*, vol. 31, no. 2, pp. 256~66.

Scherer, F. M. (1965b), 'Firm size, market structure, opportunity and the output of patented inventions', *American Economic Review*, pp. 1097~1123.

Scherer, F. M. (1992a), *International High Technology Competition*, Cambridge, MA, Harvard University Press.

Scherer, F. M. (1992b), 'Schumpeter and plausible capitalism', *Journal of Economic Literature*, vol. 30, pp. 1416~33.

Scherer, F. M. (ed.) (1992c), *Monopoly and Competition Policy*, Library of Critical Writings in Economics, Cheltenham, Elgar.

Scherer, F. M. (ed.) (1994), *Monopoly and Competition Policy*, Library of Critical Writings in Economics, Cheltenham, Elgar.

Scherer, F. M. (1997), 'The distribution of profits from invention', final report (mimeo), Cambridge, MA, John F. Kennedy School of Government, Harvard University.

Schmookler, J. (1965), 'Catastrophe and utilitarianism in the development of basic science', in Tybout, R. (ed.) *The Economics of Research and Development*, Columbus, Ohio State University Press.

Schmookler, J. (1966), *Invention and Economic Growth*, Cambridge, MA, Harvard University Press.

Schneider, J. and Ziesemer, T. (1995), 'What's New and What's Old in New Growth Theory, Endogenous Technology, Microfoundations and Growth Rate Predictions', *Zeitschrift für Weltwirtschafts- und Sozialwissenschaften*, vol. 115, pp. 425~72.

Schneider, J. and Ziesemer, T. (1996), 'What's new and what's old in new growth theory: endogenous technology, microfoundation and growth rate predictions', *Zeitschrift für Wirtschafts- und Sozialwirtschaften*, no. 115, pp. 429~72.

Schot, J. (1992), 'The policy relevance of the quasi-evolutionary model:

the case of stimulating clean technologies', in Coombs, R., Saviotti, P. and Walsh, V. (eds) *Technological Change and Company Strategies*, London, Academic Press, pp. 185～200.

Schott, K. (1975), 'Industrial R and D expenditures in the UK: an econometric analysis', DPhil thesis, Oxford University.

Schott, K. (1976), 'Investment in private industrial R and D in Britain', *Journal of Industrial Economics*, vol. 25, no. 2, pp. 81～99.

Schott, B. and Muller, W. (1975), 'Process innovations and improvements as a determinant of the competitive position in the international plastics market', *Research Policy*, vol. 4, pp. 88～105.

Schumpeter, J. A. (1912), *Theorie der wirtschaftlichen Entwicklung*, Leipzig, Duncker & Humboldt, Enghish translation *The Theory of Economic Development*, Harvard (1934).

Schumpeter, J. A. (1928), 'The instability of capitalism', *Economic Journal*, pp. 361～86.

Schumpeter, J. A. (1939), *Business Cycles: A Theoretical, Historical and Statistical Analysis of the Capitalist Process*, 2 vols, New York, McGraw-Hill.

Schumpeter, J. A. (1942), *Capitalism, Socialism and Democracy*, New York, Harper & Row.

Sciberras, E. (1977), *Multinational Electronic Companies and National Economic Policies*, Greenwich, JAI Press.

Sciberras, E. (1981), 'Technical innovation and international competitiveness in the television industry', *Omega*, pp. 585～96.

Science Policy Research Unit (1972), *Success and Failure in Industrial Innovation*, London, Centre for the Study of Industrial Innovation.

Scitovsky, T. (1977), *The Joyless Economy: An Inquiry into Human*

Satisfaction and Consumers', Dissatisfaction, Oxford, Oxford University Press.

Scott, A. J. (1991), 'The aerospace-electronics industrial complex of Southrn California: the formative years 1940 – 1960', *Research Policy*, vol. 20, no. 5, pp. 439~57.

Scott, M. F. (1989), *A New View of Economic Growth*, Oxford, Clarendon Press.

Scoville, W. (1951), 'Minority migration and the diffusion af technology', *Journal of Economic History*, vol. 11, pp. 347~60.

Searle, J. (1995), *The Construction of Social Reality*, London, Penguin Books.

Seiler, R. (1965), *Improving the Effectiveness of Research and Development*, Maidenhead, McGraw-Hill.

Senker, J. (1991), 'Information technology and Japanese investment in Europe: implications for skills, employment and growth', *Futures*, vol. 20, pp. 36~56.

Senker, J. (1995), 'Tacit knowledge and models of innovation', *Industrial and Corporate Change*, vol. 4, no. 2, pp. 425~47.

Senker, J. M. and Faulkner, W. (1994), 'Making sense of diversity: pubic-private research linkage in three technologies', *Research Policy*, vol. 23, no. 6, pp. 673~96.

Servan-Schreiber, J. (1965), *The American Challenge*, Harmondsworth, Penguin (English translation of *Le Défi Americain*, Paris, 1965).

Shackle, G. L. S. (1955), *Uncertainty in Economics and other Reflections*, Cambridge, Cambridge University Press.

Shackle, G. L. S. (1961), *Decision, Order and Time in Human Affairs*, Cambridge, Cambridge University Press.

Sharp, M. (1991), 'Pharmaceuticals and biotechnology', in Freeman, C., Sharp, M. and Walker, W. (eds) *Technology and the Future of Europe*, London, Pinter.

Sherwin, C. W. and Isenson, R. S. (1966), *First Interim Report on Project 'Hindsight'*, Washington, Office of the Director of Defence Research and Engineering.

Shimshoni, D. (1966), 'Aspects of scientific entrepreneurship', DPhil thesis, Harvard.

Shimshoni, D. (1970), 'The mobile scientist in the American instrument industry', *Minerva*, vol. 8, no. 1, pp. 59~89.

Silverberg, G., Dosi, G. and Orsenigo, L. (1988), 'Innovation, Diversity and Diffusion: A Self-Organisation Model', *Economic Journal*, vol. 98, pp. 1032~54.

Silverberg, G. and Lehnert, D. (1994), 'Growth fluctuations in an evolutionary model of creative destruction', in Silverberg, G. and Soete, L. (eds), *The Economics of Growth and Technical Change*, Aldershot Edward Elgar.

Singer, C., Holmyard, E. J., Hall, A. R. and Williams, T. J. (eds) (1954 – 78), *A History of Technology* (6 vols.), Oxford, Clarendon Press.

Sirilli, G. (1982), 'The researcher in Italian industry', mimeo, Science Policy Research Unit, University of Sussex.

Skoie, H. (1996), 'Basic research: a new funding climate?', *Science and Public Policy*, vol. 23, no. 2, pp. 66~75.

Sloan, A. (1963), *My Years with General Motors*, New York, Doubleday.

Smart, T. (1996), 'Jack Welch's encore: how GE's chairman is remaking his company-again', *Business Week*, 28 October, pp. 43~50.

Smith, A. (1776), *An Inquiry into the Nature and Causes of the Wealth of Nations*, Dent edn (1910).

Smith, A. and Venables, T. (1988), 'Completing the Intenal Market in the European Community', *European Economic Review*, vol. 32(7), pp. 1501~25.

Soete, L. L. G. (1979), 'Firm size and inventive activity: the evidence reconsidered', *European Economic Review*, vol. 12, pp. 319~40.

Soete, L. L. G. (1981), 'A general test of technological gap trade theory', *Weltwirtschaftliches Archiv*, vol. 117, no. 4, pp. 638~66.

Soete, L. (1987), 'The newly emerging information technology sector', in Freeman, C. and Soete, L. (eds) *Technical Change and Full Employment*, Oxford, Blackwell.

Soete, L. L. G. (1989), 'The impact of technological innovation on international trade patterns: the evidence reconsidered', *Research Policy*, vol. 16, nos. 2~4, pp. 101~30.

Soete, L. L. G. (1991), *Synthesis Report*, *TEP*, *Technology in a Changing World*, Paris, OECD.

Soete, L. L. G. (1994), *Technology*, *Economy and Productivity*, TEP Report, Paris, OECD.

Soete, L. L. G. (1996), 'New technologies and measuring the real economy: the challenges ahead', paper prepared for the ISTAT Conference on 'Economic and Social Challenges in the 21st Century', Bologna, 5 – 7 February.

Soete, L. L. G. and Arundel, A. (1993), *An Integrated Approach to European Innovation and Technology Diffusion Policy: A Maastricht Memorandum*, Commission of the European Communities.

Soete, L. L. G. and Kamp, K. (1996), 'The "Bit Tax": the case for further research', *Science and Public Policy*, vol. 23, no. 6, pp. 353~60.

Soete, L. and Turner, R. (1984), 'Technology Diffusion and the Rate of Technical Change', *Economic Grotwth and the Structure of Long-Term*

Development, New York, St. Martin's Press.

Solo, R. (1980), *Across the High Technology Threshold: The Case of Synthetic Rubber*, Norwood PA, Norwood Editions.

Solow, R. M. (1956), 'A contribution to the theory of economic growth', *Quarterly Journal of Economics*, vol. 70, pp. 65~94.

Solow, R. M. (1957), 'Technical progress and the aggregate production function', *Review of Economics and Statistics*, vol. 39, pp. 312~20.

Steinmuller, E. (1994), 'Basic research and industrial innovation', in Dodgson, M. and Rothwell, R. (eds) *Handbook of Industrial Innovation*, Cheltenham, Elgar.

Stirling, A. (1994), 'The act of technology choice', DPhil thesis, University of Sussex.

Stokes, D. E. (1993), 'Pasteur's quadrant: a study in policy science idens', mimeo draft, Princeton University.

Stoneman, P. (1987), *The Economic Analysis of Technological Change*, Oxford, Oxford University Press.

Stoneman, P. (ed.) (1995), *Handbook of the Economics of Innovation and Technological Change*, Oxford, Blackwell.

Storper, M. and Harrison, B. (1991), 'Flexibility, hierarchy and regional development: the changing structure of industrial production systems and their form of governance in the 1990s', *Research Policy*, vol. 20, no. 5, pp. 407~23.

Strange, S. (1988), *States and Markets*, New York, Blackwell.

Sturmey, S. G. (1958), *The Economic Development of Radio*, London, Duckworth.

Supple, B. (1963), *The Experience of Economic Growth: Case Studies in Economic History*, New York, Random House.

Surrey, A. J. and Thomas, S. D. (1980), *Worldwide Nuclear Plant Performance Lessons for Technology Policy*, SPRU Occasional Paper no. 10, University of Sussex.

Swann P. (ed.) (1993), *New Technologies and the Firm*, London, Routledge.

Symeonidis, G. (1996), *Innovation, Firm Size and Market Structure: Schumpeterian Hypotheses and Some New Themes*, OECD Economics Department Working Paper no. 161, Paris, OECD.

Szakasits, G. (1974), 'The adoption of the SAPPHO method in the Hungarian eletronics industry', *Research Policy*, vol. 3, no. 1, pp. 18~28.

Takeuchi, H. and Nonaka, I. (1986), 'The new product development game', *Harvard Business Review*, January - February, pp. 285~305.

Tamura, S. (1986), *Reverse Engineering, A Characteristic of Japanese Industrial R&D Activities*, Tokyo, Saitama University.

Taylor, C. and Siberston, A. (1973), *The Economic Impact of the Patent System*, Cambridge, Cambridge Uneiversity Press.

Teece, D. J. (1986), 'Profiting from technological innovation: implications for integration, collaboration, licensing and public policy', *Research Policy*, vol. 15, no. 6, pp. 285~305.

Teece, D. (ed.) (1987), *The Competitive Challenge: Strategies for Industrial Innovation and Renewal*, Cambridge, MA, Ballinger.

Telefunken (1928), *25 Jahre Telefunken*.

Telefunken (1953), *50 Jahre Telefunken*.

Ter Meer, F. (1953), *Die IG Farben*, Dusseldorf [publisher not known].

Teubal, M. (1987), *Innovation Performance, Learning and Government Policy: Selected Essays*, Madison, University of Wisconsin Press.

Teubal, M., Amon, N. and Trachtenberg, M. (1976), ‘Performance in innovation in the Israeli electronics industry’, *Research Policy*, vol. 5, no. 4, pp. 354~79.

Teubal, M. and Steinmueller, E. (1982), ‘Government policy, innovation and economic growth, lessons from a study of satellite telecommunications’, *Research Policy*, vol. 11, pp. 271~87.

Thomas, H. (1970), ‘Econometric and decisions analysis: studies in R and D in the electronics industry’, PhD thesis, University of Edinburgh.

Tidd, J., Bessant, J. and Pavitt, K. (eds) (1997), *Managing Innovation: Integnating Technological, Market and Organizational Change*, Chichester, Wiley.

Tilton, J. (1971), *International Diffusion of Technology: The Case of Semi-Conductors*, Washington, DC, Brookings Institution.

Tisdell, C. (1981), *Science and Technology Policy: Priorities of Governments*, London, Chapman & Hall.

Tobin, S. (1955), *The Application of the Multi-variate Probit Anaiysis to Economic Survey Data*, Cowles Foundation Discussion Paper no. 1, New Haven.

Townsend, E. C. (1969), *Investment and Uncertainty*, Harlow, Oliver & Boyd.

Townsend, J. (1976), *Innovation in Coal-mining Machinery — the Anderton Shearer loader and the Role of the NCB and Supply Industry in its Development*, SPRU Occasional Paper no. 3, University of Sussex.

Townsend, J., Henwood, F., Thomas, G., Pavitt, K. and Wyatt, S. (1976), *Science and Technology Indicators for the UK: Innovations in Britain since 1945*, SPRU Occasional Paper no. 16, University of Sussex.

Tumer, D. F. and Williamson, O. E. (1971), ‘Market structure in relation to technical and organizational innovation', in Heath, J. B. (ed.) *International Conference on Monopolies, Mergers and Restrictive Practices*, London, HMSO.

Tweedale, G. (1987), *Sheffield Steel and America: A Century of Technical and Commercial Interdependence, 1830–1930*, Cambridge, Cambridge University Press.

UNESCO (1970), *Measurement of Output of Regearch and Experimental Development*, Paris, UNESCO.

US Department of Commerce (1967), *Technological Innovation: Its Environment and Management*, Washington, DC, USGPO.

US National Research Council (1989), *Materials Science and Engineering for the 1990s*, Washington, National Academy Press.

US Senate Committee (1995), KG Abraham, Commissioner Bureau of Labour Statistics before the Senate Finance Committee, 13 March 1995.

Utterback, J. M. (1993), *Mastering the Dynamics of Innovation*, Boston, Harvard Business School Press.

Uzawa, H. (1961), 'On a two-sector model of economic growth', *Review of Economic Studies*, vol. 29, no. 1, pp. 40~47.

Uzawa, H. (1965), 'Optimum technical change in an aggregative model of economic growth', *International Economic Review*, vol. 6, pp. 18~31.

Van Boxsel, J. A. M. (1989), 'Constructive technology assessment in the Netherlands: building a bridge between R&D policy and TA', paper presented to the symposium 'Range and Possibilities of Technology Assessment', Stuttgart.

van Gelderen, J. (1913), 'Springvloed Beschouwingen over industrielle Ontwikkeling en prijsbeweging', *De Nieuwe Tijd*, vol. 184, nos. 5 and 6, English translation by B. Verspagen in (ed.) Freeman, C. (1996).

Verdoorn, P. J. (1949), 'Fattori che regolano lo sviluppo della produttività del lavoro', *L'Industria*, no. 1, pp. 45~53.

Verdoorn, P. J. (1980), 'Verdoorn's Law in retrospect: a comment', *Economic Journal*, vol. 90, June, pp. 382~5.

Vernon, R. (1966), 'International investment and international trade in the product cycle', *Quarterly Journal of Economics*, vol. 80, pp. 190~207.

Verspagen, B. (1992), 'Endogenous innovations in neo-classical growth models: a survey', *Journal of Macro-Economics*, vol. 14, no. 4, pp. 631~62.

Verspagen, B. (1993), *Uneven Growth between Interdependent Economies: The Evolutionary Dynamics of Grouth and Technology*, Aldershot, Avebury.

Verspagen, B. (1994), 'Technology and growth: the complex dynamics of convergence and divergence', in Silverberg, G. and Soete, L. (eds) *The Economics of Growth and Technical Change*, Aldershot, Elgar.

Villaschi, A. F. (1993), 'The Brazilian national system of innovation: opportunities and constraints for transforming technological dependency', DPhil thesis, University of London.

Vivarelli, M. (1995), *The Economics of Technology and Employment: Theory and Empirical Evidence*, Aldenshot, Elgar.

Volti, R. (1990), 'Why internal combustion?', *American Heritage of Invention and Technology*, Fall, pp. 42~7.

von Hippel, E. (1976), 'The dominant role of users in the scientific instrument innovation process', *Research Policy*, vol. 5, no. 3, pp. 212~39.

von Hippel, B. (1978), 'A customer-active paradigm for industrial product idea generation', *Research Policy*, vol. 7, no. 2, pp. 240~66.

von Hippel, E. (1988), *The Sources of Innovation*, Oxford, Oxford University Press.

von Tunzelmann, C. N. (1978), *Steam Power and British Industrialisation to 1860*, Oxford, Oxford University Press.

von Tunzelmann, G. N. (1993), 'Technology in the early nineteenth century', in Floud, R. C. and McCloskey, D. N. (eds) *The Economic History of Great Britain*, 2nd edn, vol. 1, chapter 11, Cambridge, Cambridge University Press.

von Tunzelmann, G. N. (1995a), *Technology and Industrial Progress: The Foundations of Economic Growth*, Cheltenham, Elgar.

von Tunzelmann, G. N. (1995b), 'Time-saving technical change: the cotton industry in the English industrial revolution', *Explorations in Economic History*, vol. 32, pp. 1~27.

Wade, R. (1990), *Governing the Market: Economic Theory and the Role of Government in East Asian Industrialisation*, Princeton, Princeton University Press.

Wakelin, K. (1997), *Links between Trade and Technology: A Microeconomic and Macroeconomic Study*, Aldershot, Elgar.

Walsh, V. (1984), 'Invention and innovation in the chemical industry: demand-pull or discovery push?', *Research Policy*, vol. 13, pp. 211~34.

Walsh, V., Townsend, J., Achilladelis, B. G. and Preeman, C. (1979), 'Trends in invention and innovation in the chemical industry', mimeo, Science Policy Research Unit, University of Sussex.

Ward, W. H. (1967), 'The sailing ship effect', *Bull Inst Physics*, vol. 18, p. 169.

Watson, T. J. (1963), 'Meeting the challenge of growth', McKinsey Foundation Lecture, no. 2.

Weber, M. (1922), *Economy and Society*, New York, Bedminster Press (1968).

Whiston, T. (1991), 'Forecasting the world's problems: the last empire, the corporatisation of society and the diminution of self', *Futures*, March, pp. 163~78.

Whiston, T. G. (1992), *Managerial and Organisational Integration: The Integrative Enterprise*, London, Springer.

Wiener, N. (1949), *The Human Use of Human Beings: A Cybernetic Approach*, New York, Houghton Mifflin.

Wilkins, G. (1967), 'A record of innovation and exports', in Teeling-Smith, G. (ed.) *Innovation and the Balance of Payments*, London, Office of Health Economics.

Williams, R. and Edge, D. (1996), 'The social shaping of technology', *Research Policy*, vol. 25, no. 6, pp. 865~901.

Williamson, O. E. (1975), *Markets and Hierarchies: Analysis and Antitrust Implications. A Study in the Economics of Intenal Organization*, New York, Free Press.

Williamson, O. E. (1985), *The Economic Institutions of Capitalism*, New York, Free Press.

Williamson, O. E. and Winter, S. G. (eds) (1993), *The Nature of the Firm: Origins, Evolution and Development*, New York, Oxford University Press.

Wilson, C. (1955), 'The entrepreneur in the industrial revolution in Britain', *Explorations in Economic History*, vol. 7, no. 3, pp. 129~45.

Winter, S. G. (1986), 'Comments on Arrow and Lucas', *Journal of Economics*, no. 54, pp. 427~34.

Winter, S. G. (1988), 'On Coase, competence and the corporation', *Journal of Law, Economics and Organisation*, vol. 4, pp. 163~80.

Wise, T. A. (1966), 'IBM's $5 000 000 000 gamble', *Fortune*, September.

Witt, U. (ed.) (1991), *Evolutionary Economics, The International Library of Critical Writings in Economics*, vol. 25, Aldershot, Elgar.

Wormack, J. T., Jones, D. T. and Roos, D. (1990), *The Machine that Changed the World*, New York, Rawson Associates.

Wood, A. (1994), *North-South Trade, Employment and Inequality: Changing Fortunes in a Skill-driven World*, Oxford, Clarendon Press.

World Bank (1991), *World Development Report*, 1991, New York, Oxford University Press.

World Bank (1993), *East Asian Miracle: Economic Growth and Public Policy*, Washington, DC, World Bank.

Wynn, M. R. and Rutherford, G. H. (1964), 'Ethylene's unlimited horizons', *European Chemical News: Large Plants Supplement*, 16 October.

Yakushiji, T. (1986), 'Technological emulation and industrial development', DAEST/Stanford Conference on Innovation Diffusion, Venice.

Yarsley, V. E. and Couzens, E. G. (1956), *Plastics in the Service of Man*, Harmondsworth, Penguin.

Young, A. A. (1928), 'Increasing retums and economic progress', *Economic Journal*, vol. 38, pp. 527~42.

Ziman, J. (1994), *Prometheus Bound: Science in a Dynamic Steady State*, Cambridge, Cambridge University Press.

Zuse, K. (1961), 25 *Jahre Entwicklung Programmgesteuerter Rechenanlagen*, Hersfeld.

自主创新丛书
第一辑

《牛津创新手册》

作为学术界颇负盛名的牛津手册系列之一,《牛津创新手册》继承和发扬了这一手册系列的特点,为读者提供理解创新的综合性视角,是一部全面且权威的创新理论知识手册。创新是一个多层面的现象,在快速发展的创新研究中,必然是各学科观点并存的。本书集几十年创新研究之大成,各章的作者都是所在研究领域的学术带头人,同时也是当今创新学界的权威,包括了经济学家、地理学家、历史学家、心理学家和社会学家。他们从各个角度对创新进行分析和定义,概括而全面地介绍了创新的研究成果,起到了正本清源的作用。全书共4部分,包含21章经过精选的内容,每章聚焦于创新的某个特定方面,既有宏观的创新与经济增长、国家创新体系,又有中观的产业创新体系、区域创新体系,再到微观的创新网络、企业创新等,集中展示了创新领域多年来最优秀的学术成果。

《剑桥创造力手册》

本书共22章,深入浅出地呈现了关于人类创造力研究的高度复杂的思考和技术方法,包括个案分析、历史测量、心理测量、实验法等,涵盖了创造力研究领域广泛的要点和话题,研究面广、信息量大。创造力与智力有什么不同?我们如何才能测量一个人的创造力?在创造性思维中涉及哪些认知过程?一个创造性产品是如何产生的?什么样的经历会造就一个创造性的人?创造性个体具有什么特征?是什么在激励着具有创造性的人?创造力的生物和进化基础是什么?社会或文化情境是如何影响创造力的?创造力是少数精英的特权？还是每个人都可以有创造力？创造力是如何发展的？人们可以通过学习而变得更有创造性吗？这些就是本书所涉及的问题。本书可以帮助读者很好地了解创造力研究的观点、方法和主要的研究成果。

《创新的先知：熊彼特传》

本书由哈佛大学商业史学者、普利策奖得主托马斯·麦克劳主笔。熊彼特是20世纪享有盛誉的世界著名经济学家，他对企业家精神和创新的强调，对资本主义、社会主义和民主的分析，以及他对经济思想史的梳理，无不影响深远。在中小企业大发展、技术不断创新的今天，重读熊彼特更具有十分重要的现实意义。本书以熊彼特一生的经历为线索，以熊彼特所处的时代背景为基础，以熊彼特的心路历程为依托，以熊彼特的感情生活为点缀，以熊彼特的学术贡献为旨归，以熊彼特的工作情况为补充，向读者讲述了熊彼特的主要思想是什么、他是如何提出这些思想的、他提出这些思想的依据是什么这三方面的问题，全面真实地展现了熊彼特波澜壮阔、别开生面的一生。

《研发组织管理：用好天才团队》（第三版）

随着人类的经济活动从生产商品转向生产信息，研发组织的作用变得越来越重要。本书探讨了改善研发组织生产力和促进业绩的各种途径，对如何制定研发组织战略、如何建立高效的研究开发机构、如何进行针对科学家的职业设计、如何领导研发组织、如何对待组织中的冲突、如何评价科学家的贡献、如何实现技术转移等问题作了分析。从跨文化的角度论述了美国、欧洲以及环太平洋国家和地区研发组织的不同形式和政策，并讨论了研发组织特有的战略规划要素。新版还增加了研发机构如何进行创新的内容。

《用户创新：提升公司的创新绩效》

在不断发展的计算机和通信技术的帮助下，用户越来越善于为自己开发新产品和新服务,并采取多种形式把这些成果向他人无偿公开。本书密切关注这种以用户为中心的创新系统,对这一现象进行了详尽阐述,解释了背后深层次的社会和经济因素。作者通过信息产品和物质产品领域的实例,提出制造商需要正视这一挑战,重新设计自身的创新流程,把握其中的机遇,通过各种可能的方式如提供设计工具箱,参与这一伟大的创新变革。作者还呼吁政府调整有关政策,以消除用户创新的障碍,发挥用户创新对社会福利的积极效应。

自主创新丛书
第二辑

《产业创新经济学》

本书对产业创新的动态和趋势作了深刻的分析，是创新经济学领域的一部名著，在经济学发展史上有其独特的地位。全书共19章，分成4篇。首先是对工业革命以来的重大产业创新历史的分析，然后是对创新微观经济学、宏观经济学和创新政策的分析，全面、系统和历史地分析了创新经济学中主要的现象和规律、动态和趋势。本书是作者在创新经济学领域几十年研究成果的结晶，也是当今创新经济学领域中内容极为丰富的高级教材。

《经济增长的源泉》

本书揭示了技术进步是经济增长的首要力量，实物投资及人力投资主要作为技术进步的伴随物对经济增长发挥作用。凭借对经济史和技术史的深刻理解，以及对经济分析工具的熟练掌握，纳尔逊揭示了政府政策、研究型大学与技术进步之间的内在联系。纳尔逊对比了各国的创新体系，研究了美国在20世纪迅速崛起，成为世界上最重要的技术强国，以及后来由于其他国家奋起直追而使得这一领导地位衰落的历程。《经济增长的源泉》对若干产业和技术领域的个案进行了详尽的分析，表述清晰，论述广泛，易于理解。

《创新的源泉：追循创新公司的足迹》

本书是一部挑战传统思维的杰作。传统观点认为，技术创新主要由制造商完成，制造商觉察到市场对新产品的需求，然后进行产品开发，并将产品推向市场。本书对这一传统观念发起了挑战，认为技术创新在不同的产业有着不同的主体,在许多产业,用户和供应商是技术创新者。这是管理界的一次思想革命!全书的思想是突破性的。在国外,如何发挥用户在创新中的作用已经成为许多大公司提高创新效率的重要战略,包括美国 3M 在内的一些大公司,近些年应用本书的思想,着力从用户身上挖掘创新思维,使得公司的创新能力得到了大幅度提升。

《赢在创新:日本计算机与通信业成长之路》

20 世纪 90 年代,日本信息和通信产业已明显崛起,如日中天。作为第一本对日本计算机和通信产业进行全面研究的扛鼎之作,本书全面分析了日本信息和通信产业崛起的过程、全球地位及其优势和不足,自出版以来备受各国众多知名学者的好评,也广受相关产业的关注和推崇。

作者马丁·弗朗斯曼是国际著名技术创新学者,也是英国爱丁堡大学日欧技术研究院院长,长期关注日本信息技术和产业。他的研究与著作多在此领域,本书在其诸多相关著作中,堪称集大成之作,也是一部具有重大历史里程碑意义的著作。本书探讨了如下问题:

为什么日本信息和通信产业能够成功地追赶上西方竞争对手,甚至在某些领域还实现了赶超?日本政府在产业发展中起到怎样的作用?受控竞争系统起到了什么作用?日本信息和通信产业在发展过程中又存在哪些不足……

当前,信息通信技术依然是国际竞争的焦点,日本产业演化和企业发展以及政府参与引导等经验教训,对当今处于激烈的国际竞争形势下的中国无疑是具有高度的参考价值。